G. W. Korting, P. Frank

Diagnose und Therapie der Hautkrankheiten

Diagnose und Therapie der Hautkrankheiten

Ein Lehrbuch für die Praxis

von

Professor Dr. G. W. Korting

Direktor der Hautklinik
der Johannes Gutenberg-Universität Mainz

und

Dr. P. Frank

Leitender Pharmaziedirektor
der Apotheke des Klinikums
der Johannes Gutenberg-Universität Mainz

Mit einem andrologischen Beitrag von
PD Dr. P. Schramm, Mainz

Mit 65 Abbildungen in zahlreichen Einzeldarstellungen

Schattauer

**Stuttgart-
New York 1987**

CIP-Kurztitelaufnahme der Deutschen Bibliothek
Korting, Günter W.:
Diagnose und Therapie der Hautkrankheiten: e. Lehrbuch für d. Praxis/von G. W. Korting u. P. Frank. – Stuttgart; New York: Schattauer, 1987.
ISBN 3-7945-1053-4
NE: Frank, Peter:

Printed in Germany
Satz und Druck: Laub GmbH & Co. KG, Brühlweg 28, 6957 Elztal-Dallau, Germany
ISBN 3-7945-1053-4

Für Johanna Korting

Vorwort

In Anlehnung an die früher herausgegebene „Therapie der Hautkrankheiten“ , die in mehreren Auflagen im Schattauer Verlag erschienen war, entspricht es dem heutigen Zeitgeist mehr, eine durchgreifende neue therapeutische Monographie für jeden Arzt, der Hautkrankheiten behandelt, in Verknüpfung mit einem diagnostischen Fundament vorzulegen. Die erzielten Verbesserungen in der Beeinflussung von Dermatosen betreffen dabei sowohl die örtliche wie die allgemeine Therapie. Manches gilt heute als überholt und damit als obsolet („Borsäure“), anderes ist in bisher ungeahnter Weise hinzugekommen, so daß mithin das Arsenal der Wirkstoffe einen grundlegenden Wandel erfahren hat. Trotzdem wurde bewußt an scheinbar alten, jedoch gut bewährten Rezepten festgehalten, die in Zeiten von Notlagen nach wie vor ihre Berechtigung haben könnten. Andererseits schien es geboten, die Fülle an neuem Wissen nunmehr in Zusammenarbeit zwischen einem Dermatologen und einem Apotheker zu bearbeiten, wofür der Ltd. Pharmaziedirektor Dr. P. Frank gewonnen werden konnte. Aber: nach wie vor wird in diesem Buch kein lexikographischer oder handbuchmäßiger Überblick über alle überhaupt und aktuell verfügbaren Behandlungsweisen des Hautorgans versucht, sondern vielmehr aufgrund eigener Erfahrung dasjenige an Leitlinien vermittelt, was in eigener Praxis als derzeit bewährt gelten kann. So glauben denn die beiden jetzigen Herausgeber, daß die von ihnen unter Einsicht in die verschiedenen Pharmakopöen gewonnenen Gesichtspunkte als hinreichender Leitfaden zum Lesen wie zum Nachschlagen für den hautmedizinisch tätigen Arzt in Klinik und Praxis nützlich sein können. Bei diesem Unterfangen schulden beide Verfasser darüber hinaus aufrichtigen Dank auch Frau Apothekerin Doris Frank für manchen wertvollen Ratschlag und PD Dr. Peter Schramm (Universitätshautklinik Mainz) für seinen andrologischen Beitrag. Vor allem Dank zu sagen ist schließlich Herrn Prof. Dr. Dr. h.c. P. Matis und Herrn Verleger D. Bergemann vom Schattauer Verlag für die abermals sorgfältige Ausstattung des Buches, namentlich aber für das geradezu kongeniale Verständnis einer äußerst aufwendigen, durchgreifenden Neufassung.

G. W. Korting und P. Frank

Inhaltsverzeichnis

1 Erytheme und erythemato-squamöse Dermatosen

1.1 Exanthema subitum (Zahorsky)

Ohne Geschlechtsdisposition sowie ohne Vorboten, mit hohem Fieber und gewissen neurologischen Reizzeichen (Berührungsempfindlichkeit, Fontanellenspannung, Meningismus) in den ersten 2 Lebensjahren über 1–2 Tage bestehendes oder noch flüchtigeres, zartgesättigt rosafarbenes Exanthem, das meist erst nach kritischem Fieberanfall auftritt und hämatologisch nach anfänglich links verschobener Granulozytose mit Leukopenie und Lymphomonozytose einhergeht.

Haut**therapeutisch** ist eine Einpuderung ausreichend, auch sonst allenfalls fiebersenkende Mittel (Treupel®N-, Gelonida®NA- oder ben-u-ron®-Suppositorien), bei Meningismus Lumbalpunktion.

1.2 Erythema anulare rheumaticum (Rayer; Lehndorff u. Leiner)

Innerhalb des Formenkreises der rheumatischen Hautreaktionen äußerst selten und fast immer nur höchst diskret sowie meist nur über wenige Tage im Oberbauchbereich in Erscheinung tretende, mehr oder weniger vollständig geschlossene polyzyklische Erythemfiguren, deren Auftreten als ein prognostisch ernstes Symptom eines akutrheumatischen Fiebers gelten muß. Histologisch fehlt jede kennzeichnende rheumatische Note, es findet sich vielmehr anfänglich das Bild einer exsudativ-leukozytären, später rundzellig-histiozytären „Entzündung“. Mit Rücksicht auf die in solchen Fällen fast stets vorhandene floride rheumatische Endokarditis besteht der therapeutische Imperativ in äußerster Schonung bei strenger Bettruhe. Außer der **Behandlung** des Grundleidens erübrigen sich besondere lokaltherapeutische Maßnahmen gegenüber dem Exanthem, zumal dieses, abgesehen von seiner Belanglosigkeit im Rahmen der Gesamtkrankheit, durch die „spezifische Therapie“ kaum beeinflußt wird.

1.3 Erythema anulare centrifugum (Darier)

Dieses, mit dem *Erythema gyratum perstans* (Colcott-Fox 1890) identische, 1916 von Darier herausgestellte Erscheinungsbild zeigt gewisse Sondervarianten, die als indurierte, squamöse, vesikobullöse und schließlich als teleangiektatisch-purpurische Form weiter unterschieden werden können. Es handelt sich bei derartigen Erythemformen um eine ätiologisch meist nicht näher zu erfassende, vermutlich auf milder Toxinwirkung beruhende „réaction cutanée“, die im Einzelfall auch als Id-Reaktion, so vornehmlich als Mykid, unter Einsatz moderner allergologischer und immunologischer Methoden (Antistreptolysintiter, Immunelektrophorese usw.) versuchsweise abzuklären sein wird.

Entsprechend der meist völlig unklaren Ätiopathogenese bleiben auch die **therapeutischen Bemühungen** meist unbefriedigend, woran auch die modernen Antibiotika und Nosostatika kaum etwas geändert haben. Neben gründlicher Fokussuche (Tonsillen-

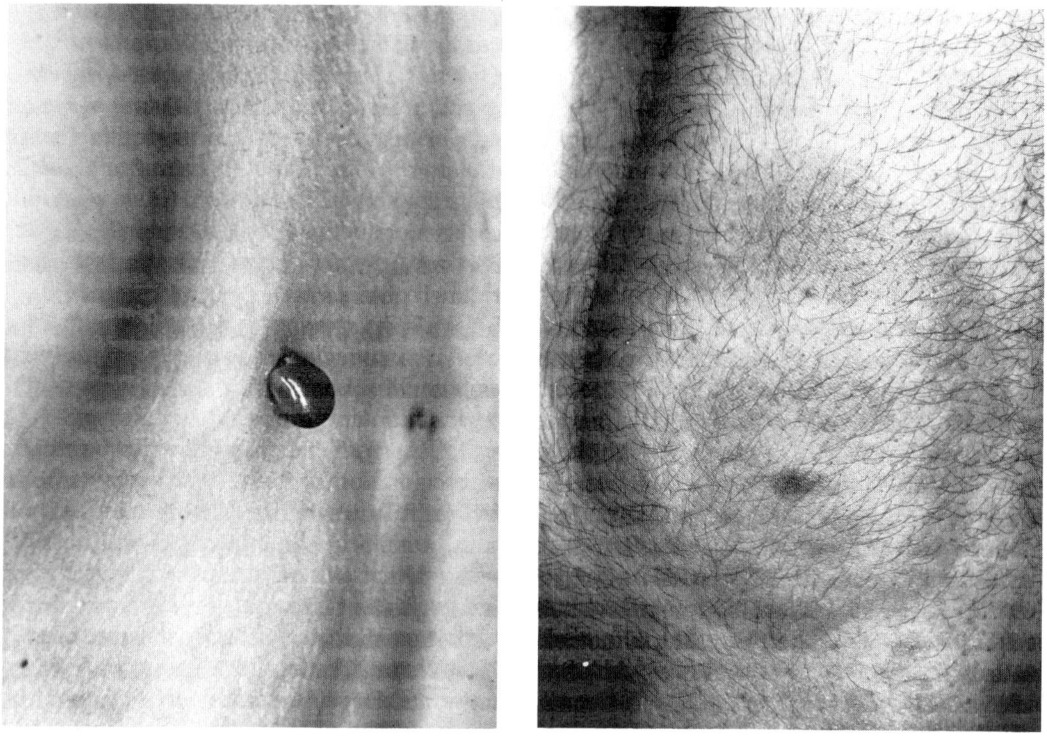

Abb. 1: Erythema migrans; links daneben: eingedrungene Holzbocknymphe

und Zahngranulome, Gallenblase, Adnexe beim Mann wie bei der Frau, Magen-Darm-Störungen o.ä.) kommen behutsame Umstimmungsversuche (Eigenblut, Echinacin®) zur probeweisen Anwendung. Nicht zuletzt sollte, worauf einige Beobachtungen der letzten Jahre hinweisen, bei jedem Fall von Erythema anulare centrifugum, welches zweifelsohne auch dem sog. *Erythema gyratum repens* (Gammel) nahesteht, eine gründliche Durchuntersuchung auf eine viszerale Neoplasie (Karzinom des Larynx, der Mamma, des Ovars usw.) oder eine generalisierende Retikulose oder Retikulogranulomatose erfolgen. Kosmetisch exponierte Herdbezirke können unter Plastikfolienokklusion versuchsweise mit Corticosteroidsalben angegangen werden (z.B. Jellin® ultra-, Diprosone® Creme).

1.4 Erythema chronicum migrans (Lipschütz-Afzelius)

Vielfach läßt sich als auslösende Ursache dieses charakteristischen, meist an Rumpf und Extremitäten und bei Personen in mittleren Lebensabschnitten ohne Geschlechtsbevorzugung auftretenden, über Monate wandernden, aber grundsätzlich sich spontan rückbildenden, im weiteren Verlauf zentral abblassenden Erythems ein Zeckenstich (Ixodes ricinus, Holzbock) ermitteln. Das mag z.T. schon daran liegen, daß der Stich des Holzbocks, der hauptsächlich in Wäldern lebt und von Mensch und Tier beim Vorbeigehen abgestreift wird, in der Regel keine Schmerzsensationen hervorruft. Der Holzbock ist als Überträger von Salmonellen, Viren und Rickettsien beachtlich und im dermatologischen Arbeitsbereich vornehmlich bei der ätiologischen Betrachtung des *Erythema migrans*, des *Lymphozytoms* und der *Acrodermatitis chronica atrophicans* zu berücksichtigen. Die Stichstelle ist mitunter kleinknotig, d.h. lymphozytomartig umgewandelt. Der noch festsitzende Holzbock darf keinesfalls gewaltsam entfernt werden, da durch Haftenbleiben der leicht abzureißenden Mundwerkzeuge langwierige Entzündungen die Folge sein würden. Vielmehr versuche man die eingedrungenen Ixodiden durch Aufbringen von Öl, Petroleum oder Vaselin zu ersticken, wonach sie leicht entfernbar werden. In unseren Breiten seltenes Begleitsymptom des Erythema migrans sind blande, aber langfristige Meningealirritationen sowie Arthritiden (Lyme-Arthritis; Lyme ist eine Stadt in Connecticut, USA). Hinsichtlich des durch die Zecke übertragenen infektiösen, offensichtlich auch von Mensch zu Mensch inokulierbaren Agens ist neuerdings eine Spirochäten-Ätiologie wahrscheinlich geworden („Borrelia burgdorferi").

Als weitere *Zeckenbißreaktion* ist, wenn auch eine nicht-dermatologische Komplikation darstellend, die *Zeckenenzephalitis* oder *Frühsommer-Meningoenzephalitis (FSME)* zu nennen, die durch ein Virus aus der Familie der Toga-Viren auf den Menschen durch den Stich des Holzbocks übertragen wird. Die Erkrankten selbst sind nicht kontagiös. Die FSME kommt in zahlreichen Ländern Europas, vor allem in Österreich, zunehmend auch in Deutschland, im Schwarzwald und im Bayerischen Wald, während der Monate Mai bis Juli, mitunter auch noch im Oktober vor. In Mitteleuropa ist etwa jede 20. bis 500. Zecke infektiös. Klinisch wird das Krankheitsbild in seiner initialen Phase grippal geprägt. Dringt das Virus jedoch zum ZNS vor, so kommt es nach einem beschwerdefreien Intervall von etwa 8 Tagen zu einer serösen Meningoenzephalomyelitis.

Als **Therapie** der Wahl ist heute beim Erythema migrans das Penicillin G zu bezeichnen, welches schon in verhältnismäßig kleiner Gesamtdosis von 4–6 Mill. I.E. i.m. zur Rückbildung führt, wobei nach eigener Erfahrung die parenterale Verabfolgung dieses Antibiotikums einer oralen Applikation überlegen ist. Demgegenüber sind früher übliche Behandlungsweisen, wie örtliche Höhensonnenbestrahlung oder Anwendung der Quarzlampe nach Kromayer, in den Hintergrund getreten.

Bei der Therapie der oben erwähnten Frühsommer-Meningoenzephalitis kommt bis zum 4. Tag nach einem verdächtigen Zeckenstich eine passive Immunisierung (FSME-Bulin®, Immuno-Heidelberg, oder FSME-Immunglobulin Behring, Behringwerke-Marburg) in Betracht. Schutz für etwa 3 Jahre kann aber auch durch 3 aktive Immunisierungen mit einem Impfstoff (FSME-Immun®) erreicht werden. Die Impfung erfolgt dreimal intramuskulär, die 2. Dosis nach einem Monat, die 3. Dosis 9–12 Monate nach der ersten Injektion, die Auffrischung nach 3 Jahren. Die aktive Impfung kommt hauptsächlich für Personen mit beruflich besonderer Exposition (Jäger, Forstarbeiter), aber auch für Wanderer oder Spaziergänger in den genannten Waldgebieten in Betracht.

1.5 Acrodermatitis enteropathica (Danbolt und Closs)

Dieses früher vermutlich vor allem wohl als Epidermolysis bullosa hereditaria verkannte Erscheinungsbild scheint in der gesamten Welt vorzukommen und wurde bisher „essentiell" in etwa 300 Fällen beobachtet. Hauptsächlich befallen werden nicht selten Geschwister sowie ohne Bevorzugung des Geschlechtes Kinder in den ersten Lebensjahren, manchmal zum Zeitpunkt des Abstillens. Vorhanden sind Erytheme von vesikulopustulöser oder krustöser Überlagerung sowie auffälliger seitengleicher Anordnung namentlich in der Umgebung aller Körperöffnungen und der gipfelnden Extremitätenanteile (Akrodermatitis). Kennzeichnend sind ferner pustulierende Paronychien, Nageldystrophien und Alopezie. Weniger häufig entstehen auch Blepharokonjunktivitiden mit Lichtscheu, während hingegen diarrhoische Darmerscheinungen fast immer gleichzeitig vorliegen. Ebenso charakteristisch ist die Besiedlung mit Candida albicans, die aber nur sekundär erfolgen dürfte. Sozusagen als Diagnose ex juvantibus kann das prompte therapeutische Ansprechen dieses sonst sehr refraktären und prognostisch ernsten Leidens auf Chinolinabkömmlinge gelten. Ursächlich wird, abgesehen von der pathogenetischen Bedeutung der gleichzeitigen Darmaffektion, das Vorliegen eines genetisch determinierten Enzymdefekts erörtert. Diskutiert wird ferner auch ein mangelnder oxidativer Abbau der Aminosäuren in der Leber.

Therapeutisch hat sich durch die von Schlomowitz empfohlene Einführung des 8-Hydroxychinolin-Derivates Diodoquin® von Searle, eines im Ausland gebräuchlichen Mittels gegen Protozoen und Amöbiasis, die ernste Prognose des Leidens entscheidend gewandelt.

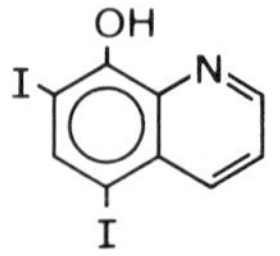

5,7-Diiod-8-hydroxychinolin	Diodoquin®
Iodoquinol	Searle
USP XXI	

An erster Stelle wird man heute eine Substitution mit Zinkverbindungen, möglichst unter Bestimmung der Serumzinkwerte, z.B. mit Zinksulfat Solvezink®, 2–3mal täglich 1 Brausetablette oder mit Zinkaspartat, 2mal täglich 1–2 Dragees, durchführen.

Für die Lokalbehandlung gelten Gesichtspunkte wie bei einer Dermatitis eccematiformis.

1.6 Acrodermatitis papulosa eruptiva infantilis (Gianotti-Crosti-Syndrom)

An Gesicht, Hals und Gliedmaßen, also als Akrodermatose, sowie mit Lymphknotenschwellung, Hepatomegalie (Transaminasenerhöhung!) in Erscheinung tretendes und bezeichnenderweise über mehrere Wochen stehenbleibendes lichenoid-papulöses monotones Exanthem des Kleinkindalters. Hämatologisch Lymphomonozytose, histologisch perikapillär orientierte Lymphohistiozytose, immunologisch ferner Erhöhung des Coeruloplasmins. Unter Umständen handelt es sich um eine Id-artige Zweitkrankheit. Die Prognose des Gianotti-Crosti-Syndroms ist günstig; spontane Involution, wenn auch erst nach langer Bestandsdauer, aber ohne Rezidivbereitschaft, so daß blande Lokalmaßnahmen, wie Zinktrockenpinselungen mit eventuellen antipruritüösen Zusätzen (Ichthyol® 5%, Tumenol®-Ammonium 5–10%, Liquor Carbonis detergens 10%) ausreichen. Im Hinblick auf die fragliche Virusgenese sollte man zu Beginn des Exanthems nicht ohne weiteres eine systemische Glucocorticoidtherapie durchführen. HB_sAG (Hepatitis-B-surface-Antigen, früher Australia-Antigen) ist positiv. Bei fehlender Leberbeteiligung und negativem HB_sAG ist ein Kontakt mit Hepatitis-Viren unwahrscheinlich und an Stelle dessen ein „infantiles akrolokalisiertes papulovesikulöses Syndrom" (Crosti und Gianotti) zu diagnostizieren.

1.7 „Hand-foot-mouth-disease"

Von dieser Viruskrankheit (Coxsackie, Typ A XVI sowie V und X), die zunächst hauptsächlich in Großbritannien beschrieben wurde, inzwischen aber auch auf dem europäischen Kontinent nachbeobachtet ist, werden vorzugsweise kleine Kinder, seltener aber auch Erwachsene nach einer Inkubation von bis zu 1 Woche und nach uncharakteristischen Prodromi (Fieber, Kreuzschmerzen, Durchfall), für die Dauer von etwa 2 Wochen manifest exanthematisch palmoplantar sowie im Bereich der Mundschleimhaut ergriffen. An der Haut beobachtet man schubweise entstehende hellrote Maculae, die sich mikrovesikulär unter auffallend eckiger Begrenzung transformieren. Weniger häufig sieht man auch angedeutet papulöse Fleckformen an den Flanken. An der Mundschleimhaut begegnet man zunächst bis allenfalls 1 cm im Durchmesser betragenden Enanthemen, die sich ebenfalls bläschenförmig umgestalten und schließlich aphtoidulzerös darbieten.

Eine spezifische **Therapie** ist nicht bekannt; es sind also nur die üblichen symptomatischen Hilfen möglich.

1.8 „Erythème postérosive syphiloïde" (Jacquet, Sevestre, Ferrand)

Dieses mit dem Erythema glutaeale von Parrot, der „Dermatitis pseudosyphilitica papulosa" von Halle und der Dermatitis ammoniacalis Cooke identische Erscheinungsbild ist mit der beim Erwachsenen vorkommenden *Pseudolues papulosa Lipschütz* (s.S. 294) vergleichbar. Es stellt seinem Wesen nach einen Windelausschlag dar und ist praktisch wegen der Verwechslungsmöglichkeit mit der Lues congenita beachtenswert. Hiergegen schützt aber der Umstand, daß das Erythema papulosum posterosivum im Gegensatz zu luischen Papeln die Zirkumanalgegend ausspart und erst in gewissem Abstand davon die Gesäßgegend befällt. Zu beachten ist auch, daß die Windelausschläge dyspeptischer Säuglinge weitgehend flächenhaft geschlossene Rötungen darstellen, während man bei dem posterosiven Syphiloid auf engem Umkreis verstreute, d.h. disseminierte, linsengroße, derbe blaurötliche Papeln, seltener auch ebenso große, schnell erodierende Bläschen vor sich hat.

Therapeutisch gelangen solche posterosiv-syphiloide lentikuläre Papeln an der Glutäalregion meist schon bei Einhaltung verstärkter Hautpflege (häufiges Umlegen, saugfähige Windeln) zur baldigen Rückbildung, wichtig ist ebenso die Ausschaltung von Bakteriurie und Pyurie (alkalischer Urin!). Weiterhin kommen Bäder mit Kaliumpermanganatzusatz (Sol.Kalii permanganici 2%, 10 g, S, einige Tropfen auf ein Kindersitzbad), fernerhin Farbstoffpinselungen (Auramin, Methylviolett (syn. Gentianaviolett B, Pyoktaninum coeruleum), Brillantgrün, je 0,5%) oder Zinkschüttelmixturen mit je 1% Rivanol® bzw. Vioform®, später auch fettarme Salben, z.B. Locacorten-Vioform®-Creme o.ä., in Betracht. Bei diagnostisch unsicheren Fällen darf – auch wenn die sonstige klinische Symptomatologie der Lues congenita fehlt – niemals die Durchführung einer serologischen Kontrolle unterlassen werden. Bei sekundärer Sooraufpfropfung empfiehlt sich vor allem eine Nystatin-Paste (Candio-Hermal® Paste).

1.9 Erythema exsudativum multiforme

Entweder „genuines", und dann meist atypisch pneumonisch kompliziertes und mit Kälteagglutinineerhöhung (Mykoplasmeninfektion?) einhergehendes Krankheitsbild, oder – weit häufiger – ein polyätiologisch bedingtes, zweifelsohne von zahlreichen Realisationsfaktoren geprägtes, mitunter arzneimittel- oder infektionsallergisch bestimmtes, auch selten als prämonitorisches Symptom einer hämatologischen Störung (z.B. unreifzellige Leukose) zu wertendes Syndrom. Physikalische Auslösung u.U. durch Röntgenbestrahlung, häufiger durch atmosphärische Wettereinflüsse (z.B. relativ oft nach Motorradfahrten bei Besonnung und Wind), was ja auch dem bereits von Hebra herausgestellten Herbst-Frühjahrs-Gipfel des Leidens (Typus annuus) entspricht. So ist denn auch epidemisches Auftreten dieser Erythemform eher klimatischer Bedingtheit als echter Kontagiosität zuzuschreiben. Ebenso ist bei der offenbar idiopathischen Erscheinungsform die Natur des infektiösen Agens umstritten, obschon die Tatsache der in solchen Fällen nicht seltenen Einleitung mit einem Herpes simplex labialis für eine solche Ursache sprechen könnte. Das sog. postherpetische Erythema exsudativum multiforme, aus dessen Läsionen das Herpes-simplex-Virus isoliert werden kann, kommt vermutlich durch Bildung von Autoantikörpern zustande. Somit ist das häufig klinisch durch besonders kleine Kokardenherde auffällige postherpetische Erythema exsudativum multiforme ein Herpetid. Pathogenetisch liegt für die meisten Fälle von Erythema exsudativum multiforme aber die Annahme einer toxischen oder allergisch-hyperergischen Reaktion an den Hautgefäßen, mitunter bis zum Kaliber der Arteriolen hin, nahe. Bestimmte Erscheinungsbilder von klinisch schwerem Verlaufsgang wurden vereinzelt auch unter spezieller Bezeichnung herausgehoben: Es sind dies die akuten mukokutaneo-okularen Syndrome von Fuchs, Fiessinger-Rendu, Stevens-Johnson, Baader u.a.

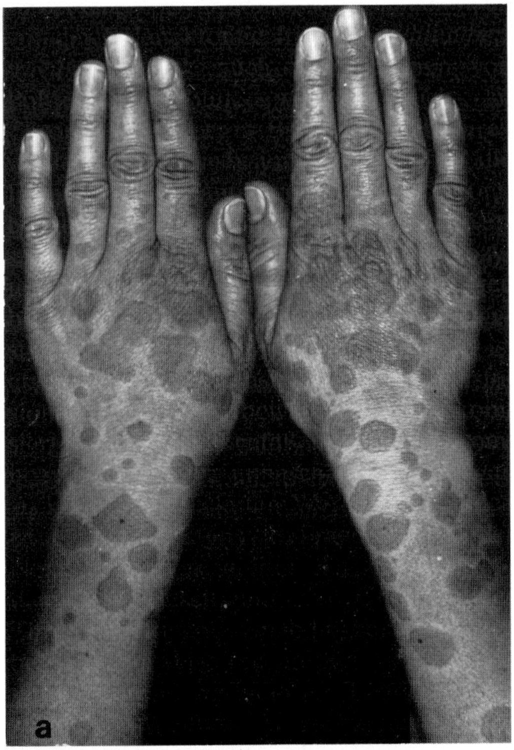

Abb. 2a: Erythema exsudativum multiforme: typische Kokarden

Therapeutisch bedürfen die leichten oder abortiven Erkrankungsfälle, zumal sie auch mangels Allgemeinsymptomen den Kranken kaum behelligen werden, keiner differenten Behandlung, so daß man sich gut auf die Anwendung von Pudern (Zinci oxidati, Talci āā, Fissan® Baby-Puder o.ä.) oder von Schüttelmixturen (Zinci oxidi lotio NRF, Lotio Cordes®, Lotio Hermal® o.ä.) beschränken kann. Dazu tritt beim *Typus inversus* (Obermeyer, Rille) mit Schleimhautbeteiligung die Sorge um konsequente Mundreinigung. Ein therapeutisches Problem stellen hingegen die hochakut-fieberhaften sowie die chronisch-rezidivierenden Verlaufsformen dar. Bei letzteren kommen für die Mehrzahl der Fälle praktisch nur pathogenetisch wirksame, d.h. nosostatische Maßnahmen in Betracht, unter denen heute der lang dauernde Unterdrückungsversuch mit kleinen bis mittleren Corticosteroiddosen fraglos im Vordergrund steht, wobei für gewöhnlich eine Iso-Dosis von etwa 15 mg Prednison täglich ausreicht. Mit Rücksicht auf die somit fast stets notwendige Langzeitverabreichung derartiger Präparate scheint zur Erzielung eines erscheinungsarmen Zustands außerdem eine ebenfalls langfristig häufig durchaus befriedigende Salicylattherapie (z.B. 2–3 g Natrium salicylicum per os täglich) empfehlenswert. Symptomatisch effektvoll ist auch, namentlich bei dem Typus annuus dieses Krankheitsbilds, ein Versuch mit Nikotinsäure- oder Folsäurepräparaten (Keining u. Oldach). Akuten und im besonderen hochfebrilen Manifestationen des Leidens begegnet man aber nach eigener Erfahrung am besten durch eine von vornherein hoch dosierte und kombinierte Verabfolgung von Dexamethason (Decadron®-Phosphat, Fortecortin® 4–12 mg i.m./die) und einem Tetracyclin (wie beispielsweise Reverin® i.v. 0,275–0,550 g/die oder Doxycyclin (Vibramycin®)). Auch bei diesen Formen erfolgt die örtliche Therapie des Erythema exsudativum multiforme nach den üblichen dermatotherapeutischen Grundsätzen, also vorzugsweise mit Puder und Schüttelmixturen für die Hauterscheinungen, im Schleimhautbereich mit Farbstoffpinselungen, z.B. 0,5% Methylviolett wäßrig oder Spülungen unter Zusatz von Bepanthen®-Lösung oder des Parodontax®-Mundwassers, ferner Betnesol-Pastillen. Ist die Nahrungsaufnahme bei akuten hochbullösen oder erosiv-ulzerösen Zustandslagen infolge der erheblichen Schmerzhaftigkeit erschwert, so denke man an die Verordnung von Anaesthesin®-Pastillen, Subcutin®-Lösung, Dynexan® o.ä. Schließlich sind später therapeutische Versuche, die Rezidivbereitschaft mit γ-Globulin, und zwar in Form von 2–5 ml Beriglobin® i.m. oder Intraglobin® i.v., einzuengen, zu erwägen.

1.10 Erythema elevatum et diutinum

Bei dem 1894 von Crocker und Williams beschriebenen seltenen Krankheitsbild, welches wir nosologisch zwischen das Erythema exsudativum multiforme und das Granuloma anulare gruppieren möchten, handelt es sich ebenfalls um über den Streckseiten der Extremitäten, vornehmlich den Händen, und über den Gelenken lokalisierte, mehr monomorphe, subakut bis subchronisch sich entwickelnde, rundliche oder polyzyklische, mäßig knotige Infiltrate von blaurötlichem Ton und häufig zentraler Dellung.

Auch die *extrazelluläre Cholesterinose* (Kerl-Urbach) ist nach Herzberg eine durch sekundäre Lipideinlagerung ausgezeichnete Spielart des Erythema elevatum et diutinum.

Histologisch haben wir initial eine mehr exsudativ leukozytoklastisch-leukozytäre, vereinzelt eosinophil durchmischte perivaskuläre Zellanhäufung, namentlich auch subepidermal, vor uns, der bald ein lipidspeicherndes Resorptionsbild gegenübersteht.

Während Sulfone (DADPS, 50–150 mg/die, an sich ein Lepramittel der Bayer AG, auch als Dapson-Fatol Tabl. im Handel), Chloroquin-Diphosphat, Corticosteroide und Antibiotika sich **therapeutisch** als meist nur gering wirksam erwiesen, berichtete Kalkoff über schlagartiges bzw. geradezu dramatisches Ansprechen solcher Veränderungen auf 3-Sulfanilamido-6-methoxypyridazin (Lederkyn®), (durchschnittlich zunächst 1–2 g/die und zur Dauerbehandlung möglichst niedrige Dosierung mit etwa 0,5–0,25 g/die). Versuche mit dem ähnlich strukturierten Sulfonamid Durenat® wären angezeigt.

1.11 Erythema nodosum

In 20% der Fälle an den oberen Gliedmaßen mit den Zeichen eines Erythema exsudativum multiforme versehenes, grundsätzlich aber die untere Körperhälfte und etagenmäßig die tieferen Gefäßgebiete bzw. die tiefe Kutis und die Septen des subkutanen Fettgewebes bevorzugendes, in Form meist walnußgroßer tiefkutaner (kontusiformer) oder subkutaner, bläulichroter, druckschmerzhafter, mitunter auch exulzerierender Infiltrate sich darbietendes Erythem, das nicht allzu selten akut fieberhaft einsetzt und von Gelenkschmerzen oder -schwellungen oder Lungen- und Hilusveränderungen, mitunter auch einer Uveoparotitis, begleitet wird. Im Kindesalter stellt diese „Knotenrose" sozusagen einen „Spontan-Pirquet" dar, während beim Erwachsenen eine tuberkulöse Bedingtheit (z.B. nach BCG-Impfung) nur ausnahmsweise zu erörtern sein wird. Ohne daß gewisse personale Faktoren (Resistenzschwankungen oder jahreszeitliche Einflüsse) völlig zu leugnen sind, ist zunächst daran festzuhalten, daß das Erythema nodosum als eine „réaction cutanée" grundsätzlich bei allen Geschlechtskrankheiten, sodann bei septischen Infektionen, bei Dermatomykosen (Trichophytie), bei der Boeckschen Sarkoidose (in Zusammenhang mit einer Hiluslymphadenopathie, sog. Löfgren-Syndrom), bei rheumatischem Fieber bzw. postanginös, selten auch – als hämatogen verbreiteter Staphylokokkeninfekt – bei der Lymphogranulomatose Paltauf-Sternberg, nicht zuletzt arzneimittelallergisch (Sulfonamide: früher bei Cibazol®, Eleudron®) zu beobachten ist. Kürzlich wurden auch nodöse Erytheme bei Yersinia enterocolitica sowie bei Katzenkratzkrankheit mitgeteilt. Eine eigene Beobachtung stand in fraglichem Zusammenhang mit einer serologisch sicheren Leptospirose.

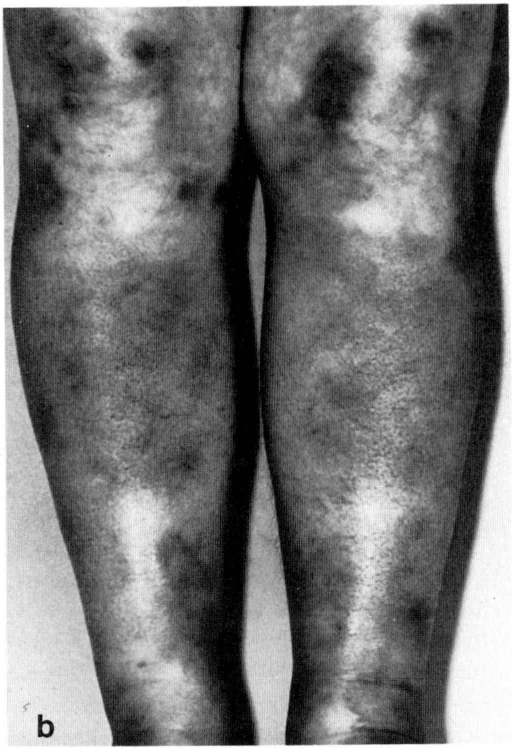

Abb. 2b: Erythema nodosum

Die **Therapie** des Erythema nodosum ist in ihren Grundzügen die gleiche wie beim Erythema exsudativum multiforme. Die unverkennbar spontane Involutionstendenz tritt besonders deutlich unter Bettruhe bzw. -wärme und bei den akuten febrilen Verlaufsformen in Augenschein. Ist eine der auswahlsweise vorangehend genannten Ursachen feststellbar, so wird dies zu einer kausalen Therapie auch des Erythema nodosum befähigen, wie etwa zu der Verabfolgung von Penicillin, wenn Streptokokken gefunden werden (Antistreptolysintiter!).

Die konventionelle Salicyltherapie ist nicht nur bei anscheinend rheumatischer Genese, sondern auch wegen ihrer Antihyaluronidasewirkung oder wegen ihrer Hemmung der Prostaglandin-Synthese (?) nicht selten deutlich wirksam (z. B. Natrium salicylicum, 2–3 g per os), wenn man nicht zu Indometacin (Amuno®), auch Elmetacin® Spray oder Diclofenac (Voltaren®) greifen will. Deutliche symptomatische Effekte kommen dem Cortison und seinen Derivaten zu, wobei man heute auch Corticosteroidsalben unter okklusiver Plastikfolie vor einer systemischen Therapie versuchen kann. Lokal behandelt man in den ersten Tagen mit Umschlägen (Wasser-Alkohol, Ormicetten®, Aluminiumacetat-tartrat-Lösung DAB 9, früher essigsaure Tonerde o. ä.), später kommen Verbände mit resorptionsfördernden Salben (10%iges Ichthyolvaselin, Hirudoid®, Pergalen®, Lasonil®, Hemeran® o. ä.), mit gutem Erfolg auch Kurzwellendurchflutungen in Betracht. Da die knotigen Veränderungen meist Schmerzen bereiten, empfiehlt sich zur Verhinderung des Bettdeckendrucks die Anwendung eines Bügels.

1.12 Pityriasis rosea (Gibert 1860)

Zuweilen unter gewisser epidemischer Häufung, nicht selten auch begleitet von geringfügigen konstitutionellen Symptomen (wie z. B. geringem Halsweh) sowie unter gewissem rhythmischen Ablauf, fast stets aber unter vorangehender Ausbildung einer charakteristischen kreis- oder eiförmigen Primärplaque treten entlang den Hautlinienzügen, namentlich am Rumpf, kranial etwa bis zum Hals hin und unter deutlicher Projektion nach den Achselgruben zu, zahlreiche zartsquamöse, vor allem am Rand schuppenkrausen- oder schuppenröschenartig sich darbietende, graurötliche Medaillons in Erscheinung.

Die Aussicht auf die spontane Involution dieses von Hause aus diskreten Exanthems kann durch Hinzutreten des Arztes insofern getrübt werden, als eine differente **Therapie** bei dieser Dermatose irritierend wirkt. Man begnüge sich daher mit der Anwendung indifferenter Lokalmaßnahmen (nach NRF: Zinkschüttelmixtur mit 2% Ammoniumbituminosulfonat (Ichthyol®) oder mit 2,5% Ammoniumsulfobitol (Tumenol®-Ammonium)), lasse Waschen und Baden einschränken und gebe später allenfalls vorsichtige UV-Bestrahlungen.

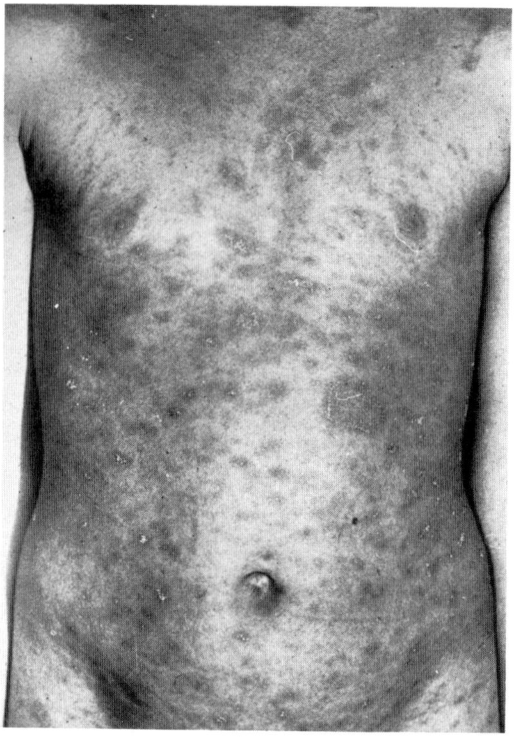

Abb. 3: Pityriasis rosea

1.13 Psoriasis

Unregelmäßig dominantes bzw. vermutlich multifaktorielles Erbleiden mit Schwellenwerteffekt, deutlicher Abhängigkeit entweder von Umweltfaktoren, wie beispielsweise heftiger Insolation, oder endogenen Zustandsänderungen, wie z. B. exanthematischer Aussaat nach fieberhafter Angina oder Grippe, oder schließlich bestimmten Stoffwechselkonstitutionen. Kinetisch ist bei der Psoriasis die hochgradige, etwa das Fünffache der Norm betragende Steigerung der epidermalen Mitoserate herauszustellen. Biochemisch sprechen ebenfalls manche Zeichen für eine gesteigerte Stoffwechselaktivität, wobei gegenwärtig im besonderen der Pentosephosphatzyklus im Vordergrund der Untersuchungen steht.

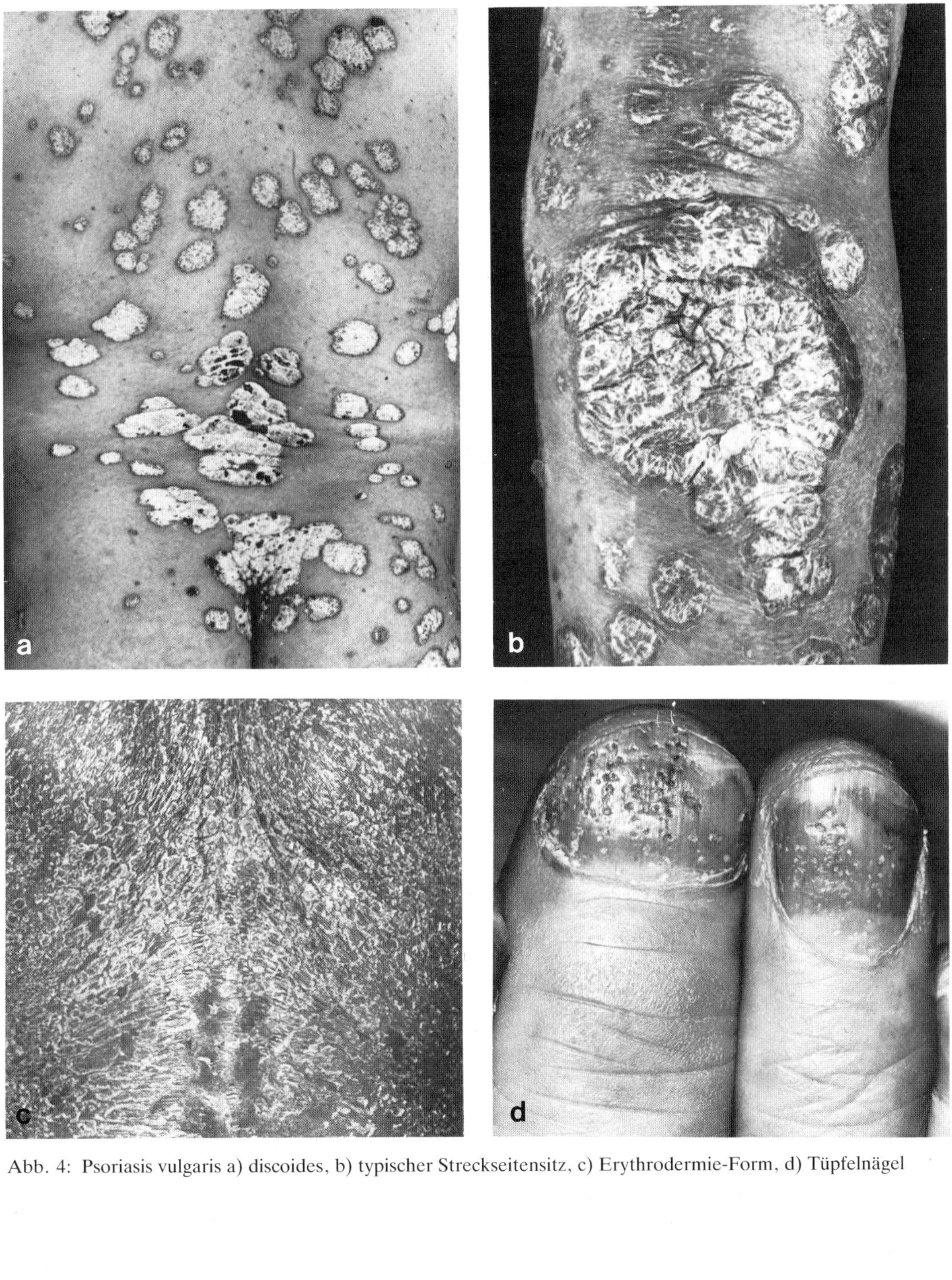

Abb. 4: Psoriasis vulgaris a) discoides, b) typischer Streckseitensitz, c) Erythrodermie-Form, d) Tüpfelnägel

Primäreffloreszenz ist ein scharf umschriebenes Erythem, welches von einer geschichteten, kerzenspanartig sich lösenden silberglänzenden Schuppung bedeckt wird, nach deren vollständiger Entfernung eine tautropfenförmige Blutung zutage tritt (Auspitzsches Zeichen). Ferner fast stets multiple Einzelherde von verschiedener Größe, deren Rückbildung unter De- oder Hyperpigmentierung stattfinden kann. Bei exsudativer oder pustulöser Note besondere innere Bedingung, wie z.B. larvierte Tetanie. Ektodermale Maximalvariante ist die psoriatische, vom Scheitel bis zur Sohle flächenhafte, exfoliierende *Erythrodermie*, die mesenchymale Maximalform ist die *Psoriasis arthropathica* (etwa 1,5 % der Fälle).

Bei der „gewöhnlichen" Psoriasis sind die Extremitätenstreckseiten, bei Gesichtsbeteiligung die Stirn- und Haargrenze betont. Häufiger Nagelbefall, entweder in Gestalt kleiner Grübchen (Tüpfelnägel) oder als sog. „Ölfleck" (subunguale transparente Parakeratosen).

Therapie: Remissionsmöglichkeit allein durch mehr oder weniger durchgreifende Änderung der Ernährungsweise, also keineswegs nur durch fettfreie Diät, selbst nicht durch rapide Hungerkuren, sondern eher durch milde Umstellung, z.B. unter Buttermilchkuren oder – aber keinesfalls überzufällig – unter innerlicher Milchsäuretherapie. Aufgegeben ist die Gewebetherapie, zu bekämpfen jede weitere Verabfolgung des kokarzinogenen Arsens, gleich welcher Darreichungsart oder Kombinationsweise (z.B. mit Karbolsäure). Die parenterale Eisentherapie bedarf bei diesem Leiden der weiteren Bestätigung; überhaupt kommen in ihrem Effekt einigermaßen gesicherte *innerliche Therapiemaßnahmen* nur bei bestimmten, und zwar vor allem den erythrodermischen, exsudativ-pustulösen, arthropathischen Varietäten in Betracht. Bei streuender exanthematischer Psoriasisaussaat, der besondere spontane Involutionstendenz innewohnt, dämpfe man den Eruptionsdruck entweder kurzfristig mit Triamcinolon (Volon®, Delphicort® o.ä.) oder aber mit kortikal abschirmenden Brompräparaten, wie z.B. der bekannten Erlenmeyerschen Mischung bzw. der Mixtura nervina:

Rp. Kal. bromat.	8,0
Ammon. bromat.	4,0
Natri. bromat.	4,0
Aqu. purific.	ad 100,0
S. 3mal tägl. 1 Eßlöffel	

oder mittels einer Kohlendioxid entwickelnden Bromverbindung (Calcibronat®-Brausetabletten, 3mal 1–2 Tabl./die). Liegt eine begleitende Hyperurikämie vor, die sich klinisch in mäßigem, aber bei diesem Leiden ungewöhnlichen Juckreiz äußern kann, so versuche man deren Behebung mit dem dem Phenylbutazon (Butazolidin®) strukturverwandten Sulfinpyrazon (Anturano®, 300–400 mg in 3–4 Einzeldosen über einige Tage hindurch bei reichlicher Flüssigkeitszufuhr, auch in der Nacht), Benzbromaron (Uricovac®, 1mal tägl. 80 mg) und zur Dauerbehandlung Allopurinol (Zyloric®, Epidropal®, 3mal tägl. 100 mg, 1mal tägl. 300 mg). Als weitere wichtige Phänomene der psoriatischen Partialkonstitution sind neben Übergewichtigkeit Hyperlipämie (Bezafibrat: Cedur®, 3mal tägl. 1 Drag.) sowie eine etwaige diabetische Entgleisung zu berücksichtigen, auch wenn die oralen Antidiabetika als internes Antipsoriatikum im engeren Sinne sich nicht überzufällig bewährt haben. Die Psoriasis pustulosa ist durch Beziehungen zum Calciumhaushalt bzw. zur Tetanie gekennzeichnet. Hierbei kommt demgemäß vor allem bei der Psoriasis pustulosa – in graviditate heißt sie synonym *Impetigo herpetiformis* – A. T. 10 3mal 8–10–12 Tropfen per os versuchsweise zur Anwendung. Von den Vitaminen – einschließlich der Folsäure – kommt lediglich der Vitamin-D_3-Intensivbehandlung bei jugendlichen, flächenhaft ergriffenen Psoriatikern ein gewisser Effekt über die spontane Involutionsquote hinaus zu (z.B. Vigantol®forte, wöchentlich 2- bis 3mal 10 mg bis zu einer Gesamtmenge von 300 mg, bei sorgfältiger Überwachung des Patienten, Blutdruck und Nierenfunktion!).

Fokalsuche lediglich bei erythrodermischer oder pustulöser Psoriasis (Hg-haltige Zahnfüllungen!). Bei der *Psoriasis pustulosa* vom Typ Zumbusch kommen sodann antibiotische Sanierungen z.B. mit Dicloxacillin (Dichlor-Stapenor®, 4mal tägl. 250 mg), Flucloxacillin (Staphylex®, 3mal tägl. 1–2 Kapseln zu 500 mg) in Betracht, während bei erythrodermischer Psoriasis zusätzlich der Einsatz von Immunsuppressiva, also z.B. von Azathioprin (Imurek®, 50–100 mg/die), zu erwägen ist. Bei gleichzeitiger Gabe von Allopurinol (s.o.) und Azathioprin kommt es aufgrund einer Wechselwirkung zur erhöhten Toxizität von Azathioprin. Dann muß die Azathioprin-Dosis auf 25% der Normaldosis vermindert werden. Unspezifische Therapieversuche einschließlich „Reizkörper" sind nur bei torpider (Kreuzbeinlokalisation) oder *arthropathischer Psoriasis* einzusetzen (z.B. Echinacin® i.v. als Injektionsserie mit ansteigenden Einzeldosen, etwa jeden 2.–3. Tag; zu verabfolgen sind insgesamt etwa 8–10 Injektionen, anfänglich 0,2 g). Ansonsten kommt bei der *psoriatischen Arthropathie* neben Indometacin, ein Arylessigsäurederivat (Amuno®, Tagesdosis anfänglich 75 mg, bei Bedarf langsame Erhöhung auf 150 mg/die), auch Diclofenac (Voltaren®, 3mal tägl. 25–50 mg, Erhaltungsdosis 3mal tägl. 25 mg) zur Anwendung. Weiterhin können auch Ibuprofen (Brufen®), Febufen (Lederfen®), Piroxicam (Felden®) und das Difluorphenyl-Derivat der Salicylsäure, Diflunisal (Fluniget®), versucht werden.

Gelegentlich kann auch eine *Goldtherapie* erwogen werden, sofern die Arthritisattacke über 4 Wochen andauert. Unabdingbar ist dabei die Überwachung von Blutbild, Harnstatus sowie hinsichtlich „allergischer" Haut- und Schleimhautphänomene. Die Dosierung von Goldpräparaten ist individuell, ihre Anwendung zunächst tastend, einschleichend. Man beginnt z.B. bei Aurokeratinat = Auro-Detoxin® mit 0,01 g und steigert in Abständen von etwa 3 Tagen (2mal pro Woche) über 0,02, 0,05 und 0,1 auf 0,2 g. Bei starken Herd- oder Allgemeinreaktionen ist vorübergehend auf die nächstkleinere Dosis zurückzugehen oder eine Injektionspause einzuschalten. Mäßige Reaktionen sollten jedoch angestrebt werden. Indikationen zum Abbrechen der Goldtherapie sind, wie schon vorhin angedeutet, Exantheme, Gingivitis oder Stomatitis, Eosinophilien, Leuko- oder Thrombozytopenien sowie stark pathologische Urinbefunde, wie auch schwere Leberschäden und eine Gravidität zu den absoluten Kontraindikationen einer Goldtherapie zählen. Die Gesamtdosis für eine Kur beträgt durchschnittlich 2–5 g Auro-Detoxin®. Andere i.m. Fertigarzneimittel sind Aurothioglucose (Aureotan®) und Natriumaurothiomalat (Tauredon®). Neuerdings gibt es eine oral anwendbare Goldverbindung, das Auranofin (Ridaura®-Filmtabletten) mit einer klinisch der i.m. Verabreichung vergleichbaren Wirkung, die erst allmählich (nach 2–6 Monaten) bei einer Dosierung von 2mal tägl. 6 mg einsetzt. Die Rate der Nebenwirkungen dürfte gleich groß, aber bislang weniger schwerwiegend sein. Es treten weniger Hautreaktionen, aber vermehrt weiche Stühle bis leichte Durchfälle u.a. Störungen im Gastrointestinaltrakt auf. Hingegen ist das heute sonst bei chronischen Arthropathien ebenfalls übliche Antimalariamittel Chloroquin (Resochin®) kaum empfehlenswert, da hierdurch das Hauterscheinungsbild der Psoriasis provoziert werden kann. Im übrigen können medikamentöse Provokationen der Psoriasis auch durch Lithiumsalze, Betarezeptorenblocker, weniger auch durch Indometacin und Acetylsalicylsäure erfolgen.

Im Vordergrund der internen Psoriasistherapie, in erster Linie für die genannten Sonderformen, standen in letzter Zeit Corticosteroide und *Folsäureantagonisten*.

Von ersteren hatte sich hauptsächlich das Triamcinolon per os (Volon®, Delphicort®) bei Streuformen eingeführt. Die Anfangsdosis kann 8–16 mg Triamcinolon/die betragen und wird Tag um Tag langsam abgebaut, bis schließlich für einige Zeit eine sog. Erhaltungsdosis von 4–8 mg Triamcinolon/die, vor dem endgültigen Absetzen dieser Therapie, eingehalten wird, die zweckmäßigerweise Hand in Hand mit der schulgerechten Lokaltherapie verläuft. Die Einnahme sollte bei länger dauernder Behandlung dem zirkadianen Rhythmus angepaßt werden, d.h. die Tagesdosis auf einmal frühmorgens zwischen sechs und acht Uhr verabreicht werden. Von den Folsäureantagonisten, welche kompetitiv die Synthese von Nukleinsäure behindern, was bei einem Leiden mit gesteigerter Epidermopoese und pathologisch erhöhtem Pentosenstoffwechsel erwünscht erscheint, hatte sich seit knapp 20 Jahren das Methylderivat des Aminopterins, das *Methotrexat, nur für extrem schwere* (!) pustulöse, erythrodermische, weniger auch arthropathische Formen im klinischen Gebrauch einen festen Platz erobert. Die Behandlung kann auch diskontinuierlich erfolgen, muß aber meist über Monate hindurch kontinuierlich fortgesetzt werden. Dosierung entweder i.m. oder i.v. 1–2mal 10–25 mg Methotrexat pro Woche unter regelmäßiger Kontrolle vorzugsweise des weißen Blutbildes (Agranulozytose) und der Blutplättchen. Die Therapie hängt keineswegs vom Eintritt einer Leukozytendepression ab. Die geringste noch wirksame Dosis liegt auf die Dauer etwa bei 10 mg Methotrexat i.v. 1mal in der Woche. Eine Remission tritt etwa 3–6 Wochen nach Behandlungsbeginn ein. Ein stufenweiser Abbau der Therapie ist im Gegensatz zu den Verhältnissen bei Corticosteroiden nicht erforderlich, nach Absetzen ist indes mit baldigem Rezidiv der Schuppenflechte zu rechnen. Weitere Nebenwirkungen sind vornehmlich Schleimhautulzerationen, gastrointestinale Beschwerden sowie Haarausfall. Antidot ist Folinsäure, syn. Citrovorum-Faktor (Wachstumsfaktor des Milchsäurebakteriums Leuconostoc citrovorum); man gibt diesen als handelsübliches Leukovorin® i.m. 1–2 ml/die (3–6 mg) bis zur Normalisierung. Sehr vorsichtig mit Methotrexat sei man des weiteren bei Niereninsuffienz sowie, abgesehen von offenbar chromosomaler Beeinträchtigung, auch in teratogenetischer Hinsicht, also in den frühen Graviditätsphasen. Wir selbst sahen ferner nach Injektion von Methotrexat eine bedrohliche anaphylaktoide Reaktion, während andererseits erst bei Anwendung dieser Therapie eine über 18 Jahre lang hospitalisierte, osteomalazisch komplizierte Psoriatikerin resozialisiert werden konnte. Außerdem wurden vereinzelt unter einer Methotrexat-Therapie auftretende Malignome bei solchen Patienten mit dieser Behandlung in Beziehung gesetzt.

Neuerdings bekannt wurden weiterhin Therapieeffekte mit pharmakodynamisch hochdosierten bzw. subtoxischen bis toxischen Dosen von Vitamin-A-Gaben (z.B. 10–14tägige Dosierung von Retinolpalmitat bis zu 3 Millionen IE täglich) (A-Mulsin-Hochkonzentrat). Nach 20–30 Millionen IE wurden Abheilungen konstatiert, jedoch sind unter dieser Behandlung nicht nur Rückfälle, sondern vor allem auch die bekannten Symptome der akuten Vitamin-A-Intoxikation (u.a. Kopfschmerzen, Brechreiz, Diarrhö, totaler Haarausfall, Nasenbluten) gesehen worden.

Diese Vitamin-A-Intensivtherapie kann heute wieder weitgehend als verlassen gelten.

Dagegen ist in den letzten 20 Jahren die Anwendung *oraler Retinoide*, Derivate von Vitamin A, für bestimmte Sonderformen der Psoriasis, durchaus auch in Kombination mit der konventionellen Lokaltherapie, in den Vordergrund getreten. Hier hat sich vor allem das Retinoid *Etretinat*, seit 1982 als Tigason® im Handel, zumal peroral zuführbar, fest eingeführt. Durch Etretinat wird die Vermehrung der Keratinozyten im Psoriasisherd gehemmt und so das Keratinmuster normalisiert. Diese „keratolytische“ Wirkung äußert sich klinisch z.B. in einer Trockenheit oder Exfoliation der Schleimhaut (Cheilitis exfoliativa) oder an Handtellern und Fußsohlen. Die bisher bekannten unerwünschten Wirkungen machen ferner eine Überprüfung der Leberfunktion und der Serumlipide erforderlich. In erster Linie ist aber die teratogene und embryotoxische Effektivität beachtlich, so daß bei Frauen bis zu zwei Jahren nach Absetzen des Medikamentes kontrazeptive Maßnahmen angeraten sind. Demgemäß sollten nur gewisse Hochformen der Psoriasis, wie Psoriasis pustulosa, P. erythrodermica, weniger auch P. arthropathica, einen Behandlungsgegenstand für Tigason® abgeben. Auch die Psoriasis unguium zeigt nach etwa einem halben Jahr der Behandlung eine deutliche Beeinflussung. Die Dosierung einer schulgerechten, mehrwöchigen peroralen Retinoidapplikation wird heute auf 0,5–1,0 mg/kg KG/Tag zu bemessen sein. Im allgemeinen beginnt man mit 75 mg/die, um dann zur Erhaltung und unter Berücksichtigung der etwaigen Nebenwirkungen auf 50–25 mg/die herabzugehen. Eine solche Erhaltungstherapie kann über mehrere Monate durchgeführt werden.

Bei der *Lokalbehandlung* der Schuppenflechte gehe man von der allgemeinen Erfahrungstatsache aus, akute Eruptionen weitgehend indifferent oder blande (Zinköl, Zinci pasta mollis, Fissan®-Zinköl, Fissan®-Paste o. ä.) zu „beruhigen", während inveterierte Krankheitsherde bald einem strengen Lokalregime zugeführt werden können. Im Regelfalle beginnt man die erste Phase der Behandlung mit *keratolytischen Maßnahmen*, die sich auf den Gebrauch von Seifenbädern (aber im Hinblick auf die bekannte Isomorphie des Leidens ohne kräftige Benutzung von Bürsten!) sowie die Anwendung von Salicylsäure in geeignetem Vehikel stützen, wobei die Qualität eines solchen meist 3–5%ig rezeptierten Salicylvaselins stark von dem erzielten Dispersitätsgrad der Verreibung abhängt. Die keratolytische Wirkung der ausgesprochen lipoid-, aber kaum wasserlöslichen Salicylsäure hängt weiterhin von der gewählten Konzentration ab. Diese Wirkung ist bei Lanolin und Vaselin bei 5%, bei Eucerin® bei 0,5–1%, bei Zinci pasta hingegen erst bei etwa 15%iger Konzentration gegeben, da nach neuerer Kenntnis Zinkoxid und Salicylsäure eine Salzbindung eingehen, wodurch die Resorption durch die unveränderte Haut hochgradig eingeschränkt wird. Stark keratolytisch ist folgende Formel:

Rp.	Acid. salicyl.	
	Sulf. praecip.	āā 10,0
	Vaselin. albi	ad 100,0

Zur Entfernung der psoriatischen *Kopfauflagerungen* wird man meist mit einer Spiritusbehandlung des Haarbodens nicht auskommen. Immerhin versuche man in leichten Fällen:

Rp.	Acid. salicyl.	6,0
	Ricin. ol.	1,0
	Liqu. Carbon. deterg.	10,0
	Alc. isopropyl. 60%	ad 200,0

Hagermann empfiehlt für Kopfpsoriasis:

Rp.	Corticosteroid	0,2%
	Salicylsäure	2,0%
	Benzalkoniumchlorid	0,05%
	in Ethanol	70%

Wirksamer als spirituöse Zubereitungen sind fraglos *Kopfsalben*, die früher – neben einem 3–5%igen Salicylsäuregehalt – hauptsächlich auf Schweinefettbasis üblich waren, welches nach dem Vorschlag von Erasmus Wilson zur Vermeidung der Ranzidität Benzoesäure und zur Entwässerung Natriumsulfat enthielt und als Adeps benzoatus im DAB 6 offizinell war. Heute könnte man das im DAB 9 aufgeführte Schweineschmalz (Adeps suillus) mit einem Zusatz von 0,01–0,025% NDGA (Nordihydroguajaretsäure), 0,05–0,10% Propylgallat, 0,05–0,075% Tocopherolen konservieren. Da allerdings konserviertes Schweineschmalz nur begrenzt stabil bleibt, weicht man derzeit – Vaselin- oder Silikonsalben führen zur Verfilzung der Haare – gern auf neuere Salbengrundlagen, z. B. Polyethylenglykolsalbe (Polyethylenglycoli unguentum DAB 8) aus, die abwaschbar ist. Diese Salbengrundlage wird auch von empfindlicher Haut gut vertragen, bewirkt keine Sensibilisierung und wirkt nicht mazerierend auf die behandelten Hautpartien. In der Literatur werden allerdings, oft widersprüchlich, Inkompatibilitäten mit den eingearbeiteten Wirkstoffen angegeben, die in vielen Fällen von der Konzentration abhängig sind. Nicht kompatibel sollen u. a. Paraffin, Vaselin, Phenole wie Resorcin sein. Kompatibel sind u. a. Ammoniumbituminosulfonat (Ichthyol®), Hydrocortisonacetat, Vioform® etc. Mit Cignolin® (Dithranol), Rivanol® entstehen Verfärbungen, ohne daß Aussagen über eine mögliche Wirkungseinbuße gemacht werden können.

Eine abwaschbare Kopfsalbe, in welche man die üblichen antipsoriatischen Remedien, wie Salicylsäure, Schwefel, Quecksilber-Salze, Teer, in gebräuchlicher Dosierung einarbeiten kann, lautet:

Rp. Lanette N®	7,5
Glycerin.	5,0
Aqu. purific.	ad 50,0

Lanette N® entspricht dem Emulgierenden Cetylstearylalkohol (Alcohol cetylicus et stearylicus emulsificans DAB 9) und dient als sog. Komplexemulgator der Herstellung von O/W-Emulsionen wie der Hydrophilen Salbe (Ungt. emulsificans DAB 9) und der Wasserhaltigen hydrophilen Salbe (Ungt. emulsificans aquosum DAB 9).

Eine fertige Psoriasiskopfsalbe für die keratolytische Initialbehandlung ist Lygal®-Kopfsalbe (bestehend aus gefälltem Schwefel, Salicylsäure, Polyethylenglykolen, Adeps suillus und Vaselin), die 1–2 Tage, bei Kindern nur 6–8 Stunden, auf dem Haarboden belassen und dann ausgewaschen wird, wozu man an Fertigpräparaten beispielsweise Criniton® Lösung, Sebopona® flüssig oder Crino Cordes® Lösung zur Verfügung hat. Ähnlich wirkt Squamasol®, ein Gel mit 10% Salicylsäure in abwaschbarer Salbengrundlage (2–3mal wöchentlich 10 – 30 Minuten einwirken lassen und auswaschen). Handelsübliche Dithranol-Kopfsalben sind z. B. StieLasan® Salbe (Salicylsäure 0,4%, Dithranol 0,44%) oder Psoradexan® (Dithranol 0,1%, Harnstoff 17%). Beim Umgang mit Polyethylenglykol-haltigen Salben sei darauf hingewiesen, daß diese Zubereitungen Salbenkruken aus bestimmtem Kunststoff anlösen können.

Die zweite, im Vergleich zu der keratolytischen Anfangsbehandlung weitaus bedeutsamere, *reduzierende* oder *thioloprive* Phase der schulgerechten *Lokaltherapie* umfaßt die Anwendung von Quecksilber, Teer (evtl. in Verbindung mit UV-Bestrahlung = *Goeckerman-Methode*) sowie vornehmlich von *Chrysarobin* (1/8-10 %ig) bzw. heutzutage vor allem des vollsynthetischen und um eine Methylgruppe ärmeren *Cignolins®* (Dithranol)(1/16–3 %ig).

Chrysarobin (DAB 6) auch als Goa-Pulver bezeichnet, ist ein Naturprodukt, das als kristallines Pulver aus den Stämmen eines brasilianischen Baumes (Andira araroba Aguiar) gewonnen wird. Krebs und Schaltegger zeigten, daß der günstige Effekt von Chrysarobin und Dithranol bei der Psoriasisbehandlung auf ihre starken zellhemmenden Wirkungen und weniger auf ihre hautreizenden Eigenschaften zurückzuführen ist.

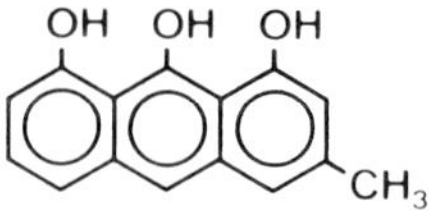

Chrysophanolanthron
Hauptwirkstoff des Chrysarobins

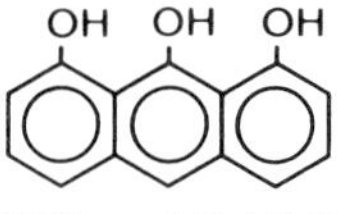

Dithranol DAC 1986, Cignolin®
Anthralin USP XXI

Auch bei der klassischen Cignolin-Behandlung ist im nichtkomplizierten Durchschnittsfall mit rund 4 Wochen Aufenthalt in der Fachklinik zu rechnen, wie eine Nachprüfung des Klinikaufenthalts von 1200 in der Mainzer Universitätshautklinik derart behandelten Psoriasispatienten ergab. Die Cignolin-Behandlung der Schuppenflechte verursacht eine Braunverfärbung der Haut, die als Kontrastbilder die abgeheilten Herde als „Pseudoleukoderme" hervortreten läßt. Aber auch wegen der dauerhaften Wäscheimprägnation war für die Cignolin-Behandlung die Klinikaufnahme unumgänglich. Cignolinflecke lassen sich mit Chlorix oder Domestos aus Dusche, Waschbecken und Wäsche entfernen. Vorsicht ist bei Kunststoffbadewannen geboten. Die Cignolin-Konzentration in der Salbe wird alle 2–3 Tage gesteigert. Zu rasche Konzentrationserhöhung bringt keinen Vorteil, so daß man sagen kann, daß ein Psoriasisherd, der unter terminal 3%igem Cignolin-Vaselin nicht zur Rückbildung gelangt, meist auch einer 10%igen Cignolin-Salbenkonzentration trotzen wird. Im übrigen geht der erfahrene Therapeut in der Cignolin-Therapie klinisch bis an das Sichtbarwerden einer leichten dermatitischen Reizung: die Psoriasis verbrennt sozusagen im Feuer der Cignolin-Dermatitis. Es lag daher schon bald nahe, die 3 Hydroxylgruppen des enolisierten Dithranolmoleküls mit 3 Essigsäureradikalen zu verestern. Ein solches Triacetyldithranol ist als Exolan® (Dermal Laboratories) in England im Handel. Es wirkt, wie zu erwarten, milder, aber auch langsamer als Dithranol.

Die allgemeine Verträglichkeit von Cignolin ist erstaunlich hoch, wenn man von durchaus vermeidbaren konjunktivalen Reizungen oder dermatitischen Exazerbationen absieht. Es wirkt nur in sehr hoher Konzentration auf Darm, Leber und Nervensystem. Eigene Beobachtungen umfassen auch das Auftreten einer Iritis oder rheumatoider Beschwerden (gesteigerte mesenchymale Reaktion?). Hingegen ist Cignolin ganz im Gegensatz zu dahingehenden Behauptungen und zu eigentlich allen übrigen klassischen externen Dermatotherapeutika einschließlich Borsäure, dem Wolf im Schafspelz, erstaunlicherweise kaum nephrotoxisch. Cignolin-Salbe darf im allgemeinen oder nicht ohne weiteres an Kopf, Gesicht, Achselhöhlen sowie am Genitale Verwendung finden, für welche Lokalisationen das weiße Quecksilberpräzipitat (5%), evtl. unter Zusatz von Salicylsäure (2–5%) oder Liquor Carbonis detergens, einem mit alkoholischem Quillajaauszug extrahierten Steinkohlenteer (5–10%ig), in den vorher für den Kopfbereich angegebenen Salbengrundlagen zur Verwendung kommt.

Sodann werden, vorzugsweise auf langfristig stationären Psoriasisherden (Kreuzbein!), mit gutem Effekt Teerserien eingeschoben. Entweder roher Steinkohlenteer (d.i. ungereinigter Leuchtgasteer) mit anschließender Talkumüberpuderung oder Carponta® (Steinkohlenteerdestillat) als 5–10–20%ige Paste. Noch zu wenig üblich sind in Deutschland übrigens bei solchen Herden Dithranolpasten, die z.B. im Anfang neben Salicylsäure (0,2%) und Paraffinum solidum (5%) Cignolin® in einer Konzentration von 0,1–0,5% in Zinci pasta enthalten können.

Flächenhafte dermatische *Cignolin-Reizungen* werden heute am besten mit einer 0,025–0,2%igen Triamcinolon-Creme (handelsüblich z.B. als Volonimat®, Volon®-A-Creme), Teerfollikulitiden, die auch heterotop als Resorptionsfollikulitiden in Erscheinung treten können, mit einer 2%igen Schwefelzinkpaste oder 5%iger Mitigal®-Zinkpaste, die wegen ihres Schwefelgehalts mild austrocknet, beruhigt. Unter klinischen Bedingungen ist für „harte" Psoriasisstellen, trotz mancher Einwände (H. W. Siemens) gegen deren Zusammensetzung – Lanolin und Sapo kalinus setzen z.B. die Wirkung von Chrysarobin herab –, die mit dem Namen des Berliner Polizeiarztes Heinrich Dreuw verbundene Salbenformel immer noch nicht obsolet.

Rp. Acid. salicyl.		10,0
Chrysarobini		
Pic. betul.	āā	20,0
Sapon. kalini		
Adip. lanae	āā	
		ad 100,0

Erstaunlich zeitraffende Rückbildungen sind heute alsdann durch Anwendung von Triamcinolon-Salben oder von Betamethason-haltigen Salben (Celestan®-V Salbe,

Betnesol®-V Salbe) unter zeitlich begrenzten (4 – 8 Stunden) luftabschließenden, plastischen Okklusivverbänden erzielbar. Wegen der bei diesem Verfahren rasch eintretenden Soorbesiedlung empfehlen sich entsprechende Zusatzbehandlungen mit Nystatin-Salbe (Candio Hermal®-, Moronal®-Salbe), mit Pimafucin® Creme oder interpolierte Farbstoffanstriche (Brillantgrün 0,5%).

Kürzlich wurde auch das Prinzip einer *„Minutentherapie"* angegeben (so z.B. U. Runne und J. Kunze, Hautarzt 1985; 36; 40–6). Diese Minutentherapie soll eine praktikable häusliche Selbstbehandlung mit Dithranol ermöglichen (0,1–3% Dithranol in 2% Salicyl-Vaselin für 10 oder 20 Minuten). Das entsprechende Fertigarzneimittel ist Psoralon® MT mit speziellem Waschgel und Fettcreme. Jedoch handelt es sich, ähnlich wie bei der systemischen Corticosteroid-Therapie der Schuppenflechte, um mehr oder weniger an die Anwendungszeit gebundene Effekte, so daß zweckmäßigerweise die konventionelle Lokaltherapie anzuschließen ist.

Wie schon erwähnt, kann die Rückbildung der Psoriasisbezirke durch die Anwendung des erythemerzeugenden *UV-Lichts* begünstigt werden, wobei schwache Erytheme anzustreben sind, da brüske Lichttraumen nicht selten provozierend wirken. Für künstliche Ganzkörperbestrahlungen erscheint neuerdings im Hinblick auf Zeitersparnis die Hanauer Impulshöhensonne 3002 besonders empfehlenswert. Abgesehen von der individuellen Lichtempfindlichkeit (pigmentarme rothaarige Patienten!) ist auch zur Vermeidung stärkerer Erytheme nach Möglichkeit an Vor- oder Nachmittagen zu bestrahlen (Überwärmung um die lichtreiche Mittagszeit). Zirkumskripte Psoriasisherde (Kreuzbein, Kopfhaut) sind eine Domäne der Kromayer-Lampe. Empfohlen werden kann auch das Bestrahlungsgerät Dermaflex-UV der W.C. Heraeus GmbH, 6450 Hanau. Als UV-Schutz für die Augen des Kranken ist bereits das Auflegen nasser Watte völlig ausreichend. Wenn auch bleibende UV-Schädigungen nach einmaliger intensiver Überdosierung nicht vorkommen, sind zur Einengung der subjektiven Beschwerden hierbei oft Corticosteroidlotionen, -schaumpräparate, -cremes (Jellin®, Volon®, Celestan®, Locacorten® o.ä.) symptomatisch indiziert. Aber auch zur Verstärkung der bereits dargestellten Lokaltherapie ist in manchen Fällen eine zusätzliche UV-Applikation empfehlenswert. Neben der schon angeführten *Goeckermann-Methode* wird bei dem *Vorgehen nach Ingram* der nicht entschuppte Patient morgens nach einem Teerbad (z.B. 1–1½ dl Liquor Carbonis detergens auf 100 l) mit einer Suberythemdosis UV-bestrahlt und einige Stunden später, evtl. aber auch sofort, mit einer Cignolin-Paste (0,2–0,8%ig) an seinen Herdstellen behandelt. [Einzelheiten s. z.B. Eichenberger-De-Beer H. Dermatologica 1967; 135: 233-7).] Neuerdings gilt eine *Photochemotherapie* (PUVA) als besonders wirksame Behandlungsmöglichkeit schwerer und schwerster Psoriasis-Formen. PUVA bedeutet: Psoralen + UV-A. Diese systemische Photochemotherapie besteht in einer Photosensibilisierung mittels eines oral zugeführten Furocumarin-Derivates (in der Regel 8-Methoxypsoralen, syn. 8-MOP, syn. Ammoidin, syn. Methoxsalen USP XXI (bzw. Meladinine®) und in einer konsekutiven Bestrahlung mit langwelligem Ultraviolettlicht (UV-A).

Ammoidin stammt aus einer im Mittelmeer beheimateten Umbellifere Ammi maius. Bei der Photosensibilisierung kommt es zu einer Hemmung der Zellteilungsvorgänge und zu einer vermehrten Melaninbildung in der Haut, wodurch eine verstärkte Pigmentierung auftritt. Ein anderes Psoralen, 5-Methoxypsoralen, ist in dem häufig verwandten Bergamottöl enthalten, das in manchen Parfümprodukten unerwünschte photosensible Wirkungen auslöst.

Die strenge Auswahl besonderer, klinisch schwerer Psoriasismanifestationen ergibt sich unter anderem aus der Gefahr einer aktinischen Karzinogenese, wie sie grundsätzlich auch bei intensiver und protrahierter Einstrahlung von ultraviolettem Licht zu bedenken ist. Infolgedessen scheiden für diese PUVA-Behandlung einfache Fälle oder eine vom Patienten selbst durchgeführte Heimbehandlung aus. Im übrigen hat sich eine solche Photochemotherapie bei uns auch in der Behandlung der nicht-tumorösen Mycosis fungoides bewährt (Einzelheiten bei Wolff K. Hautarzt 1985; 36: 25–33, oder bei Weber G. Photochemotherapie. Stuttgart: Thieme, 1978). Bei der sog. äußerlichen Photochemotherapie wird eine Stunde vor der UV-A-Bestrahlung eine 0,15% Ammoidin-Lösung (Meladinine Lösung) aufgetragen.

Die *Röntgenbehandlung* der Psoriasis beschränkt sich auf torpide inveterierte Herde und auf dem freien Blick besonders ausgesetzte Herdstellen (Stirn-Haar-Grenze, Handrücken), wobei man im allgemeinen mit der Anwendung von Grenzstrahlen (9–12 kV, 1–3mal 300 R OD (Oberflächendosis) bzw. 1–1,5 Gy (Gray, Energiedosis) im Abstand von etwa 8 Tagen auf schuppenfreie Herdbezirke) auskommt.

Die *Psoriasisnägel* sind ein besonders undankbarer Behandlungsgegenstand: Etwaige Effekte hängen hier stark von der konsequenten unausgesetzten Mitarbeit des Patienten ab (Lokaltherapie: Anthrasol® (entfärbter Wacholderteer) 33,3%-Olivenöl oder Liqu.Carbon.deterg. 10% in Ungt.molle DAB 6, nach vorangehendem Seifenbad täglich über Monate; zusätzlich reichlich Gelatine in Pudding oder dgl., auch Gelacet® sowie Eisenpräparate). Versucht werden können auch Okklusivverbände über Nacht mit hochkonzentrierten Corticosteroidsalben (z.B. Jellin®-ultra-Creme) und schließlich eine Röntgenbestrahlung, z.B. 3mal 100 R, 50 kV, Dermopan Stufe 4, wobei die Röntgenbelastung dieser Regionen im Laufe des Lebens aber 800–1000 R nicht übersteigen sollte.

Ebenso unbefriedigend ist für gewöhnlich die Psoriasis der *Handflächen* und *Fußsohlen*, die sich nicht selten durch starke Rhagadenbildung und Hornverdickung auszeichnet. Hierfür wird man Teerungen im Wechsel mit einer Salicyl-Diachylon-Salbe (Hebra) anwenden. Ein abgewandeltes Rezeptbeispiel wäre:

Rp. Acid. salicyl.	5,0–10,0
Plumb. empl. ungt.	
DAC 1986	ad 100,0

Für die fraglos schwierige Beeinflussung der palmoplantaren Psoriasis vulgaris kommt auch ein PUVA-Teilbestrahlungsgerät, z.B. von Firma Waldmann Leuchten GmbH + Co., Werk für Lichttechnik, Elektromedizinische Geräte, Peter-Henlein-Str. 5, 7220 Villingen-Schwenningen, in Betracht. Für

Abb. 5: PUVA 180 (Waldmann GmbH–Werk für Lichttechnik, 7220 Schwenningen)

die ambulante Behandlung von umschriebenen Psoriasisherden stehen handelsübliche Dithranol-Fertigarzneimittel zur Verfügung, wie StieLasan®-Paste (2- oder 4%, auch als Kopfsalbe) oder Psoradexan®-Creme (Kombination von Dithranol mit Harnstoff), auch als mite- (für die Anfangsbehandlung) oder forte-Dosierung.

Abschließend sei für die *ambulante Therapie* ausgedehnter nummulärer oder psoriatischer Erytheme noch die folgende Formel genannt, die in Abständen von etwa 8 Tagen 2–3mal dahingehend zu ändern ist, daß die Konzentration der Salicylsäure nach erreichter Schuppenfreiheit gesenkt und der Gehalt an weißem Quecksilberpräzipitat und Teer stufenweise gesteigert wird:

Rp.	Acid. salicyl.	5,0– 1,0
	Hydrarg. praec. alb.	2,5– 5,0
	Liqu. Carb. deterg.	5,0–20,0
	Ichtho-Cortin® „fett"Slb.	30,0–15,0
	Ungt. emulsific.	ad 100,0

1.14 Formenkreis der sog. Parapsoriasis

Unter diesem von Brocq 1902 geschaffenen Dachbegriff werden bis in die Gegenwart hauptsächlich 3 einander nicht unbedingt sicher nahestehende und vor allem der Psoriasis vulgaris kaum vergleichbare Erscheinungsbilder zusammengefaßt.

1.14.1 Pityriasis lichenoides chronica (Juliusberg)

Bei dieser Parapsoriasis guttata, die von Jadassohn auch „Dermatitis psoriasiformis nodularis" genannt wurde, begegnen wir einer insgesamt etwas polymorphen Eruption, die sich über Jahre hindurch, also ausgesprochen chronisch, in der Aussaat von reiskorngroßen, u. U. sehr luespapelähnlichen, initial rötlichen, später mehr kupferrotbräunlich tingierten Gebilden äußert. An diesen entwickelt sich im weiteren Verlauf eine Deckelschuppe, d. h. eine weißliche oder silbrige Schuppenauflagerung, die nur im Zentrum festhaftet und sich randwärts löst, wodurch der charakteristische Typ der Kollodium- oder Oblatenschuppe entsteht. Konstitutionell handelt es sich bei solchen Patienten zumeist um auffällig vasomotorisch übererregbare Personen.

Sonderformen betreffen das Auftreten von bläschenartigen (Gottron), varizelliformen, hämorrhagischen oder ausgesprochen nekrotischen Elementen bei sonst im Grunde typischem Exanthem. Die Parapsoriasis „en gouttes" vom Varizellentyp wird sensu strictiori als „*Pityriasis lichenoides et varioliformis acuta*" (Mucha 1916, Habermann 1925) bezeichnet. Speziell für diesen Typ sind in den letzten Jahren als kardinale Veränderungen Vaskulitiden nachgewiesen worden (Pierard u. van Steenbergen, Szymanski, Krüger u. Weise), welche diese akut-vesikulöse Parapsoriasis guttata in die Nähe der „Vasculitis allergica" rücken. Vereinzelt wurden transitorische, also quoad sanationem günstigere Eruptionen dieser Mucha-Habermannschen Variante im Anschluß an katarrhalische Affektionen der oberen Luftwege (Angina, Grippe) beobachtet.

Ein weiteres, fraglich zu dieser Gruppe gehöriges Erscheinungsbild, welches klinisch als Pityriasis lichenoides, histologisch indessen lymphomartig imponiert, ist die sog. *lymphomatoide Papulose* (Maculay 1968), für die eine Standardtherapie nicht bekannt ist, so daß man auf Antibiotika (Doxycyclin), schwach dosierte Glucocorticoide (Prednisolon) und äußerlich auf Cor-

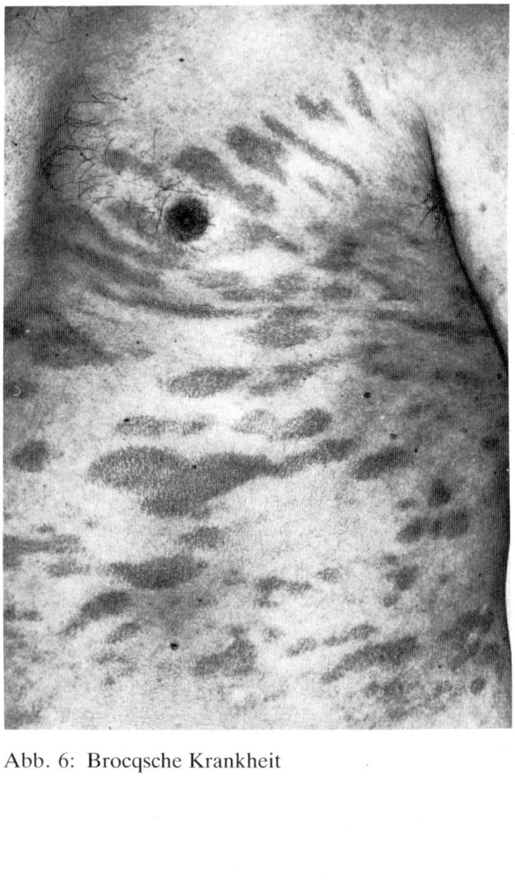

Abb. 6: Brocqsche Krankheit

ticoid-Zubereitungen, evtl. auch Photochemotherapie (PUVA) zurückgreifen wird.

Ansonsten handelt es sich bei der Psoriasis lichenoides chronica um ein **therapeutisch** weitgehend therapieresistentes, wenn auch seinen Träger kaum beeinträchtigendes Leiden. Remissionen wurden vereinzelt auf die Gabe von Vitamin K oder Vitamin D_3 in höherer Dosierung, vor allem auch nach natürlicher oder künstlicher Sonnenbestrahlung, gesehen. Herxheimer empfahl Schwitzkuren, z.B. mit Pilocarpin (0,005–0,01 g i.m. in 3tägigem Intervall, 6–10mal). Lokal kommt die Anwendung von Cignolin-Vaselin in nicht zu schwacher Dosierung in Betracht, während bei der varioliformen Variante im Hinblick auf etwaige katarrhalische Vorkrankheiten antibiotische Sanierung, evtl. kombiniert mit kleinen Prednisondosen, probiert werden kann.

1.14.2 Brocqsche Krankheit

Bei dieser ebenfalls eminent chronischen *Parapsoriasis „en plaques“* entwickeln sich vornehmlich an Rumpf und Gliedmaßen länglich-streifige, gelbbräunliche, häufig auch etwas pseudoatrophisch gerunzelte und zudem vereinzelt Lichen-simplex-Knötchen aufweisende Herde. Großherdige und entzündliche Formen gelten als prämaligne bzw. als prämykoside Vorläufer einer Mycosis fungoides.

Eine sichere **Therapie** ist nicht bekannt, von den Corticosteroiden erbringt speziell Diprosone® Creme einen manchmal überzeugenden Effekt. Viel wichtiger ist es, dem Patienten einzuschärfen, sich bei Auftreten von Juckreiz oder zunehmender Infiltration eines Herdbezirkes (beginnende Mycosis fungoides?) nachuntersuchen zu lassen. Namentlich bei der großherdigen Form der Brocqschen Krankheit kann man vorteilhafterweise von der Photochemotherapie mit Meladinine® Gebrauch machen.

Eine Meladinine® Tablette enthält 10 mg 9-Methoxy-7H-furo [3,2-g] [1] benzopyran-7-on (8-Methoxypsoralen). Die Einnahme von Meladinine® Tabletten erfolgt nach dem Körpergewicht, beginnend mit 2 Tabletten bei 30–50 kg Körpergewicht und mit 4 Tabletten bei 70 kg Körpergewicht. Eine Dosis von 6 Tabletten sollte auch bei schwergewichtigen Patienten nicht überschritten werden. Die optimale Dosierung beträgt 0,6 mg 8-Methoxypsoralen pro kg Körpergewicht. Die Einnahme darf nur an den Tagen erfolgen, an denen auch eine Bestrahlung vorgenommen wird.

1.14.3 Parakeratosis variegata (Unna, Santi, Pollitzer)

Dieser von Brocq auch als *„Parapsoriasis lichenoides“* sowie von Crocker als *„Lichen variegatus“* bezeichnete, in seiner Erscheinung stereotyp striäre oder retiforme Hautkrankheitszustand kann in Einzelbezirken einem Lichen ruber sehr ähnlich sehen, andererseits handelt es sich bei einem Großteil der Fälle nach Gottron u.a. um Weiterentwicklungen einer Pityriasis lichenoides chronica.

Eine sichere Allgemein- oder Lokal**therapie** ist unbekannt, versuchsweise Prednison in kleiner Dosierung (15 mg/die), Vermeidung von Kältereizen und Weiterbeobachtung auf die Entwicklung einer Mycosis fungoides hin.

1.15 Pityriasis rubra pilaris

Die von Alphonse Devergie 1857 beschriebene Pityriasis rubra pilaris ist eine seltene, Kinder, überhaupt Jüngere, aber auch Ältere zwischen 50 und 60 Jahren befallende, mitunter familiär verankerte, follikuläre Hyperkeratose, die sich vorzugsweise an den Streckseiten der Extremitäten und im besonderen der Finger etabliert. Ein ähnliches Erscheinungsbild hat vor allem der *Lichen ruber acuminatus* (H. v. Hebra), weniger auch die follikuläre Psoriasis vulga-

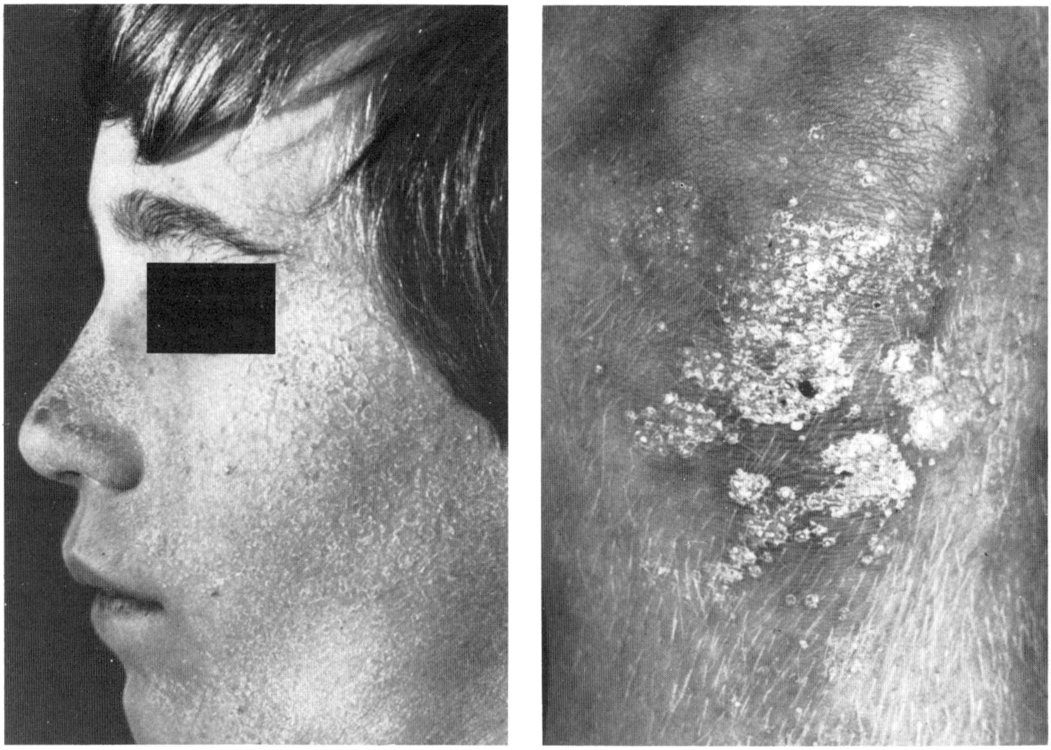

Abb. 7: Pityriasis rubra pilaris

ris. Ausnahmsweise bestehen fieberhafte Allgemeinerscheinungen oder erythrodermische Anonymität; nicht allzu selten finden sich hingegen eine indianerfarbene Teilerythrodermie, hauptsächlich des Gesichtsbereichs, sowie flächenhafte Palmoplantarkeratosen.

Therapeutisch rangierte früher die Anwendung von Vitamin A in einer Dosierung von 100000–300000 I.E./die (Arovit® Kaudragees, Vogan®Kapseln) an erster Stelle, die aber nicht in jedem Falle und überwiegend nur für die Dauer der Darreichung deutlich wirksam, auf jeden Fall aber effektiver ist als die lokale Zufuhr von Vitamin-A-Säure (Tretinoin, Airol®Roche). Vor allem wird man aber heute Versuche mit aromatischem Retinoid (Etretinat, Tigason®) innerlich unternehmen (wie im Psoriasis-Kapitel näher besprochen) oder aber 13-cis-Retinsäure (Isotretinoin, Roaccutan®) anwenden in Salben. Ansonsten greift man zu Salben mit keratolytischen und antipsoriatischen Zusätzen (3%iges Salicylvaselin oder Cignolin-Vaselin $^{1}/_{16}$–1%). Bei der erythrodermischen sowie bei Vitamin-A-refraktärer Verlaufsform kommen systemische Versuche mit Corticosteroiden in Betracht, die hierbei nach eigener Erfahrung mehr leisten als die ebenfalls für solche Fälle empfohlenen Höhensonnen- und Grenzstrahlenanwendungen oder schweißtreibende Maßnahmen (Pilocarpin, Glühlichtbad). Auch ein Versuch mit Methotrexat kommt bei anderen therapierefraktären Fällen, mit einem Dosierungsschema etwa wie bei Psoriasis, durchaus in Betracht, ferner offensichtlich auch Azathioprin (Imurek® 50–100 g), vorzugsweise bei erythrodermischen Verlaufsformen.

1.16 Chronische Erythrodermien beim Erwachsenen

Die Anerkennung *primärer*, generalisierender und exfoliierender *Erythrodermien* beim Erwachsenen ist fortlaufend mehr und mehr eingeengt worden. Gegenwärtig werden als eigenständige Krankheitsform nur noch das *Erythema scarlatiniforme desquamativum recidivans* (Féréol-Besnier) mit seinen charakteristischen Nachschüben oder echten Rezidiven trotz der mitunter auffälligen anamnestischen Zusammenhänge mit Infektionen und vor allem Quecksilberpräparaten sowie die *Dermatitis exfoliativa generalisata subacuta* (Wilson-Brocq) mit ihrer zunächst einförmigen glatten Rötung und Schuppenentwicklung erst bei voller Generalisation, gelegentlich aber auch Nässen und vor allem mit ihrer typischen Lockerung von Haaren und Nägeln diesbezüglich noch gesondert geführt. Schließlich wird noch eine gewisse Sonderstellung der Hebraschen *Pityriasis rubra* zugemessen, die nichts mit der Pityriasis rubra pilaris (Devergie) zu tun hat, obwohl auch hier in den meisten Fällen ein Grundleiden (vornehmlich Tuberkulose, daneben aber auch Lymphome und Leukosen) im Laufe des Krankheitsganges eruierbar wird. Eine gewisse, vielleicht sogar primäre Sonderform stellt als ein heute nicht allzu selten zu beobachtendes Krankheitsbild die sog. *seborrhoische Alterserythrodermie* im Sinne von Herzberg dar, bei welcher, im Gegensatz zum Typ Wilson-Brocq, nicht so sehr Nagellokkerung und Haarausfall, hingegen *Melanodermie und dermatopathische Lymphadenitis (= „réticulose lipomélanique"*, Pautrier u. Woringer) vorzugsweise bei Männern zwischen 60 und 70 Jahren unter starkem Juckreiz und Kältegefühl die Krankheitsakzente setzen.

Für alle Erythrodermien aber, und so auch für die *sekundärer* Genese, also solche auf dem Boden einer Psoriasis vulgaris, eines Lichen ruber, „Ekzems", einer Pityriasis rubra pilaris, Mycosis fungoides usw., ist ein den Formenkreis der Erythrodermien verbindender Pathomechanismus typisch.

Diese besondere *„Vita erythrodermica"* ist neben den bekannten Zeichen des Wärmeverlusts oder andererseits der Hyperthermie vor allem gekennzeichnet durch eine extrathyreoideale Grundumsatzerhöhung sowie durch eine keinesfalls nur auf den transkutanen Eiweißverlust (Schuppung!) zurückzuführende generelle Tendenz zur Hypoproteinämie mit tiefen Albumin-, hohen α_2-Globulin- sowie hohen oder tiefen γ-Globulinwerten und klinisch schließlich Haarausfall, Nägellockerung und bedenkliche Kachexie. Auf diese Weise kommt es durch eine auf die Dauer nicht mehr zu kompensierende, weil kontinuierliche Anspannung des Erythrodermiekranken zur *Mors lentissima*, zum langsam protrahierten Sterben, bei mitunter terminal auch hämatologischer Entgleisung.

Die **Therapie** ist bei diesen häufig für eine gewisse Behandlungszeit „anonymen" Hautkrankheitszuständen symptomatisch; sie erschöpfte sich in früheren Zeiten – analog den pathophysiologischen Gesichtspunkten und neben dem Versuch einer Erfassung des Grundleidens – in eiweißreicher Ernährung, Versuchen mit verschiedenen Vitaminen und Hormonen, von denen bei männlichen Patienten besonders Testosteron empfohlen wurde. Heute erscheint die bisher weitgehende therapeutische Ohnmacht durch die Verfügbarkeit von Glucocorticoiden, Breitbandantibiotika, u. U. auch Zytostatika, entscheidend behoben. Doch darf gerade dieses moderne mächtige therapeutische Arsenal nicht das ätiologische Gewissen einschläfern. Auf jeden Fall sollte mit den Nosostatika bei solchen „chronischen" Leiden nach Möglichkeit nur chronisch-diskontinuierlich, also mit Zwischenschaltung von cortisonfreien Intervallen, behandelt werden, um den „Steroidkrüppel" nicht dauernd an seine „Hormonprothese" zu fesseln. Darüber hinaus gehört die fortlaufende Überwachung des chronischen Erythrodermiekranken hinsichtlich seiner Elektrolytbilanz und seines Serumproteinspiegels (Serumkonserven, Human-Albumin, Anabolika: Primobolan®, Deca-Durabolin®) zusammen mit der Bekämpfung der häufig sehr torpiden Sekundärinfektionen zur verantwortungsvollen ärztlichen Aufgabe. Eine weitere, neuere Möglichkeit erbrachte die Einführung der Hochvolt-Weichstrahltechnik resp. der dermatologischen *Großfeldtechnik* [ungefilterte 50-kV-Strahlungen einer berylliumgefensterten Weichstrahlröhre bei 90 cm Distanz und 1 mm Gewebshalbwerttiefe (GHWT)]. Die Einzeldosen[1] liegen je nach Reaktion zwischen 25,8 und 51,6 $mCkg^{-1}$ und können nach Bedarf 2–3mal innerhalb von 8–10 Tagen wiederholt werden. Sodann bedeutet die heute mögliche externe Applikation von Corticoiden, die hautkonstitutionsadäquat (Salbe oder Creme) und u. U. auch unter Plastikfolienokklusion erfolgen kann, eine weitere wesentliche, wenn auch finanziell auf die Dauer kaum durchzuhaltende Verbesserung der bisherigen therapeutischen Möglichkeiten. Von erheblichem Nutzen sind ferner häufige indifferente Bäder, wie sie bei der Ekzemtherapie näher besprochen sind. Vor allem vermeide man aber eine zusätzliche Aufpfropfung von Sensibilisierungen durch gewisse Externa, wie z. B. Salicylsäure oder Quecksilber-Verbindungen (Amalgame in Zahnfüllungen) die nicht selten auch heute noch unnötigerweise einigen handelsüblichen Lokaltherapeutika wegen ihrer angeblich antipruritüösen Wirksamkeit zugesetzt sind. Grundsätzlich erscheint es vorteilhaft, die differenteren Behandlungsmaßnahmen (Röntgen, Corticosteroide, Zytostatika) möglichst für spätere oder akut schwere Verlaufsstadien aufzusparen, zumal selbst bei den seborrhoischen Alterserythrodermien (ohne Grundleiden) sich die remissionsfreien Intervalle – ähnlich wie bei den Leukosen oder Lymphomen – spontan oder durch solche Therapie bedingt (?) immer mehr zu verkürzen pflegen und der Krankheitsverlauf alsdann endgültig in eine schicksalhafte Progredienz (kardiale Dekompensation, Bronchopneumonie) unter septischen Zügen o. ä. eintritt.

---

[1] Einheit der Ionendosis: Ckg^{-1} (neue SI-Einheit!, alte Einheit: R (Röntgen), $1\ R = 2{,}58 \cdot 10^{-4}\ Ckg^{-1}$)

2 Erscheinungsgruppe der Ekzeme

2.1 Ekzeme im engeren Sinne

Lediglich histomorphologisch durch das Feinsubstrat der *Spongiose* (Besnier) präzise gekennzeichnet, ist das „Ekzem“ in seiner Aufschlüsselung nach bestimmten Unterformen immer noch umstritten. Die selbst verwandte Einteilung unterscheidet innerhalb des Formenkreises der Ekzemkrankheiten das *vulgäre*, das *(bakteriell-)seborrhoische* und das *endogene* Ekzem. Hierbei wird unter dem vulgären Ekzem (=Kontaktdermatitis) eine vorzugsweise konditionelle, unter den beiden letzten Ekzemformen, die sich freilich lebensaltersmäßig und funktionell antagonistisch gegenüberstehen, eine überwiegend konstitutionell bedingte Hautreaktion verstanden (Korting).

Bei der *Dermatitis* und besonders der sog. *Kontaktdermatitis* in ihrem mehr monotonerythematösen, allenfalls zusätzlich gering ödematisierten flächenhaften Erscheinungsbild ist die deutliche Abhängigkeit von der Noxe sowie von deren topischer wie zeitlicher Einwirkung zu erkennen, beim

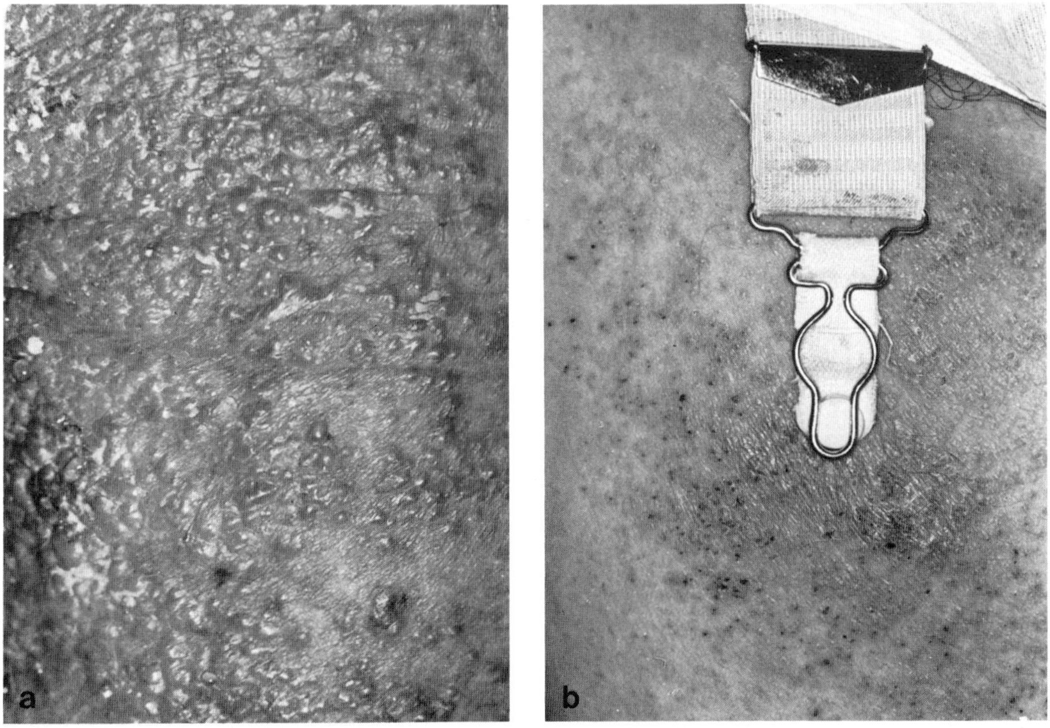

Abb. 8: Vulgäres Ekzem: a) Papulo-Vesikeln, b) papulo-erosive Form (Nickelekzem)

vulgären Ekzem in seiner akuten Erscheinungsphase handelt es sich dagegen um eine Stufenreihe neben- und nacheinander, u. U. auch rückläufig gleitender verschiedener Effloreszenzen. Von diesen kommt vor allem der *Papulovesikel als Intermediäreffloreszenz* eine gewisse Eigentümlichkeit zu. Auf seinem Wege zur Chronizität wird das Ekzemsubstrat sodann fortlaufend einförmiger, wobei dann mehr und mehr eine Vergröberung der Oberhautfelderung, die sekundäre *Lichenifikation*, in Erscheinung tritt. Wird das „Ekzem" initial aber nicht durch eine massive Reizexposition (z. B. via Kontaktdermatitis) eingeleitet, und sind bei seiner Genese vielmehr im einzelnen unterschwellige Reizwirkungen summativ beteiligt, so kommt es erst über Jahre hindurch nach und nach zu einem ekzematösen Krankheitsprodukt. Dies wird pathogenetisch dann treffend als Ab*nutzungsdermatose* (Bering), *degeneratives* (Schreus) oder mit Hagermann *traumiteratives* (besser wäre: mikrotraumiteratives) *Ekzem* bezeichnet. Kogoj sprach von „Dermatitis detritiva". Das Paradigma hierfür ist das zweistufige *Maurerekzem* (Alkalischaden *mit* aufgepfropfter Chromatsensibilisierung).

Das *seborrhoische Ekzem* (Unna 1887) bzw. die *dysseborrhoische Dermatitis* (Gans, Belisario) bietet sich in symmetrischer oder asymmetrischer Ausbreitung, meist aber doch unter deutlicher Bevorzugung der großen Schweiß- und Talgstraßen des Integuments, einzelmorphologisch in vergilbt gelbbräunlichen Erythemscheiben dar, die allenfalls peripher eine gewisse Exsudation aufweisen. Die Maximalform beim Kleinkind ist die *Leinersche „Erythrodermia desquamativa"*, beim alten Menschen die sog. *seborrhoische Alterserythrodermie*.

Der *endogene Ekzematiker („atopic dermatitis", Neurodermitis disseminata)* wiederum weist bei sich oder in seiner Sippe entweder simultan oder alternierend die Manifestationsäquivalente: „Ekzem", „Asthma" und „vasomotorische Rhinopathie" auf. Diagnostisch wichtig ist auch hinsichtlich der Hautsymptomatik der Wechsel von Reaktionsort und -art *(„Milchschorf", Eccema flexurarum,* disseminiert-ekzematös-Lichen-simplex-ähnliche Erscheinungsform, Strophulus bzw. Prurigoreaktion). Er besitzt eine charakteristische dysregulative Struktur bzw. Stigmatisation: pelzmützenartiger Haaransatz, fahles Hautkolorit, Lichtung der seitlichen Augenbrauen *(Zeichen von Hertoghe)*, Oligobradyhidrosis, gesteigerte Piloarrektionsbereitschaft, ichthyosiforme Hautbeschaffenheit und demgemäß Besserung der Hautveränderungen im Sommer und Verschlimmerung im Winter. Seltene Augensymptome: *Cataracta dermatogenes*, Keratokonus, Ablatio retinae. Häufig deutliche klimatische Abhängigkeit, günstig: Hochgebirge und Meeresnähe. Immunologisches Stigma: hoher IgE-Spiegel im Serum.

Die **Behandlung** der verschiedenen Ekzemtypen richtet sich auf externem Gebiet zwar hauptsächlich nach dem anzutreffenden Stadium, also ob z. B. nässende oder lichenifizierte Hautflächen angetroffen werden. Sie wird aber an den jeweiligen pathogenetischen Faktoren und den mitunter stark individualpathologisch geprägten Gegebenheiten des betreffenden Ekzematikers nicht vorbeisehen können, was vor allem für die beiden konstitutionellen Ekzemformen, das seborrhoische wie das endogene Ekzem, erforderlich ist, die ja schon in Anbetracht ihrer polaren Hautkonstitution (seborrhoisch oder sebostatisch) unterschiedlicher, nämlich fettarmer oder fettreicher, Vehikel bedürfen (Keining). Im Gegensatz hierzu steht bei der Dermatitis wie dem vulgären Ekzem, obschon das letztere bei längerem Verlaufsgang über Oligo- und Polyvalenz nach krankheitsautonomer Reizunabhängigkeit strebt, die Ermittlung der äußeren Noxe aus dem Privat- oder Berufsleben an erster Stelle (z. B. Chrom als sensibilisierendes Spurenelement in Zementen, Waschmitteln, Textilien sowie im Ledergewerbe, die Paraaminogruppe bei Anästhetika vom Procaintyp, Sulfonamiden in Salbengrund-

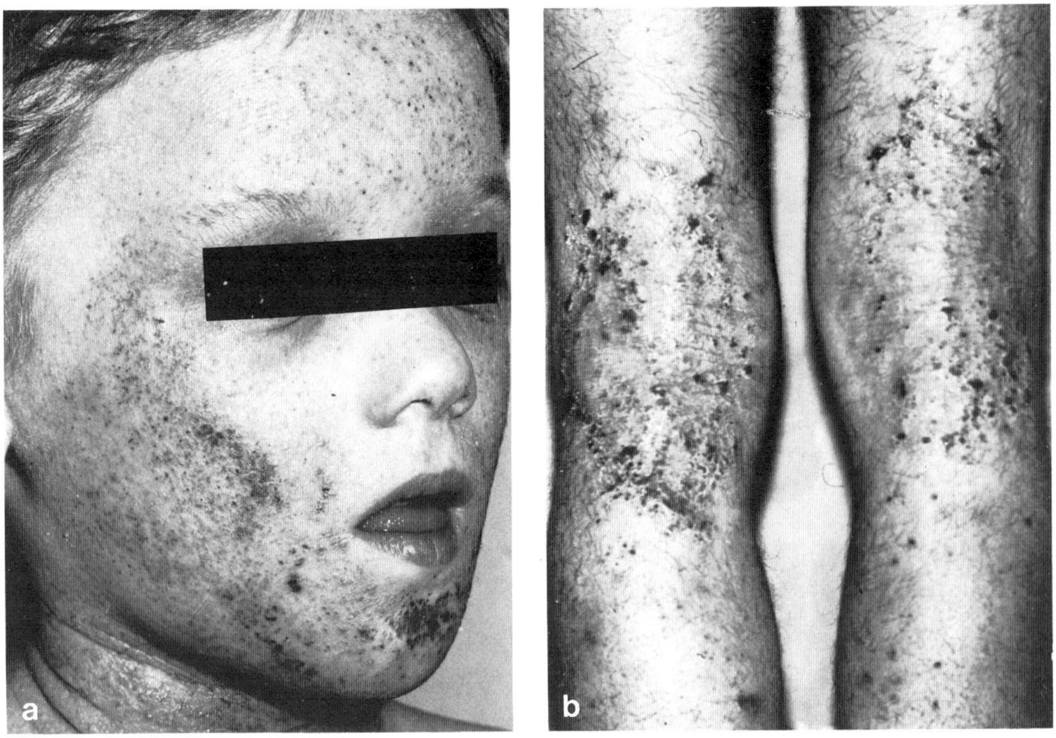

Abb. 9: Endogenes Ekzem: a) Wangenschorf (Bevorzugung der seitlichen Gesichtsanteile), b) Beugenekzem

lagen und Konservierungsmitteln (z.B. Nipa-, PHB-Ester bzw. Parabene®) usw., kosmetische Ekzematogene, Harze und Kunstharze, Streichholzschachteln, phytogene Kontaktnoxen u.v.a.m.). Dies wird im einzelnen nicht nur bei Begutachtungsfragen gegebenenfalls schulgerecht – epikutan mit dem *Läppchentest* – zu sichern sein.

Nichtsdestoweniger und nicht zuletzt vom Ekzemkranken selbst wird zusammen mit der unabdingbaren Lokalbehandlung nicht selten auch eine *allgemeine oder innere Therapie* des vorliegenden Ekzemleidens gewünscht. Diese wird beispielsweise beim vulgären Ekzem etwaige lymphangiitische, zirkulatorische oder auch neurale Terrainabwegigkeiten, beim seborrhoischen Ekzematiker die relative Häufigkeit pyogener Streufoci (vorangehende oder interkurrierende Furunkel, Schweißdrüsenabszesse, Otorrhö, Hordeola o.ä.), einen verstärkenden oder provozierenden Einfluß strahlender Energie (Licht, Röntgen o.ä.), die verstärkte Hautdurchfeuchtung oder auch den Einfluß von Schweiß- und damit funktionell gekoppelte Talgsekretion fördernden Maßnahmen (Sauna) und Medikamenten (Salicylate, Penicillin, Cortison) berücksichtigen. Darüber hinaus kann man bei ausgedehnten exsudativen oder durch allgemeine Wasserretention ausgezeichneten, vorzugsweise seborrhoischen Ekzemerythrodermien durch eine kochsalzarme und kaliumreiche Kostform eine Transmineralisation anstreben und diese medikamentös (z.B. mit Sina-Salz) oder allein mit Kaliumgaben (Kalinor®-, Kalitrans®-Brausetabletten verstärken, wenn man nicht von vornherein kaschierte Hungertage (Reis-, Kartoffelbrei-, Obst-, Saft- oder Teetage) durchführt. Die derart in Gang gesetzte Azidose fördert ähnlich wie eine Ableitung auf den Darm

(z. B. das osmotisch wirkende Bittersalz = Magnesiumsulfat, aber keinesfalls das an Natrium-Ionen reiche Glaubersalz = Natriumsulfat oder künstliche Karlsbader Salz = Natriumsulfat, -chlorid, -hydrogencarbonat und Kaliumsulfat), ebenso wie auch ein bei hochödematöser Dermatitis durchgeführter Aderlaß die Gewebsdiurese. Um letztere in Gang zu bringen, hat man vor allem anstelle der obsoleten Xanthin-Derivate (Coffein, Theophyllin und Theobromin) hochwirksame Saluretika eingeführt, die die Ausscheidung bestimmter Ionen, insbesondere Natrium- und Chlorid-Ionen erhöhen und gleichzeitig die Exkretion von Wasser steigern. Hier sind zu nennen Thiazide und Analoge, z. B. Hydrochlorothiazid (Esidrix®), Mefrusid (Baycaron®), Schleifendiuretika, z. B. Furosemid (Lasix®), Etacrynsäure (Hydromedin®), und kaliumsparende Diuretika, z. B. Aldosteronantagonisten wie Spironolacton (Aldactone®, Osyrol®).

Die Angriffspunkte dieser Diuretika sind wie schon beschrieben verschieden. Während Thiazide am frühdistalen Tubulus angreifen, entfaltet Furosemid sehr intensiv seine Wirkung am dicken Teil der aufsteigenden Henleschen Schleife und am distalen Tubulus und die kaliumsparenden Diuretika am spätdistalen Tubulus und am Sammelrohr. Bei den Thiaziden und Schleifendiuretika kann als wichtigste Nebenwirkung eine Hypokaliämie auftreten, bei den kaliumsparenden Diuretika, die Kalium retinieren, kann sich dagegen eine Hyperkaliämie ausbilden.

Das erste Sulfonamid-Diuretikum, der Carboanhydrase-Hemmer Acetazolamid (Diamox®), der vor allem in der Dauertherapie wegen seiner relativ schwachen Wirkung, verbunden mit Hydrogencarbonat-Verlusten und Tendenz zur metabolischen Azidose, wenig befriedigte, hat seine Bedeutung als Diuretikum verloren und wird vorwiegend in der Glaukombehandlung eingesetzt. Zu der Einstellung auf eine möglichst reizarme Diät gehört auch die Vermeidung von starkem Kaffee, reichlichem Nikotinkonsum und konzentriertem Alkohol (allenfalls Rotwein). Zur symptomatischen Unterbrechung des häufig geradezu reflexartig eingeschliffenen *Status pruritosus* und damit zur Ruhigstellung der Ekzemherde gegenüber dem Kratzvorgang kommen kortikale (Brompräparate, wie z. B. Calcibronat® Granulat, 3mal täglich 1 Eßlöffel) und subkortikale Dämpfungsmittel der Phenothiazin- (z. B. Megaphen® Drag., 3mal 0,025 g/die, und 0,05 g Atosil®, zur Nacht auch Repeltin® bzw. Repeltin® forte) oder der Antihistaminreihe (z. B. Soventol®, Tavegil®) in Betracht, wobei aber auch von ihnen kaum mehr als Teilwirkungen zu erwarten sind. Von neueren sedierungsarmen H_1-Antagonisten wären noch Teldane® (2 × 1 pro die) oder Hismanal® (Erwachsene 1mal täglich 1 Tablette, Kinder von 6–12 Jahren 1mal täglich ½ Tablette) zu erwähnen. Mitunter empfehlen sich auch Tranquilizer aus der Benzodiazepingruppe: Diazepam (Valium®), Medazepam (Nobrium®), Oxazepam (Adumbran®, Praxiten®), Bromazepam (Lexotanil® 6) bzw. das Hydroxyzin (Atarax®).

Demgegenüber vergesse man nicht völlig die früher bewährten Allgemeinbehandlungsweisen, wie etwa bei chronisch-vulgärem oder endogenem Ekzem die Stimulation der körpereigenen Reaktionsmechanismen z. B. durch Echinacin®, Eigenblut usw. Die *Vitamintherapie* ist als B-Komplex oder B_{12} nur bei seborrhoischen Erythrodermien oder lichtprovozierten seborrhoischen Ekzemen und als B_2 bei seborrhoiden *Skrotalekzemen* angezeigt, während eine Vitamin-D_3-Intensivtherapie bei Ekzemen von uns nicht empfohlen werden kann.

Bezüglich der *Allgemeinbehandlung endogener Ekzemkinder* ist zunächst festzustellen, daß in den meisten Fällen von der Durchführung einer bestimmten „Ekzemdiät“ (Milchgemische, geräucherter Speck usw.) nicht viel zu erwarten ist. Sollte tatsächlich einmal eine Verschlimmerung durch Milchzufuhr offensichtlich sein, so wechsle man evtl. auf Ziegenmilch, Kondensmilch, die weniger Lactalbumin enthält, oder Sojaeiweiß über. Auch ist gelegentlich im zarten Kindesalter an die versuchsweise Ausschaltung von Eiklar zu denken. Ferner sollte auch die Vermeidung des Kontakts mit Wolle, weniger auch mit Polyamidtextilien sowie von Zitrusfrüchten zur ersten therapeutischen Maßnahme bei endogenen Ekzematikern gehören.

Was hingegen den Kontakt mit *Wasser* anbelangt, so ist davon auszugehen, daß eine echte Wasserunverträglichkeit äußerst selten ist und somit ein darauf aufbauendes striktes *Wasch- und Badeverbot* eine meist unnötige, am ehesten noch bei vulgärem Ekzem angebrachte Maßnahme darstellt. Demgegenüber stellt beim Ekzemtyp mit trockener bzw. fettarmer Haut, also dem endogenen Ekzematiker, aber auch gleicherweise beim Träger eines *Eccema in ichthyotico*, die Badebehandlung eine planmäßige Routinemaßnahme dar. Sollten doch solche manifeste oder potentielle Ekzematiker reichlich trinken, schwitzen sowie oft und lange baden, jedoch anschließend ausgiebig indifferent rückfetten (Ungt. molle, Eucerin c. aqu. āā), während umgekehrt Kranke mit seborrhoischem Ekzem sich gegenteilig verhalten sollten. Bei ihnen ist demgemäß die Einschränkung der ohnehin vermehrten parallellaufenden Schweiß- und Talgsekretion, z.B. mit Salbeizubereitungen (Extr. Salv. fluid., 3mal 20 Tropfen, oder Salvysat® Bürger Drag., 3–4mal 1 Drag./die), nicht selten von deutlicher Rückwirkung auf die Hautveränderungen selbst. Die Bäder führt man bei endogenen Ekzemkranken im Temperaturbereich um den Indifferenzpunkt, d.h. lauwarm, durch, wobei sich als geeignete Badezusätze für Ekzemkranke weniger pflanzliche Inhaltsstoffe (Kamillen-, Malven-, eher noch Schachtelhalm- oder Eichenrindeabkochungen) als reizmildernde Beigaben von weißem Ton (Bolus alba) oder Weizenkleie, vor allem aber teerhaltige Zubereitungen (Plesiocid®, Vollbad 4–5 Eßlöffel) bewährt haben. Sehr günstig erwiesen hat sich in jahrelangem klinischem Gebrauch die Durchführung von Maiskleiebädern („corn starch bath«), die man durch Zusatz einer Handvoll des handelsüblichen Maizena-Mehls, evtl. unter Zufügung einer Kaffeetasse der genannten flüssigen Teerlösungen, bequem bereiten kann. Gleichfalls bewährt hat sich in letzter Zeit als Badezusatz Sojaöl, z.B. als Balneum Hermal® mit Teer. Neu ist Linola®-Fett-Ölbad, eine Kombination von Paraffinöl mit Fettsäureestern und geringem Emulgatoranteil. Nicht zuletzt kommt aber bei primär oder sekundär bakteriell bestimmten Ekzemformen ein Zusatz von Kalium permanganicum (etwa 1–2 ml einer 10%igen Lösung auf ein Vollbad) in Frage, während man mit hochprozentigen Schwefelzusätzen zum Bad gerade bei seborrhoischen Ekzemkranken nach eigener Erfahrung strikte Zurückhaltung üben sollte. Dies gilt auch für die Verschickung von Kranken mit seborrhoischem Ekzem in Bäder mit starken Schwefelquellen. Ähnlich führt von sich aus schon die Anwendung hochprozentig schwefelhaltiger Externa durch überstarke Austrocknung zur Bildung von trockenen Schuppen und netzförmigen Einrissen, d.h. zu einem präekzematösen Zustand, der *„état craquelé"* genannt wird.

Was schließlich die Zulassung von *Seife* beim Ekzematiker anbelangt, so sollte als geläufige Erfahrungstatsache gelten, daß auf diesem Gebiet Reizkraft und Wirksamkeit des Seifenkörpers sich umgekehrt proportional verhalten, wobei die härteempfindliche konventionelle Seife, die, chemisch betrachtet, ein fettsaures Natrium- bzw. Kaliumsalz darstellt, überdies häufig noch durch zusätzliche Inhaltsstoffe (Parfüm, ätherische Öle o.ä.) endgültig, und nicht nur bloß individuell, Unverträglichkeitseffekte erlangt.

Außerdem gibt die Haut im Bade ohnehin verschiedene Gerüstsubstanzen in die dialysierende Umgebung ab, was z.B. für den Verlust von Aminosäuren (Korting u. Nitz-Litzow) oder PAS-positiven Substanzen (Adam u. Korting) nachgewiesen ist. Bei Zusatz von Seifen ist der Verlust sicher noch größer. Nach einer einzigen intensiven Waschprozedur kann eine eindrucksvolle Entfettung der Haut mit entsprechender Abschilferung und unter Umständen erheblichem Juckreiz zu beobachten sein. Es ist verständlich, daß durch eine ichthyosiforme Hautbeschaffenheit Ekzematisationen und Sensibilisierungen gegenüber ekzematogenen Noxen begünstigt werden. Dazu kommen beim konventionellen Wasch- oder Badevorgang noch pH-Wert-Schwankungen sowie Calcium- und Magnesiumfällungen. Auch wenn, eine Verminderung der Hautirritation nur über eine gleichzeitige Einbuße an Waschaktivität möglich erscheint, ist die Grundvoraussetzung für den reinigenden Waschvorgang, für klinische Bedürfnisse meist schon durch nichtseifige Badezusätze gewährleistet. Hierzu rechnen die Syndets, die zwar durch ihre häufig ausgeprägt entfettende und austrocknende Wirkung eine Daueranwendung kaum zulassen. Dies ist bei ohnehin trockener Haut, also vor allem beim endogenen Ekzematiker verständlich. Bei seborrhoischer Hautkonstitution dagegen haben sich Syndets durchaus bewährt und sind wegen ihrer zusätzlichen fungiziden Eigenschaften sogar zu bevorzugen.

Der Begriff Syndet leitet sich vom Englischen ab und bedeutet synthetic detergents. Die synonyme Bezeichnung ist Detergenzien (lat. detergere = reinigen), d.h. seifenfreie, synthetische, organische, oberflächenaktive Reinigungsmittel, auch waschaktive Substanzen oder Netzmittel genannt. Detergenzien enthalten Tenside (lat. tendere = spannen), die den Sammelbegriff für grenzflächenaktive bzw. entspannende Verbindungen darstellen.

Als Tenside mit Schutzstoff zur Durchführung eines Reinigungsbades selbst bei Alkaliempfindlichkeit oder Epithelverlusten seien u.a. das Ichtho®-Bad oder das Dulgon-Schaumbad bzw. das Dulgon-Wasser-Kosmetikum angeführt, vor allem auch Sebamed® Flüssig. Besonders hervorzuheben ist auch die schonende Hautreinigung mittels Pelsano. Was Hautveränderungen durch „biologisch aktive“ *Waschmittel*, und zwar speziell solche *mit proteolytischen Enzymen* anbelangt, so ist anzunehmen, daß positive Testausfälle von solchen Waschmitteln offensichtlich nicht primär enzymbedingt sind, wohl aber, daß durch die proteolytische Wirkung solcher Enzyme auf der Hautoberfläche der Boden für eine Sensibilisierung durch andere Waschmittelstoffe bereitet wird, ohne daß also die dem Waschmittel zugesetzten Enzyme selbst sensibilisierend wirken würden.

Aus den bisherigen Hinweisen ergibt sich, daß der Schwerpunkt der schulgerechten Ekzembehandlung bei aller Würdigung diesbezüglicher Umstände – keineswegs nur bei der Kontaktdermatitis bzw. dem vulgären Ekzem – auf einer schulgerechten *Lokalbehandlung* beruht. Diese gestaltet sich bei dem frisch entstandenen, floriden Erscheinungsbild eines Ekzems am einfachsten: Nach Ausschaltung etwaiger erkennbarer ekzematogener Faktoren geht man, je akuter der Hautkrankheitszustand ist, um so milder und indifferenter vor. Immer noch steht bei einer nässenden Ekzemfläche die Anwendung von Umschlägen mit kaltem abgekochtem Wasser an erster Stelle. In dieses werden entweder Mullkompressen (10–12fach, von denen die untersten 2 Lagen beim Wechsel des Umschlags auf der Anwendungsfläche verbleiben) oder (noch besser) gewaschene ältere Leinwandstücke, evtl. auch eine frisch geplättete Serviette, eingetaucht und – gering ausgedrückt – auf die nässende Ekzemfläche aufgelegt und – was das Entscheidende ist – etwa alle 5 min durch die Pflegeperson oder den Kranken selbst gewechselt. Kann ein solch rascher Wechsel nach einiger Zeit, z.B. nachts, nicht mehr durchgeführt werden, so verbleibt die betreffende Ekzemfläche unbedeckt und wird nunmehr mit Zinköl (Rp. Zinc. oxid. 40,0, Oliv. ol. ad 100,0) oder Ungt. leniens DAB 9 oder Zink-Wismut-Salbe (Rp. s. später) dünn eingefettet. Dort, wo durch Austrocknung Spannung oder Verkrustung zur Entwicklung gekommen sind, empfiehlt sich die „fettfeuchte“ Anwendungsform, bei welcher *Umschläge* nach von vornherein erfolgter dünner Auftragung eines hierfür geeigneten Ichthyol-(5%)-Vaselins appliziert werden. Gegenüber einer solchen, schnell hintereinander erfolgenden Anwendungsweise von kalten Umschlägen spielt das „Umschlagmittel“ eigentlich eine untergeordnete Rolle, z.B. Tannin 0,5%-, Arg.-nitric. 0,1%-, Rivanol® 0,1%-Lösungen oder auch das in Deutschland wenig übliche, nach einem Armeearzt von Louis IV. benannte Eau Dalibour (Rp. Cupr. sulfuric. 0,1; Zinc. sulfuric. 0,4; Tct. Croci 0,1; Spirit. camphorat. 1,0; Aqu. dest. ad 100,0; D.S. Vor Gebrauch auf das 3–5fache mit Wasser verdünnen). Eine große Erleichterung für Patienten und Arzt haben für die Behandlung des akuten Ekzems die seit 1952 eingeführten Corticosteroid-Cremes gebracht, bei denen die antiphlogistische, antiallergische und antipruritüöse Wirkung pharmakodynamisch ausgenutzt wird.

Ausgehend von dem physiologisch von der NNR sezernierten Hydrocortison (Cortisol) und Cortison wurde nicht nur für die systemische, sondern auch für die lokale Anwendung eine Vielzahl von Derivaten synthetisiert, die stark wirksam sind und Eingang in die Therapie fanden. In der Roten Liste 1987 sind über 170 Fertigarzneimittel auf Corticosteroid-Basis zur lokalen Anwendung und diese oft in unterschiedlichen Konzentrationen und Anwendungsformen (z.B. Creme, Salbe, Fettsalbe, Spray etc.) aufgelistet.

Durch chemische Synthese ließ sich die Wirksamkeit von Cortison und Hydrocortison steigern,

– durch Dehydrierung (Prednison, Prednisolon)
– durch Methylierung (Methylprednisolon, systemische Anwendung als Medrate®, Urbason®)
– durch Fluorierung (Triamcinolon: Delphicort®, Volon®; Dexamethason; Betamethason: Betnesol® V, Celestan® V)
– durch Dihalogenierung (Chlor-Fluorierung: z.B. Clobetasol: Dermoxin® als stärkstes lokales Corticoid)
– durch Veresterung (z.B. Dipropionat bei fluoriertem Betamethason: Diprosone®).

Je stärker die Corticosteroid-Substanz wirkt, um so höher ist das Risiko der unerwünschten Nebenwirkungen (s. später). Schwere systemische Nebenwirkungen (Hemmung der NNR-Funktion) nach topischer Anwendung sind relativ selten beobachtet worden. Die hochwirksamen Corticosteroide werden deshalb niedrig dosiert z.B. Clobetasol nur 0,05% (Dermoxin®) im Vergleich zu Hydrocortison 1%.

Die Wirkungsstärke der lokalen Corticosteroide ist sowohl abhängig von der angewandten Konzentration als auch der fluorierten bzw. dihalogenierten Substanz und Veresterung derselben.

Ein fluoriertes Corticosteroid niedrig dosiert (Triamcinolon 0,025%: Volonimat®) wirkt wie Hydrocortison schwach. Das schwach wirksame Hydrocortison kann dagegen als Butylester (Alfason®) schon mit 0,1% stark wirken.

Die Tabelle 1 bringt eine Auswahl von Fertigarzneimitteln, gegliedert nach schwachen, mittelstarken und starken Corticosteroid-Externa als Monosubstanzen. Die Zubereitungen erscheinen je nach handelsüblicher Konzentration in den drei Rubriken.

Da die Corticosteroid-Externa als Monosubstanzen nicht zur Anwendung von mikrobiellen oder derartig superinfizierten bzw. mykotischen Hauterkrankungen geeignet sind, wird von den Herstellern eine große Zahl von Kombinationspräparaten mit Neomycin, Oxytetracyclin, Chloramphenicol, Nystatin, Fusidinsäure u.a. angeboten, die streng indiziert verwendet werden sollen.

Hydrocortison- (bzw. -acetat-), Prednisolon- und Triamcinolon-Salben können in der Regel in Apotheken rezeptiert werden und sind dann wirtschaftlicher für die Verordnung. Auch ist eine Verdünnung hochwirksamer Corticosteroid-Salben (beispielsweise 1:5) für die individuelle Rezeptur möglich (z.B. Betnesol® V- (oder Celestan® V-)Salbe 15,0, Vaselini albi ad 75,0). Mehrere Hersteller von Corticosteroid-Externa bieten für die Rezepturherstellung die wirkstofffreien *Salbengrundlagen* in größeren Gebinden mit entsprechenden Kompatibilitätslisten an (z.B. Neribas®, Decoderm®-, Diprosone®-Basissalbe). Bei der Verdünnung der wasserhaltigen Cremes besteht allerdings die Gefahr bakterieller Verunreinigung. Diese Cremes werden steril und mit Konservierungsmitteln von der Industrie hergestellt. Gut geeignet ist außerdem die rezepturmäßig hergestellte Basiscreme nach DAC 1986 (Cremor basalis).

Wegen des bei längerer Anwendung möglichen Auftretens einer Tachyphylaxie, d.h. Wirkungsverminderung, wird, um die Reagibilität der Haut wiederherzustellen und gleichzeitig Corticosteroide „einzusparen", eine Intervallbehandlung mit wirkstofffreien Salbengrundlagen durchgeführt. Verschiedene Firmen liefern hierzu corticosteroidfreie Basiscremes, -salben bzw. -fettsalben für die Behandlung mit Decoderm®,

Tab. 1: Übersicht über einige Corticoid-Externa (Einstoffpräparate als Creme, Gel, Salbe, Schaum)

Chemische Kurzbezeichnung	Konzentration	Fertigarzneimittel	Hersteller
1. Schwache Corticoid-Externa Dexamethason	0,1 %	Lokalison F Salbe	Dorsch
Fludroxycortid	0,025 %	Sermaka® ½ Creme, Salbe	Lilly
Fluocinolon-acetonid	0,01 %	Jellin®-Gamma s. N. Creme	Grünenthal
Fluocortinbutyl	0,75 %	Vaspit® Creme, Salbe, Fettsalbe	Scherax
Hydrocortison Hydrocortisonacetat	0,25 % 0,5 % 1 % 2,5 % 1 %	Schericur® Salbe Ficortril® mite Salbe Ficortril® Salbe Ficortril® Salbe Cordes® H Creme, Salbe Scheroson® F Salbe	Scherax Pfizer Pfizer Pfizer Ichthyol Scherax
Triamcinolon-acetonid	0,025 %	Extracort® Creme Volonimat® Creme antibiotikafrei	Basotherm v. Heyden
2. Mittelstarke Corticoid-Externa Aclometason	0,05 %	Delonal® Creme, Salbe	Essex
Amcinonid	0,1 %	Amciderm® Creme, Salbe, Fettsalbe	Merck
Betamethasonvalerat	0,05 %	Betnesol®-V mite Creme Salbe Celestan®-V mite Creme, Salbe	Glaxo Essex
Clobetasonbutyrat	0,05 %	Emovate® Creme, Salbe	Glaxo
Clocortolon als Pivalat und Hexanoat āā p.	0,2 %	Kaban® Creme, Salbe	Asche
Desonid (= Hydroxyprednisolonacetonid)	0,05 % 0,1 %	Tridesilon® Creme, Salbe Sterax® 0,1 % Creme Topifug Creme	Klinge Alcon Wolff
Desoximetason	0,05 %	Topisolon® mite Salbe	Cassella-Riedel
Fludroxicortid	0,05 %	Sermaka® Creme, Salbe	Lilly
Flumetasonpivalat	0,02 %	Locacorten® Creme, Salbe, Schaum	Zyma
Fluocinolonacetonid	0,025 %	Jellin® Gel, Schaum Jellin® s.N. Creme, Salbe	Grünenthal
Fluocinonid	0,01 %	Topsymin® Salbe	Grünenthal
Fluocortolon z.T. als Pivalat, Hexanoat	0,2 % 0,5 %	Syracort® Creme, Salbe Ultracur Creme, Salbe, Fettsalbe Ultralan® Creme, Salbe, Fettsalbe, Fettspray	Beiersdorf Scherax Scherax
Fluprednidenacetat	0,05 % 0,1 % 0,15 %	Decoderm® Salbe Decoderm® Creme Vobaderm® Creme Etacortin® Salbe, Paste	Merck Merck Hermal Hermal
Halcinonid	0,025 %	Halcimat® Creme	v. Heyden
Triamcinolonacetonid	0,1 %	Delphicort® Creme, Salbe Kortikoid-ratiopharm® Salbe Volon® A (antibiotikafrei) Creme, Salbe	Cyanamid-Novalis Ratiopharm v. Heyden

Tab. 1(Fortsetzung)

Chemische Kurzbezeichnung	Konzentration	Fertigarzneimittel	Hersteller
3. Starke Corticoid-Externa			
Betamethasonbenzoat	0,025 %	Euvaderm® Creme	Sasse
Betamethasondipropionat	0,05 %	Diprosis® Gel, Salbe Diprosone® Creme, Salbe	Essex Essex
Betamethasonvalerat	0,1 %	Betnesol®-V Creme, Salbe Celestan®-V Creme, Salbe	Glaxo Essex
Clobetasolpropionat	0,05 %	Dermoxin® Creme, Salbe	Glaxo
Desoximetason	0,25 %	Topisolon® Salbe, Fettsalbe	Cassella-Riedel
Diflorasondiacetat	0,05 %	Florone® Creme, Salbe	Basotherm
Diflucortolonvalerat	0,1 % 0,3 %	Nerisona® Creme, Salbe, Fettsalbe Temetex® Roche Creme, Salbe, Fettsalbe Nerisona® forte Fettsalbe Temetex® forte Roche Fettsalbe	Scherax Roche Scherax Roche
Fluocinolonacetonid	0,2 %	Jellin®-ultra Creme	Grünenthal
Fluocinonid	0,05 %	Topsym® Salbe, F-Salbe	Grünenthal
Halcinonid	0,1 %	Halog® Salbe, Fettsalbe	v. Heyden
Halometason	0,05 %	Sicorten® Creme, Salbe	Zyma
Hydrocortisonbutyrat	0,1 %	Alfason® Creme, Salbe, CreSa	Thomae

Diprosone®, Halog®, Nerisona® (als Neribas®), Syracort® (als Syracerin®) u. a.

Bei ungezielter Applikation von Corticosteroid-Externa können lokale Schäden auftreten: Atrophie von Haut- und Schleimhaut (Genitalregion) sowie Fettgewebe, Akne (Gesicht), Striaebildung (Achselgegend), Entwicklung einer Rubeosis, Rosacea, Teleangiektasien (Gesicht), Purpura, Ekchymosen, Hypertrichose (Gesicht).

Die Nebenwirkungen lassen sich reduzieren, wenn

- der Therapieerfolg mit schwächeren Präparaten zu erreichen ist,
- stark wirksame Corticosteroid-Externa nur kurzfristig und bei therapierefraktären Fällen,
- Okklusivverbände nur zeitlich begrenzt (für 12 Stunden, über Nacht) und kleinflächig,
- im Gesicht auch die schwächsten Corticosteroide nur bei akutem Ekzem angewendet werden,
- bei Kindern nur mit schwachen Corticosteroiden (Windeln wirken wie Okklusivverband) therapiert wird (z. B. mit Vaspit®).

Unabhängig von der allgemeinen Hautkonstitution (seborrhoisch, sebostatisch) sind bei stark „entzündlichen“, nässenden Hautflächen die fettarmen Corticoidcremes – gegenüber den salbigen Zubereitungen bei lichenifizierten Hautbezirken – zu bevorzugen. Man verwendet dementsprechend z. B. Locacorten®-Creme oder -Salbe, Nerisona®-Creme oder -Salbe usw. Nur bei chronischen Ekzemsubstraten wird man auch den Effekt einer solchen Corticosteroidsalbe durch einen *Plastikfolien-Okklusivverband*, welcher randwärts mit Heftpflaster luftdicht abgeschlossen wird, zu erreichen suchen, wodurch die resorptive Einschleusung der Wirkstoffe deutlich verbessert wird (selbstklebende Folie für Okklusivverbände: Leukoflex® occlusiv oder Oclufol®-Binde). Die Anwendung solcher feuchter Salbenkammern sollte man in Abhängigkeit von der eingetretenen Mazeration nach spätestens etwa 8 Stunden unterbrechen, aber gegebenenfalls wiederholen. Treten unter dieser Folientherapie Pustulationen in Erscheinung, so bedenke man auch die Möglichkeit einer Soorbildung und schalte entsprechende Mittel (Farbstoffe, Nystatin-Salbe, Ampho-Moronal® V-Salbe, Pimafucin®-Creme) dazwischen.

Unerwünschte Nebeneffekte allzuoft wiederholter Plastikokklusivtherapie sind ferner neben der bereits erwähnten mykotischen, aber auch bakteriellen Superinfektion eigentümlich brennende Hautrötungen mit unangenehmem Mazerationsgeruch, als Spätfolge aber auch u. U. flächenhafte oder striäre Atrophien. Bei flächenmäßig ausgedehnter Okklusivtherapie besteht bei heißer, schwüler Wetterlage auch die Möglichkeit einer Beeinträchtigung der Thermoregulation.

Auf die einzelnen *Hautschutzsalben*, entsprechend den Bedürfnissen der einzelnen Berufe kann hier nicht näher eingegangen werden. Exemplarisch sei hier nur auf die Verwendung eines „unsichtbaren Handschuhs" vornehmlich gegenüber Wassereinwirkung in Gewerbe und Haushalt, z. B. mit Silikonzusätzen (Silicoderm® F-Salbe), mit Kationenaustauschern und Ascorbinsäure bei Hautveränderungen auf dem Boden einer Chromat-, Kobalt- oder Nickelveränderung (Ivosin® Chromatschutzcreme und Ivosin® Ni-Co-Creme) oder von Kationenaustauschern, die Alkali-Ionen binden und Wasserstoff-Ionen freigeben (pH-Stabil Hautschutzcreme), aufmerksam gemacht.

Trotz dieser erstaunlichen Fortschritte in der „modernen" lokalen Ekzembehandlung, die jedoch mit den Corticoidsalben nicht immer zur völligen Rückbildung der Krankheitssubstrate führt, so daß diese häufig nur Zeitraffer für weitere Therapiemaßnahmen darstellen, ist die *konventionelle Ekzemtherapie* keinesfalls überflüssig geworden. Hierzu deswegen folgendes: Für subakute vulgäre Ekzeme und vor allem beim Seborrhoiker verwende man als Basis Emulgierenden Cetylstearylalkohol (Lanette® N) in Form der Ungt.emulsificans aquosum (Wasserhaltige hydrophile Salbe DAB 9), wenn man nicht zunächst überhaupt das frühere sog. Glycerinliniment (Boeck) bzw. die Neissersche Zinktrockenpinselung (Lotio alba aquosa, Zinkschüttelmixtur, Zinci oxidi lotio NRF) vorzieht, nach deren Austrocknung man einige Stunden später mit der *Neisserschen Zink-Wismut-Salbe* überfetten kann.

Rp. Zinc. oxid.	
Bismut. subnitric.	āā 1,0–2,5
Ungt. cerei DAB 6	
Ungt. lenient.	āā ad 50,0

In handelsfertigen Schüttelmixturen, Pasten und Lichtschutzmitteln (Sonnencremes) wird anstelle von Zinkoxid Titandioxid (DAC–1986) verwendet, welches stärker deckt und im Schweiß unlöslich ist. Hochdisperses Titandioxid (DAC–1986) dagegen als 3- bis 5prozentiger Zusatz vermag Zinkoxid- und Titandioxidschüttelmixturen zu stabilisieren.

Der in den Schüttelmixturen auf A. Neisser zurückgehende Zusatz von Alkohol (Ethanol, Isopropanol) wird gerade von akut entzündeter Haut, wegen des besonders raschen Eintrocknens einer solchen Pinselung, nicht immer gut vertragen. Das Rezept der Ethanolischen Zinkoxidschüttelmixtur nach NRF (Zinci oxidi lotio spirituosa) lautet:

Rp. Zinc.oxid.	
Talci	
Glycerol. 85 %	
Ethanol. 90 %	
Aqu.purific.	āā ad 100,0

Diese Mixtura agitanda wird nach Aufschüttelung mit einem Pinsel aufgetragen, neue Anwendungen werden nach einigen Stunden über dem alten Anstrich durchgeführt. Die so behandelte Hautfläche bleibt unverbunden. Zur „Tönung" kommen für ein rotbraunes Kolorit Bolus rubr. 0,5–1 %ig, für ein mehr braunes Ichthyol® 2–5 %ig in Betracht. Zur heißen Sommerzeit kann die Schüttelmixtur, vor allem wenn größere Mengen anfallen, mit Konserviertem Wasser (Aqua conservata DAC–1986), das

Ester der p-Hydroxybenzoesäure (PHB-, Nipa®-Ester, Parabene®) enthält, hergestellt werden. Die genannten Konservierungsmittel können allerdings als Träger einer Para-Gruppe wieder zusätzlich sensibilisieren; wirksam als antioxidativer Zusatz ist nach Sabalitschka auch das in Wasser fast unlösliche Dodecylgallat (0,02%). Kommt es im Lauf der wiederholten Anwendung solcher Schüttelmixturen zu unerwünscht starker Austrocknung, so denke man an die Anwendung einer *Emulsionslotion*, wie sie der nachfolgende 18er-Schüttel darstellt:

Rp. Alcohol.cetylstearyl.	
emuls.	3,0
Zinc.oxid.	
Talci	
Glycerol. 85%	
Ethanol. 70%	āā 18,0
Aqu.purific.	ad 100,0

Eine solche Zinkschüttelmixtur kann man dann unter entsprechender Reduktion der festen Bestandteile allmählich durch Zusätze von Ammoniumbituminosulfonat (Ichthyol®) 2–5%, Ammoniumsulfobitol (Tumenol®-Ammonium) 5–10% oder Liquor Carb. deterg. 10–20% „steigern" bis Teerreife erreicht ist. Im übrigen wirkt auch Zinköl, das mit Olivenöl hergestellt wird und am besten im Verhältnis 4:10 (Zinkoxid zu Öl) rezeptiert werden sollte, austrocknend, weswegen baldmöglichst auf weiche Zinkpaste (70% Fettstoffgehalt, nach NRF zubereitet) übergegangen werden sollte. Eine wertvolle, wenn auch teure, in diesem Zusammenhang anzuführende Salbengrundlage von sahniger Konsistenz und vorzüglicher Kühlwirkung, die aber auch unabhängig von solchen Effekten als „Mattcreme" hautpflegerisch nach wie vor äußerst empfehlenswert ist, stellt das *Ungt. leniens* dar. Seine Kühlwirkung („cold cream") kommt nach Schneider dadurch zustande, daß die ursprüngliche W/O-Emulsion (Ungt. leniens) beim Verreiben auf der Haut in eine O/W-Emulsion umschlägt.

Die Zusammensetzung von Ungt.leniens nach DAB 9 lautet:

Rp. Cerae flav.	7,0
Cetyl. palmit.	8,0
Arach. ol.	60,0
Aqu. purific.	ad 100,0

Im DAB 8 wurde diese „Kühlsalbe" noch mit Cetaceum zubereitet. Bei Cetaceum oder Walrat handelt es sich um den gereinigten, durch Abscheiden in der Kälte erhaltenen festen Anteil des vorwiegend aus dem Pottwal (Spermwal, Physeter macrocephalus L.) gewonnenen Wachsgemisches.

Verschiedene Wale haben in den Knochen des Schädels und des Rückgrats Höhlungen, die mit einem gelblichen Öl (Walratöl) gefüllt sind. Dieses hat offenbar eine hydrostatische Aufgabe (Auftriebsfähigkeit des Körpers). Beim Abkühlen des Öles scheidet sich 10 bis 30% Walrat ab, der dann durch Laugenbehandlung und Umkristallisation gereinigt wird. Pro Tier erhält man 1 bis 3 Tonnen Walrat. Eine synonyme Bezeichnung für Walratöl ist Spermöl, das man früher fälschlich mit dem Samen des Wals in Verbindung brachte. In der USP XIX ist die offizielle Bezeichnung für Walrat Spermaceti. Die Indianer benutzten ungereinigten Walrat schon in der vorkolumbianischen Zeit für Heilsalben.

Walrat ist ein komplexes Gemisch von hochmolekularen Estern, vornehmlich Palmitinsäurecetylester (Cetin). Da Walrat im Handel heutzutage schwer erhältlich ist, hat das DAB 9 Cetaceum durch Cetylpalmitat (z.B. Cutina® CP) ersetzt. Auch die USP XXI kennt kein Walrat (Spermaceti) mehr und verwendet als Ersatz „Cetyl Esters Wax", ein Gemisch von Estern aus gesättigten Fettalkoholen und gesättigten Fettsäuren.

Die vorteilhafte Anwendungsmöglichkeit von Ungt.leniens in der Form der Neisserschen Zink-Wismut-Salbe wurde bereits erwähnt. Ein neueres Handelspräparat nach dem Prinzip der Ungt.leniens ist Cold Cream naturel Roche-Posay in der *Zusammensetzung:* Walrat 11,75%, Bienenwachs 13,50%, Thermalwasser Roche-Posay bzw. Aluminium-Silikate 11,50%, Paraffinöl 63,25%.

Will man eine *Kühlpaste* verwenden, so kann man gleichfalls von der Eigenschaft des Ungt.leniens Gebrauch machen, eine größere Menge Pulver zu inkorporieren. Eine einfache Formel in dieser Richtung wäre auch:

Rp. Ungt.lenient.	
Zinci past.	āā p.

wozu als weitere Zusätze noch antiinfektiöse Wirkstoffe (Tetracyclin oder Hexachlorophen 0,5–1%), evtl. weiterhin zusammen mit einem Corticosteroid (Hydrocortisonacetat 0,3%, Prednisolon 0,2% oder

Dexamethason 0,01%), hinzugefügt werden können. Eine einfache Kühlpaste ist außerdem die *1–2–3-Salbe* von Sulzberger:

Rp.	Alum. acet. tart. sol.	10,0
	Adip. lanae	20,0
	Zinci past.	30,0

Bei Kühlpasten muß die Vorschrift beachtet werden, daß dicke Pastenschichten grundsätzlich fetten, also für trockene, verdickte Hautareale in Frage kommen, dünne Pastenschichten hingegen austrocknen, also bei subakuten oder von Haus aus fettigen Hautbezirken aufzubringen sind. Für trokkene, verdickte Hautbezirke bedient man sich heute auch des Zusatzes von *Harnstoff.* Dieser ändert die Barrierestruktur der Hornschicht und begünstigt die Permeation und Penetration. Harnstoff besitzt keine systemischen und unerwünschten Effekte. So wird vor allem die Permeabilität von Corticosteroiden durch die Kombination mit Harnstoff um den Faktor 2–3 erhöht. Ein Beispiel für eine Harnstoffsalbe wäre:

Rp.	Ureae pur.	5%
	Aqu.purific.	10–15%
	Glycerol. 85%	10–15%
	Eucerin®anhydr.	75–65%

Eine handelsübliche Zubereitung von Harnstoff 10% ist Basodexan®-Creme oder Calmurid®-Salbe oder mit Hydrocortison 1% kombiniert Calmurid® HC-Salbe oder Hydrodexan®-Creme.

Die heute umstrittene Anwendung von *Steinkohlenteer* (Pix Lithanthracis), weniger der verschiedenen Holzteere, die übrigens im Gegensatz zum Steinkohlenteer nicht lichtsensibilisieren, ist in der Hauptsache beim chronisch-lichenifizierten Ekzemsubstrat (chronisches vulgäres Ekzem, endogenes Ekzem, Lichen simplex chronicus) angezeigt. Hierbei hat sich der unvermischte Steinkohlenteer, d.h. der ungereinigte Leuchtgasteer, der nach Aufstreichung mit Talkum überpudert und evtl. durch einen dünnen Verband oder einen Kunstharzspray abgedeckt wird, gegenüber Kombinationen wie Teerpasten o.ä. als überlegen erwiesen. Eine Teerpaste ist am ehesten noch bei den Prurigoformen des endogenen Ekzems und beim verrukösen Lichen simplex chronicus unter Zusatz von Podophyllin angebracht, z.B. nach Königsbauer.

Rp.	Podophyllin	0,1
	Pic. Lithanthrac.	2,0
	Zinci past.	ad 100,0

Die leichtere Abwaschbarkeit bei guter Verträglichkeit kann bei einer solchen Teerpaste durch Zusatz eines Emulgators, wie z.B. Polysorbat 20 (DAB 9, Polysorbatum 20, Tween® 20) erreicht werden.

Rp.	Pic. Lithanthrac.	1,0
	Polysorbat. 20	0,5
	Zinci past.	ad 100,0

Nach mehrtägiger Teeranwendung, die wie jede differente Lokaltherapie zunächst auf kleinem Bezirk hinsichtlich ihrer Verträglichkeit zu erproben ist, bringt man die Teerschicht mit einer Zinkpaste, evtl. auch mit einer Salicyl-Hebra-Salbe (Hebra-Salbe entspr. Ungt. diachylon = Bleipflastersalbe DAC–1986, syn. Ungt. Plumbi oxydati, Plumbi emplastri unguentum NRF):

Rp.	Acid.salicyl.	2,5–5,0
	Plumb. empl. ungt. DAC-1986	ad 100,0

gegebenenfalls mit einem Zusatz von 0,5% Phenol. liquefact., zum Abblättern, woran je nach Erfordernis wiederum mehrere Teertage im Wechsel angeschlossen werden können. Weitere Zusätze zu dieser Salbe sind: Ammoniumsulfobitol 2–10% (Tumenol®-Ammonium), Mitigal® 2%. Außer der Anwendung von reinem Steinkohlenteer kommen bei chronisch-vulgären und endogenen Ekzemen von geringer Lichenifikation teerhaltige „Firnisse“ in Frage:

Rp.	Ammoniumsulfobitol.	4,0
	Anthrarobini	1,0
	Tct.Benzoes	10,0
	Etheris	ad 30,0
	D.S. Arningsche Lösung	

Rp.	Ammoniumsulfobitol.	6,0
	Glycerol. 85%	6,0
	Anthrarobini	3,0
	Isopropanoli	40,0
	Etheris	ad 100,0

D.S. Arningsche Lösung ohne Benzoes, NRF (mod. nach Neisser)

Rp.	Pic. Lithanthrac.	5,0
	Acetoni	ad 50,0

D.S. Pix Lithanthracis acetonatus

Rp.	Ammoniumsulfobitol.	4,0
	Polysorbat. 20	5,0
	Anthrarobini	1,0–2,0
	solve in Ether	10,0
	Tct. Benzoes	15,0

S. Arningsche Lösung abwaschbar (Schneider)

Ammoniumsulfobitol wird mit 5,0 Polysorbat 20 angerieben, Anthrarobin in Ether und Tct. Benzoes gelöst, sodann werden beide Mischungen vereinigt.

Eine mildere Wirkung als Teer fällt den *Farbstoffen* zu, die kombiniert z.B. als „Greifswalder Farbstoffmischung" weit bekannt wurden. In Gebrauch geblieben sind, zweifellos wegen der zunehmenden Resistenz der Staphylokokken gegenüber Antibiotika, an erster Stelle Triphenylmethanfarbstoffe, wie

Gentianaviolett DAC-1986, Methylrosanilidi chloridum, das hauptsächlich aus Hexamethyl-p-rosanilinhydrochlorid, das mit Pentamethyl- und Tetramethyl-p-rosanilinhydrochlorid verunreinigt ist, besteht. Syn.: Gentian Violet USP XXI, Crystal Violet BP 1980, Gentianaviolett B, Methylviolett, Kristallviolett, Blaues Pyoktanin (Pyoktaninum coeruleum);

Auramin (Gelbes Pyoktanin, Pyoktaninum aureum);

Brillantgrün DAC-1986, syn.: Brilliant Green BP 1980, USP XXI, Malachitgrün G;

Fuchsin DAC-1986, Gemisch aus Fuchsin (Rosanilinhydrochlorid) und Parafuchsin (Pararosanilinhydrochlorid), syn.: Magenta B.P.C. 1973, Basic Fuchsin USP XXI.

Die Farbstoffe werden sämtlich zu 0,5% als wäßrige Lösungen, ausnahmsweise auch als ebenso konzentrierte Farbstoffpasten, vor allem bei ekzematös überlagerten und stark bakteriell superinfizierten Dermatomykosen (= „mykogenes Ekzem") angewandt. Daneben sei auch unbedingt auf die *Castellanische Lösung* (Castellani solutio) nach der Vorschrift des NRF hingewiesen.

Rp.	Fuchsin	0,8
	Chlorocresoli	0,1
	Resorcini	10,0
	Acetoni	5,0
	Ethanol. 70% (V/V)	10,0
	Aqu. purific.	ad 100,0

ferner als „Farblose Castellanische Lösung" (Castellani solutio sine colore) nach NRF:

Rp.	Chlorocresoli	0,1
	Resorcini	10,0
	Acetoni	5,0
	Ethanol. 70% (V/V)	10,0
	Aqu. purific.	ad 100,0

Die Anwendung von *Röntgenstrahlen* ist auf das chronische Stadium von Ekzemformen und den Lichen simplex chronicus beschränkt, kommt aber auch für diese erst nach Erschöpfung einer sonstigen intensiven Lokaltherapie in Betracht. Mit den modernen berylliumgefensterten Weichstrahlgeräten (Siemens-Dermopan; RT 100 Müller) ist eine schichttiefengerechte Anpassung möglich. Dosismäßig hält man sich für gewöhnlich an die auf Hans Meyer zurückgehende Empfehlung, die in Frage kommenden Ekzemherde mit Einzeldosen von 20,6 bis 25,8 $mCkg^{-1}$, im Abstand von 7–10 Tagen falls erforderlich 2–3mal zu bestrahlen. Grundsätzlich berücksichtige man aber bei der Röntgentherapie der Ekzeme, daß jede chronisch-rezidivierende Hautkrankheit, und zwar nicht nur bei Jugendlichen, aus naheliegenden Gründen nur mit größter Zurückhaltung mit Röntgenstrahlen anzugehen ist, so daß vornehmlich das endogene Ekzem niemals mit Röntgenstrahlen behandelt werden sollte.

Zwei Erscheinungsbilder, auch als Komplikationen des endogenen Ekzems, bedürfen noch einer besonderen Hervorhebung:

Als *Wiskott-Aldrich-Syndrom* faßt man chronisch-ekzematoide, anfänglich mehr seborrhoide, im späteren Leben mehr lichenifizierte Hautveränderungen im Zusammenfall mit Hämorrhagien (Petechien, Suffusionen, Hämorrhöen) sowie einer Thrombozytopenie bei sonst normalem Blutbild, aber mitunter Mangel an IgM, zusammen.

Therapeutisch kann die Blutungsbereitschaft durch Transfusion von Blut bzw. Blutplättchen eingeschränkt werden. Corticosteroide könnten die Infektionsgefahr erhöhen. Zu erwägen ist auch eine Splenektomie unter prophylaktischer, antibiotischer Abschirmung, gegebenenfalls zur Infektionsprophylaxe Gammaglobulin. Die Ekzemveränderungen sind in üblicher Weise, also konventionell zu behandeln.

Beim *Eccema herpeticatum* (Schönfeld), das häufig auch Pustulosis varicelliformis (Kaposi-Juliusberg) genannt wurde, handelt es sich um die rasche Schmierverbreitung des Herpes-simplex-Virus, wiederum praktisch ausschließlich auf dem Terrain eines manifesten endogenen Ekzems (Milchschorf, Neurodermitis disseminata). Die Bläschen sind einkammerig, die Mundschleimhautveränderungen sehr aphthoid, das Auftreten einer Keratitis dendritica ist möglich. Die Inkubation des Eccema herpeticatum, welches zu 75% bei Kindern auftritt, beträgt 2–5 Tage, die Letalität wird bei Erwachsenen auf 10%, bei Kleinstkindern auf 20% beziffert.

In der **Behandlung** des ausgeprägten Eccema herpeticatum stehen heute Aciclovir-Infusionen (Zovirax®) ganz im Vordergrund (3mal täglich in 8stündigem Abstand 5 mg/kg KG, 5 Tage lang). Bei der Expositionsprophylaxe achte man darauf, daß endogene Ekzematiker von manifesten Trägern einer Herpes-simplex-Affektion fernzuhalten sind. Rezidiverkrankungen an Eccema herpeticatum sind beim endogenen Ekzematiker durchaus möglich.

2.2 Lichen simplex chronicus Vidal

(Neurodermitis circumscripta Brocq u. Jacquet)

Vorzugsweise bei älteren Personen sowie solitär bzw. nur in wenigen Einzelherden, typischerweise an den Innenseiten der Oberschenkel, am Nacken oder an den Schulterblättern, an den Unterschenkeln häufig unter ausgeprägter verruköser Note in Erscheinung tretende Entwicklung von runden, planen, stecknadelkopfgroßen, seltener auch etwas größeren Knötchen. Diese fließen in der Herdmitte zu flächenhafter Geschlossenheit zusammen (= primäre Lichenifikation), während als dritte, äußere Zone sich eine verwaschen-schmutzige Braunpigmentierung ausbildet. Im Gegensatz zu dem häufig damit verwechselten endogenen Ekzem (Neurodermitis disseminata) stehen beim Lichen-simplex-Kranken anamnestisch Hepato- oder Cholezystopathien, Obstipationen, peptisch-katheptische Verdauungsstörungen einschließlich Indikanurie und Dysbakterie (?) als Grundaffektion im Vordergrund. Die Herdrealisation erfolgt meist durch chronische Scheuer- und Reibetraumatisierung.

Die **Therapie** ist unter Berücksichtigung der Basisstörungen die gleiche wie für die Behandlung des chronisch-vulgären Ekzems. Neuerdings wäre auch an die Verwendung von Harnstoffsalben (10%) ohne und mit Corticoiden zu denken, z.B.

Rp. Ureae	10,0
Aqu.purific.	60,0
Ungt.Cordes®	ad 100,0

Statt Ungt.Cordes® können Ungt. emulsificans aquosum (ohne Wasserzusatz) und als Corticoid-Zusatz 1,0% Hydrocortisonacetat rezeptiert werden.

Fertigarzneimittel sind z.B. Basodexan® Creme, Calmurid® Salbe bzw. mit Corticoid: Hydrodexan® Creme, Calmurid® HC Salbe oder reines Corticoid in Folienform (Sermaka® Folie).

3 Toxisch-allergische Exantheme

Derartige *Toxikodermien* (J. Jadassohn) sind heute meist *Arzneimittelexantheme („drug eruptions“)* und stellen gegenwärtig die dermatologische Differentialdiagnose schlechthin dar. Sie haben somit der bisher hauptsächlich „nachäffenden“ Lues den Rang abgelaufen. Nicht selten sind solche Hautintoleranzreaktionen auch nur ein Schockfragment im Rahmen polytoper Überempfindlichkeitsabläufe (Brechdurchfall, Leukozyten- und Blutplättchenstürze, Synkopen usw.). Nicht unbedingt sind ferner lediglich Überdosierung des auslösenden Stoffes, eher schon individuelle Resistenzschwäche und häufig auch Zusatzfaktoren (z.B. Sonnenlicht) von Belang. Anamnestisch kann die Exposition unter Umständen einige Tage zurückliegen, wie es früher vom Salvarsan und heute hauptsächlich vom Penicillin her geläufig ist. Die Zahl der Medikamente, welche derartige makulöse, urtikarielle, purpurische, nodöse, lichenoide usw. Exantheme auslösen, ist gewaltig und kann im einzelnen hier nicht aufgeführt werden. *Fixe Exantheme*, d.h. Hautausschläge, die an derselben Stelle wiederkommen, werden bevorzugt durch Phenolphthalein, die Pyrazolongruppe, evtl. auch durch Leguminosen hervorgerufen. Akneiforme Toxikodermien sind speziell durch Halogene, Testosteron, Cortison, ACTH, Vitamin D_3 oder INH bedingt. Auch das Bild des Lupus erythematodes acutus kann durch eine Arzneimittelallergie (Griseofulvin usw.) kopiert werden (Untersuchung auf mitochondriale Antikörper). Vegetierende Toxikodermien wurden hingegen vornehmlich durch Iod- oder Bromverbindungen hervorgerufen.

Penicillinintoleranzen kommen in 1–3% bzw. 5,5% bei Aminopenicillinen und vielleicht gehäuft bei Trägern von Dermatomykosen, die hierdurch auch aufflammen können, sowie nicht selten, nachdem um die Einstichstelle Rötung und Schwellung aufgetreten waren, vor. Zu berücksichtigen ist des weiteren die Möglichkeit der Überempfindlichkeit gegenüber der Verzögerungssubstanz (Procain). Bei der Anamnese einer fraglichen Penicillinallergie ist auch an penicillinhaltige Impfstoffe (Poliomyelitis) oder an Penicillinspuren in Milch oder Tierfleisch zu denken. Die *Hauttestung mit Penicillin* ist nicht frei von Ergebnisunsicherheit und vor allem von Gefahren. Bei Allergie vom Spättyp kann Penicillin 1%ig (in Phosphatpuffer pH 7,4) auch epikutan (Läppchentest) geprüft werden. Als Hauptdeterminante („major determinant“) bei Penicillinallergie ist das Penicilloyl, ein metabolisches Abbauprodukt des 6-Aminopenicillansäure-Kerns anzusehen, welches durch Bindung an Eiweiß zum Vollantigen wird und bei der Hauttestung in 30 bis 90% positive Ergebnisse bringt. Die Penicilloyl-Gruppe ist verantwortlich für die Mehrzahl der Reaktionen. Daneben gibt es konjugationsfähige Abbauprodukte („minor determinants“) wie Penicillamin, Penicillinsäure, Penamaldehyd u.a., die in einer geringen Zahl allergische Reaktionen, auch Schocks auslösen können. Die Schwere der allergischen Reaktion ist nicht von den Determinanten abhängig.

Klinisch sind nach K. H. Schulz folgende Möglichkeiten einer Penicillinallergie beobachtbar:

1. Sofortreaktionen: Urtikaria, Ödeme, Asthma, anaphylaktischer Schock (Latenzzeit 2–3 Stunden);

2. Reaktionen vom Typ der Serumkrankheit: Urtikaria, Fieber, Gelenkschwellungen, Polyneuritis, Nephritis (Latenzzeit 7–18 Tage);
3. Kontaktallergie: Dermatitis, Ekzem (Latenzzeit 12–24 Stunden);
4. hyperergische Phänomene: papulovesikulöse Exantheme, Purpura, Erythrodermien, Dermatitis exfoliativa, Lyell-Syndrom (Latenzzeit 8–24 Stunden).

Auch der serologische Nachweis von hämagglutinierenden Anti-Penicillin-Antikörpern kann auf eine Penicillinüberempfindlichkeit hinweisen. Von Bedeutung ist ferner die Möglichkeit von Kreuzreaktionen speziell mit Cephalosporinen. Besonders häufig sind Intoleranzen gegenüber Ampicillin. Allergische Reaktionen laufen immunologisch in unterschiedlicher Weise ab, wobei Sofortreaktionen von Spätreaktionen zu unterscheiden sind (Tab. 2). Allergene verschiedenster Art führen zu einer Sensibilisierung mit Bildung von Immunglobulin E (Reagine). Die IgE-Antikörper vermögen sich mit ihrem Fc-Fragment an den Rezeptoren der Oberfläche der Mastzellen (basophilen Granulozyten) festzusetzen. Bei erneutem Kontakt mit Allergenen kommt es zur Degranulierung der Mastzellen, wobei hochaktive Mediatorstoffe wie Histamin, Serotonin, Bradykinin, SRS-A (Slow reacting substance of anaphylaxis), Prostaglandin $F_{2\alpha}$ freigesetzt werden, die anaphylaktische Reaktionen hervorrufen. Bei der sog. zytotoxischen Reaktion sind IgG und IgM beteiligt, die sich klinisch meist durch Schädigung der Blutzellen (Agranulozytose, Granulozytopenie, Anämie) manifestieren. Wenn sich zwischen Antigenen und den im Blutkreislauf zirkulierenden Antikörpern Immunkomplexe bilden, können diese zu generalisierten Überempfindlichkeitsreaktionen führen.

Spätreaktionen, die sich zum Unterschied von Sofortreaktionen erst nach Tagen oder Wochen zeigen, werden durch sensibilisierte Lymphozyten, die spezifisch verändert sind, ausgelöst. Hierher gehören Hautreaktionen wie z.B. die Tuberkulinreaktion (Tuberkulin Tine Test® PPD), Kontaktallergien der Haut, insbesondere nach wiederholtem Kontakt mit Chrom-, Nickelsalzen, bestimmten Färbemitteln sowie Abstoßung von Transplantaten nach Organverpflanzung. Letztere erfolgt um so häufiger je größer der Unterschied der Gewebsantigene (HLA = Humane Leukozyten-Anti-

Tab. 2: Arzneimittelallergien nach Mutschler (modifiziert nach de Weck)

Typ	Immunologische Reaktion	Antikörper bzw. Agens	klinische Manifestation	häufig verantwortliche Arzneimittel
Sofortreaktionen				
I	anaphylaktisch (sog. Reagin-Typ)	IgE (Reagine)	anaphylaktischer Schock, Urtikaria Quincke-Ödem	Acetylsalicylsäureanhydrid, Penicilline
II	zytotoxisch	IgG, IgM	hämolytische Anämie, Thrombozytopenie, Agranulozytose	Methyldopa, Penicilline, Sulfonamide, Thiouracile
III	Immunkomplexbildung (sog. Arthus-Reaktion)	IgG, IgM	Glomerulonephritis, Exantheme, Serumkrankheit-Syndrom	Penicillamin, Penicilline
Spätreaktionen				
IV		sensibilisierte Lymphozyten	verzögerte Hautreaktion vom Tuberkulin-Typ, Kontaktekzeme, Photoallergien	Ampicillin, Gold, Sulfonamide

gene) zwischen Spender und Empfänger ist.

Von toxisch-allergischen Zuständen nach Penicillin grundsätzlich zu unterscheiden sind das *Hoigné-Syndrom* (Atemnot, Herzklopfen, Schwindelgefühl, Hör- und Sehstörungen bei klarem Bewußtsein und normalem Blutdruck infolge Eindringens von Kristallen des Depot-Penicillins in die Blutbahn) und das *Nicolau-Syndrom (Embolia cutis medicamentosa*: blitzfigurartig imponierender Verschluß von Arterien infolge Eindringens von Kristallen in die arterielle Blutbahn).

Bei Verdacht auf arzneimittelbedingte Dermatosen können zum Nachweis der Arzneimittelallergie verschiedene Testmethoden, z. B. Epikutan-, Scratch-, Intrakutan-, Photopatch-, Expositionstest und andere Methoden, angewandt werden. Die wichtigste Untersuchung zur Aufdeckung von Allergien im Serum ist neben den Hauttesten der RAST (Radio-Allergo-Sorbens-Test). Einzelheiten dieser diagnostischen Methoden sind Spezialhandbüchern zu entnehmen.

Die Ermittlung der schuldigen Substanz ist weitgehend gleichbedeutend mit der **Therapie**. Darüber hinaus sind die symptomatischen Maßnahmen der jeweiligen Note des Hauterscheinungsbildes entsprechend (Dermatitis, Urtikaria, lichenoider Aspekt usw.) abzustimmen.

Besonderer Anstrengungen bedarf schließlich das *Lyell-Syndrom* (1956), welches in vielen Fällen die Maximalvariante eines bullös-epidermolytischen toxischen Exanthems *(Epidermolysis acuta toxica*, Korting u. Holzmann) darstellen dürfte, obwohl vor allem bei jüngeren Patienten auch die Frage der infektiösen Bedingtheit (Staphylococcus aureus) nicht ganz abgelehnt werden kann. Die Sterblichkeit solcher Fälle beträgt auch bei maximaler therapeutischer Anstrengung (Corticoid, Breitbandantibiotika, Immunsuppressiva [Azathioprin], fortlaufende Betreuung auf einer Wachstation mit Drehbett und parenteraler Ernährung, z. B. mit dem Cavakatheter) immerhin etwa 20%. Auslösend stehen nach bisheriger Ermittlung Pyrazolonderivate und Salicylsäure an der Spitze.

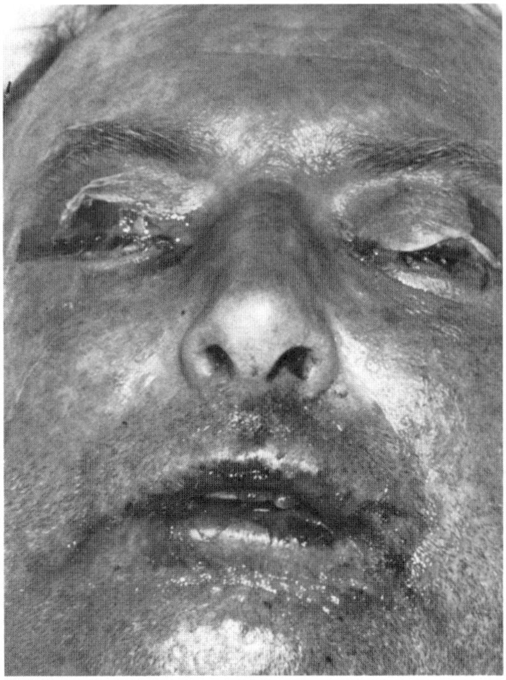

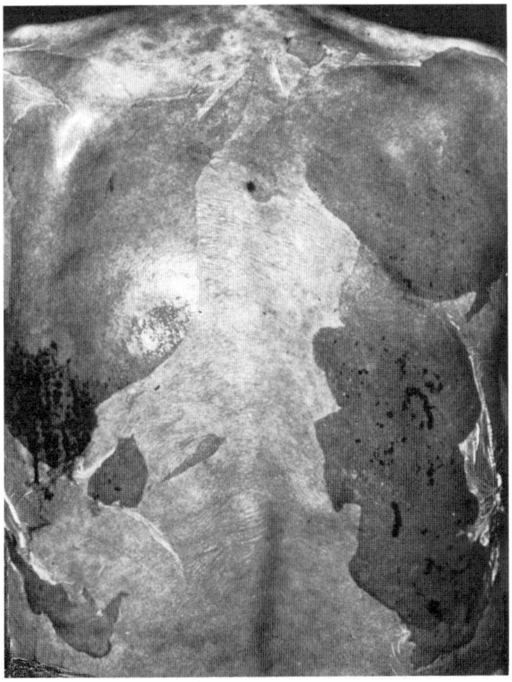

Abb. 10: Epidermolysis acuta toxica (Lyell-Syndrom)

4 Heuschnupfen, Asthma bronchiale

Im dermatologischen Krankengut tritt die in der einzelnen Saison wie im Längsschnitt des Lebens solcher Kranker zunächst an der Bindehaut sich abspielende, später zunehmend herabsteigende und dann mehr rhinitisch oder asthmoid sich weiterentwickelnde Heufiebersymptomatologie überwiegend als Manifestationsäquivalent der komplexen Erbkrankheit Heufieber-Asthma-Ekzem, d.h. des endogenen Ekzems, in Erscheinung. In Anbetracht der in vielen Fällen doch recht unspezifisch breiten Reizbarkeit solcher Konstitutionsträger haben in der Therapie sowohl der ausgesprochen pollenallergischen Individuen als auch der an sonstiger vasomotorischer Rhinopathie Leidenden **symptomatische Behandlungsmaßnahmen** eher noch mehr Bedeutung erlangt als früher. Diesbezüglich kommt, da man zu den sicherlich hierbei sehr wirksamen Weckaminen mit Rücksicht auf die damit verbundene Suchtgefahr nicht ohne weiteres greifen mag, gerade den sog. H_1-Antihistaminika eine besondere Bedeutung zu. H_1-Antihistaminika verdrängen kompetitiv Histamin von den H_1-Rezeptoren (sie sind H_1-Rezeptorenblocker) und spielen eine Rolle bei der Unterdrückung allergischer Zustände wie z.B. Urtikaria, Heuschnupfen, Quincke-Ödem, Serumkrankheit, Arzneimittelallergie u.ä.). H_2-Antihistaminika dagegen üben eine Hemmwirkung auf die durch Histamin stimulierte Magensaftsekretion (als H_2-Rezeptorenblocker) aus und werden bei hyperazider Gastritis und als Ulkustherapeutikum eingesetzt (z.B. Cimetidin, Ranitidin, Famotidin).

Nach eigener Erfahrung kann man bei 70 bis 80% der Heufieberkranken selbst in symptomreicheren Fällen und unter erfahrungsgemäß besonders provozierenden Umständen (früher bei Dampfeisenbahnfahrten) mit einem H_1-Antihistaminikum einen befriedigenden Effekt erzielen. Nur ist von den H_1-Antihistaminika keine prophylaktische (indessen gelegentlich eine kupierende) Wirkung zu erwarten, wie man andererseits bestrebt sein sollte, immer mit der kleinsten suppressiven Dosis auszukommen. Ferner ist, da manche Antihistaminika eine rasche tachyphylaktische Abstumpfung besitzen, unbedingt empfehlenswert, in der Hochsaison im Turnus von etwa 3 Tagen das jeweilige Mittel zu wechseln, so daß man bei der Beratung dem Patienten am besten gleich 2 oder 3 Antihistaminika, z.B. Omeril®, Tavegil®, Andantol®, Periactinol®, Optimine® o.ä., verschreibt. Auch hat der Arzt den Patienten über die z.T. stark sedative Wirksamkeit einiger H_1-Antihistaminika (Autosteuerverbot) aufzuklären. Eine mäßig sedative Wirkung weisen Mebhydrolin (Omeril®), Terfenadin (Teldane®) und Astemizol (Hismanal®) auf; Tritoqualin (Inhibostamin®) zeigt keine sedative Wirkung. Gelegentlich kann auch die Kombination von H_1- mit H_2-Rezeptorantagonisten (Cimetidin) von Vorteil sein. Im übrigen sei erwähnt, daß einige sog. H_1-Antihistaminika auch einen bemerkenswerten Serotonin-Antagonismus aufweisen, was insofern beachtenswert ist, als nach neueren experimentellen Befunden das *Serotonin* (5-Hydroxytryptamin, Enteramin) ein Initiator oder Mediator mancher anaphylaktoider Reaktionen sein könnte.

Neben der bisher erörterten Allgemeinanwendung von Antihistaminika beim Heufieberkranken spielt bei diesem Leiden schließlich die *lokale Anwendung von Vasokonstringentien* (α-Sympathomimetika) zur Schleimhautabschwellung in Form von Augen- oder Nasentropfen bzw. -Sprays eine besondere Rolle. Die Präparate unterscheiden sich durch eine verschieden lange Wirkungsdauer, z.B. Xylometazolin (Otriven®) 9 Stunden, Naphazolin (Privin®) 6 Stunden, Phenylephrin (Adrianol®, Visadron®) 4,5 Stunden und Tetryzolin (Tyzine®, Yxin®) 3 Stunden, und sollten möglichst kurzfristig eingesetzt werden, da nach chronischem Gebrauch Epithelschädigung und sogar Gefäßschäden beobachtet wurden. Bei Säuglingen und Kleinkindern dürfen diese Mittel nur sehr stark verdünnt und nicht als Spray gegeben werden, da bei ungewollter Überdosierung unter Umständen Atemstörungen und komatöse Zustände infolge Resorption auftreten können. Auch entsprechende Corticosteroid-Zubereitungen (Scheroson® F ophthalmicum, Otriven-Millicorten®-Nasentropfen, Beconase® Dosier-Spray, Pulmicort® nasal Dosieraerosol) stehen zur Verfügung. Demgegenüber wird eine *allgemeine Glucocorticoidtherapie des Heuschnupfens* angesichts der vorangehend herausgestellten ausreichenden Wirksamkeit der H_1-Antihistaminika weitaus seltener als beim Bronchialasthma erforderlich sein. In schweren Fällen versuche man aber Cortisondepots, wie z.B. Volon® A 40 Kristallsuspension (1–2 Injektionen in der Saison) oder Celestan® Depot 1,0 ml i.m. jede Woche, ferner Predni-H-injekt® (10,25 und 50 mg in 1 ml). Als Fertigspritze (ölige Suspension) liegt Urbason-Depot vor (1 ml = 80 mg 6-Methylprednisolon-cyclopentylpropionat).

Was nun die *ätiologische Vorbeugung* bei den vasomotorischen Rhinopathien, d.h. die *Hyposensibilisierung* angeht, so steht heute bei der Vorbereitung dieser kausalen Behandlungsmethode der allergischen Haut- und Schleimhauterkrankungen der *Prick-Test* im Vordergrund, bei dem durch einen auf die Haut der Unterarmbeugeseite gebrachten Tropfen die Haut mit einer Nadel angebohrt wird. Die Testung am Arm ist deshalb zu bevorzugen, weil bei Auftreten einer anaphylaktischen Reaktion durch Anbringen einer Staubinde der weitere Antigeneinfluß unterbunden werden kann. Das Spektrum der zur Testung verwandten Antigene umfaßt Pollen, Nahrungs- und Genußmittel, Schimmelpilze, Hausstaub o.ä. Als Einheit der Extraktmenge gilt heute allgemein die sog. *Noon-Einheit*, die 10^{-6} g Pollen bzw. eine Verdünnung von 1:10000000 darstellt. Wie wirksam Allergene sein können, ergibt sich aus der Graspollen-Letaldosis von 0,001–0,03 μg, wohingegen Botulismustoxin erst bei 0,06 μg letal wirkt. Der Testreaktionsausfall muß selbstverständlich zusammen mit Anamnese und klinischem Befund bewertet werden. Bei der *Rhinitis pollinosa* finden sich fast durchweg positive Hauttests, bei der *Rhinitis vasomotorica* in etwa 40%. Bei sicherer Pollinose denke man auch an den Entzug von Honig, der stets pollenhaltig ist. Zur Behandlung werden nach den Ergebnissen der Hauttestung die in Frage kommenden Allergene in spezifischen Hyposensibilisierungslösungen zubereitet. Die **therapeutischen Injektionen** erfolgen mittels einer Tuberkulinspritze, die in Hundertstel Milliliter eingeteilt ist. Die unerwünschte Injektion in eine Vene oder Arterie ist zu vermeiden. Injektionslösungen enthalten deshalb ohnehin bereits Adrenalin (0,025%), jedoch sind Adrenalin (Suprarenin® 1:1000, etwa 0,3 ml s.c.) und ein i.v. injizierbares Corticoid (z.B. Prednisolon, 25–100 mg) bereitzuhalten. Derzeit an der eigenen Klinik gebräuchlich sind für die Behandlung der genannten Allergien die auf Anforderung zur Injektion hergestellten spezifischen Desensibilisierungslösungen der Firma Beecham Research Laboratories Ltd., Bencard Allergy Division, Brentford, Middlesex, England (Beecham-Wülfing GmbH, Bencard-Allergie-Dienst, 4040 Neuss 1). Den gelieferten Lösungen liegt ein genauer Dosierungsplan bei, so daß sich weitere Einzelheiten hier erübrigen. Neuerdings steht zur Allergiediagnostik (Prick- und Scratchtests) auch das Hermal-Testbesteck zur Verfügung bzw. zur spezifischen Desensibilisierung bei allergischen Erkrankungen Allpyral-Suspensionen (Hermal-Chemie Kurt Herrmann, 2057 Reinbek bei Hamburg).

Ist nach dem Ausfall der Testung nicht zuletzt auch mit *Hausstaub* als Allergen zu rechnen, so ist zunächst wichtig, daß dessen Antigenität ohne Zweifel durch Feuchtigkeit gesteigert wird. Als *Allergen des Hausstaubs* wird heute eine *Milbe (Dermatophagoides pteronyssinus)* oder ein Stoffwechselprodukt derselben erörtert. *Therapeutisch* muß man sich vor allem um Staub- und Milbenfreiheit in den Wohnräumen bemühen (keine Polstermöbel, Plüschvorhänge usw.; abwaschbare, glatte Fußbodenbeläge). Man denke an die Entfernung von Tierhaaren, Federn, Kapok usw., auch sollten Schaumgummimatratzen bevorzugt oder das vorhandene Bettzeug in einen Plastiksack eingehüllt werden. Chemisch erweisen sich die Hausstaubmilben gegenüber den geläufigen Vertilgungsmitteln als weitgehend resistent. Das beste Mittel gegen Hausstaubmilben wie auch Krätzemilben ist jedoch *ausgiebige Durchlüftung und Durchsonnung des Bettzeugs*.

Die **inhalative Testung und Behandlung**, erstere mit Hilfe des Pneumometers nach Wyss und Hadorn und unter Verwendung von Antigenaerosolen, sollte der Klinik überlassen bleiben.

Gelegentlich wird auch der Dermatologe, und zwar nicht nur bei Patienten mit endogenem Ekzem, z.B. durch ekzematogene *und* gleichzeitig asthmogene Substanzen, mit dem Problem des **Asthma bronchiale** konfrontiert. Hierzu noch das Folgende: Beim endogenen Ekzematiker sind „Asthma" und „Heuschnupfen" insofern gleitend verbunden, als die mehr oder weniger flüchtigen Reizerscheinungen der Bindehaut sowohl in der einzelnen Pollen- oder Staubsaison wie im Längsschnitt des Lebens solcher Kranker am Anfang einer Schleimhautsymptomatologie stehen, die später zunehmend mehr kraniokaudal herabsteigt und sich dann mehr und mehr rhinitisch oder – was besonders lästig ist – asthmoid umformt. In therapeutischer Hinsicht sei deshalb hier eingeschaltet, daß man für die Abschwellung der verlegten Binde- und Nasenschleimhäute schon deshalb frühzeitig in der jeweiligen Saison Sorge tragen sollte, weil sonst der betreffende Kranke mehr als notwendig mit offenem Munde atmet und so seine Bronchien dem direkten Polleneinstrom aussetzt. Ferner spricht nach unserer Erfahrung die Bronchialsymptomatologie mehr auf Corticosteroide und kaum auf H_1-Antihistaminika an, während umgekehrt Binde- und Nasenschleimhäute meist ausreichend oder sogar besser auf H_1-Antihistaminika – lokal wie allgemein – reagieren als auf die verschiedenen synthetischen Nebennierenrindenhormone.

Für den allergischen Asthmatiker ist ein neueres Prophylaktikum das Dinatriumchromoglicinat, DSCG, Disodium Cromoglycate, hinzugekommen, das die Degranulation der Mastzellen in der Bronchialschleimhaut verhindern soll, wodurch die Freisetzung von bronchokonstriktorischen und entzündungserregenden Mediatoren inhibiert wird.

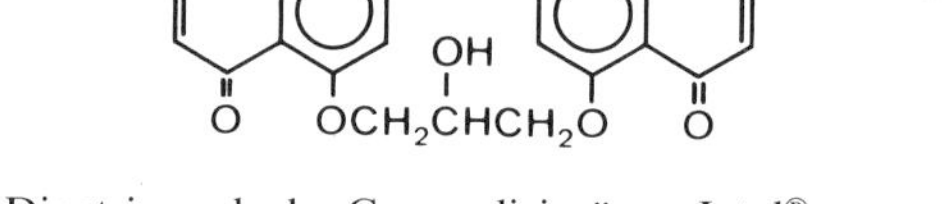

Dinatriumsalz der Cromoglicinsäure, Intal®, Cromolyn Sodium USP XXI

Diese Substanz, die auf der Basis des pflanzlichen Chromons Khellin, eines Pflanzenglykosids der im Mittelmeer beheimateten Ammi visnaga (L.)Lam. mit bronchospasmolytischer Wirkung, entwikkelt wurde, hat selbst keine Wirkung auf die glatte Muskulatur. Das Dinatriumsalz der Cromoglicinsäure, das enteral nur schlecht resorbiert wird und in mikronisierter oder gelöster Form inhaliert werden muß, ist als Intal® erhältlich. Das Sortiment besteht aus einer wässerigen Inhalationslösung 1%, aus Intal® Aerosol und aus Pulverkapseln, die mit einem speziellen Turbo-Inhalator (Spinhaler®) insuffliert werden. Weitere Fertigarzneimittel mit diesem Wirkstoff sind Lomupren® (Lösung zum Einsprühen in die Nase), Vividrin antiallergische Augentropfen, Opticrom®-Augentropfen sowie Vividrin Nasenspray gegen Heuschnupfen.

5 Urtikaria – Strophulus – Prurigo – Pruritus

Pathogenetisch handelt es sich um einander benachbarte „Hautreaktionen", die von dem Grundsymptom der *Quaddel*, d.h. der kutanen Serodiapedese, über das akut papulovesikulöse Erscheinungsbild des *Strophulus* (Willan) bzw. des *Lichen urticatus* (Bateman) zur zelligen Urtikamorphe der *Prurigo*papel hin reichen, weswegen hier auch eine weitgehend zusammenfassende Abhandlung erfolgt.

5.1 Urtikaria

Bei der Urtikaria ist bei akutem Auftreten in erster Linie an eine *Urticaria ab ingestis* (Bazin) zu denken. Nutritive Urtikariogene sind häufig im Sinne einer *Säureurtikaria* (Kollert) wirksam, daneben kommen Eiweißspaltprodukte, Inhalationsallergene, endogen vor allem Darmparasiten, bezüglich medikamentöser Verursachung hauptsächlich Penicillin, Phenolphthalein, Antiseren u.v.a.m. in Betracht. Wie im Kriminalroman ist für gewöhnlich der zunächst Unverdächtige der Täter! Weiterhin kennen wir eine meist äußerst kleinfleckige *physikalische Urtikaria*, z.B. als *Schwitzurtikaria* (Marchionini u. Ottenstein, hierbei Salbei, Atropin o.ä. innerlich), als *Druckurtikaria (Urbach), Kälteurtikaria* (Testung mit Chloräthylspray, Auflage eines Eisblöckchens), als *Wärmeurtikaria* (Duke), *Anstrengungsurtikaria* (Joltrain: „urticaire par effort", Testpositivität gegenüber 1%iger Milchsäure).

Die verschiedenen Typen der *Hautschrift*, einschließlich der *Urticaria factitia*, sind letztlich als kaum pathologisch zu benennende Reaktionen vegetativ Stigmatisierter (Hexenzeichen des Mittelalters!) aufzufassen und demgemäß therapeutisch, abgesehen von der fehlenden Behandlungsnotwendigkeit, praktisch unzugänglich. Die sog. *schwarze Hautschrift* ist lediglich ein Artefakt, der durch Abschmirgelung von Metallteilchen durch Puderbestandteile z.B. bei zinkoxidhaltigen Kosmetika und -Salben bei hin- und hergleitenden Schmuckstücken (Armbändern) zustande kommt.

Individualpathologisch bedeutsam sind nicht zuletzt die *extrakutanen Manifestationsäquivalente* der Urtikaria (Hydrops articulorum intermittens Moore-Schlesinger; passagere transitorische EKG-Veränderungen; Larynxstenose: Prednisolon i.v., 25–50 mg und mehr, notfalls Tracheotomie).

Während bei der *akuten Urtikaria* anamnestische *Exploration*, sodann *Eliminierungsdiät* und *Reexposition* meist ohne weitere Laboratoriumsmaßnahmen (z.B. leuko- oder thrombozytopenischer Index) und symptomatisch Calcium-Sandoz® i.v. oder Calcium-Sandoz® forte und – fortissimum Brausetabletten oder Frubiase® Calcium 100 und – forte Trinkampullen, ferner Calcibronat® i.v. o.ä., in schweren Fällen auch Prednisolon i.v. (25–50 mg) oder ein Aderlaß (400 ml) beim Erwachsenen zum Ziele führen, ist das therapeutische Problem der *Urticaria chronica,* wiewohl sie in der Regel weniger heftig verläuft, ungemein schwieriger. Hier stehen im Vordergrund Funktionsstörungen oder Abwegigkeiten im Verdauungstrakt (An- und Hyperazidität, Gastroduodenitis, gastrointestinale Ulzera, chronische Enteritis oder Dyspepsie, Indikanurie, Divertikulosis, Koprostase, Dysbakterie, Befall mit Askariden oder Trichiuren u.ä.), weniger wohl auch Darmsoor. Nach eigenen Leberbiopsiebeobachtungen ist die Mitbeteiligung der Leber bei der Urtikaria im Sinne einer serösen Entzündung häufiger, als nach dem Ausfall von Elektrophorese, Transaminasen, Gamma-GT (y-Glutamyltransferase) usw. zu erwarten wäre. Hingegen sind Fokalinfekte (chronische Mandelgrubeninfektion, Sinusitis besonders beim Quincke-Typ, Cholangiitis, Cholestase, Appendizitis usw.) ungleich seltener die Ursache. Massive Manifestation im Anschluß an eine Fokalsanierung (z.B. Tonsillektomie) spricht indes für die reale Kausalität des Herdes. Prämenstruelle Exazerbation kann auf der autoimmunologischen Überempfindlichkeit gegenüber Progesteron beruhen. Jede chronische Urtikaria, also jede über 3–4 Wochen bestehende Verlaufsform, ist von neurovegetativen und nicht zuletzt psychischen Einflüssen überlagert.

Therapeutisch stehen somit am Anfang der Behandlung – entsprechend den aufgedeckten Anomalien – Substitutionen mit Fermentpräparaten, von denen es eine Fülle auf dem Markt gibt. Eine adäquate Säure- und Pepsinsubstitution ist allerdings nicht nötig und auch nicht zu verwirklichen. Die zugeführte Säure (Salzsäure, Citronensäure) würde nicht ausreichen, weil sie durch die Nahrung größtenteils abgepuffert wird. Die exogene Zufuhr von Pepsin ist umstritten, da Pepsin nur als Trockensubstanz stabil ist und in Mischung mit Salzsäure inaktiviert wird. Nach dem heutigen Wissensstand ist die Zufuhr von Säure und Pepsin völlig wirkungslos und als Placebobehandlung anzusehen. Nur bei ungenügender Sekretion von Verdauungsenzymen aus dem Pankreas (exkretorische Pankreasinsuffizienz) ist eine Substitutionstherapie mit Fermentpräparaten indiziert, wobei die Lipaseaktivität der Präparate entscheidend ist. Neben den Enzymen pflanzlicher Herkunft (Papain aus dem Melonenbaum Carica papaya L., Bromelin aus Ananas sativus Schult.) und mikrobieller Provenienz (sog. Taka-Diastase aus Aspergillus-Arten) wird vor allem Pankreatin (aus Pankreas von Schweinen) standardisiert nach Lipasen, Amylasen und Proteasen in F.I.P.-Einheiten gewonnen. Pankreatinpräparate müssen ausreichend hoch dosiert und zu den Mahlzeiten verabfolgt werden, da ein erheblicher Teil durch die Säurehydrolyse im Magen zerstört wird. Durch Neutralisation der Magensäure (mit Antazida oder H_2-Antihistaminika wie Cimetidin) kann die Lipasemenge im Duodenum, wo die Digestion erfolgt, erhöht werden. Kombinationen mit Gallenzusätzen sind nicht zu empfehlen, da diese die Fettausscheidung nicht verbessern und laxierend wirken. Fertigarzneimittel, geordnet nach abfallender Lipaseaktivität, sind u.a. Pankreon® Pulver und Granulat, Pankreatan® forte Filmdrg., Combizym® forte Filmdrg., Pankreon ® 700 Drg., Pankreon® forte Drg., Pankreatan® comp. magensaftresistente Filmtbl., Nutrizym® Drg. Bei stark ausgeprägter mikrobieller Fehlbesiedlung des Darms sollte Eubakterie angestrebt werden, vor allem durch salinische Laxanzien (Glauber-, Bitter- und Karlsbader Salz) mit entsprechend großer Flüssigkeitszufuhr, ferner durch Adsorbenzien (Carbo medicinalis, Adsorgan®). Symptomatisch nehmen die H_1-Antihistaminika bei der chronischen Urtikaria therapeutisch ebenso wie die Cortisonderivate immer noch einen unberechtigt großen Raum ein. Demgegenüber sind auf die Dauer „Umstimmungsversuche“ keinesfalls überholt, wie sie im Heuschnupfenkapitel näher angegeben sind. In der Klinik bewähren sich bei Sedierung (z.B. Calcibronat® und Bellergal® oder dem Ataraktikum Atarax®) ansteigende Höhensonnenganzbestrahlungen mit gestuften Eigenblutinjektionen, auch Echinacin®-Injektionen, im Wechsel. Diese werden für etwa 14 Tage durchgeführt, worauf der Patient auch bei noch bestehender Urtikaria mit dem Hinweis entlassen wird, daß sich die Remission erfahrungsgemäß erst nach 4–5 Wochen einstellen würde. Selbstverständlich darf diese Aussicht nicht durch ausgesprochen „urtikariogene Diät“ (wie so häufig, wenn nicht besonders darauf hingewiesen wird) gefährdet werden (Apfelsaft, schwarzer Johannisbeersaft, Aprikosen, Tomaten usw.); ebenso ist ein Verbot für Kaffee und Nikotin auszusprechen. Schließlich haben sich in letzter Zeit wie bei Pollinosen auch i. m. Injektionen von Standard-Immunglobulin (z. B. Beriglobin®) nach H. Stickl und E. Plassmann (Ärztl. Praxis 1982; 69: 2320) bewährt. Erwachsene und Kinder über 7 Jahren erhalten: Am 1. Tag 2 × 5 ml Standard-Immunglobulin, am 3., 6., 9., 18. und 36. Tag je 1 × 5 ml Standard-Immunglobulin. Kindern unter 7 Jahren werden initial 1 × 5 ml verabreicht, ansonsten gilt das gleiche Schema. Kontrollmöglichkeit ist die Bestimmung der Eosinophilenzahl: Normalwert bei Erwachsenen 2–4%, bei Kindern 1–6%; > 6% ist ein Hinweis u. a. auf Vorliegen einer allergischen Erkrankung. Die Vorteile der Immunglobulin-Therapie sind: Allergietestung ist wünschenswert, kann aber entfallen; der Einsatz ist auch noch bei beginnender oder bereits manifester Inhalationsallergie sinnvoll; eine Reduktion von Medikamenten wie Corticosteroiden, Spasmolytika, Antihistaminika ist möglich; die Anwendung ist problem- und komplikationslos.

Bei *Nahrungsmittelallergie* kommt als Möglichkeit auch Colimune® in Betracht. Das Fertigarzneimittel enthält als Wirkstoff Dinatriumsalz der Cromoglicinsäure, das bisher erfolgreich prophylaktisch beim Asthma bronchiale, bei der Rhinitis allergica sowie der allergischen Konjunktivitis als Intal® eingesetzt wurde. Colimune® vermag bei der oralen Verabreichung (Erwachsene nehmen 4 × tägl. 2 Kapseln à 100 mg vor den Mahlzeiten ein, falls erforderlich ist eine Erhöhung auf 4 × tägl. 5 Kapseln möglich) die Degranulation jejunaler Mastzellen zu unterdrücken.

Besonders problematisch unter den physikalischen Urtikaria ist die *Kälteurtikaria*, bei der eigentlich nur ausnahmsweise Kryoglobuline oder Kältehämolysine zu erfassen sind. Im Vordergrund der sonstigen Nachforschung stehen, wie bei den anderen physikalischen Urtikariaformen auch, der Magen-Darm-Trakt (Verwurmung, Divertikulosis, Koprostase o. ä.), aber auch die Zufuhr von Analgetika usw. Die große Gefahr der Kälteurtikaria liegt in der Entwicklung schockartiger Zustände beim Baden im kalten Wasser (Badetod). Therapeutisch kommt man mit einer langsamen Abhärtung durch allmähliche Anpassung an bestimmte, noch tolerierte Wassertemperaturen in der Regel nicht sonderlich überzeugend weiter, wie auch die Differenzierung der einzelnen Kälteurtikaria in Kälte- oder Kaltwasserurtikaria o. ä. therapeutisch nicht entscheidend weiterhilft, zumal nicht selten verschiedene Typen einer physikalischen Urtikaria überhaupt kombiniert auftreten. Immerhin scheint aber die Kälteurtikaria z. B. auf eine Gesamtdosis von 10 Mega Penicillin G überraschend und sogar nachhaltig ansprechen zu können, ohne daß dieser Mechanismus verständlich wäre. (Weitere Einzelheiten: Illig L, Kunick J. Hautarzt 1970; 21: 16–25.)

5.1.1 Quincke-Ödem

Das Quincke-Ödem ist eine angioneurotische Ödemform, die durch großflächige, akut auftretende, etwa 2–3 Tage anhaltende sowie meist umschrieben tiefkutane bis subkutane Schwellungen charakterisiert wird. Dementsprechend empfindet der Patient bei diesen, ferner meist seitengleichen und das Gesicht sowie die distalen Partien der Gliedmaßen bevorzugenden Ödemen eher eine gewisse Schmerzhaftigkeit als Juckreiz. Die Gefährlichkeit des Quincke-Ödems erklärt sich aus der nicht allzu seltenen Beteiligung der Schleimhaut des Mundes, der oberen Atemwege und des Magen- und

Darmtraktes. Bei der Behandlung solcher nicht familiär, sondern allergisch bedingter Quincke-Ödeme stehen neben der Bemühung um die Eliminierung der Noxe H_1-Antihistaminika und Corticosteroide, letztere, namentlich bei bedrohlichen Lokalisationen, nicht zu knapp bemessen (100–150 mg Prednison-Äquivalentdosis), im Vordergrund.

Gegenüber diesem allergischen oder, falls die Ätiologie ungeklärt bleibt, idiopathischen Quincke-Ödem weist das autosomal dominant vererbte, *hereditäre Quincke-Ödem* (hereditäres angioneurotisches Ödem) eine besonders ernste Prognose (Erstickungstod wegen stärkerer Beteiligung der Schleimhaut des Respirationstrakts) auf. Prodromal können neben den geschilderten Weichteilödemen auch anuläre Urtikariatypen oder gewisse konstitutionelle Symptome die eigentliche Krankheitsmanifestation einleiten, die ihrerseits durch entsprechende Infekte oder sonstige Stressung gebahnt zu werden scheint. Dieses hereditäre Quincke-Ödem basiert auf einer Abwegigkeit im Komplementsystem, und zwar dergestalt, daß ein C1-Esterase-Inhibitor (biochemisch ein α_2-Neuraminoglykoprotein) im Serum solcher Kranker fehlt. Diese bedrohlichen Angioödeme behandelt man im Anfall durch Infusionen mit frischem Plasma. Die medikamentöse Behandlung und die Vorbeugung basieren heute aber vor allem auf zwei Wirkstoffen: bei akut bedrohlicher Ödematisierung im Kopfbereich oder an sonstigen inneren Organen wird der *C1-Inaktivator Behring* angewandt, ein von den Behringwerken aus HB_sAG-negativem Plasma gesunder Spender hergestelltes lyophilisiertes Konzentrat dieses Plasmaproteins. Von diesem werden Erwachsenen wie auch Kindern 10 ml (500 E) langsam i. v. injiziert, bei besonders schweren Zuständen auch 1000–1500 E. Ebenso kann im Bedarfsfall eine Wiederholung erfolgen. Der klinische Effekt tritt langsam nach etwa 10–15 Minuten ein. Es hat sich bewährt, daß derartige Risikopatienten das Mittel für sich bereithalten und dem Arzt übergeben oder daß für sie in ihrer „Stammklinik" oder Blutbank das Präparat vorrätig ist. Außerdem wird es vorrätig gehalten in den Notfalldepots der Landesapothekerkammern in bestimmten Krankenhäusern (s. Rote Liste 1987, blaue Leiste S. 115) in Berlin (Klinikum Charlottenburg), Bielefeld, Bonn, Bremen, Emden, Essen, Gießen, Göttingen, Hamburg, Hannover, Heidelberg, Kiel, Lübeck, Mainz, München (Klinikum r. d. Isar), Nürnberg, Saarbrücken und Stuttgart. Zur Prophylaxe des hereditären angioneurotischen Ödems werden Testosteron-Abkömmlinge (z. B. oral Proviron®) angewandt, die eine Anhebung des C1-Inaktivators und des Komplementfaktors 4 induzieren. Die Dosierung des Testosteron-Derivats Danazol (Winobanin®, Winthrop) beträgt täglich oral 300–600 mg. Kinder und Schwangere sollten keine Danazol-Prophylaxe bzw. -Behandlung erhalten.

5.2 Strophulus (Lichen urticatus)

Beim Strophulus sind vor allen Dingen Verwurmung (glutäale Projektion!) sowie Epizoonosen überhaupt (Wanzen-, Floh-, Mückenstiche usw.) therapeutisch beachtenswert. Demgegenüber sind alimentäre Idiosynkrasien weitaus weniger oft oder deutlich im Spiel (Eiklar, Erdbeeren, Schokolade usw.).

Die **Lokaltherapie** besteht in der flächenhaften Anwendung einer Zinkschüttelmixtur mit Zusatz von Ammoniumsulfobitol 5% (Tumenol®-Ammonium), Thesit® 2% oder Liquor Carbonis detergens 10%. Im Falle stärkerer (palmoplantarer) Superinfektion Ethacridinlactat 1%-(Rivanol®) oder Mitigal® 5%-Zinkpaste.

5.3 Prurigo

Primäreffloreszenz dieser „réaction cutanée" (Brocq) ist ein linsengroßes, blaßgelbliches oder braunrötliches, mehr tast- als sichtbares, fast stets aufgekratztes und dann mit einem hämorrhagischen Börkchen versehenes und schließlich narbig abheilendes, zuvor aber äußerst juckendes Knötchen. Abgesehen davon, daß die Prurigopapel als Durchgangssymptom bei der Dermatitis herpetiformis Duhring oder beim Abklingen des endogenen Ekzems auftreten kann (Lutz: *Prurigo multiformis*), ist die Prurigo symptomatisch vor allem auch ein wichtiges Zeichen für manche Grundleiden: *Prurigo leukaemica, lymphogranulomatotica, diabetica, uraemica, uratica* usw. Immer wieder ist aber die Prurigoreaktion in Gemeinschaft mit einer ichthyosiformen Hautbeschaffenheit sowie gesteigerter Piloarrektion anzutreffen. Auch sollte man nur, wenn eine bestimmte Basisstörung nicht feststellbar ist, eine *Prurigo temporanea* (Tommasoli) oder *vulgaris* diagnostizieren, deren besonders kleinherdige Erscheinungsform auch häufig als *Urticaria papulosa chronica*, besonders im Zusammenhang mit offenkundiger Verbindung zur Menarche, Gravidität und vor allem zum Klimakterium, bezeichnet wird. Als exquisite Sonderform ist wohl lediglich die *Prurigo nodularis Hyde* mit ihren grobknotig-obtusen, derben Papeln und ihren kennzeichnenden schwannomartigen Hautnervenbefunden (Pautrier) hervorzuheben, die die gelegentlich geäußerte Auffassung dieser Prurigoform als „allergische noduläre Polyneuritis" verständlich machen.

Die **Therapie** der Prurigo ist nach Möglichkeit kausal (Blutbild, Sub- oder Anazidität, Wurmbefall, Hepatopathien usw.), wie einleitend ausgeführt. Jedoch läßt sich von der Lokalisation des Exanthems und seinen bestimmten Prädilektionen her eine Beziehung zu der jeweiligen ätiopathogenetisch

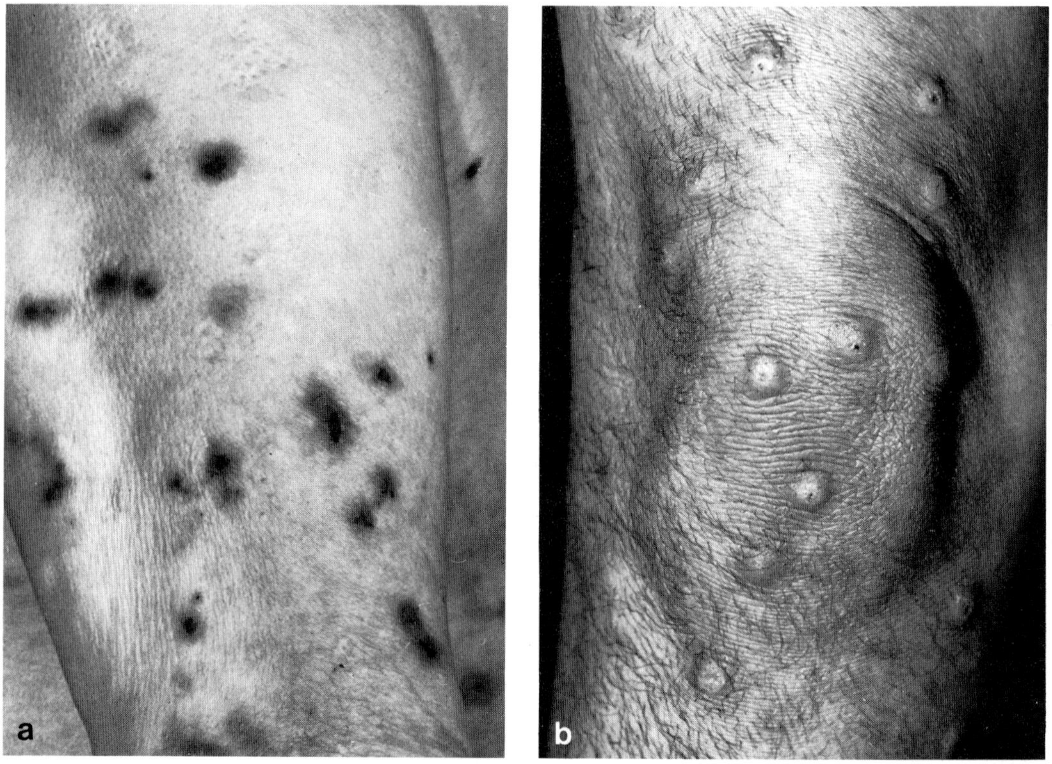

Abb. 11: Prurigo: a) vulgaris, b) nodularis Hyde

bedeutsamen Grunderkrankung *nicht* ableiten. Die symptomatische Therapie folgt sodann im wesentlichen den vorangehend bei der Urtikaria gegebenen Richtlinien. Es ist deshalb hier nur noch für die *Prurigo nodularis Hyde* im Hinblick auf ihren besonders rebellischen Pruritus, der wohl infolge der nervalen Hyperplasie in der Peripherie besonders schwierig zu beeinflussen ist, auf die Möglichkeit der Teerung, Stempelung mit CO_2-Schnee, Karbolisierung (Phenolum liquefact.), auf die Unterspritzung mit Corticosteroidkristallsuspension, z.B. Volon A®10, die Kauterisierung und evtl. sogar die Exzision einiger besonders grobknotiger Prurigopapeln hinzuweisen.

Eine uns bewährte „Prurigo-Paste" stellt folgende Verschreibung dar:

Rp. Hydrocortisonacetat	0,25
Ammoniumbituminosulfonat	5,00
Liqu. Carb. deterg.	10,00
Thesit®	0,20
Zinci past. moll.	ad 100,00

5.4 Pruritus

5.4.1 Universeller Pruritus

Der kategorische Imperativ des Juckreizes führt in seinen verschiedenen Nuancen, vor allem nachts und in der Wärme, bei Aufregung oder Ermüdung, zu mechanischen Abwehrbewegungen, dem Kratzen. Juckreiz ist ein Symptom zahlreicher eigenständiger Hautkrankheiten (Epizoonosen, Ekzemgruppe, Urtikaria, Prurigo, Lichen ruber, Mycosis fungoides u.a.m.). Nicht zuletzt, weil es ein juckreizstillendes Mittel schlechthin nicht gibt und die Zahl der Antipruritika praktisch nicht mehr überschaubar ist, bedarf jeder generalisierte oder lokalisierte Pruritus der besonderen individuellen Analyse (Diabetes mellitus, Hepatopathien, prostatogene Retention, Gravidität, Tabes dorsalis, Kaffee, Weinbrand, Sekt u.a.m.), wenn man von Sonderformen, dem *Pruritus hiemalis Duhring* oder ähnlichem, hier absehen will. Bezüglich des *Analpruritus* sei auf den Abschnitt „Analer Symptomenkomplex" (S. 159) verwiesen, an dieser Stelle aber noch die Verursachung durch Prostatitis, Karzinom, Proktitis und Oxyuren erwähnt. Auch wenn man symptomatisch allgemein mit Hilfe von Sedativa (Calcibronat®, Repeltin®, Soventol®, Omca® usw.) oder H_1-Antihistaminika (Teldane®, Hismanal®, Optimine®) bzw. dem Ataraktikum Hydroxyzin (Atarax®) und lokal mit Symptomatika, wie Calmitol® N (100 g Salbe enthalten: Campher 0,69 g, Menthol 0,69 g, Ol.Hyoscyami 1,4 g), Thesit® (z.B. 5% in Eucerin.anhydricum oder Ungt. emulsificans), Tumenol®-Ammonium, Teer, 0,5%igem Menthol- oder Thymolspiritus, Zinci oxidi lotio spirituosa NRF mit 1% Phenol usw., bereits entscheidende Erleichterung schaffen kann, sei anhand zweier Sondertypen die Vielschichtigkeit der Aufgabe nochmals detailliert dargestellt.

5.4.2 Pruritus senilis (Willan)

Was den sog. Pruritus senilis angeht, der wie jede andere Pruritusform fraglos einen „kategorischen Imperativ zum Kratzen" darstellt, so wird man daran denken müssen, daß schon im höheren Alter vermehrt sich bemerkbar machende venöse Stauungen oder sonstige Erscheinungen kardialer Dekompensation zur Juckreizbildung Anlaß geben. Daneben ist an den Einfluß von Altersanazidität, wie überhaupt an die bei verschiedenen inneren Organen bei Abnahme bisheriger Funktionsleistung und deren notwendige medikamentöse Substitution zu denken. Eine große Bedeutung für die Auslösung und Unterhaltung von Alterspruritus hat alsdann die prostatogene Retention (Reststickstoff- und Restharnbildung), wie auch ein u.U. subklinisches Prostatakarzinom oder jedes andere Malignom Anlaß zu senilem Pruritus sein kann. Nicht zuletzt ist aber bei der Analyse solcher Fälle von der Tatsache auszugehen, daß die mit Kieselsäurearmut der Haut einhergehende „Pityriasis senilis" eine für die Juckempfindung bedeutungsvolle Teilerscheinung der Alterung ist, so daß man dadurch bedingten Juckreiz bereits durch Vermeidung austrocknender Lokaltherapeutika und durch regelmäßige Fettung (Volonimat®Salbe oder später ohne Corticoid-Zusatz: Neribas®-Salbe oder -Fettsalbe), vor allem nach nicht zu häufig erfolgendem Baden, zu bekämpfen sucht. Von einschneidenden Diätmaßnahmen ist bei sehr alten Leuten eher abzuraten. Hingegen sollten, wie schon anfangs erörtert, kreislauffördernde und in diesem Falle auch auf die Arteriosklerose, die mitunter allein schon zu quälendem Juckreiz führen kann, gerichtete Maßnahmen vorzugsweise Berücksichtigung finden. Versuchsweise auch: Cosaldon®, Stutgeron®, Normabrain®, Nootrop®. Des weiteren wäre auch auf Einschränkung von Bohnenkaffee und Alkohol, speziell von Weinbrand, zu achten. Außerdem wäre zur Anwendung von intrakutan zu verabfolgenden Plenosol-Serien (Stärke 0, allenfalls Stärke I) zu raten, welche sich in ihrer antipruritüösen Wirksamkeit gerade beim essentiellen Altersjuckreiz bewährt haben.

5.4.3 Pruritus vulvae

Das Juckgefühl an der Vulva bzw. der an Vulva und Anus gemeinsam auftretende Juckreiz ist ein häufiges Begleitsymptom – namentlich zu Beginn der Menopause und während der Geschlechtsreife, vielleicht vor allem bei Frauen mit einer Unterfunktion der Ovarien – nicht nur bei den verschiedensten in diesem Bereich lokalisierten Hautkrankheitszuständen („Ekzem“, Status crauroticus usw.), sondern auch bei einer Reihe von extrakutanen Erkrankungen. Der Pruritus vulvae ist mithin nicht zuletzt ein klinischer Fingerzeig auf ein durch weitere Untersuchungen näher zu ermittelndes Grundleiden oder mit anderen Worten: Ein „essentieller“ Pruritus vulvae, d.h. ein sog. *Pruritus sine materia*, sollte im Vulvabereich nur mit besonderer Reserve diagnostiziert werden, eben nachdem – wie eben betont – eine diabetische Stoffwechselsituation, hepatische oder renale Insuffizienzen, aber auch sonstige endokrine oder allergische Grundzustände, nicht zuletzt auch psychogene Einflüsse als „Abwehr- oder Wunschsymptom“ (Tscherne), sowie Banalfaktoren, wie Ungeziefer (Filzläuse!), Staub aus dem Berufsmilieu oder sonstige mangelnde Reinlichkeit (falsche Wischrichtung bei der Analtoilette, Smegmaretention usw.), ausgeschlossen sind. Pruritus vulvae kann gelegentlich aber auch prämonitorisches Symptom eines Korpuskarzinoms und in Form von lokalen Juckkrisen der Ausdruck einer Lues (Tabes dorsalis) sein. Ebenso können Polyhypovitaminosen mit genitaler Juckreizprojektion einhergehen, während derartig beschränkt bleibende Pruritusphänomene bei den dafür weit mehr mit allgemeinem Juckreiz verbundenen Systemerkrankungen des hämatopoetischen Apparates oder den Lymphomen nicht zu beobachten sind. Aus dem eben Gesagten ergibt sich demgemäß die Anzeige zur „Aufsättigung“ oder zum pharmakodynamischen Beeinflussungsversuch des Pruritus vulvae mit Nikotinsäure- und Riboflavinpräparaten neben der ebenfalls, und zwar vornehmlich bei Bestehen straff-atrophischer oder leukoplakisch-kraurotischer Bezirke, indizierten Anwendung von Vitamin A und E (Rovigon®). Sodann können sich bisweilen Pudendus- oder Präsakralisneuralgien als Juckreizempfindung an das äußere Genitale weiterleiten, wie ähnlicherweise auch Würmer, Obstipation, Phlebektasien, Polypen und Rhagaden Störungsreize abgeben, die sich an der stark nervös erregbaren äußeren Genitalschleimhaut mehr als an anderen Orten bemerkbar machen. Erstaunlich ist bisweilen das sekundenphänomenartige Erlöschen eines Vulvajuckreizes allein durch Lapisierung oberflächlicher Rhagaden, die sich allerdings mitunter erst bei gründlicher Entfaltung der Schleimhaut darstellen. Von äußeren chemisch-toxischen Kontaktreizen, die u.U. erst auf dem Umweg über eine Fluorbildung geltend werden, sind Pessare, Irrigatorkanülen, Kontrazeptiva und der Kondomgummi mit seinen Inhaltsstoffen zu nennen.

Schultze-Rhonhof empfahl reinen Bienenhonig als Symptomatikum auf die Vulva. Dann würde man wohl unter diesem Blickpunkt der i.v. Anwendung von Invertzucker- bzw. Fruktoselösung in handelsüblicher Ampullenzubereitung den Vorzug geben. Bei dem manchmal bis zur Erschöpfung quälenden Juckreiz auf kraurotischer Basis leisten nach eigener Erfahrung Plazentazubereitungen in handelsfertiger Form, wie z.B. Placentormon®-Salbe, neben Follikelhormonsalben Linoladiol® H-Emulsion, nicht selten Befriedigendes. Versucht werden könnte auch eine Zubereitung von 2% Testosteronpropionat in Neribas®-Fettsalbe. Als lokale Starttherapie werden aber heute meist Corticosteroidsalben den Anfang in der Therapiekette bilden, ehe man zu der bereits abgehandelten Teerung (evtl. auch als Liquor Carbonis detergens) übergehen kann. Sehr empfehlenswert und häufig auch ausreichend sind schließlich anstelle von Teer bituminöse Schieferölderivate, wie Ammoniumbituminosulfonat (Ichthyol®) oder Ammoniumsulfobitol (Tumenol®-Ammonium), von denen derzeit verschiedene Kombinationspräparate mit Corticosteroiden (z.B. Ichtho-Cortin®fett Salbe) im Handel sind. Hingegen sei man mit der Anwendung von Oberflächenanästhetika als Salbenzusatz im Hinblick auf die hohe Intoleranzquote einiger Derivate aus dieser Gruppe zurückhaltend.

6 Papulosen

6.1 Lichen ruber planus

Unter „Lichen“ wird generell eine umschriebene Ausstreuung kleiner Knötchen ohne wesentliche Neigung zur sekundären Umwandlung verstanden. Der Krankheitsbegriff *„Lichen planus“* (Erasmus Wilson) bzw. *„Lichen ruber planus“* (Kaposi) betrifft im besonderen eine Aussaat – zunächst meist an den Unterarmbeugeseiten und den Flanken auftretend – polygonal scharf abgegrenzter, derber, planer, meist nicht über 2 mm großer, wachsartig glänzender und zentral etwas eingedellter, mattrötlicher Knötchen mit Neigung zur Plaquebildung, die dann milchig-bläulich imponiert und von einem spinnengewebsartig verästelten Netzwerk, dem „signe de réseau“ oder den *Wickhamschen Streifen* durchzogen wird. Schleimhautbeteiligung bei etwa jedem 3. Patienten unter dem Bild einer ähnlich zarten milchig-bläulichen Farnkraut- oder Spinngewebsstruktur. Sodann Neigung zur anulären Gruppierung oder zur Manifestation auf anulärem Vormuster (Cutis marmorata), zur verrukösen Vegetation im

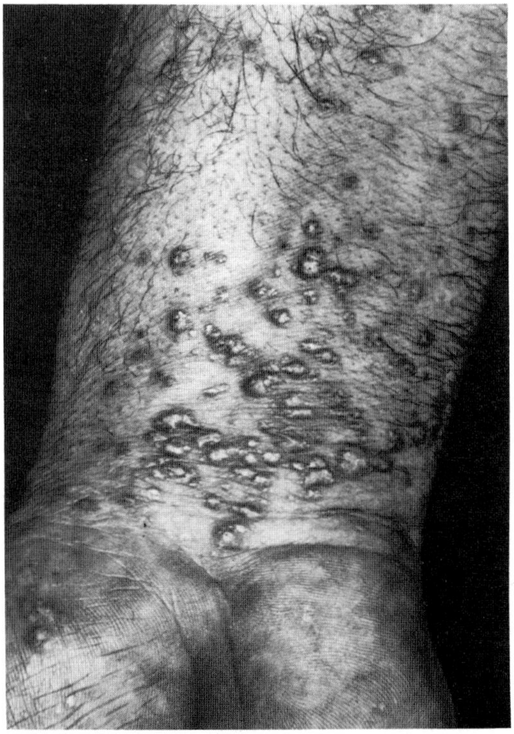

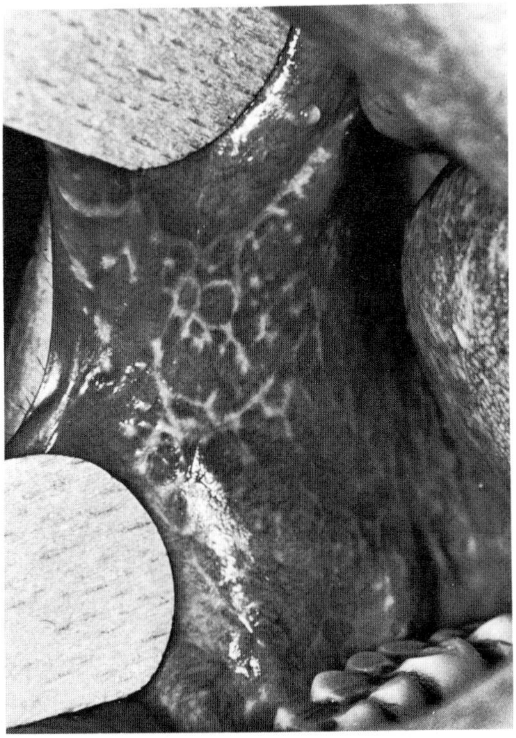

Abb. 12: Lichen ruber planus

Bereich der Unterschenkel, seltener zu erythrodermischer und dann meist sehr hartnäckiger Flächigkeit. Noch seltener treten Bullositäten (Lichen ruber pemphigoides), wie überhaupt eine Reihe weiterer atypischer (z.B. linearer) Varietäten bei dieser fernerhin durch rebellischen Juckreiz und Isomorphie *(Köbner-Phänomen)* ausgezeichneten Dermatose auf. Im Bereich des behaarten Kopfes follikuläre Entwicklung zu narbigen Alopezien *(Lassueur-Graham Little-Syndrom).*

Dem Lichen ruber steht der *Lichen nitidus* (Pinkus) ungeachtet seiner „miliaren" rundlichen (!) Einzeleffloreszenzen, seines Kolorits und seiner Prädilektionen, zum Beispiel am Membrum, fraglos näher als den Tuberkuliden, zumal auch der rezent eruptiv-exanthematische Lichen ruber passager rundliche Knötchen produzieren kann.

Ätiopathogenetisch wird für den Lichen ruber eine Vielzahl von Faktoren (chemische, physikalisch-chemische oder mechanische Einwirkungen, psychische und infektiöse Einflüsse u.a.m.) erörtert, so daß die **Behandlung** noch weitgehend auf therapeutischer Empirie beruht, dabei aber zweckmäßigerweise die Neigung zur spontanen Remission einerseits wie die hohe Irritabilität andererseits (cave Schwefelsalben!) berücksichtigt. Die Röntgentherapie wird wohl heute kaum mehr zu einer indirekten Segmentbeeinflussung (Pautrier), sondern hauptsächlich, aber auch dies nur fallweise, unter den üblichen Oberflächenbedingungen (Einzeldosis 25,8 $mCkg^{-1}$, 1–2malige Wiederholung) zur lokalen Direktbehandlung des Lichen ruber verrucosus herangezogen werden. Sie wird aber heute mehr und mehr weniger durch CO_2-Schnee-Vereisungen, sondern vor allem durch intrafokale Injektionen von Corticoidkristallsuspensionen, versuchsweise auch durch Plastikfolienpackungen mit einer Corticoidsalbe (z.B. Jellin®, Volon®, Celestan®, Diprosis®) ersetzt. Ansonsten stehen örtliche Anwendungen mit den konventionellen antiprurituösen Zusätzen, namentlich Ammoniumsulfobitol (Tumenol®-Ammonium) und Teer, im Vordergrund, anfänglich vor allem in Form einer 10%igen Schüttelmixtur von Liquor Carbonis detergens, unter späterem Übergang auf „reinen" Teer, d.h. ungereinigten Leuchtgasteer (direkt vom Gaswerk beziehbar), mit nachfolgender Überpuderung. Unterstützend können auch Teerbäder (Plesiocid®, Balneum Hermal® mit Teer o.ä.), hingegen niemals Schwefelbäder zur Anwendung kommen. Interntherapeutisch ist das frühere Spezifikum Arsen in jeder Darreichungsform im Hinblick auf seine karzinogenetischen Eigenschaften als heute völlig unverantwortbar zu bezeichnen. Wenig sicher wirken nach eigener Erfahrung auch selbst milde *Reizkörper* (allenfalls Plenosol®), wie sie früher hierfür empfohlen wurden, sowie eine Intensivzufuhr von Vitamin D_3. Völlig berechtigt erscheint hingegen nach wie vor eine vegetative, vor allem subkortikale Abschirmung, so daß mithin *Stammhirnmittel* (Luminal®), vor allem in Kombinationsform wie Bellergal®, bella sanol® (z.B. 1–1–2/die), gegenüber kortikalen Sedativa vorrangig sind, daneben aber auch *Phenothiazine* wie Psyquil® Drag. oder Repeltin® Tabl. verordnet werden können. Liegt indes eine frische, generalisierende, ausgesprochen exanthematische Ausbreitung vor, so kann kurzfristig eine systemische Corticosteroidtherapie durchgeführt werden (z.B. Prednisolon initial 25 mg mit stufenweisem Rückgang über 2–3 Wochen), während bei offensichtlich ausgeprägt kutanem bzw. kutan infiltratreichem Lichen ruber INH (Isoniazid, Neoteben®) in einer Dosierung, wie im Abschnitt „Hauttuberkulose" (S. 72) besprochen, häufig deutlich antiproliferativ wirksam ist (für gewöhnlich also 300 mg beim Erwachsenen). Gegenüber den eben herausgestellten 3 Hauptmöglichkeiten zur Beseitigung des Lichen ruber im Hautbereich (Sedativa, Prednison, INH, je nach Befund und Ausbreitung) ist die Beeinflußbarkeit des Leidens an der Mund- und Genitalschleimhaut undankbar und höchst unsicher geblieben, so daß man für gewöhnlich den betreffenden Kranken beruhigt und das Leiden nicht für behandlungsbedürftig erklärt, jedoch regelmäßige Nachkontrollen in Abständen von ½–1 Jahr auf eine Karzinomentwicklung hin auf dem Boden des Lichen ruber der Schleimhaut, vor allem, aber nicht nur bei Arsen in der Therapieanamnese, durchführt. Lediglich der allein wohl subjektiv sich bemerkbar machende Lichen ruber *pemphigoides* der Mundschleimhaut ist durch Vitamin A (Retinol, tgl. 100000–200000 I.E.; Arovit®Kaudrag., Vogan®Kaps.) zu schließen. Neuerdings wird man auch an die lokale Anwendung von Vitamin-A-Säure (Tretinoin 0,05–0,1%, z.B. als Airol® Roche-, Eudyna®Creme, Epi-Aberel®Creme) über einen Zeitraum von etwa 4–6 Wochen 2mal täglich auf den befallenen Schleimhautbezirken des Mundes denken müssen. Bei Auftreten einer entzündlichen Reaktion muß diese Behandlung kurzfristig ausgesetzt werden. Es sprechen erfahrungsgemäß nicht nur hyperkeratotische, sondern auch erosive Veränderungen nach einer Woche an. Sonst kommen für den Schleimhaut-Lichen noch Versuche mit Nikotinsäureamid (Nicotinamid, Nicobion®Tabl.) (allgemein) sowie, vornehmlich bei stärkeren subjektiven Beschwerden, auch Betnesol®-Pastillen (zum Lutschen) in Frage.

Schließlich denke man bei ausgeprägtem, vegetierendem Lichen ruber der Schleimhäute auch an die Verabfolgung von aromatischem Retinoid (Tigason® 25–50 mg tägl.) und bei hypertrophem, verrukösem Lichen ruber, vor allem an den Unterschenkeln, an festsitzende Okklusionsverbände mit stark wirksamen Corticoidsalben, wie beispielsweise Nerisona® forte Fettsalbe.

7 Akute Infektionskrankheiten der Haut

7.1 Pyodermien

Unter Pyodermien (Leloir) versteht man von außen her durch Eitererreger, und zwar in der Hauptsache durch Staphylokokken und Streptokokken bedingte, etagenmäßig unterschiedlich (epidermal, epidermokutan bis kutan und subkutan) gelegene, sowohl flächenhafte und nichtfollikuläre wie andererseits follikulär gebundene Hautkrankheitszustände. Als Einzeltyp aus diesem ungemein formenreichen Erscheinungskreis ist von den vorzugsweise follikulär beschränkten Pyodermien zunächst die *Impetigo non contagiosa staphylogenes* (Wilson-Bockhart) zu nennen: gelbweiße, stecknadelkopfgroße, oft deutlich von einem Haar durchbohrte und gelegentlich ebenso deutlich zu einem Furunkel überleitende Pusteln von unregelmäßiger Ausstreuung.

Beim *Furunkel*, einer meist akuten, zur Abszeßbildung tendierenden und typischerweise zentral mit einem Pfropf sequestrierenden Entzündung des Haarbalgappa-

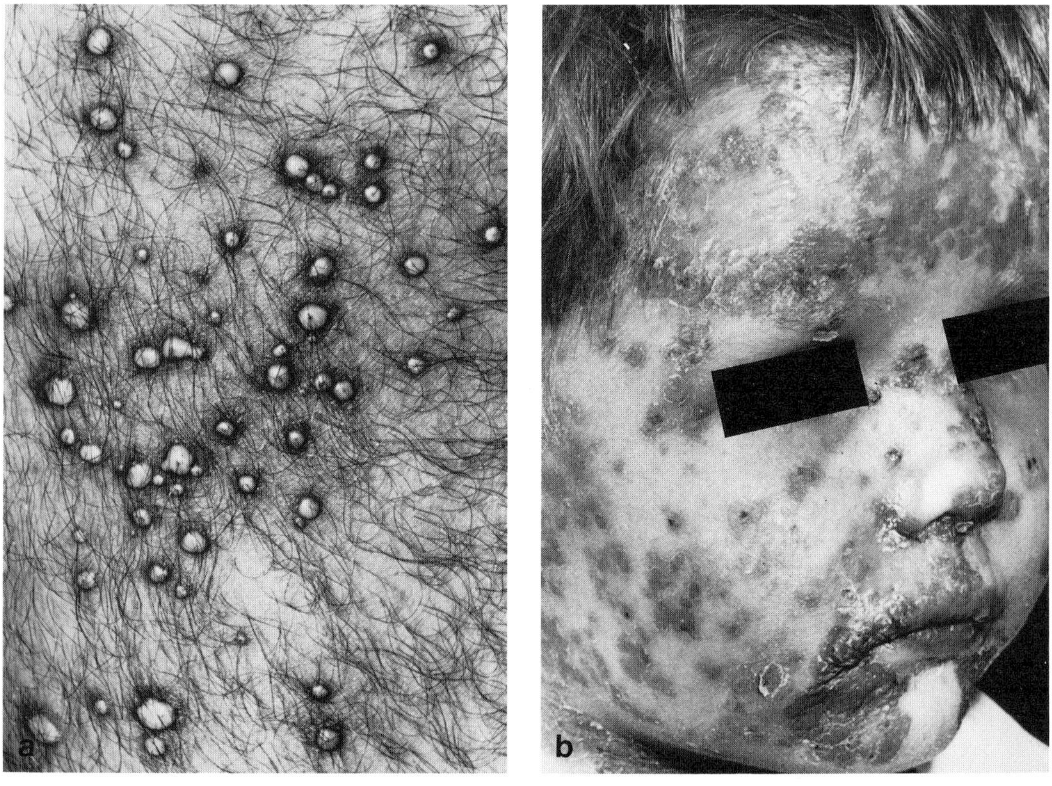

Abb. 13: Pyodermien: a) Ostiofolliculitis Bockhart, b) Impetigo contagiosa staphylogenes tenui-crustosa

rates, bestehen in Abhängigkeit von der Stoffwechselkonstitution (Diabetes mellitus!) und vor allem der Lokalisation (Nase, Oberlippe!) bezüglich der Krankheitsdignität große individuelle Differenzen, die in therapeutischer Hinsicht angesichts der bis vor kurzem fortschreitenden Antibiotikaabstumpfung der Staphylokokken und der zunehmenden Vorherrschaft hämolysierender Staphylokokken beachtlich sind. Subakute, zentral zäh erweichende Furunkel sind beim endogenen Ekzematiker zu finden. Eng konglomerierte Furunkelgruppen, wie sie klassischerweise im Nacken vorkommen, werden *Karbunkel genannt.*

Bei der **Therapie** der eben genannten *follikulären Pyodermien* kommt es darauf an, die Follikeldecke mit einer spitzen chirurgischen Pinzette einzureißen, den Sekrettropfen abzutupfen und eine nachfolgende Desinfektion mit einem 1%igen Salicyl-, 0,5%igem Phenolspiritus oder mit 1%ig Chloramphenicol-Ethanol (70%) anzuschließen. Grundsätzlich bleibt zu betonen, daß zur externen Therapie der Pyodermien Antibiotika herangezogen werden, die normalerweise nicht allgemein angewendet werden, wie etwa außer den ebengenannten Tyrothricin, Bacitracin, Polymyxin-B (letzteres vornehmlich bei Pseudomonas aeruginosa) usw. Darüber hinaus wird man mit Rücksicht auf die häufige Resistenz der Staphylokokken heute mehr als noch vor einigen Jahren wieder auf Farbstoffe, wie Ethacridinlactat, Rivanol® (dieses unter gewisser Vermeidung von Licht und nur über einige Tage, etwa 0,1%ig zu Umschlägen oder 1%ig für Pinselungen oder Pasten), und auf 8-Hydroxychinolinderivate wie Clioquinol (Vioform®) und 8-Chinolinolsulfat (Chinosol®) zurückkommen. Eine solche Vioform-Verordnung, wie sie vor allem auch zur Abdeckung der Umgebung und zur Prophylaxe bei Pyodermien empfehlenswert ist, würde wie folgt zu rezeptieren sein:

Rp.	Vioform®	1,0
	Zinc.oxid.lot.	ad 100,0
	D.S. Vioform-Schüttelmixtur	
Rp.	Vioform®	1,0
	Zinc. oxidat.	40,0
	Oliv. ol.	ad 100,0
	D.S. Vioform-Zinköl	
Rp.	Vioform®	1,0
	Zinci past.	ad 100,0
	D.S. Vioform-Paste	

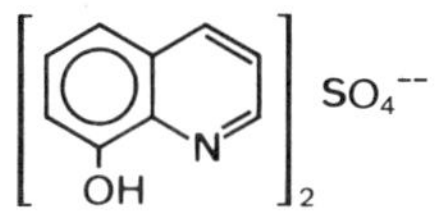

8-Chinolinolsulfat
Chinosol®

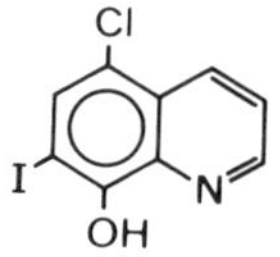

Clioquinol
5-Chlor-7-iod-8-chinolinol
Vioform®

Seit einigen Jahren hat Polyvidon-Iod, aus der Gruppe der Iodophore, als Breitband-Antiseptikum mit teils bakterizider, fungizider und viruzider Wirkung eine gewisse Bedeutung erlangt. Das elementare Iod ist an das wasserlösliche, synthetische Polyvinylpyrrolidon (PVP[1], syn. Polyvidon, syn. Povidon) elektrostatisch reversibel gebunden und wird, auf Haut und Schleimhaut verbracht, langsam wieder freigesetzt.

$(C_6H_9NO)_n \cdot xI$

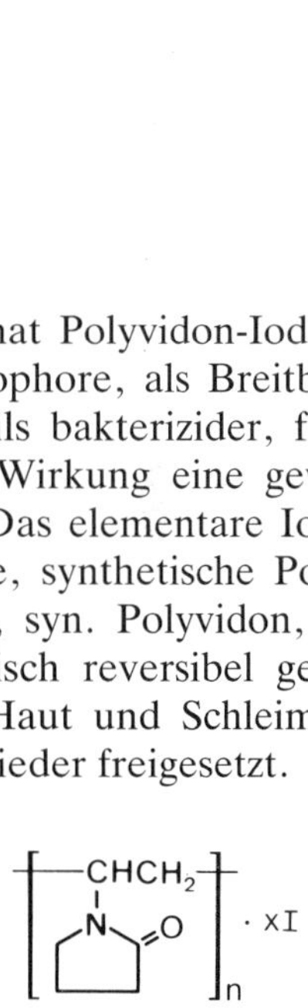

Polyvidon-Iod, DAC-1986
Povidone-Iodine, USP XXI

[1] PVP mit einem bestimmten mittleren Molekulargewicht war früher als Plasmaersatzmittel (Periston® „Bayer") in Verwendung.

Im Vergleich zur früheren Iodtinktur (jetzt Ethanolhaltige Iod-Lösung DAB 9) ist die Anwendung weniger schmerzhaft, ruft seltener Reizerscheinungen und Iodallergie hervor. Bei großflächiger Polyvidon-Iod-Anwendung und bei prädisponierten Patienten ist allerdings aufgrund der Resorption mit Schilddrüsenfunktionsstörungen zu rechnen. Polyvidon-Iod kann rezeptiert werden als: Polyvidon-Iod-Lösung NRF (Polyvidoni-Iodi solutio) und Polyvidon-Iod-Salbe NRF (Polyvidoni-Iodi unguentum). Fertigarzneimittel in verschiedenen Anwendungsformen als Lösung, Salbe, Flüssigseife u.a. sind z.B. Betaisodona®, Braunol®, Braunovidon®. Obwohl diese Präparate klinisch sehr breit eingesetzt werden, ergaben neuere Untersuchungen mit ausgewählten PVP-Iod-haltigen Fertigarzneimitteln, daß die Wirksamkeit gegenüber bestimmten Testkeimen, insbesondere Staphyloccocus aureus für die hygienische Händedesinfektion nicht genügt. Der Untersucher empfahl für die antiseptische Anwendung den Einsatz eines sterilen Konzentrats und die Verdünnung mit sterilem Wasser (Werner H-P. Hyg + Med 1982; 7:205). Eine Kombination von PVP-Iod mit Propanol-2 (Isopropylalkohol), z.B. Braunoderm®, wird nach den „Richtlinien für die Prüfung chemischer Desinfektionsmittel" von der Deutschen Gesellschaft für Hygiene und Mikrobiologie für die hygienische und chirurgische Händedesinfektion als ausreichend erachtet.

Lediglich bei den tiefen infiltrierenden follikulären Pyodermien, wie etwa in der Hauptsache dem *Furunkel*, kommen neben Ammoniumbituminosulfonat purum (Ichthyol®) oder Ichthyol®-Vaselin 10–20%, die mit aufgeklebter Watte abgedeckt werden, die neuzeitlichen vorzugsweise tetracyclinhaltigen Salben (Aureomycin®, Terramycin®), daneben aber auch framycetinhaltige Salben (Ecomytrin® usw.) zur Anwendung. Wegen der gefürchteten Sensibilisierung werden Sulfonamidsalben nicht mehr verwendet. Daneben verstärkte Wärmeanwendung (Rotlicht, Sollux, Kataplasmen), wodurch die Reifung, d.h. die zentrale Demarkierung, vorankommt, die hingegen durch Kauterisierung oder Phenolisierung nicht wesentlich begünstigt wird. Nach erfolgter Pfropfausstoßung kann man die zentrale Höhle mit dem Lapisstift oder aber durch handelsübliche antibiotische und tryptische Kegel (z.B. Leukase®: Trypsin, Framycetin) für die erforderliche Zeit zwecks weiteren Sekretabflusses unter sorgsamer Pastenabdeckung der Umgebung offenhalten. Besondere Furunkellokalisationen können u.U. Ruhigstellung mit Bettruhe, flüssige Nahrung usw. erforderlich machen. So sequestriert erfahrungsgemäß der *Oberlippenfurunkel* infolge der Beengung durch die „Elastica mimica" dieser Region nur zögernd, so daß es bei diesem äußerst lymphgefäßreichen Standort mit stark entwickeltem und untereinander verzweigtem Venennetz zur phlebitischen Weiterleitung (Schüttelfröste!) entweder zum Sinus cavernosus über die V. angularis und V. ophthalmica oder über die V. facialis zur V. jugularis kommen kann. In einer dermatologischen Klinik wird man nach wie vor zur „Entzündungsbestrahlung" neigen, die mit kleinen Dosen unter mittelharten Bedingungen wiederholt in Abständen von 1–3 Tagen durchgeführt wird. Dabei ist aber zu berücksichtigen, daß Röntgenbestrahlungen zwar erheblich entzündungshemmend, aber nicht bakteriostatisch wirksam sind. Deshalb steht heute bei solchen Situationen die antibiotische Therapie ganz im Vordergrund. Sehr wirksam ist eine massive Überflutung mit wäßrigem Penicillin G (etwa 2–5 Mega alle 6 Stunden). Wegen häufiger Resistenzentwicklung ist oft auf ein penicillinasefestes Präparat auszuweichen.

Gegen Penicillinasen stabile Penicilline sind: Oxacillin (Cryptocillin®, Stapenor®), Dicloxacillin (Dichlor-Stapenor®), Flucloxacillin (Staphylex®).

Daneben kommen beim Nasen- oder Lippenfurunkel auch Tetracycline (wie beispielsweise Reverin®, 1–2mal 275 mg/die i.v., Vibravenös® oder Doxycyclin per os,

Vibramycin® N Kaps.) in Betracht. Als gutes Staphylokokken-Antibiotikum hat sich bei hartnäckigen Furunkeln bzw. Karbunkeln auch Lincomycin (Albiotic®, Cillimycin®) oder das daraus entwickelte Derivat Clindamycin mit besserer In-vitro-Aktivität bei Staphylokokken, Pneumokokken und Bacteroides fragilis als Sobelin® (Erwachsene alle 6 Stunden 1–3 Kapseln à 150 mg) bewährt. Lincomycin ist nach oraler Gabe in starkem Maß von der Nahrungsaufnahme abhängig; die beste Resorptionsrate liegt bei nüchterner Einnahme vor, dies ist allerdings oft nicht ohne gastrointestinale Störungen. Die Resorption von Clindamycin ist dagegen unabhängig von der Nahrungszufuhr. Wegen Gefahr einer ulzerierenden Enterokolitis ist bei beiden Substanzen auf eine strenge Indikationsstellung zu achten. Sollte während der Therapie eine ausgeprägte Diarrhö auftreten, ist das Präparat abzusetzen. Leichte Fälle sprechen darauf an. Mittlere bis schwere Fälle, insbesondere die mit Ulzerationen oder Bildung von Pseudomembranen, sind mit Flüssigkeits-, Elektrolyt- und Eiweißsubstitution zu behandeln. Diarrhöen, die bis zu einigen Wochen nach der Therapie auftreten, sollten so behandelt werden, als ob sie durch Antibiotika verursacht wurden. Hauptursache kann ein von Clostridium difficile produziertes Toxin für diese antibiotikabedingten Kolitiden sein. Mittel der Wahl ist dann Vancomycin (oral 4mal tägl. 125–500 mg). Ferner haben sich als Staphylokokken-Antibiotika für die parenterale Anwendung bewährt: Cefazedon (Refosporin®), Fosfomycin (Fosfocin®) und als Reserveantibiotikum das sehr wirksame Vancomycin. Kommt es aber unter solcher Intensivtherapie nicht innerhalb von 1–2 Tagen zur sichtlichen Wende des Gesamtzustandes, muß elektrochirurgisches Eingreifen erwogen werden.

Besonderer therapeutischer Anstrengungen bedarf die *Furunkulose*, bei welcher neben der Beseitigung besonderer konstitutioneller Faktoren (Diabetes mellitus) oder etwaiger Staphylokokken-Nisthöhlen im HNO-Bereich oder in der Analgegend vor allem Autovakzine sowie unspezifische Reizkörper (Echinacin® i.v. 0,2 g/die, jeden 2. Tag um etwa 0,2 g steigernd) von Nutzen sind. Gebräuchlich sind für die Langzeitumstellung ferner Kombinationspräparate aus homöopathischem Schwefel und Hefe (Levurinetten®, Vita Hefe Fides). Schließlich ist die Furunkulose die Domäne regelmäßiger, aber nicht übersteigert häufiger „desinfizierender" Badeanwendungen, z.B. allein schon mit Detergenzien, dem sonst im Haushalt üblichen Rei® und vor allem Sebamed®.

Den Furunkeln bzw. der Furunkulose aspektmäßig wie dem Pathomechanismus nach nahestehend sind die äußerst therapieresistenten *ekkrinen* und *apokrinen Schweißdrüsenabszesse*. Bei ersteren, die von Lewandowsky auch treffend als „Periporitis" bezeichnet wurden, handelt es sich hauptsächlich im Säuglingsalter, aber auch bei dystrophischen Greisen, um multiple, rotbläuliche, zentral erweichende und sich spontan entleerende Abszesse, z.B. an Hinterkopf, Rücken und Gesäß, also vorzugsweise den aufliegenden Körperanteilen, häufig im Verein mit unregelmäßig disseminierten, einzelstehenden kleineren Pustulationen, die – bei Vermeidung feuchter Umschläge und mazerierender Gummiunterlagen – sachgemäß im warmen Kaliumpermanganat- oder Dermowas®-Bad zu öffnen sind. Bei den *Schweißdrüsenabszessen der Erwachsenen*, die, im Gegensatz zu den ekkrinen Abszessen der Säuglinge, praktisch ohne gleichzeitige superfizielle Pustulationen einhergehen, haben wir es mit klinisch tiefkutan bis subkutan sitzenden derben, blauroten, knotigen Infiltraten der Körperregionen mit apokrinen Drüsen (Achselhöhlen, Genitoanalregion) zu tun. Hier bedarf es zur Einengung der Rezidivneigung großer therapeutischer Erfahrung und Geduld, da die einzelnen Krankheitsschübe nicht selten über Monate gehen. Zur endgültigen Ausheilung sind hierbei pyogene Foci an anderen Körperstellen (ekzematoide Pyodermien, bakterielle Rhinitiden o. ä.) zu beseitigen. Die befallenen Hautbezirke selbst und ihre Nachbarschaft sind zu „schonen“, also keine Rasur oder chemische Depilation, ferner Vermeidung von Scheuern durch Kleidungsstücke oder Schweißblätter, weiterhin kein Heftpflaster, keine Desodoranzien und vor allem auch keine Salben. Hingegen behandle man die einzelnen Krankheitsherde mit reinem Ichthyol® oder 30%igem Ichthyol®-Glyzerin, welches nach Kissmeyer mit Watte abgedeckt wird. Ähnlich nützlich sind auch heiße antibakterielle Kompressen (z.B. Rivanol® 1 :1000, Chinosol 1 :2000). Zur Terrainprophylaxe empfehlen sich Betupfungen mit 1%igem Chloramphenicol-Spiritus, mit 1%igem Salicyl-Alkohol oder 1%igem Salicyl-, 0,5%igem Phenolspiritus. Radikale chirurgische Maßnahmen (Ausräumung der Achselhöhle) führen erfahrungsgemäß ebensowenig zu einem Dauererfolg hinsichtlich der Rezidivbereitschaft wie die Anwendung der verschiedenen heute üblichen Antibiotika, die man allerdings für lymphangiitisch-phlegmonöse Situationen kaum entbehren wollen wird (z.B. Chloramphenicol, Erythromycin, Minocyclin). Hingegen sind Erfolge auf lange Sicht hin eher durch Ausnützung der körpereigenen Abwehrmechanismen zu erwarten, also neben natürlicher und künstlicher Besonnung durch Autovakzine, Eigenblutserien, aber auch mittels Echinacin® i.v., Esberitox® N per os, Omnadin® i.m.

Eine *Röntgentherapie* kommt bei diesem Leiden erst nach Erschöpfung sonstiger hyperämisierender Möglichkeiten (Kurzwellendurchflutungen, Rotlicht) als sog. Entzündungsbestrahlung in Betracht, während eine diesbezügliche Stillegung der Schweißdrüsen (Verödungsbestrahlung) besser zu vermeiden ist.

Therapeutisch wie schon diagnostisch schwierig sind sodann *rezidivierende Abszeßbildungen im Damm-Gesäß-Bereich.* Hier kommen neben dysontogenetischen *Sakrodermoidfisteln periproktitische Abszesse, Esthiomène-artige Folgezustände des Lymphogranuloma inguinale* (Frei-Test!) sowie *mykotische Granulome* (Blastomykose!), eine *Tuberculosis subcutanea fistulosa* und *Acne-conglobata-artige Zustände*, nicht zuletzt auch *chronisch-rezidivierende Enterokokkengranulome* (Korting) in Frage. Die Liste dieser differentialdiagnostischen Möglichkeiten zeigt, daß derartige, übrigens nicht allzu selten zu beobachtende Krankheitszustände am besten zunächst in einer Fachklinik abgeklärt werden sollten, in der auch entsprechende Behandlungsversuche (entweder unspezifische oder mittels einer spezifischen Vakzinetherapie) angestellt werden können. Vor allem für die Acne-conglobata-artigen Zustände im Damm-Gesäß-Bereich (auch sog. Akne-Tetrade genannt) ist neuerdings Isotretinoin, die 13-cis-Retinsäure (Roaccutan®), bedeutsam geworden. Wichtige Nebenwirkungen sind Fruchtschädigung und Fettstoffwechselstörungen. Weitere Einzelheiten sind im Akne-Kapitel mitgeteilt.

Großen therapeutischen Widerstand leisten, ähnlich wie die eben aufgeführten dermal-hypodermalen Pyodermien, sodann einige Sonderformen der superfiziellen, follikulären Pyodermien, wie etwa die *Sycosis non parasitaria s. Folliculitis barbae* (Köbner), bei der chronische Staphylokokkenherde der Nasenschleimhaut bzw. der Sinus meist die Ursache für die hier vorliegenden, eminent therapieresistenten, peripilären Erytheme und Pustulationen abgeben, die trotz mitunter nahezu flächenhaften Befalls eigenartigerweise ohne sonderliche regionäre oder allgemeine Reaktionen verlaufen. Nachdem zunächst eine Trichophytia barbae ausgeschlossen ist, wird man **therapeutisch** heute mehr als früher – bei allerdings nach wie vor erforderlichem Rasierverbot – zumindest die schon erwähnte, häufig flächenhafte mikrobielle Infektion mit feuchten Umschlägen (Rivanol®, Chinosol®), mit Hilfe von Antibiotikacremes mit Corticosteroidzusatz, wie etwa Millicorten-Vioform®-Creme, Locacorten®-Creme, Ecomytrin-H-Salbe o.ä., rasch beeinflussen können. Zur Nachbehandlung empfehlen sich Abdekkung mit einer 1%igen Vioform®-Schütteltelmixtur, später auch Tupfungen mit 70%igem Isopropylalkohol unter Zusatz von Chloramphenicol (1%). Die systemische Antibiotikaanwendung ist meist entbehrlich, während eine (intrakutan vorzunehmende) Autovakzination die Rezidivbereitschaft verringert. Bei starker peripilärer Pustulation sind die betreffenden, an ihrer Scheide weißlich gequollenen und demgemäß der Anwendung der Epilationspinzette mühelos folgenden Haare mechanisch zu entfernen, während von chemischer Enthaarung ebenso wie von der Röntgenepilation Abstand zu nehmen ist. Die vorübergehend eingestellte Rasur ist in der Strichrichtung mit dem Haar für die erste Zeit nur bewußt unsorgfältig (also kein glattes Ausrasieren) wieder aufzunehmen oder als schonende Elektrorasur durchzuführen. Auch sind allenfalls irritierende Rasurkosmetika in ihrem Gebrauch aufzugeben.

Die **Therapie** der *Folliculitis decalvans* (Brocq) oder der *Sycosis lupoides (Ulerythema sycosiforme*, Unna), die in narbige Alopezien übergehen, folgt in großen Zügen der eben geschilderten Therapie der Folliculitis staphylogenes. Bei entzündungsarmen Zustandsbildern kann die perifokale Umspritzung von Corticoidkristallsuspensionen versucht werden. Dies ist jedoch vornehmlich bei der *Sycosis nuchae sclerotisans* bzw. der *Dermatitis papillaris capillitii* (Kaposi), bei der die vorangehenden follikulären Abszesse die Entwicklung einer Keloidakne einleiten, das Vorgehen der Wahl, während früher hierfür die Röntgentherapie, evtl. nach elektrokaustischer Planierung, bevorzugt wurde.

Die Hauptvertreter der *flächenhaften Pyodermien* sind epidermal einerseits die *streptogene* (honig- oder bernsteingelbe dikke Krusten), andererseits die *staphylogene* (flache, firnisartig dünn einkrustende Blasen mit Neigung zu Pigmentresiduen) *Impetigo contagiosa*, während epidermal-dermal als erosiv-ulzeröse Streptodermie das *Ecthyma simplex* zu nennen ist. Letzteres ist im Gegensatz zu den beiden epidermalen Impetigoformen nicht ausschließlich an das Spielalter der Kinder, sondern weitaus mehr an Verschmutzung durch ungünstige hygienische Verhältnisse und Mikrotraumatisation (Stoppeln beim Ährenlesen, Flöhe, Läuse usw.) gebunden. Die hier als Primäreffloreszenz vorliegende Pustel auf häufig schon deutlich rot infiltriertem Grund wandelt sich bald in ein eitrig belegtes Ulkus um, welches sich seinerseits wiederum austernschalenförmig geschichtet bräunlichschwarz verkrusten kann.

Differentialdiagnostisch ist bei generalisiertem Befall der äußeren Decke an die ebenfalls ausgeprägt ekthymatös-rupioide Lues maligna zu denken.

Das sog. *Ecthyma gangraenosum* (Hitschmann u. Kreibich) ist definitionsgemäß durch *Pseudomonas aeruginosa (früher B. pyocyaneum)* bedingt, einen von vornherein gegen die üblichen Antibiotika sehr resistenten Erreger. Am ehesten sind lokal noch wirksam das Aminoglykosid Neomycin und das Polypeptid Polymyxin B. Neomycin, das parenteral wegen erheblicher Oto- und Nephrotoxizität kontraindiziert ist, stammt aus den Kulturen von Streptomyces fradiae und stellt ein Dreikomponenten-Gemisch aus Neomycin A, -B und -C dar. Fertigarzneimittel von Neomycin sind Myacyne®-Salbe oder kombiniert mit Bacitracin Nebacetin®-Salbe. Neomycin C, der Hauptbestandteil von Neomycin, ist mit Framycetin identisch. Letzteres ist mit Amfomycin kombiniert in der Ecomytrin®-Salbe enthalten. Das bakterizide Polymyxin B ist mit Oxytetracyclin kombiniert als Terramycin®-Salbe erhältlich. Bei Hautinfektionen mit Pseudomonas aeruginosa und vor allem bei Vergesellschaftung mit E.coli oder Proteus findet Gentamicin (Refobacin®-Creme oder Sulmycin®-Creme und -Salbe) Anwendung. Diesbezüglich ernste Infektionen können auch mit Piperacillin (Pipril®) oder Azlocillin (Securopen®) parenteral angegangen werden.

Das *Ecthyma contagiosum* (Orf, Schafpocken, Lippengrind der Schafe) ist eine den paravakzinalen Melkerknoten ähnelnde virusbedingte Hauterkrankung (Schutzverbände mit Aureomycin®- und/oder Leukomycin®-Salbe).

Entsprechend dem Wesen des *Ecthyma simplex* als Krankheit der Heruntergekommenen oder Landstreicher (Läuseulkus, Pieter van Foreestus) sind neben sachgerechter Lokaltherapie und der Beseitigung der konditionellen Faktoren (Parasiten, Verschmutzung, Mangelernährung, floride Phthise) allgemein roborierende Maßnahmen zur Steigerung der Abwehrkraft (Lebertran, Ol, Jecoris, vorsichtige Höhensonnenbestrahlungen, Vitaminierung) erforderlich. Die *Lokaltherapie* vollzieht sich nach Beseitigung der Verkrustung mittels einer Ethacridinlactat1%-Salicylsäure3%-Vaselin oder Mitigal®-Zinkpaste (2–10%), häufiger Kaliumpermanganatbäder o. ä. an den auf diese Weise gereinigten Geschwürsflächen mit granulationsfördernden Salben (Ungt. nigrum = Arg.nitr. 1%-Bals.peruv. 10%-Vaselin) oder mittels der stark desodorierenden Fuchsin 5%-Eukalyptol 10%-Vaselin nach Popoff.

Weitaus häufiger als das eben besprochene Ecthyma simplex sind aber als nichtfollikuläre superfizielle Kokkodermien die *streptogene* (krustenbildende) und die (bullöse) *staphylogene Impetigo contagiosa* zu behandeln. Bei diesen kommt es zunächst darauf an, einerseits die vorhandenen Krusten entweder mit einer 3%igen salicylsäurehaltigen Bleipflastersalbe (nach NRF) (s. S. 17) oder einem Ichthyol®-Vaselin 5% abzuweichen und anschließend den Krustengrund zu desinfizieren. Sehr einfach ist es auch, dem Patienten unter Ermahnung zur Familienhygiene (getrennte Waschlappen, Handtücher usw.) gleich 2 Salben, die im Abstand von 3–5 Tagen zu gebrauchen sind, an die Hand zu geben, wie z. B.:

Rp. Ethacridinlact.	0,5
Acid.salicyl.	1,5
Ricini ol.	2,5
Vaselin.alb.	ad 50,0
S. Anwendung I	

Rp. Ethacridinlact.	0,5
Zinci past.	ad 50,0
S. Anwendung II	

Für die Lokalbehandlung oberflächlicher Pyodermien ist nach eigenen Erfahrungen das Steroid-Antibiotikum Fusidinsäure, das aus Kulturfiltraten des Pilzes Fusidium coccineum isoliert wurde, bemerkenswert. Das Präparat Fucidine®-Salbe zeigt antibiotische Wirkung auf sowohl penicillinempfindliche (z. B. bei Penicillinallergie) als auch penicillinresistente (z. B. bei Oxacillin-Resistenz) Staphylokokken.

Ausnahmsweise kann die oberflächliche Streptodermie, klinisch dann nicht immer von den reinen staphylogenen Formen abgrenzbar, auch bullös auftreten, wobei man in diesem Falle von einer *Bulla rodens* (T. Fox, E. Lesser) bzw. bei Sitz an den Endphalangen eines Fingers von einer *„tourniole streptococcique des doigts"* (Sabouraud) spricht. Unabhängig von der Streptokokken- oder Staphylokokkengenese wird man grundsätzlich bei jeder bullösen Impetigo und besonders bei der Impetigo contagiosa staphylogenes, deren Blasendach meist leichter einreißt als das einer „tourniole", die Blase mittels einer gebogenen Schere (Cooper-Schere) sorgfältig, u. U. wiederholt, abtragen und erst darauf die bereits geschilderten Maßnahmen durchführen. Bei Entwicklung von firnisartig dünnen Krusten *(Impetigo tenuicrustosa,* Jadassohn) sind auch bei einer staphylogenen Impetigo zwischenzeitlich keratolytische Zusätze und bei ekzematösen Übergängen (*„ekzematoide Pyodermie")* späterhin auch Corticosteroidzusätze (Millicorten-Vioform®-Salbe, Locacorten®-Creme, Ecomytrin®-H-Salbe) zu empfehlen. Bei ausgedehnter Impetigo denke man bei Kindern auch an die Möglichkeit einer *Impetigonephropathie* (Munk), ohne daß etwa nephroblaptische (nierenschädliche) Lokaltherapeutika, die heute ohnehin bei der Impetigotherapie der Kinder weitgehend obsolet sind (z. B. Hg-Salbe), hierfür in Frage kämen. Solchen staphylogenen Impetigo-Maximalvarianten, wie sie früher als *Säuglingspemphigoid* oder *Dermatitis exfoliativa neonatorum* (Ritter v. Rittershain 1870) in den Findelhäusern vorkamen, begegnet man heute wohl nur noch selten. Hierbei können die schlaffen Blasenbildungen zu größeren bullösen Abhebungen zusammenfließen, einreißen, sich blätterteigartig krustös wieder anlegen, so daß schließlich meist unter Aussparung von Handtellern und Fußsohlen, welche Lokalisation vielmehr für den

Pemphigus syphiliticus spricht, *Lyell-artige kombustiforme Aspekte* (einschließlich des positiven Nikolski-Phänomens) bestehen können. Obwohl die Prognose solcher durch beträchtliche Allgemeinerscheinungen letal belasteter staphylogener *„Pemphigoide"* durch die heute mögliche systemische Anwendung von Corticoiden und Breitbandantibiotika und nicht zuletzt durch die modernen Möglichkeiten zur Rekonstitution selbst extremer Exsikkosen sich ungeahnt verbessert hat, sind die Chancen solcher Kinder grundsätzlich ernst zu beurteilen. Unter Anstaltsverhältnissen wird somit nicht erst bei endemischer Häufung auf die Ermittlung der externen Infektionsquelle besondere Sorgfalt zu verwenden sein.

Bei den *chronisch-vegetierenden Pyodermien* handelt es sich um feingeweblich deutlich proliferative, häufig stark eosinophil untermischte, makroskopisch in der Hauptsache pustulöse oder fistulöse, wuchernde, verrukös-papillomatös, gegebenenfalls sogar pseudoneoplastisch imponierende, im Grunde aber immer wieder durchaus charakteristische Erscheinungsbilder. Aus diesem dennoch sehr variablen Formenkreis seien hier nur als Sonderform die *chankriforme Pyodermie* (E. Hoffmann) mit ihrem häufigen Oberlippensitz und ihrem weitgehenden Korrelat im Mundschleimhautbereich, die *Pyostomatitis vegetans* (McCarthy), sowie von den häufigeren Affektionen die *Pyodermia chronica papillaris et exulcerans* (E. Hoffmann, Zurhelle u. Klein) mit ihrer Ähnlichkeit zu einem Spinokarzinom oder einer Tuberculosa verrucosa cutis und ihrem Vorzugssitz an den Handrücken aufgezählt. Außerdem seien noch das *Pyoderma gangraenosum* (Brunsting, Goeckermann u. O'Leary 1930), bei dem häufig erregerhomologe Colitis ulcerosa, Anämie und Hypogammaglobulinämie bestehen, sowie die ihr nahestehende, wenn nicht mit ihr identische, ihrem Namen entsprechend exquisit geschwürige *Pyodermia ulcerosa serpiginosa* erwähnt, die häufig heute auch als *Dermatitis ulcerosa* (Kresbach) geführt wird.

Angesichts der Unsicherheit gegenüber der Ätiopathogenese der chronisch-vegetierenden Pyodermien und nicht zuletzt in Anbetracht der großen Bedeutsamkeit von Terraineigenschaften, aber auch sonstigen personalen Faktoren in Wechselwirkung mit dem Erreger, dessen reale Pathogenität keineswegs immer klar hervortritt, sind die *therapeutischen Möglichkeiten* von vornherein als aussichtsarm zu beurteilen. Fraglos wird man heute – früher standen Arsen, Neosalvarsan, Germanin, Wismut oder Kombinationen von ihnen an erster Stelle des therapeutischen Aufwands – die therapeutischen Bemühungen durch gezielte Erregerresistenz-Analysen einleiten und danach die antibiotische Therapie extern wie intern ausrichten. Zusätzliche roborierende Maßnahmen (Frischbluttransfusionen, Gammaglobulin i.v., protein-, vitamin-, eisenreiche, hochkalorisch aufgebaute Ernährung) sind unerläßlich. Nach solcher initialer Antibiose wird man im weiteren als zweites Geschütz Corticosteroide, aber immer noch abgeschirmt durch Antibiotika, zur Anwendung bringen. Vor weiteren Maßnahmen erscheinen nach jüngsten eigenen Erfahrungen auch noch Versuche mit dem Leprostatikum Dapson(e) (Diaphenylsulfonum) BP 1980, USP XXI, DAB 9, oder mit Salazosulfapyridin (Azulfidine®, Colo-Pleon®), einer Verbindung eines Sulfonamids mit 5-Aminosalicylsäure, das sich bei Colitis ulcerosa bewährt hat, selbst bei Patienten ohne eine solche gerechtfertigt. Auch die Kombination Azathioprin (Imurek®) zusammen mit einem Corticosteroid erscheint im Zusammenhang mit der antiinfektiösen Basistherapie bei den chronisch vegetierenden Formen durchaus erwähnenswert. Auf jeden Fall sind die bei den akuten Pyodermien so sicher wirkenden antibakteriellen Maßnahmen, zumindest sobald sie allein zur Anwendung kommen, praktisch ohne ersichtlich großen Nutzen. Als wirklich sichere Lokaltherapie ist hier nur – soweit irgend angängig – die radikale Entfernung der Ulzera im Gesunden (vor allem mit der Diathermieschlinge) zu nennen.

7.2 Erysipel (Streptodermia cutanea lymphatica, Wundrose)

Zumindest bei Ersteruption mit heftigen konstitutionellen Symptomen, die mit Schüttelfrost, steilem Fieberanstieg o. ä. einhergehen, ist das Erysipel namentlich bei Säuglingen und Kleinkindern oder dysergen Greisen sowie grundsätzlich bei Gesichtslokalisation auch heute noch als ernste Allgemeinkrankheit zu bewerten. Diese Streptodermie, die eine bestimmte Jahreszeit oder ein Geschlecht nicht bevorzugt, ist jedoch unverkennbar abhängig von Eintrittspforten (Rhagaden, wie z. B. auch einer Fußmykose, Gehörgangs- oder Nasenschrunden, Paronychie, Sinusitis, Ulcus cruris). Sie wird in ihrer Verlaufsschwere vermutlich sowohl von der Virulenz des Erregers wie von der Resistenz des Wirtsorganismus bestimmt. Man nimmt heute an, daß β-hämolysierende A-Streptokokken erst auf einer durch vorangehende Sensibilisierung mit Streptokokken empfänglich gemachten Haut ein Erysipel hervorrufen können. Die Bedeutung anderer Erreger ist zweifelhaft (Staphylokokken, Proteus). Nach meist kurzer Inkubationszeit von 1–2 Tagen zunächst scharf flammenzungenartig begrenztes, später ins Unscharfe verschwimmendes, langsam wanderndes, gelegentlich auch bullös oder gangräneszierend sich umwandelndes, flächenhaftes Erythem.

Im Hinblick auf die unter den geschilderten Umständen individual gelegentlich deutlich hervorstechende Allgemeinnatur des Leidens sind Bettruhe, blande Fieberkost und Kardiaka, zumindest als gut gesüßter starker Bohnenkaffee, empfehlenswert. Bei toxisch bedingter Hypotonie, besonders bei älteren Leuten kommen die derzeit üblichen peripher angreifenden Sympathomimetika (z. B. Novadral®, beim Erwachsenen 3–4mal/die 10 mg i. m. oder s. c., oder Effortil® plus, morgens 1 Retardkapsel, bei Bedarf 2mal tägl. 1 Kapsel oder 3mal tägl. 25 Tropfen) in Betracht.

Die **Therapie** der Wahl besteht heute, sofern nicht beim Patienten bekannte Resistenz- oder Intoleranzerscheinungen von vornherein dagegensprechen, in der Verabfolgung von Penicillin G (z. B. 0,8–1 Mega die ersten Tage, insgesamt aber zur Vermeidung eines frühzeitigen Rezidivs in etwa 6–8 Tagen etwa 8 Mega IE). Sichere Wirkungen sind auch durch Doxycyclin (z. B. Vibramycin Tabs® Tabletten oder -N Kapseln: am 1. Tag 2mal 100 mg und folgend 1mal 100 mg/die) oder Minocyclin (Klinomycin® Tabletten: 1. Dosis 2mal 100 mg, anschließend alle 12 h 100 mg) zu erzielen. Erst in zweiter Linie wird man zu Trimethoprim-Sulfonamid-Kombinationen wie Cotrimoxazol (Bactrim®, Eusaprim®) oder Te-

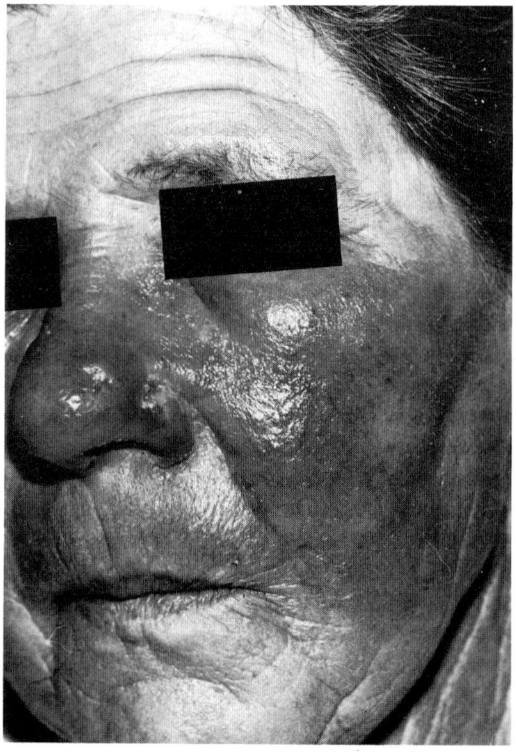

Abb. 14: Erysipel

troxoprim + Sulfadiazin (Tibirox®, Sterinor®) greifen. Trotz solcher heute hochwirksamer therapeutischer Möglichkeiten ist die *Lokaltherapie* noch nicht völlig überflüssig: Neben der konsequenten Ausschaltung etwa ersichtlicher Eintrittspforten, die mit Argentum nitricum 2%ig geschlossen und nachfolgend mit desinfizierenden Mitteln (Vioform®-Vaselin, Aureomycin®-Salbe, Leukomycin®-Salbe o.ä.) nachbehandelt werden, kommt zur „Entspannung" der meist auch ödematisierten Herdbezirke 10%iges Ichthyol®-Vaselin (oder Ammon. bitumin. ungt. 10, nach NRF), in Betracht. Ist eine solche Entspannung nicht erforderlich, verwende man desinfizierende Lösungen, wie Ethanolhaltige Iod-Lösung DAB 9, Polyvidon-Iod-Lösung (Betaisodona®, Braunol®, Braunoderm®).

7.3 Chronisch-rezidivierendes Erysipel

Hinsichtlich der Pathogenese des chronisch-rezidivierenden (habituellen) Erysipels, dessen bekannte Folgeerscheinungen im Hautbereich chronische Lymphostasen sind, in deren etappenweisem Verlauf dann eine *Elephantiasis nostras* durch Fibroblastenproliferation innerhalb der eiweißreichen Ödemflüssigkeit mit dem bekannten ektodermalen Randsymptom der papillomatösen verrukösen Oberflächenvegetationen zur Entwicklung kommen, denkt man in erster Linie nicht an Neuinfektionen, sondern für gewöhnlich an Schwankungen der Reaktionsfähigkeit des Organismus gegenüber dem latent im Gewebe ruhenden Erreger. Dennoch wird man eventuelle Eintrittspforten für den Erreger, den Streptococcus pyogenes, nicht übersehen und dementsprechend Rhagaden oder eine Erosio interdigitalis sorgfältig sanieren, wobei sich z.B. die Anwendung einer ammoniakalischen 2%igen Silbernitratlösung zusammen mit einer 1%igen Ethacridinlactat- oder Clioquinol-Zinkschüttelmixtur bewährt. Wie bei der Behandlung eines jeden Infektionsgeschehens kann man darüber hinaus auch einerseits den Erreger bekämpfen, d.h. in diesem Falle gleich zu Beginn eines aufziehenden neuen Erysipelrezidivs – die Patienten sind ja mit der subjektiven konstitutionellen Symptomatik meist wohlvertraut – eine energische und einige Zeit über die Krankheitsdauer hinaus dauernde protrahierte Antibiotikatherapie anwenden, bezüglich derer das Penicillin G (bei rezidivierendem Verlaufsgang mindestens 6–8 Millionen I.E. insgesamt) wohl das Mittel der Wahl darstellt, andererseits diese aber im Hinblick auf die bekannte Kreuzunverträglichkeit des Penicillins bei Fußpilzkranken häufig durch andere Antibiotika, wie z.B. ein Tetracyclin (Reverin®, Terramycin®) oder Doxycyclin (Vibramycin®), zu ersetzen sein wird. Empfehlenswert ist u.U. auch die Kombination von Penicillin und Omnadin® (Omnacillin®), ferner Benzathin-Penicillin G (Tardocillin®1200 1,2 Mega 1mal monatlich über mehrere Monate). Bei weiteren Rückfällen greift man zweckmäßigerweise auch einmal auf eine Therapie mit Langzeitsulfonamiden (Durenat®, Lederkyn® o.ä.) zurück. Eine recht zuverlässige Prophylaxe ist auch mit dem Ultra-Langzeitsulfonamid Longum® (Sulfamethoxypyrazin, 1 Tabl. wöchentlich) möglich. In Anbetracht der einleitend betonten pathogenen Vorstellung wird man vor allem aber danach trachten, die sog. Abwehrkräfte des Organismus zu kräftigen oder zu steigern, wozu auch die Suche nach einem chronisch erhöhten Antistreptolysintiter oder Gammaglobulinmangel (einschließlich Immunelektrophorese) gehört, wobei aber nach eigenen Erfahrungen fast durchweg nur negative Ergebnisse zu erhalten sind. Nichtsdestoweniger versuche man wiederholte Höhensonnenduschungen oder kleine Röntgenbestrahlungen (7,7–12,9 $mCkg^{-1}$ unter mittleren Tiefenbedingungen 2–3mal im Abstand von 10 Tagen). Zu versuchen wäre auch das Standard-Immunglobulin (z.B. Beriglobin® i.m. 2 ml oder 5 ml).

7.4 Erysipeloid Rosenbach 1887 (Schweinerotlauf)

Dieses durch Erysipelothrix rhusiopathiae (seu insidiosa, mit dem B. erysipelatos-suis sowie mit dem B. murisepticus identisch) ausgelöste, über Wochen sehr langsam wandernde hellrote und mäßig ödematöse Erythem kommt beim Menschen 2–7 Tage nach Kontakt mit Fleisch oder Knochen von rotlaufkranken Schweinen sowie nach Verletzungen mit Fischflossenstrahlen (z.B. Rotbarsch, Goldbarsch oder Zander) zustande. Mögliche Überträger sind auch Stech- oder Stubenfliegen oder als unbelebte Quelle Großstadtabwässer sowie bereits langfristig „totes" tierisches Material (z.B. Knochenknöpfe). Unbehandelt können derartige akute Erysipeloide über Monate bestehen, wobei sie, unter lymphangiitischer, lymphonodulärer Vervollständigung nicht gar selten hartnäckige Arthropathien der kleinen Fingergelenke nach sich ziehen.

Ähnlich wie beim Erysipel sind die Wirkungen des Penicillin G (6–8 Tage je 1 Mega/die) und anderer Antibiotika (z.B. Erythromycin) auch beim Erysipeloid drastisch, aber nicht ausnahmslos augenfällig, so daß vor allem bei chronischen, wellenförmig rezidivierenden Erysipeloidfällen die früher vorrangige Immunserumbehandlung noch nicht völlig entbehrlich ist. Schweinerotlaufserum wurde ad usum humanum in einer Menge von etwa 10 ml i.m. injiziert. Für die häufig recht hartnäckigen Arthropathien empfehlen sich wiederholte Kurzwellendurchflutung, Verbände mit 10%iger Ichthyol®-Salbe sowie Indometacin (Amuno®) bzw. Diclofenac (Voltaren®).

7.5 Anthrax der Haut (Hautmilzbrand)

Der Hautmilzbrand, der auch heute noch eine meldepflichtige und ausgesprochene Berufsinfektion darstellt, die schon bei Verdacht schnelles Handeln erfordert, wird durch den Bacillus anthracis (Pillender 1849, Robert Koch 1876) hervorgerufen. Gewerbemäßig sind Abdecker, Landwirte, Metzger, Tierärzte, Arbeiter in Pinsel- oder Bürstenfabriken bevorzugt. Das Hauterscheinungsbild, die *Pustula maligna*, entsteht nach kurzer Inkubation von 2–3 Tagen und stellt eine kirschkerngroße sanguinolente Blase oder Pustel dar, die bald kohlschwärzlich verschorft, darüber hinaus aber in einem düsteren ödematösen Infiltrat eingebettet ist, wenn nicht überhaupt von Anfang an die Primäreffloreszenz fehlt und lediglich ein *Milzbrandödem* vorliegt. Nachweis der Milzbrandbazillen im Grampräparat oder durch Kultur innerhalb von 24 Stunden. Gegenüber dem Lungen- oder Darmanthrax verläuft der Hautmilzbrand weitaus ungefährlicher.

Die **Allgemeintherapie** erfolgt heute hauptsächlich wegen der unterschiedlichen Empfindlichkeit der Erreger mit hoher Dosierung von Penicillin G. Bei Hautmilzbrand pro die für Erwachsene mindestens 5 Mill. I.E., für Kinder mindestens 0,1 Mill. I.E./kg KG, bei anderen Formen täglich 20 Mill. I.E., für Kinder 0,5 Mill. I.E./kg KG. Bei Allergie gegen Penicillin Tetracyclin i.v., z.B. Rolitetracyclin (Reverin® i.v. 2–3mal täglich 275 mg) oder oral Minocyclin (Klinomycin®), Doxycyclin (Vibramycin® N) bzw. Erythromycin. Auch unter dieser modernen Behandlung dauert es aber mehrere Wochen bis zur vernarbenden Abheilung der Pustula maligna, die nach Möglichkeit chirurgisch nicht tangiert, aber evtl. antibiotisch um- und unterspritzt, ansonsten aber lokal mit feuchten Umschlägen von Ethacridinlactat 0,1% (Rivanol®) o.ä. gereinigt werden kann. Auch eine Anwendung von antibiotischen Salben ist empfehlenswert, während die früher neben der Exzision empfohlenen Ausbrennungen und Ätzungen zu unterlassen sind.

7.6 Listeriose

Listeria monocytogenes wurde erstmalig 1896 durch Murray u. Mitarb. bei Kleintieren isoliert. Die Symptomatik der menschlichen Infektion ist sehr vielseitig. Bei der *Listeriosis infantiseptica,* der Neugeborenenlisteriose ohne Meningitis, aber auch bei Erwachsenen (z. B. bei Tierärzten, die einen Abort ausgeräumt haben) kann es zur Eruption von violetten, halbkugeligen Papeln kommen, die später vesikulieren und pustulieren, aber nicht konfluieren.

Die **Therapie** besteht in der Verabfolgung von Antibiotika. Bei der Neugeborenenlisteriose gibt man Ampicillin (z. B. Amblosin®, Binotal®) 200–400 mg/kg KG i. v. oder i. m., auf 4 Einzelgaben verteilt, mindestens 3 Wochen, bei Vorhandensein einer Listerien-Meningoenzephalitis länger. Schwangerschaftslisteriosen werden gleichfalls mit Ampicillin i. v. 3–6 g/die oder auch oral mindestens 2–3 Wochen lang behandelt.

7.7 Tularämie (McCoy und Chapin 1912)

Diese vornehmlich von Rodentien auf den Menschen kommende, bereits bei Verdacht meldepflichtige, zyklische Infektionskrankheit wird durch ein gramnegatives Stäbchen, Francisella (Pasteurella) tularensis bzw. das Bacterium tularense (Tulare ist ein Bezirk in Kalifornien) hervorgerufen (Vorkommen in Deutschland: Mecklenburg, Schleswig-Holstein, Süddeutschland). Diese pestähnliche Nagetierseuche, eine besonders bei den Kaninchenjägern in Rußland und Nordamerika auftretende Erkrankung, wird auch als Hasenpest, Ohara-Krankheit, Lemming-Fieber, Deerfly fever bezeichnet. In Abhängigkeit von der Eintrittspforte sind verschiedene ulzero-, okulo- sowie rein glanduläre Formen und ein grippotyphöser Typ möglich. An der Haut kommt es zwischen 3 Tagen und 3 Wochen zu einem Primärkomplex, der unter Allgemeinerscheinungen, einschließlich weiterer Lymphknotenbeteiligung, über Wochen bis Monate anhalten kann. Sekundäre Hauterscheinungen sind als Haut-*Tularämide* in Gestalt von akut aufschießenden, hellroten bis lividen, teilweise auch Erythema-nodosum-artigen Papeln bzw. Knoten bekannt. Die Diagnose wird tierexperimentell mit Abstrichen aus dem Primäraffekt, aus dem Blut, dem Lymphknotenpunktat oder auch durch eine Agglutinationsreaktion in Speziallaboratorien gestellt.

Die besten **therapeutischen Resultate** werden mit dem bakterizid wirkenden Streptomycin i. m. 1 g täglich erreicht, jedoch kann es rasch zur Resistenzentwicklung kommen. Bei Pneumonie oder septischem Verlauf sind 2 g Streptomycin i. v. in Kombination mit Doxycyclin (z. B. Vibramycin® N), täglich 0,2 g oral, 10–14 Tage lang, indiziert. Auch Gentamicin i. v. (z. B. Refobacin®) ist wirksam. Zur Rezidivprophylaxe eignen sich orale Tetracycline.

7.8 Brucellosen der Haut (Bruce 1897)

Unter dem Sammelbegriff der Brucellosen faßt man subakut-rezidivierende Infektionskrankheiten bei Mensch und Tier zusammen, die durch Brucellen, gramnegative, ellipsoide Stäbchen (benannt nach dem englischen Chirurgen Sir David Bruce, 1855–1931, London) hervorgerufen werden und meldepflichtig sind. Für den Menschen pathogen sind in Mitteleuropa häufig Brucella abortus Bang (Übertragung der Infektion von Rindern, Bangsche Krankheit), vereinzelt Brucella melitensis (Übertragung durch Schafe und Ziegen, Maltafieber) und selten auftretend Brucella suis (von Schweinen auf den Menschen als Schweinebrucellose). Als Dermatobrucellosen ist eine Vielzahl von im einzelnen makulopapulösen, pruriginösen, erysipeloiden, ekthymatösen bis ulzerösen oder ähnlichen Hauterscheinungen, ausgelöst auf exogenem wie hämatogenem Wege, bekanntgeworden, deren Prognose quoad vitam als günstig zu beurteilen ist. Wichtig ist auch die Kenntnis der *Bang-Orchitis*; eine Mikro-Poly-Lymphonodie ist eher selten. Diagnostisch werden die anamnestische Angabe über die betreffenden Berufe und evtl. das Bestehen von undulierendem Fieber bei relativem Wohlbefinden weiterhelfen.

Die **Therapie** ist insbesondere bei subakutem und chronischem Verlauf schwierig. Mittel der Wahl ist orales Tetracyclin, 4mal tägl. 0,5 g bei Erwachsenen oder 50 mg/kg KG bei Kindern, 3–4 Wochen. Bei schwerer Erkrankung verabreicht man gleichzeitig 2mal tägl. 0,5–0,75 g Streptomycin i. m., Kindern täglich 25 mg/kg KG für 2 Wochen (unter Beachtung einer möglichen Innenohrschädigung). Auch Co-trimoxazol (z. B. Bactrim®, Eusaprim®) als Langzeitbehandlung ist wirksam.

7.9 Diphtherie der Haut

Die meldepflichtigen, heute extrem seltenen, durch das grampositive Corynebacterium diphtheriae (Löffler 1884) hervorgerufenen Hautreaktionen verlaufen ähnlich den Verhältnissen bei der Angina diphtherica mit mehr oder minder ausgeprägter allgemeiner Toxämie. Erscheinungsbildlich sind impetiginöse, ekthymatöse, uncharakteristisch intertriginös-ekzematoide, ferner ulzeröse, gangräneszierende, nicht zuletzt grünlich-weiß-gelbliche pseudomembranöse Läsionen neben verschiedenen Atypien beobachtet worden, wenn man von den sekundären Exanthemen bei Rachendiphtherie, den sog. *Diphtheriden*, absehen will. Relativ häufiges Vorkommen der Erreger auch auf Brand-

Tab. 3: Maßnahmen bei Diphtherie und Diphtherie-Verdacht und Kontaktpersonen. (Nach Naumann und Nemes. Dtsch Ärztebl 1982; 51/52:21-8.)

Maßnahmen bei Diphtherie und Diphtherie-Verdacht	Kontaktpersonen (fraglich Infizierte in der Inkubationszeit)
1. Entnahme von Rachen- und Nasenabstrichen zur bakteriologischen Untersuchung	1. Entnahme von Rachen- und Nasenabstrichen
2. Behandlung mit antitoxischem Serum (vom Pferd!) 500–2000 (–4000) IE/kg KG	*wenn positiv* 2. Antibakterielle Therapie mit 1,2 Mega-E Benzathin-Penicillin i.m. oder Erythromycin oral
3. Antibakterielle Therapie mit Penicillin G oder Erythromycin	*falls ohne Impfschutz* 3. Aktive Immunisierung mit Diphtherie-Toxoid in altersadäquater Dosierung (0,5 bzw. 0,3 bzw. 0,1 ml AIFT)

wunden wie Wundflächen überhaupt. Beteiligung der regionären Lymphknoten ist möglich, vor allem aber eine u. U. schon recht frühzeitige Herzschädigung auch durch bloße Hautherde.

Als **Therapie** (Tab. 3) ist schon im Verdachtsfall und nicht erst bei Erhalt des bakteriologischen Untersuchungsergebnisses in gleicher Dosierung wie bei der Rachendiphtherie auch bei der Hautdiphtherie *Diphtherieserum* (Diphtherie-Antitoxin Behring), unter Berücksichtigung der für die Serumtherapie erforderlichen Kautelen (Allergieanamnese, vorausgehende Seruminjektionen? sowie Allergie-Testung d.h. intrakutane Vorprobe mit der Verdünnung 1:100 in isotonischer Natriumchloridlösung), zu applizieren (im allgemeinen 10000–20000 I.E. bzw. in einzelnen schweren Fällen 500–1000 I.E./kg KG i.m., bei späterem Behandlungsbeginn noch größere Dosen oder zum Teil i.v.). Dazu tritt eine chemotherapeutische Behandlung mit Antibiotika, nämlich gleichzeitige Gabe von Penicillin G, täglich 1,2–4 Mill. I.E., über 10 Tage. Bei Penicillin-Allergie ist Erythromycin für 10 Tage zu empfehlen, ferner auch Tetracycline. Nur späterhin bei schweren toxischen Situationen und evtl. postdiphtherischen Lähmungen außerdem Corticosteroide (z.B. Prednisolon etwa 50 mg/die). Stützung des Kreislaufs mit verschiedenen Analeptika im Wechsel (Effortil®, Novadral®, Akrinor® o.ä.). Bei drohender Respirationsinsuffizienz ist die Anwendung von β_2-Sympathomimetika, wie Salbutamol (Sultanol®), Terbutalin (Bricanyl®) oder Feneterol (Berotec®), indiziert. Lokal sind die Hautherde mit Farbstoffen (z.B. Methylviolett 0,5%) zu pinseln. Lokale Rezidivprophylaxe durch wiederholte Touchierungen etwaiger Rhagaden oder intertriginöser Hautbezirke mit 2%iger Argentum-nitricum-Lösung oder Farbstoffen.

7.10 Toxoplasmose der Haut

Die weitverbreitete, bei uns meldepflichtige Toxoplasmose (40–50% der Bevölkerung sind durchseucht) wird durch ein Protozoon, das Toxoplasma gondii[1] ausgelöst, das exogen durch Haustiere (Katzenkot, weniger durch Hundeausscheidungen), durch den Genuß von rohem, infiziertem Fleisch (Tartar) oder aber diaplazentar übertragen wird. Letzter Infektionsmodus führt bei graviden Frauen zu Aborten, Früh- und Totgeburten sowie Mißbildungen und angeborenen Hirnschäden. Im Hauterscheinungsbild zeigen sich akute fieberhafte oder nodös-gummöse Eruptionen. Wichtig ist auch die Kenntnis der subakuten afebril-subfebrilen, okzipitalen, nuchalen und tiefzervikalen Lymphonodopathie *(Lymphadenitis Piringer-Kuchinka:* kleinherdige Epitheloidzellreaktionen, follikuläre lymphatische Hyperplasie, unreife Sinushistiozytose). In Verdachtsfällen (Chorioretinitis, Nystagmus, Hydrozephalus, intrazerebrale Verkalkungen, Hepatosplenomegalie) können, abgesehen von dem Versuch des direkten Erregernachweises, vornehmlich Antikörper im Serum (Sabin-Feldman-Test ab 2. Woche oder nach der 3. Woche mittels der Komplementbindungsrekation [KBR] nach Westphal) bestimmt werden (z.B. Hygiene-Institut in Bonn oder Würzburg, Hamburger Tropeninstitut). Weitere moderne Nachweismethoden sind: der Fluoreszenz-Antikörper-Test und neuerdings der IgM-Antikörper-Nachweis in der Zerebrospinalflüssigkeit nach Remington. Da die klinische Symptomatik sehr vieldeutig und die Diagnosestellung einer erworbenen Erkrankung recht schwierig ist, sollte nicht allein das Symptom eines positiven serologischen Titers ausschlaggebend sein.

Die **Therapie** richtet sich nur gegen frische, klinisch manifestierte Infektionen, wie klinisch toxoplasmose-

[1] Name nach dem Nagetier *Ctenodactylus gundi*, dem Gundi, an dem der Erreger 1908 zum erstenmal nachgewiesen wurde.

verdächtige Chorioretinitiden, vor allem Meningoenzephalitiden; gegebenenfalls ist sie auch bei symptomlosen Schwangeren anzuwenden. Das Vorgehen besteht in einer Kombinationstherapie von Pyrimethamin (Daraprim®) mit Sulfonamiden, z. B. Sulfametoxydiazin (Durenat®), wodurch die Folsäuresynthese der Erreger mit verschiedenen Angriffspunkten gehemmt wird. Ein Behandlungserfolg ist nur im akuten Stadium der Infektion zu erwarten. Erwachsene und Kinder über 6 Jahren erhalten Pyrimethamin, am 1. Tag initial 2 Tabl., sonst 1 Tabl. täglich, 3–6 Wochen und gleichzeitig ein Sulfonamid, z. B. Durenat®, Erwachsene täglich 0,5 g, 2–4 Wochen lang. Kommt es unter der Therapie (in etwa 25% der Fälle), insbesondere bei verlängerter Behandlung und hoher Dosierung zu einer Knochenmarksdepression, die vor allem das erythropoetische System betrifft, sollte man eine Dosisreduzierung versuchen und als Antidot Erwachsenen täglich 6 mg i. m. Calciumfolinat (Leucovorin®) injizieren. Im Blutbild sind zweitäglich, später wöchentlich bis alle 2 Wochen nach Therapieende die Leukozyten- und Thrombozytenzahl zu kontrollieren. Gravide sollten während der ersten 5 Monate nicht mit Daraprim®, sondern nur mit Sulfonamiden (evtl. in Kombination mit Erythromycin) behandelt werden. Die Wirkung des Antibiotikums Spiramycin scheint unsicher zu sein.

8 Chronische Infektionskrankheiten der Haut

8.1 Tuberculosis cutis (Hauttuberkulose)

Das sporenlose, grampositive, säurefeste Stäbchen, Mycobacterium tuberculosis, ruft beim Menschen ursächlich, sowohl lebend als auch durch Teile der Bakteriensubstanz, eine Reihe recht differenzierter Haut- und Schleimhauterscheinungsbilder hervor. Für die Ausprägung ist die jeweilige, wechselnde oder hochgradige Abwehrlage des Organismus wie auch die periphere Durchströmung zweifelsohne von großer Bedeutung. Sichere, typische Hauttuberkulosen werden durch den Typus humanus sowie bovinus (Erreger der Rindertuberkulose) hervorgerufen. Aber auch atypische Mykobakterien, wie der Erreger der Geflügeltuberkulose, das Mycobacterium avium, erzeugen ähnliche Hauterscheinungen.

Als Tuberkulose der Haut im engeren Sinn führt man gewöhnlich bei anergischer Reaktionslage den tuberkulösen Primärkomplex (syn. Tuberculosis mucosae resp. cutis primaria), Tuberculosis cutis miliaris disseminata, Tuberculosis cutis miliaris ulcerosa et mucosae, auf. Bei normergischer Reaktionslage zeigen sich Tuberculosis cutis verrucosa, Tuberculosis cutis colliquativa (syn. Skrofuloderm) und vor allem als die häufigste Form Lupus vulgaris (syn. Tuberculosis cutis luposa). Bei hyperergischer Reaktionslage treten Tuberkulide im Sinne von Darier (1896) auf, bei denen es sich nach heutiger Auffassung um Tuberkuloseformen im späten Generalisationsstadium aufgrund hämatogener Streuung und wahrscheinlich sehr schnell entwickelter immunbiologischer Abwehr (relative Bazillenarmut, Neigung zur Selbstheilung) handelt. Als Tuberkulide in solchem Sinne werden heute der *Lichen scrophulosorum*, das *Erythema induratum* und (noch) das *papulonekrotische Tuberkulid* gewertet.

Hinsichtlich der wichtigsten, weil häufigsten und zu 90% im Gesichtsbereich auftretenden, meldepflichtigen Tuberkuloseform, des *Lupus vulgaris*, sei an dessen diagnostische Erfassung durch *Glasspatelanämisierung* (Liebreich, Unna) sowie durch die in dem morschen Lupusgewebe leicht einbrechende Knopfsonde erinnert. Der nichtbehandelte Lupus vulgaris kommt praktisch spontan nicht zur Abheilung, obschon er sich über Jahre durchaus stationär verhalten kann. Charakteristisch sind ferner – im Gegensatz zur tertiären Lues – die Rezidive nach scheinbarer Abheilung im Narbenbereich und auf solchem Boden die hohe Entwicklungsquote von Karzinomen. Frauen erkranken an Lupus vulgaris doppelt so oft wie Männer, jedoch Kinder und Jugendliche nicht häufiger als ältere Personen. Außerdem weisen Lupusträger etwa 10mal häufiger eine Lungentuberkulose auf als Nichtlupöse, während andererseits bei Phthisikern die Tuberculosis cutis luposa etwa 4mal so frequent wie bei Hautgesunden in Erscheinung tritt. Schließlich konnte Kalkoff eine 7fache Übersterblichkeit der Lupösen an Lungentuberkulose feststellen, auch wenn der Lupus als solcher die Lebenserwartung nicht senkt. Aus diesen Hinweisen ergibt sich die auch heute noch ungemindert gültige Forderung nach energischer Therapie und über Jahre hindurch reichende nachgehender Fürsorge zur Bannung von Rezidiven; dies um so mehr,

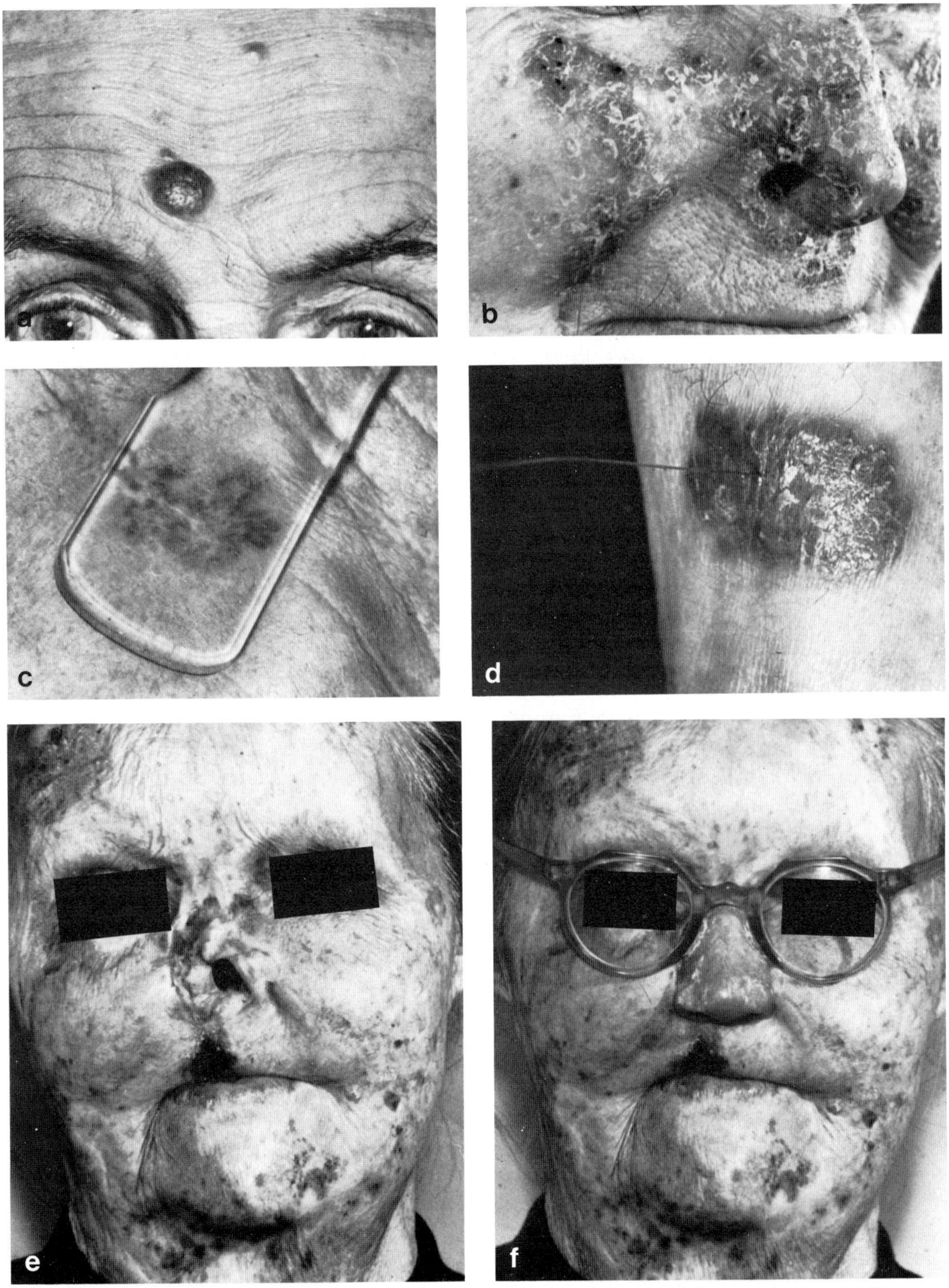

Abb. 15: Tuberculosis cutis: a) Lupusknötchen, b) Lupus vulgaris serpiginosus, c) Lupus vulgaris unter Glasspatel, d) Lupus vulgaris: Sondenbrüchigkeit, e) Lupus vulgaris mutilans, f) Lupus vulgaris mutilans mit aufgesetzter Epithese

als durch die neuen Antituberkulotika (frühere Bezeichnung: Tuberkulostatika) die Prognose der Hauttuberkulose sich in ungeahnter Weise gewandelt hat. Aber nicht nur aus diesem Grund, sondern auch zur Senkung der finanziellen Anstrengungen der „öffentlichen Hand“ ist der Lupus vulgaris, wie übrigens auch alle sonstigen Formen der Hauttuberkulose, fürs erste einer Lupusheilstätte (Fachklinik Hornheide in Münster) und vor allem, wo noch existent, der zentralen Patientenkartei in der Hand des sog. Lupusbeauftragten zuzuführen, der nach Ermittlung des Kostenträgers (in erster Linie Landesversicherungsanstalten) für die Durchführung der Behandlung und ihre Nachkontrollen Sorge trägt. Immer ist der Hauttuberkulosekranke aber auf Vorliegen sonstiger extrakutaner Tuberkuloseherde (Lunge, Muskeln, Knochen, Harnwege usw.) sorgsam zu untersuchen. Dazu gehören ferner der Nachweisversuch von Tuberkelbakterien aus dem Sputum, evtl. auch aus dem Magensaft und durch Larynxabstrich, die Feststellung der Tuberkulinschwelle, des hämatologischen Status und der Körpertemperatur, vor allem gegen Abend und „myogen“, d.h. nach körperlicher Anstrengung.

Die **Behandlung der Hauttuberkulosen** zielt auf allgemeinem wie örtlichem Weg auf eine Ausheilung der Krankheit mit bestmöglichem kosmetischen Endeffekt. Die früher sehr geschätzten Allgemeinmaßnahmen sind heute dank der Erfolge der aktuellen Chemotherapie stark in den Hintergrund getreten. Die Lichtbehandlung mit Kohlenbogenlampen und die zusätzliche Behandlung mit UV-Strahlen hat man weitgehend verlassen.

In Erinnerung gebracht sei, daß die Resultate mit der Kohlenbogenlampe nach Finsen, ähnlich auch die mit der Lampe nach Kromayer, angesichts der Erzielung von glatten, weichen Narben vom kosmetischen Standpunkt sehr gut waren. Deshalb wurde die zusätzliche Anwendung von UV-Strahlen, sei es in sorgsam gestuften Ganzlichtbädern unter der künstlichen Höhensonne (nach Bach bzw. unter der Lampe nach Jesionek) oder speziell auf die Herde selbst mit der schon genannten Kromayer-Lampe, immer wieder zum Vorteil des Patienten in den Gesamttherapieplan eingebaut. Mit der Kromayerschen Quarzkompressionslampe können im Gegensatz zur Finsen-Apparatur größere Herdbezirke gleichzeitig erfaßt werden. Andererseits ist das Licht der künstlichen UV-Strahler im Gegensatz zu dem der Kohlenbogenlampe kurzwelliger und von geringerer Tiefenwirkung.

Im Hinblick auf die Häufigkeit der Lupuskarzinomentwicklung ist die Anwendung von Röntgenstrahlen (einschließlich der Grenzstrahlen), außer daß man allenfalls ihre gelegentliche Verwendung noch bei der Tuberculosis verrucosa cutis und dem Skrofuloderm zugestehen will, als nicht mehr verantwortbar anzusehen. Auch die früher zur Haupttherapie in Klinik oder Heilstätte zählenden verschiedenen, z.T. recht ausgeklügelten Diätvorschriften für den Lupuskranken, die in erster Linie eine Entchlorung bzw. eine Umlagerung von Ionen („Transmineralisation“) in der Haut anstrebten, sind heute angesichts der zur Verfügung stehenden Saluretika (Hydrochlorothiazid, wie Esidrix®, oder das Schleifendiuretikum Furosemid, wie Lasix®) weitgehend überholt, zumal auch die Zufuhr von Vitaminen, wie sie ferner früher bei den Lupusdiäten betont wurde, ohnehin in der Ernährungsweise der breiten Bevölkerung abgedeckt ist. Im Vordergrund der „alten“ Lupustherapie stand aber dessen *örtliche Behandlung*, die, im wesentlichen erkauft mit starker Schmerzhaftigkeit, auf Ätzwirkungen abzielte. Da die hier zu nennende *Pyrogallolbehandlung* (Jarisch, Th. Veiel) als obsolet anzusehen ist, jedoch unter Umständen in kritischen Zeiten vielleicht doch wieder Bedeutung erlangen könnte, seien folgende Hinweise hierüber gegeben:

Nach eintägiger erweichender Vorbehandlung (z.B. Kochsalzumschläge, 5%ige Salicylsalbe oder einmalige Pinselung mit 10%iger Kalilauge) wird ein zunächst mit 20%igem Pyrogallolvaselin bestrichener Leinen- oder Lintlappen auf den Herdbezirk, dessen Umgebung mit Zinkpaste abgedeckt ist, aufgelegt. Der Verbandwechsel, der wegen der enormen Schmerzhaftigkeit dieser Ätzbehandlung so schnell wie möglich erfolgen muß, findet alle 1–2 Tage statt, wobei nach insgesamt etwa 6–7 Tagen die Pyrogallolkonzentration auf 10%, auf 5%, und nach einer weiteren Woche auf 2% und schließlich nach weiteren 7 Tagen etwa auf

0,5% gesenkt wird, wobei zwischen die einzelnen Behandlungsreihen auch über 1–2 Tage indifferente Salbenanwendungen (z.B. mit 10%iger Lebertransalbe) eingeschoben werden können. Beginnt nach Absetzen der Pyrogallolätzung die entstandene Geschwürfläche zu granulieren oder zu epithelisieren, so können einige offensichtlich nicht voll erfaßte Herdbezirke noch zusätzlich mit dem Argentumstift oder dem Galvanokauter zerstört werden. Die Pyrogalloltherapie ist, abgesehen von ihrer schon herausgestellten Schmerzhaftigkeit, durch die Möglichkeit der Nephroblapsie und vor allem der Hämiglobin-Bildung stark belastet, weswegen fortlaufende dahingehende Kontrollen unabdingbar sind. Schon aus diesem Grunde ist auch heute die *Totalexzision* als beste Therapiemaßnahme, evtl. unter sofortiger chemotherapeutischer bzw. antibiotischer Abschirmung oder der Anwendung der Wucherpfennigschen Schlinge, zu empfehlen. Sowohl vor allem die Pyrogalloltherapie als auch die Totalexzision sind meist nur bei kleineren Krankheitsherden anwendbar und können die nachfolgende heutige chemotherapeutische Behandlung auf keinen Fall erübrigen.

Die erste große Wende für eine systemische Therapie der Hauttuberkulosen erbrachte die Einführung der *Vitamin-D_2-Intensivtherapie*, die im Jahre 1943 etwa gleichzeitig durch Fanielle, Dowling sowie Charpy erfolgte, aber auch schon im vorigen Jahrhundert (Emery, v. Hebra) in der Empfehlung allerdings wohl kaum zumutbarer Lebertranmengen ihre Vorläufer hatte, wie auch bereits 1929 Menschel Vigantol zur Lupustherapie empfohlen hatte. Vitamin D (Calciferol), das physiologisch in der Haut durch Spaltung von 7-Dehydrocholesterol (Provitamin D_3) mit UV-Licht entsteht, wurde zur Lupustherapie in hoher Dosierung über Wochen und Monate oral verabreicht, wobei klinisch vornehmlich an saftreichen (tumiden) Lupusherden seine entchlorende Wirkung augenfällig war. Die Präparate, z.B. Vigantol®, Vigorsan®, enthielten zunächst Vitamin D_2 (Ergocalciferol), das dann später durch die aktivere Verbindung des Vitamin D_3 (Colecalciferol) ersetzt wurde. Leider ist aber auch die Vitamin-D-Therapie der Hauttuberkulosen – im Gegensatz hierzu sprechen Innenorgantuberkulosen kaum auf diese Therapie an – durch eine Reihe beachtlicher Nebenwirkungen belastet (Anorexie, Cephalaea, Tremor und vor allem renale Symptome, in Extremfällen Kalkablagerung in den Nierentubuli und Azotämie, die sich, wie schon an der Erhöhung des Serumcalciums ersichtlich, im wesentlichen als Kalzinosewirkung erklären). Schon aus diesem Grunde wird man sich heute, abgesehen von der nicht selten auch etwas unerwünscht keloidartigen Narbenentwicklung, zu dieser Therapie nicht ohne weiteres, am ehesten noch bei Kindern, entschließen können, zumal auch die Rezidivquote der Vitamin-D-Behandlung des Lupus vulgaris bei etwa 50% liegt. Ebenso kann auch die relativ schwach wirksame und schlecht verträgliche *PAS* (p-Aminosalicylsäure, Lehmann), welche normalerweise in 4 Einzeldosen in Höhe von 10–15 g/die verabfolgt wurde, in der Therapie der Hauttuberkulosen, ähnlich wie *Streptomycin* (Waksman u. Mitarb.) bzw. *Dihydrostreptomycin* sowie das ebenfalls aus Streptomyces-Stämmen hergestellte Antibiotikum *Cycloserin* (Harned u. Mitarb.), nur noch als Antituberkulotikum „der 2. Wahl“ empfohlen werden.

In ihrer antituberkulösen Wirksamkeit sind *Streptomycin* und *Dihydrostreptomycin* als gleich zu bewerten, jedoch finden sich Vestibularschäden mehr nach dem ersten, kochleare Schädigungen mehr nach dem zweiten Mittel. Eine Verminderung der Ototoxizität durch Zusatz von Pantothensäure (Streptothenat®) ist nicht gegeben. Grundsätzlich sind beide Schädigungsformen irreversibel und vereinzelt sogar nach Absetzen der Therapie progredient.

Relativ gute Erfolge wurden mit dem Thiosemicarbazon-haltigen Thioacetazon, dem von Domagk entwickelten Antituberkulotikum (frühere Bezeichnung war Tuberkulostatikum) Conteben®, erzielt, das auch als Lepramittel eingesetzt wurde.

Heute hat sich allgemein für die Chemotherapie der Hauttuberkulose (Tab. 4) – im Gegensatz zur Behandlung der Organtuberkulosen – die Monotherapie mit Isoniazid (INH, Isonikotinsäurehydrazid), mit den Präparaten wie z.B. Neoteben®, Isozid, tebesium®-s, durchgesetzt, das sich durch eine hohe Wirksamkeit sowie geringere Nebenwirkungen auszeichnet und kaum eine Bakterienresistenz aufweist.

Tab. 4: Antituberkulotika

Substanz	Fertigarzneimittel	Dosierung	Nebenwirkungen
Isoniazid	Isozid, Neoteben®, Tb-Phlogin®, tebesium®	5 mg/kg KG	Neuropathie, Akroparästhesien, Krämpfe, Hepatopathie
Rifampicin	Rifoldin®, Rifa®, Rimactan®	10–12 mg/kg KG	Bilirubinanstieg, Übelkeit, Fieber, Exantheme, Hepatopathie
Ethambutol	Myambutol®, EMB-Fatol	15–25 mg/kg KG	Augenschäden, Neuropathie
Streptomycin	Solvo-strept® forte, Streptomycin-Heyl®, Streptothenat®	15 mg/kg KG	häufig: Gleichgewichtsstörungen, Parästhesien, Exanthem, Fieber selten: Taubheit
Pyrazinamid	Pyrafat®	20–35 mg/kg KG	gastrointestinale Störungen, Hämatopoese-Störungen, Leberschäden, Hyperurikämie, Photosensibilisierung
Protionamid	Ektebin®, Peteha ®	0,75–1 g/kg KG	gastrointestinale Störungen, Leberschädigung mit Anstieg der Transaminasen, Depressionen, Halluzinationen

Für die Dauermedikation, die mindestens 1 Jahr und nach der klinischen Abheilung noch 6 Monate fortgeführt werden sollte, wählt man als Tagesdosis 5–10 mg pro kg KG, im allgemeinen für Erwachsene 300–400 mg pro die, wobei gewisse dermatologische Erscheinungsbilder der Tuberkulose indessen auch größere Dosen (z.B. 0,7–0,8 g/die bei Epididymitis tuberculosa) erfordern können.

Nebenwirkungen unter der INH-Therapie treten in etwa 10% der Fälle als Störungen des zentralen und peripheren Nervensystems (z.B. Schwindelgefühl, Kopfschmerzen, Benommenheit, Polyneuropathien) und in 5% der Fälle als gastrointestinale Störungen auf. Bei Parästhesien als Vorbote einer Polyneuropathie sollte die Behandlung vorübergehend unterbrochen und als Antidot Pyridoxin-HCl (Vitamin B_6, Benadon® Roche) gegeben werden. „Allergische" Reaktionen, Leberschädigung und Leukopenien sind selten. Da Isoniazid die Alkoholtoleranz herabsetzt, sind Alkoholverbot unter der Einnahme angezeigt sowie alle 4–6 Wochen Kontrolle von Blutbild, Leber und Nervensystem.

Bei einer Hauttuberkulose, speziell einem Lupus-vulgaris-Herd, zeigt sich der Behandlungseffekt bereits einige Wochen nach Therapiebeginn in einer Einebnung der Infiltrate und deren Abblassung, woran sich schließlich auch eine kosmetisch befriedigende Narbenbildung anschließt. Bei unzulänglichem therapeutischen Ansprechen auf INH wird man auf andere Antituberkulotika, die dem Isoniazid strukturell ähnlich sind, wie Pyrizinamid (Pyrafat®) oder Pro-

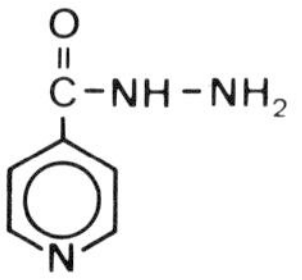

Isoniazid (INH)

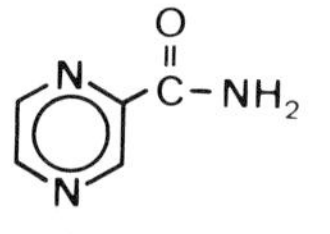

Pyrazinamid

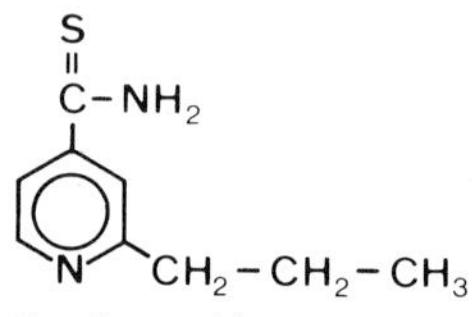

Protionamid

tionamid (Ektebin®, Peteha®), in Kombination mit anderen ausweichen. Im allgemeinen ist nach Ehring die Frage der Resistenz gegen die Antituberkulotika bei den Hauttuberkulosen aber noch als günstig zu beurteilen, wenn auch eine geringe Zunahme resistenter Keime feststellbar wird. Überwiegend erweisen sich aber auch nach eigener Beobachtung solche angeblichen Sensibilitätseinbußen gegenüber INH meist als durch unregelmäßige Einnahme des Medikamentes vorgetäuscht.

Zur Verhinderung einer Bakterienresistenz unter der Monotherapie hat sich als Standardtherapie für die medikamentöse Behandlung der Tuberkulose die orale Dreierkombination von INH, Rifampicin und Ethambutol, von der nur verhältnismäßig kleine Tagesdosen notwendig sind, durchgesetzt: INH (Neoteben®) 5–10 mg/kg KG, Rifampicin (Rifa®, Rimactan®) 10–12 mg/kg KG und Ethambutol (Myambutol®) 15–25 mg/kg KG.

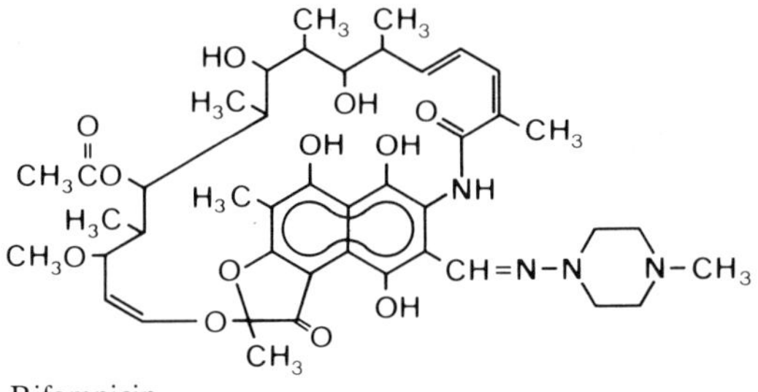

Rifampicin
(Rifa®, Rimactan®)

Die Gesamtdosis wird zweckmäßigerweise zur Aufrechterhaltung eines gleichmäßigen Blutspiegels über 24 Stunden auf 2 Gaben (morgens und abends) aufgeteilt. Die Dreierkombination verabfolgen wir nur anfänglich über ca. 3 Monate und behandeln dann weiter mit INH und Ethambutol

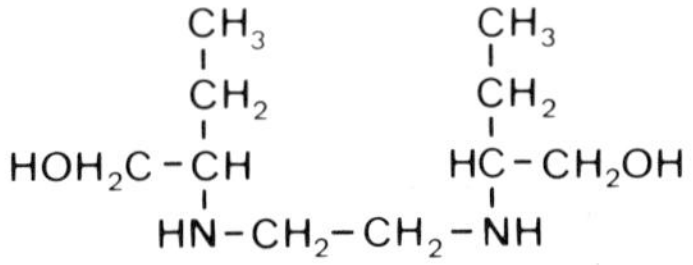

Ethambutol (Myambutol®)

unter Beachtung der Nebenwirkungen etwa 1½ Jahre. Beide Substanzen sind auch als fertige Kombination Myambutol® –INH-I (500 mg + 100 mg) oder Myambutol® –INH-II (300 mg + 100 mg) verfügbar. Unter Ethambutol können Sehstörungen sowie bei Rifampicin Leber-Blutbild-Störungen auftreten, und die Wirkung der Ovulationshemmer kann aufgehoben werden.

Zweifellos spricht von den eingangs erwähnten Hauttuberkuloseformen der *Lupus vulgaris* am günstigsten auf die INH-Therapie an. So können grundsätzlich bei dem Formenkreis der *Tuberkulide* auch zusätzlich hochdosierte Vitamin-C-Gaben (etwa 1 g/die beim Erwachsenen) deutlich unterstützende Effekte entfalten. Ferner kommen bei den indurativen Tuberkuliden vom Typ des *Erythema induratum Bazin*, bei denen der Tuberkelbakteriennachweis im Herd kaum jemals überzeugend gelungen ist, außer der alten Empfehlung von Bettruhe und Bettwärme neben der Basischemotherapie zusätzlich durchblutungsfördernde Maßnahmen, etwa durch Rubefacientia (Rubriment®Öl, Akrotherm®Salbe, Finalgon®Creme, -Liniment, -Salbe extra stark o. ä.) in Betracht. Außerdem wird man nach der Entlassung aus der Klinik den Kranken zumindest für die Übergangszeit und die Wintermonate das Tragen von wollenen Strümpfen, warmem Schuhwerk, bei den meist weiblichen Patienten auch von Hosen empfehlen. Wichtig sind auch die Durchführung von Fußgymnastik und die orthopädische Versorgung der meist hierbei bestehenden Senkfüße. Bei Vorliegen von Ulzerationen (Typus Hutchinson) wird man zuerst wohl antibiotische Salben und Puder, später die üblichen granulierenden und epithelisierenden Salben, aber auch versuchsweise Actihaemyl®-Gel oder Medicrucin®-gelb Pulver anwenden.

Auch beim *Skrofuloderm*, das als primär-lymphogene Halslymphknotentuberkulose derzeit, und zwar deutlich gynäkotrop, mehr beim Erwachsenen als beim Jugendlichen zu beobachten ist (Differentialdiagnose: Toxoplasmose, Sarkoidose, Malignom), erweist sich ebenfalls wie beim Erythema induratum die moderne Chemotherapie nicht immer als ausreichend, so daß man neben dieser bei früh zur Erfassung kommenden Skrofulodermfällen auf eine ausreichende operative Entfernung drängen wird. Ist diese nicht mehr ohne weiteres möglich, so kommen „Entzündungsbestrahlungen" (etwa 100 kV, 12,9–25,8 $mCkg^{-1}$, 2–3mal im Abstand von 5–10 Tagen je nach Akuitätszustand) in Frage. Erweichungsbezirke werden durch Punktion entleert. Nach der Punktion, die meist vom oberen Pol aus vorzunehmen sein wird, kann eine Injektion von 1 g Streptothenat®, evtl. zusammen mit 20 mg Prednisolonazetat o. ä., in die Abszeßhöhle hinein unter 2–3maliger Wiederholung durchgeführt werden. Anschließend Chemotherapie mit INH oder die vorhin beim Lupus vulgaris genannte orale Dreierkombination (INH, Rifampicin, Ethambutol) mindestens über 6–9 Monate und schließlich nach erreichter Symptomfreiheit unter Umständen Gesamtausschneidung mit glatter Naht. Auch erweist sich mitunter in solchen Fällen eine parenterale Zufuhr von INH (z. B. tebesium®-s intramuskulär oder intrafistulär, wobei das lokal verabreichte tebesium®-s auf die Gesamtdosis angerechnet werden muß) als eindrucksvoll wirksam.

Eine Röntgenbestrahlung kommt schließlich im Rahmen der Hauttuberkulosen nur noch bei der – auf INH aber an sich gut ansprechenden – *Tuberculosis verrucosa cutis* zur Anwendung, die hierbei unter den Bedingungen der Nahbestrahlung oder mittels Weichstrahltherapie unter entsprechender GHWT rasch abflacht. Vermutlich wird man aber nach Möglichkeit neben der Chemotherapie der Entfernung mit der elektrischen Schlinge nach Wucherpfennig oder vor allem der Exzision mit nachfolgender Naht den Vorzug geben.

Für die Behandlung der *Schleimhauttuberkulose* ist entsprechend ihrer Genese evtl. als Abseuchungstuberkulose die Beeinflussung der Organtuberkulose entscheidend. Die früher hierbei üblichen Ätzungen, z. B. mit 50%iger Milchsäurelösung, sind angesichts der modernen Chemotherapie heute meist überflüssig geworden.

Schließlich wird man auch heute noch älteren, verstümmelten Lupuskranken begegnen, bei denen eine *rekonstruktive plastische Versorgung* nicht nur aus funktionellen, sondern auch aus kosmetischen Gründen zu erwägen sein könnte, wobei allerdings die postlupöse straffe Atrophie grundsätzlich einen schlechten Boden für freie Transplantation mit Haut und Knorpel abgibt, vor allem wenn in früheren Jahren auch noch eine Röntgenbehandlung durchgeführt worden war. Voraussetzung einer Ersatzplastik beim Lupus vulgaris ist auf jeden Fall die Gewißheit, daß kein lupöses Gewebe mehr vorliegt, weswegen unter Umständen Probeexzisionen oder chemotherapeutische Vorbehandlungen notwendig sind. Erscheint aber eine plastische Abhilfe nicht mehr möglich, so kann dem Kranken immer noch durch Beschaffung einer *Epithese* (Kikulies), also durch Kunststoffersatz, der von einer Brille oder Gaumenplatte gehalten wird, geholfen werden. Als ideale Lösung bemüht man sich um elastische Epithesen aus verschiedenem Kunststoffmaterial, wie z. B. Acryl. Die Herstellung solcher Epithesen erfordert große technische Vertrautheit. (Hierüber orientiert in allen Einzelheiten die Darstellung in: Denecke HJ, Meyer R. Plastische Operationen an Kopf und Hals. Berlin, Heidelberg, New York: Springer, 1964: 457–61.)

Epithesen werden hergestellt u. a. in:

Düsseldorf	Westdeutsche Universitäts-Kieferklinik,
Erlangen	Universitäts-Kieferklinik,
Hamburg	Nordwestdeutsche Kieferklinik der Universität,
Münster (Westf.)	Fachklinik Hornheide Dorbaumstr.300 (Westfälischer Verein für Krebs- und Lupusbekämpfung e. V.),
Münster (Westf.)	Universitätsklinik für Zahn-, Mund- und Kieferkrankheiten.

8.2 Schwimmbadinfektionen durch Mycobacterium marinum s. balnei

Derartige Infektionen nach Baden in Flüssen oder Schwimmbädern, wie sie von Hellerström 1939 beschrieben wurden, oder nach Reinigen von Aquarien stellen granulomatöse, z.T. ulzerierende Papulosen, z.T. auch tiefer liegende Abszeßbildungen mit mäßiger Beteiligung der benachbarten Lymphknoten dar. Histologisch sieht man riesenzellhaltige tuberkuloide Granulome mit eigenartiger Auffaserung des Bindegewebes („fibrilläre Nekrose"). Inkubation 2–4 Wochen. **Therapie:** Spontane Abheilung nach monatelangem Bestand der Veränderungen. Länger bestehenbleibende Herde können chirurgisch entfernt werden, da die interne Verabfolgung von Antituberkulotika wirkungslos zu sein scheint. Auch die Kombination von INH, Protionamid mit Dapson (Isoprodian® Tabl.) sowie Tetracycline oder Co-trimoxazol (Bactrim®) kommen in Betracht. Lokal sahen wir endlich überzeugende Effekte von 10%igem Benzoylperoxid (PanOxyl® 10 Akne Gel o.ä.).

8.3 Granuloma anulare (C. Fox, R. Crocker)

Diese harmlose, chronisch verlaufende, gruppierte Knoteneruption ist differentialdiagnostisch allenfalls mit dem *Erythema elevatum et diutinum* zu verwechseln. Sie wurde früher hauptsächlich einerseits den Tuberkuliden, zum andern den Rheumatoiden zugerechnet (heute auch mit Lichteinflüssen oder mit Diabetes mellitus in Zusammenhang gebracht). Diese breitet sich ring- oder kreissegmentförmig sowie peripherwärts aus und kommt hauptsächlich über den Knochenvorsprüngen der Akren Jugendlicher vor. Im Gegensatz zu der klassischen Knoteneruption sind heute atypische, vor allem auch ausgebreitete, mehr

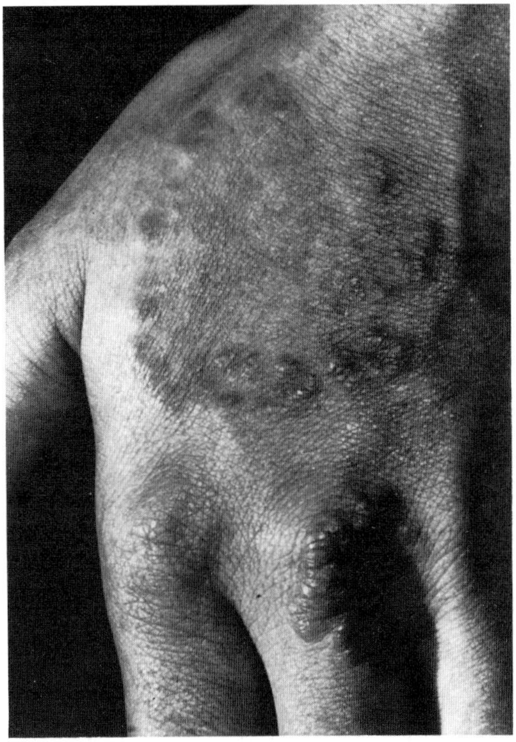

Abb. 16: Granuloma anulare

erythematöse oder subkutan lokalisierte Erscheinungsformen überraschend häufig geworden, ohne daß hierfür bisher eine generelle überzeugende Ursache ersichtlich wäre. Schließlich kann es bezirksweise, besonders an den Händen, auch zu ulzerösen Öffnungen einzelner oberflächlicher Knoten kommen („Granuloma anulare perforans").

Da das Leiden durchaus harmlos ist und zur Selbstrückbildung neigt, sollte eine systemische **Behandlung** nur bei ausgedehnten, generalisierten Formen versucht werden (z.B. mit Tigason®). Häufig kann die Rückbildung des Einzelherdes durch die Probeexzision, eine Mepivacain (= Scandicain®)-Infiltration, ja sogar allein durch Abdeckung mit einem Heftpflasterverband angeregt werden. Sichere Rückbildungen erfolgen vor allem durch fächerförmige Unterspritzung mit Corticosteroidkristallsuspension, meist aber auch schon bei längerer Anwendung von Corticoidsalben (z. B. Jellin® ultra Creme) unter Plastikfolienokklusion.

8.4 Sarkoidose (Boecksche Krankheit, Morbus Besnier-Boeck-Schaumann)

Histopathologisch durch eine epitheloidzellige Metamorphose von Bindegewebszellen charakterisiert, wie sie nach Aufnahme und Verarbeitung grundsätzlich verschiedener Stoffe möglich scheint (Beryllium, Pilze, Viren, Koniferenpollen o. ä.), handelt es sich bei dem entweder akut-febril-rheumatoid oder schleichend-beschwerdearm beginnenden Morbus Boeck um einen polytopen, praktisch alle Organe beteiligenden Krankheitsvorgang (z. B. Lymphknoten 90–100%, Leber 50–70%, Milz 50–60%, Skelettmuskel 20 bis 25%, Herz 10% usw.), der trotz des Systemcharakters primär doch meist an der Lungenwurzel (70%), und zwar besonders rechtsseitig (Kalkoff), deutlich wird. Das weibliche Geschlecht wird stärker beteiligt. Ferner tritt diese Krankheit bevorzugt bei Personen zwischen dem 2. und 4. Lebensjahrzehnt auf. Dermatologisch kann die Hiluslymphknotenvergrößerung mit dem Bild eines Erythema nodosum (ohne histologische Besonderheit!) vergesellschaftet sein *(Löfgren-Syndrom)*.

Die typischen *Hautveränderungen* bestehen unter zirkumskripter oder exanthematischer Anordnung in lichenoiden, nodulären, anulären, initial mehr roten, später bräunlichen, oder subkutanen Krankheitsprodukten, von denen das Bild des charakteristisch blauroten *Lupus pernio* im Nasenbereich (Besnier 1889) besonders geläufig ist. Unter dem anämisierenden Glasspatel imponieren die hochliegenden Infiltrate heterogen bzw. staub- bis stippchenförmig ausgestreut. Nach Rückbildung restieren weißliche oder peripher etwas pigmentierte vertiefte Narben. Am Knochensystem fahnde man nach der von Kreibich 1904 zuerst beobachteten und dann von Jüngling 1919 so bezeichneten *„Ostitis cystica“* – es handelt sich dabei um Granulome und nicht um Zysten –, auch wenn keine äußerlichen Verunstaltungen darauf hinweisen. Nicht allzu selten sind ferner Beteiligungen des ZNS (zum Beispiel Diabetes insipidus) und des Sehorgans *(Heerfordtsches Syndrom* oder *Febris uveoparotidea* = Iridozyklitis und Chorioiditis mit doppelseitiger Parotisvergrößerung).

Laboratoriumsmäßig stehen Zeichen der positiven Anergie (herabgesetzte oder fehlende Tuberkulinempfindlichkeit), der in seiner Ablesung allerdings langwierige *Kveim-Test* (Bezugsquelle: Prof. Dr. med. K. Wurm, Sonnenhof, 7821 Höchenschwand), vor allem bei Progredienz auch Hyperproteinämie und Hyperkalzämie im Vordergrund. Zu berücksichtigen sind ferner eine Leberbiopsie und eine Bestimmung des Angiotensin-Converting-Enzym (ACE), letzteres speziell bei akuter Sarkoidose. *Ätiologisch* wird neuerdings bei aller Würdigung genetischer Einflüsse oder des Vorliegens einer systemischen Reaktionskrankheit darauf hingewiesen, daß im Serum von Sarkoidosepatienten keine Antikörper gegen Mykobakteriophagen nachweisbar seien. Dadurch würden bei Boeck-Patienten die nichtneutralisierten Phagen die Tuberkelbakterien bis zur Nichtnachweisbarkeit bei üblicher Methodik verändern (Mankiewicz 1963).

Therapie: Auch wenn die Anfangsstadien beim Morbus Boeck angesichts der Möglichkeit einer Spontaninvolution keiner medikamentösen Beeinflussung bedürfen, jedoch von roborierenden Maßnahmen, wie Klimaliegekuren und Solbädern, profitieren, besteht doch ein therapeutischer Imperativ für eine baldmöglichst regelmäßige Kontrolle des Kranken, hauptsächlich zur Vermeidung von Indurationen und Emphysem als den letzten Lungenstadien mit ihren dextrokardialen Konsequenzen (Cor pulmonale). Jedoch ist bei Progredienz – Vitamin D_3 oder E ebenso wie Zytostatika sind nicht mehr zu befürworten – mit dem Einsatz von Corticosteroiden nicht zu zögern. Als Tagesrichtdosis sind etwa 15–20 mg Prednison über mindestens 6 Monate angebracht. Hierauf bilden sich allgemein die granulomatösen, noch nicht fibrosierten Krankheitsveränderungen, klinisch gesehen, die peripheren Lymphknoten und Lungenveränderungen und vor allem die Hauterscheinungen, letztere schon nach etwa 2–3 Wochen, deutlich zurück. Andere starten die Corticoidtherapie der Hautsarkoidose mit einer relativ hohen Aggressionsdosis von 40 mg Prednisolon (oder Äquivalenzdosen anderer Glucocorticoide) und halten diese 4–6 Wochen durch, um schließlich stufenweise auf eine Erhaltungsdosis von 10–15 mg Prednison zu gelangen, die über viele Monate beibehalten wird. Als Starttherapie kommt auch die Injektion von Corticoidkristallsuspension in Betracht (z.B. Volon® A 40, 3 Ampullen = 120 mg, sodann in 5tägigen Abständen Injektionen von Volon® A 80). Die Verträglichkeit, z.B. hinsichtlich Magenbeschwerden, ist, abgesehen von unter Umständen restierenden, aber meist sich wieder ausgleichenden Atrophien, an der Injektionsstelle gut, jedoch machen wir selbst von dieser, von Wurm empfohlenen systemischen Injektionstherapie bei vorzugsweiser Hautsarkoidose keinen Gebrauch. Hinsichtlich des Effektes auf die Hautveränderungen sind Chloroquin (Resochin®) oder Hydroxochloroquin (Quensyl®) den Corticoiden deutlich unterlegen. Bei tiefkutanen oder subkutanen Krankheitsherden kann zusätzlich Röntgenbestrahlung oder sub- bzw. intrafokale Einspritzung von Corticosteroidkristallsuspensionen erfolgen. Bei älteren Boeck-Patienten, die unter der Corticoidtherapie über hartnäckige Knochenschmerzen, z.B. im Rückenbereich, zu klagen beginnen, denke man an drohende Knochenfrakturen infolge therapeutisch bedingter Osteoporose. Ansonsten kommt derzeit zur Beeinflussung einer Osteoporose auch Natriumfluorid (Ossin®) in Betracht. Bevorzugt bei solchen Kranken, bei denen angesichts einer nebenherlaufenden Lungentuberkulose ein dahingehendes Abgleiten zu befürchten ist, kommt interpolierend ferner eine gleichzeitige Verabfolgung von INH, vor allem bei gleichzeitig auch ausnahmsweise positiver Tuberkulinhautreaktion, in Betracht. Eine direkte klinische Wirkung der heute üblichen Antituberkulotika auf die Hautveränderungen des Morbus Boeck ist jedenfalls klinisch kaum ersichtlich. Mithin bleibt bei der Sarkoidose der Haut die Corticosteroidtherapie nach wie vor das Mittel der ersten Wahl. Von den Hauterscheinungen spricht hierauf übrigens die kleinknotige und lichenoide Varietät am besten, der nicht selten stark entstellende Lupus pernio am geringsten an. Bei letzterem sind häufig Abblassungsversuche mittels Röntgen, CO_2-Azeton-Schnee, aber auch schachbrettartige kaltkaustische Stichelungen, ut aliquid fiat, unumgänglich, wenn auch nicht allzu ergiebig.

8.5 Melkersson-Rosenthal-Syndrom

Neben episodischen *Fazialisparesen* oder sonstigen neurovegetativen Randsymptomen, einer (als degeneratives Stigma aufzufassenden) *Lingua plicata* sowie einer besonders kennzeichnenden *Makrocheilie* bzw. *Cheilitis granulomatosa* (Miescher) gehören zu diesem Symptomenkomplex, welcher häufiger bei Frauen als bei Männern vorkommt, zunächst noch flüchtige, dann mehr und mehr persistierende Manifestationen auch an Zunge, Wangenschleimhaut *(Pareiitis granulomatosa)* und hartem Gaumen *(Uranitis granulomatosa)*. An letzterem finden sich pflastersteinartig abgesetzte oder flächig zusammentretende, weniger auch verrukös aufgefelderte Wucherungen. Histologisch je nach Krankheitsstadium zunächst mehr Transsudationen, später dann mehr zellige, und zwar entweder sarkoid oder tuberkuloid strukturierte Proliferationen.

Die **Therapie** kann im Stadium der noch ödemlabilen Makrocheilie, Pareiitis usw. in der Gabe vegetativ ausgleichender Medikamente (Luminaletten®, Bellergal®, Hydergin® Tropflösung, 3mal 8–10–20 Tropfen/die o. ä.) bestehen; in späteren, feingeweblich sarkoiden oder tuberkuloiden Stadien sollte sie mehr und mehr der Behandlung der Sarkoidose entsprechen. Außerdem sind fächerförmig verteilte intrafokale Infiltrationen mit einer Corticoidkristallsuspension symptomatisch meist deutlich wirksam, so daß operative Volumenverkleinerungen, z. B. durch ovaläre Ausschneidungen von der Schleimhautseite aus, meist nur bei bereits exzessiven Makrocheilien angezeigt sind.

8.6 Lepra

Der Erreger dieser wenig kontagiösen, chronischen Infektionskrankheit ist das in vitro nicht züchtbare, aber in der Mäusepfote vermehrbare (Shepard) säurefeste Mycobacterium leprae (A. Hansen 1875). Die Inkubationszeit kann mehrere Jahre betragen. Man rechnet heute auf der Welt mit etwa 10–15 Millionen Leprösen (Afrika, Indien, China). In Westeuropa gibt es autochthone Lepra in Griechenland, Italien und Spanien. Als Hauptformen wird heute mit Büngeler die bösartige *lepromatöse Form* (knotige Leprome an Ohrläppchen, Augenbrauenwulst, Nase, Facies leontina, Testes, infolge deren Funktionsausfalls unter Umständen Gynäkomastie) der *tuberkuloiden Lepra* gegenübergestellt. Letztere, die früher sog. Lepra maculoanaesthetica, ist durch hyper- oder anästhetische, weniger hyper- als depigmentierte, flach erhabene Herde ausgezeichnet. Daneben kennzeichnende Hyperplasien des N. ulnaris und N. auricularis magnus u. a. Uncharakteristische Verlaufstypen heißen *Lepra indeterminata*, bei lepromatöser Entwicklungstendenz *„borderline“*-Fälle (Wade). Die günstige Abwehrlage der tuberkuloiden Varietät ergibt sich aus dem positiven *Lepromin-Test*, der früher oder später, d. h. nach 2–3 Tagen oder nach 2–3 Wochen und länger, positiv wird (Fernandez- bzw. im zweiten Falle *Mitsuda-Reaktion*). Bei infektiös gefährdeten Personen kann der Lepromin-Test nach einer BCG-Impfung positiv werden. Hautanstekkung erfolgt durch das Sekret der Nase, von deren Schleimhaut nach Jausion in erster Linie Abstriche (Ziehl-Neelsen-Färbung) anzufertigen sind.

Aufgabe einer **Lepratherapie** ist in erster Linie zunächst, aus sozialer Indikation heraus, die Umwandlung aus einer offenen Form in eine geschlossene zu erzielen, womit Hand in Hand Bemühungen um Hygiene, Sauberkeit und Ernährung gehen. Das früher gebräuchliche Chaulmoogra-Öl (Ol. Hydnocarpi, fettes Öl aus den Samen

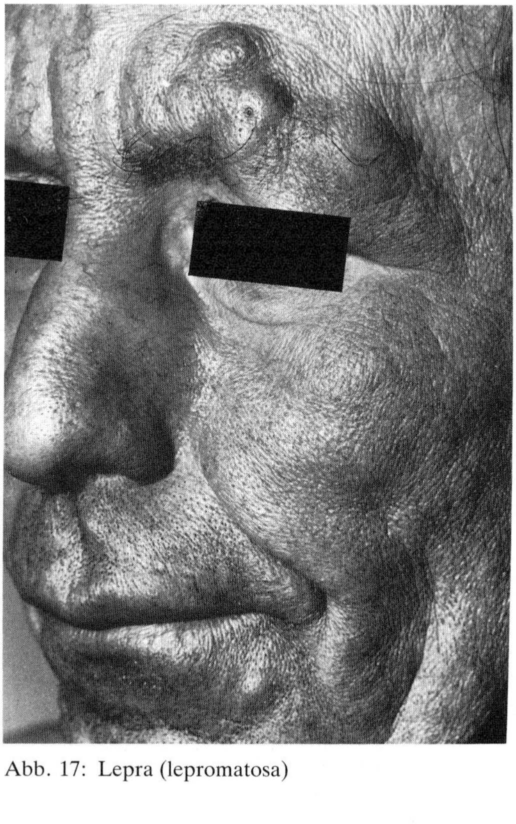

Abb. 17: Lepra (lepromatosa)

verschiedener ostasiatischer Hydnocarpus-Arten) ist heute seit der Sulfonära (1941) weitgehend obsolet. Hauptmittel dieser Gruppe ist das bereits 1908 synthetisierte Diaphenylsulfon (syn. 4,4-Diamino-diphenyl-sulfon, Dapson DAB 9, DDS, DADPS), als Dapson-Fatol Tabletten zu

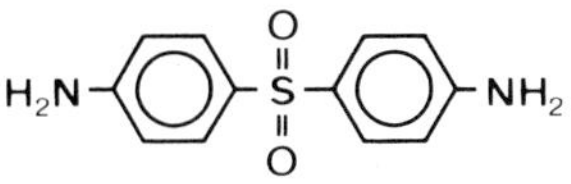

Diaphenyl, Dapson(e), BP 1980, USP XXI

50 mg auf dem Markt erhältlich, welches heute als Mittel der Wahl für die Massenbehandlung gilt (2mal 200–300 mg wöchentlich bzw. 50–100 mg/die bzw. 25–150 mg langsam ansteigend unter Einschaltung von Pausen, und zwar pro Woche 1 Tag und pro Monat 1 Woche, Kinder bis zu 8 Jahren ein Viertel, bis zu 12 Jahren die Hälfte der Erwachsenendosis). Nebenwirkungen sind vornehmlich hämolytische Anämie, Hämiglobinämie (Vitamin C, Methylenblau i.v.!), Dermatitiden, Hypermelanose der Haut und Hepatopathien sowie Neuritiden und Psychosen. Weitere DDS-Derivate: Sulfoxone Sodium USP XXI (Diasone® Abbott) und Solasone BP 1968 (Sulphetrone® Burroughs Wellcome). Sodann ha-

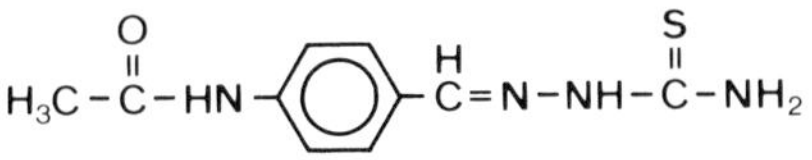

Thioacetazon (Conteben®)

ben sich ferner weniger INH, PAS, Streptomycin, sondern vor allem Thioacetazon (Conteben®), das, von Bayer ursprünglich als Antituberkulotikum entwickelt, im Handel war, bewährt. Prednisolon, Triamcinolon oder andere Cortisonderivate vermögen vornehmlich akute Leprareaktionen zu beeinflussen. Auch mit Thalidomid läßt sich, wie Sheskin gezeigt hat, die Leprareaktion unterdrücken (anfangs 400 mg/die, später etwa 100 mg/die), so daß dergestalt die übliche Therapie mit Sulfonen – Thalidomid ist gegen Lepra ineffektiv – durchgeführt werden kann. Eine neue Möglichkeit der chemotherapeutischen Leprabekämpfung eröffnet sich mit dem Diphenylthiourea-Derivat *Ciba-1906* (Ciba, Frankreich), welches nach eigener Erfahrung übrigens ebenso wie DDS auch bei der Dermatitis herpetiformis Duhring symptomatisch wirksam sein kann. Thiambutosin ist vor allem für Patienten geeignet, die eine Unverträglichkeit gegen Diaphenylsulfon aufweisen. Die Nebenwirkungen sind gering. Die Anfangsdosis beläuft sich im allgemeinen auf 1,5–3 g/die (3–6 Tabl.), sie muß jedoch bei Ausbildung von Resistenzen innerhalb von 2–3 Jahren gesteigert werden, z.B. auf 4,5 g/die. Möglich ist auch die i.m. Injektion von Ciba-1906-Retard, etwa 1 Ampulle

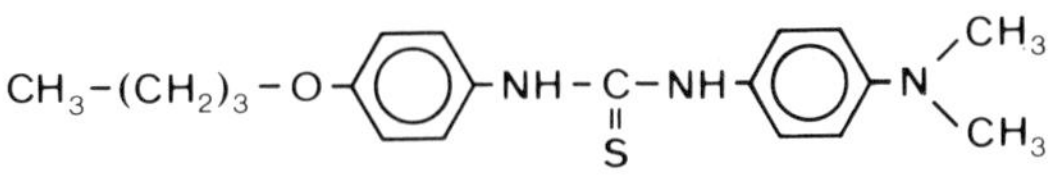

Thiambutosin(e), Ciba-1906, BP 1980

zu 1 g/Woche. Eine weitere noch nicht abschließend zu beurteilende leprawirksame Substanz ist ein Abkömmling des Merkaptans, das Ditophal (Etisul® ICI), das besonders zu Beginn einer Behandlung geeignet ist, nach 3–5 Monaten oft Resistenz zeigen kann. Ein neueres Chemotherapeutikum gegen Lepra ist Clofazimin (Lampren® Gei-

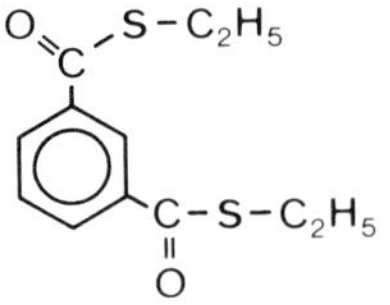

Ditophal (Etisul®)

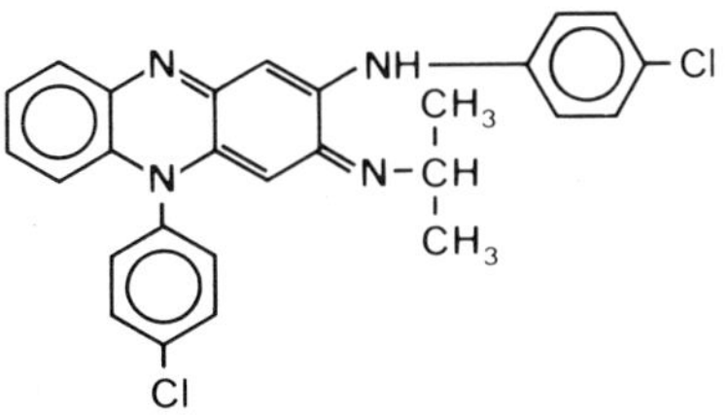

Clofazimin (Lampren®)

gy), ein rotes kristallines Pulver, das oral eingenommen wird, sich vornehmlich im RES anreichert und damit speziell in den Lepraherden (niedrige Dosierung bei hellhäutigen Patienten!) bei lepromatöser und dimorpher Lepra, aber auch bei akuten Reaktionen wirksam ist (s. z.B. Browne S G. Leprosy Rev 1966; 37:141). Resistenzerscheinungen wurden bisher nicht beobachtet. Als Normdosis gilt für frische Fälle mit lepromatöser Lepra: 3 Kapseln zu 100 mg wöchentlich (bei einem Körpergewicht von 40–60 kg). Sulfonresistente Patienten erhalten 6mal 100 mg pro Woche. Bei tuberkuloider Lepra sahen wir einen prompten, überzeugenden Erfolg, auch nach Rifampicin (Rifa®, Rimactan®, 600 mg tägl. per os). (Korting GW. Bull Soc franc Derm 1972; 79:234.)

Generell sollen alle spezifischen Behandlungen, wie die voranstehend erwähnten, erst bei gutem Allgemeinzustand des Leprösen begonnen bzw. durchgeführt werden. Die zwangsmäßige Isolierung ist in den meisten Ländern gemäß den Empfehlungen der WHO sowie der internationalen Leprakongresse aufgegeben worden, so daß meist ambulant behandelt wird. Zwangsmaßnahmen sind vor allem erforderlich bei Gefährdung von Kindern und speziell bei „offenen" Leprakranken, die die medikamentöse Therapie unzuverlässig bei sich durchführen. Jedoch besteht nach wie vor unbedingte Meldepflicht eines jeden Leprafalles.

8.7 Leishmaniasis cutis (Orientbeule)

Die typische Orientbeule, die durch Protozoen (Flagellaten: Leishmania tropica) hervorgerufen wird, stellt ein schmutzigbräunliches, bei Anämisierung auch gelblich-braunes, häufig abszedierendes, noduläres Infiltrat dar. Dieses ist im übrigen außerordentlich polymorph, wird aber durch die Bestandsdauer von etwa 1 Jahr bzw. durch seine Spontanheilung in diesem Zeitraum weiter charakterisiert. Sowohl im exsudativen Früh- wie im proliferativen Spätstadium kommen oberflächliche wie etagenmäßige tiefe Atypien Lupus-erythematodes-artigen, frambösiformen oder ekthymaförmigen Charakters vor. Gelegentlich sieht man bei meist fehlender Lymphknotenschwellung satellitenförmige lymphogene Ablegerknötchen. Die Darstellung der Erreger erfolgt im Ausstrich wie im Schnitt, z.B. mittels Giemsa-Färbung.

Therapeutisch waren früher Kauterisierungen, Kryotherapie oder die Injektion (i.v. oder intraläsional) von Antimonverbindungen (Antimon-bisbrenzkatechin-disulfonsaures Natrium DAB 7, Stibophen BP 1980, Fuadin® Bayer; Natriumstibogluconat, Solustibosan® Bayer oder Stibosamin, Neostibosan® Bayer) üblich. Einen Fortschritt bedeutete sodann die intrafokale Einspritzung von Mepacrinhydrochlorid Ph.Eur.-Lösung (Atebrin® Bayer) nach Flarer. Eine Zeit wurde Streptomycin für das Mittel der Wahl gehalten: Für ältere Granulome werden bei einer Tagesdosis von 1 g insgesamt etwa 7–12 g, bei tuberkuloidem Aspekt auch mehr empfohlen (Tagesdosis für Kleinkinder 0,5 g, für Säuglinge 0,25 g). Aber auch die intraläsionale Einbringung von Corticoidkristallsuspension, z.B. von Triamcinolon, scheint wirksam zu sein. Halter u. Ruckes sahen eine befriedigende Rückbildung einer südamerikanischen Haut-Leishmaniose nach Pyrimethamin (Daraprim®). Eine weitere Empfehlung betrifft die Verabfolgung von Metronidazol-Tabletten (z.B. Clont®, Arilin®) in der Dosierung von 3mal täglich 250 mg über 2mal 10 Tage hindurch. Derzeit wird man nicht zuletzt Ketoconazol (Nizoral®) anwenden. Zur prophylaktischen Eindämmung der Krankheit sind die übertragenden Insekten und die menschlichen und tierischen Erregerreservoire zu bekämpfen.

9 Viruskrankheiten der Haut

9.1 Variola vera

Die hochletalen, heute als erloschen geltenden Menschenpocken sind schon im Verdachtsfall anzeigepflichtig, zumal durch die zunehmende Fluktuation und die Beschleunigung des Verkehrs die Einschleppungsgefahr sehr zugenommen hatte. Endemische Reservoire waren Indien und Pakistan, Burma und Indonesien. *Klinisch* folgt nach einer Inkubation von 12–14 Tagen (Isolierungsdauer demgemäß 18 Tage), die frei von Symptomen ist, die Generalisierung des Erregers, die zu einem foudroyanten perakuten Fieberanstieg mit Kreuz-, Glieder- und Hodenschmerzen sowie einem uncharakteristischen Vorausschlag *(„rash")* im Verein mit katarrhalischen Erscheinungen (u.a. Pharyngitis) führt. Nach diesen etwa 3tägigen Prodromi kommt es zum *Fieberabfall und zur Eruption des Pockenexanthems*: zunächst an Stirn, Nase, Oberlippe, auch am behaarten Kopf und dann über Rumpf und Extremitäten hin sowie auch an Handtellern und Fußsohlen hirsekorngroße Papeln, die sich unter schubweiser Vermehrung um den 6. Tag vesikulös und weiterhin akneartig um den 8. Tag zu Dellpusteln umwandeln und ab 11.–12. Krankheitstag eintrocknen. Beachtenswerterweise ist das Gesicht immer befallen, während kleine Bezirke an den Leisten und Achselhöhlen verschont bleiben. Um den 15. Ausschlagtag sind akute septische Wendungen möglich (Pyarthros, Phlegmone, Lungenabszesse).

Bei den Varizellen entwickeln sich wassertropfenähnliche Bläschen aus makulösen, nicht aus papulösen Effloreszenzen, sie sind häufig auch rot umsäumt, abgesehen von der unterschiedlichen Entwicklungshöhe der einzelnen Effloreszenzen (Heubner: Sternenkarte).

Weitere Einzelheiten sind den die epidemiologischen Erfahrungen berücksichtigenden Darstellungen von Nasemann im Handbuch der Haut- und Geschlechtskrankheiten, Erg.-Werk, Jadassohn J. Berlin, Heidelberg, New York: Springer, 1961: Bd IV/2, 124 ff, sowie Herrlich A. Die Pocken. Stuttgart: Thieme, 1960 zu entnehmen.

Die *Laboratoriumsdiagnostik* erfolgt durch dünnen Ausstrich des Pustelinhalts auf einen Objektträger, der mit einem zweiten Objektträger bedeckt wird und unter entsprechend sorgfältiger Verpackung nach telefonischer Voranmeldung an die betreffende Untersuchungsstelle zusammen mit einem weiteren dicken luftgetrockneten Pustelausstrich sowie 5–10 ml Venenblut abgesandt wird, z.B. an die Bayerische Landes-Impfanstalt in München oder an das Bernhard-Nocht-Institut in Hamburg. Die Diagnose erfolgt elektronenmikroskopisch, durch Tierversuche sowie durch serologische Untersuchungen. Bei anamnestisch oder klinisch dringendem oder weiterhin begründetem Verdacht begnüge man sich aber nicht mit nur einer einzigen Untersuchung.

Therapie: Eine spezifische Therapie der Pocken ist nicht bekannt. Aber auch die symptomatischen Möglichkeiten sind angesichts der Krankheitsschwere als sehr beschränkt zu betrachten. Zur Eindämmung der bakteriellen Sekundärinfektion werden hochdosierte Breitbandantibiotika (Vibravenös®, Pipril®) im allgemeinen ebenso unumgänglich sein wie Verabfolgungen von Analgetika oder Antipyretika (z.B. Noval-

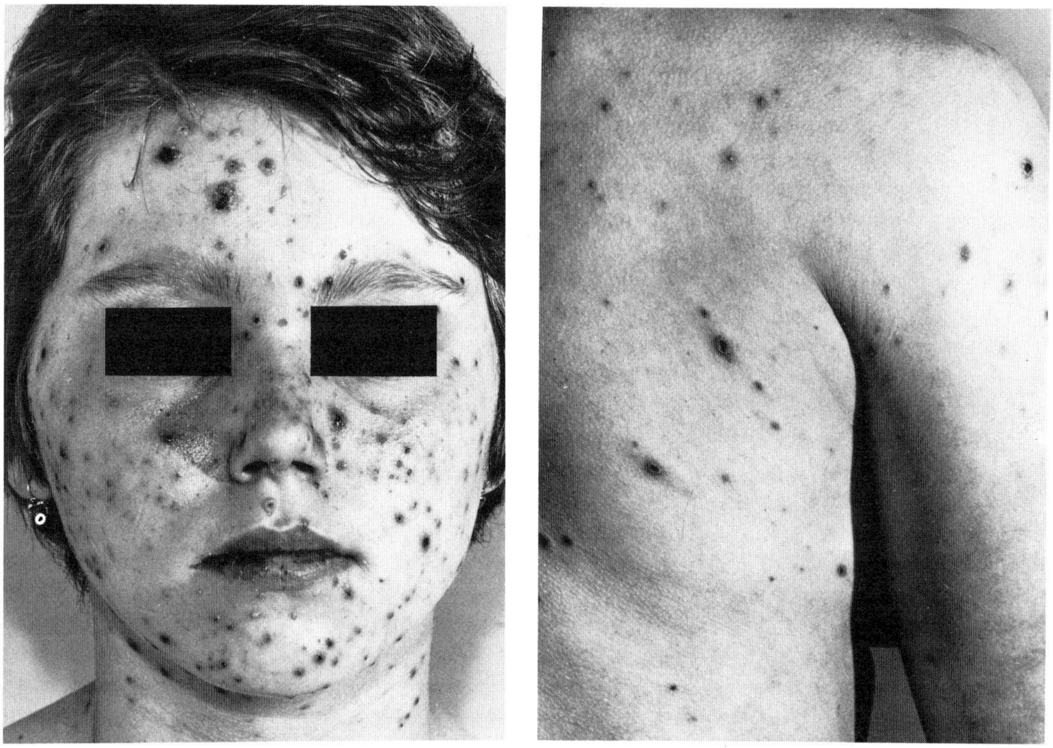

Abb. 18: Varizellen (Windpocken)

gin®). Cortison und seine Derivate werden hingegen nur in aussichtslosen Fällen und allenfalls nach Abschluß des Verschorfungsstadiums sozusagen als letzter Versuch verantwortbar sein. Demgegenüber könnte die Injektion von Immunglobulin (z.B. Beriglobin® i.m., auch i.v. als Intraglobin®, Polyglobin®N) die Widerstandskraft heben. Vielleicht ist auch beim Geimpften in der Inkubationszeit (!) die Wiederimpfung von Nutzen. Auch Marboran®, ein Produkt der Wellcome Schweiz (Methisazon(e) BP 1980) galt als vielleicht noch in der Inkubationsphase wirksam. Bei manifesten Pocken ist es indessen therapeutisch wirkungslos; es kommt also hauptsächlich für die Infektionsprophylaxe von Kontaktpersonen in der Inkubationszeit in Betracht. Vermutlich wird es im Organismus bald in einen unwirksamen Metaboliten umgewandelt, der auch für die lästigen Nebenerscheinungen (Erbrechen, Durchfälle) 5–6 Stunden nach Zufuhr des im Dünndarm resorbierten Medikamentes verantwortlich ist. Tierexperimentelle Ergebnisse sollten auch an Leberschäden und Wasserretention denken lassen. Als therapeutische Dosis werden 3–6 g/die beim Erwachsenen (bzw. 100 mg/kg), unterteilt in 3–4 Einzelgaben, angegeben.

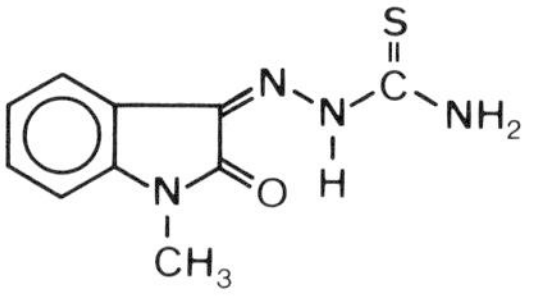

N-Methyl-Isatin-Thiosemikarbazon
Methisazone, BP 1980 (Marboran®)

Die Grundsätze der Pflegemaßnahmen (strikte Hygiene, Reinlichkeit, Dekubitusprophylaxe) brauchen nicht besonders betont zu werden. Ansonsten folgt die Hauptversorgung den Prinzipien der Verbrennungsbehandlung bzw. es werden u. U. angewandt kalte Kompressen mit Ethacridinlactat 1:1000 (Rivanol®), Besprühung mit antibiotikahaltigen Puder-Sprays (Leukase®, Nebacetin®), Betupfen mit 0,5%iger wäßriger Methylviolettlösung (syn. Gentianaviolett B, Pyoktaninum coeruleum), Abkrustung mit antibiotischen Salben (Aureomycin®, Leukomycin®, Nebacetin®, Terramycin®), Lichtschutz bei ausreichender Frischluftzufuhr.

9.2 Nebenerscheinungen bei der Pockenschutzimpfung

Komplikationen durch die – heute nicht mehr obligate – Vakzination sind *Vaccinia secundaria* (Schmierinfektion), *Vaccinia generalisata* (bei Antikörpermangelsyndrom?), *postvakzinale Exantheme* sowie die *akzidentelle Vakzine*. Beim *Eccema vaccinatum*, welches im Erscheinungsbild dem Eccema herpeticatum (durch das Herpes-simplex-Virus) ähnlich sehen kann, handelt es sich um eine Sekundärinfektion mit dem Vakzinevirus auf ekzematös verändertem Hautterrain, im besonderen auf dem Boden des endogenen Ekzems (= Neurodermitis disseminata). Die klinische Schwere der Vaccinia generalisata, des Eccema vaccinatum wie des Eccema herpeticatum kann den Verhältnissen bei echten Pocken gleichen. Aus diesem Grund dürfen endogene Ekzematiker (Neurodermitiker) niemals, selbst bei nur gering vorhandenen Hautveränderungen oder wenn sie artifiziell durch Corticoid manifestationsfrei sind, pockenschutzgeimpft werden.

Nasemann gibt u. a. folgende Richtlinien für die Impferlaubnis bei Ekzematikern an:

1. Abheilung des Ekzems durch gründliche, evtl. stationäre Behandlung.
2. Sodann Impfung – am besten mit steriler Eihautvakzine. Sorgfältige Abdeckung der Impfstelle. Abgeheilte Ekzempartien gründlich pflegen (milde Salbenbehandlung).
3. Ausreichende Nachbeobachtung!
4. Bei Ekzemrezidiv vor Abklingen der Impfreaktion sofortige stationäre Aufnahme.

Da eine spezifische Beeinflussung der Virusinfektion bisher kaum möglich ist, richtet sich das Hauptaugenmerk auf die Prophylaxe der bakteriellen Sekundärinfektion, antibiotische Abschirmung mit Tetracyclin (Reverin®), Doxycyclin (Vibravenös®, Vibramycin®), Minocyclin (Klinomycin®) oder Piperacillin (Pipril®), auf die Stützung des Kreislaufs (Effortil®, Akrinor®) und auf die Auffüllung des Kreislaufvolumens. Bei einer Vaccinia gangraenosa (immunologische Störungen, Alymphozytose, Thymusaplasie?) oder beim Eccema vaccinatum kommt allerdings auch die Anwendung von Methisazon (Marboran®, anfänglich 200 mg/kgKG, anschließend alle 6 Stunden 50 mg/kgKG über 3 Tage) in Betracht. (Einzelheiten s. Ehrengut W. Dtsch med Wschr 1968: 2493.) Die häufig unumgängliche Sedierung erfolgt mittels Phenothiazinen (Megaphen®, Atosil®); als Analgetika vornehmlich in solchen Fällen: Novalgin® i. v. Zur Hebung der Abwehrkraft ist humanes Immunglobulin zu verabfolgen und zwar z. B. Standardimmunglobulin i. m. (Beriglobin®), 0,8–1 ml/kg KG, oder, falls sofort hoher Antikörperspiegel angestrebt wird, Immunglobuline i. v. (z. B. Gammagard®, Polyglobin®N, Sandoglobulin®), 1–2 ml/kg KG. Auch die lokale Versorgung folgt im großen ganzen den bei der Verbrennungskrankheit gegebenen Richtlinien. Die eröffneten, mit der gebogenen Schere nicht völlig abgetragenen Blasen- und Pustelbildungen werden mit 2% wäßriger Merbrominlösung (syn. Mercurochrom(e), Merchuchrom®) oder 0,5% Methylviolett bzw. 0,1% Ethacridinlactat (Rivanol®) zur Einschränkung des Sekretstromes betupft. Puderungen führen unter Umständen zu unerwünscht starker Krustenbildung, daher eher Verwendung von Nebacetin®Salbe, Leukomycin®Salbe oder auch Desitin®Salbenspray, Evalgan®Aerosol-Spray,

Heydogen®Spray bzw. modernen Wundtextilien (Lohmann Metalline®-Verbandtuch, Solvaline-Schleier (Lohmann), Sofra-Tüll® (imprägnierter Gittertüll mit Framycetin, Albert-Roussel) oder Oleo-Tüll (ohne Antibiotikum-Zusatz)). *Dekubitusprophylaxe* mittels der Antidecubitor-Matratze der Drägerwerke, DTF Blockmatratze, des Drehbettes der Firma Stieglmeyer sowie der Silikon-Gel-Kissen (Stryker Corporation). Im Fersenbereich empfiehlt sich eventuell die Anwendung von aufblasbaren PVC-Folenkissen (BEMA®Decubitus). Anwendung von Corticosteroiden darf u. E. hierbei – wenn überhaupt – nur in späteren, ausgesprochen toxämischen Stadien und nur unter ausreichender antibiotischer Abschirmung aus vitaler Indikation heraus erfolgen. Als Hautschutz bei *Anus praeternaturalis* empfehlen sich übrigens auch, Stomahesive® Hautschutzpaste aus dem Combihesive®-System, Convatec-Squibb oder das Osteomiesystem von Braun-Melsungen.

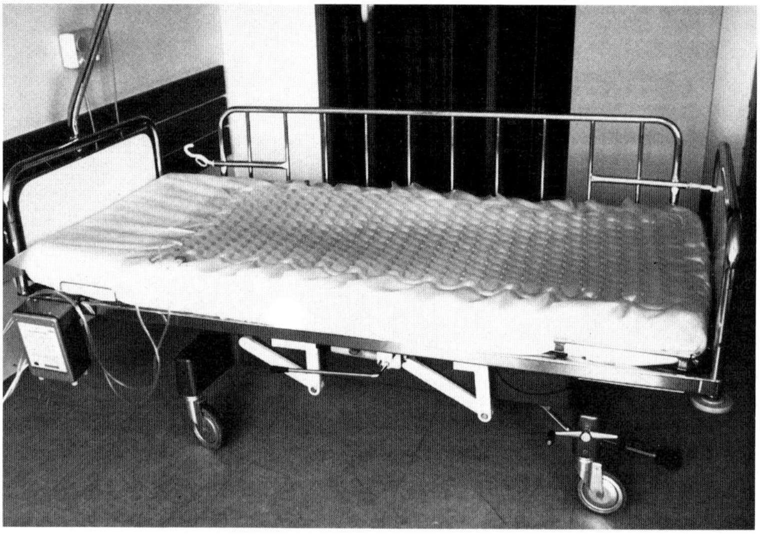

Abb. 19: DTF-Blockmatratze zur Dekubitusprophylaxe mit Kompressor zur abwechselnden Be- und Entlüftung (International Medical Products Deutschland GmbH, 4190 Kleve)

9.3 Melkerknoten (Winternitz) im engeren Sinne von Kaiser u. Berger (Paravakzineknoten)

Entgegen dem seltenen Vorkommen von Vakzineknoten auf dem Kuheuter begegnen wir bei den sog. Melkerknoten – bei den Schweizern oder Melkern kommen außerdem *Melkergranulationsknoten* (durch eingedrungene Kuhhaare) sowie *Melkerschwielen* vor – harmlosen linsengroßen, flachen bis halbkugeligen, nach einer Inkubation von etwa 1 Woche auftretenden und spontan in einigen Wochen abheilenden, zentral etwas pustulösen, bläulichroten Gebilden.

Die **Therapie** besteht in Abdeckung zur Verhütung von Sekundärinfektionen, falls eine solche aufgetreten ist, in der Anwendung einer Tetracyclin- oder Chloramphenicol-Salbe.

9.4 Herpes simplex (Herpes febrilis, Fieberbläschen, „cold sore")

Durch das Herpes-simplex-Virus wird eine Reihe von Krankheitsbildern hervorgerufen wie u.a. die *Stomatitis aphthosa* (s.S. 267), *Herpessepsis, Herpesenzephalitis, Eccema herpeticatum* (s.S. 87), *das Aphthoid Pospischill-Feyrter* (s.S. 267). Der Herpes simplex tritt am häufigsten an den Lippen auf, aber auch sonst im Gesicht, ferner an Ohrmuscheln oder Fingern, Gesäß und vor allem am Genitale unter örtlichen Mißempfindungen, in Gestalt dicht gruppierter, sich rasch pustulös eintrübender und verkrustender Bläschen, nicht selten unter begleitender regionärer Lymphknotenschwellung und gelegentlich auch geringem Fieber (Febris herpetica). Bei wiederholtem Rezidiv in loco möglicherweise Entwicklung einer *Elephantiasis metherpetica*. Männer und Frauen

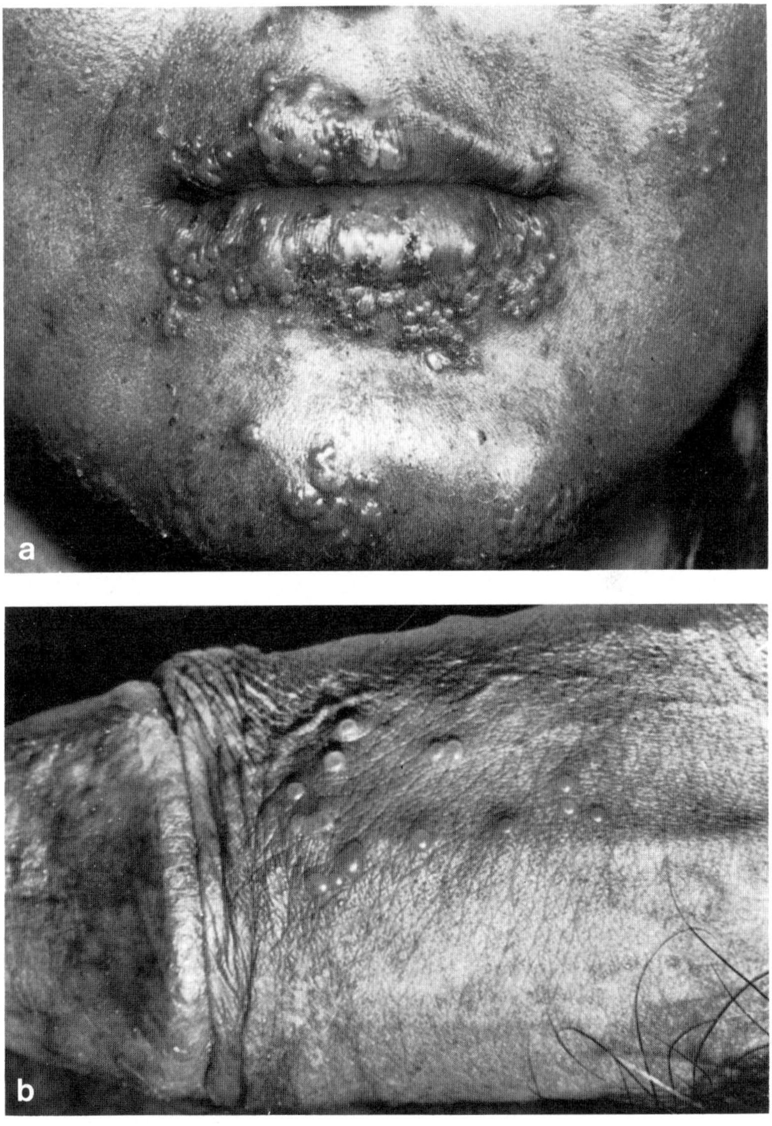

Abb. 20: Herpes simplex: a) labialis, b) genitalis

werden wohl gleich häufig von einem Herpes simplex, und zwar überwiegend zwischen dem 20. und 30. Lebensjahr, Frauen häufiger im Gesicht, Männer öfter im Genitalbereich, befallen.

Unter den vier, für den Menschen infektiösen Herpes-Viren (Herpes-simplex-Virus, Varicella-Zoster-Virus, Epstein-Barr-Virus und Zytomegalie-Virus) gibt es zwei Arten von Herpes-simplex-Viren (HSV I und HSV II), die viele Antigene gemeinsam haben. Herpes simplex Typ I ruft Herpes labialis, Gingivostomatitis, Eccema herpeticatum und Keratokonjunktivitis hervor. Ursprünglich sah man das HSV II als Alleinerreger des Herpes genitalis (und anderer Lokalisierungen wie glutäal oder an den Fingern) an, jedoch ist heute anzunehmen, daß bei etwa 20% der Genitalmanifestationen auch HSV I die Ursache ist. Offensichtlich haben ferner Patienten mit einer HSV-Typ-II-Infektion häufiger Rückfälle als Patienten mit HSV I.

Was die Labordiagnose der HSV-Infektion anbelangt, so spielt in der Praxis normalerweise und in der Hauptsache die Komplementbindungsreaktion eine gewisse Rolle, z.B. zur Bestätigung einer Primärinfektion. Bei Rückfällen erbringen solche serologischen Tests im allgemeinen jedoch wenig. Etwa eine Woche nach der Primärinfektion bilden sich neutralisierende Antikörper, die ca. einen Monat nach Beginn der Infektion im Titer ansteigen, um in der Folge zwischen $1/8$ und $1/64$ zu liegen. Beim Eccema herpeticatum konnten wir im allgemeinen exzessiv hohe IgE-Werte feststellen.

Eine kausale **Therapie** gegen die Herpes-simplex-Eruption ist bisher unbekannt, jedoch kommt der symptomatischen Einschränkung der Sekundärinfektion große Bedeutung zu. Hierzu bewähren sich – wenn man von der laienmäßigen Applikation von Eiswürfeln oder andererseits heißen Umschlägen auf den eruptiven Herpesbezirk absehen will – Chloramphenicol- oder Tetracyclin-haltige Salben oder Lotionen sowie bei stärkerer Exsudation solche mit Farbstoff- und Corticosteroidzusätzen (Millicorten-Vioform®-Salbe). Der Wirkungseffekt der Corticosteroide richtet sich nicht auf den Herpes-simplex-Erreger selbst, sondern auf die Wirtszelle. Schnellere Abtrocknung und Schließung erreicht man auch mittels einer Phenol-Schwefel-Zinkpaste (z.B. Labiosan), durch Betupfen mit wäßriger Farbstofflösung (z.B. 0,5% Methylviolettlösung) oder 1% Zinksulfatlösung (Virudermin®). Bei Rezidivbereitschaft infolge starker Insolation denke man auch an die Prophylaxe mittels einer Lichtschutzsalbe (Contralum®-Creme. Bei *rezidivierendem Herpes simplex* hat eine deswegen durchgeführte Pockenschutzimpfung hinsichtlich eines prophylaktischen Wertes versagt. In letzter Zeit wurde sodann eine Vielzahl neuerer Pharmaka gegen Herpes-Virus-Manifestationen entwickelt. So können schwere multilokuläre, beträchtliche oder flächenhaft ausgebreitete Herpes-simplex-Erscheinungsbilder, speziell im Gesichtsbereich durch den Immunstimulator Inosiplex, syn. Methisoprinol (Delimmun®, Isoprinosine) manchmal überraschend zur Rückbildung veranlaßt werden. Das Präparat enthält eine Wirkstoffmischung aus Inosin und Dimepranol-(4-acetamidobenzoat) im Verhältnis 1:3. Gegenanzeigen sind hauptsächlich ein erhöhter Harnsäurespiegel im Blut sowie renale Insuffizienz. Bei Herpes-simplex-Infektionen nehmen Erwachsene je nach Schwere des Krankheitsbildes alle 3 Stunden 1 Tablette ein. Als weitere systemische Therapie für eine Herpes-simplex-Virusinfektion, bei der die Replikation der Viren in der infizierten Zelle

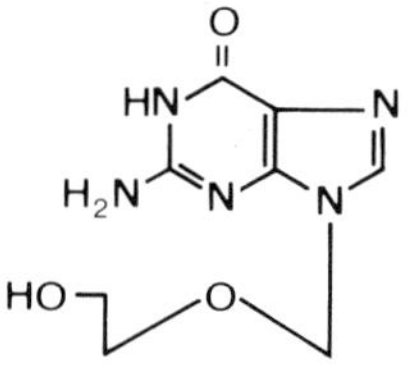

9-(2-Hydroxyethoxymethyl)guanin
Aciclovir, syn. Acyclovir, Acycloguanosin, Zovirax®

gehemmt bzw. verhindert ist, hat jedoch Aciclovir (Zovirax®) in letzter Zeit besondere Beachtung gefunden.

Aciclovir, ein Guaninderivat mit einer azyklischen Seitenkette, ist chemisch nahe verwandt mit dem für die DNS-Synthese wichtigen Nukleosid 2'-Desoxyguanosin (siehe Formelbild). Der intravenös appli-

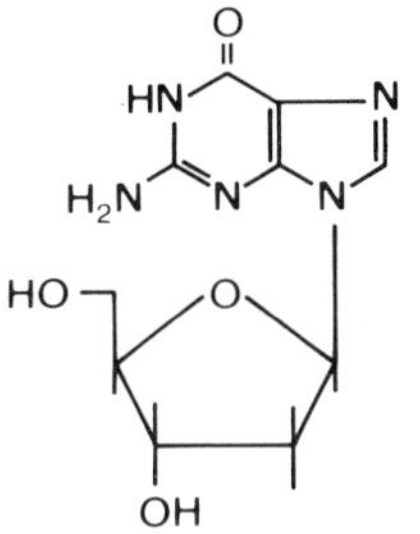

2'-Desoxyguanosin

zierte Wirkstoff wandelt sich in der infizierten Zelle durch eine virale Thymidinkinase in Triphosphat, das eigentliche Virustatikum um. Hierbei wird die virusspezifische DNS-Polymerase gehemmt, es kommt zum Kettenabbruch bei der Virus-DNS-Synthese. Bei Herpes simplex sind zur Virushemmung 3000fach niedrigere Konzentrationen wirksam als zur Hemmung der Körperzellen. Eine Resistenz gegen Aciclovir wurde bei Herpes-simplex-Infektionen in 5–10% der Fälle beobachtet. Mutagenität und Teratogenität scheinen nach Zellkulturen und Tierversuch dieser Substanz weitgehend zu fehlen. Auf jeden Fall sollte aber – im Gegensatz etwa zu Herpes-zoster-Manifestationen – eine Aciclovir-Therapie als Infusion nur bei ausgedehnten, schweren Herpes-simplex-Läsionen, und zwar so früh wie möglich, angewandt werden. Bei leichteren Fällen wird auch eine orale Zufuhr Hinreichendes leisten. Außerdem stehen als entsprechende Lokaltherapeutika Zovirax® Augensalbe (3%) und neuerdings auch Zovirax®Creme (5%) zur Verfügung. Demgegenüber sind andere topische Therapieweisen bei Herpes-simplex-Virusinfektionen wie etwa Idoxuridin, z.B. auch in Verbindung mit dem Permeator Dimethylsulfoxid (DMSO) (als Zostrum® Lösung oder Virunguent®Salbe), oder Vidarabin (Adenin-Arabinosid) mehr in den Hintergrund getreten.

Eine weitere Salbenzubereitung „Viru-Merz Serol®" enthält als virustatische Substanz Tromantadin-HCl, ein Adamantan-Derivat, welches sowohl Virusarten der DNS- als auch der RNS-Gruppe inaktiviert. Eine einigermaßen befriedigende prophylaktische Wirkung wurde auch der Röntgenbehandlung des *Herpes simplex recidivans in loco* zugemessen, wobei meist die Bestrahlung im akuten Stadium bevorzugt wird, jedoch nach eigener Erfahrung die Bestrahlung im erscheinungsfreien Intervall (wohl infolge einer örtlichen Durchblutungsänderung) Besseres leistet (z.B. unter evtl. 1maliger Wiederholung 25,8 $mCkg^{-1}$, 20 kV). Indessen können nach eigener Beobachtung bereits auch einige UV-Bestrahlungen mit der Kromayer-Lampe im Rezidivbereich offenbar ähnlich wirksam sein.

9.5 Eccema herpeticatum (Schönfeld)

Diese häufig auch *Pustulosis varicelliformis Kaposi-Juliusberg* genannte Manifestation des Herpes-simplex-Virus kommt nach einer Inkubation von 2–8 Tagen nach erfolgter Inokulation des Erregers von der Umgebung, aber auch durch Schmierverbreitung des Virus von einem körpereigenen umschriebenen, z.B. labialen, Herpes-simplex-Herd aus, praktisch ausschließlich auf dem Boden eines manifesten endogenen Ekzems (Milchschorf, Neurodermitis disseminata), ausnahmsweise auch auf dem Boden anderer Ekzemformen vor: prognostisch ernste, meist perakut und hochfebril in Erscheinung tretende massive Eruption von zahlreichen Herpes-simplex-Bläschen mehr oder minder im Bereich der gesamten äußeren Decke. Differentialdiagnostisch sind vor allem das Eccema vaccinatum, Varizellen, Variola und eine sog.

varioliforme Pyodermie abzugrenzen. Der IgE-Titer ist beim Eccema herpeticatum nicht selten besonders erhöht. Komplikationen sind vornehmlich Bronchopneumonie und evtl. spezifische Enzephalitis, die symptomatisch u. U. Liquordruckerleichterung erfordert.

Therapeutisch steht bei diesem ausgebreiteten fieberhaften Krankheitsbild die Sorge um die Einengung der bakteriellen Superinfektion im Vordergrund, wobei in erster Linie Breitbandantibiotika (Tetracycline oder Piperacillin) unentbehrlich sein werden, zumal die bisherigen Virustatika nach eigener Erfahrung auch keine schlagartige Wendung der ausgedehnten Grundinfektion herbeiführen. Als weitere symptomatische Hilfen werden neben Antipyretika und Kreislaufmitteln deshalb auch rechtzeitig Bluttransfusionen und i. v. Immunglobuline erforderlich sein, da das an sich antihyperergisch hochwirksame Cortison mit seinen Derivaten bei einer so ausgedehnten Virusinfektion nur als wirklich letzter Versuch bei einer mit allen sonstigen Mitteln unbeherrschbar erscheinenden toxämischen Endsituation zu verantworten sein wird. Außer dieser Allgemeintherapie muß aber die schulgerechte Lokalbehandlung konsequent durchgeführt werden (regelmäßige Badebehandlung mit desinfizierenden und detrituslösenden Zusätzen: Kaliumpermanganat, Rei® usw.) mit anschließenden Farbstoffpinselungen (0,5% Methylviolett oder 0,5% Brillantgrün) oder Farbstofflotionen (1% Rivanol®, Vioform® o. ä.). Nur stark verkrustete Bezirke sollten mit antibiotischen Salben gelöst werden (Aureomycin®-, Terramycin®- o. ä. Salbe).

Als Mittel der Wahl steht beim Eccema herpeticatum heute aber das neue Virustatikum Aciclovir (Zovirax®) ganz im Vordergrund, welches sich auch bei zahlreichen eigenen Fällen überzeugend bewährt hat (Korting, Krautheim und Wieland. Med Welt 1983; 34: 611–3) und bei leichteren Verlaufsformen nicht nur als Infusion, sondern auch in Tablettenform (5 × 1 tägl.) neben lokaler Applikation (Zovirax®-Creme) zugeführt werden kann.

9.6 Herpes zoster (Gürtelrose, Zona, Shingles)

Die Viruskrankheit Herpes zoster ist ihrem Wesen nach eine Dermo-Neuro-Ganglio-Radikulo-Myelitis, eine durch das Varicella-Zoster-Virus bedingte, auf neuraler Schiene nach der Peripherie projizierte pathische Reaktion, bei der nach den neueren Angaben von Feyrter gleichlaufende hyperergische Phänomene auch an den Gefäßen verschiedener Kalibergröße am Rumpfhautmetamer vorliegen *(Periarteriitis nodosa zosterica Feyrter)*. Eventuell unter prodromaler Subfebrilität und geringer Malaise, nur selten auch unter höheren Temperaturen, finden wir ein disseminiert segmentgebundenes, ganz selten bilaterales, nachschiebendes Bläschenexanthem, das sich nur ausnahmsweise hämorrhagisch (namentlich im Trigeminus-1-Gebiet und bei Werlhof-Kranken), nekrotisch oder gangräneszierend transformiert. Krankheitsdauer mindestens 2–3 Wochen, gelegentlich weit mehr, zumindest in Form der gefürchteten postzosterischen Neuralgien, die vor allem im höheren Alter äußerst quälen, bei Kindern durchweg fehlen. Besondere Zosterverlaufsformen oder vielmehr Komplikationen betreffen Veränderungen am ZNS oder an den inneren Organen („méningite zonateuse“, Avenier). Ein *Zoster generalisatus* s. varicellosus muß zum hämatologischen Ausschluß einer Leukose veranlassen, wie auch gelegentlich eine gewisse metamerale Syntropie mit Karzinomen auffällig imponiert. Merke also: Der Herpes zoster ist (im höheren Alter) häufig ein paraneoplastisches Syndrom!

Als **systemische Therapie** der schweren Zostervirus-Manifestationen und – hinsichtlich der Lokalisation – vor allem des Herpes zoster ophthalmicus steht derzeit die frühe Anwendung von Aciclovir ganz im Vorder-

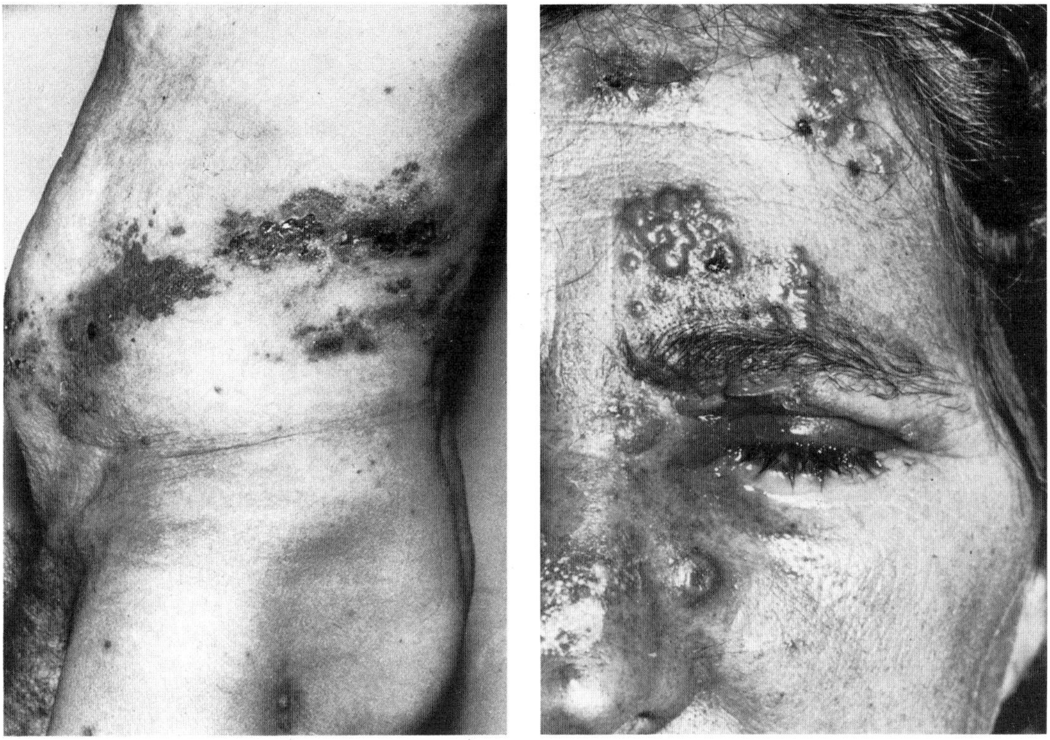

Abb. 21: Herpes zoster

grund, wobei bei immunsupprimierten Kranken oder solchen mit Malignomen die therapeutischen Dosen zu verdoppeln, andererseits bei Patienten mit eingeschränkter Nierenfunktion zu reduzieren sind. Als Dosisrichtlinie für Aciclovir (Zovirax®) beim Herpes zoster gilt im allgemeinen eine Kurzinfusion (etwa 1 Stunde) von 5 mg/kg KG alle 8 Stunden ca. 5 Tage hindurch. Bei leichteren Erscheinungsformen können auch Zovirax®Tabletten zu 200 mg 5mal am Tag, regelmäßig in einem Abstand von 4 Stunden, zugeführt werden. Die Einnahme der Tabletten soll mit etwas Flüssigkeit, möglichst auf vollen Magen, erfolgen. Für diese Behandlung sind in letzter Zeit noch Zovirax® Augensalbe und -Creme verfügbar.

Eine auch nach eigener Erfahrung sehr wirksame Maßnahme bei Varicella-Zoster-Viruserkrankungen ist die intravenöse Zufuhr von *spezifischem Human-Immunglobulin* mit hohem Antikörpergehalt gegenüber diesem Erreger (Varitect®, Varicellon®). Hauptanwendungsgebiet sind Varizellen-Risikofälle bei Kindern, vor allem Neugeborenen, auch Schwangeren, die noch keine Varizelleninfektion durchgemacht haben. Die Anwendung soll so bald wie möglich nach Viruskontakt bzw. nach Manifestation erfolgen, um einen mitigierten Krankheitsverlauf zu erreichen. Man verabfolgt mindestens 2 ml/kg KG am 1. Tag und evtl. noch 1 ml/kg KG am 5. Tag. Früher war Herpes zoster eine herkömmliche Domäne für die Anwendung „antineuritischer" Vitamine, also von B_1 (Benerva®, täglich 1 Woche lang 0,2 g i.m.) oder peroral in Form des fettlöslichen Vitamin-B_1-Derivates (wie z.B. judolor® 3mal/die 2 Drag. zu 0,05 g). Bei Neuritiden wirken diese Präparate nur bei gleichzeitigem Vitamin-B_1-Mangel. Ein weiteres entsprechendes Präparat ist Thianeurin® bzw. Thianeurin® forte comp. Sehr beliebt ist ferner die Anwendung des Cyanocobalamins, des kobalthaltigen, rotgefärbten Vitamins B_{12} (übliche Dosierung bei Zoster 2–3mal in der Woche 1000 μg, insgesamt bis etwa 6000–8000 μg B_{12}). Zu versuchen sind ferner Zusätze von Vitamin B_6 (Pyridoxin), z.B. als Benadon® Roche, entweder 3mal/die 1 Drag. zu 0,04 g oder in schweren Fällen 0,3 g, evtl. auch als subkutane Injektion zu 0,1 g oder intramuskulär 0,3 g. Bewährte Kombinationspräparate (mit Vitamin B_1, B_6, B_{12}) sind Neurobion® oder Neurotrat® forte, von denen bei erheblichen Zosterneuralgien zunächst täglich i.m. 1 Ampulle und später 2mal wöchentlich 1 Ampulle tief i.m. verabfolgt werden können. Bei manchen stärkeren Zoster-Schmerzzuständen kann ein Versuch mit Carbamazepin (Tegretal®), wie bei Trigeminusneuralgien, erfolgen. Bei langdauernden postzosteriformen Neuralgien erweist sich auf die Dauer eine längere Zeit durchgeführte pharmakodynamische Sympatholyse mit Dihydroergotamin (3mal/die 20 Tropfen), z.B. Dihydergot®, als wirksam. Aber auch Hydergin® oder DCCK® (= Dihydroergocornin, -cristin und -cryptin zu gleichen Teilen als Methansulfonat), z.B. 3mal/die 20–40 Tropfen, wirkt häufig überdies analgetisch, so daß man damit die üblichen Analgetika einsparen kann. Versuchenswert sind nicht zuletzt auch gleichzeitig antiphlogistisch wirkende Symptomatika wie Diclofenac (Voltaren®) u.a. Bei ungewöhnlicher Schmerzentwicklung, die den Patienten infolge ihres langen Bestehens in Suizidnähe bringen kann, kommen auch neurochirurgische Eingriffe (Denervierung, Chordotomie, Sympathektomie o.ä.) in Betracht. Ferner können Nervenblockaden, z.B. der regionären sympathischen Ganglien, bei akutem idiopathischem Herpes zoster in 5–10 min langdauernde und vollkommene Schmerzbefreiung bringen. Zuvor erwäge man aber zur Behebung solcher postzosterischer Nervenschmerzen auch die Anwendung von Röntgenstrahlen unter den Bedingungen der Tiefentherapie (3–4mal 38,7–51,6 $mCkg^{-1}$ in Abständen von etwa 1 Woche). Daß die Behandlung des *Herpes zoster ophthalmicus* der fortlaufenden augenfachärztlichen Kontrolle bedarf, ist wohl nicht sonderlich zu betonen. Zurückhaltend zu entscheiden ist auch die Frage der lokalen Corticoidanwendung in solchen Fällen, während entgegen manchen bisher anderslautenden Stimmen von der systemischen Anwendung von Corticosteroiden beim Herpes zoster im Hinblick auf die dadurch heraufbeschworene Generalisations- und Gangräntendenz grundsätzlich eher abgesehen werden sollte. Eher schon zu erwägen ist der Versuch, postzosterische Neuralgien auf diese Weise zu beeinflussen.

Die *lokale Behandlung* der Gürtelrose ist einfach: Sie besteht normalerweise in der Anwendung einer desinfizierenden oder antibakteriellen Pinselung, wie z.B. einer Rivanol®-, Vioform®- oder antibiotischen Schüttelmixtur. Bei stärkerer Nekrose und Verkrustung, wie besonders im Bereich des Trigeminus 1, stellen antibiotische Salben (Aureomycin®, Terramycin® oder Leukomycin®) heute das Mittel der Wahl dar. Zur lokalen Schmerzeinschränkung verwendet man Erbocain®-Salbe oder macht einen Versuch mit DMSO (Dimethylsulfoxid, Infiltrina®), welches ausgezeichnet in die Tiefe dringt und u.a. vermutlich über eine Entquellung analgetisch wirkt (Nebenwirkungen u.a. knoblauchartige Ausatmungsluft, Reizwirkung auf Schleimhäute). DMSO besitzt folgende Strukturformel:

O
||
$H_3C\text{-}S\text{-}CH_3$

9.7 Molluscum contagiosum (Bateman)

Diese nur wenig kontagiösen und klinisch harmlosen, infektiösen Akanthome erscheinen in Gestalt überwiegend reiskorn- bis linsengroßer, ausnahmsweise auch miliarer (und dann noch ungedellter) oder gigantischer, halbkugelig sich wölbender, etwas durchschimmernd wachsartiger oder glänzender Dellwarzen. Sie werden durch ein Quadervirus hervorgerufen und sind meist im Bereich zarter Hautanteile (Hals, Augenlider, Penis) lokalisiert. Sie haben eine Inkubationszeit von wenigen Wochen, evtl. auch Monaten, und werden in Hallen- oder Schwimmbädern, durch Geschlechtsverkehr oder sonstigen Kontakt mit einer erkrankten Umgebung erworben. Immundefiziente oder -supprimierte Kinder oder Erwachsene zeigen häufig eine generalisierte Dellwarzenaussaat, was in gewissem Maße auch bei endogenen Ekzematikern beobachtet werden kann.

Eine narbenlose **Behandlung** ist durch Anritzen der Knötchen mit einem Starmesser und durch nachfolgende Heraushebung des Inhalts mit einem scharfen Löffel oder mit einer chirurgischen Pinzette sowie nachfolgender Betupfung mit Iodtinktur möglich. Meist sind mehrere Sitzungen, nicht nur wegen der häufigen Vielzahl der Effloreszenzen, sondern wegen der Nachschübe erforderlich. Bei ängstlichen Kindern, denen man ferner auch eine Kurznarkose zur Entfernung aller Molluska in einer Sitzung ersparen will, versuche man die Anwendung mit Vitamin-A-Säure (Tretinoin) als Lösung bzw. Tupfer 0,05–0,1% (Airol® Roche, Epi-Aberel®) oder als Creme, Gel 0,025–0,05% (Airol® Roche, Eudyna®, Epi-Aberel®) über 6–8 Tage. Weniger empfehlenswert erscheint bei Kindern eine wiederholte Bepinselung mit 20%iger alkoholischer Podophyllinlösung. Bei hartnäckigen Effloreszenzen ist jedoch eine Anwendung von Fluorouracil (Verrumal®) möglich.

9.8 Warzen und Feigwarzen (Virusakanthome, infektiöse Warzen)

Die wichtigsten Virusakanthome mit bald hinzukommender Hyperkeratose werden bei Mensch und Tier durch Virussorten der sog. *Papovagruppe* (humane Papillomviren, HPV) bedingt. Dieser Erregerkreis beinhaltet, wie die Zusammensetzung der Bezeichnung erkennen lassen will, die Papillom-

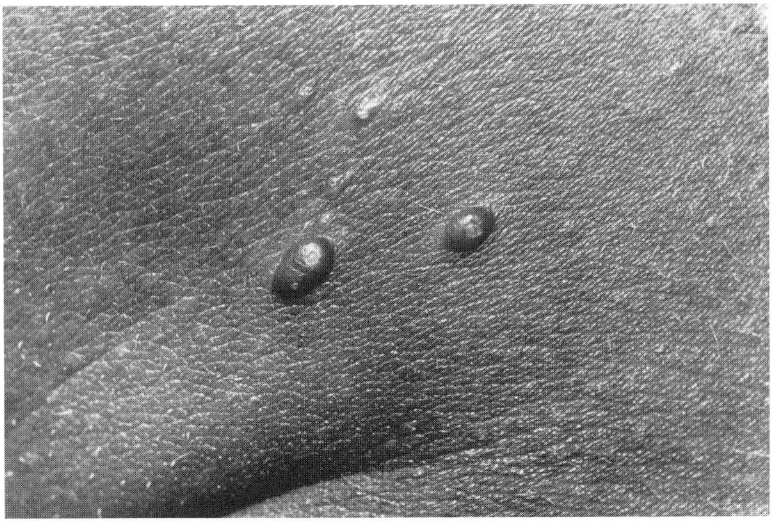

Abb. 22: Molluscum contagiosum (Dellwarzen)

viren (das Virus der Warzen und spitzen Kondylome, das Shope-Virus u.ä.), die Polyomaviren und das „vacuolating virus of monkeys". Die Papovaviren ähneln den Adenoviren. Heute sind über 40 menschliche Papillomviren bekannt. Sie wurden ausschließlich über ihre Erbsubstanz, die sich heute mit genchirurgischen Verfahren praktisch beliebig vermehren läßt, charakterisiert. Für die gewöhnlichen Warzen an Händen und Füßen sind die Papillomviren Typ 1, 2 und 4 verantwortlich. Flachwarzen werden vor allem vom Typ 3 und 10 ausgelöst. Typ 7 wurde bisher nur bei Metzgern gefunden. Die Typen 16 und 18 kommen fast ausschließlich im Genitalbereich vor, 6 und 11 außerdem bei bestimmten Wucherungen am Kehlkopf. Weitere Erreger wurden bei einer seltenen Veränderung gefunden, der häufig in Krebs übergehenden Epidermodysplasia verruciformis (Lewandowsky-Lutz).

Von den vier Warzentypen, den *gewöhnlichen, juvenilen* (planen), den *Sohlen-* oder *Dornwarzen* sowie den *Feigwarzen*, werden die ersten, die *Verrucae vulgares*, am besten nach Chlorethylvereisung mit dem scharfen Löffel entfernt. Lediglich kleinere oder filiforme Vertreter dieser hyperkeratotischen Akanthome sollten elektrokaustisch desikkiert werden. Flächenhaft ausgebreitete Warzenbeete können desgleichen, notfalls unter Lokalanästhesie, diathermisch gestichelt und nachfolgend mit dem scharfen Löffel abgekratzt werden. Für die Lokalbehandlung vulgärer Warzen geeignet ist auch die Anwendung von flüssigem Stickstoff mittels Wattestäbchen für 5–90 s und die Entfernung des herausgesponnenen Warzenrestes mittels Scherenschlags. Grundsätzlich ist aber nicht zu übersehen, daß Warzen ohnehin zu gut der Hälfte innerhalb von 2 Jahren sich spontan zurückbilden bzw. im allgemeinen auch unbehandelt 4 Jahre nicht überleben. Aus diesem Grund erscheinen von vornherein besonders „heroische" Maßnahmen, wie der vereinzelt vorgeschlagene systemische Einsatz von Virustatika oder gar Zytostatika (Bleomycin, Shumer S M, O'Keefe E J. J Amer Acad Dermatol 1983; 9: 91–6) wenig vertretbar. Dagegen hat sich der topische Einsatz von Zytostatika, z.B. Verrumal® (Fluorouracil 0,5%, Salicylsäure 10%, DMSO 8% in filmbildender Lösung), durchaus bewährt.

Disseminierte Verrucae, und zwar keinesfalls nur die des juvenilen, planen Typs (Besnier u. Doyen), entstehen häufig auf dem Boden einer mäßigen Durchblutungsstörung und sind demgemäß mit durchblutungsfördernden Maßnahmen – innerlich z.B. Thuja occidentalis D_1, 3mal 10 Tropfen/die vor den Mahlzeiten, auch Abrotanum (Eberraute), ebenfalls in homöopathischer Dosierung bei wochenlanger Medikation, sowie konsequente Wechselbäder oder hyperämisierende Externa, wie Rubriment®, Akrotherm® – in ihren Lebensbedingungen offensichtlich empfindlich zu stören. Ähnlich wie für die eine Zeitlang gerühmte Methionintherapie ist der früher selbst von autoritärer Seite (Brocq, Br. Bloch) gestützte Glaube an die Suggestivbehandlung (Besprechbarkeit) der Warzen durch exakte Nachuntersuchungen (Clarke 1965) erschüttert worden. Auf jeden Fall ist aber eine Behandlung der vulgären Warzen mit Röntgenstrahlen im Hinblick auf die oft dadurch bedingten und keinesfalls bloß durch Überdosen hervorgerufenen Spätzustände am besten zu unterlassen.

Desgleichen ist bei den *Sohlen- oder Dornwarzen* immer vor der Anwendung von Röntgenstrahlen zu warnen und der chirurgischen Entfernung, weniger mit dem Skalpell als mit dem scharfen Löffel nach Vereisung mit Chlorethyl (durch ein entsprechend großes Loch in einem Stück Zellstoff hindurch), wodurch es zur Erstarrung der Warze kommt, so daß diese dann restlos extrahiert werden kann, der Vorzug zu geben. Sodann Blutstillung mit Liquor Ferri sesquichlorati DAB6, trockener Verband, Waschverbot, 3 Tage Bettruhe! Bei größeren Dornwarzen kann auch mit 60%igem Salicylsäurepflaster Guttaplast® (tägliche

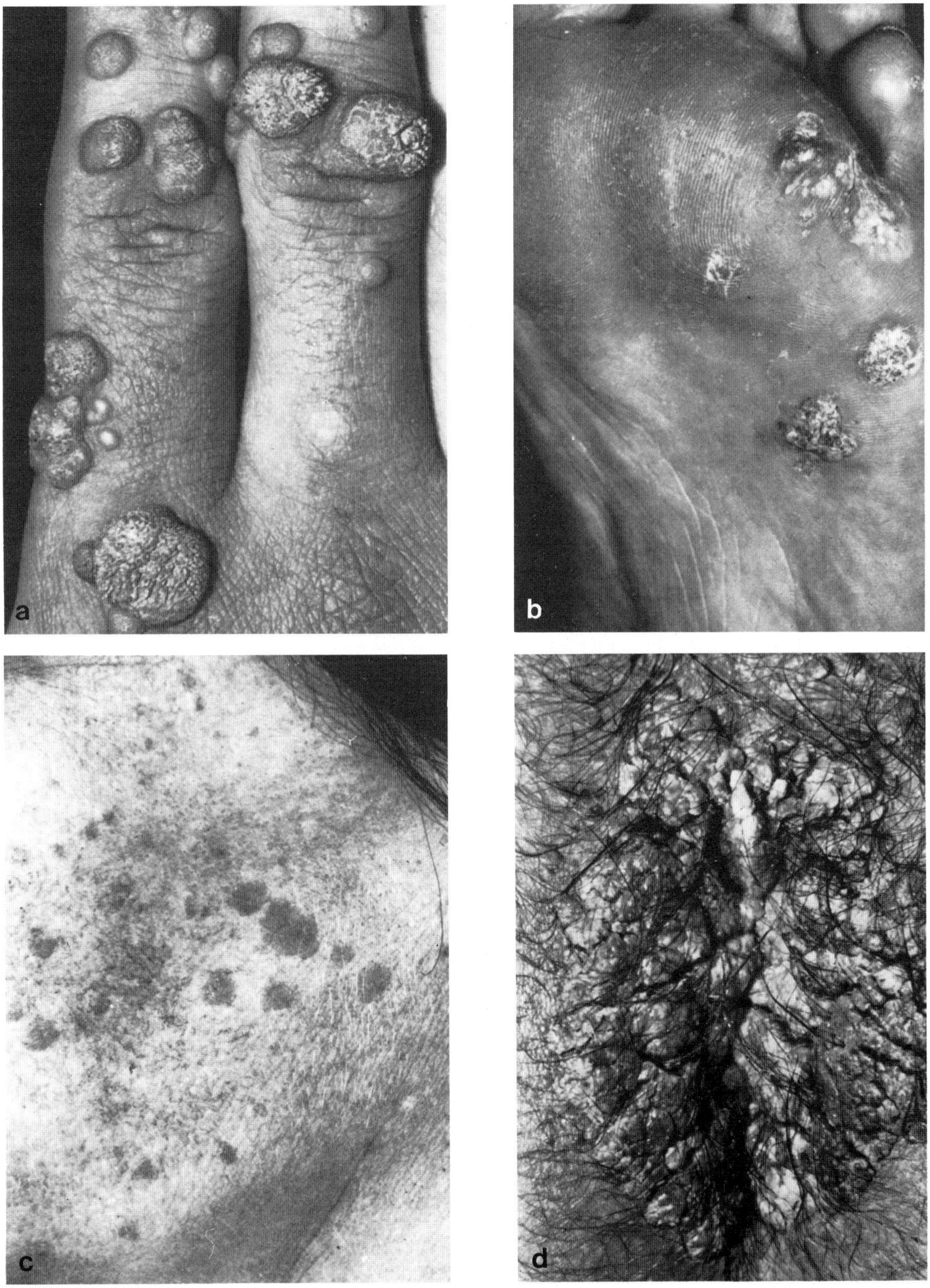

Abb. 23: Verrucae: a) vulgares, b) plantares, c) planae juveniles, d) Condylomata acuminata

Kontrolle des erweichenden Effektes) vorbehandelt werden, und zwar dieses nur über Nacht, während frühmorgens die Dornwarze zur weiteren Vorbereitung für die spätere Entfernung mit 30%igem (!) Wasserstoffperoxid 1mal täglich betupft wird. Eine sehr empfehlenswerte Vorbereitung der Fußsohlenwarze auf die spätere Entfernung mit dem scharfen Löffel hin ist ferner auch die mehrtägige Applikation von Ichtholan® spezial Salbe (mit 85% Ichthyol®). Ferreira-Marqes beschreibt eine weitere Methode zur Behandlung von Plantarwarzen, die er *okklusiv-hypertonisches* Verfahren nennt.

Der Patient soll jeden Abend ein mindestens *25–40 min dauerndes Fußbad* mit einer 20%igen Kochsalzlösung nehmen. Nach dem Trocknen der Füße wird ein großer, in 20%iger Kochsalzlösung getränkter Wattebausch auf die Warze gebracht, wasserdicht verbunden und die ganze Nacht über belassen. Die Okklusivbehandlung wird bis zur Heilung durchgeführt, die etwa 4 Wochen in Anspruch nehmen soll.

Periunguale Warzen können einige wenige Minuten mittels eines Wattestäbchens mit selbstangefertigtem CO_2-Azeton-Schnee betupft werden, worauf es einige Tage später zum Abstoßen der Warzen kommen kann.

Wirksam ist auch bei mehrtägiger vorsichtiger Abdeckung die K. Linsersche *Warzensalbe*:

Rp. Acid. salicyl.	4,0
2-Naphtholi	4,0
Ol. Thymi	4,0
Resorcini	4,0
Phenol. liquef.	4,0
Ungt. moll.	ad 50,0

Auch bei den *planen, juvenilen Warzen,* die rein epidermale Papeln darstellen, durch starke Isomorphie ausgezeichnet sind (z.B. Propagation im Gesicht durch die Rasur) und im Einzelfall Lichen-ruber-ähnlich sein oder an den Händen Darier-Papeln gleichsehen können, werden die o.g. Maßnahmen zur Verbesserung der peripheren Durchblutung durchgeführt. Symptomatisch bewährt ist die Anwendung der lepismatischen Resorcin-Zinkpaste (5%ig im Gesichtsbereich, 10%ig an Händen und Armen). Effektiv ist bei planen Warzen im Gesicht vor allem aber auch die (längere) Anwendung von Vitamin-A-Säure (Tretinoin) als Lösung (0,05% Airol® Roche, 0,1% Epi-Aberel®).

Die *Condylomata acuminata*, also die Feig- oder Feuchtwarzen, sind eine Terrainabart der virusbedingten warzenförmigen Fibroepitheliome auf dem Boden chronischer Reizdurchfeuchtung. Sie kommen beim Mann in erster Linie an der Glans, im Sulcus, weniger häufig auch am Membrum selbst, in der Fossa navicularis oder perianal (Rektalgonorrhö bei Pädophilen!) vor, während bei der Frau die Entwicklung dieser blumenkohlartig papillomatösen Akanthome hauptsächlich bei stärkerer Durchfeuchtung von Vagina und Vulva (Gravidität!) zu beobachten ist. Fenestration bei Phimose durch spitze, „gigantische" Kondylome (Buschke-Löwenstein) kann maligne Entartung vortäuschen oder darstellen, die in Wirklichkeit aber äußerst selten ist, jedoch nach jahrelanger Bestandsdauer durchaus vorkommen kann: spitze Kondylome *müssen* also beseitigt werden!

Am Anfang der **Behandlung** der spitzen Kondylome steht die Beseitigung der eventuellen Grundursache (Fluor). Ansonsten sind die chirurgischen Verfahren dieselben wie bei den übrigen Warzen auch (scharfer Löffel, Elektrokoagulation, bei beetartiger Ausbreitung Abtragung mit der Diathermieschlinge in Kurznarkose). Konservativ stellt bei noch geringer Manifestation oder zur Nachbehandlung der *Sabinapuder* auch heute noch kein obsoletes Ätzmittel dar.

Rp. Summitat. Sabin. Erg. B.6
Alumen. ust. āāp.

Eine Verordnung ähnlicher Art wäre:

Rp. Summitat. Sabin. viridis pulv.	
Cupri sulfurici	āā 10,0

Weitaus rascher wirksam ist indes die Applikation des Mitosehemmers *Podophyllin* (nach Kaplan) (10–25%ig in absolutem Ethanol oder 20% in Paraffinum subliquidum) nach sorgfältiger Abdeckung der Ränder mit Zinkpaste, Einwirkungsdauer

6–8 Stunden, dann Abwaschen, indifferentes Überpudern. Wenn erforderlich, Wiederholung der Podophyllinanwendung mehrmals in Abständen von 2–3 Tagen. Man kann aber auch eine 2–5%ige Podophyllinlösung mehrere Wochen hindurch bis zur Schrumpfung der Feigwarzen applizieren. Eine Applikation während der Gravidität sollte unterbleiben. An Systemkomplikationen wurden Zytopenien, Oligurie und Darmatonie erwähnt. Bei offensichtlich therapieresistenten Patienten mit Condylomata acuminata werden neuerdings erfolgreiche klinische Versuche mit Interferon alpha-2a (z.B. Roferon-A) durchgeführt.

9.9 Maul- und Klauenseuche (Stomatitis epidemica epizootica)

Nach einer Inkubationszeit von 2–6 Tagen kommt es durch das von Löffler und Frosch 1892 gefundene Rhinovirus zu konstitutionellen Prodromi und ggf. nach einem flüchtigen masernförmigen Ausschlag an Händen und Fußsohlen, mitunter auch am Lippenrot, auf dem Boden eines flächenhaften Erythems zu sich bald aphthös umwandelnden Bläschen. Von der 3. Krankheitswoche an können neutralisierende Antikörper im Blut nachgewiesen werden (evtl. wiederholte Einsendung an die Behringwerke, Marburg a.d. Lahn, meldepflichtige Krankheit!). *Differentialdiagnostisch* kommt neben der Stomatitis aphthosa und Arzneimittelexanthemen hauptsächlich ein kleinherdiges Erythema exsudativum multiforme zur Berücksichtigung.

Die **Therapie** ist dieselbe symptomatische wie bei der Stomatitis aphthosa auch: Farbstofftupfungen o.ä., an Handtellern und Fußsohlen auch mit Ethacridinlactat 1% (Rivanol®) – oder Clioquinol 1% (Vioform®) – Zinkschüttelmixtur; versuchsweise Immunglobuline i.v.

9.10 Katzenkratzkrankheit (Virus-Kratzlymphadenitis)

Bei dieser von Debré, Mollaret und Reilly 1950 beschriebenen und in Deutschland bisher etwa 20mal beobachteten tularämieähnlichen benignen Lymphoretikulose stehen neben dem solitären, weniger häufig auch ein multipler Primäraffekt und sich zum Primärkomplex ergänzend eine markante Lymphknotenschwellung im Vordergrund, die in etwa 5–10% auch erweichen kann. Die Vermutungsdiagnose läßt sich aus der Vorgeschichte (Katzenkrallen, Dornen) im Zusammenhang mit dem klinischen Bild ableiten und intrakutan (analog dem Frei-Test) mit dem Mollaret-Antigen sichern. Überdies sind verschiedengestaltige diskrete generalisierte, auch multiforme oder nodöse Begleitexantheme zu beobachten. Als seltene Komplikationen seien ferner thrombozytopenische Purpura und leichte Enzephalitis genannt. Erreger sind vermutlich große, nach Giemsa färbbare Viren der Gattung Miyagawanella (Gruppe: Ornithose, Psittakose, Lymphogranuloma inguinale). Heute bezeichnet man diese Gruppe auch als Chlamydiae.

Bei eigenen Fällen erwies sich die **Therapie** mit Tetracyclin, Doxycyclin oder Erythromycin (Erycinum®, Erythrocin®) – z.T. wurde auch Chloramphenicol empfohlen – als symptomatisch wirksam. Die Affektion unterliegt aber grundsätzlich einer (langsamen) spontanen Involution.

10 Parasitosen der Haut

10.1 Dermatomykosen im allgemeinen

Unter diesem von Virchow geschaffenen Namen werden die durch Pilze hervorgerufenen Hauterscheinungsbilder zusammengefaßt, wobei man im einzelnen die Myzeten nach botanischen, die Mykosen nach klinischen Gesichtspunkten untergliedert. Dies ist erforderlich, weil in therapeutischer Hinsicht die Wirksamkeit gegenüber dem jeweiligen Pilz-Erreger nicht ohne weiteres der Wirksamkeit gegenüber seinem Krankheitsprodukt, d.h. der Mykose, gleichzusetzen ist. Während man sich aus praktischen Gründen mit einer groben Einteilung der pathogenen Pilze in Faden- (= Dermatophyten), Sproß- (= Hefen) und Schimmelpilze begnügen kann, erweist sich speziell für die Gesichtspunkte der Dermatotherapie hinsichtlich der ersten Gruppe eine weitere Unterscheidung der Hyphomyzeten nach den *Hauptgattungen Trichophyton, Microsporum, Epidermophyton* neben bestimmten anderen Erregern (Cephalosporium, Cladosporium, Mucor, Aspergillus, Scopulariopsis, Malassezia usw.) als zweckmäßig, wobei im übrigen bei einigen der letztgenannten Spezies ihre saprophytäre oder parasitäre Natur noch umstritten ist.

Unter den *Hefen* oder *Sproßpilzen* hat in der Antibiotikaära der Gegenwart der *Soorpilz* (Candida albicans) zunehmende, vor allem auch therapeutische Bedeutung erlangt, während als weiterer Vertreter dieser großen Gruppe Cryptococcus (Torulopsis) neoformans nach dem 2. Weltkrieg auch in Mitteleuropa vor allem internistisch zu beobachten war. Viele Dermatophyten kommen sowohl in der epidermalen Hornschicht, intrafollikulär, ungual und subungual als auch tiefgranulomatös vor, wobei besonders die letztere Reaktionsform offenbar aufgrund lebhafter Immunabläufe zur spontanen Rückbildung tendiert. Welche Pilzart indes im Einzelfall als Erreger in Frage kommt, ist vom Hauterscheinungsbild nur bis zu einer gewissen Grenze mit Sicherheit bestimmbar, da verschiedene Pilze äußerst ähnliche klinische Aspekte hervorrufen können, weswegen derzeit neben dem *direkten Nachweis*, z.B. im 20–40%igen *Kalilaugenpräparat*, mehr als früher die Identifizierung im *Kulturverfahren* gefordert wird, vor allem wenn eine Anwendung der modernen, ebenso differenten wie kostspieligen internen Antimyzetika zur Diskussion steht. Im übrigen kann man die das Pilzwachstum hemmenden Substanzen als *Antimyzetika*, die gegen die Krankheit Mykose wirksamen Substanzen als *Antimykotika* bezeichnen.

Die auf Plato zurückgehende *Intrakutantestung* (heute z.B. mit Trichophyton-Group G I Bencard, unverdünnt) ist nur bei einigen tiefen Mykosen bedeutungsvoll, kann aber überdies auch heute noch die sonstigen Therapiemaßnahmen, selbst die Behandlung mit Griseofulvin, unterstützen.

Der Nachweis einer *Fluoreszenz* (Margarot u. Devèze 1925) im *Wood-Licht*, z.B. mit dem Gerät der Quarzlampen GmbH in Hanau in Kofferform, ist nur für die Diagnose der Microsporumarten (blaugrün) oder beim Erythrasma (rötlich) von Belang. Pityriasis versicolor liefert eine orangegoldene Fluoreszenz. Bei den übrigens extrahierbaren Effloreszenzstoffen der Mikrosporie handelt es sich vermutlich in der Hauptsache um eine pteridinhaltige Substanz.

10.2 Tinea (Epidermophytia)

Obwohl der Begriff der „Epidermophytie" klinisch sehr eingebürgert war, können nach heutiger Auffassung dergestalt lediglich Erreger angesprochen werden, die in vivo unter Verschonung des Haares (!) das Keratin der Epidermis angreifen. Dies trifft ausschließlich auf das *Epidermophyton floccosum* zu. Aus diesem Grund bevorzugt man derzeit in der Klinik pilzdiagnostisch unverbindliche Dachbegriffe, wie *Tinea corporis, inguinalis, pedum et manuum* usw., als deren Erreger vor allem *Trichophyton mentagrophytes* (früher: Epidermophyton Kaufmann-Wolf s. interdigitale Priestley, etwa 40%) und *Trichophyton rubrum* (etwa 50–60%) gezüchtet werden. Epidermophyton floccosum wird gegenwärtig in einer Häufigkeit von 3–5% festgestellt, und zwar hauptsächlich inguinal vorkommend (*„Eccema marginatum"* Hebra). Die größten therapeutischen Schwierigkeiten bieten aber derzeit die *Fuß-* und *Handmykosen* (Tinea bzw. „Epidermophytia" pedum et manuum). Auf diesem Terrain begegnet man intertriginösen, squamösen (*„Dyshidrosis lamellosa sicca"* bzw. „Keratolysis exfoliativa") oder erythemato-squamösen, hyperkeratotischen und vor allem dyshidrosiformen Erscheinungsbildern. Die letzteren, namentlich palmar zu beobachtenden Erscheinungsformen werden in Anlehnung an den Tuberkulidbegriff als *Mykide* oder als *„Id"-Reaktion* bezeichnet und meist als pilztoxische, weniger durch hämatogene Aussaat von Pilzelementen selbst zustandegekommene Sekundäreruptionen betrachtet. Außerdem treten solche Mykide als skarlatiniforme, lichenoide, papulopustulöse, nodöse oder „érythème-polymorphe"-ähnliche Eruptionen auf.

Strenggenommen basiert die *Mykid*-Konzeption auf dem Nachweis eines Pilzherdes, nach dessen Sanierung die „Id"-Reaktion erlischt, während sie nach seiner Reizung exazerbiert. Im Idealfall sollten auch Pilze im strömenden Blut erfaßbar sein. In der Praxis sind gerade häufig ekzematiforme Mykide, die oft (nicht ganz zutreffend) auch als *„mykotische"* oder mykogene *Ekzeme* bezeichnet werden, äußerst therapieresistent und – vor allem bei Überschreitung der palmoplantaren Grenzen und beginnender, u.U. fieberhafter Generalisierung – prompt nur mit einem Corticoidstoß (initial Prednisolon, 30 mg/die, oder Isodosen anderer Corticosteroide) abzufangen. Grundsätzlich stellen aber solche dyshidrosiformen Exantheme eine „réaction cutanée" dar, d.h. sie sind polyätiologisch bedingt, wenn auch in gut zwei Drittel der Fälle mykogener Genese. Neben einer solchen Ätiologie ist deshalb daneben auch das Vorliegen einer dyshidrotischen Pyodermie- oder Ekzemform oder, allerdings mit Zurückhaltung, auch einer „essentiellen" *Dyshidrose* (z.B. bei Verschiebung des Flüssigkeitsstoffwechsels, feuchtwarmer Witterung, Inhalationsallergenen, vegetativer Stigmatisation o.ä.) zu erwägen. Hinsichtlich der Verhältnisse an den Zehenzwischenräumen, die ja an erster Stelle als Streuherde für eine „Id"-Reaktion in Frage kommen, bedenke man, daß in der Regel reine Dermatophyteninfektionen vorliegen werden, daß ausnahmsweise auch Schimmel oder Hefen vorkommen, daß schließlich aber 30% mykologisch durchaus suspekter Interdigitalmazerationen pilzfrei sind (Castellani: *Pseudotinea interdigitalis pedum;* Luespapeln!). Andererseits ist unbestreitbar, daß besonders schwer der enge 4. Interdigitalraum pilzfrei zu erhalten ist. Bahnend für die Entstehung und Unterhaltung einer Fußmykose ist alsdann das durch Schuhwerk und Strümpfe unterhaltene Feuchtigkeitsklima, weswegen entsprechende hygienische Maßnahmen (offene, lockere Lederschuhe ohne Gummisohlen, Sandalen, poröse Baumwollstrümpfe, gründliches Abtrocknen der Zehenzwischenräume nach Waschungen mit evtl. nachfolgendem Einpudern, Spreizung des 4. Zehenzwischenraumes durch eine kleine Zehenbinde oder einen Wattebausch, Barfußlaufen auf trockenem Sandboden o.ä.) nicht nur prophylaktisch, sondern auch milieutherapeutisch kaum überschätzt werden können. Lobenswert sind ferner Bemühungen um antimyzetische Imprägnierung von Strumpftextilien, Gummistiefeln usw. Die Vielzahl der auf dem Markt befindlichen antimyzetischen Zubereitungen zeigt aber letztlich nur, daß es hinsichtlich der **Lokaltherapie** immer noch kein Alleinheilmittel gibt. Selbst imponierende In-vitro-Effekte können gerade auf diesem Gebiet nicht klinischen Kurativeffekten gleichgesetzt werden. Nicht selten steht nämlich im feuchten Fußbereich die Ekzematisation an erster Stelle der Behandlungsnotwendigkeit. Allein schon unzweckmäßige Vehikelformen können hier irritierend wirken. Deshalb wird man mit Recht in praktisch-therapeutischer Hinsicht mit einer von vornherein kombiniert antimykotisch-antiekzematösen Anwendung zunächst am weitesten kommen. Bei stärker exsudativ-pyodermischer Note: Eröffnung der *Cheiropompholyx-Podopompholyx*-Effloreszenzen mit der gebogenen Schere, Umschläge mit desinfizierenden oder gerbenden Stoffen wie Kaliumpermanganat (in blaßrosafarbener Verdünnung) Ethacridinlactat (Rivanol®), Tannolact® oder Polyvidon-Iod (z.B. Batticon®, Betaisodona® Hautantiseptikum, Braunol®). Die Sensibilisierungsrate durch Iod ist bei dem organisch gebundenen geringer als bei elementarem Iod (z.B. Ethanolhaltige Iod-Lösung = Iodi solutio ethanolica DAB 9). Auch das neuere Präparat Oxoferin® (beruht auf Abspaltung von Sauerstoff aus einer wässerigen Lösung eines Chlor(IV)-oxid-Sauerstoff-Komplexes) ist sinnvoll. Regelmäßige Bäder mit waschaktiven und rückfettenden Substanzen haben Erfolg. Die große Gruppe der handelsüblichen fungistatischen und bisweilen primär fungiziden Lokaltherapeutika stellen Einzelstoffe oder Kombinationen der Azole (Bifonazol, Clotrimazol, Miconazol, welche durchweg ein breites Wirkspektrum aufweisen), der Polyen-An-

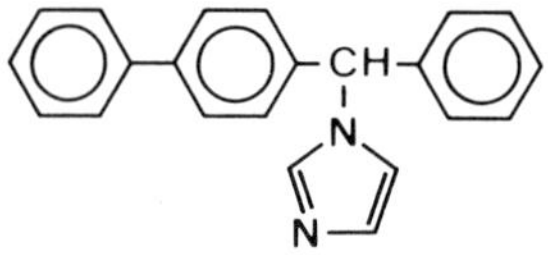

Bifonazol, Mycospor®

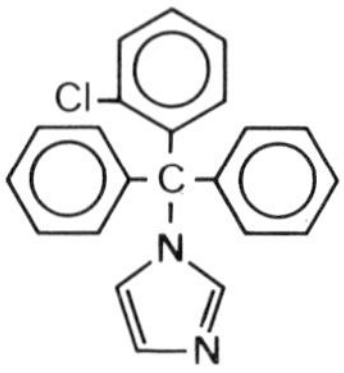

Clotrimazol, Canesten®
Mycofug®

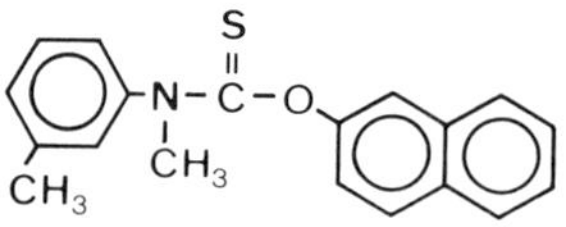

Tolnaftat, Tonoftal®

tibiotika (Amphotericin B, Nystatin) und vor allem das Tolnaftat sowie Naftifin dar (s. Tab. 5). Weitere Gruppen von Wirkstoffen, die häufig miteinander kombiniert werden, sind Abkömmlinge des 8-Hydroxychinolins (z.B. Chinosol®, Clioquinol [Vioform®] Chlorisept®), ferner die große Gruppe der Anilinfarbstoffe (Brillantgrün, Fuchsin, Methylviolett) sowie Derivate der aromatischen Karbonsäuren und Phenole.

Sehr zweckmäßig bei der topischen Behandlung ist die Kombination mit Corticoiden (z.B. Locacorten-Vioform® Creme, Salbe, Paste und Millicorten-Vioform® Salbe). Von altbewährten Rezepturen sei hier schließlich noch auf die Arningsche Lösung, die Castellanische Lösung und die Farblose Castellanische Lösung hingewiesen (Rezeptformeln siehe S. 35).

Empfehlenswert zu rezeptieren ist auch die Verdünnung der Ethanolhaltigen Iod-Lösung DAB 9 (5%, früher 10% als Tinctura Iodi DAB 7) auf 1–2%, sofern nicht Hyperthyreose oder bekannte lokale Iodintoleranz des Patienten dagegen sprechen. Ansonsten scheint es vorteilhaft, dem Patienten von vornherein 1–2 antimyzetische Lö-

Tab. 5: Lokal wirksame Antimyzetika (Auswahl)

Intern. Freiname	Fertigarzneimittel	Hersteller	Besonderheiten
a) Azol-Derivate			
Bifonazol	Mycospor® Creme, Gel, Lösung, Puder, Pumpspray	Bayer	s. Clotrimazol Anwendung einmal täglich
Clotrimazol	Canesten® Creme, Lösung, Puder, Spray	Bayer	breites Wirkspektrum gegen Dermatophyten, Hefen, Schimmelpilze und gramnegative Bakterien
Econazol	Epi-Pevaryl® Creme, Lotion, Spray-Puder Gyno-Pevaryl® Creme, Depot-Ovulum, Ovula	Cilag	s. Clotrimazol Anwendung zweimal täglich
Isoconazol	Travogen® Creme, Lösung, Spray Travocort® (mit Corticoid) Gyno-Travogen® Creme, Vaginaltabletten	Scherax	s. Clotrimazol Anwendung zweimal täglich
Miconazol	Daktar® Creme, Lösung, Lotio, Puder Gyno-Daktar® Tampons, Vag. Creme, Vag. Ovula	Janssen	s. Clotrimazol Anwendung einmal täglich
	Epi-Monistat® Creme, Puder Gyno-Monistat® Creme, Ovula	Cilag	
Oxiconazol	Myfungar® Creme, Lösung, Puder Oceral® Creme, Lösung, Puder	Siegfried	s. Clotrimazol Anwendung einmal täglich
b) Polyen-Anibiotika			
Amphotericin B	Ampho-Moronal® Creme, Salbe, Lösung, Lotio Ampho-Moronal®-V-Creme, Salbe, Lösung	v. Heyden	breites Wirkspektrum gegen Hefen, Schimmelpilze, weniger gegen Dermatophyten
Natamycin (Pimaricin)	Pimafucin® Creme, Puder, Vaginaltabletten	Basotherm	breites Wirkspektrum gegen Hefen, Schimmelpilze, Dermatophyten
Nystatin	Biofanal® Salbe Candio-Hermal® Creme, Paste, Puder, Salbe	Pfleger	s. Amphotericin B
	Moronal® Salbe, Ovula, Suspension, Puder	v. Heyden	
	Nystatin »Lederle« Creme, Paste, Salbe	Cyanamid	
c) Sonstige Antimyzetika			
Ciclopiroxolamin	Batrafen® Creme, Lösung, Puder	Cassella-Riedel	breites Wirkspektrum gegen Pilze, Hefen und Bakterien
Fenticlor	Antimyk® Salbe, Lösung	Pfleger	
Haloprogin	Mycanden® Salbe, Lösung	Asche	wirkt gegen Dermatophyten und Hefen
Naftifin	Exoderil® Creme, Gel, Lösung	Sandoz	breites Wirkspektrum gegen Dermatophyten, Hefen u. Schimmelpilze
Sulbentin	Fungiplex® Gel, Lösung, Nagellack, Puder, Salbe	Hermal	
Phenylmercuriborat	Exomycol® Gel	Zyma	gegen Dermatophyten und Hefen
Tolciclat	Fungifos® Creme, Lösung, Puder	Basotherm	s. Tolnaftat
Tolnaftat	Tonoftal® Creme, Lösung, Puder, Spray-Puder, Spray-Lösung	Essex	schmales, auf Dermatophyten begrenztes Wirkspektrum
	Sorgoa® Creme, Lösung	Scheurich	
	Tinatox® Creme, Lösung	Brenner	
	Tonoftal® N Creme, Salbe	Essex	durch Nystatin-Zusatz auch gegen Hefen und Schimmelpilze wirksam

sungen der erwähnten Art zum tageweisen Wechsel hintereinander unter Zwischenschaltung von Bädern mit einem handelsüblichen (fungistatischen) Detergens (Rei®, sebamed® flüssig), einer keratolytischen Salbe, wie etwa Salicyl-Phenol-Hebra-Salbe (s. S. 34) oder der Whitfieldschen Salbe (Compound Benzoic Acid Ointment BP 1980) mit modifizierter Salbengrundlage in folgender Formulierung an die Hand zu geben:

Rp.	Acid.salicyl.	3,0
	Acid.benzoic.	6,0
	Ol.Cocos hydrog.	20,0
	Ol.Arachid.hydrog.	20,0
	Vaselini albi	ad 100,0

Auch in der USP XXI ist die vorerwähnte Salbe unter Benzoic and Salicylic Acids Ointment aufgeführt, welche die Benzoesäure und Salicylsäure im Verhältnis 2:1 in einer passenden Salbengrundlage enthält.

Da nicht alle Antimykotika den *Soorpilz* oder *Schimmelpilze* hinreichend inhibieren, kommen für solche ätiologischen Sonderformen der Interdigitalmykosen das Polyen-Antibiotikum *Natamycin* (Pimaricin) in Frage. Der zur Gewinnung herangezogene Pilz Streptomyces natalensis stammte aus *Pie*ter*mari*t*z*burg in Natal, Südafrika. Handelspräparate sind Pimafucin® und Pimafucort® (mit Neomycin und Hydrocortison). Besonders eingeführt gegen Hefemykosen hat sich *Nystatin* (aus Streptomyces noursei, Name nach New York State Department of Health). Fertigarzneimittel sind: Moronal®, Candio-Hermal®, Nystatin „Lederle" und Biofanal®.

Eine entscheidende Wende für die Behandlung der Fungi imperfecti war aber durch die Einführung des aus Penicillium griseofulvum von Oxford, Raistrick u. Simonart 1939 isolierten und 1958 durch Gentles in seiner therapeutischen Bedeutung erkannten Antibiotikums *Griseofulvin* gekommen. Dieses, oral zugeführt, lagert sich im Keratin der Epidermis, der Haare und der Nägel an und ist hauptsächlich gegen Dermatophyten wirksam. Es entfaltet hingegen keine Effekte gegenüber Hefen, Schimmelpilzen, den Erregern der Pityriasis versicolor und des Erythrasma, was die eingangs betonte Notwendigkeit der kulturellen Identifizierung des Erregers in Zweifelsfällen unterstreicht. Das gleiche gilt im besonderen für die nordamerikanische Blastomykose, Histoplasmose, Kryptokokkose und Kokzidioidomykose. Die Dosierung beträgt beim Erwachsenen im allgemeinen 0,5 g/die der mikronisierten Zubereitung. Handelsüblich als Tabletten sind z. B. Likuden®M, Fulcin®S (zu je 0,125 g) und Likuden®M 500, Fulcin®S 500 (zu je 0,5 g). Eine weitere, ultramikronisierte Griseofulvin-Zubereitung sind Polygris® bzw. -mite Tabletten (zu 330 mg und 165 mg). Bei Griseofulvin sind mögliche Interaktionen zu beachten. Gleichzeitig eingenommene Barbiturate und Antikoagulantien können den Abbau von Griseofulvin beschleunigen, die Wirkung der Antikoagulantien kann abgeschwächt werden. Als Gegenindikation sind Hepatonephropathien sowie eine Gravidität zu berücksichtigen. Intoleranzreaktionen betreffen Granulozytopenien, toxische Exantheme nach Art der Jarisch-Herxheimer- und Krause-Reaktion sowie seltenerweise Lupus-erythematodes-ähnliche Reaktionen. Topographisch betrachtet, nimmt die Griseofulvin-Wirksamkeit anscheinend in kraniokaudaler Richtung ab, in welcher Regel sich bereits das unbefriedigende therapeutische Ansprechen gerade der Tinea pedis, soweit sie durch Fadenpilze hervorgerufen ist, widerspiegelt, das allerdings in der Hauptsache wohl durch die besonderen Terrainbedingungen dieser Region (Hornschichtdicke, Schweißdurchfeuchtung, Durchblutungsstörungen o. ä.) bedingt sein dürfte. Je fettreicher ferner die Kost, um so besser wird Griseofulvin aufgenommen,

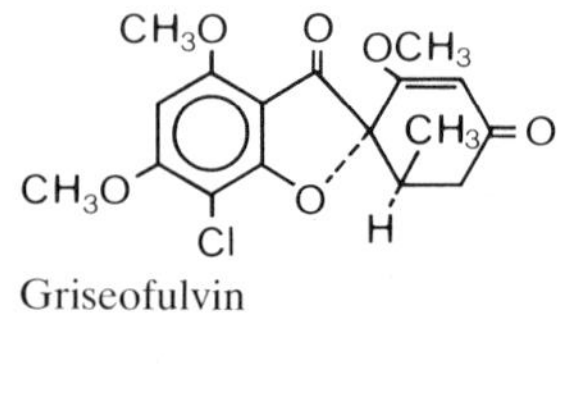

Griseofulvin

weswegen z.B. die Zufuhr in einem Glas Milch empfohlen werden kann. Bezüglich weiterer Einzelheiten zur Pharmakokinetik von Griseofulvin, wie im übrigen auch von Ketoconazol, siehe Schäfer-Korting M, Korting HC, Mutschler E. Pharmakokinetik oraler Antimykotika. Stuttgart–New York: Schattauer, 1985.

Zur *Vermeidung von Reinfektionen*, für die von den Kranken selbst häufig eine Anweisung gewünscht wird, sei zur Anwendung bei Schuhen und Wollstrümpfen Formalin empfohlen:

Rp. Formaldehydlösung 10%ig 200,0

Die zu desinfizierenden Gegenstände werden zusammen mit formalingetränkter Watte für etwa 48 Stunden in einen Plastikbeutel gebracht. Für Badematten und Holzroste gebrauche man Flächendesinfektionsmittel (z.B. Buraton® 10 F oder Ultrasol® F je 2% mit einer Einwirkungszeit von 1 Std.). Wichtigste Anweisung für den Fußpilzkranken bleibt aber, seine Hautoberfläche intakt und vor allem so trocken wie möglich zu halten (sorgfältiges Abtrocknen auch der Zehenzwischenräume nach einem Bad o.ä.). Behandlung und Nachbehandlung des Pilzbefalls sind ohne Rücksicht auf die (trockene, feuchte) Jahreszeit erforderlich. Deformierte Füße sind besonders pilzanfällig!

Ähnlich wie die Fußmykose stellt auch die *Tinea unguium*, sei sie durch Dermatophyten, Sproß- oder Schimmelpilze hervorgerufen, besondere Anforderungen an die Therapie. Meist beginnt eine solche Nagelmykose zuerst an einem Finger oder an einer Zehe, wie man auch wohl nur selten einem Befall gleichzeitig sämtlicher Zehen und Finger begegnet, wobei ersterer zwar weitaus häufiger ist, letzterer aber den Kranken eher zum Arzt führt. Charakteristisch sind der Verlust der Nageltransparenz, die holundermarkartige Aufbröckelung und der trübe, schwefelgelbe, seltenerweise bis schwärzliche Farbton der Nägel („Onychomycosis nigricans", hauptsächlich bei Symbiose mit Pyocyaneus o.a. Bakterien). Klinisch verrät sich der Nagelsoor durch den praktisch nie fehlenden subakuten Entzündungszustand des Nagelfalzes mit evtl. geringer eitriger Sekretion erst auf tangentialen Druck. Leider führt eine Griseofulvin-Einnahme über Wochen, selbst wenn Fadenpilze als Erreger gesichert sind, keinesfalls sicher zur Ausheilung, so daß neben dieser Systemtherapie auch heute noch die chirurgische Entfernung der Nägel, namentlich im Handbereich, in Frage kommen kann, was freilich ebensowenig sicher vor Rezidivbefall schützt, so daß demgemäß eine konsequente gleichzeitige Lokaltherapie, wie z.B. tägliches Einträufeln von 2%iger Iod- bzw. Lugol-Lösung auf die wiederholt schräg weitflächig angefeilten Nagelplatten unerläßlich ist.

Entfernung der Schwarzfärbung mittels 20%iger Natriumthiosulfatlösung. Neuere Spezialitäten zur Behandlung von *Onychomykosen* wären schließlich u.a. Fungiplex® Nagellack, welcher als Wirkstoff Sulbentin aufweist oder Onychofissan® Tinktur, welche 3 fungistatische Substanzen enthält, die in DMSO aufgenommen sind. Zum Ablösen pilzerkrankter Nägel kann auch Onychomal® Creme (mit 20% Harnstoff) dienen. Der pilzbefallene Nagel erfordert eine zusätzliche antimykotische Behandlung. Für Onychomykosen ist nach Nolting eine Salbe mit 40% Harnstoff und 1% Bifonazol, die sich in klinischer Prüfung befindet, geeignet. Ein Vorschlag für eine 40% Harnstoffsalbe wäre:

Rp. Ureae purae	40,0
Lanolini	20,0
Paraffini subliquid.	35,0
Paraffini solidi	5,0

Als onycholytische Salbe ist ferner geeignet:

Rp. Kal. iodati	10,0
Ricin. ol.	0,5
Eucerin. anhydr.	ad 20,0

Bei allen onycholytischen Applikationen sollte die Nagelumgebung mit Zinkpaste abgedeckt werden.

Im Vergleich zu den mäßigen Therapieerfolgen bei den Nagelmykosen zeigen die *mikronodösen follikulären Trichophytide der Unterschenkel*, die klinisch durchaus einer „Tinea granulomatosa nodularis cruris“ entsprechen können, auf Griseofulvin mit die frappantesten Erfolge, was angesichts der bei den meist weiblichen Patienten häufig gleichzeitig bestehenden *Perniosis follicularis* einerseits und der durchblutungsfördernden Nebenwirkung von Griseofulvin andererseits (vgl. z. B. Nagelsplitterblutungen als gelegentliche Nebenwirkung dieser Therapie) durchaus verständlich ist.

10.3 Trichophytien (Gruby 1844, Malmsten 1845)

Ihre wichtigsten klinischen Manifestationen, die durch Pilze der Gattung Trichophyton (gypseum, rosaceum, faviforme, crateriforme, violaceum usw.) hervorgerufen werden, betreffen *superfizielle, profunde* (Kerion Celsi, Sycosis parasitaria), selten auch *subkutane (Granuloma trichophyticum*, Majocchi 1883) Reaktionsformen. Die Hälfte der heute bei der Landbevölkerung vorkommenden tiefen Trichophytien dürfte durch Trichophyton verrucosum hervorgerufen werden. Diese Verrucosumtrichophytie wird überwiegend von Kälbern und weniger von Mensch zu Mensch erworben, wie auch generell stärker entzündliche, sog. phlegmasische Erscheinungsbilder im allgemeinen eher auf eine Übertragung vom Tier her hinweisen. Die unbehandelte superfizielle Trichophytie des Kapillitiums heilt häufig bei Eintritt der Pubertät ab, was auf eine dadurch bedingte Änderung des Fettsäuremusters im Kopfhauttalg zurückgeführt wird. „Id“-Reaktionen sind bei den Trichophytien grundsätzlich seltener als bei den zuvor abgehandelten „Epidermophytien“; sie sind im allgemeinen nur bei Kindern, ferner bei tiefen Primärherden zu beobachten. Die intrakutane Trichophytin-Therapie, die zusätzlich zu der Griseofulvin-Behandlung erfolgte (alle 4–5 Tage 1–3 intrakutane Quaddeln der Stammlösung 1:50, 1:40, 1:30, bis allenfalls 1:1), war nur bei der Trichophytia profunda wirksam, weswegen früher – was heute nur noch historisch erwähnenswert ist – die oberflächlichen Trichophytieformen vereinzelt bewußt erst, z. B. mit 10%iger Weinsteinsalbe (Oppenheim), zu einem *„Kerion“* oder einer *„Sykosis“*, d. h. zur Trichophytin-Sensibilität, umgewandelt wurden. Früher waren bei den tiefen Trichophytieformen einschmelzende Umschläge, z. B. mit Chloramin® 80 oder mit heißer Sublimatlösung,

Rp. Sol. Hydrarg. bichlorat. DAB 6 0,1%	200,0

mit nachfolgender Anwendung der Brookeschen Paste gebräuchlich:

Rp. Hydrarg. oleinici 5% Erg. B. 6	28,0
Vaselin. alb.	14,0
Zinc. oxidat.	
Amyl. tritici	āā 7,0
Ichthyol®	
Acid. salicyl.	āā 1,0

Wenn darüber hinaus auch die Epilation mit *Röntgenstrahlen* oder – wie früher bei Kindern üblich – mit *Thallium* heute dank *Griseofulvin* überholt ist, welches derzeit die Kardinaltherapie gerade auch der Trichophytien darstellt, so wird man sich zur Abkürzung dieser Behandlung gelegentlich aber doch noch der manuellen Epilation von Einzelherden mit der *Epilationspinzette* oder einem *chemischen Epilatorium* entsinnen, welches mit Wasser zu einem Brei gerührt auf den Herdbezirk für etwa 20–30 min aufgetragen wird:

Rp. Bar. sulfurat.	30,0
Zinc. oxid.	
Talci	āā ad 100,0

10.4 Favus (Tinea favosa, Erbgrind, Schönlein, Remak)

Die früher der Gattung „Achorion“, heute der Trichophytongruppe zugeordneten

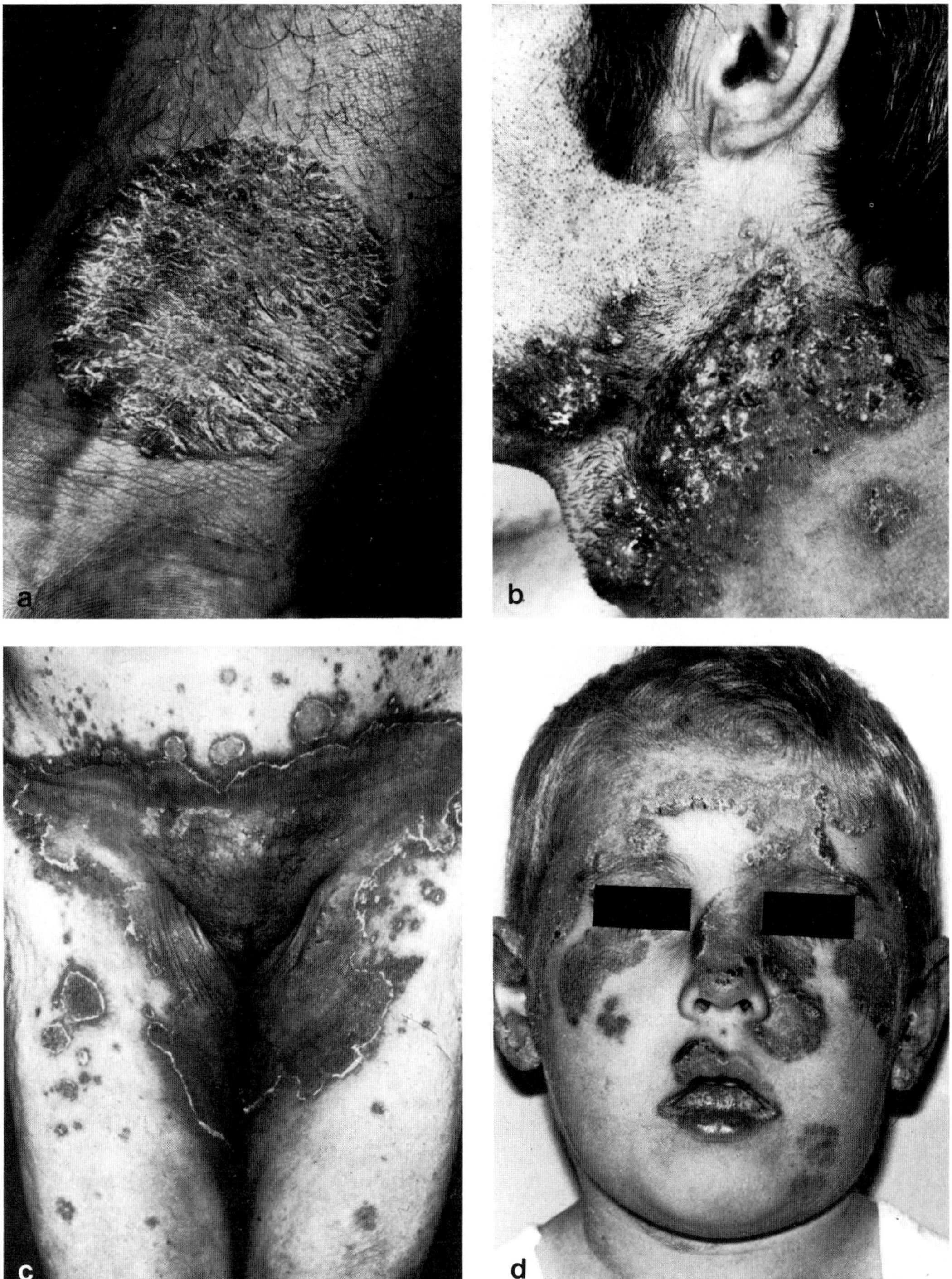

Abb. 24: Pilzkrankheiten: a) Trichophytia superficialis, b) Trichophytia profunda (Bartflechte), c) Candidosis intertriginosa, d) Candidosis granulomatosa

Favuserreger (Tr. schönleinii, Tr. quinkkeanum usw.) bilden unter Übertragung hauptsächlich von Mensch zu Mensch bei an sich geringer Kontagiosität charakteristische *Skutula*, d.h. an ihrer Unterfläche konvexe Schildchen mit bei Aufsicht eingebuchtetem Zentrum, schwefelgelbbräunlicher Farbe und mitunter kennzeichnendem Mäuse- bzw. Mäuseharngeruch (Azetamid). Mitunter kommt es auch zu atypischen Favusformen mit Ähnlichkeit zum seborrhoischen Ekzem, wie sie hauptsächlich als Favus pityroides (Cazenave) bekannt wurden. Nur bei schlechtem Kräftezustand, und so besonders bei heruntergekommenen Kindern, sieht man ferner generalisierte Ausbreitung oder „Favide". Der Favus ist eine meldepflichtige Erkrankung. Noch Jahre nach Abheilung, die durchaus spontan erfolgen kann, ist das Überstehen dieser Erkrankung an der charakteristischen narbigen Favusalopezie ablesbar. Der Favus wird durch Griseofulvin in üblicher Dosierung (s.o.) deutlich, wenn auch etwas langsamer als die Trichophytien, beeinflußt. Der Tierfavus (z.B. Tr. quinckeanum) bildet sich beim Menschen schneller spontan als die Tr.-schönleinii-Infektion zurück. Lokal unterstützend kann eine Salicyl(2%)-Schwefel(5%)-Salbe wirken.

10.5 Mikrosporie

Auch bei der (meldepflichtigen) Mikrosporie, die durch die Arten Microsporon audouini (Gruby 1843), canis, gypseum hervorgerufen wird, stellt die Verabfolgung von Griseofulvin die Therapie der Wahl dar, wodurch glücklicherweise auch hier die früher erforderlichen Röntgen- oder Thalliumepilationen obsolet wurden. Befallen werden von den Mikrosporieerregern, die neben der Identifizierung im Nativ- oder Kulturverfahren an der bereits erwähnten charakteristischen blaugrünen Fluoreszenz ihrer Krankheitsprodukte im Wood-Licht zu erfassen sind, hauptsächlich Kinderköpfe (z.T. wegen der geringen fungistatischen Qualitäten des infantilen Kopfhautsebums) unter eigenartiger Verschonung Rothaariger. Zur Entwicklung kommen rundliche oder ovale, grauweiße Krankheitsherde, innerhalb derer die Haare bis auf kurze, weißumscheidete Haarstümpfe abbrechen, so daß derartige Areale mit einer schlecht gemähten Wiese vergleichbar oder wie mit Asche oder Mehl bestäubt erscheinen. Im Hinblick auf die große Kontagiosität der Mikrosporieinfektion sind Wood-Licht-Umgebungsuntersuchungen in Schulen, Kinderheimen, Waisenhäusern o.ä. unbedingt angezeigt, wie auch die Wood-Licht-Kontrolle des Heilerfolgs ihre strikte Indikation hat, zumal selbst unter dem Griseofulvin-Einfluß sich das Mikrosporiehaar infektiös erweist. Neben der Griseofulvin-Behandlung, die auch auf infektiöse Tiere, z.B. Katzen (tgl. 40–60 mg), ausgedehnt werden kann, ist die Anwendung eines externen Antimyzetikums, wie im Abschnitt „Tinea" angegeben, empfehlenswert.

10.6 Pityriasis versicolor

Bei dieser Kleieflechte (Erreger: Microsporon furfur, Eichstedt 1846 bzw. Malassezia furfur) mit ihrem charakteristischen Vorzugssitz im Rumpfbereich finden sich von Fall zu Fall unterschiedlich („versicolor") gelbliche bis rotbräunliche, mit dem schabenden Spatel sich hobelspanartig lamellös abhebende, im allgemeinen glatte, irregulär zirzinäre, nach intensiver Besonnung auch negativbildartig untingierte Veränderungen (Pityriasis versicolor „alba"). Bekannt ist die Prädisposition infolge starker Schweißdurchfeuchtung, z.B. bei Phthisikern, Heizern, Hochofenarbeitern, Glasbläsern o.ä. Förderlich ist ferner hygienische Überbeanspruchung durch tägliches warmes Baden oder Brausen, ferner Sauna (!) ohne gründliche Nachtrocknung. An diesem Punkt hat auch die **therapeutische Beratung** des Patienten einzusetzen (Lungenkontrolle, innerlich als Antihidrotikum vornehmlich Salbei, z. B. Salbeiblätter (Salviae folium DAB 9) als Tee oder Pflanzenauszug, als Salvysat® Bürger Tropfen, Drag., auch Eukliman® (Belladonna-Alkaloide, Nitroglycerin, Phenobarbital, Ol. Salviae, Menthol. valerian. oder ähnliches). Im übrigen ist der Pilznachweis der Erreger leicht, während die Züchtung mißlingt. Ansonsten ist der sich saprophytär verhaltende Erreger der Tinea versicolor zwar prompt zu einem reaktionsarmen Verhalten zurückzudrängen, aber umgekehrt schwer durch eine nicht ausdauernd genug über längere Zeit durchgeführte Behandlung zu beseitigen, zumal wenn die eingangs erwähnten disponierenden Faktoren weiterbestehen. Griseofulvin ist ohne Effekt. Man verschreibt im allgemeinen einen oberflächlich keratolytischen Spiritus mit desinfizierenden Zusätzen wie etwa:

Rp. Acid. salicyl.	3,0
Chlorhexid. acetic.	0,5
Glycerini	5,0
Alcohol. isopropyl. 70 %	ad 100,0

Dazu erscheint zum Baden, welches in seiner Häufigkeit während der Therapie eingeschränkt werden soll, die Anwendung von Detergenzien (z. B. Rei®, sebamed® flüssig) oder von 2,5 % Selen(IV)-sulfid in Suspension (Selsun®, Selukos) oder in Pastenform mit Schwefel und Allantoin (Ellsurex®) empfehlenswert. Bei hartnäckigen Fällen kommt die Anwendung eines schwachprozentigen Salicyl-Schwefel-Vaselins in Frage. Neuerdings wird man auch an die Anwendung eines Breitspektrum-Antimykotikums, Clotrimazol (z. B. Canesten®) oder Bifonazol (Microspor®), denken müssen, welches aber, entweder als Lösung oder Creme, 2–3mal tägl. für etwa 3–4 Wochen anzuwenden wäre. Sehr bewährt hat sich bei uns in letzter Zeit auch Econazol als Epi-Pevaryl® P. v. Lösung.

10.7 Erythrasma

Beim Erythrasma (Erreger: Microsporon minutissimum, Burchardt 1854, bzw. Nocardia minutissima [Verdun], nach Sarkany Erythromycin-sensible Corynebakterien) begegnen wir meist genitokrural, gelegentlich aber auch axillär, bräunlichen, mitunter an eine Parapsoriasis en plaques erinnernden, scharfbegrenzten und in ihrer Tönung homogenen, auf Kratzen zart-squamösen, subjektiv völlig inerten Erythemen. Aus deren Bereich sind mikroskopisch unter der Ölimmersion zarte Myzelfäden feststellbar. Auf jeden Fall sind die Herde im Gegensatz zum „Eccema marginatum“ (= Tinea inguinalis) randwärts nicht sonderlich betont. Unter Wood-Licht häufig korallenrote Fluoreszenz. Sie ist wahrscheinlich auf die Produktion von Koproporphyrin durch die diphtheroiden Stäbchen zurückzuführen (Sarkany u. Mitarb.).

Ein Erythrasma läßt sich nach allgemeiner Erfahrung durch eine oberflächliche keratolytische wie antiparasitäre **Lokaltherapie** ebenso sicher „beseitigen“, wie es andererseits ebenso regelmäßig nach zu rascher Einstellung der Behandlung wieder in Erscheinung tritt. In den ersten Behandlungstagen empfiehlt sich die Anwendung der Castellanischen-(s. S. 35) oder der Arningschen Lösung (s. S. 35). Brauchbar sind ferner 8-Hydroxychinolin-Derivate, wie Chlorisept® o. ä. oder aber eine verdünnte Alkoholische Iodlösung (Rp. Iod. solut. 2 %). Falls eine farblose Lokaltherapie wünschenswert erscheint, ist von einem der zahlreichen handelsüblichen Fertigarzneimitteln, wie etwa Canesten®-, Exoderil®-, Mycospor®-Lösung Gebrauch zu machen. Zur Nachbehandlung und zur Sicherung des Behandlungserfolgs sollte der Patient regelmäßig Betupfungen mit 2 % Salicyl-Ethanol (70 %) oder mit Salicylsäure(1 %)-Chlorhexidinacetat(0,5 %)-Ethanol (70 %) vornehmen, für häufigen Wechsel der Leibwäsche Sorge tragen und im Sommer nach Möglichkeit oft Luftbäder durchführen. Eine Griseofulvin-Behandlung ist aussichtslos. Dagegen sprechen auch inveterierte oder ausgedehnte Erythrasmen, wie eingangs erwähnt, prompt auf Erythromycin (Erycinum®, Erythrocin®, 4mal täglich 1–2 Dragees bzw. Filmtabletten zu 0,25 g über 4–8 Tage) an.

10.8 Trichomycosis axillaris palmellina (Trichobacteriosis)

Diese auch „Lepothrix" (Paxton) benannte perlschnurartige Verklebung der Achselhöhlenhaare wird durch eine Doppelinfektion von Mikrokokken und Nocardia tenuis hervorgerufen. Die Bezeichnung „palmellina" bedeutet roter Farbstoff der Alge Palmella cruenta.

Die **Behandlung** besteht im Abschneiden der Haare und nachfolgender Desinfektion der Achselhöhlenregion mit einem 2%-Salicyl-0,5%-Chlorhexidinacetat-70%-Isopropylalkohol. Wiederholtes Einpudern, z.B. mit Fissan®-Baby-Puder, ist zur Nachbehandlung empfehlenswert.

10.9 Candidosis (Soor, „thrush", „muguet")

Die hauptsächlich durch Candida albicans, einer seit 1839 (v. Langenbeck) bzw. 1841 (Berg) bekannten anaskosporogenen Hefe, verursachte Candidamykose ruft im Haut-Schleimhaut-Bereich Veränderungen u.a. unter dem Bilde einer *Perlèche* (s.S. 264), einer *Erosio interdigitalis* (Fabry 1917-), einer *Intertrigo,* einer *Paronychie* (s.S. 262) sowie einer *Onychomykose* (s.S. 101), seltenerweise auch eines *Granuloms* hervor. Während hierbei auf der Haut z.T. lackartig sattrote Erytheme mit satellitenartiger, korymbiformer Ausstreuung oder fransenartig flottierenden Schuppenkrausen am Rand vorherrschen, finden sich epimukös auf dem Boden evtl. vorangehender Erytheme spritzerartige und charakteristisch leicht abschiebbare, also pseudomembranöse, schneeweiße Beläge, die früher als „Schwämmchen" bezeichnet wurden. Solche Soormanifestationen werden heute nicht nur bei zahnlosen dysergen Säuglingen oder Greisen sowie auf dem Boden speckiger Pemphigusdurchfeuchtungen, sondern mitunter sogar nach bloß kurzfristiger Störung des physiologischen Gleichgewichts zwischen Bakterien und Pilzen durch Antibiotika, nach oralen Kontrazeptiva, weniger auch nach Corticosteroidzufuhr angetroffen. Abgesehen von der *Soorotomykose,* werden durch die Gattung Candida, die etwa 30 Unterarten umfaßt, *Balanitiden, Prostatitiden, Zystitiden* und *Vulvovaginitiden* hervorgerufen, die im besonderen zum Ausschluß eines Diabetes mellitus als Grundleiden veranlassen müssen. Zur klinischen Abgrenzung gegenüber Trichomonadenfluor sei erwähnt, daß dieser im Gegensatz zur Candidasymptomatik, schaumig und unangenehm fötide erscheint, keine Stippchen oder pseudomembranöse Auflagerungen wie der Soor hervorruft und im Gegensatz zu diesem auch kein sonderliches Juckgefühl bedingt. Serologische Nachweismethoden sind nur für die Candidosis innerer Organe oder die Candidasepsis wichtig.

Die **Behandlung** der Candidamykose verwendet nach Ausschluß der Basisfaktoren (Diabetes mellitus, Störung der Mundflora durch Antibiotika, Mangel an Eisen und Vitaminen des B-Komplexes, medikamentös verminderte Abwehrlage, Zinkmangel bei langzeitig parenteral Ernährten) lokal sowohl auf der Haut wie auf der Schleimhaut zunächst Farbstoffe. Von diesen sind in erster Linie der Tintenstiftfarbstoff Gentianaviolett DAC-1986 (syn. Methylviolett, Pyoktanin) und Brillantgrün (Malachitgrün B), jeweils 0,5% wäßrig, aber auch 8-Hydroxychinolin-Derivate wie Chinosol®-Lösungen 0,1%, Chlorisept® (Cloxiquin mit Salicyl- und Benzoesäure kombiniert) anzuführen. Für den Hautbereich sind ferner 1% Clioquinol-Zinkoxid-Schüttelmixtur (Vioform®) neben Castellani solutio NRF, 10% Schwefel-Zinkoxid-Schüttelmixtur oder 10% Mesulfen-Zinkpaste (Mitigal®) im Wechsel anzuwenden.

Heute wird man vor allem auf das soorspezifische Nystatin (Moronal®) zurückgreifen, welches 1950 von Hazan u. Brown aus dem Pilzstamm Streptomyces noursei isoliert wurde. Sein Wirkungsspektrum umfaßt Dermatophyten und Hefen. Entsprechende Behandlungen sind, wie generell bei allen Pilzinfektionen überhaupt, über 4 und mehr Wochen hindurch durchzuführen. Der Name des Pilzes (Streptomyces noursei) geht auf den Fundort, die Farm eines Mr. *Nourse* in Virginia, zurück, während die Bezeichnung Nystatin an die Laboratorien des *N*ew *Y*ork *State* Department of Health erinnern soll, in denen die weiteren Untersuchungen durchgeführt worden waren.

Ein gleich wirksames Polyen-Antibiotikum ist Amphotericin B (Ampho-Moronal®), das aus den Kulturfiltraten von Streptomyces nodosus isoliert wurde und bei In-vitro-Untersuchungen eine höhere Aktivität als Nystatin gezeigt hat. Beide Antibiotika werden oral nicht oder nur sehr gering resorbiert und dienen der Reduzierung und Eliminierung von pathogenen Hefen im Darmtrakt.

Bei *Mundsoor* wird Nystatin (Moronal®, Candio-Hermal®, Nystatin „Lederle") nach den Mahlzeiten in die Mundhöhle mit einer Pipette als Suspension 3-6mal täglich 1 ml (100 000 I. E.) eingeträufelt, die nach längerem Behalten im Mund heruntergeschluckt wird. Amphotericin-B-Suspension (Ampho-Moronal®) im allgemeinen 4mal täglich 1 ml (100 mg) einträufeln bzw. 4mal täglich 1 Lutschtablette (10 mg) langsam im Mund zergehen lassen.

Bei *Gastrointestinalsoor* erhalten Erwachsene 3mal täglich 1–2 Dragees Nystatin (zu 500 000 I. E.) oder 2mal täglich 1–2 Tabletten Amphotericin B (zu 100 mg), ferner auch Pimafucin® Dragees magensaftresistent (Natamycin) und Pimafucin® Lutschpastillen zuckerfrei. Eine kohlenhydratarme Kost, jedoch Milchzucker ohne Beschränkung z. B. Eugalan Töpfer forte Pulver (mit Bifidumbakterien, Eiweiß, Lactose und Lactulose) ist angezeigt.

Beim *Windelsoor* wird man vorzugsweise über die medikamentöse Behandlung hinaus auch um eine diätetische Einschränkung der Hefen-Vermehrung bemüht sein, d. h. mit anderen Worten: Einschränkung von Kohlenhydraten in jeglicher Weise, vornehmlich von Zucker, Kuchen, süßem Obst bei andererseits hinreichender Bedarfsdeckung mittels Gemüse, Salaten, Milchprodukten, Fleisch und Eiern. Im Gegensatz zu Obstsäften scheint die Zufuhr von Gemüsesäften erlaubt.

Bei *Scheidensoor* werden Nystatin-Ovula (je 100 000 I. E.) zunächst einige Tage 2mal, dann etwa 7 Tage täglich 1mal tief eingeführt. Ein weiteres Spezifikum zur Therapie der vulvovaginalen Candidosis sind ferner Pimafucin® Vaginaltabletten (mit Natamycin) oder Gyno-Daktar®- bzw. Gyno-Monistat®-Ovula (mit Miconazol). Auf keinen Fall wären bei hartnäckigen Formen von Scheidensoor Auspinselungen der Vagina mit 0,5% wäßriger Gentianaviolett-Lösung unter Spekulumeinstellung etwa überholt. Systematisch steht bei diesen Fällen heute jedoch Ketoconazol (Nizoral®, 5 Tage 2 Tabletten täglich) im Vordergrund.

Bei *Soorbalanitis* wird man abwechselnd Nystatin-Puder oder -Salbe verwenden und auf gleichzeitige Partnerbehandlung Wert legen. Äußerst prompt effektiv ist Ampho-Moronal® V-Lösung.

Bei *Urethritis mycotica* führe man Moronal® V-Salbe (enthält zusätzlich Triamcinolon, Neomycin, Gramicidin) ein.

Bei *Cystitis mycotica* kann man Instillationen mit Moronal®-Reinsubstanz (500 000 I. E. auf 50 ml isotonischer Natriumchlorid-Lösung) durchführen.

Bei *Lungensoor* kommt in leichteren Fällen auch die Anwendung von Natamycin (Pimafucin® 2,5 % Suspension) als Inhalation in der Dosierung 3mal täglich 2,5 mg in Betracht. Ferner kann Moronal® Reinsubstanz (1 Flasche in 5 ml steriler isotonischer Natriumchlorid-Lösung aufgelöst) oder in Wasser für Injektionszwecke gelöste Amphotericin-B-Trockensubstanz nach vorheriger Gabe eines Broncholytikums (z. B. Aludrin® Dosier-Aerosol) als „Lungenöffner" inhaliert werden. Schließlich steht als letzte Hilfe bei generalisiertem Soor, vornehmlich Candidasepsis, einer bronchopulmonalen oder zentralnervösen Candidamykose oder für die Candidosis granulomatosa der Haut Amphotericin B zur Verfügung. Die systemische Anwendung ist allerdings durch eine Reihe toxischer Nebenwirkungen (mögliche Nephrotoxizität, Thrombopenien, Erbrechen, Kopfschmerz, Leberschäden, Infusionsphlebitiden), außerdem durch Lichtempfindlichkeit der Lösung, wodurch eine äußerlich nicht erkennbare Zersetzung eintritt (deshalb die Flasche während der Infusion mit schwarzem Papier umkleiden), belastet. Die Amphotericin-B-Zufuhr erfolgt in 5 %iger Sorbit- oder Glucoselösung (pH-Werte müssen über 4,2 liegen). Eine Auflösung in isotonischer Kochsalzlösung ist unbedingt zu vermeiden, da es zur Ausfällung der Substanz käme. Die Tagesdosis von anfänglich 0,1 mg/kg KG wird nach und nach auf 1,0 mg/kg KG erhöht. Bei schwerkranken Patienten kann die Dosis vorsichtig unter Beachtung der Nebenwirkungen auf maximal 1,5 mg/kg KG gesteigert werden. Anscheinend kann ein Teil der Nebenwirkungen, von denen nicht zuletzt auch der Anstieg der Serumharnstoffwerte beachtlich ist, durch gleichzeitige Corticoid-Darreichung gemildert werden. Die Therapie ist langfristig in Kombination (bei getrennter Verabfolgung) mit Flucytosin (Ancotil® Roche Infusionslösung) durchzuführen. Durch diese alternierende Anwendung wird die Therapiedauer auf 4–8 Wochen verkürzt und die Dosis von Amphotericin B kann verringert werden (auf 0,3–0,6 mg/kg KG/die). Bei Flucytosin, das ebenfalls wie Amphotericin B die Nierenfunktion belastet, sollte während der Behandlung eine Sensibilisierungsprüfung vorgenommen werden. Ferner stehen zur intravenösen Zufuhr auch Miconazol (Daktar®) und außerdem oral Ketoconazol (Nizoral®) unter Berücksichtigung der möglichen Hepatotoxizität dieses Mittels zur Verfügung.

Speziell beim Candidagranulom ist – offenbar ähnlich wie bei der Aktinomykose – auch die bakterielle Komponente von Bedeutung. Im übrigen kann man bei diesem auch Amphotericin B lokal anwenden (Ampho-Moronal® Salbe, Creme, Lotio) und diesen Effekt evtl. noch durch Dimethylsulfoxid (DMSO) verstärken.

Schließlich sei als eine heute wichtige Prophylaxeform bei drohender Candidamykose bei einer notwendigen Verabfolgung von Tetracyclinen auf die Verordnung von Kombinationspräparaten wie Mysteclin® Kapseln (Tetracyclin + Amphotericin B) hingewiesen.

10.10 Aktinomykose

Die durch anaerobe „Strahlenpilze“ (die wegen ihrer Myzelbildung lange Zeit als Pilze angesehen wurden, aber jetzt zu den Bakterien gezählt werden) hervorgerufene *Aktinomykose* geht auf die ersten Beobachtungen von v. Langenbeck (1839), Bollinger (1877), Israel (1878) sowie Ponfick (1822) zurück. Sie ist klinisch von der Nocardiose meist nicht zu trennen, wird verursacht hauptsächlich durch Actinomyces israelii und beginnt meist *zervikofazial* (kariöse Zähne, Zahnextraktionen, Kieferfrakturen, Schleimhautverletzungen durch Gräten oder Grannen). Es entwickeln sich einzelne oder multiple, subkutane, brettharte und in der Folge polyfistulös erweichende knotige Infiltrate, die z.T. deutlich körniges und demgemäß zwischen Objektträgern knirschendes, weil drusenhaltiges Sekret entleeren. Diese *Pilzdrusen* sind strahlenförmig angeordnete Myzelien, die sich nach Gram positiv färben. Erscheint der Eiter drusenfrei, so versuche man mit dem scharfen Löffel aus dem Abszeß tiefer liegendes Material zu gewinnen und dem anaeroben bzw. mikroaerophilen Bebrütungsversuch nach Fortner mit Serratia marcescens (früher Bacillus prodigiosus) als O_2-Zehrer zuzuführen. Seltenerweise können auch Zunge oder andere Anteile der Mundhöhle selbst betroffen werden. Darüber hinaus sind Fälle von Darm-, Lungen- und Genitalaktinomykose bekanntgeworden. Ein spezifisches histologisches Substrat besteht außer dem Drusennachweis innerhalb eines tuberkuloiden Granulationsgewebes nicht.

Bei *Nocardiose* – die 1888 von Nocard entdeckten Mikroorganismen (Nocardia asteroides) sind aerob und z.T. säurefest – handelt es sich erscheinungsbildlich um „primäre Hautaktinomykosen“, und zwar meist disseminierte, purulente, sich stecknadelkopfgroß öffnende Granulome, die bei subkutanem Sitz und tumorösem Gepräge häufig auch *„Myzetome“* (Carther) genannt werden.

In der **Behandlung** der Aktinomykose prävalieren chirurgische und chemotherapeutische Maßnahmen. Bei letzteren ist zu berücksichtigen, daß es sich um eine Mischinfektion handelt, die unzweifelhaft erst durch eine Begleitflora von Anaerobiern (z.B. Actinobacillus actinomycetem comitans, Bacteroides) und Aerobiern (z.B. Staphylococcus aureus, α- und β-hämolysierende Streptokokken) zur vollen klinischen Entwicklung gelangt. Mittel der Wahl ist eine hochdosierte Penicillin-G-Gabe (1–5 Mega I.E./die bei zervikofazialem Typ, bei den viszeralen Formen weitaus höher, so etwa 10 Mega I.E./die über 2–3 Monate und mehr) oder eine höher dosierte Verabreichung von Ampicillin (Amblosin®, Binotal®) über längere Zeit. Zur Nachbehandlung wird auf orales Phenoxymethylpenicillin 2–5 Mega I.E./die übergegangen (Beromycin®, Isocillin®, Megacillin® oral). In Einzelfällen wird diese Therapie „enttäuschen", zumal Actinobacillus actinomycetem comitans gegenüber Penicillin G, wie übrigens auch gegenüber Erythromycin, resistent ist. In solchen Fällen oder bei Penicillin-Allergie wird man auf Tetracyclin (2 g/die als Achromycin®, Hostacyclin®) oder Doxycyclin (z.B. Vibramycin®N), Flucloxacillin (Staphylex®), Clindamycin i.v. (Sobelin®) oder ein Cephalosporin wie Cefotaxim (Claforan®) oder Cefoxitin (Mefoxitin®) übergehen. Sprechen die bisher genannten Antibiotika überhaupt nicht an, ist mit der klinisch ähnlichen Nocardiose zu rechnen, die dann neben chirurgischen Maßnahmen hochdosiert mit Sulfonamiden wie Cotrimoxazol (Bactrim®, Eusaprim®) oder Rifampicin (Rifa®, Rimactan®) angegangen wird.

10.11 Blastomykosen

Bei der *nordamerikanischen Blastomykose (Morbus Gilchrist),* die durch Blastomyces dermatidis hauptsächlich bei Männern hervorgerufen wird, kommt es nach meist primärem symptomarmen Lungenbefall zur sekundären Weiterausstreuung, bevorzugt auch im Hautbereich, wo dann furunkuloide oder frambösieartig vegetierende, ulzerogummöse Veränderungen zur Entwicklung gelangen. Hinsichtlich der *europäischen Blastomykose* (Morbus Busse-Buschke), (Kryptokokkose, Torulose), die durch Cryptococcus neoformans (eine Hefeart!) hervorgerufen wird, existieren Beobachtungen über schleichend polytope, pulmonale, zentralnervöse, septische, aber auch primär-kutane und -muköse Manifestationen unter vielfältigem papulopustulösem oder ebenfalls fungös-verrukösem Erscheinungsbild (Erregernachweis aus Liquor oder 24-Stunden-Urin).

Therapeutisch stehen bei der Kryptokokkose Antimykotika, Röntgentherapie und chirurgische Maßnahmen im Vordergrund. Die früher übliche Gabe von Iod oder Stilbamidin ist durch die der Antimykotika Amphotericin B und Flucytosin (Ancotil®) abgelöst worden. Amphotericin B ist zwar gut wirksam, jedoch sind die toxischen Nebenwirkungen beträchtlich. Deshalb müssen unter der Therapie laufend Serumharnstoff-, Serumkreatinin-, Serumkalium- und Hämoglobinwerte kontrolliert werden. Serumkreatinin sollte 3 mg/100 ml und Harnstickstoff 40 mg/100 ml nicht überschreiten. Flucytosin zeichnet sich durch gute Verträglichkeit aus, ist aber wegen häufiger Resistenzentwicklung in seiner Wirksamkeit beeinträchtigt. Eine alternative Verabreichung von Amphotericin B und Flucytosin ist deshalb empfehlenswert. Über die Anwendung und Dosierung derselben s.S. 108. Die Imidazole, wie z.B. Miconazol (Daktar®) und Ketoconazol (Nizoral®) befinden sich für diese Indikation in der Erprobung. Einzelne Blastomykoseherde, die leicht zu lokalisieren sind, können weit im Gesunden exzidiert werden.

10.12 Sporotrichose

Die Sporotrichose ist eine meist an den Extremitäten sitzende, von Schenk 1898 in den USA, in Europa von de Beurmann und Ramond, später von Gougerot eingehend klinisch und erregermäßig abgeklärte Dermatose. Die Erkrankung, die im Hautbereich durch Inokulation des Erregers Sporothrix schenkii über eine Eintrittspforte lokalisiert ist, breitet sich klassischerweise lymphangiitisch bzw. wurmförmig sukzessiv aus. Sie ist weniger häufig auch subkutan disseminiert. Das eminent chronisch und zumindest subakut verlaufende und nicht selten urogenital absiedelnde Krankheitsbild ist in feuchtwarmen tropischen und subtropischen Regionen (Mexiko, Brasilien) endemisch.

Therapeutisch ist wohl auch heute noch Kalium iodatum das Mittel der Wahl (3–4 g/die), und zwar über einige Wochen und weiterhin 4 Wochen über die klinische Abheilung hinaus, da Rezidive erfahrungsgemäß nicht mehr so iodsensibel sind. Auch wurden Versuche mit Griseofulvin (Löwenthal) und Hydroxystilbamin unternommen; Penicillin und Streptomycin, hingegen nicht Chlortetracyclin, sind vermutlich erregerwachstumsfördernd. Neuerdings wäre auch eine Zufuhr von Ketoconazol (Nizoral®) erwägenswert. Chirurgische Manipulationen sind eher zu vermeiden, während Röntgentherapie bei verrukös-papillomatösen Erscheinungsformen kosmetisch günstige Rückbildungen unter der genannten Basistherapie zu fördern vermag.

(Näheres über sonstige seltenere oder tropische Mykosen muß Spezialwerken entnommen werden.)

11 Zoonosen

11.1 Skabies (Krätze)

Erreger ist die zu den Spinnentieren gehörende Milbe Acarus siro oder *Sarcoptes scabiei.* Nach einer Inkubation von etwa 3–6 Wochen finden sich die charakteristischen, täglich mehrere Millimeter weiter getriebenen *Gänge* (Inhalt: Weibchen, Gelege, Skybala) fast überall, jedoch sind Interdigitalräume, vordere Achselfalten, Brustwarzen, Penis und Nabel bevorzugt, während Gesicht und Nacken, in gewissem Ausmaß auch der Rücken, freibleiben, ebenso wie bei Autoschlossern, Tankwarten oder anderen Personen mit manuellen Tätigkeiten die Hände unbeteiligt erscheinen. Ein Kind, das sich im Bett die Fußsohlen aneinanderreibt, ist auf Skabies verdächtig. Die blindsackartigen Gänge können durch Füllfederhaltertinte oder Tintenstift deutlicher gemacht werden. Zur Feststellung des Erregers werden sie an ihrem Ende, dem Milbenhügel, mit einer Stecknadel oder mit einem scharfen Messerchen im Flachschnitt entfernt und im Mikroskop mit Lupenvergrößerung betrachtet. Die männlichen Milben leben mehr auf der Haut oder in lockeren Krustenschichten und gehen bald nach der Kopulation zugrunde. Der bevorzugt bei Bettwärme sich unerträglich steigernde Juckreiz führt zu Exkoriationen und Pyodermisierung: bei Kindern häufig strophulusartig, bei Erwachsenen charakteristische Impetigo der Gesäßbacken.

Unter *Scabies norvegica* (K. W. Boeck) wird eine Borkenkrätze verstanden, die bei Retardierten offenbar entweder durch eine Allergie (Eosinophilie!) oder Indolenz der Haut zustande kommt. Neben Sarcoptes hominis kommen seltenerweise auch andere Milben beim Menschen vor (Pferderäude, ferner Krätzen bei Goldhamstern, Katzen, Füchsen, Hirschen, Gemsen und bei Jagdhunden).

Bei Kaufleuten findet sich die *Krämerkrätze* durch Tyroglyphiden, die auf Käse, Koprakernen, getrockneten Datteln, Pflaumen, Vanilleschoten o.ä. schmarotzen. Von diesen in der Hauptsache auch auf Tieren lebenden Milben bleiben beim Menschen die Hände frei, auch fehlen die Gänge. Es finden sich normalerweise lediglich juckende stecknadelkopfgroße Papeln von häufig besonders dichter Aussaat an Stellen, an denen die Kleidung dicht anliegt. Ein krätzeähnliches Bild, hauptsächlich im Rumpfbereich, wird ferner durch *Dermanyssus avium s. gallinarum* aus der Familie der Gamasiden (Hühnerställe, Taubenschläge, Vogelkäfige) hervorgerufen. Bei diesen Tiermilben erübrigt sich die Anwendung von Antiskabiosa. Hierbei reicht meist eine antiekzematöse Therapie.

Die **Therapie** der durch Sarcoptes scabiei hervorgerufenen Krätze beginnt mit einem warmen Bad unter Verwendung von reichlich Seife, vor allem Kern- oder Schmierseife. Die meisten der früher üblichen Verordnungen sollten, weil zu nephroblaptisch, nicht mehr zur Anwendung kommen, das gilt z.B. für die Wilkinson-Salbe, die Birkenteer, sublimierten Schwefel, Kalziumkarbonat, Schmierseife (Sapo kalinus) und Schweinefett enthält, oder für das ähnlich zusammengesetzte „Ungt. contra scabiem" nach DAB 6 und vor allem für die Anwendung von Perubalsam. Nicht überholt sind dagegen Schwefelsalben, für die übrigens wegen der feineren Verteilung nur Sulfur. *praecipitat.* rezeptiert werden sollte (kleine Kinder 3%ig, größere Kinder 6%ig, Erwachsene 10%ig). Sehr wirksam für eine *Krätzeschnellkur* ist auch folgende Verschreibung (Hardy, Helmerich, Oppenheim):

Rp. Sulfur. praecipitat.	25,0
Kali. carbonic.	5,0
Vaselin. alb.	125,0

Derartige Antiskabiosa werden, mit Ausnahme des Kopfes, 3 Tage hintereinander 2mal täglich eingerieben, und die Kur wird darauf mit einem Vollbad abgeschlossen. In Gemeinschaft lebende Personen sind mitzubehandeln. Derzeit wird man anstelle der genannten Schwefelsalben vor allem auch *Benzylbenzoat,* den Hauptbestandteil des Perubalsams, verwenden, und zwar entsprechend den Empfehlungen von L. Nielsen sowie Kissmeyer z. B. zu gleichen Teilen mit Isopropylalkohol und Schmierseife. An Fertigarzneimitteln sind zu nennen: Antiscabiosum Mago KG Emulsion oder Mitigal® (Mesulfen, Inhalt der Packung von 75 g an 3 aufeinanderfolgenden Abenden über den ganzen Körper vom Hals bis zu den Zehen sorgfältig und dünn einreiben, je ein warmes Seifenbad vor und nach der Kur, frische Bett- und Leibwäsche) sowie Jacutin® Emulsion (γ-Hexachlorcyclohexan mit Benzylbenzoat, 0,3% in O/W-Emulsion); nach

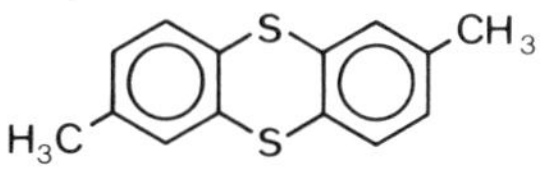

Mesulfen (Mitigal®)

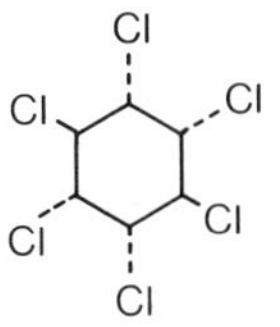

γ-Hexachlorcyclohexan
Lindan(e) USP XXI
Gamma Benzene Hydrochloride BP 1980
syn. Gamma-HCH, Gamma-BHC,
Benzolhexachlorid (BHC), Gammexan

warmem Körperbad und sorgfältiger Entfernung etwa vorangegangener fett- und ölhaltiger Präparate *einmalige* Einreibung, in besonders ausgeprägten Fällen auch 3malige Einreibung, jeweils z. B. an aufeinanderfolgenden Abenden; nach Eintrocknung des Präparates auf der Haut frische Leib- und Bettwäsche sowie frische Handtücher, 3 Tage lang nicht baden. Nicht auskochbare Körperwäsche mindestens 5 Tage an frischer Luft auslüften, wobei die Milben, die an den Kontakt mit der Haut gebunden sind, ebenfalls zugrundegehen. Nach Durchführung einer derartigen Krätzekur ist der Patient zu belehren, daß der Juckreiz noch einige Zeit trotz der Abtötung der Milben anhalten kann („Mnemodermie“, Jacquet). Etwaige postskabiöse dermatitische Reizungen sind entsprechend zu beruhigen (Zinkschüttelmixtur, Zinköl, weiche Zinkpaste, evtl. mit 2% Zusatz von Ammoniumbituminosulfonat, Ichthyol®, Volon® A Schüttelmix).

11.2 Ixodes ricinus (Holzbock)

Mit dem zunächst kaum schmerzhaften und daher oft nicht bemerkten Stich dieser in Wäldern oder im Gebüsch vorkommenden Zecken wird im dermatologischen Fachbereich die Entwicklung eines *Erythema chronicum migrans,* einer *Lymphadenosis benigna cutis* und der *Acrodermatitis chronica atrophicans* diskutiert. Die **Entfernung** des Holzbocks erfolgt relativ mühelos und komplett nach seiner Erstickung in Öl, Petroleum oder Vaselin.

11.3 Trombidiasis

Diese wird häufig als *Heu-* oder *Erntekrätze* (auch Gaadener Beiße oder Sendlinger Beiß), in Frankreich „aoûtat“ bezeichnet. Die Erreger, eine Laufmilbe, Leptus oder Trombiculus autumnalis, halten sich auf scharfumgrenzten, niedrigen Buschbezirken, nähren sich von dem mit Hilfe des Speichelsekrets verflüssigten Epidermismaterial und fallen nach der Nahrungsaufnahme ab, so daß sich gegen Milbengänge gerichtete Antiskabiosa (allenfalls Jacutin®-Emulsion) erübrigen und antiekzematöse bzw. antipruritiöse Anwendungen ausreichen. Charakteristische Prädilektionen sind Stellen enganliegender Kleidungsstücke.

Bei der *Getreide-* oder *Gerstenkrätze* handelt es sich um ähnliche erythematöse, urtikarielle oder mikropapulovesikulöse Veränderungen durch die Pyemotidenart *Pediculoides ventricosus,* die auch für manche Fälle von „Müllerasthma“ verantwortlich ist.

11.4 Pediculosis

11.4.1 Pediculosis capitis

Die zu den Insekten zählende Kopflaus ist um einen Ring kleiner als die Kleiderlaus. Die mit fester Chitinscheide von den Weibchen an die Pili gekitteten Eier heißen Nissen. Der Biß der Kopflaus erzeugt mäßigen Juckreiz, wodurch sich die in der Folge zunächst schleichend entwickelnden impetiginisierten Läuseekzeme verstehen. Die Maximalform ist der sog. Weichselzopf *(Plica polonica)*, seltener ist eine Beteiligung der regionären Lymphknoten oder eine Entwicklung von Bindehautkatarrhen oder gar Hornhautgeschwüren.

In der **Behandlung** der Kopfverlausung stand – nach Abschneidung des Weichselzopfes – früher die Anlage einer Petroleumkopfkappe über die Nacht bzw. über 12–24 Stunden im Vordergrund.

Rp. Ol. Petrol.	10–50,0
Ol. Lini ad	100,0

Das Kontaktinsektizid DDT (*D*ichlor-*d*iphenyl-*t*richlorethan, Freiname Clofenaton), das früher zum Einpudern der Kopfhaare erfolgreich genommen wurde, ist wegen Umweltbelastung (Persistenz von 10 Jahren, Trinkwasserverseuchung) und Anreicherung in Leber, Fettgewebe, Frauenmilch und Nahrungsmitteln in der Bundesrepublik Deutschland wie in anderen Industrieländern verboten worden.

Heute verwendet man in flüssiger Form wieder Pyrethrum-Präparate, ein pflanzliches Insektizid, das durch Extraktion der Blüten (Pyrethri flos) verschiedener Chrysanthemum-Arten gewonnen wird. Wirkstoffe der Insektenblüten sind Pyrethrine, die für den Menschen weitgehend unschädlich sind und keine Resistenzerscheinungen zeigen. Durch geeignete Zusatzstoffe und Lösungsmittel wirken diese Präparate auch ovizid (nissentötend). Eine solche Zubereitung ist Goldgeist® forte (diese Netzmittellösung enthält u.a. Pyrethrumextrakt, Chlorkresol und Diethylenglycol). Bei sachgemäßer Anwendung werden Läuse und Nissen bereits nach 1/2- bis 3/4stündiger Einwirkungszeit abgetötet.

Sehr wirksam ist auch Jacutin® (γ-Hexachlorcyclohexan mit Benzylbenzoat, s. S. 111) als Emulsion oder Gel, welches sich günstig auf feuchtem Kopfhaar verteilen läßt. Die Wirksubstanz, ein chlorierter Kohlenwasserstoff, ist für Insekten und tierische Parasiten ein Berührungs- und Atemgift, das bei ausreichend langer Einwirkungszeit die Läuse und Nissen abtötet bzw. schädigt. Nach der Einreibung in gereinigtes Kopfhaar verbleibt Jacutin® unauffällig 3 Tage. Danach erfolgt eine Kopfwäsche und wiederholtes Nachspülen mit lauwarmem Essigwasser (1 Teil 6%iger Speiseessig auf 2 Teile Wasser), wobei die Nissen abgelöst werden. Zur Unterstützung kann ein Shampoo (Quellada®) mit dem gleichen Wirkstoff eingesetzt werden. Die Nissen werden mit dem euphemistisch sog. Staubkamm ausgekämmt, wie man ihn bereits auf mittelalterlichen Bildern in der Hand von weiblichen Heiligen sieht, die auf diese Weise angeblich „Lepra“ behandeln.

Nicht zuletzt hat sich eine Behandlung mit dem leicht brennbaren, aromatisch riechenden Cuprex® (Gemisch aus Kupferoleat 0,02%, Aceton 17,9%, Tetrahydronaphthalin 36,3%, Vaselinöl 45,78%) bewährt. Das Präparat wird unverdünnt ins Haar, hauptsächlich im Nackenbereich und hinter den Ohren eingerieben und für 2–3 Stunden belassen. Anschließend wird das Mittel ausgespült und die Nissen werden wie oben beschrieben entfernt.

Die Anwendung von Sabadillessig oder Veratrumtinktur hat nur noch eine historische Bedeutung. Die Behandlung der ekzematisierten Reaktionsfolgen ist die übliche.

Über „Kopflausbefall (Pediculosis capitis), Verhütung und Bekämpfung, Ratschläge an Ärzte“ informiert auch das vom Bundesgesundheitsamt 1983 herausgege-

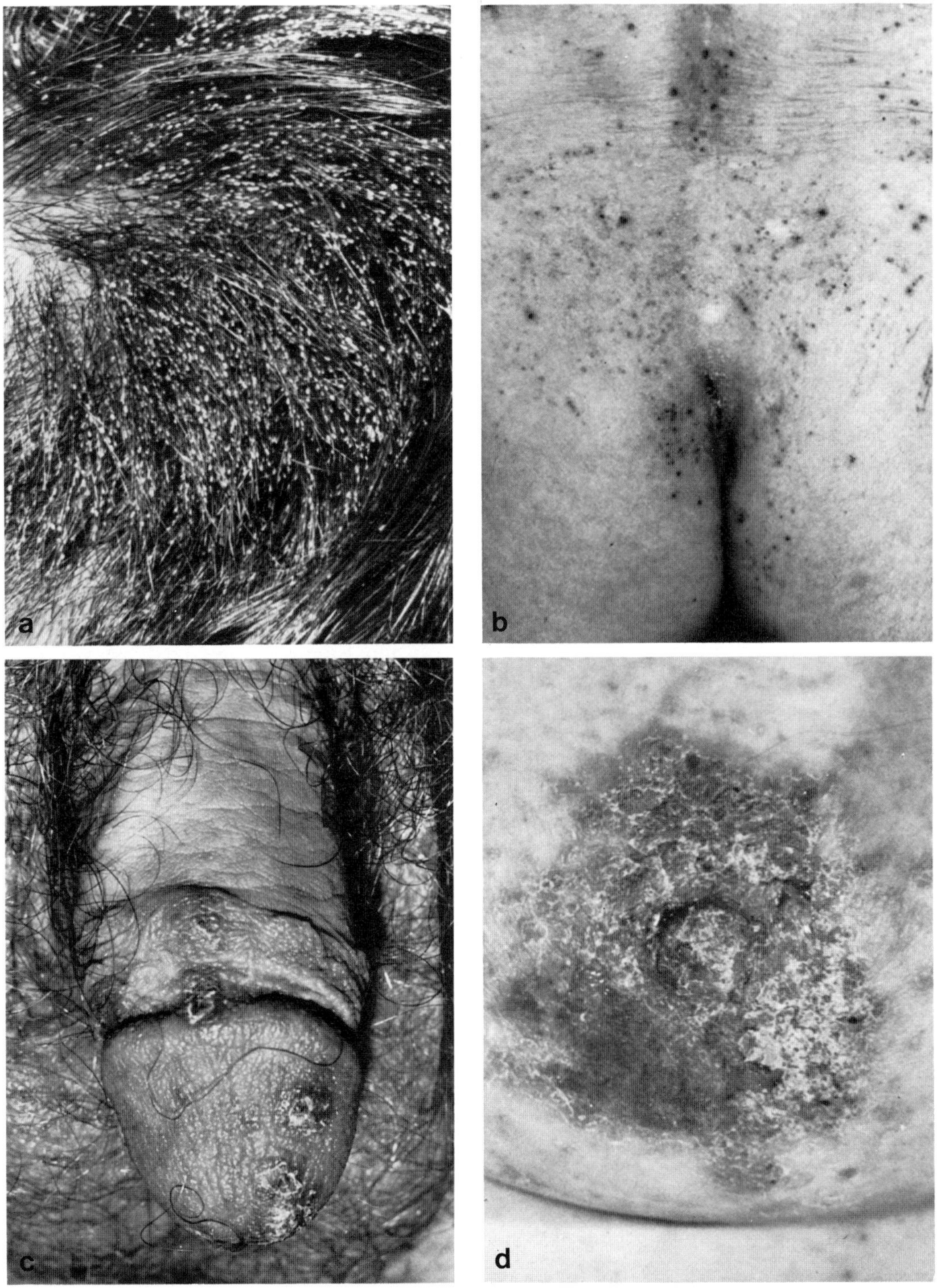

Abb. 25: Zoonosen: a) Kopfläuse (Nissen), b) Cutis vagantium durch Pediculosis vestimentorum, c) Skabies (am Penis), d) Skabies am Brustwarzenhof

bene Merkblatt Nr. 51, das ausschließlich beim Deutschen Ärzte-Verlag, Postfach 40 04 50, 5000 Köln 40 beziehbar ist.

11.4.2 Pediculosis vestimentorum

Die als Überträger von europäischem Rückfall-, humanem wie murinem Fleck- sowie wolhynischem Fieber bedeutsamen Kleiderläuse sind u. U. perlschnurartig hintereinander, hauptsächlich in Nähe der Kleidernähte, zu entdecken, sofern sie nicht bei starker Verbreitung auch auf der Haut selbst sichtbar sind. Auch hier kann der Gesamtaspekt wie bei einem Pruritus senilis, einer Lymphogranulomatose oder einer Dermatitis herpetiformis Duhring von einer mißfarbenen Cutis vagantium beherrscht werden.

Die **Behandlung** erfolgt vor allem mit γ-Hexachlorcyclohexan (z. B. als Jacutin®-Gel, Vermeidung der Gesichtseinreibung), wobei vorangehend wie nachfolgend zweckmäßigerweise Bäder mit synthetischen Waschmitteln (z. B. Esemtan®-Lotion, Freka®-Waschlotion) durchgeführt werden. Die ekzematisierten Hautbezirke werden mit 1% Ethacridinlactat-(Rivanol®) oder 5% Mesulfen-(Mitigal®) Zinkpaste versorgt. Durchuntersuchung von Solitärfällen auf Lungenphthise. Die Kleidungsstücke werden nach Möglichkeit in strömendem heißem Dampf sterilisiert; falls nicht durchführbar, wird die Bekleidung, namentlich an den Nähten, heiß durchgeplättet oder einer Vollreinigung unterzogen. In die Kleider können auch Puder (z. B. Jacutin®) eingestreut werden, die gleichzeitig der Prophylaxe dienen. Durch die Insektizide werden nur die Läuse, nicht evtl. gleichzeitig übertragene Rickettsien getötet. Bei Verdacht auf Rickettsien ist die Bekämpfung der Kleiderläuse mit trockener Hitze (60°C für 30–45 min) oder mit strömendem Dampf nach wie vor angebracht.

11.4.3 Pediculosis pubis (Morpionosis, Phthiriasis)

Die fahlbraunen Filzläuse bevorzugen die Gegend der apokrinen Drüsen und liegen regungslos (!) der Haut schildartig flach an, wobei sie auf der einen Seite mit der Haut, auf der anderen Seite mit einem Haar verankert sind. Nur bei Kindern gelegentlich auf dem behaarten Kopf, beim Erwachsenen nicht selten an Wimpern und Augenbrauen. Infolge meist fehlenden Juckreizes praktisch keine Kratzeffekte, hingegen charakteristische, nicht anämisierbare, an der Leiche bestehenbleibende Hämoglobinabbauprodukte (Maculae coeruleae, *„taches bleues,* cyaniques grisâtres" usw.), in deren Bereich keine Piloarrektion zustandekommt.

Für die **Therapie** ist das Mittel der Wahl, evtl. nach Abschneiden, aber nicht nach Rasieren der Scham- oder Achselhaare, γ-Hexachlorcyclohexan (Jacutin®) die Einreibung mit Emulsion oder Gel bzw. die Einstäubung mit Puder nach vorherigem Waschen der befallenen Stelle mit einem Detergens. Auch Cuprex® (feuergefährlich) 0,25–1% Sublimatalkohol oder 1% Kampfervaselin ist sehr wirksam. Im Augenbrauenbereich verwende man Hydrargyri oxidi flavi unguentum (DAB 9), ähnlich der altbekannten Schweissinger Augensalbe. Die Läuse und Nissen müssen hier mit einer Pinzette entfernt werden.

11.5 Wanzen

Die kosmopolitische Wanze (Cimex *lectularius*) kommt nicht nur im Bett, wie ihr lateinischer Zuname besagt, sondern entsprechend ihrer altdeutschen Bezeichnung „Wandlaus" vornehmlich hinter Tapeten („Tapetenflunder"), Bildern, elektrischen Sicherungen, Bettstellenfugen usw. vor.

Pathognostisch ist das Bild der *Urticaria e cimicibus* im Bereich der nachts unbekleideten Hautbezirke, gegen welches **thera-**

peutisch vor allem Antihistamingelees (Soventol®, Pragman®, Systral® o. ä.) anzuwenden sind, desgleichen Zinkschüttelmixturen mit Zusatz von 1 % Phenol oder 2–5 % Polidocanol (Thesit®). Empfehlenswert ist auch:

Rp. Ammoniumsulfobitol.
Acid. citric. aa 1,0
Alcohol. isopropyl. 70 % ad 100,0

Erfahrungsgemäß können – bis zur Durchführung einer gründlichen Zimmerentwesung (Fallenlassen der Wanzen von der Zimmerdecke!) mit einem geeigneten Insektizid, evtl. einschließlich Malen oder Neutapezieren – durch die Erhöhung der Raumtemperatur die wärmeliebenden Quälgeister aus dem dann kühleren Bett vertrieben werden.

11.6 Pulicosis (Flöhe)

Das dermatologische Leitsymptom des Menschenfloh-Bisses, bei dem bekanntlich individuale Unterschiede des Wirtes dessen Wahl stark beeinflussen, ist die *„Purpura pulicosa"*, also die zentrale Petechie in der Mitte einer urtikariellen Effloreszenz. Sutton und Sutton empfehlen des Nachts das plötzliche Anschalten einer hellen Lichtquelle, worauf der Floh häufig nach einer weißen Unterfläche springt und dort ergriffen werden kann. An flohreichen Orten empfehlen sich das Einrollen von Fußbodenbelägen und evtl. Abreiben des Fußbodens mit Zedernöl. Zur Betäubung des schier unerträglich starken Juckreizes kommen Betupfungen mit 1 % Mentholspiritus, Thesit®-Gel o. ä. in Frage.

11.7 Culicosis

Ähnlich pruritüös sind die Hautreaktionen auf Mückenstiche, die bei Kindern überwiegend das Bild des Strophulus infantum bzw. Lichen urticatus erzeugen, wie dieser überhaupt in den meisten Fällen eine durch Insekten bedingte Epizoonose darstellt. Gegebenenfalls sehr pemphigoid imponiert die „Culicosis bullosa".

Zur Abweisung stechender Insekten werden „Repellents" eingesetzt, bestimmte chemische Substanzen mit einer starken Verdunstung, z. B. Diethyltoluamid oder Dimethylphthalat.

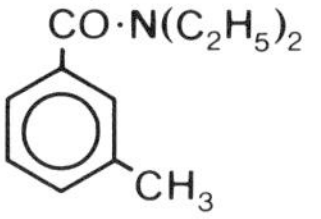

Diethyltoluamide BP 1980
USP XXI, Autan®

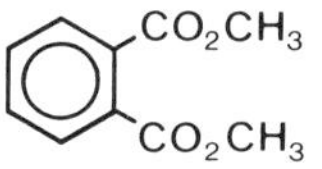

Dimethyl Phthalate BP 1980
DMP, Dimethylphthalat

Handelspräparate sind Autan® (Diethyltoluamid)-flüssig, -Hautspray, -Milch und -Stift sowie Pellit® Gel (Diphenhydramin, Diethyltoluamid, Dimethylphthalat). Bei der Behandlung mit flüssigen Repellents sind nicht nur die Hautstellen, sondern auch die Kleidung mehrmals zu besprühen. Die prophylaktische Wirkung nach oraler Einnahme von 300 mg/die Vitamin B_1 (Betabion®) wird angezweifelt.

Die Behandlung der Mückenstiche selbst erfolgt am besten durch Bedeckung mit Soventol®-, Thesit®-Gel, Pruriderm® H-Salbe o. ä.

11.8 Myiasis linearis migrans („creeping disease")

Während man unter *Myiasis externa* Wundmadenfraß versteht, handelt es sich bei der „creeping disease" um Stichgänge, die durch Larven der Pferdemagenbremse (Gastrophilus oder Hyponoderma equi) gegraben werden. Zur **Therapie** werden die Nematodenlarven durch Einfrieren mit Chlorethyl (2 min am Gangende) getötet;

anschließend zeichnet man sich mit Ethanolhaltiger Iod-Lösung das Gangende an, um evtl. am nächsten Tage die Weiterbewegung der Larve feststellen zu können. Ferner kommt Einfrieren mit CO_2 (30–40 s), wiederholtes Überstreichen mit Ethanolhaltiger Iod-Lösung oder Injektion einiger Tropfen Chloroform in Betracht.

Sehr wirksam ist außerdem Thiabendazol (BP 1980, USP XXI, syn. Tiabendazol), ein Breitspektrum-Anthelmintikum, oral 2 × 25 mg/kg KG bei Beachtung der Tageshöchstdosierung von 3 g und der Nebenwirkungen. Die Substanz ist als Minzolum® Kautabletten im Handel. Daneben ist zur topischen Anwendung nachstehende Suspension hilfreich:

Rp.	Minzolum® (ex tabul.)	10,0
	Hydroxyethylcellulose	1,5
	Aqu. purific.	ad 100,0

Katz und Hood empfehlen Thiabendazol (2%ig) in DMSO (90%ig) als besonders wirkungsvoll bei „creeping eruption".

11.9 Lepidopteriasis

Auch verschiedene Raupen (Liguster- oder Prozessionsspinner, Cnetocampta s. Thaumatopoea processionia) erzeugen meist strichförmig angeordnete Papeln oder Vesikulationen, besonders an Hals oder Brustausschnitt.

Die **Therapie** besteht in der Aufdeckung der Ursache unter Anwendung der bisher genannten antipruritüösen und antiurtikariellen Substanzen.

11.10 Dermatitis medusica

Durch Kontakt mit Seeigelstacheln kommt es zunächst zu eigenartig sulzig-ödematösen Reaktionen, denen später eine sarkoide Granulombildung nachfolgen kann.

Die **Therapie** besteht in solchem Falle in der Exzision.

11.11 Giardiasis (Lambliosis)

Die klinische Bedeutung des Befalls mit Lamblia s. Giardia intestinalis ist umstritten. Immerhin sollte bei *Urtikaria* sowie unbestimmten *Oberbauchbeschwerden* und *Durchfällen* hierauf im Duodenalsaft gefahndet werden.

Die **Therapie** erfolgt mit Metronidazol (z.B. Clont®), 3mal täglich 1 Tablette zu 0,25 g für 5–7 Tage, oder mit Tinidazol (Simplotan®, Sorquetan®), Einmaldosis 2 Tabletten zu 1 g.

11.12 Zerkariendermatitis („ground itch")

Durch Kontakt mit Wasser, welches schistosomen- oder zerkarienhaltig ist (Bodensee, Federsee, Gewässer in Holstein, Bayern, Zürcher See usw.), kommt es einige Minuten nach Exposition zu Jucken und kleinen Rötungen, die sich innerhalb von 24 Stunden im Verein mit einer Eosinophilie zu einer ausgedehnten Dermatitis steigern können, welche meist 3–4 Tage anhält und in 1–2 Wochen unter zunehmend papulöser Note abklingt.

Die **Therapie** besteht wie sonst bei prurigenem parasitärem Befall auch hier in der Anwendung von antipruritüösen Gelees. Gegenüber Allgemeinerscheinungen empfiehlt sich die Anwendung von Antihistaminika (Omeril®, Calcium-Sandoz® forte Brausetabletten usw.). Prophylaktisch soll nach vermutlicher Exposition der Körper umgehend mit einem Tuch abgerieben werden. Reexposition führt offenbar über Sensibilisierung zu gesteigerter Manifestation.

11.13 Amöbiasis

Hauterscheinungen sind vornehmlich bei *Amöbenhepatitis* bekanntgeworden (perineale unterminierte Ulzerationen, ekzematöse, urtikarielle und nicht zuletzt Acne-rosacea-artige Veränderungen, ferner Mangelerscheinungen mit pellagroiden oder melanodermischen Zügen). Die Diagnostik derartiger, überwiegend uncharakteristischer Hauterscheinungen wird häufig erst ex juvantibus unter der spezifischen **Amöbenbehandlung** (Emetin, Chloroquin usw.) möglich. Die Hautveränderungen selbst werden lokal in üblicher Weise symptomatisch je nach Aspekt behandelt.

11.14 Bienen-, Wespen-, Hornissenstiche

Neben ausgedehnten rotbläulichen Schwellungen u. U. Kreislaufbeeinträchtigung, gelegentlich auch zerebrale Symptome. Bedeutsam ist die Kumulation von zahlreichen Stichen, vornehmlich durch ältere Tiere. Ab etwa 50 Stichen und bei besonderer Lokalisation (Mund, Zunge, Varixknoten) treten in Erscheinung Oppressionsgefühl, Atemnot, Durchfälle, asthmoide Beschwerden, Harndrang, Tachy- oder Bradykardie, Kollaps. Besonders zu fürchten ist das Larynxödem.

Die **Behandlung** eines solchen anaphylaktischen Schocks betrifft die Anwendung von Adrenalin (syn. Epinephrin, Suprarenin® 1:1000) als wichtigstes Pharmakon. Falls es die Schwere des Schockablaufs zuläßt, können alle 5–10 Minuten etwa 0,3–0,5 ml Suprarenin® 1:1000 *subkutan* auf verschiedene Injektionsstellen verteilt werden. Bei Verschlechterung der Situation (Benommenheit, Kollaps) injiziert man sofort sehr langsam intravenös 0,5–1 ml Suprarenin® in einer 1:10 Verdünnung mit 0,9% Natriumchlorid-Lösung unter Puls- und Blutdruckkontrolle. Die Gabe der verdünnten Suprarenin®-Lösung kann wiederholt werden. Als zweites Pharmakon ist ein H_1-Antihistaminikum, z.B. Tavegil®, Fenistil® (2mal täglich 1 Ampulle), langsam i.v. zu applizieren. An dritter Stelle sind Corticosteroide, z.B. Prednisolon (Solu-Decortin®-H, Ultracorten®-H-„wasserlöslich") 100–250 mg pro dosi i.v. bis zu einer Gesamtdosis von 2 g/die zu verabreichen, wobei die Wirkung erst nach 10–15 Minuten zu erwarten ist. Auch kann die äquivalente Menge eines anderen wasserlöslichen Corticoids verwandt werden. Dann erfolgt eine Volumensubstitution entsprechend dem Blutdruck und zentralen Venendruck mit Dextran 40, 10% Hydroxyethylstärke, 5% Humanalbuminlösung. Bei Bronchospasmus oder Larynxödem ist für die ausreichende Ventilation ein β-Rezeptoren-stimulierendes Dosier-Aerosol, z.B. Alupent®, Berotec® zu inhalieren. Patienten mit bekannter Insektenallergie sollten im Notfall ein Anaphylaxie-Besteck (Tropon-Dome-Hollister Stier) bei sich führen, um sich nach einer Allergen-Exposition in den nächsten zwei bis drei Minuten selbst zu behandeln. Das Anaphylaxie-Besteck, in einer kleinen Plastik-Box, enthält: 1 sterile Fertigspritze mit 1 ml Epinephrin (Adrenalin) 1:1000, 2 sterile Tupfer, 1 kleine Staubinde und eine Gebrauchsanweisung. Erwachsene injizieren sich 0,3 ml subkutan in den Oberschenkel oder Oberarm, evtl. eine zweite Dosis nach 10 Minuten, wenn keine deutliche Besserung eintritt. Anstelle dieses Anaphylaxie-Bestecks kann auch die Fertigspritze von Adrenalin 1:1000 des MIN-I-Jet® Systems (Vertrieb: B. Braun-Melsungen AG) mitgeführt werden. Eine andere Vorsorgemöglichkeit wäre auch folgende Zusammenstellung, die ein gefährdeter Patient mit sich führen sollte: Tavegil® Tbl. Nr. XX, Stauschlauch Nr. I, Dosier-Aerosol (Alupent® oder Berotec®) Nr. I, Betnesol®-WL Tbl. (wasserlöslich!) Nr. X, Alupent® Tbl. Nr. XX. *Prophylaxe:* Desensibilisierung mit Reless®-Bienengift oder -Wespengift bzw. Venomil® Biene oder -Wespe bzw. einem spezifischen Bencard-Antigen. Lokal werden derartige Stichreaktionen von Laien meist mit dem alkalisch reagierenden Mundspeichel befeuchtet, mit Salmiak oder mit Zwiebelsaft versorgt. Lokale Mittel der Wahl sind Antihistaminika-Gelees, dick aufgetragen (Soventol® o.ä.) oder Corticoidcremes (Volon® A, Jellin® s.N., Betnesol®-V, Celestan®-V).

12 Keratosen

12.1 Ichthyosis vulgaris

Bei diesem etwa in 80% dominant vererbbaren Hautleiden, welches sich meist erst im 1. oder 2. Lebensjahr manifestiert und dann eigentlich für die Dauer des Lebens persistiert, handelt es sich um eine Retentions-Ortho-Hyperkeratose, die durch eine auffallende Trockenheit und Rauhigkeit der äußeren Decke mit rauten- oder schildchenförmiger Aufsplitterung der Oberfläche charakterisiert ist. Blickdiagnostisch ist im Gegensatz zur Ichthyosis congenita die Aussparung der Gelenkbeugen wichtig. Funktionell ist die Schweißsekretion herabgesetzt und damit die Spreitung des Hauttalges von den Follikelostien aus reduziert. Hauptsächlich als Folge hiervon ist auch die Thermoregulation beeinträchtigt, so daß sich bei schwüler Witterung, Marschleistung in der Kolonne o.ä. Kollapsbereitschaft melden kann. Andererseits ist die Hautbeschaffenheit generell im Sommer und bei mäßiger körperlicher Tätigkeit infolge der dadurch bedingten Schweißdurchfeuchtung besser. Außerdem können – ganz entsprechend den Verhältnissen bei der *Anhidrosis hypotrichotica,* also beim anatomisch bedingten Fehlen der Schwitzorgane – subfebrile Episoden auftreten. Im allgemeinen werden dem Ausprägungsgrad nacheinander gegenübergestellt: Ichthyosis simplex, nitida, serpentina, hystrix. Praktisch bedeutsam ist schließlich, daß eine ichthyosiforme Hautbeschaffenheit einen wichtigen Kofaktor für die Ekzematisation darstellt. Dieses sog. *Eccema in ichthyotico* zeigt übrigens entsprechend dem Eccema flexurarum des endogenen Ekzematikers häufig eine betonte Beugenekzematisation.

Eine **Therapie** der Ichthyosis vulgaris ist nur palliativ möglich. Magnesiumzufuhr, wie sie Cedercreutz 1933 als Magnesia usta innerlich oder als 10%ige Salbe empfahl, bleibt nach eigener Beobachtung ohne sichtlichen Nutzen. Innerlich ist lediglich Vitamin A (Vogan® Kapseln, Arovit® Kaudragees), allerdings meist nur für die Dauer der Einnahme hindurch und bei hoher Dosierung (100 000–200 000 I.E.), deutlich wirksam. Gelobt wurde vereinzelt auch die äußere Anwendung von Tretinoin (Vitamin-A-Säure, 0,05%) in Salbe als Vehikel, wobei mitunter auch niedrigere Vitamin-A-Säure-Konzentrationen ausreichend sein können. Im allgemeinen nimmt man übrigens hinsichtlich dieses symptomatischen Vitamin-A-Effektes an, daß bei den Ichthyosis-vulgaris-Patienten keine Resorptions-, sondern eine diesbezügliche Verwertungsstörung vorliegt. Für die Dauer einer oralen Zufuhr hat auch das aromatische Retinoid Etretinat (Tigason®) 25–50 mg pro die eine Wirkung. Lokal hat der Ichthyotiker in Beruf wie Zivilleben starke Entfettungen (alkoholische Lösungen, Seifen, Detergenzien) oder Fettlöser (Benzin, Terpentin o.ä.) wie auch Alkalien im Hinblick auf die gleichzeitig häufig herabgesetzte Alkaliresistenz und -neutralisation (Burckhardt) zu meiden. Symptomatisch wertvoll sind sodann – Ichthyotiker zeigen nicht selten bei der Nahrungsaufnahme eine ungewöhnliche NaCl-Avidität – Bäder in Meerwasser oder in 3%iger Kochsalzlösung (Ljungström). Brauchbare Badezusätze sind ferner Kleie oder Maisstärke, Maydis Amylum DAB 9 (Mondamin®, Maizena®) bzw. auf Basis von Sojaöl (Balneum Hermal®, Ölbad Cordes®), oder des fetteren Erdnußöls (Balneum Hermal® F, Ölbad Cordes® F), des weiteren 1/4 l Milch und 2 Eßlöffel Olivenöl auf ein Vollbad. Kochsalz kann aber auch in salbigen Vehikeln, und zwar am besten im Anschluß an ein längeres, die Haut sozusagen hydratisierendes Bad zugeführt werden:

Rp.	Natri. chlorat.	10,0
	Aqu. purific. q.s.	ad solut.
	Oliv. ol.	30,0
	Lanolin. ad	100,0

oder

Rp.	Natri. chlorat.	10,0
	Aqu. purific. q.s.	ad solut.
	Lanolin	30,0
	Ol. Arachid. hydrog.	ad 100,0

Führen solche Kochsalzsalben zu Rötungen, was übrigens auch nach (nur von einigen Ichthyotikern tolerierten) Bürstungen der Fall sein kann, so empfehle man Fettungen mit blanden Salbengrundlagen, wie Ol. Cocos, Ol. Cocos hydrogenatum, Ol. Cacao, auch mit Gänsefett, also Fetten mit niedrigem Schmelzpunkt, ferner mit Ungt. leniens DAB 9, Neribas® Fettsalbe, Polyethylenglycolsalbe, z.B. Lygal® Salbengrundlage (enthält auch Schweinefett), oder wie folgt:

Rp.	Aqu. font.	20,0
	Glycerol.	5,0
	Lanolin.	20,0
	Ungt. Cordes®	ad 100,0

Rp.	Acid. salicyl.	3,0
	Ricini ol.	10,0
	Glycerol.	
	Eucerin. anhydr.	āā 20,0
	Vaselin. alb.	ad 100,0

Neuerdings werden auch die bereits von Czetsch-Lindenwald u. Schmidt-La Baume erwähnten Harnstoffsalben zur Behandlung diffuser Keratosen und so auch der Ichthyosis wiederum empfohlen. Swanbeck gibt z.B. folgendes Rezept an:

Rp.	Ureae	10,0
	Polysorbat 80	2,5
	Cetanol	15,0
	Adip. Lan.	15,0
	Methyl. parahydroxybenz.	0,2
	Aqu. purific.	ad 100,0

ferner

Rp.	Ureae	5–10,0
	Aqu. purific.	30,0
	Ungt. Cordes®	ad 100,0

Statt Ungt. Cordes® kann auch die gleiche Menge Ungt. emulsificans rezeptiert werden. Harnstoffsalben als Fertigarzneimittel sind Basodexan®, Calmurid® oder Onychomal®. Ekzematisierte Ichthyosisbezirke können mit „fetten" Corticoidsalben (Ultralan® Fettsalbe, Nerisona® Fettsalbe, Ichtho-Cortin® fett Salbe o.ä., evtl. okklusiv unter Plastikfolie oder im Handbereich unter Überzug von ungefärbten Glacélederhandschuhen) gebessert werden. Grundsätzlich sind sodann Höhensonnenduschen, Schwitzbäder (Sauna) oder Aufenthalte an der See zweckmäßig.

12.2 Ichthyosis congenita

Die rezessiv erbliche Verhornungsstörung der *Hyperkeratosis congenita universalis* kommt als maligne wie benigne Verlaufsform, unter besonders deutlicher Manifestation gerade im Bereich der Gelenkbeugen, ebenfalls in verschiedenen Stärkegraden vor, die von fetalem Absterben (Ichthyosis congenita *gravis*) bis zu den leichteren Erscheinungsbildern der Ichthyosis congenita *larvata* reichen. Die *Erythrodermia ichthyosiformis congenita Brocq* (1902) bezieht ebenfalls die Flexuren an den Extremitäten in die universelle Hyperkeratose mit ein, außerdem kommt es bei einem Viertel der Fälle zu Blasenschüben. Die *„collodion babies"* (Ichthyosis sebacea, Hebra u. Kaposi) stehen der Brocqschen Erythrodermie nosologisch nahe. Ihre „Vernix caseosa persistens" (Mayerhofer) wird mit dem Epitrichium der Faultiere verglichen (Welcker).

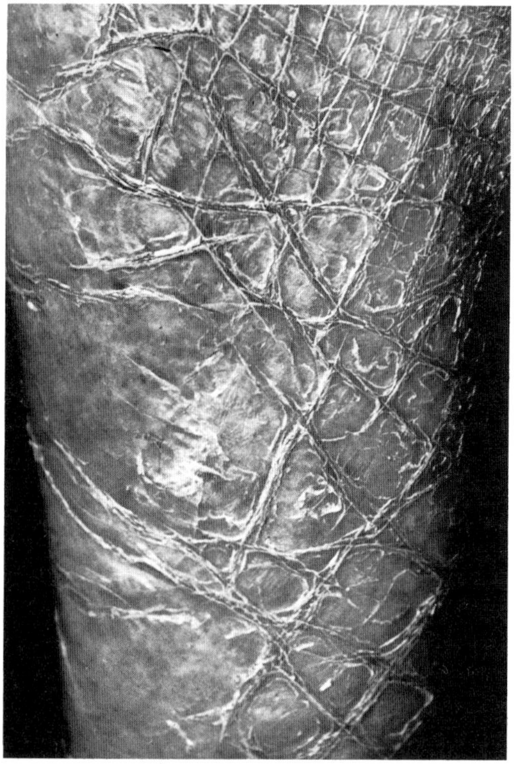

Abb. 26: Ichthyosis congenita

Therapeutisch ist die Prognose solcher Ichthyosis-congenita-Kinder durch die Anwendung von Prednison 10–25 mg/die und die dadurch mögliche Überwindung der kritischen Perinatalphase entscheidend verbessert worden, zumal Cortison ja auch zu vermehrter Schweißdurchfeuchtung führt. Ansonsten ist die symptomatische Therapie dieser Ichthyosisformen dieselbe wie die der Ichthyosis vulgaris.

12.3 Palmoplantare Keratosen

Die palmoplantaren Keratome (Keratosen, Keratodermien) kommen in drei verschiedenen Varietäten, und zwar *diffus* (Typus Unna-Thost: starke regionäre Hyperhidrose, roter Randsaum), *striär* oder *inselförmig* (Siemens) oder *multipel-kleinherdförmig* bzw. dissipiert oder papulös (Typus Brauer, Buschke-Fischer) vor. Transgrediente beziehungsweise progrediente Keratome werden entweder rezessiv („*mal de Meleda*") oder dominant (Typus Greither) vererbt.

Therapeutisch sprechen die palmoplantaren Keratodermien auf eine hochdosierte Vitamin-A-Therapie weitaus schlechter an als etwa die Ichthyosis vulgaris. Entsprechendes gilt auch für den Versuch mit Etretinat (Tigason®). Es bleiben deshalb – wie bei banalen *Clavi* auch – nur erweichende Maßnahmen, wie Seifenbäder, 10–20%ige Salicyl-Diachylon-Salbe, Guttaplast® (Pflaster enthält Salicylsäure) und dergleichen mehr.

Rp. Acid. salicyl.	10–20,0
Plumb. emplastr. ungt.	
NRF	ad 100,0
S. Salicyl-Diachylon-Salbe	

Wichtig sind – vor allem bei herdförmigen Keratodermien im Hinblick auf die manifestationsfördernde mechanische Exposition – die sorgfältige Fußflächenlagerung und wechselweise Umlagerung durch entsprechend orthopädisch ausgerüstetes Schuhwerk sowie dadurch, daß keine Gummistiefel getragen werden. Die vereinzelt empfohlene Röntgentherapie ist im Hinblick auf u. U. dadurch bedingte Folgezustände zu unterlassen. Manche Patienten helfen sich nach Schmierseifebädern mit einem Hornhauthobel (Original-Credo-Hornhauthobel 45) mit auswechselbaren Klingen.

12.4 Follikularkeratosen

Die follikulären Keratosen treten entweder als *Keratosis follicularis lichenoides (= Lichen pilaris),* als *Keratosis follicularis spinnulosa* (Unna; Salinier), und zwar dann meist herdförmig (z. B. als spinulöse Maske einer Mycosis fungoides, als Audsruck einer follikulären Muzinose, vielleicht auch als „Id"-Reaktion), und schließlich als *Keratosis follicularis acneiformis* auf. Da solche Lichen-pilaris-artigen Follikularkeratosen peristatisch sowohl bei Vitamin-C- wie auch bei Vitamin-A-Mangel zu beobachten sind, werden allgemein**therapeutisch** diese beiden Vitamine nicht nur substitutiv, sondern vor allem auch im pharmakodynamischen Sinn zuzuführen sein. Lokal ähnliche Maßnahmen wie bei der Ichthyosis vulgaris, also entsprechend Bäder sowie lepismatische und emolliente Salben wie Salicylvaselin 2–3%, Lygal® Salbengrundlage oder harnstoffhaltige Salben (Basodexan® Creme, Calmurid® Salbe). Bei geringer Ausprägung auch Vitamin-A-Säure-haltige Externa, z. B. Cordes® VAS Creme.

12.5 Morbus Darier (Dyskeratosis follicularis)

Diese von Darier 1889 unter der Bezeichnung „Psorospermose folliculaire végétante", also ursprünglich als Infektionskrankheit beschriebene Genodermatose manifestiert sich in durch Tendenz zu Gruppierung und Vegetation ausgezeichneten linsengroßen follikulären oder parafollikulären, lichtprovozierbaren, graubraunen Papeln. Diese stehen an den seborrhoischen Prädilektionen und an den intertriginösen Hautbezirken beetartig verrukös unter nicht selten fötider Mazeration zusammen, bleiben an Handtellern und Fußsohlen isolierter. An letzteren führen diese Einzeleffloreszenzen zu charakteristischen Unterbrechungslücken des Papillarmusters, was im Dermatogramm (s. Abb. 27) diagnostisch weiterhelfen kann. Auch an der Wangenschleimhaut und vor allem am Gaumen bis zur Ösophagusschleimhaut hin finden sich mehr solitäre, wenn auch meist dicht aggregierte knötchenförmige Effloreszenzen. Initialveränderungen sind vielleicht im Lumbosakralbereich weiße Fleckchen (Neumann). Die Nägel sind verdickt und manchmal am freien Rand ganz charakteristisch sägezahnartig gezackt. Zur Symptomatik der Krankheit gehören überdies psychische Anomalien.

Der *Morbus Hailey-Hailey* oder der *Pemphigus familiaris chronicus* wird von einigen Autoren als bullöse Maximalvariante des Morbus Darier (= Dyskeratosis hereditaria bullosa) aufgefaßt. Die bullöse Note des Morbus Darier bedarf zu ihrer Manifestation offenbar meist gewisser Kofaktoren (z. B. Einnahme von Grippemitteln oder Antidepressiva).

Therapie: Die in ihrem Wesen als Erbkrankheit unausheilbare, langsam progrediente Dariersche Krankheit kann durch eine intensive Vitamin-A-Gabe (Arovit®, Vogan®, 200.000–300.000 I. E./die) symptomatisch gebessert werden, wobei die Rückbildung zunächst und hauptsächlich die beetartigen papulokrustösen Vegetationen, weniger die isolierten warzenförmigen Effloreszenzen im Handteller- und Fußsohlenbereich betrifft. Diese Vitamin-A-Therapie, die indes nicht in jedem Falle überzeugend wirkt, kann in längeren Abständen wiederholt werden (cave A-Hypervitaminose!). Noch wirksamer, wenn auch kaum über die Dauer der Darreichung hinaus, ist das aromatische Retinoid Etretinat (Tigason® oral 25–30 mg pro die). Lokal leisten Fräsungen oder bei starken Vegetationen auch die Diathermieschlinge nach Wucherpfennig sowie keratolytische Salben (5–10%ige Salicyl-Diachylon-Salbe) meist Überzeugenderes als Vitamin A oder Vitamin-A-Säure (Tretinoin, Epi-Aberel®, Airol® Roche, Eudyna®, Cordes® VAS) in salbenartigen Vehikeln. Strahlentherapeutisch kommt nur die Grenzstrahlenqualität (Bucky) in Betracht, wobei nach älterer Empfehlung von vornherein relativ größere Einzeldosen von etwa 258–310 $mCkg^{-1}$ (9–12 kV) eingestrahlt werden sollen. Hierdurch sind meist länger anhaltende Remissionen erreichbar.

12.6 Anhang: Callum, Clavus (Callositas, Tylositas, Helodermie)

Schwielen, bzw. Tylositäten sind, wie exemplarisch die Berufsschwielen (Melkerschwielen!) zeigen, die Folge langandau-

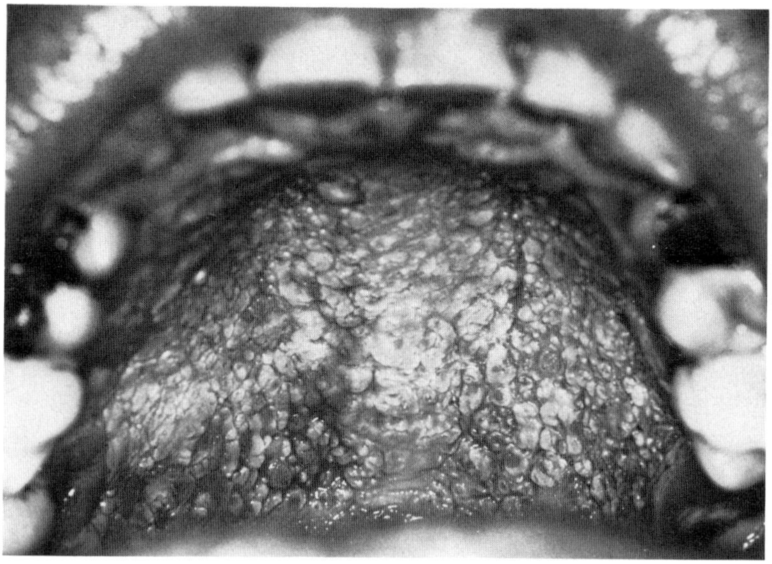

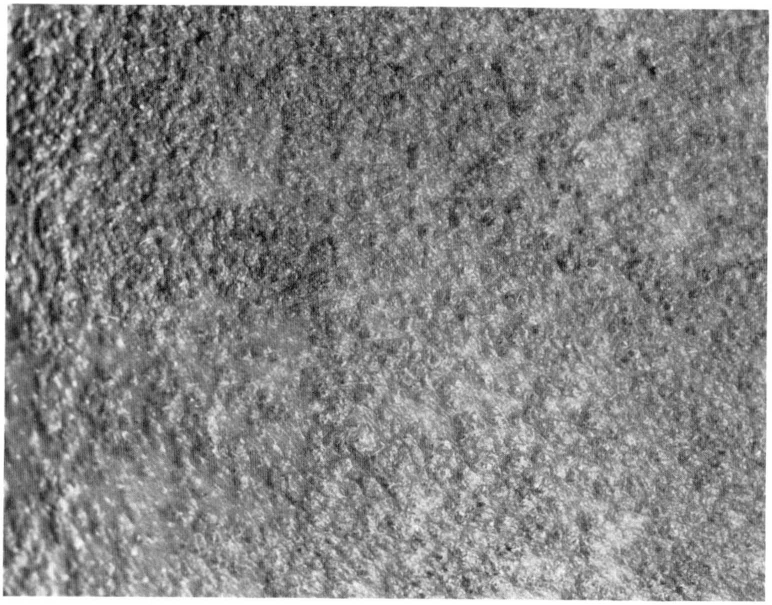

Abb. 27: Morbus Darier

ernder, umschriebener, mechanischer Exposition. Im Gegensatz zu der gleichmäßigen diffusen Hyperkeratose eines solchen *Callum* findet man beim *Clavus,* dem „Nagel“ bzw. Hühnerauge, z. B. nach Abhobeln, einen einzelnen zentralen Hornzapfen, der aber nicht allein als Ursache für die besondere Schmerzhaftigkeit dieser modifizierten Hyperkeratosen anzusehen ist, da darüber hinaus unterhalb des sich entwikkelnden Clavus häufig ein vielgestaltiges morphologisches Substrat an Nervengeweben nachzuweisen ist (Piringa-Kuchinka). Ursächlich ist die Entwicklung der Clavi nicht selten über den Endköpfen der Metatarsalknochen, über den Zehengelenken,

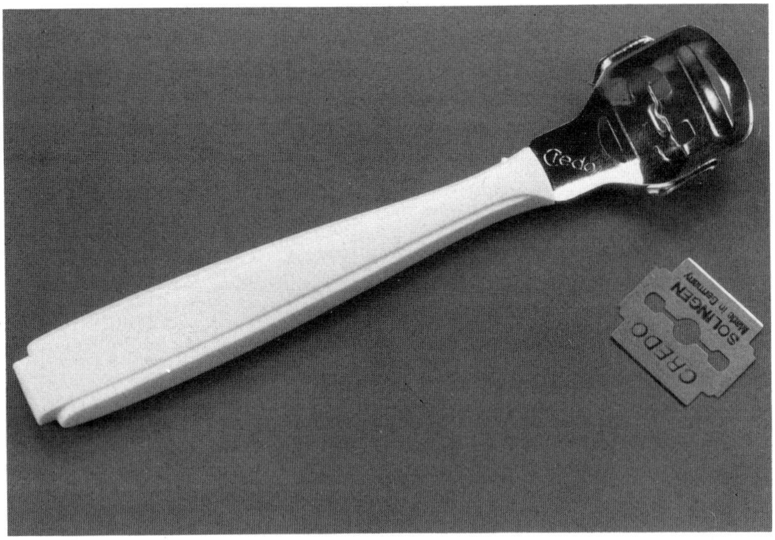

Abb. 28: Hornhauthobel Credo 45

über Exostosen oder bei Stellungsanomalien auffällig, so daß die Voraussetzung einer erfolgreichen Therapie bei diesen überdies noch häufig wetterempfindlichen Kallositäten in einer schulgerechten mechanischen Entlastung evtl. erst durch orthopädische Korrektur zu suchen ist. Nur selten reicht eine Entlastung durch Hühneraugenringe aus Filz (z.B. Cornina®, Hühneraugen-Druckschutzringe von Beiersdorf) oder durch Schaumgummipolsterung proximal vom Clavus aus. Ebenso wenig befriedigend sind hinsichtlich eines Dauererfolgs, wenn die bereits erwähnte mechanische Entlastung oder Umstellung unterbleibt, auch Erweichungen durch Salicylkollodium mit nachfolgender Abtragung der Hyperkeratose (Hornhauthobel Credo 45).

Rp. Acid. salicylici	
Acid. lactici	āā 1,0
Collodii elastici	ad 10,0

Ein diesbezügliches Fertigarzneimittel ist Collomack® Lösung mit folgender Zusammensetzung:

Rp. Acid. salicyl.	2,0
Acid. lactic.	0,5
Polidocanol	0,2
filmbildende Grundlage	ad 10,0

Bei Clavi auf und zwischen den Zehen kommt auch eine fertiggeschnittene Pflasterbinde mit einem Kern mit 40% Salicylsäure in Betracht (Hornhaut Cornina). Noch stärker keratolytisch wirkt Guttaplast® mit einem Salicylsäuregehalt von 60%, wobei aber ein solches Guttaplast® nach dem provisorischen Aufkleben noch zusätzlich mit einem Leukoplaststreifen fixiert werden sollte.

13 Bullöse Dermatosen

13.1 Pemphigus

Der in drei Varietäten (Wichmann: vulgaris, Cazenave: foliaceus, I. Neumann: vegetans) vorkommende, in den letzten Jahren auch in den Kliniken offenbar seltener zu beobachtende und in diesen früher zu den Krankheiten mit der höchsten Letalität zählende *„Pemphigus chronicus"* ist klinisch einerseits durch das *Nodetsche Kriterium* (Blase auf unveränderter Haut oder Schleimhaut) sowie das *Nikolski-Phänomen* (tangentiale Verschiebbarkeit der blasigen Abhebung) sowie feingeweblich andererseits durch eine intraepidermale Blasenbildung infolge tonofibrillärer Gefügelockerung (Auspitz: *Akantholyse*) charakterisiert. Diese kommt bei solchen Kranken vermutlich durch Antikörper gegenüber der Interzellularsubstanz in der Epidermis zustande. Sonderformen sind der *endemische brasilianische Pemphigus* („fogo selvagem"), der *familiäre benigne Pemphigus chronicus* (Gougerot, Hailey-Hailey), der *benigne Schleimhautpemphigus* (Pemphigus conjunctivae) sowie der sog. *Alterspemphigus* (Steigleder) bzw. *Parapemphigus* (Prakken u. Woedermann). Bei solchen *„bullösen Pemphigoiden"* (Lever) erfolgt die Blasenbildung subepidermal, der Blaseninhalt ist ein u. U. eosinophil durchtränktes Fibrinnetzwerk. Bezüglich des Pemphigus acutus malignus (Fleischerpemphigus im Sinne von Pernet u. Crocker) s. *Epidermolysis acuta toxica (Lyell-Syndrom).*

In der **Therapie** ist die früher übliche Verabfolgung von Arsen, Germanin heute ebenso verlassen wie etwa die Setzung von Fixativabszessen. Auch dürften die früheren, auf eine Beeinflussung des gestörten Wasser- und Kochsalzhaushalts abzielenden Maßnahmen (Kochsalzüberschüttung einerseits, Kochsalzentzug andererseits) nur mehr historischen Wert haben. Hingegen verdient die nicht selten, vor allem bei floriden Blasenschüben hochgradige Pemphigusdysproteinämie nach wie vor besondere symptomatische Beachtung. Heute steht angesichts der immer noch letztlich unbekannten Ätiologie des Pemphigus chronicus die pathogenetische bzw. morbostatische Behandlung mit Glucocorticoiden seit Jahren an erster Stelle. Standardpräparate sind Prednison (dehydriertes Cortison) und Prednisolon (dehydriertes Hydrocortison). Da Prednison in der Leber in die aktive Form Prednisolon übergeführt werden muß, wäre letzteres eigentlich vorzuziehen. Die später weiterentwickelten synthetischen Derivate der physiologischen NNR-Hormone von Hydrocortison (Cortisol), Corti-

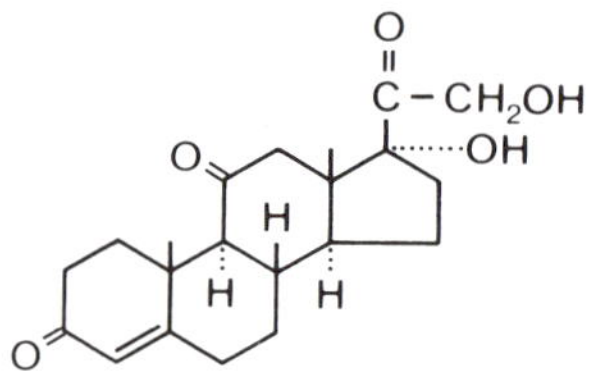

Cortison

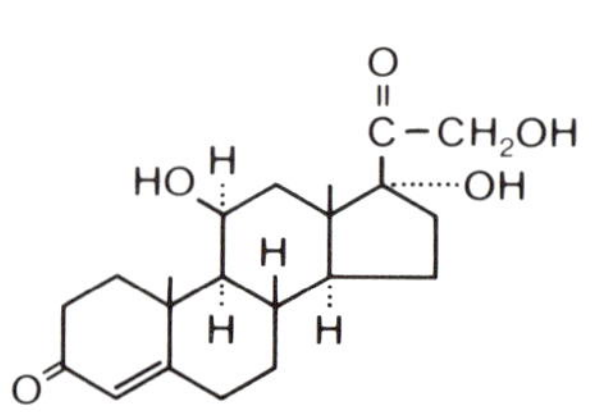

Hydrocortison (Cortisol)

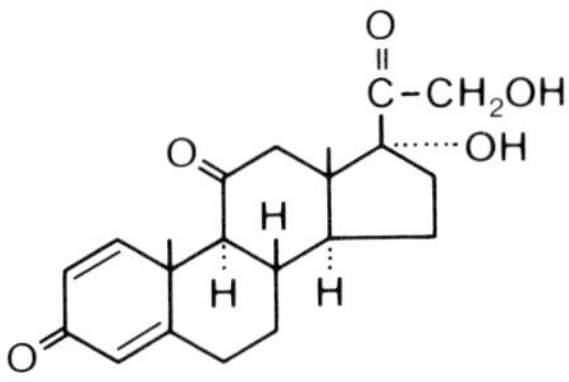

Prednison

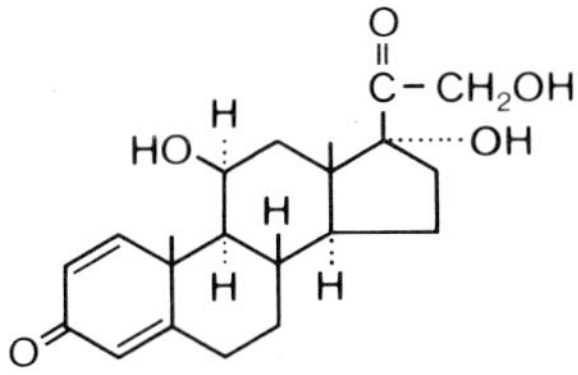

Prednisolon

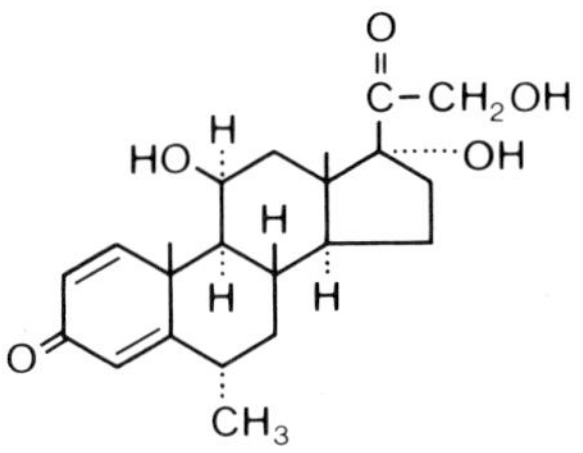

6-Methylprednisolon

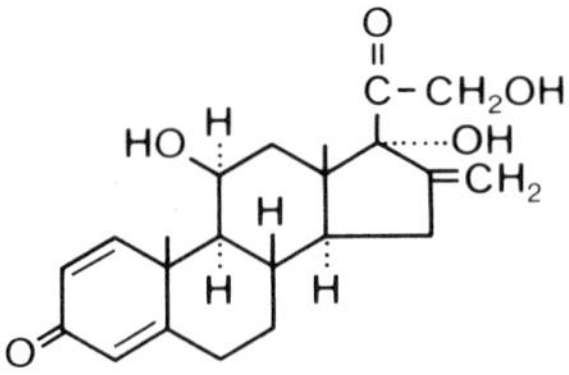

Prednyliden

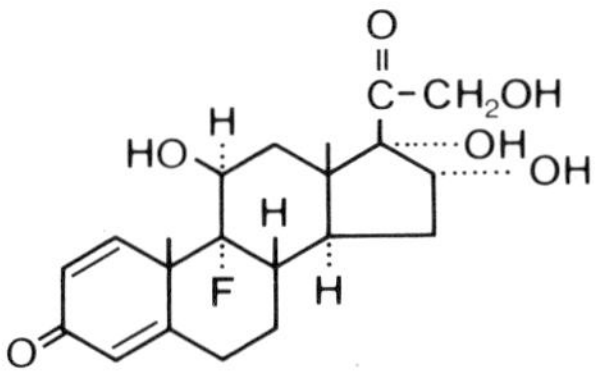

Triamcinolon

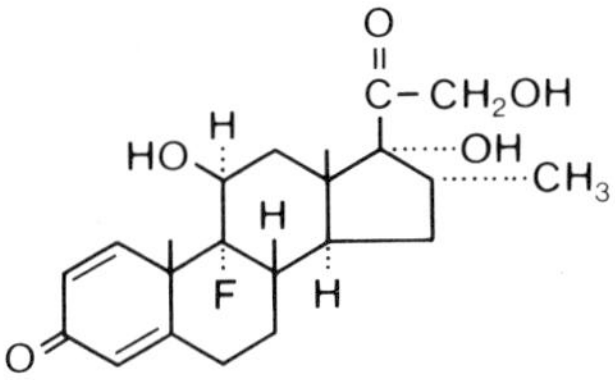

Dexamethason

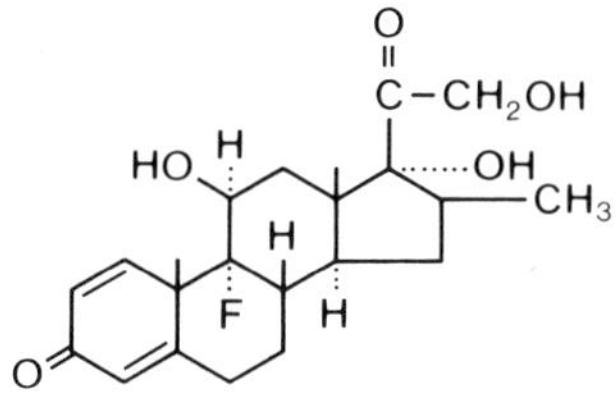

Betamethason

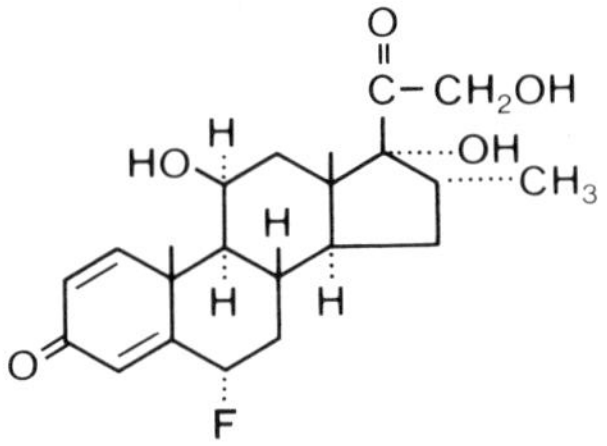

Paramethason

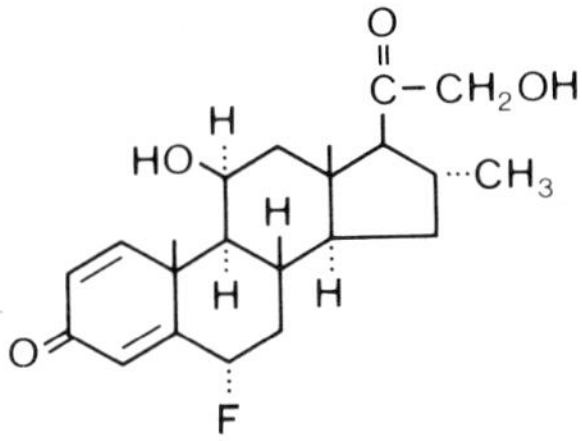

Fluocortolon

Glucocorticoidformeln

son und Corticosteron haben enttäuscht, sie ergaben keine signifikanten qualitativen Unterschiede. Meist sind sie durch Methylierung oder Fluorierung stärker wirksam (werden dann geringer dosiert), haben jedoch kein geringeres, sondern teilweise nur ein verändertes Nebenwirkungsspektrum. Bei der pharmakodynamischen Therapie nutzt man hauptsächlich ihre antiphlogistische, antiallergische und immunsuppressive Wirkung aus.

Bei der Langzeittherapie und höherer Dosierung von Glucocorticoiden (ab 20–30 mg Prednisolon täglich) sollte eine *alternierende* Behandlung vorgenommen werden, um einer sekundären Nebenniereninsuffizienz vorzubeugen. Das bedeutet, daß die für 2 Tage vorgesehene Dosierung eines kurzwirkenden Glucocorticoids alle 2 Tage morgens verabfolgt wird. Dann kommt die körpereigene ACTH-Sekretion innerhalb von 12 bis 36 Stunden wieder in Gang. Bei nicht zu hoher und längerdauernder Therapie kann man die tägliche Einnahme dem *zirkadianen* Rhythmus anpassen, d.h. die Tagesdosis wird einmal morgens (zwischen 6 und 8 Uhr, wenn die physiologische Cortisolsekretion ihr Maximum hat) gegeben.

Hohe Dosen, Retard- und Depot-Präparate hemmen die endogene Cortisolsekretion.

Fixe Kombinationen von Steroiden mit nichtsteroidalen Antiphlogistika sind abzulehnen, weil sie die zirkadiane Therapie stören. Die intravenöse Injektion eines wässerigen Präparates sollte nur dann gegeben werden, wenn ein schneller Wirkungseintritt geboten ist und der Patient keine Tabletten zu sich nehmen kann beziehungsweise seine Magenschleimhaut zu schonen ist. Die Alternative zur Glucocorticoid-Therapie wäre die Verabreichung von ACTH. Die Hoffnung auf therapeutische Nutzung derselben als physiologischer Spender von NNR-Hormonen hat sich nicht erfüllt. ACTH wird überwiegend zu diagnostischen Zwecken genutzt. Die Freisetzung der NNR-Hormone durch ACTH ist abhängig vom Funktionszustand der Nebennierenrinde, der individuell verschieden sein kann. ACTH stimuliert nicht nur Cortisol, sondern auch Mineralocorticoide und androgene Steroide, die mit ihren virilisierenden Wirkungen insbesondere Frauen sehr beeinträchtigen. Bei wiederholter ACTH-Injektion kommt es außerdem zur Bildung von Antikörpern, wodurch das physiologisch gebildete ACTH inaktiviert wird. Die therapeutische Wirkung ist dann nicht abschätzbar.

Trotz dieser Einwände gibt es aber nach eigenen Erfahrungen bei der Pemphigus-Gruppe gelegentlich befriedigende Effekte mit dem synthetischen ACTH (Synacthen® Depot Amp. i. m.).

Eine langdauernde Therapie, insbesondere mit hohen Dosen, darf nie abrupt abgesetzt werden, weil sich sonst Komplikationen infolge einer NNR-Atrophie ergeben. Der Organismus wäre ohne das lebensnotwendige Hormon, was besonders bei Streßreaktionen deletäre Folgen hätte. Deshalb muß man sich mit langsam reduzierten Dosen aus der Therapie „ausschleichen". Nach längerer Therapie benötigt der Organismus Wochen und Monate, evtl. bis zu einem Jahr, bis sich die körpereigene NNR-Hormonproduktion wieder normalisiert hat.

Nach eigener Erfahrung kann empfohlen werden, vor allem wenn aufgrund irgendwelcher Nebenwirkungen Glucocorticoide „eingespart" werden sollten, die zusätzliche oder abwechselnde Behandlung mit *immunsuppressiven Substanzen,* wie z. B. mit *Azathioprin* (Imurek® 2–3 mg/kg KG/die), weniger mit Methotrexat (s. Angaben bei der Psoriasistherapie). Grundsätzlich zur modernen medikamentösen Pemphigustherapie noch folgendes: Man zögere bei zunächst unbefriedigendem Therapieergebnis, sofern man die Anfangsdosis nicht zu gering dosiert oder zu rasch gesenkt hat, nicht lange, zwischen den Glucocorticoiden zu wechseln und das für den jeweiligen Kranken am besten geeignete Hormon und seine erforderliche Erhaltungsdosis festzustellen. Die Äquivalenzdosen können in der Tabelle 6 abgelesen werden. Andererseits ist die Glucocorticoidbeeinflußbarkeit des Pemphigus chronicus so zuverlässig, daß hinter Pemphigusausfällen, die auf eine ausreichend dosierte Glucocorticoidtherapie und ggf. Hormonwechsel nicht ansprechen, irgendeine weitere Grundstörung stecken kann, wie auch derartige Pemphigusfälle grundsätzlich prognostisch von vornherein wohl ungünstiger zu beurteilen sind. Auch neigen anscheinend im besonderen Pemphiguskranke unter einer hochdosierten Steroidtherapie neben allen sonstigen Nebenwirkungsmöglichkeiten, wie etwa dem mehr oder weniger transitorisch-innozenten Steroiddiabetes, zu erosiven Magen- und Darmveränderungen, Hypertonie usw., ferner zu pektanginösen Beschwerden, heftigen Extremitätenvasospasmen und vor allem thrombotischen Störungen, so daß bei den initial hohen Corticoiddosen zweckmäßigerweise von vornherein Antikoagulantien, wie z. B. Marcumar® (1. Tag 3–5, 2. Tag 2–3 Tabletten und dann weiter abfallend bis zu einer Thromboplastinzeit (syn. Prothrombinzeit, Quickwert) von 20%, darauf entsprechende Erhaltungsdosis, Antidot: Vit-

Tab. 6: Vergleichswerte für verschiedene Glucocorticoide

Internationaler Freiname	Fertigarzneimittel Tabletten	Äquivalenzdosis mg	Relative gluco-mineralo-corticoide Wirksamkeit (Cortisol = 1)		Grenzdosis mg/Tag*
Cortison	Cortison (CIBA)	25	0,8	0,8	40
Hydrocortison (Cortisol)	Hydrocortison Hoechst ®	20	1	1	30
Prednison	Decortin® Hostacortin® Prednison »Dorsch« Ultracorten®	5	4	0,6	7,5
Prednisolon	Decortin® H Deltacortril® Hostacortin® H Scherisolon®	5	4	0,6	7,5
6-Methyl-prednisolon	Medrate® Urbason®	4	5	0	6
Triamcinolon	Delphicort® Extracort® Volon®	4	5	0	6
Prednyliden 16-Methylen-prednisolon	Decortilen®	6	6	0	9
Dexamethason	Decadron® Decamed® Fortecortin®	0,75	30	0	1,5
Betamethason	Betnesol® Celestan®	0,75	30	0	1
Paramethason	Monocortin®	2	10	0	3
Fluocortolon	Ultralan®	5	5	0	7,5

* Die Grenzdosis bei Langzeittherapie (sog. »Cushing-Schwellen-Dosis pro Tag«) unterliegt individuell großen Schwankungen und ist abhängig von der Wirkungsstärke der einzelnen Glucocorticoide und der Dauer der Einnahme.

amin K_1, z.B. Konakion®) zugesetzt werden. Aufgrund der langen Halbwertzeit von Marcumar® (150–160 Std.) ist nach Absetzen eine Normalisierung des Gerinnungssystems erst nach 4–7(–14) Tagen zu erwarten. Muß die Blutgerinnung rasch verbessert werden (Blutungen) so sind die entsprechenden, durch Marcumar® in ihrer Synthese gehemmten Gerinnungsfaktoren II, VII, IX und X durch die Gabe des handelsüblichen Prothrombinkomplexes (PPSB-Konzentrat) rasch zu substituieren. In schweren Fällen muß zusätzlich Frischblut gegeben werden.

Die früher angewandte Praxis, in Notfällen Vitamin K_1 als spezifischen Antagonisten (z.B. Konakion®) zu verabreichen, erscheint heute nicht mehr sinnvoll, da zum einen die Faktorenkonzentrate zur Verfügung stehen, zum anderen die Wirkung des Vitamin K_1 ebenfalls erst nach vielen Stunden (6–12–48) einsetzt. Ist ein nicht sehr schneller Anstieg der Thromboplastinzeit notwendig (z. B. zur Operationsvorbereitung oder bei Überdosierung), so genügt fast immer eine 2–4tägige Unterbrechung der Marcumar®-Therapie. Im übrigen wird unter Triamcinolon und Dexamethason der Elektrolythaushalt nur noch wenig beeinflußt, wohingegen bei ersterem hauptsächlich Muskelschwäche oder gar Muskelgewebsschädigung, bei letzterem auf die Dauer kalziprive Nebenwirkungen beachtet werden müssen. Aufgabe der Glucocorticoide in der Behandlung des chronischen Pemphigus ist es eigentlich, möglichst frühzeitig (daher kein Abwarten etwa des histologischen Untersuchungsberichts!) und mit einer hohen Anfangsdosis (beim Erwachsenen etwa 80–120–180 mg Prednison oder Isodosis eines anderen Glucocorticoids) die Krankheitsdynamik zu durchbrechen. Bei längerem Krankheitsbestand oder älteren Patienten ist dies schwierig. Hand in Hand mit dem Rückgang der klinischen Symptomatik ist auf mittlere Dosen herabzugehen und nach weiterer Dosierung immer langsamer den Patienten auf eine Erhaltungsdosis, die nach Möglichkeit nicht über 15 mg/die liegen soll, einzustellen. Dies gelingt erfahrungsgemäß bei Frauen leichter als bei Männern. Auch sollte der Patient in den weiteren Monaten der Erhaltungstherapie nach Möglichkeit immer wieder einmal als „Steroidkrüppel" für einige Tage zumindest von seiner „Hormonprothese" freikommen, da mit der Dauer der Verabreichung einer Prednisonäquivalentdosis von über 15 mg/die die Nebenwirkungen ansteigen und dergestalt trotz normalisierten oder gar euphorisch erhöhten Lebensgefühls auf die Dauer die Lebensgefahr nicht völlig gebannt ist. Hinsichtlich solcher Nebenwirkungen sind kaliumreiche Diät (Fleisch, Kartoffeln, Fruchtsäfte, getrocknete Früchte wie Datteln, Aprikosen usw.) oder medikamentöse Zufuhr von Kaliumsalzen, wie z. B. Brausetabletten von Kalinor® oder Kalitrans® bzw. Kalinor®-retard P Kapseln oder Kalitrans® retard Kapseln empfehlenswert, sofern nicht bei dem Patienten eine ausgeprägte Nebenniereninsuffizienz besteht. Außerdem ist bei Langzeit-Steroidpatienten, wie sie die Pemphiguskranken ja häufig darstellen, Vorsorge gegenüber Osteoporose (Wirbelbrüchen) am Platze. Es empfiehlt sich als Prophylaxe Heilgymnastik zu verordnen sowie die orale Gabe von Natriumfluorid 50–100 mg/die (Chemiefluor® Drag., Natriumfluorid Braun Drag., Ossin® Drag.) und Calcium 1 g/die als Brausetabletten, z. B. Calcium-Sandoz® forte (entspr. 500 mg Ca^{2+}) oder -fortissimum (entspr. 1000 mg Ca^{2+}). Zur Bremsung der katabolen Vorgänge sind eiweißreiche Nahrung und gegebenenfalls intermittierend anabole Substanzen (z. B. Primobolan®, Stromba®) zu verabreichen, wobei dann ein gleichzeitiges Prostatakarzinom oder Gravidität auszuschließen sind. Bei Ulkusanamnese und zur Zeit der hohen oder mittelhohen peroralen Corticoiddosierung ist für die Einnahme der Tabletten *nach* den Mahlzeiten und für eine anazide Vorbeugung zu sorgen (z. B. durch Antazida, die heute aus Mischungen von Aluminium- und Magnesiumhydroxiden in Gel- oder Suspensionszubereitung bestehen). Zu beachten ist, daß aluminiumhaltige Präparate obstipierend und magnesiumhaltige laxierend wirken, von der günstigen Säure-Neutralisationskapazität her zu empfehlen ist Maalox® 70 Susp., Gastropulgit® 50 Susp., Trigastril® 75 Gel, Gelusil® Liquid Susp. Ferner haben eine Bedeutung H_2-Antagonisten als Cimetidin (Tagamet®), Ranitidin (Sostril®, Zantic®) oder Famotidin (Pepdul®).

Die *Lokalbehandlung* umfaßt häufige Bäder mit desinfizierenden Zusätzen (Kaliumpermanganat-, Eichenrinden- oder Akkerschachtelhalmbäder), während die große Wasserbettbehandlung heute angesichts der Fortschritte durch die Corticoidtherapie weitgehend entbehrlich wurde. Im übrigen gelten für die Lokalbehandlung die für die Dermatitis herpetiformis im einzelnen ausgeführten Gesichtspunkte, wobei ganz allgemein hier auf die unterstützende Wirkung von 5–10% Ammoniumsulfobitol (Tumenol®-Ammonium)-, 10% Liquor Carbonis detergens-, 1% Ethacridinlactat (Rivanol®)-, 1% Clioquinol (Vioform®)-haltigen Zinkschüttelmixturen, aber auch auf die gerbende „keratoplastische" Wirkung von dünnen, flächenhaften Teerungen auf frisch abgeheilten Hautbezirken hingewiesen sei. Aufliegende Körperteile sind mit Heydogen®-Spray, Evalgan® Aerosol-Spray oder Spray Delesan® zu schützen, die Lagerung erfolgt vorteilhafterweise auf der Antidecubitor-Matratze der Dräger-Werke, Lübeck, der DTF Blockmatratze (International Medical, Kleve) oder auf dem Stiegelmeyer-Krankenbett (Nr. 5372). Da die Pemphiguskachexie nicht zuletzt bei Vorliegen von Schleimhautläsionen durch echte Unterernährung (dann bilanzierte Formuladiäten oral oder per Sonde verabreichen, wie Biosorb®, Fresubin® flüssig) zustandekommt, ist die Reinhaltung der Mundhöhle mittels Spülungen (3% Wasserstoffperoxidlösung: 1 Teelöffel auf ein Glas Wasser; 1% Bepanthen® Roche Lösung; Kamillosan®) oder Auswischen mit Lemon-Stäbchen (Glycerol, Zitronensäure) wichtig. Auch ist die Mundhöhle vor Soor, dessen Vorkommen beim Pemphiguskranken schon vor der Antibiotikaära geläufig war, zu schützen (Pinselungen mit 0,5% Gentianaviolettlösung, Nystatin-Suspension, wie Candio-Hermal®, Moronal®). Zur Eindämmung der Schmerzhaftigkeit kommen an der Mundschleimhaut anästhesierende Substanzen mit guter Verträglichkeit zur Anwendung (z.B. Targophagin® Tabletten, Anästhesin® Pastillen, Anästhesin®-Rivanol® Pastillen, Subcutin® Lösung). Recht wirksam sind als Fertigarzneimittel auch Dynexan® Salbe, Dynexan® A Gel, Hexoral® Lösung. Ferner sind Sprays mit geeigneten, vornehmlich antibiotischen Zusätzen (z.B. Nebacetin® Puderspray) gerade gegenüber Salben (mit ähnlichen antibiotischen Zusätzen!) klinisch oft eindeutig überlegen; deshalb auch: Desitin®-Salbenspray. Des weiteren erscheint bei exquisit bullösen Zustandsbildern aus der Pemphigusgruppe die Anwendung von Metallpuder, ähnlich wie bei Verbrennungen 2. Grades, als sehr vorteilhaft, z.B. Medargal® AL Puder (enthält 80% elementares Aluminium und 20% Harnstoff).

Bezüglich der eingangs genannten einzelnen Pemphigusvarietäten sei schließlich noch vermerkt, daß der *Parapemphigus* (Alterspemphigus, bullöses Pemphigoid) im allgemeinen schneller und mit geringerer Corticoiddosis einstellbar ist, daß der *Pemphigus erythematosus (Senear-Usher-Syndrom)* meist ohne systemische Corticoidbehandlung und häufig nur mit Corticoidsalben, z.B. unter Okklusivverbänden, aber auch mit einer geringen Röntgenoberflächendosis zu bessern ist und daß das *Schleimhautpemphigoid,* beispielsweise im Bereich der Augen in Zusammenarbeit mit dem Ophthalmologen (subkonjunktivale In-

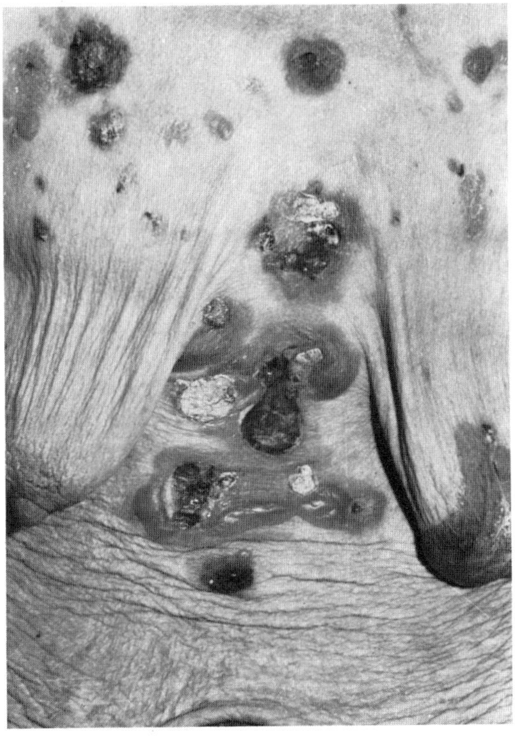

Abb. 29: »Alterspemphigus« (Parapemphigus, bullöses Pemphigoid)

jektionen von Corticoidsuspensionen bei meist gleichzeitig notwendiger systemischer Cortisontherapie), zu retardieren ist, wenn nicht überhaupt ein Entropium, ein Sym- oder Ankyloblepharon fachärztliche operative Versorgung erfordern. Bei den *postbullösen Ösophagusstenosen* ist heute durch die narbenerweichende Corticoidtherapie die früher notwendige Witzel-Fistel häufig konservativ zu umgehen.

Schließlich profitieren die beetartigen perlècheförmigen, submammären oder genitokruralen Wucherungen des *Pemphigus vegetans* nicht selten, wiewohl auch nur passager, von einer Röntgenbehandlung. Sonst können die kondylomatösen Vegetationen dieser Pemphigusvarietät mit dem scharfen Löffel nach Chlorethylvereisung abgetragen werden. Wenn somit der nosostatisch eingestellte Pemphigus vegetans darüber hinaus nur noch ein lokaltherapeutisches Problem darstellt, entspricht der *Pemphigus foliaceus* in seiner pathologischen Gesamtsituation mehr oder minder unterschiedslos den Erfordernissen der Erythrodermien anderer Genese (transkutaner Eiweißverlust mit konsekutiver starker Dysproteinämie, extrathyreoidale Grundumsatzsteigerung, Osteoporose). Sollten gravierende Nebenwirkungen den Abbruch oder die Reduktion der vorangehend besprochenen konventionellen nosostatischen oder immunsuppressiven Behandlung erfordern, so kommt ein Versuch mit dem seit über 30 Jahren geläufigen Makrolidantibiotikum Erythromycin (2 oder später 1 g täglich oral) bei reduzierter Corticoid-Weitergabe oder völligem Absetzen derselben in Frage (Fox BJ, Odom RB, Findlay RF. Erythromycin therapy in bullous pemphigoid: possible antiinflammatory effect. J Amer Acad Derm 1982; 7: 504–10).

Beim *Pemphigus familiaris benignus chronicus* (Gougerot, Hailey-Hailey 1939) – als der einzigen Pemphigussonderform im Hinblick auf die Provokation von Hauterscheinungen nicht nur durch Reibung, sondern vor allem durch eine bakterielle Infektion – sind dementsprechende antiinfekiöse Maßnahmen (Sulfonamide, Antibiotika) von besonderer Bedeutung, und zwar so weitgehend, daß Behandlungsversuche zunächst ohne eine allgemeine Corticoidverabfolgung auskommen sollten. Andererseits bleibt auch eine solche systemische Therapie „quoad sanationem“ mitunter lange Zeit unbefriedigend, so daß an die Möglichkeit von Klimakuren (z. B. an der Nordsee) zu denken wäre. Neuere Empfehlungen betreffen schließlich auch die Anwendung von Vitamin-A-Säure (Tretinoin). Schließlich sind auch eine Röntgentherapie (etwa wie beim M. Darier) oder sogar Exzisionen mit konsekutiver Deckung in Betracht zu ziehen. Überdies ist auch – wie sonst bei der Pemphigusgruppe überhaupt – auf eine Soorbesiedlung zu achten.

13.2 Dermatitis herpetiformis Duhring (1884)

Symptomatologische Einheit, die bei aller Neigung zur Polymorphie (Pruritus, Erythem, Urtika, Bläschen, Blase, Prurigoknötchen) durch ein charakteristisches Hauterscheinungsbild („herpetiform“, d. i. gruppierte Bläschenanordnung, Symmetrie, Bevorzugung der vorderen Achselfalte) sowie durch eine eosinophile Tendenz im Blutbild und Blaseninhalt und durch das Merkmal der Halogenidiosynkrasie, vorzugsweise gegenüber Iod (Provokation durch iodierte Tafelsalze, Seefischmahlzeiten), gekennzeichnet ist. Histologisch unterscheidet die subepidermale Blasenbildung die Dermatitis herpetiformis von der Akantholyse des Pemphigus chronicus. Subjektiv sind häufig nicht nur rebellischer Juckreiz, sondern keinesfalls selten auch ein eigentümliches Stech- oder Brenngefühl vorhanden („dermatite polymorphe douloureuse“).

Da es sich um ein polyätiologisches Syndrom handelt, ist jeder Duhring-Kranke ein individuelles *therapeutisches* Problem. Die Testung der Iodidiosynkrasie ist weniger sicher mit 30%iger Kaliumiodidsalbe epikutan, besser durch 1 Tropfen Lugolscher Lösung auf 1 Glas Wasser (bei angioneurotischem Symptomenkomplex injiziere man hierauf als Antidot den Iodfänger Natriumthiosulfat in 5–10%iger Lösung, etwa 0,5–1 g der Substanz, z. B. als S-hydril®).

Rp.	Kal. iod.	15,0
	Aqu. purific.	11,0
	Natr. thiosulf.	0,2
	Adip. lan.	4,8
	Vaselin. alb. ad.	50,0
	S. 30% Kaliumiodidsalbe	

Rp.	Iodi	5,0
	Kal. iod.	10,0
	Aqu. purific.	ad 100,0
	S. Lugolsche Lösung DAB 7	

Natriumthiosulfat dient in der Kaliumiodidsalbe als Stabilisator zur Erhaltung der weißen Farbe.

Liegt tatsächlich eine starke Iodüberempfindlichkeit im Einzelfalle vor, versuche man homöopathisch Iodum dil. D_4 (oder Iodum Oligoplex®, 3mal 1 Tropfen/die), das aber selbst in dieser Dosierung nach eigener Beobachtung noch provozieren kann. Verlassen sind heute die Grenzstrangbestrahlung, Arsen und die Popoffsche Trypanblaubehandlung, da Trypanblau tierexperimentell embryopathogen wirkt. Darüber hinaus ist allgemein festzuhalten, daß es ein prompt und sicher wirkendes Symptomatikum bei diesem Leiden ohne die Gefahr erheblicher Nebenwirkungen bisher nicht gibt, weshalb die eingangs herausgestellte Polyätiologie zur energischen Ausschaltung möglicher Ursachen (außer Iod und Brom: viszerale Neoplasien, eine Gluten-sensitive Enteropathie, Verwurmung, enterale Allergie gegenüber Hülsenfrüchten, Schokolade usw.) veranlassen muß. Im Vordergrund der symptomatischen Therapiemaßnahmen stehen derzeit zum einen Verbindungen mit einem Pyridinkern, wie z. B. Nicotinamid DAB 9 als Nicobion® oder Sulfapyridin USP XXI, wie überhaupt Sulfonamide, wenn auch von Fall zu Fall wechselnd, wirksam sein können. Die sicherste symptomatische Möglichkeit stellen heute die Antilepramittel (Sulfadiasulfon(e) Sodium=Promacetin® Parke Davis, Aldesulfon(e) Sodium=Sulfoxone Sodium USP XXI=Diasone® Abbott) dar. Wir verabfolgen das Sulfon Dapson DAB 9 (syn. DDS, DADPS) 50–100 mg/die, das als Dapson-Fatol Tabletten zu 50 mg im Handel erhältlich ist. Jedoch ist eine fortlaufende Überprüfung auf Methämoglobinbildung notwendig (Heinzsche Innenkörper!), so daß vom ersten DDS-Tage an hohe Vitamin-C-Gaben (1 g/die) empfehlenswert erscheinen; außerdem kommt es offenbar leicht zur Entwicklung (irreversibler?) hämolytischer Anämien. Ein weiteres Lepramittel, dem nach eigener Erfahrung bei der Dermatitis herpetiformis symptomatischer Wert zukommt, ist das Thiambutosin(e) BP 1980 oder Ciba-1906 (s. Abschnitt „Lepra", S. 79). Auf jeden Fall sind bei der Dermatitis herpetiformis gegenüber dem DDS das ACTH oder Glucocorticoide weit unterlegen, so daß quasi ex juvantibus in klinischen Zweifelsfällen, wie etwa einer hochbullösen-pemphigoiden Dermatitis herpetiformis, promptes Ansprechen auf Corticoid gegen diese Diagnose, hingegen auffällige Remission unter DDS für die Diagnose „Duhring" spricht. Antibiotika kommen nur zur Einschränkung starker Sekundärinfektionen passager in Betracht, außer wenn es sich um den seltenen Fall einer Duhring-artigen „réaction cutanée" auf dem Boden einer bakteriellen „Allergie" handelt.

Nicht zu unterschätzen ist indessen nach wie vor der Wert einer sachgemäßen *Lokaltherapie,* wobei in erster Linie tägliches Baden mit desinfizierenden (Kaliumpermanganat, Chinosol®), adstringierenden (Tannin, Salhumin® Bad, Tannolact® Substanz o. ä.) und antipruritüösen Zusätzen (Plesiocid® Lösung, Balneum Hermal® mit Teer, Ichtho®-Bad) durchzuführen sind. Sehr angenehm empfunden werden auch Vollbäder, denen eine Handvoll Maisstärke (Mondamin®, Maizena®) zugesetzt ist („corn starch bath"). Bei der Lokalbehandlung postbullös entblößter erosiver Bezirke kommt man für gewöhnlich neben wäßrigen Farbstoffpinselungen (0,5% Brillantgrün, Merbromin=Mercuchrom® Lösung) mit der Anwendung von Zinkschüttelmixturen am weitesten, denen z.B. 10% Liquor Carbonis detergens beigefügt ist. Einzelne Prurigoherde behandle man mit einer 2%igen Teer-Zink-Paste, der auch noch 0,1% Podophyllin zugefügt werden kann. Diätetisch achte man versuchsweise auf die völlige Restriktion von Schokolade, Hülsenfrüchten, Schweinefleisch in jeder Form, also praktisch auch jeder Wurst. Wichtig ist auch der Versuch einer glutenfreien Kost (mit glutenfreiem Brot, das Mehl ist beziehbar von Heinz Wiechert + Co., Rathausstraße 12V, 2000 Hamburg oder von Reformhäusern), der aber erst nach längerer Zeit zu beurteilen ist. Falls von seiten des Patienten der Wunsch nach einer Klimakur geäußert wird, so darf der Patient nicht mit Tang, natürlichen Iodwässern oder Iodquellen in Berührung kommen.

13.3 Herpes gestationis

Hierunter wurde lange eine in ihrer Provokation oder Manifestationsverstärkung mit einer Schwangerschaft verknüpfte Dermatitis herpetiformis Duhring gesehen. Heute vermutet man dem Wesen nach eine Art autoimmunitäre Progesteron-Dermatitis (Immunvaskulitis mit Immunkomplementen). Unter Umständen können auch orale Kontrazeptiva diese Schwangerschaftsdermatose provozieren. Somit handelt es sich um eine Gestose bzw. um eine Dermatose während bestehender Schwangerschaft. Vor allem in den ersten 3 Schwangerschaftsmonaten, die nach heutigem Wissen als teratogenetische Determinierungsperiode von ausschlaggebender Bedeutung sind, wird auf die bei der Dermatitis herpetiformis geschilderte differente allgemein medikamentöse Therapie mehr oder weniger verzichtet werden müssen. Postpartale kurzfristige Exazerbationen können natürlich so therapiert werden.

13.4 Subkorneale pustulöse Dermatose (Sneddon-Wilkinson 1956)

Klinische und histopathologische Krankheitseinheit, die bevorzugt beim weiblichen Geschlecht auftritt. Makroskopisch wird sie durch polymorphe Schübe von primär Bläschen- oder Pustelgruppen unter Neigung zur Gruppierung und Transformation zu zirzinären squamokrustösen Einzelherden, feingeweblich durch streng subkorneal lokalisierte leukozytäre Hohlraumbildung ohne spongiformes Pustelgerüst repräsentiert. Nicht nur diese klinischen Eigenheiten, sondern die therapeutische Ansprechbarkeit auf Sulfapyridin oder Sulfone bei deutlich geringerer Ansprechbarkeit auf Glucocorticoide legen auch unter diesem Gesichtpunkt die nosologische Nähe, wenn nicht gar Identität dieses Erscheinungsbildes mit der Dermatitis herpetiformis nahe. Bezüglich weiterer therapeutischer Einzelheiten kann auf den Abschnitt „Dermatitis herpetiformis Duhring“ (s.S. 130) hingewiesen werden. Man versuche also eine Behandlung mit DADPS, neuerdings aber auch mit aromatischem Retinoid (Tigason®). Einzelne Fälle scheinen besonders günstig auf das Antihistaminikum Omeril® anzusprechen.

13.5 Hereditäre Epidermolysen

Innerhalb der Gruppe der bullösen Genodermatosen sind klinisch-genetisch als nicht vernarbende Formen die *Epidermolysis bullosa simplex* (Köbner, Goldscheider) sowie die tardive „rekurrierende bullöse Eruption der Füße bei heißem Wetter“ (Weber-Cokkayne), beide autosomal dominant vererbbar, als vernarbender Typ (infolge subepidermaler Blasenbildung) die *Epidermolysis bullosa dystrophica* (Hallopeau), die autosomal rezessiv vererbt wird, und schließlich die autosomal dominante *albopapuloide Varietät* von Pasini zu erwähnen. Erscheinungsbildlich steht das Phänomen der „Stoßblasensucht“ (Siemens: Bullosis mechanica) im Vordergrund, die einen späteren Einsatz solcher Patienten im Berufsleben oder Militärdienst weitgehend einengt. Schon für die Eltern solcher Kinder stellt diese Krankheit eine nicht zuletzt psychisch zu bewältigende Aufgabe dar[1].

[1] s. Franke M. Ein Leben auf Probe. Stuttgart: Goverts, 1967.

Eine überzeugende **Therapie** für die Erscheinungsbilder dieses Formenkreises war bisher nicht bekannt. Die Glucocorticoide haben nur eine gewisse Anzeige im narbenerweichenden oder ödemverringernden Sinn, wie etwa bei den polydysplastischen Formen oder zur symptomatischen Beeinflussung der keinesfalls so seltenen postbullösen Ösophagusstenosen. Ebenso unsicher ist der Wert von Chloroquin, während Heparin nach eigener Erfahrung sogar blasenprovozierend wirken kann. Die Blasen selbst, die vorzugsweise an den Extremitäten nicht nur traumatisch, sondern z.B. auch durch heiße Bäder in ihrer Bildung gefördert werden können, sind ggf. zur Vermeidung bakterieller Sekundärinfektionen entsprechend mit sterilen Kompressen oder antibakteriellen Pasten abzudecken. Bei einigen Fällen kann anscheinend passager die Bereitschaft zur mechanischen Blasenbildung durch Aufsättigung mit Vitamin E oder α-Liponsäure (Thioctacid®) vermindert werden, wie aus der Negativierung des Nikolski-Phänomens zu ersehen ist. Versucht werden kann auch eine gesteigerte Kieselsäurezufuhr, z.B. als Equisetum-Teep. Bedeutsam ist sodann für den Fußbereich das Tragen weichen, druckexpositionsarmen Schuhwerks. Die durch eine solche hereditäre Epidermolyse verursachten Deformitäten an den Händen können schließlich durch einen geschickten Handchirurgen oft eine wesentliche Funktionsverbesserung erfahren. Allerdings hat der Enderfolg durch die in diesem Leiden begründete Sonderproblematik von vornherein seine engen Grenzen (keine Intubation, sorgfältige Abpolsterung, schwierige Hautdesinfektion, bestmögliche Vermeidung einer Hautschädigung im Operationsbereich, Schrumpfung der Transplantate usw.).

Ein gewisser Wandel in der therapeutischen Aussicht für manche Epidermolysis-Formen scheint nun mittels Phenytoin (Diphenylhydantoin) erfolgt zu sein: Von den sechzehn bekannten, genetisch bedingten, blasenbildenden Epidermolysen kommen für die *Phenytoin-Therapie* indes nur zwei in Frage, nämlich die autosomal rezessiv vererbten Typen der Epidermolysis bullosa dystrophica inversa Gedde-Dahl. Hier liegt eine übersteigerte Synthese und/oder Sekretion einer strukturell abnormen Kollagenase vor. Phenytoin hemmt spezifisch die Synthese und Sekretion der Kollagenase in den Fibroblasten (s. Wirth H, Nesch A, Ostapowicz B, Anton-Lamprecht I. Z Hautkr 1982; 58: 555–74). Phenytoin wird nach oraler Gabe nach ca. 4–8 Std., vorwiegend im Dünndarm, nahezu vollständig resorbiert. Die orale Bioverfügbarkeit liegt, abhängig von der Präparation, individuell sehr verschieden bei 20–90%. Vorsicht bei Präparatewechsel! Phenytoin wird in der Leber metabolisiert und überwiegend über die Niere als Glukuronid ausgeschieden. Die HWZ ist dosisabhängig und schwankt individuell zwischen 8–60 Stunden, durchschnittlich liegt sie bei 18–24 Stunden. Der therapeutische Serumspiegel liegt zwischen 10–20 μg/ml und wird gaschromatographisch oder nach einer neueren Methode, dem Fluoreszenzpolarisations-Immunoassay (FPIA) gemessen. Diese wird mit dem TDx-System von Abbott (Diagnostics Division, Wiesbaden) ausgeführt. Die therapeutische Breite von Phenytoin ist gering. Bei Serumspiegeln über 20 μg/ml können schon Intoxikationserscheinungen auftreten. Deshalb ist eine einschleichende Dosierung angezeigt. Sobald der Patient über „inneres Zittern" oder Sehstörungen klagt, ist die Therapie zu überprüfen und, da es kein spezifisches Antidot gibt, die Dosis herabzusetzen. Unerwünschte Nebenwirkungen sind: Chloasmaartige Hyperpigmentierungen, Hypertrichose, Gingivahyperplasie, ferner allergische Exantheme, Agranulozytose, Panzytopenie, megaloblastäre Anämie (bedingt durch Folsäuremangel), Osteopathie, Erythema exsudativum multiforme, Polyneuropathie (bei Langzeitbehandlung). Kontraindikationen für Phenytoin: Leukopenie, Störungen der Hämatopoese, Lebererkrankungen, Porphyrie, Nephropathien, AV-

Block. Intoxikationserscheinungen bei zu hoher Dosierung zeigen sich als: Nausea, Erbrechen; Händetremor, Ataxie, Nystagmus, Diplopie, Müdigkeit, Benommenheit, depressive Verstimmung, selten delirante Zustände. Interaktionen mit anderen Arzneimitteln (Alkohol, Barbiturate, Salicylate, Sulfonamide, Antikoagulantien, wie Cumarine u.v.a.) sind vielfältig. Die Wirkung von Kontrazeptiva kann unsicher sein. Dosierungs- und Einstellungsrichtlinien bei Phenytoin: therapeutische Konzentration: 8–15 µg/ml, Tagesdosis: oral 150–300 mg Phenytoin (Erwachsene ca. 3,5 mg/kg KG/die, Kinder ca. 8–10 mg/kg KG/die), Applikation stets in 2 Dosen, immer oral, einschleichend dosieren. Ein stabiler Serumspiegel ist im allgemeinen nach 2–3 Wochen Therapie erreicht. Gleichzeitig eingenommene Antazida hemmen die Resorption. Serumspiegel-Kontrollen zunächst wöchentlich, später monatlich. Bei langfristiger Anwendung sind in mehrwöchigem Abstand zu prüfen: Blutbild, Gamma-GT, Serumkreatinin, weiterhin AP, GOT, GPT, Harnstoff, Urinstatus; vierteljährlich: ANF, Calcium, Phosphor; jährlich: Folsäurespiegel. Prophylaxe der Osteopathia antiepileptica mit Vitamin D_3 (Vigorsan 1000). Fertigarzneimittel von Phenytoin sind: Citrullamon®, Epanutin®, Phenhydan®, Zentropil®.

14 Physikalische und chemische Hautschädigungen

14.1 Verbrennung

Die Verbrennungen (Combustiones) wie Verbrühungen (Ambustiones) werden seit Fabricius van Hilden je nach dem Vorliegen von Erythem, Blase oder Nekrose in 3 Stadien eingeteilt, die allerdings meist erst nach Stunden bis Tagen richtig zu beurteilen sind. Die Abschätzung der verbrannten Körperoberfläche in Prozenten erfolgt am leichtesten nach der Neunerregel von Wallace. Die Allgemeinbeurteilung richtet sich nach den Verhältnissen von Puls, RR, Harnausscheidung, Erythrozytenkonzentration und der Elektrolyte im Serum. Im Vordergrund der ersten Tage stehen bei der Verbrennungskrankheit weiterhin die Entwicklungen eines eiweißreichen Ödems der verbrannten Peripherie und demgegenüber einer zentralen Hypovolämie. Damit zusammenhängend kommt es in der Zirkulation zur Hypoonkie, Hyponatriämie und Hyperkaliämie, schließlich nach neueren Erkenntnissen auch zur vermehrten Ausschüttung der Katecholamine sowie zur Bildung von Erythrozyten-Thrombozyten-Agglomeraten in der Mikrozirkulation. Die Verbrennungskrankheit gipfelt um den 4.–5. Tag schließlich in den klinischen Zeichen der sympathikotonen Prävalenz (Hyperglykämie, Mydriasis). Die Verbrennungstoxämie, die durch die Erhöhung der Körpertemperatur angezeigt wird, wird vermutlich durch Gewebsproteasen und Bakterientoxine bedingt.

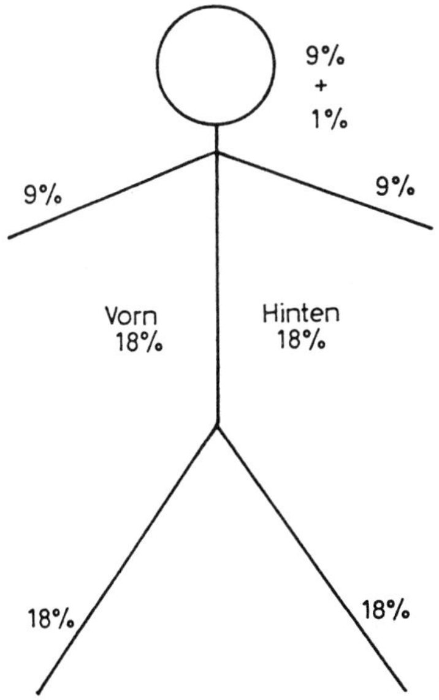

Neunerregel nach Wallace zum Abschätzen der verbrannten Körperoberfläche in Prozenten

Kinder sind in besonderem Maße gefährdet (Prozentsatz der verbrannten Fläche bei ihnen bis zum 4. Lebensjahr mal 3, bis zum 12. Lebensjahr mal 2 berechnen!). Für Schwerbrandverletzte (Hubschraubertransport erforderlich!) gibt es Behandlungszentren in Bochum, Ludwigshafen und Nürnberg.

Therapie: Als Maßnahme der Soforttherapie gilt die Kaltwasserbehandlung. Die verbrannten Stellen werden blitzartig mit Wasser abgekühlt. Solange das Gewebe über 52°C warm ist, wird es geschädigt. Die Abkühlung wird 10–15 Minuten lang fortgeführt durch kalte Duschen, durch Auflegen feuchter Kompressen, die oft gewechselt werden oder durch Eintauchen der verbrannten Partien in kaltes Wasser. Patienten mit über 10% verbrannter Körperoberfläche müssen stationär behandelt werden. Bei großen Verbrennungen ist rascher Flüssigkeitsersatz dringend geboten, wobei man ungedrosselt Ringerlaktat- oder Ringerhydrogencarbonat-Lösung einlaufen läßt. Wichtig ist hierbei die Zufuhr von Wasser, Natrium und die Korrektur der Azidose (Blutgasanalyse). Ist Ringerlaktat-Lösung nicht verfügbar, kann man handelsübliche Mischungen von Natriumchlorid und Natriumhydrogencarbonat verwenden. Auch die Kombination von isotoner Natriumchloridlösung und 30–50 mmol $NaHCO_3$ pro Liter kann kurzzeitig eingesetzt werden. Rechtzeitig sollte man um einen zentralnervösen Zugang bemüht sein.

Die ersten 4 Tage lassen sich nach G. Zellweger wie folgt charakterisieren:
1. Tag = Tag des Wassers
2. Tag = Tag der Bilanz und Onkotik
3. Tag = Tag der Normalisierung und Operation
4. Tag = Tag der Kalorien.

(Zellweger G. Die Behandlung der Verbrennungen. 2. Aufl. Köln: Deutscher Ärzte-Verlag, 1985).

Bei Katastrophenfällen wird es nicht möglich sein, alle Verbrennungspatienten mit Infusionen zu versorgen. Den meisten Patienten mit weniger als 40% der verbrannten Körperoberfläche kann peroral Flüssigkeit zugeführt werden. Jedem Liter Getränk sollte ein Teelöffel Kochsalz zugesetzt werden. Etwas therapiegerechter ist die Haldane'sche Lösung, die 3 g NaCl und 1,5 g Natriumhydrogencarbonat pro Liter enthält. Für den oralen Flüssigkeitsersatz eignet sich auch Liquisorb® S, das aus einem Pulver bereitet wird. Im Vordergrund der Maßnahmen steht auch die Analgesie, da Verbrennungen sehr schmerzen. Zu berücksichtigen gilt, daß leichte Verbrennungen mehr schmerzen als tiefe, bei denen die Nervenendigungen zerstört sind. Zur besseren Kontrolle der Wirkung sollten die Analgetika langsam i.v. zugeführt werden, z.B. 1–2,5 g Metamizol (Novalgin®), 25–50 mg Pethidin (Dolantin®), 5–10 mg Diazepam (Valium®), bei sehr schweren Fällen lytischer Cocktail aus 100 mg Megaphen® und 200 mg Dolantin®, hiervon ¼ der Dosis langsam i.v., den Rest über eine Infusion.

Nach dem Flüssigkeits- und Elektrolytersatz wird die Infusionsbehandlung fortgesetzt mit Plasmaersatz, um die Hypovolämie zu bekämpfen: Humanalbumin, Frischplasma, niedermolekulares Dextran 40 zur Verbesserung der Mikrozirkulation, nach Vorgabe von Promit (Longasteril® 40, Rheomacrodex®, nicht mehr als 500 ml pro Dosis) oder Hydroxyethylstärke (HAES-steril® 6% und 10%, nicht mehr als 1500 ml/die) auch Gelatine-Präparate (z.B. Gelifundol®, Gelafundin®, Haemaccel® 35). Abschirmung mit Antibiotika (Gentamicin, Refobacin®. Sulmycin®!) ist fast durchweg erforderlich, Gabe von Glucocorticoiden im Hinblick auf die meist erheblich ansteigende Wundinfektion nicht unbedingt indiziert, sondern allenfalls zur Überbrückung von Kollapssituationen. Ausgehend von der Annahme, daß Mikrothromben in den Gefäßen der unmittelbaren Umgebung drittgradiger Verbrennungen die Abstoßung von Nekrosen verzögern, empfahl G. Weber eine fibrinolytische Therapie mit Streptokinase. Gegenüber einem hochgradigen Verbrennungsödem empfiehlt sich das diuretisch prompt aktive Furosemid (Lasix®), das auch intravenös (80–100 mg) gegenüber einer Verbrennungsoligurie eingesetzt werden kann.

Die *Lokalbehandlung* ist bei geringem Ausmaß der Verbrennung mit einem Brandgel (z.B. Brand- und Wundgel-Medice®), vor allem mit Polyvidon-Iod-Salbe DAC-1979 (oder Betaisodona®, Braunovidon®) durchführbar, an den Extremitäten kann das Verbrennungsödem durch *Druckverbände* mit sterilem Wundtextil und unter

Verwendung von antibiotischen (Refobacin®, Nebacetin®, Paraxin®) und corticoidhaltigen Salben oder Cremes (Vobaderm® Plus Creme) erfolgen. In späteren Fällen zur Ablösung von Brandschorfen die altbewährte Lebertransalbe oder Trypsinpräparate (Leukase® Puder, Salbe). Sulfonamide sollten lokal in Puder- und Salbenform wegen der Sensibilisierungsgefahr nicht mehr angewandt werden, außer Sulfadiazin-Silber (Flammazine®), das sich bewährt hat. Für die offene Behandlung sind Puder in Form von Sprays sehr geeignet (Nebacetin® Puder Spray) oder auch aluminiumhaltige Verbandstoffe. Zu erwähnen ist Lohmann Metalline®, ein sehr glatter, nicht wundverklebender, aluminiumbedampfter Vliesstoff, der sehr porös und mit Saugmaterial kombiniert ist. Außerdem eignet sich der dehnbare Verbandschleier Solvaline, ein Gewebe aus monofilen Polyamidfäden, sehr porös, in Kombination mit Vliesstoff als Saugmaterial. Drittgradig verbrannte Bezirke, die entweder dunkelschwarz karbonisiert oder alabasterweiß imponieren, können bei einer Ausdehnung bis etwa 15% primär, bei größerem Ausmaß erst nach einigen Tagen sekundär herausgeschnitten und plastisch gedeckt werden (Abdeckung z.B. mit Fettgaze als Grassolind®, Oleo-Tüll®). Jeder Verbrannte ist tetanusgefährdet!

Zur aktiven Schutzimpfung werden 3 Injektionen eines Tetanus-Adsorbat-Impfstoffes (z.B. Tetanol®, T-Immun, Tet-aktiv Tropon) i.m. verabreicht, die ersten beiden Injektionen im Abstand von 4 Wochen, die dritte zum Abschluß der Prophylaxe nach 1 Jahr. Auffrisch-Impfung nach 10 Jahren. Bei dem aktiv Immunisierten kann im Verletzungsfall, wenn die Routine-Auffrischimpfung weniger als 1 Jahr zurückliegt, auf eine Impfung verzichtet werden. Im anderen Fall genügt eine Applikation von 0,5 ml Tetanus-Adsorbat-Impfstoff.

Bei nicht oder unvollständig Immunisierten wird eine Simultanprophylaxe wie folgt durchgeführt: 0,5 ml Tetanus-Adsorbat-Impfstoff i.m. und an kontralateraler Körperstelle gleichzeitig 250 I.E. Tetanus-Immunglobulin vom Menschen i.m. (z.B. Tetagam®, Tetanobulin®, Tetaglobin®), bei nicht einwandfrei versorgbaren Wunden sowie ausgedehnter Verbrennung 500 I.E. Tetanus-Immunglobulin und empfehlenswert eine zweite Injektion von 250 I.E. nach Beendigung der exsudativen Phase (etwa 36 Stunden nach der Verbrennung). Eine einmalige Gabe von Tetanus-Adsorbat-Impfstoff erzeugt keine ausreichende Immunität und schützt daher nicht vor Tetanus. Bei Verbrennungen durch Phosphoreinwirkung ist eine lokale Anwendung von 1–2% Kupfersulfatlösung nach Straub (Bildung von Kupferphosphid) angezeigt.

Bei der Schädigung durch *Kernwaffenexplosion* ist mit Schädigungen in thermischer sowie druckmechanischer Hinsicht und infolge Kernstrahlung zu rechnen. Selbst bei großer Entfernung und kürzester Exposition sind offenbar Hautverbrennungen 3. Grades möglich, die überdies durch starke Keloidbildung ausgezeichnet zu sein scheinen. Versorgung solcher Verbrennungen, abgesehen von den Erfordernissen des Massenbedarfs, am besten wohl nach den Prinzipien der vorher skizzierten offenen Wundbehandlung (Aluminiumbrandtücher usw.).

14.2 Erfrierung (Congelatio)

Die im Gegensatz zur Verbrennung mehr dispositionell abhängigen und bisweilen deutlich symmetrischen Erfrierungen sind in ihrer Gesamtreaktion relativ stumm. Stärkere Allgemeinerscheinungen sind somit nur bei späterer und ausgeprägter Wundinfektion zu erwarten. Die Hautreaktion selbst wird ähnlich wie bei den Verbrennungen in 3 Grade (Erythem – Blase – Nekrose) eingeteilt. Kältespätschäden sind vornehmlich Angiitis und Neuritis.

Therapie: Wiedererwärmungsmaßnahmen sind lokal wie allgemein stufenweise (Ganzbad, heiße Getränke) durchzuführen, besonders wenn die Rektaltemperatur bei allgemeiner Hypothermie unter 36°C liegt. Medikamentöse Lösung der Gefäßspasmen auch durch Vasodilatantien (Ronicol®, Priscol® o.ä.), in schweren Fällen ferner Sympathikusblockaden oder periarterielle Novocainumspritzungen. Tetanusprophylaxe vor allem bei Erfrierungen im Fußbereich. Lokalbehandlung grundsätzlich unter sterilen Kautelen (Farbstoffanstriche, z.B. mit Mercuchrom® Lösung und vornehmlich Puder, z.B. Nebacetin®). Kältezittern kann, falls notwendig, durch Dolantin® i.v. oder muskelrelaxierende Tranquilizer beruhigt werden. Transport Ausgefrorener in wärmeisolierenden abgeschlossenen Papiersäcken. Chirurgische Maßnahmen möglichst erst nach eingetretener Spontandemarkation.

14.3 Blitzwirkungen beim Menschen

An den vom Blitz getroffenen Hautstellen finden sich punktförmige Strommarken oder flüchtige, als Blitzfiguren bezeichnete dendritische Vasoparalysen.

Die **Therapie** ist analog der Notfallbehandlung bei Einwirkung des elektrischen Stroms durchzuführen. Es sind die vitalen Funktionen sicherzustellen, ggf. durch kardiopulmonale Reanimation (z.B. kann ein kräftiger Schlag mit geballter Faust auf die Brust Kammerflimmern, -flattern oder Asystolie manchmal beenden). Nach Inspektion von Mund und Rachen erfolgt eine Mund-zu-Mund- oder Maskenbeatmung. Bei Kreislaufstillstand externe Herzmassage, elektrische Defibrillation, blinde Azidosebehandlung mit 8,4% Natriumhydrogencarbonat-Lösung, alle 10 Minuten 1 mmol/kg KG (= 1 ml/kg KG der 8,4%igen, molaren Lösung). Medikamentöse Reanimation mit Orciprenalin (Alupent® i.v.), antiarrhythmische Therapie mit Lidocain (Xylocain®) oder Phenytoin (Phenhydan® i.v.), Herzglykoside mit rascher Abklingquote (Strophanthin, Digoxin), vasoaktive Substanzen (Noradrenalin = Arterenol® 1:1000 oder Norfenefrin = Novadral®) sind indiziert. Eine Demarkation der vom Blitz betroffenen Hautbezirke kann u.U. überraschend erst nach einiger Zeit erfolgen.

14.4 Fremdkörpereinsprengungen

Schmutzeinsprengungen werden möglichst umgehend, u.U. nach Bürstung oder Reinigung mittels sterilen Sandpapiers in Narkose, mechanisch, z.B. mit der Splitterpinzette oder durch Abtupfungen mit Gaze, entfernt. Ältere Einsprengungen können auch mit schnell rotierenden Fräsen (Geräte nach Schreus oder Kutscher) entfernt werden.

Die sich erfahrungsgemäß bald lymphangiitisch infizierende *Tintenstiftnekrose* ist, soweit möglich, radikal auszuschneiden (evtl. Nachpinselungen mit 5%iger Tanninlösung).

14.5 Verätzungen

Bekanntlich verursachen Säuren scharfbegrenzte Koagulations-, Laugen weiche, gequollene Kolliquationsnekrosen. Beide unterliegen den Vorgängen der Sekundärinfektion.

Erste Maßnahme ist die Abschwemmung der betreffenden Noxe mit reichlich Wasser, wobei diese nach Möglichkeit polar zu neutralisieren ist, also Säuren mit schwachen Laugen und umgekehrt. Die früher übliche Umspritzung von Phenolverätzungen mit Alkohol oder von Flußsäure mit einer Calciumlösung ist heute durch die äußerliche wie innerliche systemische Anwendung von Glucocorticoiden überholt. Jedoch wird von einzelnen Autoren (z.B. Thiele, Winter, Mahrle, Steigleder. Dtsch med Wschr 1986; 111: 182) an der Therapie der Flußsäureverätzung in Form von intraarterieller Perfusion und intraläsionaler Injektion von Calciumgluconat-Lösung nach wie vor festgehalten, wobei der Lokalinjektion von 5 ml 10%iger Calciumgluconat-Lösung, 5 ml 2%iger Lidocain-Lösung oder aber 350 I.E. Hyaluronidase (Kinetin®) in 6 ml 2%iger Lidocain-Lösung beigefügt wird. Ansonsten werden die Verätzungen lokal nach den Grundsätzen der Verbrennungsbehandlung versorgt. *Phosphorbrandwunden* werden mit schwachprozentiger (z. B. 2%iger) Kupfersulfatlösung (Straub) oder 5%iger Natriumhydrogencarbonat-Lösung gespült.

14.6 Entfernung von Tätowierungen

Bezüglich der leidigen *Entfernung von Tätowierungen* sei auf eine Empfehlung von J. Meyer-Rohn u. C. U. Fritzmeier (Hautarzt 1974; 25: 9–12) hingewiesen, nach welcher nach Lokalanästhesie des Tätowierungsherdes und nach Abdeckung seiner Umgebung mit Zinkpaste zur eigentlichen Enttätowierung mit einem Glasstab 1–2mal in einer Sitzung bis zur Gelbfärbung ein Mischungsverhältnis von 4 Teilen Aceton und 1 Teil konzentrierter Salpetersäure aufgestrichen wird, anschließend Abdeckung mit Thesit®-Gel und Anlage eines Verbandes, der am folgenden Tage abgenommen wird, worauf eine nochmalige Anwendung der Ätzlösung wie vorher geschildert erfolgen kann. Der eingetrocknete Hautabschnitt ist nach etwa 2 Wochen demarkiert und kann dann im allgemeinen nach einer weiteren Woche im Anschluß nach einem warmen Seifenbad mit einer chirurgischen Pinzette gänzlich abgezogen werden. Die Wundheilung des restierenden Hauteffektes erfolgt durch sterilen Verband normalerweise ohne Komplikationen. Im Vordergrund der Behandlungsmöglichkeiten einer nachfolgend unerwünschten Schmucktätowierung stehen heute wohl aber hochtouriges Schleifen (Fräsen, Dermabrasion) oder der Argonlaser – in der Hand des diesbezüglich Eingeübten (Einzelheiten z. B. bei: Seipp W, Landthaler M, Haina D, Justen V, Waidelich W. Dt Ärzteblatt 1981; 78: 1809–11).

Schmutztätowierungen (z. B. durch Kohlepartikel oder Pulverschmauch) werden baldmöglichst mechanisch entfernt (Nadel, Bürstung bis zur Öffnung der Bezirke, Schmirgelung mit sterilem Sandpapier).

15 Lichtkrankheiten

15.1 Xeroderma pigmentosum

Von den aktinischen Dermatosen werden die Porphyrinkrankheiten im Abschnitt der sog. Stoffwechselkrankheiten abgehandelt, so daß hier zunächst nur das *Xeroderma pigmentosum* (Kaposi 1870) zu erwähnen ist. Dieses ist bei rezessiver Erblichkeit durch fehlende Lichtgewöhnung, demgemäß durch auffällige Neigung zu Erythemen mit nachfolgender diffuser oder fleckförmiger Pigmentierung und baldigem Übergang in einen trockenen poikilodermischen Hautzustand im Bereich intensiver lichtexponierter Hautanteile charakterisiert. Später kommt es auf dem Boden solcher Atrophie zur Entwicklung verschiedener Tumoren, und zwar vornehmlich von Spinaliomen, daneben aber auch verwilderten Basaliomen, Sarkomen, Melanomen, Neurinomen, Keratoakanthomen usw. Die Prognose ist demgemäß, und zwar im besonderen bei früher Manifestierung, sehr ernst.

Wesentlich sind die grundsätzliche Vermeidung der Insolation („Nachtwächterberuf"!, bei Tage Lichtschutzmittel, wie z.B.

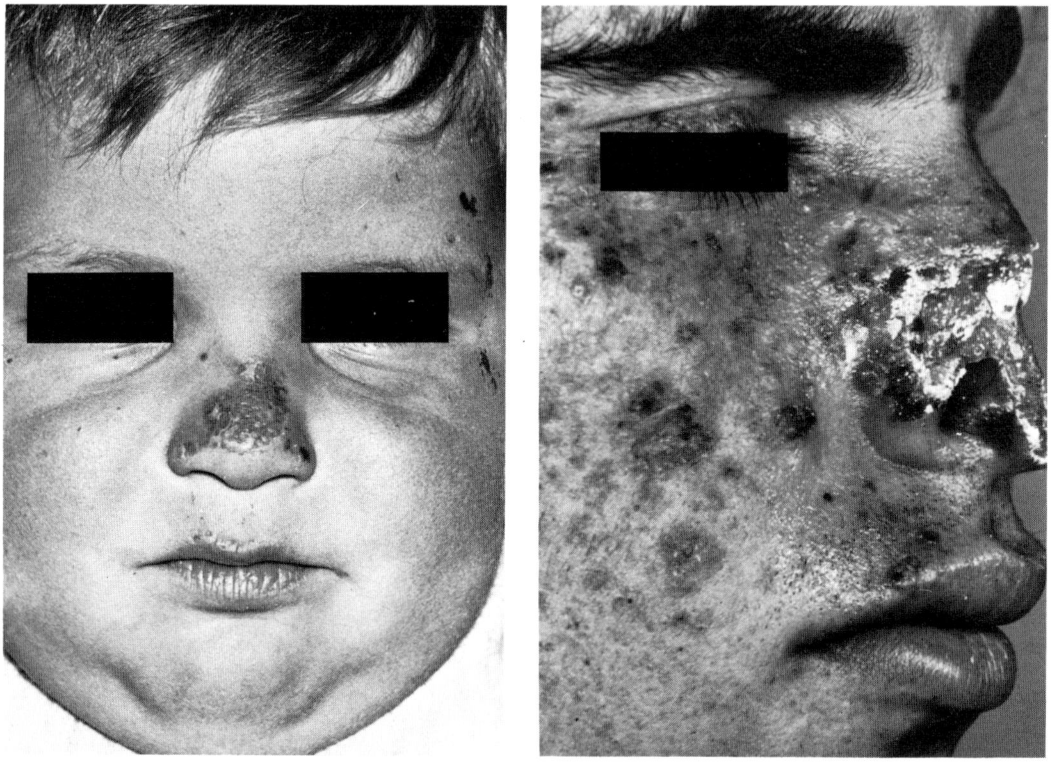

Abb. 30: Lichtkrankheiten: a) Hidroa vacciniformia, b) Xeroderma pigmentosum

Contralum® Ultra Creme) und die regelmäßige Frühentfernung etwa entwickelter Tumoren. Langhof u. Mitarb. fielen bei eigenen Fällen erhöhte Kupfer- und erniedrigte Glutathionspiegel im Serum sowie im Urin eine vermehrte Ausscheidung einiger Aminosäuren auf. Bei diesen Fällen konnten die Serumveränderungen sowie die schnell auftretende und persistierende Hyperpigmentation nach Höhensonnenbestrahlung, wie sie bei diesen Kranken auftritt, durch langfristige Darreichung von Vitamin A und E normalisiert werden. Zurückhaltung empfiehlt sich offenbar hinsichtlich einer langjährigen Applikation von Salicyl-Vaselin im Gesicht, da, wie die Beobachtung von Weber u. Riegel zeigt, infolge einer solchen ständigen Entfernung der Lichtschwiele ein „Xeroderma pigmentosum" gebahnt werden kann. Für die Entfernung aktinischer Keratosen ist deshalb eher auf Fluorouracil-Salben (z.B. Efudix® Roche, Effluderm®) zurückzugreifen. Eine solche Salbe (Hoffmann-La Roche) ist reichlich aufzutragen, darüber Plastikokklusivverband, 2mal täglich Verbandswechsel. Bei oberflächlichen Präkanzerosen empfiehlt sich u. U. die optische Nachkontrolle des Erfolges dieser Therapie, die bei Strahlenkeratosen bei etwa 95% ausreichend wirksam sein dürfte. Augennahe Bezirke sollten von dieser Behandlung besser ausgeschlossen werden. Präventiv kommt bei besonders starker Disposition die – allerdings protrahiert notwendige – Zufuhr von aromatischem Retinoid Etretinat (Tigason®) in Frage.

15.2 Eccema solare (Unna, Veiel, Wolters) und chronisch-polymorphe Lichtausschläge (Hausmann und Haxthausen 1929)

Während heute die Erscheinungsbilder der *Hidroa aestivalia* und der *Hidroa vacciniformia Bazin* immer wieder zur Untersuchung auf das Vorliegen eines gestörten Porphyrinstoffwechsels veranlassen werden und diese damit in die nosologische Nähe der kongenitalen Porphyrinkrankheiten rücken (s. S. 176), faßt man unter den in der Überschrift genannten Krankheitsbezeichnungen neurodermitische bzw. erythematöse, erythematoide sowie prurigoähnliche Hautreaktionen zusammen, bei denen in der Regel im Harn keine Vermehrung der Porphyrinausscheidung, hingegen aber von Eiweißspaltprodukten aus dem Tryptophanstoffwechsel (Kimmig: Indolylacrylsäure) pathogenetisch bedeutsam erscheint.

Bei älteren Kranken, deren Hauterscheinungen namentlich durch langwelliges UV, aber auch sichtbares Licht provoziert werden, findet man ursächlich nicht selten Eisenmangel, Anazidität, Indikanurie, Hypochylia pancreatica und Dysbakterie, deren **therapeutische** Substitution bzw. Behebung neben der Verabfolgung von B-Komplex-Vitaminen nach eigener Erfahrung nicht selten zu deutlicher Besserung der Krankheitsdisposition führt, was vielleicht auch noch von der Verabfolgung von Chloroquin (aber nur bei ausreichend normaler Leberfunktion!) behauptet werden kann, wohingegen Lokalmaßnahmen in Gestalt der einschlägigen Lichtschutzmittel (am ehesten noch mit Hilfe stark abdeckender Pasten oder mit Contralum®) meist weniger befriedigen.

Unumgänglich sind aber derartige dicke Zink- oder Titandioxidpasten bei der *Cheilitis exfoliativa actinica* (S. Ayres jr.), die mitunter auch als Teilsymptom anderer licht- einschließlich porphyriebedingter Dermatosen auftreten kann.

Allerdings werden derartige Lichtschutzsalben erfahrungsgemäß bald wieder abgewischt, das Bedecken mit Tüchern abgelehnt, so daß bei der Landbevölkerung am ehesten noch das konsequente Tragen möglichst breitrandiger Strohhüte durchgesetzt werden kann.

Harmloser – die chronisch-rezidivierende Cheilitis actinica wird ja als Präkanzerose diskutiert – ist hingegen die von Keining

1940 so genannte *Frühlingsperniosis,* die wohl der *Frühlingslichtdermatose* von Burckhardt (1942) mit Prädilektion bei Kindern an den Ohrmuscheln und vorzüglicher spontaner Abheilungstendenz entspricht.

Therapeutisch kommt hauptsächlich die lokale Anwendung einer einfachen Lichtschutzsalbe (z.B. allein bereits weißes Vaselin, evtl. mit Zusatz von 3% Gerbsäure) in Betracht, während der Versuch mit einer internen Lichtdämpfung, etwa mit Chloroquin (Resochin®) oder Pro-Actidil® (= Triprolidin(e)-HCl, BP 1980, USP XXI, langwirkendes Antihistaminikum) meist unnötig ist. 1 bis 1½ Monate vor vermutlich stärkerer Lichteinstrahlung, wie etwa in einem Urlaub, kann auch eine Abhärtung mittels einer PUVA-Applikation erwogen werden.

15.3 Lichturtikaria (Merklen 1900)

Entwicklung von Urticae auf kurzfristige Lichtexposition, und zwar eigentümlicherweise in von Fall zu Fall durchaus different auslösenden Strahlenbereichen, ist selten. Eine Sonderform stellt wohl die *familiäre protoporphyrinämische Lichturtikaria* (Langhof, Müller u. Rietschel) dar, die aus einer allerdings nur kurz dauernden Rotfluoreszenz der roten Blutkörperchen im UV-Licht, hingegen nicht aus dem Urin diagnostizierbar ist und mit pellagroiden Hyperkeratosen, auch kolloidmiliumartigen Veränderungen, mit Eisenmangel, gesteigerter Aminosäureausscheidung im Harn und Störungen der Blutgerinnung einhergeht. Auch hier wird man zunächst dem Patienten zur sorgfältigen Vermeidung von Sonnenlicht raten (breitrandige Sommerhüte, lange Ärmel, selbst Handschuhe usw.). Intern kommen Versuche wiederum mit B-Komplex-Vitaminen, speziell Nicotinsäureamid, in Frage. Bei der Anwendung lichtschützender Inhaltsstoffe in geeigneten Vehikeln wird der, wie betont, von Fall zu Fall durchaus differente Strahlenbereich zu berücksichtigen sein, wenn man nicht wiederum stark abdeckende Pasten wählt. Schließlich kommen Versuche mit Antihistaminika, aber auch versuchsweise gestufte Lichtexpositionen (UVA!) mit dem Ziel einer „Abhärtung" in Betracht.

15.4 Phototoxische und photoallergische Reaktionen

Zur Behandlung dieser ursprünglich auch gemeinsam als „photodynamisch" bezeichneten Reaktionen ist die Erfassung der für diese ursächlichen Substanzen Voraussetzung. So kommen obligate Photosensibilisierungen durch Teer-, Akridin- oder Pflanzenprodukte zustande. Bekannte klinische Beispiele sind hierfür die Karbolineumdermatitis (Zaunanstreichen!), die *Dermatitis bullosa striata pratensis* (Oppenheim u. Fessler) und in gewissem Sinne auch die Berlock-Dermatitis, syn. Berloque-Dermatitis (Freund u. Rosenthal), bei denen Furocumarine, die auch als Inhaltsstoffe in der zur Vitiligotheraphie empfohlenen Umbellifere Ammi maius L. (8-Methoxypsoralen) vorkommen, von Bedeutung sind (s. Tab. 7). Für die praktisch-kosmetische Seite ist wichtig, daß Bergamottöl nur in spirituöser Lösung, aber kaum – selbst in hoher Konzentration – als Creme zu solcher Berlock-Dermatitis führt. Von Artefaktversuchen her sind weiterhin die *Phytophotodermatosen* durch Pastinak (Pastinaca sativa L.) und Wiesen-Bärenklau (Heracleum sphondylium L.) geläufig. Durch das photosensibilisierende Eosin kann eine lichtbedingte *Lippenstiftdermatitis* zustandekommen. Dazu treten Beobachtungen über *Photoallergien* (Epstein) durch *Sulfonamide,* einschließlich hiervon abgeleiteter oraler Antidiabetika, aus der Gruppe der Antibiotika durch Demeclocyclin (Demethylchlortetracyclin, Ledermycin®) – auch Photoonycholyse! – durch Saluretika vom Typ des *Hydrochlorothiazid, einige Antimyze-*

Tab. 7: Auswahl einiger phototoxisch wirkender Substanzen (modifiziert nach Engst)

Arzneistoffe *Antimyzetika* 5-Brom-4'-chlorsalicylanilid (Multifungin®) Griseofulvin (Fulcin®, Likuden®, Polygris®) *Neuroleptika (Phenothiazine)* Alimemazin (Repeltin®) Chlorpromazin (Megaphen®) Levomepromazin (Neurocil®) Perazin (Taxilan®) Promazin (Protactyl®) Thiethylperazin (Torecan®) Thioridazin (Melleril®) Trifluoperazin (Jatroneural®) *Sulfonamide* Sulfanilamid (Sulfonamid Spuman®) Sulfisoxazol (Gantrisin® Augentr.) *Tetracycline* Chlortetracyclin (Aureomycin®) Demeclocyclin (Ledermycin®) Doxycyclin (Vibramycin®) Oxytetracyclin (Terramycin®) *Zytostatika* Dacarbazin (DTIC, Deticene®) Fluorouracil (Effluderm®, Effudix®) Vinblastin (Velbe®)	**Ätherische Öle** Bergamottöl Lavendelöl Zedernöl Zitronenöl **Farbstoffe** Acriflavin (Trypaflavin®) Bengalrot Eosin Ethacridinlactat (Rivanol®) Fluorescein Methylenblau **Teer- und Teerbestandteile** Karbolineum Steinkohlenteer Zyklische Kohlenwasserstoffe **Varia** Furocumarine (8-Methoxypsoralen=Meladinine®) Nalidixinsäure (Nogacit®, Nogram®) Resorcinderivate (Pyrogallol u. a. Phenole)

tika (allgemein z. B. Griseofulvin, extern resorptiv z. B. durch Jadit®), Phenothiazine sowie durch die optischen Aufheller (Blankophore®) in den modernen Waschmitteln (s. Tab. 8). Darüber hinaus wird die Möglichkeit eines kutanen „Photomikrobids" bei Infektionen mit dem Erreger des Lymphogranuloma inguinale erörtert, wie auch bei einigen anderen Hautkrankheitszuständen (Pellagra, Lupus erythematodes, seborrhoischem Ekzem, Erythema exsudativum multiforme usw.) die provozierende und lokalisierende Rolle des Sonnenlichts nach wie vor betont und überdies dem Sonnenlicht auch ein entscheidender Einfluß für die Genese von *„Lichtkrebsen"* (Spinaliomen, hingegen nur partiell für die Entwicklung mancher Basaliome) zuerkannt wird.

Neben der ursächlichen Klärung besteht die symptomatische Therapie der photodynamischen Lichtdermatosen in der Lichtprophylaxe (Spuren der auslösenden Substanz können noch längere Zeit in der Haut verbleiben), die z. B. in solchen Fällen durch den Lichtabsorber Contralum® Ultra erfolgen kann. Mitunter kann die Akuität der vorhandenen Reaktion eine Behandlung analog den Grundsätzen der Dermatitistherapie erfordern.

15.5 Phototraumatische Reaktionen

Die Folge intensiver oder überdosierter UV-Einstrahlung sind vom akuten Ereignis der *Dermatitis solaris,* d. h. dem *Sonnenbrand* (zunächst – im Gegensatz zum Pellagraerythem – fleckförmige, follikuläre Erytheme über Blasenbildung bis zur oberflächlichen Nekrose hin und u. U. schweren Allgemeinerscheinungen, wie Erbrechen, Ohnmacht o. ä.), bekannt. Chronische star-

Tab. 8: Auswahl einiger photoallergisch wirkender Substanzen

Arzneistoffe *Antiallergika, Antihistaminika* Alimemazin (Repeltin®, Theralene®) Carbinoxamin (Polistin T-Caps®) Cyproheptadin (Nuran®, Periactinol®) Isothipendyl (Andantol®) Triprolidin (Pro-Actidil®) *Antidiabetika (Sulfonylharnstoff)* Carbutamid (Dia-Tablinen®, Invenol® u. a.) Glibenclamid (Euglucon®, Glycolande®) Glibornurid (Gluborid®, Glutril®) Glisoxepid (Pro Diaban®) Glymidin (Redul®) Tolazamin (Norglycin®) Tolbutamid (Artosin®, Rastinon®) *Antimyzetika* Buclosamid (in: Jadit®) Fenticlor (Antimyk®) Griseofulvin (Fulcin®, Likuden®, Polygris®) *Antirheumatika* Carprofen (Imadyl®) Chloroquin (Resochin®) Diclofenac (Voltaren®) Gold-Verbindungen Ibuprofen (Brufen®, Dolgit®) Indometacin (Amuno®) Naproxen (Proxen®) Piroxicam (Felden®) Tiaprofensäure (Surgam®) *Diuretika* Hydrochlorothiazid (Esidrix®) Chlorthalidon (Hygroton®) Furosemid (Lasix®)	*Psychopharmaka (Neuroleptika, Antidepressiva)* Amitriptylin (Laroxyl®, Saroten®) Butyrophenone (z. B. Haloperidol) Chlordiazepoxid (Librium®) Chlorpromazin (Megaphen®) Fluphenazin (Dapotum®, Lyogen®) Imipramin (Tofranil®) Levomepromazin (Neurocil®) Perazin (Taxilan®) Periciazin (Aolept®) Perphenazin (Decentan®) Promazin (Protactyl®) Promethazin (Atosil®) Sulforidazin (Inofal®) Thioridazin (Melleril®) Triflupromazin (Psyquil®) **Desinfizienzien, Seifen, Toilettenartikel** Ambrette Moschus Bithionol Carbanilide Dibromsalicylanilid Dichlorophen Hexachlorophen p-Aminobenzoesäure Pentichlor Tretrabromsalicylanilid Tetrachlorsalicylanilid Tribromsalicylanilid Trichlorkarbanilid (Triclocarban) **Süßstoffe** Benzosulfimid (Saccharin) Cyclamat **Varia** Amantadin (Pk-Merz®) Azathioprin (Imurek®) Blankophor®-Marken Cadmiumsulfid Östrogene Merbromin (Mercuchrom®) Penicillin

ke Besonnung fördert die Elastikadegeneration in der Kutis und letztlich damit präkanzeröse Entartungen. Der weitaus größte Teil des UVB (Erythemwirkung) wird bereits vom Stratum corneum abgefangen, welches sich, teleologisch betrachtet, im Verein mit verstärkter Pigmentbildung zum Strahlenschutz verdickt (Guillaume 1926, Miescher 1930). Diese *„Lichtschwiele"* dient also neben dem *„roten Sonnenschirm"* der Erythrozyten (Finsen) und dem *„braunen Sonnenschirm"* des Pigments (H. Meyer) als dritter, sog. *„trüber Sonnenschirm"* (Schall u. Altus), wozu als weiterer physiologischer Lichtschutz der Epidermis neuerdings die Urokaninsäurebildung gerechnet wird. Durch die „Entfaltung" dieser protektiven Mechanismen wird das kurzwellige UVB mehr und mehr abgeschirmt, während das langwelligere UVA mit seiner Bräunungskraft praktisch ungehindert in den subepidermalen Raum hineinzugelangen vermag. Klinisch ist ferner noch bedeutsam, daß die Dermatitis solaris acuta, die praktisch eigentlich immer zu spät bemerkt wird, weil sie sich erst nach einigen Stunden Latenz ausbildet, durch Nässe (Schwimmbad, Schweißperlen) verstärkt und beschleunigt wird. Bei Exposition in höheren Lagen tritt die zusätzlich wirksame Rückstrahlung im Schnee hinzu.

Zur *Sonnenbrandprophylaxe,* aber auch zu dem weit schwieriger zu erreichenden Zweck der Einengung der Reaktionsintensität von Lichtkrankheiten sind seit langem sog. *Lichtschutzmittel* in Gebrauch. Diese arbeiten nach zwei Prinzipien, entweder durch Anwendung von Pigmenten (z. B. Salben oder Mixturen mit Zinkoxid, Titandioxid, Calciumcarbonat, Kaolin etc.), womit die UV-Strahlung reflektiert wird, oder mit UV-Absorbern. Bis in die 70er Jahre hat man mit Lichtschutzsubstanzen das Ziel verfolgt, die erythemverursachenden UVB-Strahlen zu absorbieren und die bräunenden längerwelligen UVA-Strahlen durchzulassen. Dies ist zwar für die Sonnenbrandprophylaxe wünschenswert, jedoch für die durch den langwelligen UVA-Anteil hervorgerufenen Lichtkrankheiten unzureichend. Deshalb kommen immer mehr Filtersubstanzen zum Einsatz, die sowohl im UVB- als auch im UVA-Bereich absorbieren (Breitfiltersysteme). Als UV-Absorber verarbeitet man Derivate der p-Aminobenzoesäure (PABA), Zimtsäurederivate, Benzophenon-Derivate u. a. Substanzen in Salben, Cremes, Emulsionen (Milch), alkoholischen Lotionen, Stiften oder Ölen. Die Effektivität ist auch von den Präparaten abhängig, z. B. je höher der Wassergehalt eines Präparates ist, um so besser ist seine Lichtschutzwirkung. Sonnenschutzöle sind wegen guter Spreitung und der dadurch erzielten dünnen Schicht auf der Haut sowie fehlenden Wassergehalts immer nur schwache Lichtschutzpräparate. Die Effektivität des Lichtschutzes wird ausgedrückt durch den Lichtschutzfaktor (LF oder LSF), syn. Sonnenschutzfaktor (SF) im Bereich von 2–17 (Solabar® Emulsion mit LF 17). Der Lichtschutzfaktor gibt an, wieviel mal länger sich die mit einem Lichtschutzmittel behandelte Haut der Strahlung aussetzen kann als die ungeschützte Haut. Durch Einsatz von Pigmenten, Siliconölen und Fettkörpern kann die Haftfestigkeit der Lichtschutzmittel auch hinsichtlich der Beständigkeit gegen Wasser (Schwimmen) und Schweiß verbessert werden. Bewährte Lichtschutzmittel in verschiedenen Zubereitungen sind: Contralum® und Contralum® Ultra (LF 10 für UVB und LF 7 für UVA), Delial® (SF 2–10), Ilrido® (LF 3–10), Nivea® (LF 4–12), Piz Buin® (SF 4–15), Ultra Pigmentan® Emulsion, Ultrasol® (SF 4–15), Zeozon® (LF 4–12). Selbstverständlich sind derartige Effekte durch vollständige Abdeckung mit Zinkschüttelmixturen oder Zinkpaste oder auch dick aufgetragenes weißes Vaselin gleichfalls möglich, aus kosmetischen Gründen aber nicht zumutbar.

Zur Therapie der manifesten Reaktion kommen am ehesten in Frage Corticoidcremes (Volon® A Creme, Volonimat®), aber auch ein Antihistamingel (Soventol®) oder indifferente Körperpuder (z. B. Fissan® Baby-Puder).

Was schließlich die *internen Medikationsmöglichkeiten* anbetrifft, so kommt eine solche praktisch nur für die Lichtdermatosen im weiteren Sinne, und zwar im besonderen für den Lupus erythematodes, in Frage. Hierbei steht, sofern nicht Cholestase, Porphyrinstörungen o. ä. von vornherein dagegensprechen, – neben versuchsweise Pro-Actidil® – die Anwendung von Antimalariamitteln im Vordergrund: Chloroquindiphosphat (Resochin®) Tabletten zu 250 mg, 1–2 Wochen 2mal 1 Tablette, später 1 Tabl./die und Hydroxychloroquinphosphat (Quensyl®) Dragees zu 200 mg, Anfangsdosis 2–3 Dragees täglich, nach einigen Wochen (nach Eintritt einer Remission) erfolgt Dosisreduzierung auf 1–2 Dragees täglich.

16 Pigmentstörungen

Pigmentierungen und Entpigmentierungen werden, sofern sie nicht sekundär als Folge von vorangehenden Hautreaktionen zur Entwicklung kommen, auch beim Menschen durch zentrale Regelvorgänge beeinflußt, wofür der Morbus Addison, Morbus Basedow oder die verschiedenen hypophysären Syndrome klinische Beispiele sind. Die diesbezüglichen Neurohormone des Menschen sind das melanozytenstimulierende Hormon *(MSH)* sowie als sein Antipode das aus der Zirbeldrüse isolierte *Melatonin,* welches die Ausbreitung der Melaningrana in der Zelle hemmt. Darüber hinaus sind in der menschlichen Haut für die Melaninpigmentierung auch periphere Impulse wirksam, die hauptsächlich Oxidationsmechanismen betreffen.

16.1 Melanodermien

Melanodermien können aus äußeren Ursachen entstehen, wobei neben physikalischen und infektiösen Faktoren hauptsächlich chemische Wirkstoffe (z. B. Eisen, Arsen, ACTH, Coffein, Progesteron, Pyrazolone, Phenolphthalein) beachtlich sind. Generalisierende Melanodermien finden sich sodann bei chronischer Urämie, nach totaler Gastrektomie, bei Sprue, Kachexie sowie manchen Bronchialasthmafällen („Asthma melanodermicum"), lokalisiert in Form der verschiedenen Chloasmaformen *(Chloasma uterinum, periorale, virginum; „dermatose pigmentée péribuccale"* Brocq; „parakératose pigmentée péribuccale" Degos; postenzephalitär als *brauner Stirnring* Volhard-Haxthausen), als laterale Dyschromien im seitlichen Halsbereich und bei verschiedenen inneren Störungen, wie z. B. als *„masque biliaire"* Brocq.

Angeborene Hyperpigmentierungen treten vornehmlich als Nävomatosen *(Morbus Recklinghausen, Peutz-Syndrom, Incontinentia pigmenti)* und nicht zuletzt als banales Beispiel in Gestalt der Sommersprossen *(Epheliden)* in Erscheinung. Eine rein exogen bedingte Pigmentstörung ist die *Melanodermitis toxica* (E. Hoffmann-Habermann), während bei der *Melanosis Riehl* wie bei der *„poïkilodermie réticulée pigmentaire de la face et du cou"* (Civatte) in komplexer Weise daneben noch an weitere dahingehende Schädigungen durch toxische, ggf. lichtsensibilisierende Beimischungen in der Nahrung zu Kriegszeiten gedacht wird. Praktisch auch gegenwärtig bedeutsam sind Pigmentierungen infolge langjährigen Kontakts nicht nur mit teerhaltigen Produkten, sondern auch kosmetisch minderwertigen Salbengrundlagen oder Hg-haltigen Bleichmitteln.

Als flächenhafte Hyperpigmentierungen durch die sog. mesodermalen Melanoblasten sind der *Mongolenfleck* und der *Naevus fuscocaeruleus ophthalmomaxillaris Ota* zu nennen. Als *Berlock-Dermatitis* (Freund u. Rosenthal) bezeichnet man schließlich infolge des Herablaufens von Parfümtropfen auf einer schweißdurchtränkten und nachher sonnenexponierten Haut entstandene bizarre Hyperpigmentierungen (eigentliche Noxe ist das Bergamottöl, Bestandteil von Kölnisch Wasser, das photoaktive Furocumarine enthält, z. B. Bergapten (5-Methoxypsoralen), die gegenüber UV-Licht sensibilisieren).

Die **Behandlung** einer großflächigen Melaninhyperpigmentierung ist undankbar. Dies um so mehr, als es sich bei den wirksamen lokalen Bleichsubstanzen nicht um inerte Wirkstoffe handelt, so daß diese deshalb auch stets nur nach vorangehender Verträglichkeitsprüfung auf umschriebenem Hautbezirk angewendet werden dürfen. Im einzelnen kommen gegenüber einer Melaninhyperpigmentierung zur Anwendung: 5–10%ige weiße Quecksilberpräzipitat-Salbe, die auch in Verbindung mit basischem Wismutnitrat angewendet werden kann (Formelbeispiel:

Rp. Bismuti subnitr. 5,0
Hydrarg. amidochlor. ungt.
DAB 9 ad 20,0).

Die Gefahren einer Quecksilberapplikation müssen beachtet werden (u.a. Hydrargyrosis cutis, Stomatitis mercurialis, neuro-allergische Spätmanifestation: „Feer'sche Neurose"). Weniger wirksam sind wiederholte Betupfungen mit Wasserstoffperoxid oder die Anwendung von (wenig haltbaren) Peroxidsalben (Formelbeispiel:

Rp. Hydrogen. peroxid. 30% 5,0
Lanae alcohol. ungt. ad 20,0).

Praktisch eher in Betracht kommen neuerdings Salben, die Monobenzon = Hydrochinon-monobenzylether enthalten (Fertigarzneimittel sind: Depigman® (5%ig), Depigman® forte (10%ig)). Als nicht zu unterschätzendes Laienmittel sei hier noch auf die örtliche Anwendung von frischem Gurkensaft (Boas) hingewiesen, den man auch als schulgerechte *„Tinctura cucumis"* (Fruchtsaft und Alkohol im Verhältnis 1:10) anwenden kann. Schließlich sollte bei jeder Behandlung einer Melaninhyperpigmentierung gleichzeitig für eine Überschüttung des Organismus mit Vitamin C Sorge getragen werden, wofür hochkonzentrierte Ascorbinsäuretabletten (z.B. Cedoxon® Cassis, Cebion®, als Brausetabletten zu 1 g) zur Verfügung stehen.

Für die *Melanosis Riehl* sind Röntgenbestrahlungen der Hypophyse sowie bestimmter Bezirke des Sympathikus empfohlen worden.

16.2 Leukopathien

Leukoderme sind deuteropathische Entpigmentierungen auf dem Boden verschiedener Dermatosen, wie Lues, Pinta, Lepra, Psoriasis und Parapsoriasis, Pityriasis rosea. *Pseudoleukoderme* sind geläufig bei der Pityriasis versicolor, bei der Pityriasis alba faciei und bei der Cignolin-Behandlung der Schuppenflechte.

Als angeborene Hypopigmentierung ist der totale oder inkomplette *Albinismus* (einschließlich *Naevus depigmentosus*) zu nennen, wobei der Albinomelanozyt im Gegensatz zur Pigmentzelle bei der Vitiligo noch Prämelanosomen produziert. Im Gegensatz zum Naevus pigmentosus liegt beim zackig unregelmäßig begrenzten *Naevus anaemicus* (Vörner) weniger eine kapilläre Hypoplasie als eine mangelhafte vasomotorische Ansprechbarkeit vor. In diesem Areal tritt – im Gegensatz zum Naevus depigmentosus – auf Reiben kein Erythem auf, wodurch der Kontrast deutlich wird. Als *chemische Faktoren für eine Entpigmentierung* sind Hydrochinon und seine Abkömmlinge sowie manche Polymerisationsverzögerer, wie sie bei der technischen Herstellung von Kautschuk und Kunststoffen Verwendung finden, bedeutsam. Genauso wirken Furanderivate, bestimmte Muskelrelaxantien, wie Myanesin® (Brit. Drug House, London), Methylthiouracil, Dimercaptopropanol, das Diuretikum Chlorbenzol–2,4–disulfonamid und vor allem die Chloroquingruppe (Resochin® u.a.), die allerdings auch Hyperpigmentierung erzeugen kann.

16.3 Vitiligo

Unter einer Vitiligo[1] wird eine meist perianogenital beginnende, dann fleckförmig bis konfluierend sich symmetrisch ausbreitende idiopathische bzw. primäre Akroleukopathie verstanden, die überdies durch Hyperpigmentierung der Randareale ausgezeichnet ist. Dadurch entsteht der Eindruck der Pigmentflucht in die Peripherie. Die Ursache der Vitiligo ist unbekannt. Lokalisatorisch besteht auf jeden Fall keine Bindung an die Nerven- oder Gefäßverteilung. Pathogenetisch wird mit einer Fermentstörung gerechnet, wodurch die Melanozyten im Vitiligobezirk die Fähigkeit zur Melanogenese aus den angebotenen Melaninvorstufen verloren haben. Neuerdings erörtert man auch die Überwanderung der normalen Pigmentzellpopulation durch eine Generation funktionsuntüchtiger, aber sonst biologisch aktiver Melanozyten. Die Beobachtung familiären Vorkommens zeigt die Bedeutung von Erbfaktoren auf (autosomal dominanter Erbmodus bei Interferenz peristatischer Faktoren?). Pathogenetisch beachtlich ist vor allem der Nachweis verringerten Sauerstoffverbrauchs im Vitiligobereich (Hüllstrung u. Ohlmeyer). Aus diesen Hinweisen geht hervor, daß bis zur Gegenwart für die Vitiligobehandlung nur symptomatische Maßnahmen zur Verfügung stehen. Jedoch sollte bei der Analyse des Einzelfalls auch den in letzter Zeit sich mehrenden Berichten über die Syntropie einer Vitiligo mit perniziöser Anämie, Addisonscher Krankheit und gewissen Autoimmunisationskrankheiten, (Thyreoglobulin-Antikörper?) Aufmerksamkeit geschenkt werden.

Die **Therapie** der Vitiligo mit *Meladinine®*, welches den Inhaltsstoff Ammoidin (syn. Methoxsalen, 8-Methoxypsoralen, 8-MOP) einer im Mittelmeer vorkommenden Pflanze Ammi maius L. (Knorpelmöhre) enthält, hat im allgemeinen enttäuscht (Korting G W, Friedrich H C, Adam W, Derm Wschr 1953; 128: 934 – 41). Dieses Furocumarin, das auch zur Behandlung der Psoriasis (s. S. 16) eingesetzt wird, erzielt nach eigener Erfahrung häufig nur inselförmige, aber kaum komplette Repigmentierungen – und dies selbst keineswegs in jedem Falle –, was vielleicht von den weniger starken Lichtverhältnissen in unseren Breiten abhängen könnte. Phototraumatische Reaktionen können nichtsdestoweniger kurz nach Behandlungsbeginn und stärkerer Lichtexposition unter hochbullösem Bild in Erscheinung treten, ohne daß indes in solchen Hautanteilen eine stärkere Repigmentierung aufträte. Besondere Vorsicht ist bei gleichzeitig äußerlicher Anwendung geboten, da hier dann eine besonders hohe Wirkstoffkonzentration mit demgemäß starker Photosensibilisierung vorliegt. In allgemeiner Hinsicht sind Choledyskinesien eher zu beachten als Leukozytopenien. Im übrigen ist auf die ausführliche Anwendungsvorschrift der herstellenden Firma von Meladinine® (Basotherm GmbH, 7950 Biberach) hinzuweisen. Versucht wurde auch eine kombinierte Behandlung mit 20 mg/die Ammoidin (Meladinine®) und 8–12 mg/die Triamcinolon (Volon®, Delphicort®). Besserung soll schon nach 3 – 4wöchiger Behandlungsdauer eintreten, wobei jedoch die Möglichkeit von Nebenwirkungen (Sonnenbrand, Leberschädigungen) zu beachten ist. Wirkungsgemäß denkt man bei einer solchen Kombinationstherapie an eine Anregung der Melanogenese unter Unterdrückung immunologischer Vorgänge. Demgegenüber sind heute Pigmentierungsversuche mit Bergamottöl und nachfolgender UV-Bestrahlung (Prinzip der Berlock-Dermatitis, Färbungen mit Kaliumpermanganatlösungen oder Walnußabkochungen) sehr in den Hintergrund gerückt, wohingegen bei geringe-

[1] Die Bezeichnung weist etymologisch entweder auf die Scheckung des Kälbchens hin (vitulus bzw. vitellus, welch letzteres allerdings auch Eidotter bedeutet), andererseits ist nach H. Orth als Urwort auch lat. vitium (Fehler) zu berücksichtigen.

rer Ausbreitung die Anwendung von Theaterschminke (z. B. von Leichner) keineswegs als bereits obsolet gelten könnte. Schließlich soll eine Abdeckung einzelner vitiliginöser Areale mit Covermark® (Vertrieb: Stiefel Laboratorium GmbH, 6050 Offenbach a. M.), die wasserfest ist, nicht vergessen werden. Aufmerksam zu machen ist auch auf die (zur Vermeidung der lästigen Kontrastierung) empfehlenswerte Anwendung von Lichtschutzsalben (s. S. 145) zu Beginn der Lichtsaison oder aber auf die Bleichung der hyperpigmentierten Randbezirke. Neuerdings kann man auch von der Braunfärbung der Haut durch *Dihydroxyaceton* Gebrauch machen, welches mit den freien Aminosäuren der Hautproteine, speziell wohl mit der freien Guanidogruppe des Arginins, reagiert. 2–3 Stunden nach lokaler Anwendung ist eine nicht abwaschbare, mehrere Tage anhaltende Bräunung unter Mitverdeckung der Vitiligoherde erzielt, die aber trotz der Brauntönung hierdurch keinesfalls gegenüber natürlichem wie künstlichem UV-Licht abgeschirmt sind. Haare wie Nägel können mit anfärben, was demgemäß zu berücksichtigen ist, auch ist die Farbintensität an Handtellern und Fußsohlen, ähnlich wie nach wiederholter Anwendung und bei höherer Konzentration, stärker. Dihydroxyaceton ist unter verschiedener Handelsbezeichnung in Parfümerien, Drogerien o. ä. erhältlich (z. B. Tamloo, Jade Fixbraun). Hier sei als weiteres Beispiel auf Viticolor, eine 4%ige Dihydroxyaceton-Inkorporation in einer O/W-Emulsion mit Titandioxid, und auf die Einhaltung der genauen Anwendungsvorschrift hingewiesen.

16.4 Sogenannter schwarzer Dermographismus

Nach heutiger Auffassung gibt es das Phänomen der sog. schwarzen Hautschrift bzw. des sog. schwarzen Dermographismus (Rühl, Emdin u. Kusmenko) in essentieller Weise überhaupt nicht. Es wird angenommen, daß in jedem Fall die Schwärzung von Hautanteilen, denen Edelmetalle anliegen, in rein mechanischer Weise infolge Abschmirgelns von Metallteilchen durch Puderstoffe, die in kosmetischen oder sonstigen, z. B. zinkoxidhaltigen, Salben vorhanden sind, zustandekommt.

17 Kreislaufstörungen und Gefäßkrankheiten der Haut

In *arterieller Hinsicht* werden heute, Ratschow folgend, *Angioorgano-, Angioneuro-* und *Angiolopathien* unterschieden. Die arteriellen Verschlußkrankheiten (einschließlich *Endangiitis* bzw. *Arteriosclerosis obliterans* je nach Verlaufsschnelle) erfahren durch Nikotinkonsum und Diabetes mellitus bedeutsame pathogenetische Förderung.

17.1 Endangiitis obliterans, Endangiosis arteriosclerotica

Bei der *Endangiitis obliterans,* der *Winiwarterschen Krankheit,* finden wir bei meist noch recht jugendlichen Männern prodromal Thrombophlebitiden, zum Teil vom Typ der Phlebitis saltans, Par- und Kryästhesien, Bewegungsschmerz und Schwinden der Fußpulse, umschriebene Schwitzstörungen, Onychogryphosen, Zehenzwischenraumverpilzung (häufig Soor) auch im 1. Zehenzwischenraum, Nekrosen am Nagelbett und schließlich Zehengangrän. Möglich sind korrelierte Veränderungen an Darm, Nieren und Zentralnervensystem. Bei der *Endangiosis arteriosclerotica,* bei der die Serumlipoide oft erhöht sind, erkranken, wiederum vorzugsweise bei Männern, die großen Oberschenkel- oder Beinarterien progredient. Klinisch stehen anfallsweises Hinken, stechende Schmerzen im Unterschenkel, parästhetische Meralgien, mitunter auch Potenzstörungen im Vordergrund, wobei letztere, allerdings auch dem bei 30% der Patienten gleichzeitig vorhandenen Diabetes oder Prädiabetes zugeschrieben werden können.

Therapeutisch ist bei beiden Verlaufstypen einer arteriellen Durchblutungsstörung in erster Linie auf die Beseitigung der Kofaktoren (Diabetes, Nikotin, Kältetraumen usw.) zu achten. Andererseits sollten lokale, die Sauerstoffnot der Peripherie erhöhende Wärmeapplikationen vermieden werden. An „gefäßerweiternden Maßnahmen" bevorzugt man gegenwärtig neben heißen Getränken, einer thorakalen bzw. lumbalen Sympathektomie gefäßaktive Substanzen, wie z.B. Pentoxifyllin (Trental®), ein Xanthinderivat, Pentifyllin mit Nicotinsäure kombiniert (Cosaldon®) oder andere synthetisierte Verbindungen wie Fludilat®, Dusodril®, neuerdings Buflomedil (Bufedil®), die unter klinischen Bedingungen langsam infundiert und als Langzeitbehandlung später durch orale Gaben zugeführt werden können. Im Wechsel dazu kommen weiterhin Versuche mit Raubasin (Lamuran®), Adenosinverbindungen (Laevadosin®) oder mit Hydergin® (auch kombiniert mit einem Lokalanästhetikum als Panthesin-Hydergin®) in Betracht. Bei kompletter Demarkation bleibt nur die Absetzung übrig, zumal sympathikuschirurgische Eingriffe nur passager effektiv bleiben.

17.2 Periarteriitis nodosa

Dieses von A. Kussmaul und R. Maier (1866) beschriebene und heute von vielen dem Formenkreis der Kollagenosen oder der rheumatischen Krankheiten nahegerückte Krankheitsbild zeigt in einem Drittel bis zur Hälfte der Fälle auch Hautveränderungen. Diese verlaufen unter dem Bilde der Schönleinschen Purpura, der Livedo racemosa, weniger häufig auch als knotige Vorwölbungen entlang der Arterien, wie es der Krankheitsbezeichnung an sich entspräche, vornehmlich aber unter dem Aspekt der multiplen Hautgangrän (F. Freund: Apoplexia cutanea). Diese bunte Symptomatik wird noch durch Febrilität, Leukozytose mit Eosinophilie, epiphrenale Beschwerden, renale Befunde, neurologische und polymyositische Komponenten (nicht zuletzt diagnostisch auch durch eine Hodenbiopsie!) erweitert. Symptomatologisch, vor allem auch feingeweblich, abzugrenzen sind, wenn auch nosologisch nahestehende, Gefäßwandveränderungen bei sog. *Serumkrankheit,* die Hypersensibilisierungsangiitis von Zeek und die mit Riesenzellbildung einhergehenden hyperergisch-granulomatösen Panvaskulitiden *(Arteriitis temporalis,* Horton).

Für die **Therapie** ist die Berücksichtigung etwa ersichtlicher pathogenetischer Momente (Sulfonamide, Penicillin, Iod, Hydantoin, Pyrazolon, Fremdserum usw.) von ausschlaggebender Bedeutung. Man setzt bei bestehendem Drogenabusus besser ein Medikament zuviel als zuwenig ab, obwohl dadurch nicht immer umgehend auch cessante causa die u.U. bereits bestehende Krankheitsautonomie zurückweicht. Derartige Polyangiitiden pflegen überhaupt – selbst bei sicherer ursächlicher Berücksichtigung – über Wochen und Monate zu bestehen. Glucocorticoide haben hauptsächlich zu Beginn ihre Indikation, während sie in Spätstadien eher nicht nur unwirksam, sondern sogar schädlich sein können (Thrombosen, Gangrän o.ä.). Zur gleichen Abschirmung – im Frühstadium ist eine hohe Corticoiddosierung (z.B. Prednison 50–100 mg oder Dexamethason 12–16 mg/die) erforderlich – greift man am besten sofort zu Breitbandantibiotika. Außerdem sind Versuche mit einer immunsuppressiven Substanz, wie z.B. Azathioprin (Imurek®), angezeigt. Antihistaminika sind normalerweise wirkungslos. Mitunter erweist sich späterhin die zusätzliche Verabfolgung von Antikoagulantien (s. die Hinweise bei der Phlebitistherapie, S. 156) als günstig. Bezüglich Symptomatika sei schließlich noch auf die Verabfolgung von gefäßabdichtenden indifferenten Mitteln, wie etwa Styptobion®, Hespidon®, Reparil® o.ä., hingewiesen.

17.3 Vasculitis nodularis, allergica

Dieses Erscheinungsbild bietet sich solitär oder multipel als tiefes knoten- oder plattenartiges Infiltrat vorzugsweise an den Beugeseiten der Unterschenkel jüngerer Frauen dar. Es wurde früher wohl weitgehend als Erythema nodosum diagnostiziert. Heute wird es – weniger präjudizierend – als *Vasculitis nodularis* (Montgomery, O'Leary u. Barker, 1945) geführt, und als charakteristisch wird die Intimaquellung an den mittelgroßen Arterien im Verein mit einer granulomatösen Panphlebitis hervorgehoben. Dieser histologische Reaktionstypus der „Vaskulitis" ist grundsätzlich polyätiologisch bedingt. Bei der von Ruiter als *„Vasculitis allergica"* herausgestellten Erscheinungsform handelt es sich um den Befall noch kleinerer Gefäßkaliber (Arteriolen, Venolen, Kapillaren) mit mehr oder weniger ausgeprägter fibrinoider Gefäßwandnekrose und Leukoklasie sowie Eosinophilie. Bei diesen wird das „Trisymptom" (Gougerot) geprägt durch epidermisnahe oder im oberen Korium gelegene Gefäßveränderungen, makroskopisch durch makulopapulöse Elemente, Petechien oder kokardenförmige hämorrhagische Erytheme bis Blasen und Ulzerationen. Übergänge zur Periarteriitis nodosa sind – abgesehen von der Größe der Gefäßkaliber – fließend vorhanden. Bedeutsam erscheint heute der Nachweis von Immunkomplexen (IgG, Komplementanteile) in der Gefäßwand.

Für die **Therapie** ist die Berücksichtigung von vorangehenden Infekten, vor allem des

Rachenraumes (Antistreptolysin- und Antistaphylosintiter?), und Zufuhr von Arzneimitteln (Analgetika, Seren, Sulfonamide usw.), evtl. miteinander kombiniert oder im Verein mit Hypertonus und Nierenstörungen, von Beachtung. Symptomatisch steht die Einhaltung körperlicher Schonung, Bettruhe, ja Bettwärme an erster Stelle. Glucocorticoide wirken nicht immer überzeugend, gelegentlich sogar paradox, so daß man schon aus diesem Grunde zunächst – ut aliquid fiat – zu gefäßabdichtenden Verordnungen, etwa vom Typ des Styptobion® oder Reparil®, seine Zuflucht nehmen sollte. Schließlich kann auch Colchicum-Dispert® (3mal 1–2 Drag. à 0,5 mg/die) versucht werden. Bei sehr schweren Verlaufsformen käme auch der Versuch der Entfernung zirkulierender Immunkomplexe durch Plasmapherese in Betracht.

17.4 Angioneuropathien

Zu diesen gehören weniger das *Raynaud-Syndrom,* unter welchem sich meist eine beginnende progressive Sklerodermie verbirgt, sondern vor allem spastisch-atonische Symptomenkomplexe unter dem Bild der hypogenitalen Hand (Marañon) des Hypotonikers bzw. der *Akrozyanose Brocq* oder der *Acrocyanosis crurum puellarum* (Klingmüller) samt ihrer follikulären Varietät, der *Perniosis follicularis* (Klingmüller-Dittrich). Klinisch führend sind eine u.U. eindrucksvolle Zyanose der gipfelnden Körperanteile mit „Irisblendenphänomen" (Parrisius) auf Anämisierung mit dem Finger und „Zinnoberrotflecken". Pathogenetisch ist bei Patientinnen mit Akrozyanose zudem häufig auch noch eine Vermehrung der gesamten, speziell aber der extrazellulären Flüssigkeitsmenge bedeutsam.

Während früher hormonelle **Therapieversuche** mit Östrogenen, Gestagenen, Plazenta- und Hypophysenextrakten diskutiert wurden, wird man heute die Patientinnen zunächst auf das Abklingen der Symptomatik bei einsetzender biologischer Nachreifung hinweisen, Einschränkung von Radfahren mit seiner abkühlenden Wirkung auf die Beine im Fahrtwind, das Tragen von Wollstrümpfen und -hosen, vor allem in der sog. Übergangszeit, empfehlen. Lokal Heparinoidsalben mit evtl. Nicotinsäurezusatz (Lasonil®, Pergalen®, Hirudoid® o.ä.), während rein hyperämisierende, z.B. nicotinsäureamidhaltige Externa erfahrungsgemäß bald tachyphylaktisch abstumpfen und daher intervallmäßig angewandt werden sollen (Rubriment®, Akrotherm®). Intern in der Hauptsache Versuche – neben Vitamin-K-Therapie – mit Antioxidantien (Vitamin E, 10–100 mg/die, Ichthraletten®, 3 mal 2 oder 3 mal 1 Drag./die). Versuchenswert sind auch Sympatholytika vom Typ des Hydergins® (3 mal 8–10–12–20 Tropfen/die) über Wochen und Monate hin. Zur Dämpfung der sympathischen Innervation beim sog. Digitus mortuus kommt auch Raubasin bzw. Reserpin in Betracht. Nach heutigem Erfahrungsstand bevorzugt man bei ausgesprochener Wechselsymptomatik, d.h. bei typischem Raynaud: Nifedipin (z.B. Adalat® 2 mal 10 mg/die), bei prävalierender Akroasphyxie: Sibelium® S (2 Kapseln zur Nacht).

Die *Livedo-Krankheiten,* seien sie razemös oder retikulär ausgebreitet, erfordern den Ausschluß eines Grundleidens (Lues, Periarteriitis nodosa, auch zerebrale Faktoren) und bedürfen meist keiner Sondermedikation.

Angiolopathien im engeren Sinne, wie sie bei Hypertonie, Diabetes mellitus, Kälteagglutinin- oder Kryoglobulinvermehrung vorkommen, sind selten und praktisch nur über den Einfluß auf das Grundleiden anzugehen.

Mit dem Auftreten **arteriovenöser Kurzschlüsse** und ihren Rückwirkungen auf die rechte Herzhälfte ist im dermatologischen Arbeitsbereich nur beim *Klippel-Trénaunay-* bzw. *Parkes-Weber-Syndrom* zu rechnen.

17.5 Akute arterielle Gefäßverschlüsse

Die klassischen Zeichen eines *akuten Ischämiesyndroms* der unteren Extremitäten sind Mißempfindungen bzw. ein heftiger Dauerschmerz in der befallenen Gliedmaße, die blaß, pulslos und kühl ist. In der Folge zeigen sich Gefühllosigkeit und Lähmungen. Die Ursache für einen akuten Arterienverschluß sind entweder eine arterielle Thrombose oder eine arterielle Embolie, für welche das Herz die häufigste Quelle ist.

Die akuten Arteriengefäßverschlüsse gehören umgehend zur eventuellen Durchführung einer Desobliteration (nach Möglichkeit innerhalb der 6-Stunden-Grenze) in die Hand des Chirurgen, während eine **fibrinolytische Therapie** auch noch später, wenn auch mit abnehmender Aussicht, durchgeführt werden kann. Grundsätzlich ist die befallene Extremität tief zu lagern und gegen Auskühlen und Dekubitus durch entsprechende Einpackung zu schützen. Für die Fibrinolyse, d.h. für den Versuch der Auflösung frischer Thromben durch Plasmin oder Aktivierung von Plasminogen, wird heute mehr zur Streptokinase (z.B. Streptase®, Kabikinase®) als zur hochdosierten Nicotinsäure gegriffen. Im Wiederholungsfall, wegen der Gefahr allergisch-anaphylaktischer Reaktionen, therapiert man mit Urokinase (z.B. von Medac oder Ribopharm, bzw. Actosolv®, Rheotromb®, Ukidan®). Große Hoffnungen werden in den gentechnologisch hergestellten Gewebe-Plasminogen-Aktivator, rt-PA (Tissue-Plasminogen-Aktivator) gesetzt, der sich noch in klinischer Prüfung befindet (Actilyse®, Dr. Karl Thomae GmbH). Seine fibrinolytische Wirkung beruht gleichfalls wie bei Streptokinase in der Aktivierung von Plasminogen zu Plasmin, wobei wegen seiner besonderen Affinität zu Fibrin systemische Wirkung und Blutungsgefahr geringer sind. Der Schmerz wird z.B. mit Morphin oder Dolantin® bekämpft, wobei man Injektionen in das ischämische Gebiet vermeidet.

17.6 Ulcus cruris hypertonicum (Martorell 1945)

Schließlich sei noch auf dieses (fälschlich viel zu oft diagnostizierte) Geschwürsbild hingewiesen, welches sich klinisch bei fehlender Varikose, hingegen vorhandenem Beinödem häufiger bei Frauen als bei Männern, ferner stets symmetrisch als Folge von Hochdruck, Arteriosklerose und Banaltrauma (Schienbeinmitte!) als zyanotischer, sich bald ischämisch-nekrotisch umwandelnder Krankheitsherd findet. Seine **Therapie** richtet sich gegen das Grundleiden (z.B. β-Rezeptorenblocker o.ä.) und entspricht ansonsten der üblichen Ulcus-cruris-Therapie (s.S. 158).

17.7 Trophoneurotische Ulzerationen

Von solchen seien an dieser Stelle das *„Malum perforans"* (Nélaton) bei Tabes dorsalis, Lepra, Poliomyelitis, heute überwiegend bei diabetischer oder äthylischer Polyneuropathie o.ä. erwähnt, außerdem das *trophische Nasenflügelgeschwür nach operativen Eingriffen am Ganglion Gasseri* wegen Trigeminusneuralgien. Immer wieder ist bei solchen trophischen Ulzerationen die Manifestation durch unterschwellige traumatische Reize nachweisbar.

17.8 Chronisch-venöse Beininsuffizienz

Bei dieser prüft man die Suffizienz der tiefen Beinvenen und ihrer Kommunikation einerseits mit dem *Perthes-Versuch* (normal: Entleerung der Varizen nach Umhergehen mit einem in Knienähe angebrachten Stauschlauch) oder mit Hilfe des *Versuches nach Trendelenburg,* der die Klappenfunktion der großen und kleinen Saphenavene bei vorhandenen Varizen prüft (normal: ausbleibende Wiederauffüllung nach hoher An-

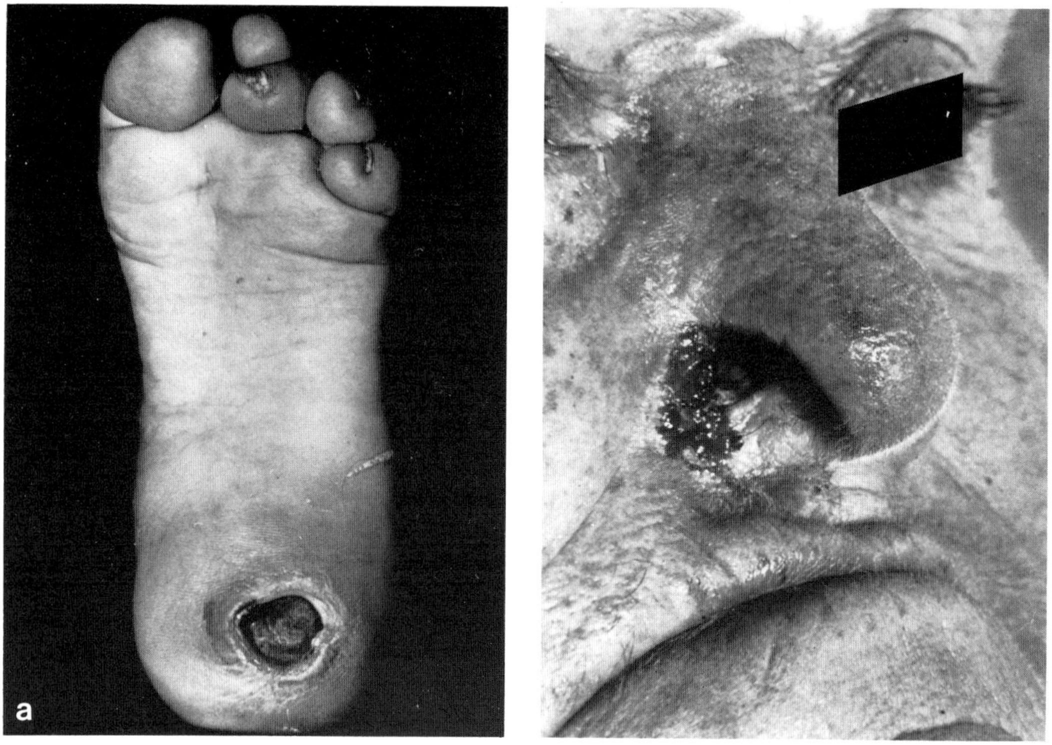

Abb. 31: Trophoneurotische Ulzerationen: a) Malum perforans, b) Nasenflügel-Geschwür nach Eingriff am Ganglion Gasseri

lage eines Stauschlauches im Liegen und anschließendem Aufstehen). Der *Mahorner-Howard-Ochsner-Test* stellt die Kommunikationssuffizienz an der Schmerzhaftigkeit fest, die der umhergehende Patient nach Wicklung seines Unterschenkels mit 2 Staubinden angibt. Schließlich ist der *Lowenberg-Test* bedeutsam zur Aufspürung einer klinisch symptomarmen akuten *Phlebothrombose* (Ochsner) im Beinbereich: heftige Schmerzhaftigkeit bei einer Druckkompression bereits von 80–120 mmHg mittels der üblichen Recklinghausen-Blutdruckmanschette (empfindlicher als die Prüfung des Hohlfußschmerzes nach Payr).

Sicherlich haben die bisher genannten traditionellen Funktionstests lediglich einen orientierenden Rang. Deshalb werden derzeit mehr und mehr nichtinvasive Untersuchungsmethoden, wie vor allem die Ultraschall-Doppler-Diagnostik oder die Lichtreflexions-Rheographie angewendet, wodurch invasive Untersuchungsmethoden, wie vor allem die Durchführung einer Phlebographie, eingeschränkt werden können. Eine aszendierende Phlebographie, die das gesamte Venensystem vom Fuß bis zum Becken röntgenologisch sichtbar macht, ist aber vor allem angezeigt, wenn eine akute Phlebothrombose oder die Ausdehnung eines thrombotischen Verschlusses, auch eines postthrombotischen Syndroms, z. B. nicht zuletzt aus forensischem Grund, festgestellt werden sollen.

Obwohl beim Varizenträger fast immer auch gleichzeitig eine gewisse Störung der arteriellen Durchblutung vorliegt, kann man ferner doch generell sagen, daß vorwiegend venös verursachte Beingeschwüre sich allmählich ohne sonderliche Schmerzen im Endstromabschnitt und ohne schmerzhafte Nekrosen entwickeln. Ihre Lokalisation ist vorzugsweise die Perimalleolarregion. Demgegenüber sitzen arteriell bedingte Geschwüre – ähnlich wie solche auf dem Boden eines postthrombotischen Syndroms, welches außerdem noch meist von einer Dermatosklerose, d.h. einer bindegewebigen Verschwielung, begleitet ist – vornehmlich über der Schienbeinmitte. Arterielle Geschwüre sind ferner häufig sehr schmerzhaft und tendieren zu scharfer nekrotischer Demarkation. Bei der Arteriosclerosis obliterans sind die Ulzerationen überwiegend großflächig und seicht. Besonders bei solch arteriell betonten Durchblutungsstörungen macht man in letzter Zeit wiederum entweder von neuen Xanthinderivaten, wie z.B. Pentoxifyllin (Trental®), Naftidrofuryl (Dusodril®), Bencyclan (Fludilat®) oder der neueren Verbindung Buflomedil (Bufedil®), Gebrauch, die in verschiedenen Applikationsformen zur Verfügung stehen.

Akute ausgedehnte Thrombosen, seltener auch tiefe Thrombophlebitiden, rufen mitunter das Bild der *Phlegmasia caerulea dolens* mit charakteristischer Schwellungszyanose, starker Druckempfindlichkeit und konsekutiver Kreislaufinsuffizienz infolge Flüssigkeitsentzugs hervor. Bei dieser *fulminanten Venenthrombose,* der *Phlegmasia caerulea dolens,* ödematisiert sich also die betroffene Extremität zu einer derbfesten, blauschwarzen, maximalen, daher äußerst schmerzhaften Verschwellung, die durch eine foudroyante Thrombose aller Venen in diesem Extremitätenbereich zustandekommt. Zugehörig sind ferner distal Blasenbildung oder Gangrän und als konstitutionelle Symptomatik die Zeichen des Schocks, Schüttelfrost und später auch ikterischer Aspekt. Die **Therapie** bemüht sich entweder um konservative Thrombolyse oder um Thrombektomie. Hierauf sind die Beine kräftig zu bandagieren und zu bewegen. Die Prognose ist ernst.

Zur **Vorbeugung** von *Venenentzündungen* kommen die Herabsetzung der Gerinnungsfähigkeit des Blutes, von Staufaktoren (Abschnüren durch Strumpfbänder, ungeeignetes Schuhwerk, mangelnde Betätigung der Wadenmuskelpumpe infolge Bettruhe, bei längeren Flugreisen oder bei stehenden Berufen, wie Ladenpersonal) und die Anlage eines gutsitzenden *Kompressionsverbandes* in Betracht. Der Kompressionsverband entfernt aus der Beinschwellung infolge Beinveneninsuffizienz das ausgetretene Ödem, wobei normalerweise beim üblichen Kompressionsverband die Knöchelgegend zuwenig berücksichtigt wird, was durch nach außen gewölbte Einlagen, z.B. aus einer oder mehrfach übereinandergeklebten Schaumgummilage, abgestellt werden kann. Der Kompressionsverband selbst wird im Unterschenkelbereich z.B. mit 2 Lohmann-Dauerbinden angelegt. Auch das Tragen von Antithrombose-Strümpfen (z.B. Comprinet®, Compressofix®, TED®) oder von gutsitzenden Gummistrümpfen, die nach Umfang und Längenmaß entsprechend bestellt werden, ist empfehlenswert.

Sind eine Thrombophlebitis oder Phlebothrombose zur Ausbildung gekommen, so kann initial mit Heparin begonnen, darauf u.U. mit einem Cumarinderivat (z.B. Phenprocoumon, Marcumar®) zur Rezidivprophylaxe über einige Monate hindurch etwa im folgenden Sinne fortgesetzt werden: drei Monate Antikoagulantien-Therapie nach der ersten tiefen Beinvenenthrombose, die durch einen vorübergehenden Risikofaktor (Operation, Trauma, vorübergehende Immobilisation, orale Kontrazeptiva) ausgelöst wurde; sechs Monate Therapie bei bleibenden Risikofaktoren (Veneninsuffizienz, Langzeitimmobilisation, Krebs), ein Jahr nach der zweiten tiefen Beinvenenthrombose. Patienten, die ambulant mit Marcumar® behandelt werden, sollten einen entsprechenden ärztlichen Ausweis, daß sie unter Antikoagulantien-Therapie stehen, bei sich tragen. Selbstverständlich gehört die Therapie der tiefen Beinvenenthrombosen in die Hand einer erfahrenen

Klinik. Diese hat auch zu entscheiden, ob eine Fibrinolyse (Streptokinase, Urokinase mit ihrer Nebenwirkung, der Blutung), eine Thrombektomie (bis 6 Tage alte Beinvenenthrombose) oder lediglich als alleiniges Therapie-Prinzip eine Antikoagulation in Frage kommt, wie sie eben vorangehend skizziert wurde. Bei bis zum Becken aufsteigenden Phlebothrombosen ist peinliche Bettruhe einschließlich der Vermeidung von Hustenstößen (Codein z. B. als Codeinphosphat Kaps. 30 mg NRF oder als Sol. Codeini 2%) oder der Bauchpresse (weichmachende Laxativa!) erforderlich.

Die sichtbaren *Thrombophlebitiden* im Unterschenkelbereich – nicht selten als Varikophlebitiden und häufig infolge an sich banaler Mikrotraumatisierung – sind meist hinreichend durch Acetylsalicylsäure (Colfarit®, 3mal 0,5 g tägl.) oder Diclofenac (z. B. Voltaren®, 1 Suppos. 50 resp. 100 mg, 1 × täglich; bei gleichzeitiger Gabe von Antikoagulantien ist vorsichtshalber der Gerinnungsstatus zu überwachen) intern behandelt.

Über die Wirksamkeit der sog. „Venenmittel" auf Basis von Roßkastanienextrakt und Rutin ist die wissenschaftliche Meinung geteilt. Trotzdem ist in der Nachbehandlung ein Versuch mit Reparil® per inj., mit Venolat® (Cumarin + Rutosid) oder Fragivix® (Benzaron) zu erwägen.

Zu Beginn sind lokal kühlende Umschläge mit 35% Alkohol (Spiritus-dilutus-Wasser 1 + 1), später Heparinoidsalben (Hirudoid®, Lasonil®, Pergalen®, Hemeran®, Ichthalgan®, Reparil® Gel o.ä.) zweckmäßig. Eine Kombination von Cumarinpräparaten mit Acetylsalicylsäure ist wegen einer Wechselwirkung (Erhöhung der Gerinnungshemmung) zu vermeiden, ebenso die Zufuhr größerer Mengen von Spinat und Mangold, die durch ihren hohen Vitamin-K-Gehalt auf den Prothrombinspiegel einwirken können. Auch sollte eine Cumarinmedikation nur eingeleitet werden, wenn zumindest für die 1. Woche der Quick-Test täglich kontrolliert werden kann. Ansonsten kommt zur Prophylaxe eine Dauerzufuhr von Antikoagulantien vom Cumarintyp LKMarcumar® (langwirkend), Sintrom® (rascher Wirkungseintritt und Steuerbarkeit) im dermatologischen Arbeitsbereich hauptsächlich nur bei gehäuften Thrombophlebitisschüben unter kleiner Dauerdosis nach Einstellung über mehrere Wochen hindurch in Betracht.

Aufgrund der langen Halbwertszeit von Marcumar® (150–160 Std.) ist nach Absetzen eine Normalisierung des Gerinnungssystems erst nach 4–7(–14) Tagen zu erwarten. Muß die Blutgerinnung rasch verbessert werden (Blutungen), so müssen die entsprechenden, durch Marcumar® in ihrer Synthese gehemmten Gerinnungsfaktoren II, VII, IX und X durch die Gabe handelsüblicher Prothrombinkomplexe (PPSB-Konzentrat, Beriplex® HS, Prothromplex® S-TIM 4) rasch substituiert werden. In schweren Fällen muß zusätzlich Frischblut gegeben werden.

Die früher angewandte Praxis, in Notfällen Vitamin K_1 (z. B. Konakion® Amp. zu 10 mg) zu verabreichen, erscheint heute nicht mehr so zwingend, da zum einen die Faktorenkonzentrate zur Verfügung stehen, zum anderen die Wirkung des Vitamin K_1 erst nach vielen Stunden einsetzt. Ist ein nicht sehr schneller Anstieg des Quick-Wertes notwendig (z. B. zur OP-Vorbereitung oder bei Überdosierung), so genügt fast immer eine 2–4tägige Unterbrechung der Marcumar®-Therapie.

Die *Thrombophlebitis migrans* (P. Neisser) oder besser *„saltans"* (Miescher) ist ihrem Wesen nach eine riesenzellhaltige granulomatöse Endophlebitis von charakteristischem multipel-diskontinuierlichem Auftreten. Sie ist nicht selten das venöse Korrelat zu einer Endangiitis obliterans und vor allem, wie seit Trousseau bekannt, u. U. das viszerale Alarmsymptom für ein Karzinom, besonders ein Pankreaskarzinom. Die symptomatische Therapie ist dieselbe wie auch bei sonstiger Thrombophlebitis.

Die **Therapie der Varizen** betrifft solche primärer Genese und berücksichtigt in verständnisvollem Gespräch mit dem Patienten deren Auffassung als Symptom konstitutioneller „Bindegewebsschwäche" (einschließlich Varikozele, Hämorrhoiden, Plattfuß usw.). Bei den *Schwangerschaftskrampfadern* handelt es sich nicht selten um einfache ampulläre Venenerweiterungen und weniger um geschlängelte Aussakkungen wie bei Varikosis sonst, so daß häufig die spontane Rückbildung abgewartet werden kann. Bei Entstauungsversuchen sei man fernerhin mit der Anwendung von Diuretika, speziell der hochwirksamen Saluretika, ebenfalls eher zurückhaltend, da sonst nicht selten phlebitische Reizungen oder zumindest Phlebalgien die Folge sind.

Während *operativ* (beispielsweise nach Moszkowicz) durch eine Saphena-Ligatur-Resektion eine Unterbindung aller Kollateralen und Kommunikanten ausgeführt werden kann, steht seit Monteggio (1813), vor allem aber nach Paul Linser (1916), die *Sklerosierungsbehandlung* im Vordergrund der diesbezüglichen Dermatotherapie. Nach W. Schneider führt die Injektion der Verödungsmittel (oberflächliche Substanzen) zuerst zu einer Intimaschädigung und nicht zu primär-thrombosierenden Effekten. Besonders geeignet für die Verödung erscheinen Varizen oberhalb von Ulzera. Gegenanzeige für diese Behandlung sind akute örtliche (Thrombophlebitiden) oder allgemeine Entzündungsvorgänge, Gravidität, extremes Senium, manifeste Innenorganinsuffizienzen und vor allem Verlegung der tiefen Venen, weswegen die vorher besprochenen Prüfungen (vornehmlich der Versuch nach Perthes sowie nach Mahorner-Howard-Ochsner) durchzuführen sind. Auf jeden Fall auch keine Varizenverödung bei ödematösen Beinen. Ferner bleiben die zwar äußerst seltenen Überempfindlichkeitsreaktionen, jedoch keineswegs nur infolge paravenöser Injektion oder zu großer Mengen des Verödungsmittels, beachtlich, so daß grundsätzlich eine Liege, Adrenalin (Suprarenin®), i.v. injizierbares Prednisolon (z.B. Solu-Decortin®-H) zur Verfügung stehen müssen, Die Einspritzung wird am liegenden Patienten, dessen Bein etwa um 30° erhoben ist, vorgenommen. Pro Injektion maximal 0,5 ml, Einstich mit einer etwa 1,4 mm dicken Nadel zunächst ohne aufgesetzte Spritze zwecks Vermeidung paravenöser Injektion, da jedes Sklerosierungsmittel Nekrosen hervorrufen kann. Vor der Einspritzung wird die Injektion von 0,5 ml Luft („air-block"-Technik nach Orbach, 1944) empfohlen, wodurch die Vene vorübergehend blutleer wird und anschließend das Verödungsmittel unverdünnt mit der Venenwand in Kontakt tritt. Im Anschluß an die Verödung Anlegen eines Kompressionsverbandes, im allgemeinen gegenläufig mit 2 Binden, viel Spazierengehen. Dieser Verband kann nach einem Tag abgenommen und, falls erforderlich, durch einen maßgearbeiteten Gummistrumpf ersetzt werden. Wenn der Patient aber wenig geht oder Ödemneigung vorliegt, können die Kompressionsverbände auch 2–3 Wochen über den Tag nach der letzten Injektion beibehalten werden.

Während man früher zur Sklerosierung der Varizen hochprozentige hypertonische Glucose- oder Natriumchlorid-Lösungen verwendete, bevorzugt man heute Fertigarzneimittel
- mit Natriumiodid: Varigloban® zu 2%, 4%, 8%, 12%;
- mit dem Oberflächenanästhetikum Polidocanol, dem Wirkstoff von Thesit®: Aethoxysklerol Kreussler® zu 0,5%, 1%, 2%, 3%, – forte 4% und Phlebodestal® (mit Natriumoleat) 3%, 5%;
- mit dem Natriumsalz von Lebertranfettsäuren (Natriummorrhuat): Varicocid® zu 5%;
- mit hochprozentiger Natriumchlorid-Lösung: Varicophtin® zu 22,7% und Procain-HCl.

Zusätzlich aber dort, wo die bisher genannten Hauptbehandlungsweisen (Kompressionsverband, Varizenverödung) nicht recht befriedigen, kann eine Beseitigung der Folgezustände der chronisch-venösen Beininsuffizienz u.U. durch verstärkte Entfaltung von Kollateralkreisläufen angestrebt werden, wozu in erster Linie Nicotinsäurederivate, Complamin®, Ronicol® retard, Niconacid® retard o.ä., geeignet scheinen. Auch in Form von Dauertropfinfusionen und ebenfalls zur konservativen Therapie chronisch-arterieller Durchblutungsstörungen kommen Nicotinsäureverbindungen neben Laevadosin®, Actihaemyl®, auch das Antibiotikum Reverin® (letzteres auch intraarteriell injiziert) zur Anwendung, während zur Nachbehandlung die gleichen Mittel auch in Tablettenform, also z. B. Complamin®, 2–3 Tabl./die, gegeben werden können.

Das *postthrombotische Syndrom* (Halse) stellt eine chronisch-venöse, häufig gleichzeitig auch lymphatische Insuffizienz dar, welche nach Ausheilung bzw. Organisierung und/oder Obliteration einer Phlebothrombose zustandekommt. Die Massivität der klinischen Symptomatik (stiefelschaftförmige bindegewebige Verschwielung = Dermatosklerose, ferner Ulzeration meist in Nähe der Schienbeinseite) hängt von dem Ausmaß der endgültigen Entfaltung kollateraler Kreisläufe ab.

Gleicherweise arteriell und venös bedingte Ulcera cruris sind gar nicht so selten.

Zur Beeinflussung der *Dermatosklerose* beim postthrombotischen Syndrom steht neben Ultraschall Vitamin E, 200–300 mg/die (als Evion®, Ephynal® o. ä.), zur Verfügung.

Gegenüber den genannten Maßnahmen ist die Art und Weise der lokalen Behandlung des *Ulcus cruris,* d. h. der Endstufe im Rahmen des sog. *varikösen Symptomenkomplexes* (Quénu, Verneuil, Nobl), nicht so vorrangig. Nach Reinigung der Ulkusfläche mit feuchten Umschlägen (Chloramin®, Kaliumpermanganat, Rivanol® o. ä.) und eventueller Abdauung mit Fermentpräparaten (z. B. Pancrazym®-N-Salbe oder -puder) kommen zur Anregung der Granulation Heftpflasterverbände, Kompressen mit hypertonischer Glucoselösung oder isotonischer Kochsalzlösung zur Anwendung. Ein anderes enzymhaltiges Präparat zur Wundreinigung bei Ulzerationen ist Iruxol® Salbe, die Kollagenase, Peptidasen als Begleitenzyme und 1% Chloramphenicol enthält. Bei trockenen Wundflächen vermehren 30%ige Lebertransalben (Unguentolan®) oder die „Schwarze Salbe" (Unguentum nigrum) die Wundfeuchtigkeit. Die klassische Verschreibung lautet:

Rp. Argent. nitric.	1,0
Bals. peruv.	10,0
Vaselin. alb.	ad 100,0

Eine zweckmäßige, Perubalsam-freie Modifikation wäre:

Rp. Argent. nitric.	1,0
Aqu. purific.	1,0
Adip. lan.	6,0
Vaselin. alb.	ad 100,0

Sehr empfehlenswert ist auch das silberhaltige Präparat Dermazellon® als Salbe oder Wundpuder. Stark gewebsformativ sind ferner ausgeglühter Seesand oder Granugenol® Wundöl. Zur Langzeit-Dekubitusprophylaxe gefährdeter, aufliegender Hautbezirke ist ferner die Anwendung von Silikonsprays (z. B. Heydogen®- oder Evalgan®-Spray) oft von großem Vorteil. Haben sich schlaffe oder große Granulationszotten entwickelt, so entstehen feingekörnte Granulationsflächen vorzugsweise unter lokalen Kompressen mit Tinct. Digitalis 1:10, Ditaven® Lotio (enthält Digitoxin) oder den meisten Pudern wie Medicrucin®, Madecassol® der Firma Laroche Navarron aus Frankreich, Furacin® Streusol, Tyrosur® (Tyrothricin), Leukase® (Framycetin und Trypsin), Refobacin® o. ä. Für die Beschleunigung der Epithelisierung gelten seit 1911 (Schmieden und Hayward) Scharlachrot oder 2% Diacetazotol-Vaselin als wirksam. Diese Substanz war früher als Pellidol®-Salbe im Handel und ist im DAB 7 als Diacetylaminoazotoluol aufgeführt. Immer erweist sich aber die Abdeckung der Umgebung mit Zinkpaste, Zinköl, Fissan®-Azulenpaste o. ä. als wichtig. Schließlich können kallöse Ulkusränder mit dem Skalpell radiär oder zirkulär inzidiert werden, wodurch nach solcher Sprengung des Schnürrings erfahrungsgemäß kräftige Granulationsförderung zutagetritt. Dasselbe gilt für die Transplantation mit Reverdin-(„Briefmarken"-)Läppchen, selbst wenn diese nicht anheilen und wieder abgestoßen werden. Von neueren Fertigarzeimitteln zur Behandlung therapieresistenter Ulzera wäre zu nennen das vom Dextran abgeleitete Dextranomer, Debrisorb® als Puder oder Paste, das durch osmotische Saugwirkung infizierte Wunden und Ulzera reinigt. Ferner hat sich zur temporären Wunddeckung bzw. Wundreinigung, besonders vor Transplantationen, Epigard®, ein synthetischer Hautersatz, bewährt. Das zweischichtige, sterile Material besteht aus elastisch-weichem Polyurethan-Schaumstoff und einer mikroporösen Polytetrafluorethylen-Folie.

Mitunter wird man auch auf die Verabfolgung von *Analgetika* (evtl. kombiniert mit Antiphlogistika) nicht völlig verzichten können. Besondere Schmerzhaftigkeit von Unterschenkelulzera sollte aber zuallererst an eine starke Kontamination mit bestimmten Erregern (Proteus, *Pyocyaneus* = Pseudomonas aeruginosa) denken lassen, wobei zur Behandlung einer Pyocyaneus-Wundfläche heute in erster Linie Gentamycin (Refobacin®, Sulmycin®) oder Azlocillin (Securopen®), Piperacillin (Pipril®), versuchsweise zunächst lokal: Umschläge oder Puder, zu verwenden wären. Auch können zunächst Umschläge mit 1%iger Essigsäurelösung oder 0,1% Argentum-nitricum-Lösung Anwendung finden.

Schließlich ist bei *länger bestehenden Unterschenkelgeschwüren* nicht die Gefahr der *malignen Entartung* zu vergessen, die sich mehr am Rand als in der Mitte eines solchen Ulkus in weißen, warzigen Vegetationen zu erkennen gibt. Auch sollte ein primär als Zehen- oder Fußsohlenulkus auftretender Krankheitsherd – ohne ersichtliche trophoneurotische Basis – nicht allzu lange „konservativ" behandelt, sondern nach Möglichkeit bald z.B. als Basaliom oder Bowen-Ca bioptisch „demaskiert" werden.

(Weitere Einzelheiten s. Schneider W und Fischer H. Die chronisch-venöse Insuffizienz. Stuttgart: Enke, 1969)

17.9 Der anale Symptomenkomplex

Hämorrhoiden wurden im allgemeinen als Varikositäten des Enddarms, also als Aussackungen von Venen betrachtet. Neuerdings definiert Stelzner die Hämorrhoiden als eine Hyperplasie des Corpus cavernosum recti, d.h. eines seinem Wesen nach arteriellen Füllkörpers. Exakte Diagnostik ist vor allem mit dem kurzen Proktoskop möglich. Im 1. Stadium der hämorrhoidalen Entwicklung finden sich hellrote Blutflüsse *nach* der Defäkation (Krebssickerblutungen sind unabhängig vom Stuhlgang). Im 2. Stadium kommt es zum Herausdrücken von Hämorrhoidalknoten bei der Defäkation, wobei Juckreiz und vor allem Schmerz in den Vordergrund treten. Blutungen sind hierbei seltener, da die Knoten sich fibrotisch transformieren. Schließlich kommt es im 3. Stadium unter fortschreitender Fibrose des hyperplastischen rektalen Schwellkörpers zum Hervortreten von Knoten bei jedem Druckanstieg (Pressen, Heben, Husten). Schließlich reißt nicht selten die vom Knoten unterminierte Analhaut ein, wodurch überaus schmerzhafte, u.U. mit spastischen Sphinktersensationen verbundene *Fissuren* entstehen, wobei eintretende Thrombose und Nekrose zur spontanen Verödung und Abheilung führen können. Klinisch ist die Analfissur hauptsächlich also durch die Triade Schmerz–Schließmuskelkrampf–Geschwürsbildung charakterisiert. Letztere liegt meist radiär zur Analöffnung und vorzugsweise im Bereich der hinteren Kommissur. Nach perianalen Thrombosen verbleibende, nicht reponible Hautfalten heißen Marisken und können Kofaktoren für einen perianalen Reizzustand darstellen. In diesem Fall erscheint ihre Entfernung vertretbar.

Größere Thromben können unter Lokalanästhesie durch Stichinzision und Ausdrücken entfernt werden. Die konservative **Therapie** der Hämorrhoiden umfaßt eine ebenso regelmäßige wie sorgfältige Analtoilette (Sitzbäder, z.B. mit Plesiocid®, Abwischungen mit Fissan Lotion Baby Pflegetüchern oder Paraffinöl), ferner die Anwendung von Zäpfchen (Ichtho-Bellol®, Scheriproct®, Ultraproct®, Procto-Jellin®, Alcos-Anal® o.ä., bei phlebitischer Komponente auch Voltaren®-Zäpfchen). Die *Ver-*

ödungsbehandlung der Hämorrhoiden, wobei die Injektion nicht in den Knoten, sondern submukös erfolgt, verwendet – bei Fehlen von „Entzündung" oder äußerer Thrombose im Enddarm – 5%iges Phenolmandelöl (Stelzner) oder Antiphlebin® Injektionslösung (20% Chinin-HCl + 1% Lidocain-HCl) mit folgender Dosierung: tropfenweise submukös oder paravasal bis zu 0,5 ml je Sitzung injizieren mit Intervallen von 6–8 Tagen. Von den Iodpräparaten kann auch Varigloban® Verwendung finden. Die *Analfissur* wird entweder duch vorsichtige Sphinkterdehnung in Narkose, Unterspritzung mit sklerosierenden Lösungen oder durch Durchtrennung des Sphincter internus, Ausschneidung eines Schleimhautstückchens und Naht versorgt.

Das eigentliche *Analekzem* sowie der *Pruritus ani* treten am häufigsten im Gefolge eines Hämorrhoidal-Leidens mit entsprechender Sekretion aus dem After (evtl. Proktitis) in Erscheinung. Selbstverständlich gehören eine rektale Untersuchung (zumindest mit dem tastenden Finger) zur Orientierung über die Verhältnisse der Prostata, Ausschluß eines Rektum-Ca o.ä., dazu. Wegen der Möglichkeit des Juckreizes durch Oxyurenbefall gehört ferner der mikroskopische Wurmeier-Nachweis im Stuhl oder auf dem frühmorgens abgenommenen Klebstreifenabrißpräparat zur Routine. Außerdem können Kontaktallergien infolge langzeitiger Anwendung von entsprechenden Salben und/oder Zäpfchen ebenso zur Unterhaltung von Anal-Pruritus oder eines intertriginösen Analekzems, letzteres speziell bei adipösen Patienten, beitragen. Manche Nahrungs- und Genußmittel (Paprika, Kaffee, Cognac) können ebenfalls Afterjuckreiz bedingen. Nicht selten kommt sodann eine Sekundärbesiedlung mit Hefepilzen hinzu, die besonders deutlich auf Farbstoffe (Sol. Castellani), auch Arningsche Lösung ansprechen wird, manchmal aber neben der externen antimykotischen Therapie (Epi-Monistat® Creme, Moronal® Salbe) auch kurzfristig eine Sanierung mit Ketoconazol (Nizoral®) erforderlich macht. Bei sehr engem Analtrichter und stärkerer Feuchtigkeit ist für die Nacht eine Einlage eines Leinenläppchens und bei Tage das Tragen eines eingeklemmten Wattepfropfens empfehlenswert. Selbstverständlich kann ein „Analekzem" auch durch eine originäre Hautkrankheit sui generis zeitweilig kopiert werden, wie besonders durch eine Psoriasis, Lichen ruber, Tinea, Lichen sclerosus o.ä.

17.10 Chronische Lymphödeme der unteren Extremitäten

Bei diesen hauptsächlich von Nonne, Milroy sowie Meige herausgestellten, z.T. chronisch-hereditären, auch häufig *„Trophödem"* genannten Elephantiasisbildern finden sich symptomatologisch plastisch-stabile Schwellungen vornehmlich infolge einer Bindegewebshyperplasie, die mitunter mit anderen Fehlentwicklungen benachbarter Gewebssorten (Knochen, Gefäße, Muskulatur) vergesellschaftet ist. Ursächlich kommen entzündliche wie nichtentzündliche Faktoren in Betracht (rezidivierendes Erysipel, rezidivierender Herpes simplex, lokalisierte Urtikariaschübe, regionäre Lymphknotenveränderungen mit ihrer Rückwirkung auf den venösen oder lymphatischen Abfluß, im Genitalbereich z.B. auch durch eine Enteritis regionalis, Crohn). Peri-endo-thrombolymphatische Veränderungen mit z.T. proliferativ-obliterierender Note machen pathogenetisch das Wesen des Krankheitsvorganges aus.

Entsprechend dem komplexen Krankheitsvorgang, wie er dem Lymphödem zugrundeliegt, ist auch dessen **Therapie** mehr oder weniger unterschiedlich zu gestalten, insgesamt aber wenig befriedigend. Die früheren Drainageverfahren sind mehr oder weniger aufgegeben. Einspritzungen von Hyaluronidase (Kinetin®) sind, selbst wenn die Hyperplasie der Kollagenfasern noch nicht zu fortgeschritten ist und noch mehr interstitielle Flüssigkeitsanreicherung vorliegt, in ihrer Auswirkung zeitlich ebenso beschränkt wie etwa die Anwendung von diuretischen Maßnahmen (Saluretika, kochsalzfreie Diät). Ist angiologisch eine Kompression der Vv. iliacae durch perivasale Schwielen feststellbar, so kann der Gefäßchirurg eine Phlebolyse versuchen. Konservativ wird man sich im allgemeinen auf die Anwendung von ausdrücklichen Wickelungen beschränken müssen. Vereinzelt sind zu solchem Zweck auch kräftige Ausdrückungen mit Hilfe eines Gummischlauches in Narkose und anschließendes Anlegen von festanliegenden Strümpfen (z.B. Comprinet® S, Beiersdorf), evtl. auch nach Maßanfertigung, empfohlen worden. In Extremfällen können chirurgische Verkleinerungsmaßnahmen versucht werden.

18 Hämorrhagische Diathesen

Bei diesen, 1854 von Virchow so bezeichneten Krankheitszuständen handelt es sich um Blutungsübel, die, entweder isoliert oder kombiniert, durch *Störungen* des *humoralen Gerinnungsmechanismus,* der *Blutplättchen* oder der *Gefäße* zustandekommen.

18.1 Koagulopathien

Bei der ersten Gruppe, den koagulopathisch bedingten hämorrhagischen Diathesen, steht die von Schönlein 1828 herausgestellte Erbkrankheit *Hämophilie* mit ihrer Blutungsbereitschaft auf geringste traumatische Anlässe hin im Vordergrund. Bedingt wird diese Störung, die je nach Schweregrad unterschiedliche Manifestationen (Nabelschnurblutungen, Hämarthros, phlegmonoide blutungsbedingte subkutane, intramuskuläre, subperiostale usw. Auftreibungen) aufweist, durch einen Defekt des Blutgerinnungsfaktors VIII (= Antihämophiles Globulin, AHG, syn. Antihämophiler Faktor, AHF). Neben der Hemmkörperhämophilie (Deutsch) ist noch die *Hämophilie B* („Christmas disease"), hervorgerufen durch den Mangel an Faktor IX (Christmas Factor, Plasma Thromboplastin Component = PTC) zu nennen, ohne daß damit die Reihe der inzwischen bekanntgewordenen Parahämophilien zu Ende wäre. Die klassische Hämophilie zeigt einen rezessiven Erbmodus, der sich manifestationsmäßig fast nur auf Männer bezieht, während Frauen lediglich als Konduktorinnen fungieren. Hämophilie A u. B sind nur im Speziallaboratorium zu unterscheiden.

Die **Therapie** besteht neben der Vermeidung unnötiger Traumatisierung (Schnepperstiche, Zahnextraktion, Sport), die auch bei der Reinigung blutender Stellen unbedingt beachtenswert ist, in der Aufbringung von Thrombinlösung (Topostasin®) auf die Blutungsstelle mit anschließender Kompression oder im Zahnbereich durch Tamponade. Am wichtigsten ist die sofortige gezielte Substitution des fehlenden Blutgerinnungsfaktors VIII. Hierbei ist zu berücksichtigen, daß die Halbwertszeit im blutenden Zustand 4–8 Stunden und im nichtblutenden Zustand 8–12 Stunden beträgt. Bei chirurgischen Eingriffen und starken Blutungen ist der Erfolg der Substitution in einem Gerinnungslabor zu überprüfen. An wirksamen Substitutionsmitteln steht eine Vielzahl von Präparaten zur Verfügung, die von der Industrie und den Blutbanken hergestellt werden. Bei Blutungen mit großem Volumenverlust ist die Gabe von Frischblut oder frisch eingefrorenem Plasma („fresh frozen plasma"=FFP, „Antihämophiles Plasma"=AHP) indiziert. Auch wird die Plasmafraktion I (nach Cohn) gegeben oder durch konzentriertere Kryopräzipitate (5–10fach) und durch Hochkonzentrate (Anreicherung 30–150fach) ersetzt. Die Aktivität der beiden letztgenannten Präparate ist in I.E. standardisiert, wobei 1 I.E. Faktor VIII der Gerinnungsaktivität von 1 ml normalem Frischplasma entspricht. Blutkonserven sind weniger geeignet, da beim Lagern die Gerinnungsfaktoren ihre Aktivität verlieren. Mit 1 I.E./kg KG kann die Aktivität des Faktors VIII um ca. 1% der Norm gesteigert werden. Bei nicht behandelten Fällen, insbesondere bei Jugendlichen, lokalisieren sich die Blutungen in den Gelenken (Knie-, Sprung-, Ellenbogengelenk) oder im periartikulären Gewebe und in den Muskeln. Es kommt zu einer schmerzhaften Schwellung mit Bewegungseinschränkung, die zu einer Schädigung des Knorpels mit nachfolgender Verkrüppelung führt. Frische Blutergelenke, die sippenunterschiedlich gehäuft auftreten, sind anfänglich mit Ruhe und Anämisieren (Eisbeutel), später mit vorsichtiger Wärmebehandlung und Bewegung hinsichtlich ihrer Resorption zu beeinflussen. Besonders bei Kindern sind größere Blutungen in Gelenken oder der Muskulatur möglichst frühzeitig zu behandeln. Wegen der Thrombozytenaggregationshemmung cave Salicylate bei Hämophilen!

Die Patienten müssen vor unvermeidlichen Operationen hinsichtlich der zu erwartenden Blutungen besonders vorbereitet und zur Vermeidung von Nachblutungen postoperativ unter Umständen über einige Tage weiterbehandelt werden. Hochkonzentrate von Faktor VIII, die sich auch für die Heimbehandlung eignen, sind: Faktor VII-HT Hyland (Travenol), Faktor VIII S-TIM 3 H-Konzentrat (Immuno), Haemate® HS (Behringwerke) u. a., wobei wegen möglicher Übertragung von HBV und HIV den virusinaktivierten Präparaten der Vorzug zu geben ist. Die Präparate können auch meist blutgruppenspezifisch und isoagglutininarm bezogen werden. Bei wiederholter Transfusionsbehandlung sind Hämophilie-Patienten letztlich auch hinsichtlich einer AIDS-Erkrankung beachtenswert.

Bei 5–10% der Patienten tritt unabhängig von der Anzahl der Substitutionsbehandlungen, schicksalhaft, eine *Hemmkörperhämophilie* auf. Die Therapie richtet sich dann nach der Höhe des Antikörpertiters. Bei niedrigem Antikörpergehalt kann eine hohe Faktor-VIII-Substitution erfolgen. Erfahrungsgemäß steigt später bei den „High responders" der Hemmkörpertiter an, so daß jede weitere Faktor-VIII-Substitution unwirksam bleibt. Bei schweren lebensbedrohlichen Blutungen kann eine Austauschtransfusion oder Plasmapherese und immunsuppressive Therapie mit anschließend hoher Substitution der Fraktion FEIBA Human (*F*actor *E*ight *I*nhibitor *B*ypassing *A*ctivity) als Feiba® S-TIM vorgenommen werden. Auch wird aktivierter Prothrombin-Komplex (Faktor II, VII, IX a, X a) als Autoplex® eingesetzt, der in seiner Wirkung einen „bypass" der biologischen Funktion von Faktor VIII darstellt. Voraussetzung für die Erzielung des hämostatischen Effekts bei akuter Blutung ist initial eine ausreichende Dosierung, z.B. 60–70 I.E./kg KG. Die blutstillenden Wirkungsmechanismen von FEIBA und Autoplex®, die vermutlich unterschiedlich sind, bedürfen noch der vollständigen Klärung. Es kommt nicht zu einer Erhöhung der Faktor-VIII-Aktivität, aber zu einer Normalisierung der partiellen Thromboplastinzeit (PTT). Die Behandlung der Hemmkörperhämophilie sollte einem Hämophiliezentrum vorbehalten bleiben.

Bei *Fibrinogenmangel* bzw. *Afibrinogenämie*, die klinisch hereditär besonders bei Kindern in flächenhaften, evtl. gangräneszierenden Blutungen ebenfalls auf leichteste Traumatisierung hin, erworbenerweise als Folge einer gesteigerten Fibrinolyse oder eines Defibrinierungssyndroms bei Hepatopathien oder Neoplasmen (Prostata!) unter dem Bild der „Purpura fulminans" in Erscheinung tritt, sind therapeutische Fibrinogenkonserven (Haemocomplettan® HS oder Human-Fibrinogen vom DRK, Immuno, KabiVitrum) einzusetzen, da normales Humanplasma nicht ausreichend Fibrinogen aufweist. In einigen Fällen waren ferner entweder die zytostatische Therapie des Tumors oder eine Antikoagulantientherapie bzw. antifibrinolytische Therapie symptomatisch wirksam. Außerdem bei Blutungen aus dem Magen-Darm-Trakt: Schluckthrombin (Velyn®, Behringwerke, Marburg).

Bei Faktor-IX-Mangel (Hämophilie B) sind die Präparate Faktor IX-HS Behringwerke, Faktor IX S-TIM Immuno oder PPSB = Prothrombinkomplex, bestehend aus *P*rothrombin (Faktor II), *P*rokonvertin (VII), *S*tuart-Prower-Faktor (X) und Antihämophiler Faktor *B* (IX), angezeigt. Hersteller von PPSB sind z.B. Biotest, DRK, Tropon oder als Beriplex® HS, Prothrombinkomplex Travenol, Prothromplex® S-TIM 4 erhältlich.

Bei der *Angiohämophilie, der Pseudohämophilie bzw. konstitutionellen Thrombopathie vom Typus v. Willebrand-Jürgens* handelt es sich um eine dominant autosomal weitergegebene hämorrhagische Diathese mit verlängerter Blutungszeit, positivem Rumpel-Leede, aber normalen Thrombozytenwerten. Auch hier tritt die Blutungsneigung fast ausschließlich nach subklinischer Traumatisierung und kaum jemals als echte spontane Blutung klinisch in Erscheinung. Durch die Kombination mit einem Gefäßfaktor ist die Åland-Thrombopathie pathogenetisch komplex.

Von den *medikamentös* verursacht erworbenen *Koagulopathien* sind heute Blutungen durch Antikoagulantien, wie sie u. U. durch Überdosierung bei der präoperativen Thromboseprophylaxe vorkommen können, besonders geläufig. **Therapeutisch** ist die Heparinwirkung durch Protaminsulfat (5%ig 1 ml i.m. oder 1%ig 5 ml langsam i.v.), der Dicumarol-Effekt durch Vitamin K_1 (Konakion®-Roche, s. auch S. 156) zu neutralisieren. Merke: Grundsätzlich keine intramuskulären Injektionen bei Patienten, die unter Antikoagulantien stehen!

Schließlich sind an dieser Stelle auch noch die *para-* und *dysproteinämischen Blutungen* aufzuführen; so vor allem neben solchen Manifestationen bei Amyloid oder dem Plasmozytom die beiden von Waldenström 1944 beschriebenen Formen der *Purpura hyperglobulinaemica* und der *Makroglobulinämie*. Die erste ist vermutlich eine mit Serumglobulinvermehrung verknüpfte, weil über Jahre in Schüben auftretende Schönleinsche Purpura, so daß sie nosologisch am besten als Purpura Schönlein vom Typus Waldenström (Korting u. Adam) gruppiert werden sollte. Notwendig ist eine Abgrenzung gegenüber der sekundären hyperglobulinämischen Purpura bei Leberzirrhose. Davon völlig wesensverschieden kommt bei der Makroglobulinämie Waldenström, bei der praktisch nur Schleimhautblutungen, ganz vereinzelt auch Petechien im Hautbereich neben u. U. eindrucksvollen plattenartigen spezifischen Hautinfiltraten (Gottron, Korting u. Nikolowski) zu beobachten sind, ein immunologisch spezifisches Paraprotein mit einem Molekulargewicht von etwa 1 Million über 5% im Serum vor. Die Hämorrhagien sind bei der Makroglobulinämie hinsichtlich ihres Mechanismus nicht einheitlich, so daß **therapeutisch** je nach dem vorhandenen Gerinnungsstörungstyp zu variieren ist (Bluttransfusion, Plasmainfusion, versuchsweise auch Flavonoide, wie z. B. Reparil®). Das Grundleiden selbst ist einer gewissen symptomatischen Beeinflussung durch Glucocorticoide, Zytostatika (Chlorambucil, als Leukeran®, 3–4 mg per os/die, Melphalan, als Alkeran®), die Hautinfiltrate sind auch einer Röntgentherapie zugänglich. Zu denken wäre auch an eine Drosselung etwaiger Immunreaktionen mit immunsuppressiven Substanzen, wie z. B. Azathioprin (Imurek®). Empfohlen wird bei Makroglobulinämie ebenso wie bei Morbus Waldenström und bei der Kälteagglutinationskrankheit auch die Aminosäure D-Penicillamin (Metalcaptase®, Trolovol®), die bei der Spaltung von Penicillin entsteht. Bei Makroglobulinämie kommt für akute, schwere Durchblutungsstörungen auch eine Plasmapherese zur Eliminierung der Kälteautoantikörper (IgM) in Betracht.

Die *Purpura bei Kryoglobulinämie*, die zum Teil durch kälteaktive Makroglobuline, aber auch andere uneinheitliche Bluteiweiße neben Nekrosen oder Raynaud-artigen Phänomenen zustandekommt, wobei pathogenetisch neben der intravasalen Präzipitation der Paraproteine vermutlich auch die Hyperviskosität des Blutes von Belang ist, kann **therapeutisch** im wesentlichen, wie bei der Makroglobulinämie geschildert, nur versuchsweise angegangen werden. Im übrigen sind auch die bekannten *petechialen Exantheme* nach systematisierter *Fettembolie* in ihrem Wesen wahrscheinlich als eine Verbrauchskoagulopathie anzusehen.

18.2 Thrombozytäre Störungen

Thrombozytäre Störungen, als zweite Gruppe der hämorrhagischen Diathesen, kommen nach heutigem Wissen nicht nur erheblich oder „essentiell“ (= *Morbus ma-*

culosus Werlhof), sondern weit häufiger deutlich erkennbar symptomatisch bzw. toxisch (radioaktive Substanzen, Zytostatika, Benzole), allergisch-medikamentös (aber bei welchen Patienten liegt heute keine solche Anamnese vor?) oder durch Autoantikörperbildung zustande. Auf jeden Fall stehen zahlenmäßige Abweichungen, d.h. Thrombozytopenien, gegenüber Thrombozytopathien, d.h. Störungen einer oder mehrerer Teilfunktionen bei normaler oder erhöhter Blutplättchenzahl, im Vordergrund. Klinisch begegnet man einerseits unregelmäßig disseminierten, charakteristisch düster-bläulichroten Punktbildungen, aber im Hautbereich weiterhin auch großflächigen Blutungsherden, zum anderen sodann praktisch schmerzlosen Blutflüssen aus den Schleimhäuten einschließlich Vagina, Rektum usw. Im einzelnen kommen akute, chronische oder intermittierende Verlaufsgänge vor. Darüber hinaus ist die Trias von verminderter Blutplättchenzahl, verlängerter Blutgerinnungszeit und positivem Rumpel-Leede charakteristisch.

Die nur zum Teil nahestehende Thrombopathie vom Typus v. Willebrand-Jürgens wurde bereits vorangehend abgehandelt. Die hereditäre hämorrhagische *Thrombasthenie Glanzmann* (1918) ist eine infantile, dominante, durch Petechien, flächenhafte Blutungen und Hämorrhöen gleichfalls gekennzeichnete thrombozytäre Hämorrhagieform, bei der bei normaler Blutplättchenzahl (aber degenerativen Riesenplättchen) hypothetisch ein für die Retraktion verantwortliches Eiweiß (Retraktozym) fehlt.

Unter *Wiskott-Aldrich-Syndrom* wird eine rezessive, X-chromosomal fixierte Thrombozytopenie geführt, die klinisch neben den Zeichen der hämorrhagischen Diathese (einschließlich Melaena) durch Ekzematide, seborrhoiden oder „atypischen" Charakters, häufig auch lichenifizierter Note, ausgezeichnet ist. Dermatologisch sind schließlich noch *Thrombozytopenien bei ausgedehnten Hämangiomen (Kasabach-Merritt-Syndrom),* bei der Dyskeratosis congenitalis (Zinsser) und beim *Fanconi-Syndrom* (infantile Panmyelopathie mit Nanismus, Hypogonadismus und Melanodermien) sowie nicht zuletzt *Werlhof-Masken* zur Einleitung eines *Lupus erythematosus acutus* erwähnenswert.

Grundsätzlich gehören zur Klärung einer erworbenen Thrombozytopenie die Kontrolle des Knochenmarks und die Bemühung um den Nachweis zytotoxischer Plättchenantikörper. Da solche Plättchenautoaggressine auch nach einer grundsätzlich hintanzuhaltenden *Splenektomie* (erstmals: Kaznelson 1916; Vollremission am ehesten bei Jüngeren) nicht ohne weiteres (bei etwa 20% darauf klinische Heilung) schwinden, ist der therapeutische Zugang zu den meist „idiopathischen" thrombozytopenischen Purpuraformen nicht immer einfach, zumal auch Glucocorticoide und *ACTH* nicht in jedem Falle prompt wirken, selbst wenn sie, wie notwendig, von vornherein ausreichend hoch (z.B. 1 mg Prednison/kg KG, keinesfalls aber über 300 mg/die) dosiert werden. Ziel der Erhaltungsdosis (10–15 mg Prednison per os) sind klinische Erscheinungsfreiheit und ein Thrombozytenwert von etwa 70 000 nach etwa 3monatiger Behandlung. Bei einem Morbus Werlhof in graviditate ist zudem bis zum 4. Schwangerschaftsmonat die Möglichkeit der Cortisonembryopathie zu bedenken. Symptomatisch kommen noch vor der Splenektomie frische *Vollblutübertragungen,* evtl. auch Transfusionen von Polyzythämikerblut, welches reich an Thrombozyten ist, in Betracht; auch durch wiederholte Transfusionen kann aber die Bildung von Isoantikörpern gegen Thrombozyten in Gang gesetzt werden. In schwersten Fällen besorge man sog. Thrombozytenkonserven, d.h. speziell von mehreren blutgruppengleichen (!) Spendern hergestellte Blutplättchenkonzentrate. Wichtig ist aber auch bei den sonstigen Vollbluttransfusionen die Blutaufbewahrung in silikonisierten oder Plastikgefäßen, um die Thrombozyten möglichst unbeschädigt übertragen zu können. Bei akuten Werlhof-Zuständen ist bei der Testung in Frage kommender Noxen, sofern sie zu ihrer Ausschaltung und damit zur Beseitigung der Ursachen der Thrombozytopenie unabdingbar erscheint, begreiflicherweise mit größter Vorsicht nur unter Anwendung kleinster Testdosen vorzugehen. Weitere Möglichkeiten wären Azathioprin (Imurek®, initial 150–200 mg, auf Dauer 100 mg täglich) oder Cyclophosphamid (Endoxan®, Cyclostin®, initial 300 mg täglich, auf Dauer etwa 100 mg täglich). Auch Vincristin (0,03 mg/kg KG pro Woche über 3 Wochen) ist zu erwägen.

Sehr schwierig und praktisch unmöglich ist die Beseitigung der offenbar nach bisheriger Erfahrung infausten Prognose der *thrombotisch-thrombozytopenischen Purpura* (Moschcowitz 1925), bei der neben der Purpura passagere hämolytische oder neurale Störungen (Kopfschmerz, Paresen), Erbrechen, Arthralgien, Hepatosplenomegalien als Ausdruck einer autoimmunologischen endovaskulären hyalinen Thrombose kleinster Gefäße mit Ausfall von Thrombozyten vorkommen. Neben versuchsweiser Milzentfernung unter Anwendung von Nosostatika scheinen tagelange Versuche mit Heparin in kleinen Dosen (Liquemin®, Heparin Novo) angezeigt.

18.3 Vaskulär bedingte Störungen

18.3.1 Morbus Osler

Von der 3. Gruppe, den vaskulären hämorrhagischen Diathesen, ist neben der Angiomatosis retinae (v. Hippel u. Lindau) zunächst als kongenitale Form der *Morbus Osler* anzuführen. Bei diesem begegnen wir als führendem Symptom Blutungen aus der Nase, seltener auch aus Magen, Darm, Blase sowie Lungenbereich (sog. arteriovenöse Lungenfistel). Hauterscheinungsbildlich finden sich einerseits stecknadelkopf- bis linsengroße angiomartige, später auch mehr teleangiektasiforme Gebilde an Lippen, Wangen, Zunge, weichem Gaumen sowie im Bereich von Finger- und Zehenbeeren. Histomorphologisch sieht man einerseits ampulläre Teleangiektasien und zum anderen quantitativ wie qualitativ übersteigerte Entfaltung von Sperrarterien und arteriovenösen Anastomosen. Als Spätkomplikation ist klinisch die Entwicklung der Osler-Leberzirrhose beachtlich.

Eine kausale **Therapie** dieser hereditären Vaskulopathie der Endstrombahn mit erhöhter Gefäßwandschwäche und Gefäßbrüchigkeit erschien bisher nicht möglich. Ein Ansprechen auf eine systemische Estrogentherapie wurde beobachtet, z.B. mit Estriol (Orgastyptin® 20–40 mg i.v. oder i.m./die). Blutungsepisoden bedürfen des chirurgischen Zugriffs (Unterbindung größerer Gefäßstämme, wie z.B. der Aa. maxillares), der entsprechend dem Blutungssitz unterschiedlich zu gestalten sein wird, sodann versuchsweise Hämostyptika. Die Behandlung der Leberzirrhose oder der Osler-Anämie entspricht den Richtlinien zur Therapie der Leberfibrosen bzw. der Blutungsanämien anderer Genese. Daß die Blutungsepisoden, z.B. die Epistaxis, von hyperämisierenden Faktoren oft deutlich abhängig sind, ist prophylaktisch, z.B. durch Vermeidung von heißen Getränken wie Grog, aber auch sonstigen hochkonzentrierten Spirituosen, zu berücksichtigen. Vor der Verödung einzelner Osler-Effloreszenzen aus kosmetischen Gründen ist zu warnen. Man versuche eher eine fette Salbenbehandlung der Nasenschleimhaut zur Verminderung der Austrocknung (z.B. Neribas® Fettsalbe).

18.3.2 Skorbut

Von den erworbenen vaskulären hämorrhagischen Diathesen kommt der *Skorbut* in Friedenszeiten kaum zur Beobachtung. Zudem sprechen die insgesamt reibeisen- oder gänsehautartig anmutenden follikulären (!) Keratosen, wie sie vornehmlich an den Unterschenkeln zu beobachten sind, sowie die schwammig düsterroten Schwellungen der Interdentalpapillen wie auch die seltener zu beobachtenden blasig-hämorrhagischen Abhebungen in der Mundhöhle prompt auf die Zufuhr von Vitamin C an, wobei zu der an sich zähen Rückbildung der Follikelkeratosen meist auch die Zulage von Vitamin A empfehlenswert ist. Daß darüber hinaus auf die Dauer früchte- und gemüsereiche Diät bei vordem selbstgewählter oder einseitiger Mangelkost („Junggesellenskorbut“) notwendig ist, braucht wohl nicht sonderlich betont zu werden.

18.3.3 Purpura Schönlein

Der Hauptrepräsentant der vaskulären Purpura ist die *Purpura Schönlein,* die bei zusätzlicher renaler und abdomineller Manifestation auch *„Purpura Henoch"* genannt wird. Vorhanden sind, ggf. begleitet von ziehenden rheumatoiden Beschwerden, im Gegensatz zu der Originalbeschreibung von Schönlein, unter Betonung der abhängenden Körperanteile („Purpura orthostatica"; Achard u. Grenet, Schultz) keinesfalls bloß isolierte petechiale Exantheme. Vielmehr zeigen sich meist, wenn auch nur transitorisch, auch etwas urtikariell elevierte, hellrote rundliche bis ovaläre Erythemelemente. Innerhalb derer, also intrafokal, werden bei künstlicher Anämisierung durch den Glasspatel oder bei Rückbildung der Effloreszenzen überhaupt, flohstichartige Punktblutungen sichtbar. Histomorphologisch prävaliert das Bild einer serös-exsudativen Entzündung mit deutlicher leukozytärer bzw. sogar leukozytoklastischer Komponente, wohingegen Erythrozytenaustritte selbst sowie Gefäßwandveränderungen einschließlich fibrinoider Degeneration zurücktreten. Demgemäß ist heute die Schönleinsche Purpura pathogenetisch als *leukoklastisch-hämorrhagisches Mikrobid* aufzufassen, wobei ätiologisch die Suche nach alimentären, drogen- oder infektionsallergischen Noxen in den Vordergrund zu rücken ist. Hinsichtlich der infektionsallergischen Noxen sind bei der ätiologischen Analyse einer *anaphylaktoiden Purpura* (Glanzmann) Streptokokken (Antistreptolysintiter?) und bei fulminantem perakut-septischem Erscheinungsbild im Kindesalter Meningokokken (*Waterhouse-Friderichsen-Syndrom,* Blutungen in der Nebennierenrinde) beachtenswert. Klinisch wie pathogenetisch sind bei der anaphylaktoiden Purpura immer wieder Parallelen zum *Shwartzman-Sanarelli-Phänomen* (akutes Auftreten als Sekundärerkrankung, z.B. nach Masern, Scharlach, Anginen mit evtl. passagerem Mangel an Blutplättchen, Fibrinogen, Prothrombin) und zur Periarteriitis nodosa cutanea (neben petechialen Exanthemen hauptsächlich auch noduläre Veränderungen an den Unterschenkeln) gegeben.

Die **Therapie** der anaphylaktoiden Purpura, deren Hauptvertreter der Typus Schönlein ist, zielt auf die Beseitigung ersichtlicher Noxen (Foci, Allergene aus der Nahrungs- oder Arzneimittelgruppe), die Einhaltung körperlicher Schonung und die Verabfolgung sog. gefäßabdichtender Stoffe (Vitamin C, P, Birutan®, Rutinion®), evtl. in Kombination mit Vitamin K_4 (enthalten in Styptobion®) oder im Verein mit Roßkastanienextrakten (Venostasin®, Reparil® o.ä.). Versuchsweise kommen auch adrenalinartige Stoffe, wie z.B. Carbazochrom (Adrenoxyl®), in Betracht. Andererseits können Katecholamine (Norepinephrin) von sich aus bei gewisser (hypoxidotischer?) Vorschädigung hämorrhagische Hautnekrosen auslösen. Mehr Sorge bereitet jedoch die Beeinflussung der Schönlein-Nephritis, die meist nicht nur eine reine „Purpura renalis" sondern eine diffuse Glomerulonephritis mit allerdings ins Auge springender Hämaturie darstellt. Nicht selten handelt es sich hierbei um prognostisch letztlich ungünstige, zumal Cortison-refraktäre, eher Cyclophosphamid-(Endoxan®-)sensible Nephropathien, wie überhaupt die Hyperergie der Schönlein-Purpura durch Cortison oder ACTH keineswegs stets prompt zu dämpfen ist.

Zur Behandlung des *Waterhouse-Friderichsen-Syndroms* werden neben Schockbekämpfung („Plasmainfusion", 5% Humanalbumin, Frischblut) antibakterielle Maßnahmen (hohe Dosen von Penicillin, Breitbandantibiotika) und Antikoagulantien (Heparin) empfohlen, während die Effekte von Glucocorticoiden, häuptsächlich als Ersatz für Nebennierenausfälle gedacht, hierbei umstritten sind.

18.3.4 Progressive Pigmentpurpura

Unter diesem Dachbegriff kann mit Lever, Kalkoff u.a. eine große Gruppe chronisch-protrahierter, hämorrhagisch-pigmentierter Hautkrankheitszustände subsumiert werden. Hier sind intrazelluläre Hämosiderinspeicherung (klinisch charakteristische Rostbraunpigmentierung), retikulohistiozytäre Proliferation und gefäßmäßig Schwellung und Degeneration der Kapillarendothelien – bei Erythrozytodiapedese vorzugsweise um die Schaltstücke – vorrangig. Im einzelnen können u.a. folgende Sonderformen dergestalt zusammengefaßt werden: *Purpura anularis teleangiectodes* (Majocchi); *purpura téléangiectasique arciforme* (Touraine), *Morbus Schamberg; dermatite lichénoïde purpurique et pigmentée* (Gougerot u. Blum); *eczematid-like purpura* (Doucas u. Kapetanakis); *dermatitis caused by shirts* (Hodgson u. Helier); *itching purpura* (Loewenthal). Bei den Einzelbildern dieser Krankheitsgruppe können von Fall zu Fall oder verlaufsweise unterschiedlich die in den vorangehenden Sonderbezeichnungen zum Ausdruck gebrachten lichenoiden, ekzematoiden, anulären usw. Nuancen mehr oder weniger auffällig sein; bei ihnen allen besteht der pathophysiologische Grundzug vor allem in einer peripheren Kreislaufstörung (Gottron: labiler Hypertonus), nicht selten auch einer Erythrozytose, sofern sie nicht überhaupt im wesentlichen durch bestimmte Medikamente ausgelöst sind, z.B. durch Carbromal, das früher als Adalin, jetzt als Mirfudorm® erhältlich ist. (*Adalin-Purpura,* Loeb, Mulzer u. Habermann; Carbromal kommt immer noch als Bestandteil von 20 handelsüblichen Schlafmittelkombinationen vor!)

Therapeutisch wendet man bei der progressiven Pigmentpurpura neben der Ausschaltung eines gewohnheitsmäßigen Medikamentenabusus (Adalin!), der Erfassung einer etwaigen Infektallergie (Fokalsanierung!), Maßnahmen gegenüber der evtl. vorhandenen Polyglobulie und labilen Hypertonie antiproliferative Substanzen, wie besonders Glucocorticoide (z.B. als Prednison, 15 mg/die), über etwa 14 Tage an. Den sichtbarsten Therapieerfolg erzielt man aber in den meisten Fällen mit Reparil® (5 mg Aescin i.v./die, über 10 Tage). Lokaltherapeutisch hat sich bei uns besonders Decoderm® trivalent Creme bewährt.

18.3.5 Purpura senilis

Bei dieser von Bateman 1818 in ihrer Sonderstellung hervorgehobenen, weitgehend atraumatisch zur Ausbildung kommenden und zumindest erscheinungsbildlich der *„Purpura solaris“* (Berlin) nahestehenden umschriebenen Hämosiderose im Bereich der Altershaut der Hand und Unterarmstreckseiten bestehen pathogenetisch weniger Beziehungen etwa zum Altershochdruck oder zum Lebensalter selbst, sondern vornehmlich zum Ausmaß der jeweiligen kolloiden Degeneration der Haut. Neuerdings findet sich diese an sich charakteristische Morphe nicht selten als Nebenwirkung systemischer Cortisonzufuhr, allerdings auch nur bei älteren Menschen.

Die **Therapie** berücksichtigt vor allen Dingen Einschränkungen der Leberfunktion (Korting u. Gebhardt) und beschränkt sich im übrigen auf die Verabfolgung von kapillarabdichtenden Stoffen, hauptsächlich vom Typ der Vitamine C, P und K_4 (= Menadiol, enthalten im Styptobion®).

18.3.6 Paroxysmales Fingerhämatom

Bei diesem von Achenbach 1958 herausgestellten Erscheinungsbild handelt es sich als Folge einer örtlichen Gefäßveränderung, entweder spontan oder nach banaler Beanspruchung auftretend, um passagere spastische Durchblutungsstörungen, denen nach akutem stechendem Schmerz ein münzgroßes Hämatom nachfolgt. Die **Therapie** dieser harmlosen Folgeerscheinungen kann in der Anwendung resorptiver Salben (z.B. Hirudoid®-, Lasonil®-, Pergalen®- usw. Salbe) bestehen.

18.3.7 Sog. Splitterblutungen der Nagelplatte

Hierunter sind Mikroextravasate innerhalb aufgelockerten Nagelhorns von charakteristischer feiner, strichförmiger Anordnung zu verstehen. Jedoch kommt derartigen Splitterhämorrhagien, wie man ihnen im Rahmen verschiedener, auch universell ausgebreiteter Hautkrankheitszustände begegnen kann, keine diagnostische Bedeutung zu. Ihr gehäuftes Vorkommen bei Trichinose oder Endocarditis lenta *(Janewaysche Flecke)* sowie unter Griseofulvin-Therapie (Adam) wird immerhin für möglich gehalten. Die **Therapie** erschöpft sich in der Aufklärung des Patienten über die Harmlosigkeit derartiger Blutungsphänomene.

19 Ablagerungskrankheiten und sog. Stoffwechselkrankheiten

19.1 Amyloidose

Die nach Virchow so benannten Amyloidosen treten entweder primär, d.h. ohne ersichtliche Grundkrankheit, oder sekundär als Folge „eiternder" Krankheitsvorgänge auf (Tuberkulosemischinfektion, Lues, Osteomyelitis, Colitis ulcerosa, Morbus Boeck, Ileitis terminalis, Lepra, Lymphogranulomatose, Mycosis fungoides, diese häufiger auch „primär", o.ä.). Bei den erblich bedingten Amyloidosen (Ostertag, 1932) als erblich bedingten Varianten der normalen Faserproteine stehen (periretikuläre) Nephro- sowie (perikollagene) Myokardio- oder Neuropathien im Vordergrund. Neu hinzugetreten zur Diagnostik ist bei Verdacht einer solchen familiären Amyloidose oder bei Vorliegen einer der davor erwähnten Grundkrankheiten oder schließlich bei einer ungeklärten Proteinurie die Rektumbiopsie mit polarisationsoptischer Betrachtung kongorotgefärbter Schnitte. Heller und Missmahl unterscheiden aufgrund dieses diagnostischen Vorgehens, wie bereits angeführt, das periretikuläre Amyloid (typisches bzw. sekundäres Amyloid) und das perikollagene Amyloid (atypisches Amyloid = Paramyloid). Chemisch ist Amyloid vornehmlich ein Globulin (β_2-, α-Globulin) mit reichlich glukosaminhaltigen Mukopolysacchariden sowie auch Neuraminsäure. Histochemisch ist neben der PAS-Positivität der Nachweis von Tryptophan, histoserologisch das Vorkommen von Globulin und Komplement hervorzuheben. Aufgrund der vorhandenen Hautbeteiligung sind hier nur diesbezügliche Erscheinungsformen der primären Amyloidose aufzuführen, und zwar zum einen die *Paramyloidose (= systematisierte Haut- und Muskelamyloidose,* Gottron) mit papulösen, plattenartigen bis sklerodermieähnlichen Krankheitsherden neben Blutungen, Pigmentierungen und Blasenbildung bei häufig einem Plasmozytom als Grundlage, und zum anderen die isolierte Haut- und Schleimhautamyloidose. Bei dieser kommen ebenfalls papulolichenoide *(Lichen amyloidosus)* oder knotige bis plattenförmige Erscheinungsbilder neben verschiedenen Teilnuancen (Endgefäßerweiterungen, Punktblutungen, Blasenbildung, poikilodermieartige Atrophie) zur Beobachtung. Diagnostisch kann hierbei die lokale Injektion von Kongorot in Gestalt einer u.U. über Monate weiterbestehenden selektiven Rotfärbung der Amyloidelemente weiterhelfen. Allerdings sind nach eigener Beobachtung derartige Reaktionsausfälle auch bei Nephrose (ohne Amyloidnephrose) möglich.

Die **Therapie**aussicht der Hautamyloidosen (versuchsweise intrafokal Hyaluronidase o.ä.) ist grundsätzlich gering. Dennoch seien einige internistische Gesichtspunkte zur therapeutischen Verhaltensweise bei Amyloidosen übernommen, die allerdings in der Hauptsache den Typus der sekundären periretikulären Amyloidose betreffen: Feststellung und Beinflussungsversuch eines etwaigen Grundleidens, symptomatische Behandlung etwaiger Herz-, Nerven- oder Nierenbeteiligung (Ödementzug durch Saluretika oder Aldosteronantagonisten, kochsalzarme Ernährung, eiweißhaltige Kost, evtl. Plasmainfusionen, Überwachung des Wasser- und Elektrolythaushalts, bei Bedarf Herzglykoside). Abschirmung gegenüber banalen Infekten oder Erkältungen durch Antibiotika. Cave Glucocorticoide, da unter dieser Behandlung rasche Zunahme der Amyloidablagerung mitgeteilt wurde. Ferner werden sowohl Methotrexat als auch Azathioprin (Imurek®), D-Penicillamin als Therapiemöglichkeit diskutiert, da sie in die Eiweißproduktion der Zellen eingreifen und so zu einer Einschränkung der Amyloidproduktion führen könnten. Beim Lichen amyloidosus kann ein topischer Versuch mit Glucocorticoiden (okklusiv oder intrafokal injiziert) unternommen werden.

19.2 Hyalinosis cutis et mucosae (Wiethe-Urbach), Lipoidproteinose

Aus Phospholipiden und Glucoproteiden zusammengesetzte, histochemische stark PAS-positive (Weyhbrecht u. Korting) Ablagerung unter dem Bild knötchenförmiger, hyperkeratotischer, im Gesichtsbereich auch flächenhafter (Makroglossie!) Veränderungen, die sich gelegentlich in Richtung Rachen (Heiserkeit!), Kehlkopf, Speiseröhre und Magen fortsetzen. Selten Hirnverkalkungen und Störungen des Porphyrinstoffwechsels.

Eine wirksame **Therapie** ist nicht bekannt, allgemein kann sie sich nach den für die „Amyloidose" gegebenen Richtlinien orientieren. Überdies kann die erfahrungsgemäß starke Kehlkopfbeteiligung u. U. laryngologisches Eingreifen erfordern (Tracheotomie mit Dauerkanüle, ähnlich wie bei der Hand-Schüller-Christianschen Krankheit).

19.3 Muzinosen (Myxodermien)

Neben dem in diesem Zusammenhang nicht näher zu erörternden *diffusen hypothyreotischen Myxödem* ist hier zunächst das *Myxoedema circumscriptum praetibiale* mit seinem typischen Sitz an den Unterschenkeln in Gestalt nodöser oder plattenartig vorspringender, oberflächlich orangenschalenartig imponierender, stärker behaarter und hypothermer Infiltrate zu nennen. Pathogenetisch handelt es sich wohl hierbei durchweg um hyperthyreotische Patienten mit deutlichen hypophysären Zügen (Exophthalmus). In ausgeprägten Fällen kann **therapeutisch** deshalb zunächst eine Bremsung der Hypophysenaktivität, z. B. durch Röntgenstrahlen oder Glucocorticoide (z. B. als Celestan®-Depot), zu erwägen sein. Lokal führt die u. U. zu wiederholende Einspritzung von Hyaluronidase (Kinetin®) zu allerdings meist nur kurz anhaltenden Abflachungen und Rückbildungen. Hinsichtlich gewisser Dauererfolge ist diesbezüglich die kombinierte und in Abständen wiederholte Anwendung dieses Ferments mit einer Corticoidkristallsupension wirksamer.

Von den normothyreotischen Myxodermien sind der *Lichen myxoedematosus,* bei dem lokale Einspritzungen von Hyaluronidase in die Schleimpapeln im Hinblick auf deren Vielzahl noch geringeren praktischen Wert haben, und das *Skleromyxödem* (Arndt u. Gottron) zu erwähnen. Sein Bild setzt sich aus den Einzelsymptomen der papulösen Muzinose außerhalb oder im Bereich gleichzeitiger grobwulstiger muzinöser Dickhäutigkeit im Verein mit einem gewissen progressiv-sklerodermischen Aspekt zusammen. Darüber hinaus ist das Skleromyxödem, wie die nachfolgende Kasuistik mehr und mehr erkennen läßt, paraproteinämisch kompliziert (Gammopathie vom IgG- oder IgM-Typ), wenn nicht gar von vornherein dergestalt bestimmt. Auch hier war eine wirksame anhaltende Behandlung nicht bekannt, bis Feldmann, Shapiro, Pick u. Slatkin (Arch Derm Syph (Chic) 1969; 99: 51–6) eine spektakuläre Besserung eines Skleromyxödempatienten mit dem Zytostatikum Melphalan (Alkeran®, zunächst 10 mg/die für 10 Tage und dann Übergang auf eine

Erhaltungsdosis von 2,5–5 mg/die) mitteilten.

Weitere Sonderformen: Bei der Mucinosis follicularis, die von Korting 1957 als „verschleimende Follikeldegeneration“ bei Mycosis fungoides beschrieben wurde, unterscheidet man heute eine idiopathische und eine – weitaus häufigere – symptomatische Form. Letztere kommt hauptsächlich bei Mycosis fungoides oder anderen malignen Lymphomen der Haut vor. **Therapeutisch** wendet man lokal oder systemisch Glucocorticoide sowie auch eine weiche Röntgenbestrahlung an, sofern es nicht zu einer Beeinflussung über die Therapie des Grundleidens kommt.

Beim REM-Syndrom (Steigleder), einer retikulären, erythematösen Muzinose, wurden günstige Beeinflussungen mittels Chloroquin (Resochin®) bekannt.

19.4 Scleroedema adultorum (Buschke)

Bei diesem sonst meist innerhalb des Formenkreises der Sklerodermiekrankheiten abgehandelten Erscheinungsbild handelt es sich in der Regel um eine Zweitkrankheit als Folge einer vorangehenden Infektionskrankheit. Klinisch stehen mehr tast- als sichtbare, allenfalls als trabekuläre Oberflächenstrukturen eben erkennbare, vornehmlich im Bereich von Gesicht und oberem Schultergürtel unter kennzeichnender Aussparung der Hände lokalisierte, plastisch-ödematöse oder wachsartige, flächenhafte Konsistenzvermehrungen im Vordergrund. Histopathologisch gibt vorzugsweise in der Mitte und Tiefe des Koriums eine starke ödematöse Auflockerung infolge phasendifferent unterschiedlich reichlicher Insudation mit metachromasiegebenden Substanzen (Hyaluronsäure) den typischen Befund.

Angesichts dieser Pathogenese besteht die hauptsächliche **therapeutische** Chance bei diesem früher auch als *ödematöse Sklerodermie* (Hardy) geführten Krankheitsbild zunächst in der Anwendung antiinfektiöser Prinzipien, von denen vermutlich Penicillin, nicht zuletzt infolge seiner gleichzeitigen gefäßerweiternden Wirkung, im allgemeinen die größte Aussicht bieten dürfte. Für spätere Stadien kommt vor allem Vitamin E (100–300 mg/die) in Frage, während die theoretisch ebenfalls berechtigte Verabfolgung von Glucocorticoiden bei einem eigenen Falle zu einer deutlichen Verstärkung der Indurationen führte. Für bestimmte, besonders ausgeprägte Indurationsherde sind von der fokalen Durchflutung mit Hyaluronidase symptomatische Effekte zu erwarten. Im übrigen ist in späteren Verlaufsstadien auch reichlich von warmen Bädern (mit Moorzusätzen, wie z.B. Pela-Moorlauge) und Massagen (z.B. mit Contractubex® o.ä.), letztere jedoch nicht bei etwaiger gleichzeitiger aktueller myositischer Komponente, Gebrauch zu machen.

19.5 Mukopolysaccharidosen

Aufgrund klinischer und genetischer Merkmale werden heute 3 Unterformen abgegrenzt: der Typus Hunter mit X-chromosomalem Erbgang, der Typus Pfaundler-Hurler und das Morquio-Ullrich-Syndrom (autosomal rezessiv). Speicherung saurer Mukopolysaccharide in den verschiedensten Organen und erhöhte Mukopolysaccharidurie, u.U. Kombination mit einer Granulationsanomalie der neutrophilen Leukozyten (Alder). Dermatologisch: wulstige Lippen, große Zunge, kretinoider Aspekt, Uhrglasnägel, besonders Cutis laxa im Bereich der oberen Thoraxanteile, sodann disseminierte Verdickungen von Orangenschalenaspekt sowie Hirsutismus. Eine wirksame **Therapie** dieser auf lysosomalen Enzymdefekten beruhenden Krankheit ist nicht bekannt.

19.6 Lipoidosen und Xanthomatosen

Die krankhaften Lipidablagerungen werden herkömmlicherweise unterteilt in: 1. *hypercholesterinämische Xanthomatosen* (Hypercholesterinämien) und 2. *hyperlip-*

ämische Xanthomatosen (Hypertriglyzeridämien).

Die Lipoidosen (Lipidosen, Hyperlipämien, Hyperproteinämien) werden nach *Fredrickson* in sechs Typen wie folgt differenziert:

Typ I: Fettinduzierte exogene Hyperlipämie, syn. fettinduzierte Hypertriglyceridämie, syn. Hyperchylomikronämie; die Chylomikronen sind vermehrt.

Typ IIa: Hyper-β-Lipoproteinämie, syn. familiäre xanthomatöse Hypercholesterinämie; die β-Lipoproteine sind vermehrt.

Typ IIb: Hyper-β- und Hyper-prä-β-Lipoproteinämie, syn. Hypercholesterinämie mit Hypertriglyceridämie; die β-Lipoproteine und die Prä-β-Lipoproteine sind vermehrt.

Typ III: Essentielle Hypercholesterinämie mit Hyperlipämie, Mischtyp (Hyperlipoproteinämie mit abnormer Vermehrung von β-Lipoproteinen)

Typ IV: Essentielle kohlenhydratinduzierte Hyperlipämie (syn. Hyper-prä-β-Lipoproteinämie); die Prä-β-Lipoproteine sind vermehrt.

Typ V: Fett- und kohlenhydratinduzierte Hyperlipämie, häufig kalorisch induziert (Hyperprä-β-Lipoproteinämie mit Hyperchylomikronämie); die Prä-β-Lipoproteine und die Chylomikronen sind vermehrt.

Die Lipoproteine verhalten sich bei der Elektrophorese bzw. beim Ultrazentrifugieren unterschiedlich und werden folgendermaßen eingeteilt:

- Chylomikronen: entstehen bei der Fettresorption in der Darmwand, sie werden durch Fettklärung im Plasma wieder entfernt, ihre atherogene Wirkung kann vernachlässigt werden.
- Prä-β-Lipoproteine = Very-low-density-Lipoproteine (VLDL), die ein hohes atherogenes Potential haben
- β-Lipoproteine = Low-density-Lipoproteine (LDL), entstehen in der Blutbahn aus den VLDL-Teilchen, wirken am stärksten atherogen.
- α-Lipoproteine = High-density-Lipoproteine (HDL) haben eher eine Schutzwirkung vor Atherosklerose.

Bei der ersten Gruppe, die prognostisch als subvital zu betrachten ist (Koronarsklerose, Sekundenherztod!), finden sich neben einem häufigen „Arcus senilis" Xanthome an Augenlidern und Sehnenscheiden, weniger häufig hingegen tuberöse Xanthome an bradytrophen Bezirken, wie beispielsweise Ellbogen oder Gesäßbacken. Sekundären Hyperlipidämien bzw. Xanthomatosen begegnet man bei Leberzirrhose, chronischer Obstruktion der Gallenwege, Pankreatitis, keto-azidotischem Diabetes mellitus, nephrotischem Syndrom, Hypothyreose, Gravidität, Gicht, Paraproteinämien sowie Alkoholismus.

Der Hauptzweck aller **Behandlungsversuche** zielt auf die Normalisierung der Serumcholesterin-Konzentration und der Serumtriglycerid-Konzentration und klinisch vornehmlich auf die Hintanhaltung der Koronarsklerose ab. In diesem Sinn soll die Ernährung fett- und cholesterinarm sowie bei grundsätzlich physischer Aktivität (!) kalorisch knapp bemessen sein (*kein* fettes Fleisch, Vollmilch, Vollfettkäse, Eier; hingegen Margarine, Magerquark, Fisch, Geflügel). Medikamentös wird reichlich Zufuhr von *ungesättigten Fettsäuren* (z. B. 20–30 ml kaltgeschlagenes, aus Geschmacksgründen mit Zitronensaft versetztes Leinöl, Mazola®, Lipostabil® o. ä.) befürwortet. Gelingt mit diätetischen Maßnahmen keine ausreichende Normalisierung der Lipid-Serumspiegel, können zusätzlich „*Lipidsenker*" verabreicht werden. Die Lipidsenker lassen sich nach verschiedenen Wirkstoffgruppen, die unterschiedliche Wirkung entfalten, einteilen. Clofibrat (Regelan® N 500, morgens 2, abends 1 Kapsel zu 500 mg; Skleromexe® u. a.) als wichtigster Vertreter dieser Gruppe senkt sowohl den Triglycerid- als auch den Cholesterinspiegel, jedoch letzteren weniger. Diese Substanz wird für die Senkung der Prä-β-Lipoproteine bei Hyperlipidämien der Typen IIb sowie III–V verwendet. Verschiedene Nebenwirkungen dieser Substanz sind in den letzten 20 Jahren bekanntgeworden, wie Übelkeit, Erbrechen, Durchfälle, Risiko der vermehrten Gallensteinbildung. Die vereinzelte Angabe, wonach bei Clofibrat eine akute Muskelschädigung mit Anstieg der Kreatinkinase, Abk. CK (syn. Kreatinphosphokinase, Abk. CPK) möglicherweise in Erscheinung tritt, konnte im eigenen Krankengut trotz speziell darauf gerichteter Aufmerksamkeit bisher nicht bestätigt werden. Vom Clofibrat abgeleitete Stoffe sind Bezafibrat (Cedur®) und Fenfibrat (Lipan-

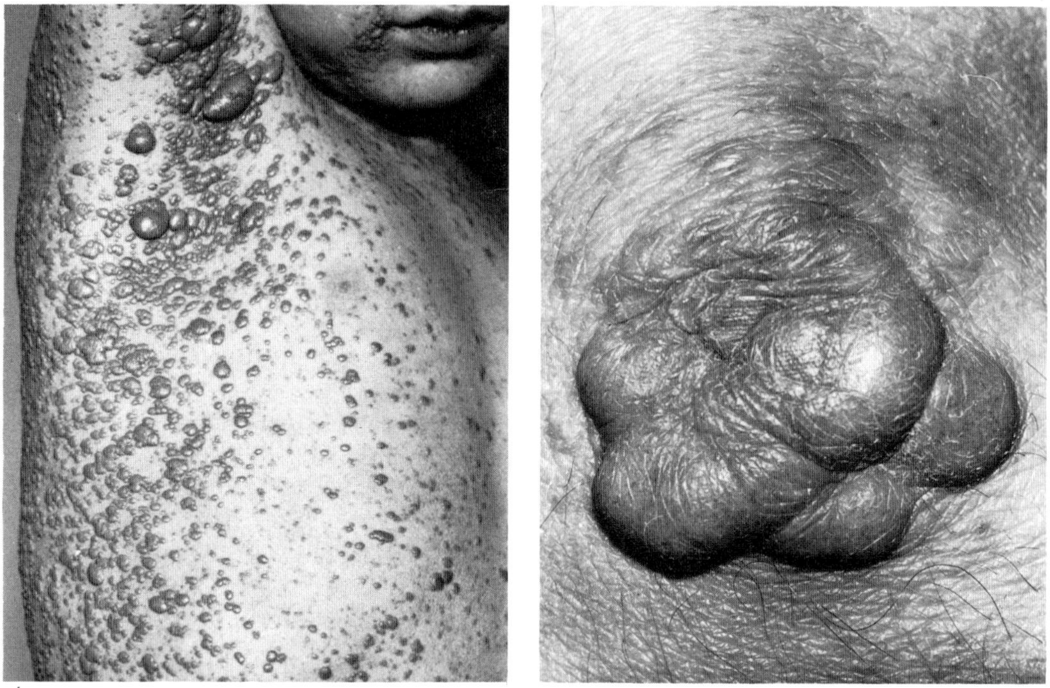

Abb. 32: Ablagerungskrankheiten: Xanthomatose

thyl®). Die Gefahr der Gallensteinbildung soll hierbei geringer sein. Hierher gehören noch Etofibrat (Lipo-Merz® und Aluminiumclofibrat (atherolipin®). Nicotinsäure (Niconacid® 500 retard Tabl.) und ihr Alkohol Pyridylmethanol (Ronicol® retard Drag.) senken in hohen Dosen von 3–6 g/ die die freien Fettsäuren, Triglyzeride und Cholesterin im Blut und werden für Hyperlipidämien des Typs II eingesetzt. Da die erforderlichen hohen Dosen von den Patienten häufig als unangenehm (z. B. stenokardisch) empfunden werden, ist einschleichend zu dosieren. Das D-konfigurierte Schilddrüsenhormon Dextrothyroxin (Dynothel®, Eulipos®) senkt den Cholesterinspiegel über die Oxidation zu Gallensäuren, die dann vermehrt mit den Fäzes ausgeschieden werden. Die Ionenaustauscherharze Colestyramin (Quantalan® 50 Pulver) und Colestipol (Cholestabyl® Granulat) haben eine große Affinität zu den Gallensäuren, die dann gebunden mit den Fäzes ausgeschieden werden. Durch Neusynthese aus Cholesterin sinkt der Cholesterinspiegel im Blut. Dermatologisch erscheint im besonderen hierdurch auch die Linderung des Juckreizes bei chronischer Cholestase bemerkenswert. Die Präparate werden anfänglich mindestens 14 Tage zugeführt. Hierunter festigt sich der Stuhl, bei Dosen von über 30 g kommt es zu Fettstühlen. Die regelmäßige Einnahme dieser Ionenaustauscherharze führt zu einem durchschnittlichen Absinken des Plasmacholesterins um 20–30%. Bei den Ionenaustauscherharzen ist als Wechselwirkung eine Verminderung der Resorption von Cumarin-Derivaten, Digitalisglykosiden, Schilddrüsenhormonen u.a. zu beachten. Die Einnahme anderer Arzneimittel sollte mindestens 1 Stunde vorher oder nachher erfolgen. Schließlich vermögen einige mit dem Cholesterin chemisch nahe verwandte Sterine, z. B. β-Sitosterin (Sito-Lande® Pastillen, Sitosterin Delalande® Granulat), das von Pflanzen abstammt, durch kompetitive Hemmung der Absorption von Cholesterin im Darm, den Cholesterinspiegel zu senken (speziell für Typ IIa). Allerdings bringt eine Monotherapie nur dann Erfolg, wenn die erforderlichen Tagesdosen von 10 g gegeben werden.

Die meist aus kosmetischen Gründen gewünschte *lokale Behandlung* der Xanthome steht in ihrer grundsätzlichen Bedeutung hinter der genannten Allgemeinmedikation fraglos entschieden zurück: Einspritzungen von Heparin oder Glucocorticoidkristallsuspensionen sind in ihrem Erfolg ebenso unsicher wie die früher empfohlene Betupfung mit Trichloressigsäure (gesättigt wäßrig 1:1; 1 Tropfen auf den angeritzten Herdbezirk, dann überpudern mit Nebacetin®-Puder). Auch gegenüber der oberflächlichen Elektrokoagulation hat die chirurgische Entfernung den Vorrang.

Bei den *hyperlipämischen Xanthomatosen,* die symptomatisch bei Diabetes mellitus, chronischer Pankreatitis, Lipoidnephrose oder Glykogenspeicherkrankheit vorkommen können, begegnet man meist rasch eruptiv entwickelten tuberösen oder disseminierten kleinpapulösen Xanthomen neben häufig deutlicher *Lipämie* (= Serumtrübung durch Neutralfette). Die Prognose dieser hyperlipämischen Xanthomatose, die vor allem deutlicher auf ein strenges fett- und cholesterinarmes Kostregime als die hypercholesterinämische Form anspricht, ist auch im Hinblick auf die bessere medikamentöse Beeinflußbarkeit günstiger. Neben dem bereits im vorigen Abschnitt genannten Clofibrat ist hier Heparin, welches in vivo einen Klärfaktor als eigentlich wirksames Agens freisetzt, einzusetzen. Die Durchführung einer entsprechenden *Diät* ist und bleibt jedoch der Grundpfeiler in der Behandlung der Hyperlipidämien (Gewichtsnormalisierung!). Im Vergleich hierzu tritt die medikamentöse Therapie mit ihren zum Teil sicherlich noch nicht völlig überschaubaren Nebenwirkungen in den Hintergrund.

19.7 Angiokeratoma corporis diffusum (Morbus Fabry)

Bei dem von Fabry (1898) beschriebenen *Angiokeratoma corporis diffusum* handelt es sich nicht nur um einen kardio-vaso-renalen Symptomenkomplex (Ruiter-Pompen), sondern vor allem um eine Sphingosintrihexosid-Thesaurismose, deren dermatologisches Leitsystem in purpurroten oder dunkelblauen, nur selten etwas keratotischen miliaren Angiomen besteht, an deren Gefäßwandungen doppeltbrechende lipoide Stoffe nachweisbar sind. Das Exanthem zeigt zentripetale Tendenz, spart Gesicht, Handteller und Fußsohlen meist aus und bevorzugt die Nabelgegend.

Eine wirksame **Therapie** ist bisher nicht bekannt. Außerdem ist wegen der Herz- und Nierenbeteiligung sowie möglicher zerebraler Blutungen eine Invalidisierung durchzuführen, wenn nicht heute noch die Möglichkeiten einer Hämodialyse oder einer Nierentransplantation ausgeschöpft werden. Versuchsweise kann α-Galactosidase zu einem Abfall des Trihexosylceramids verabfolgt werden. Treten krisenhafte Schmerzen auf, so gebe man Phenytoin (z. B. Zentropil®) oder Carbamazepin (z. B. Tegretal®).

19.8 Alkaptonurie und Ochronose der Haut

Diese hereditäre Enzymopathie betrifft den Stoffwechsel von Phenyl- und Oxyphenylalanin, wodurch der weitere Abbau der Homogentisinsäure defizient ist, und führt durch Polymerisation letzterer zu Ablagerungen, namentlich an Skleren, Ohren- und Nasenknorpeln in Gestalt unregelmäßiger Pigmentierungen. Zu der klassischen Symptomatik der Alkaptonurie gehören neben schnell oder auf Alkalizusatz dunkelndem Urin, von dem ein alkalisierter Tropfen photographisches Abzugspapier schwärzt (Fishberg-Test), und den genannten Hautpigmentierungen arthritische Beschwerden, die in der Hauptsache durch eine hochgradige Verschmälerung der Kalzifikation der Zwischenwirbelscheiben verursacht werden.

Therapeutisch sind weniger Versuche mit Glucocorticoiden als die Durchführung einer Tyrosin- und Phenylalanin-armen Diät empfehlenswert. Ferner wurde vorgeschlagen, die Ausscheidung der Homogentisinsäure mit Acetazolamid (Diamox®) zu intensivieren sowie zur besseren Oxidation der Tyrosinkörper hohe Dosen von Vitamin C zu verabreichen.

19.9 Oligophrenia phenylpyruvica (Morbus Fölling 1934)

Bei dieser autosomal rezessiv vererbten Störung des Phenylalaninstoffwechsels ist infolge eines Enzymdefektes (der Phenylalanin-4-hydroxylase) der oxidative Abbau des Phenylalanins zu Tyrosin gestört. Als Folge kommt es zu einem Anstau des Phenylalanins in verschiedenen Körperflüssigkeiten mit Ausscheidung von Phenylalanin und seinen atypischen Stoffwechselprodukten (Phenylbrenztraubensäure, Phenylmilchsäure, Phenylessigsäure, Phenylacetylglutamin) im Urin (= Phenylketonurie, Abk. PKU). Dadurch erklären sich manche klinische Symptome, wie helle Haut und Haare, neben der Neigung zu ichthyosiformer Hautbeschaffenheit und Ekzematisation. Die Phenylbrenztraubensäure kann bereits in Urinresten in der Windel mittels einiger Tropfen 10%iger Eisen(III)chloridlösung oder Phenistix® Teststäbchen bei graugrünem Farbausfall nachgewiesen und die Verdachtsdiagnose gestellt werden. Hauptsächlich zur Vermeidung der mentalen Retardation wird dann mit der notwendigen Phenylalanin-freien Diät (z. B. Milupa® PKU 1 für Säuglinge, Milupa® PKU 2 für Klein- und Schulkinder) begonnen. Ein wesentlicher Umstand für den Behandlungseffekt ist der frühe Zeitpunkt des Therapiebeginns, wobei der auf Phenylketonurie verdächtige Säugling zur weiteren Diagnostik (z. B. quantitative Bestimmung des Phenylalanins im Blut mittels mikrobiologischem Agardiffusionstest nach Guthrie) und diätetischen Einstellung in eine geeignete Klinik eingewiesen werden sollte. (Weitere Einzelheiten z. B. Schmidt H. Dtsch med Wschr 1970; 95: 409–10.) Zur Hautpflege empfehlen sich Badeöl-Zusätze und W/O-Emulsionen wie etwa Linola®-Fett.

19.10 Hartnup-Syndrom

Diese hereditäre Enzymopathie (Tryptophanstoffwechsel) führt zu einer pathognomonischen Vermehrung von Indolkörpern (Kimmig: Indolyl-3-acrylsäure) und Aminosäuren im Urin. Neben Kleinhirnataxie und anderen Nervenzeichen stehen poikilodermische und pellagroide Züge im Vordergrund, so daß neben Vermeidung stärkerer Belichtung ein symptomatischer Versuch mit Nikotinsäureamid zu erwägen ist. Auch kommt ein Versuch mit Acetazolamid (Diamox®) (Donat J R, Anger R. Arch Neurol (Chic) 1979; 36: 568) in Betracht.

19.11 Porphyrinkrankheiten

Hierunter werden vor allem Störungen infolge erhöhten Vorkommens solcher Porphyrine oder deren Vorstufen verstanden, die normalerweise nur in äußerst geringer Menge feststellbar sind.

Die *Normalwerte* sind folgende:

1. *Im Urin:*

δ-Aminolävulinsäure	2,1 ± 0,4 mg/24-Stunden-Urin
Porphobilinogen	1,6 ± 0,2 mg/24-Stunden-Urin
Uroporphyrin I	0 – 3 µg/24-Stunden-Urin
Uroporphyrin III	0 – 7 µg/24-Stunden-Urin
Koproporphyrin	18 – 110 µg/24-Stunden-Urin

2. *Im Erythrozyten:*

Protoporphyrin	35 µg/100 ml Ery
Koproporphyrin	16 µg/100 ml Ery
Uroporphyrin	Spuren (nach Heilmeyer u. Clotten)

Nosologisch unterschieden werden derzeit 4 Formen (19.11.1 – 19.11.4).

19.11.1 Porphyria erythropoetica congenita (Morbus Günther)

Seltenste Form, häufig schon seit Geburt, später u. U. Entwicklung von Leberzhirrhose und hämolytischer Anämie. Hauterscheinungsbildlich nach stärkerer Insolation Erytheme, Ödeme, hämorrhagische Blasen, sklerosierende Mutilationen, Erythrodontie im Wood-Licht.

Therapie: Bei Vorliegen von Hypersplenismus Splenektomie, symptomatische Vermeidung von Sonnenlicht, Lichtschutzsalben (Contralum®, Ilrido®, Delial®, Piz Buin®, Solabar®17). Versuchsweise Betacaroten (Carotaben® Kapseln zu 25 mg) und/oder Chloroquin (Resochin®).

19.11.2 Porphyria erythropathica vom Typ der Lichturtikaria (familiäre protoporphyrinämische Lichtdermatose)

Diese ist neben Erythrozytenfluoreszenz durch rasche und hochgradige Erythembildung nach kurzer Lichtexposition und im weiteren Verlauf eine durch exquisite Neigung zu Kolloidmilien ausgezeichnete Urtikariaform. Sie weist ähnlich dem Hartnup-Syndrom, welches seinerseits aber ohne Porphyrinvermehrung verläuft, aber auch analog dem Xeroderma pigmentosum, des weiteren eine Hyperaminoazidurie auf.

Die **Therapie** beschränkt sich auf die Vermeidung von Lichtexposition einschließlich der Anwendung von Lichtschutzsalben (Solabar® 17, Delial® 20, Contralum®, Ilrido® ultra). Intern Versuch mit Riboflavin (Beflavin®) und Nicotinamid (Nicobion®), vielleicht auch mit Triprolidin (Pro-Actidil®). Wiederholt wurde über den erfolgreichen Einsatz von Betacaroten (Carotaben® Kapseln zu 25 mg in einer Dosierung von etwa 2–8 Kapseln täglich) berichtet, wobei allerdings eine auffällige Carotinodermie in Kauf genommen werden muß. Die Besserung setzt 3 – 6 Wochen nach Therapiebeginn ein.

19.11.3 Porphyria hepatica acuta intermittens

Vorzugsweise dominant erbliche Leberenzymopathie, die im Urin zur Vermehrung von Porphyrinvorstufen (δ-Aminolävulinsäure, Porphobilinogen usw.) führt, die nach Erhitzen mit Salzsäure als höhere Porphyrinwerte erfaßbar werden. *Schnellprobe* nach Watson: Bei der positiven Probe mit Ehrlich-Reagens geht Urobilinogen als roter Farbstoff in Chloroform, Porphyrin hingegen in dieses nicht über. Klinisch stehen abdominelle (akuter Bauch), neurologische (Polyneuritis) oder psychotische (Korsakoff-Syndrom) Zeichen im Vordergrund, wohingegen Hautveränderungen (melanodermische Varietät Brugsch), so vor allem Blasenbildungen, sofern nicht eine Kombinationsform besteht, nahezu völlig zurücktreten.

Die **Therapie** der akuten intermittierenden Porphyrie scheidet zunächst sekundäre Ursachen (Leber-, Blut-, Schilddrüsenkrankheiten) sowie vor allem Noxen, wie speziell Blei oder die Sulfonalgruppe, aus. Sorgfältig zu vermeiden sind außerdem Barbiturate, Pyrazolon, Sulfonamide, Chloroquin (Resochin® o.ä.), Griseofulvin, Antikoagulantien und vor allem natürlich Alkohol. Porphyrinogene Wirkung soll außerdem Barbituraten, Chlordiazepoxid (Librium®), Chloroquin (Resochin®), Ergotaminpräparaten, Griseofulvin, Phenytoin (z.B. Zentropil®), Meprobamat (z.B. Cyrpon®), Methyldopa (z.B. Presinol®), Estrogenen, oralen Kontrazeptiva, Pentazocin (Fortral®), Sulfonamiden, Schwermetallen (Blei) zukommen. Auch Hungern bzw. ein akuter Verbrauch der Kohlenhydratvorräte oder eine Streßkrise können einen porphyrischen Anfall auslösen. Bei etwaigem Zusammenhang mit dem mensuellen Zyklus Verhinderung von Menstruation und Gravidität, jedoch ist die generelle Verabreichung von Ovulationshemmern im Hinblick auf die dadurch mögliche Exazerbation keinesfalls unbedenklich, zumal selbst bei gesunden Frauen nach hormonalen Kontrazeptiva transitorische Anstiege der SGOT, SGPT und auch der LDH vorkommen können. Sodann ist zur Ausscheidung der krankhaften Stoffwechselprodukte reichliches Trinken von Flüssigkeit erforderlich. In schwersten Krisen Flüssigkeitszufuhr durch Magensonde oder Dauertropf, ferner Aderlässe oder auch extrakorporale Hämodialyse, Versuch einer Porphyrinmetabolitkomplex-Bindung durch Calcium (z.B. als Calcibronat®, 1–2 Ampullen zu 10 ml/die, oder als Brausetabletten Calcium-Sandoz®). Bei hypertonen Krisen: Propranolol, z.B. Dociton® Tabl. 40–120 mg/täglich oder Reserpin, z.B. Serpasil® Tabl. 0,5–1,0 mg/ täglich.

Zur Beseitigung von Schmerzzuständen kommen Acidum acetylosalicylicum, zur Sedierung Paraldehyd (2–4 g/die) oder Chloralhydratklysmen (1–3 g/die), bei geringeren Schmerzzuständen auch Baldriantropfen (mehrmals 30 Tropfen/die), besser noch Valdispert® Drag., in Betracht, während bei Obstipation Neostigmin (Prostigmin® 0,25 mg i.m. oder 0,5 mg s.c.), Pyridostigminbromid (Mestinon®, 1 Drag. oder 1–2 Ampullen zu 0,001 g i.m.) oder Einläufe (z.B. mit 1 × Klysma Sorbit der Fa. Pfrimmer oder Microklist®) verordnet werden können. Bei drohender Landry-Paralyse Bereitschaft zu Intubation, Luftröhrenschnitt und künstlicher Beatmung, bei schwersten Zuständen auch Plasmapherese.

19.11.4 Porphyria hepatica chronica (Porphyria cutanea tarda Waldenström)

Diese *aktinisch-traumatisch-bullöse Porphyrindermatose* ist heute die weitaus verbreitetste, und zwar in der Hauptsache bei Männern in Freilichtberufen vorkommende Porphyrieform. Nicht selten dunkelt der Urin bis zu den tiefen Tönen eines Burgunderrots oder der Coca-Cola-Farbe erst bei längerem Stehen nach. Jedoch bleibt zum Unterschied vom gelben Schaum der bierbraunen Harne mit hohem Bilirubingehalt der Schüttelschaum des porphyrinhaltigen Harnes weiß. Fast in jeder Anamnese hepatitische Episoden, Lues, aber auch sonstige Schwermetalle, Abusus hepatotoxischer Arzneimittel und vor allem Alkoholismus jeglicher Form, also je nach Einzugsgebiet unterschiedlich Bier, Most, Wein usw. Zu dem klassischen *Hauterscheinungsbild* mit den Katalase-negativen *Blasen* (nur bei dem Inhalt *dieser* Blasen kein Aufschäumen nach Zusatz von H_2O_2), den *lokalen Hypertrichosen* um die Augen und an den Ohrmuscheln, gelegentlich auch *sklerovitiliginösen Aspekte* sowie den meist zahlreichen *Milien* sind als pathologische Partialkonstitution *diabetische Stoffwechselentgleisung* (einschließlich zugehöriger Symptome, wie Impotenz usw.), Polyglobulie und vor allem *Hypersiderämie* mit zugehörigem Transferrinmangel im Serum (Brehm u. Holzmann) sowie Farbenfehlsichtigkeit (Holzmann, Denk u. Cullmann) beachtenswert. Porphyria-cutanea-artige Blasenentwicklung nach Hämodialyse beschrieb Korting, was mehrfach nachbeobachtet wurde.

Der **Behandlungsversuch** der Porphyria cutanea tarda setzt an dem Lebersubstrat (überwiegend Bild der Fettzirrhose mit Fluoreszenz im Wood-Licht) an: Infusionsbehandlung, z.B. mit den sog. Leberpräparaten Purinor®, Reducdyn®, Vitamin-B-Komplex o.ä. Entsprechend der engen Beziehung zur sekundären Hämochromatose hat Ippen 1961 zur Eisenausschleusung die Aderlaßtherapie empfohlen. Wir selbst wenden hierfür Deferoxamin (Desferal®) an, dessen Wirkung häufig an baldiger Aufhellung des Hautkolorits klinisch ablesbar sein kann. Dosierung von Desferal® 800–1200 mg i.m./die, später zur Dauerbehandlung 3mal 250 mg/die per os (Einzelheiten s. Holzmann H. Med Welt 1963: 1078). Striktes Alkoholverbot, evtl. zur Kupierung eines Alkoholdelirs Gabe von Clomethiazol (Distraneurin®) oder bei leichteren Fällen von Carbamazepin (Tegretal®). Gegenüber diesen Allgemeinmaßnahmen tritt die Anwendung von Lichtschutz- und antibiotischen Salben (zur Vermeidung von Sekundärinfektionen) begreiflicherweise in den Hintergrund. Petres und Mitarb. berichten über die Behandlung der Porphyria cutanea tarda mit Pyridoxal-5-phosphat (Substanz fällt wie Pyridoxin unter den Begriff Vitamin B_6) intravenös bei 4 Patienten, wobei unter dieser Therapie Porphyrin und Serumeisen deutlich abfielen. An der Mainzer Hautklinik konnte bei 3 Patienten dieser therapeutische Effekt 1mal bestätigt und 2mal nicht bestätigt werden. Neu hinzugekommen ist die Erfahrung, mittels einer sog. *metabolischen Alkalisierung* eine Erhöhung der Porphyrinausscheidung im Harn

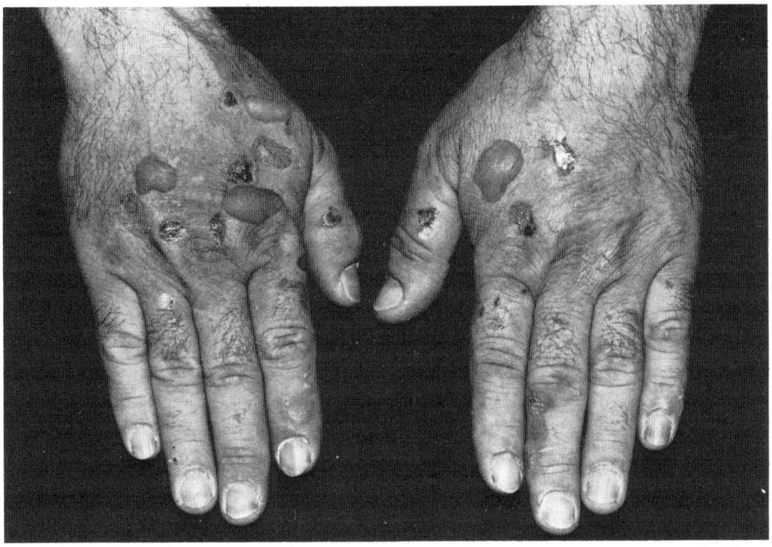

Abb. 33: Porphyria cutanea tarda

herbeizuführen, wobei allerdings diesbezüglich mehr die Koproporphyrine und weniger die Uroporphyrine betroffen werden. Verwandt wurde zu diesem Zweck ursprünglich Natriumhydrogencarbonat (Bourke u. Mitarb., Wiegand u. Mitarb.). Da dieses jedoch bei längerem Gebauch zu Nebenwirkungen führen kann, wird bei einer solchen Alkalisierungstherapie *Uralyt-U®* (Kalium-Natrium-hydrogencitrat) verwandt. Diese Alkalisierungsbehandlung muß, da sie nur zu einer relativ geringen Erhöhung der Porphyrinausscheidung führt, langzeitig durchgeführt werden, wobei für eine tägliche Trinkmenge von 1,5–2 l und die Einschränkung von Milch zu sorgen ist. Der Patient kontrolliert mit einem pH-Papier die Einstellung seines Urins auf 7,2–7,5. Ferner ist eine Kontrolle von Harnstoff und Kreatinin im Serum empfehlenswert. (Einzelheiten s. Schmidt H, Misgeld V. Hautarzt 1972, 23: 259–62.) Neben dieser Alkalisierungsbehandlung mit Uralyt-U® führen wir 2mal wöchentlich etwa über 1 Jahr die Zufuhr von Chloroquin (Resochin®) in kleiner Dosierung durch: 2mal ½ Tabl. bzw. 2mal 125 mg pro Woche (Angabe der niedrig dosierten Therapie von Kordac V, Semradova M. Treatment of porphyria cutanea tarda with chloroquine. Brit J Derm 1974; 90: 95–100). Außerdem ist neben der sonstigen Vermeidung aller bekannten porphyrinogenen Schädlichkeiten, wozu auch neben Alkohol und manchem Medikament die hormonalen Kontrazeptiva gehören, bei Frauen in älterem Alter eine Tumorsuche angezeigt („paraneoplastische Porphyrie"). Weiterhin vergesse man nicht Versuche mit geeigneten Lichtschutzsalben wie Ilrido® ultra, Contralum® oder Solabar®.

19.12 Hand-Schüller-Christiansche Krankheit

Zu dieser Gruppe von Systemlipoidosen mit normalen Serumlipoidwerten bzw. Histiozytosis X gehören als Variante des gleichen Krankheitsvorgangs (= retikuloendotheliale Proliferation mit *sekundärer* Lipoideinlagerung) die *Hand-Schüller-Christiansche Krankheit* (mit ihrer charakteristischen Tetrade von Diabetes insipidus, Exophthalmus, Lochkartenschädel und Xanthomen), die *Abt-Letterer-Siwesche Krankheit* als Spielart des Kindesalters (purpurische Papeln, seborrhoide Erytheme, Morbus-Darier-ähnliche schuppenkrustöse Papeln) und das *eosinophile Granulom* (Finzi, Jaffe u. Lichtenstein) als monosymptomatische Form (mit charakteristischem Sitz ulzeröser Granulome an Vulva und Damm, aber auch anderen Körperstellen einschließlich der Schleimhäute).

Von diesen eben genannten Histio-Xantho-Granulomatosen ist die Prognose der Abt-Letterer-Siweschen Krankheit, die vor der nosostatischen Ära foudroyant unter septisch-pneumonischen Aspekten zum Ende führte, durch den antiproliferativen Effekt der Glucocorticoide evtl. auch zusammen mit Azathioprin (Imurek®) ungemein günstiger geworden, sofern diese **Therapie** ausgiebig hoch und hinreichend lange und schließlich möglichst frühzeitig zum Einsatz kommt. Nur in zweiter Linie kommen daneben Versuche mit Folsäureantagonisten, wie Methotrexat, oder Chlorambucil (Leukeran®), in Betracht. Die gleichen therapeutischen Prinzipien finden, und zwar oft mit besserem Erfolg als bei der eben genannten Erkrankungsform im Kindesalter, entweder nacheinander oder kombiniert bei der Hand-Schüller-Christianschen Krankheit Anwendung, wobei zusätzlich zur Rückbildung umschriebener granulomatöser Herde sowohl im Haut- wie im Knochenbereich Röntgenstrahlen angewendet werden können. Letztere dienen auch zur Bestrahlung der Hypophysengegend zur Beeinflussung des Diabetes insipidus, obwohl dessen Kardinalsymptome, Polydipsie und Polyurie, auch durch regelmäßige Zufuhr von Desmopressin, syn. DDAVP, ein synthetisches Derivat des physiologischen Hypophysenhinterlappenhormons L-Arginin-Vasopressin (als Minirin® zur intranasalen oder intravenösen Anwendung) beeinflußbar sind. Hormon-Schnupfpulver (früher auch Pituigan-Schnupfpulver) sind etwas in den Hintergrund getreten, weil sie wegen ihrer ungenügenden Resorption nicht präzise zu dosieren waren. Außerdem kommt es oft zur Entzündung der Nasenschleimhaut. Deshalb wird auch vielfach Vasopressin (Pitressin®) subkutan appliziert. Diese Hormonbehandlung muß aber ihre individuelle Einstellung in der Klinik erfahren, weil der Kranke lernen muß, seine individuelle Dosis selbst zu injizieren. Für die Langzeittherapie eignet sich Pitressin Tannat in öliger Suspension (i.m., Depotwirkung). Als symptomatische Hilfen sind Saluretika, beispielsweise vom Typ des Hydrochlorothiazids (Esidrix®), je nach Erfordernis 25–100 mg/die, hinzugekommen. Jedoch ist diese Therapie mit Saluretika nie in ihrer Wirkungsweise ganz aufgeklärt worden, so daß sie auch als Zusatzbehandlung nicht mehr empfohlen werden kann. Das *eosinophile Granulom,* welches sich durch eine gewisse spontane Rückbildungstendenz – jedoch bei Rückfallbereitschaft – von den beiden anderen Varietäten abhebt, spricht sowohl auf Röntgenbestrahlung (cave bei entsprechendem Sitz in der Keimdrüsengegend) wie auf Glucocorticoide ausreichend an. Sonst wird man mit allen Spielarten der Histiozytosis X an der Haut abtrocknende Maßnahmen wie beispielsweise Lotionen oder Zinköl anwenden, denen man antiinfektiöse Zusätze (Clioquinol) oder Glucocorticoide als Creme beisetzen kann.

19.13 Chronische Hautgicht

Als Folge der hier vorliegenden dekompensierten Harnsäurestoffwechsellage finden sich im Hautbereich etwa buttercremeartig gefärbt anmutende *Tophi* in der Kutis, Subkutis, den Sehnenscheiden und Schleimbeuteln, erstere lokalisatorisch vor allem am oberen Helixrand sowie volar an Finger- und Zehenbeeren. Aus solchen Tophi läßt sich der Nachweis von Uraten leicht durch die bekannte Murexidprobe führen. Kennzeichnend für die Knotengicht sind scharfe, zystisch ausgestanzte Usuren an Randbezirken. Prognostisch ist die gichtische Glomerulosklerose wichtig.

Therapeutisch ist vor allem auf die Einschränkung von Purinen in der Nahrung zu achten (keine kernreichen Fleischsorten,

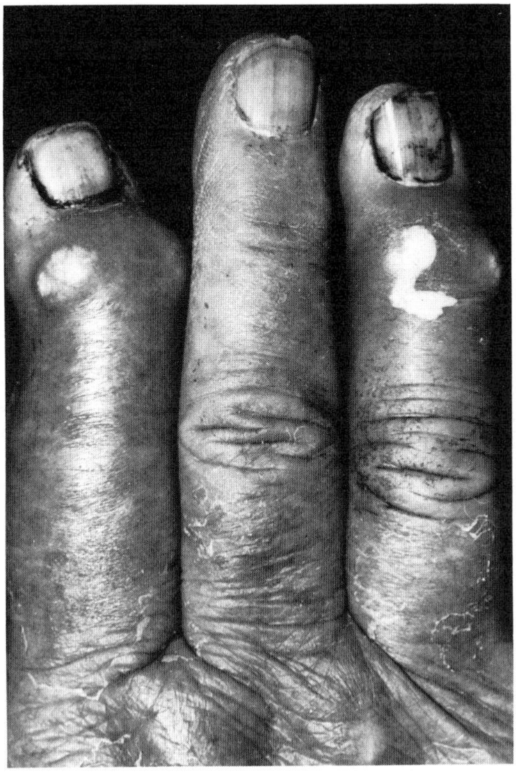

Abb. 34: Ablagerungskrankheiten: chronische Hautgicht

wie Leber und Bries, keine Fleischbrühe usw., aber auch z. B. keine Sardellen), wohingegen Kaffee oder Tee in diesem Sinne keine alimentären Purinlieferanten sind, jedoch durch zentrale Erregung, wie auch Sekt oder Burgunderwein, anfallauslösend wirken können (allerdings sind solche Auslösungen auch nach Tomaten und Gurken möglich). Wichtig sind Reduktion der Kost, körperliche Aktivierung und Wasserdiurese. In solchen akuten Fällen zeigen Phenylbutazon (Butazolidin®, 3mal 1 Dragee zu 0,2 g per os über wenige Tage) und Indometacin (Amuno® Kapseln, anfangs 100 mg peroral alle 4 Stunden bis zum Nachlassen der Schmerzen, später 3mal 75 mg, 3mal 50 mg und 3mal 25 mg) eine gute Wirkung. Bei Nichtansprechen auf die genannten Antiphlogistika ist eine parenterale Glucocorticoidtherapie, z. B. in Form der i. v. injizierbaren Prednisolonpräparate (Solu-Decortin®H, Ultracorten®-H o. ä., 25–50 mg/die) angezeigt. Für den Anfall ist Colchicin (z. B. Colchicum-Dispert®, 6–7mal täglich 1 Dragee zu 0,5 mg in einstündigem Abstand) immer noch gebräuchlich. Weitere Urikosurika sind Sulfinpyrazon (Anturano®, 3–4 Tabletten zu 100 mg über den Tag verteilt) und Benzbromaron (z. B. Uricovac®, 1 Tablette zu 80 mg oder 1–2 Tabletten zu 40 mg nach jeder Mahlzeit). Zur Dauertherapie der chronischen, evtl. sonst therapieresistenten Gicht, vor allem auch bei sekundärer Gicht, wie sie im dermatologischen Fachbereich vor allem bei Psoriasis oder Mycosis fungoides vorkommen kann, ist heutzutage als Mittel der Wahl Allopurinol (Zyloric®, Bleminol®, Epidropal® u. a.) hinzugekommen. Im Gegensatz zu den vorgenannten Substanzen ist Allopurinol kein Urikosurikum, sondern ein Urikostatikum, es hemmt die Harnsäurebildung. Durch Hemmung der Xanthinoxidase bewirkt Allopurinol eine vermehrte Ausscheidung von Hypoxanthin und Xanthin, wodurch der Harnsäurespiegel in Blut und Urin abfällt. Zu beachten bleibt, daß zur Rückbildung anatomischer Veränderungen eine längere Zeit erforderlich ist, so daß also – bei Tagesdosen von durchschnittlich 200–400 mg/die, verabfolgt in 2–4 Einzeldosen – über Wochen und Monate, bis zur Senkung des Serumharnsäurespiegels unter einen Grenzwert von 297–357 µmol/l behandelt werden muß. Gelegentlich hört man zu Anfang der Allopurinol-Therapie von vermehrten Arthralgien. Einzelne Tophi können, falls erwünscht, mit dem scharfen Löffel in Lokalanästhesie ausgekratzt werden.

19.14 Kalzinosen (Kalkgicht)

Kalkablagerungen können metastatisch, z. B. bei Störungen der Nebenschilddrüsenfunktion, bei Sarkoidose (vielleicht aber nicht mehr als zufällig), sodann als sog. *Calcinosis cutis,* z. B. im Zusammenhang mit einer progressiven Sklerodermie (Thibièrge u. Weissenbach 1911) oder einer Dermatomyositis (Rudolph 1934), schließlich am häufigsten als sog. dystrophische Kalzifikation, z.B. im Bereich primär-entzündlicher Gewebsbezirke, oder beim Pseudoxanthoma elasticum in Erscheinung treten.

Therapeutisch steht die Berücksichtigung des etwaigen Grundleidens im Vordergrund. Demgegenüber ist die Beseitigung einzelner schmerzhafter, nach außen aufbrechender Kalkherde allenfalls zur Beherrschung von Sekundärinfektionen sinnvoll. Leider geht aber auch die Beherrschung eines solchen Grundleidens (progressive Sklerodermie, Dermatomyositis) keineswegs mit dem Rückgang der Verkalkung Hand in Hand, sondern diese können selbst unter kalzipriver Dexamethason-Zufuhr im Gegenteil noch zunehmen. Bei Hyperkalzämie wird heutzutage die Anwendung der Edetinsäure, syn. EDTA, Ethylendiamintetraessigsäure kontrovers diskutiert. EDTA vermag als Chelatbildner mit Ca^{++}, Mg^{++}, Zn^{++} und anderen zwei- bzw. dreiwertigen Metall-Ionen einen Komplex zu bilden. Nachteilig ist, daß nicht nur Calcium selektiv, sondern auch Spurenelemente gebunden werden. Deshalb kann es bei längerer Anwendung zu einer Störung im Elektrolythaushalt sowie zu einer Beeinträchtigung der Nierenfunktion kommen. Zur Therapie werden Infusionslösungen von 0,5% di-Natrium-EDTA in 0,9% Natriumchloridlösung, z.B. EDTA Lösung Hameln, in einer Dosierung von: 5 Tage lang 500 ml täglich, dann 2 Tage Pause, verabreicht. Kontraindikationen sind: Beeinträchtigung der Nierenfunktion, digitalisierte Patienten, Gravidität. Das Calciumsalz der EDTA als Injektion (Calciumedetat-Heyl) eignet sich für diese Indikation nicht, da hierbei Calcium-Ionen im Austausch mit anderen Ionen (z.B. zur Behandlung von Metallvergiftungen durch Blei, Chrom, Kobalt, Kupfer, Quecksilber etc.) abgegeben werden.

Versucht werden können ferner Acetazolamid (Diamox®) sowie ansäuernde Maßnahmen (Ammoniumchlorid, z.B. als Mixtura solvens oder Ammonchlor Südmedica® Dragees).

20 Formenkreis der Kollagenosen

20.1 Sklerodermie

Trotz aller makroskopischen Vielfalt bei andererseits feingeweblich weitgehender Übereinstimmung sind die beiden Unterformen der Sklerodermiekrankheit hauptsächlich wegen der eminent verschiedenen Prognose dieser beiden Varietäten nach wie vor zu trennen: Die *zirkumskripte Sklerodermie* ist eine spontan-involutive Episode, die demgemäß auch mehr als bisher als *„Morphaea"* ihre Sonderbezeichnung finden sollte, während die diffuse, besser als *„progressiv"* zu bezeichnende *Sklerodermieform* als Systemkrankheit des Gefäß- und Bindegewebssystems ein deletäres Allgemeinleiden darstellt, dessen ernste Prognose bei allerdings großen Individualunterschieden (arthritisch-rheumatoide auf der einen und sog. akute, maligne Sklerodermie auf der anderen Seite) im allgemeinen unterschätzt wird.

Erscheinungsbildlich finden sich bei der *Sklerodermia circumscripta s. Morphaea* je nach der Unterform herdförmige, lineare oder kleinfleckige, mehr oder minder plattenartige, rosarote bis zartgesättigt gelbrötliche, subakut-erythematöse Bezirke, die sich peripher vergrößern und häufig von einem fliederfarbenen Hof umgeben sind *(Lilac-Ring)*. Die Rückbildung erfolgt evtl. unter residueller Hyperpigmentierung und Atrophie.

Bei der *progressiven Sklerodermie* kommt es unter Müdigkeitsgefühl und unter lokalen vasomotorischen Beschwerden, die Raynaud-artig im Wechsel von Syn-

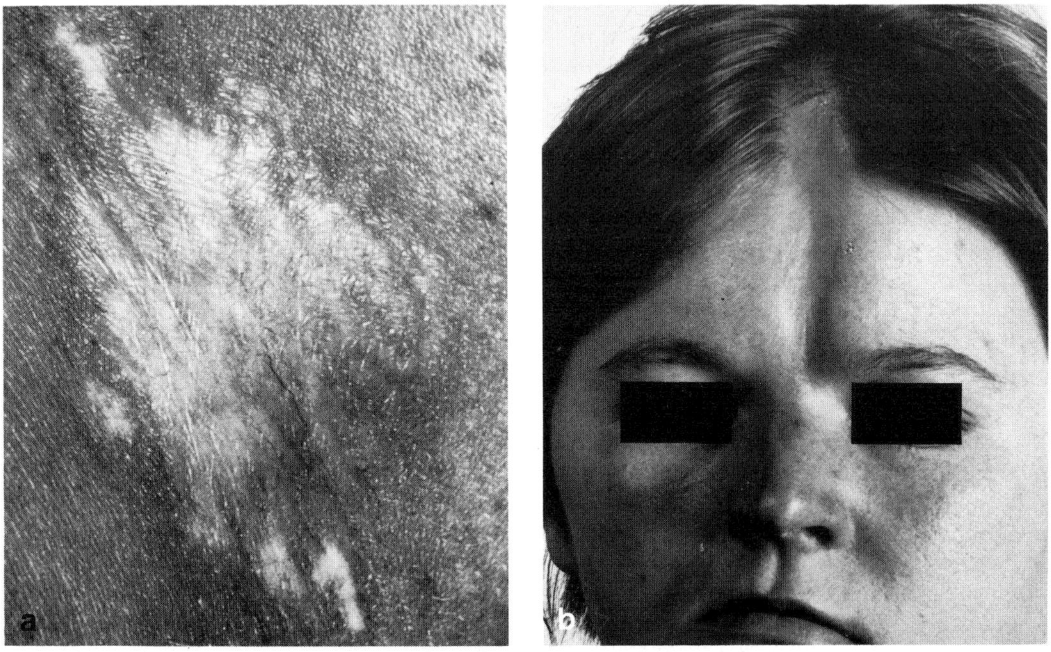

Abb. 35: Zirkumskripte Sklerodermie: a) plaqueförmig, b) säbelhiebförmig

kope und Akroasphyxie bestehen, zu 3 unscharf ineinander übergehenden Verlaufsstadien:

1. *Stadium oedematosum:* Bevorzugt an den Akren einsetzende sowie unscharf begrenzte, teigig-ödematöse, nicht eindrückbare, rötliche Schwellungen. Finger bald plump-zylindrisch verändert und distal verjüngt (Madonnenfinger), so daß feinere Arbeiten, wie z.B. Nadeleinfädeln, nicht mehr ausgeführt werden können.

2. *Stadium indurativum:* Befallene Hautanteile derber und straffer gespannt, keine Falten mehr abhebbar. Im weiteren Verlauf wird die Haut kalt, wachs-, brett- oder steinhart, seltener Ausbildung einzelner Knoten und Stränge. Finger und Zehen in ihrer Beweglichkeit eingeschränkt, evtl. in Beugestellung steif fixiert, Nägel stärker gekrümmt (*Sklerodaktylie,* Ball 1872), Nase abgegriffen, Mikrostomie, periorale radiäre Fältelung,

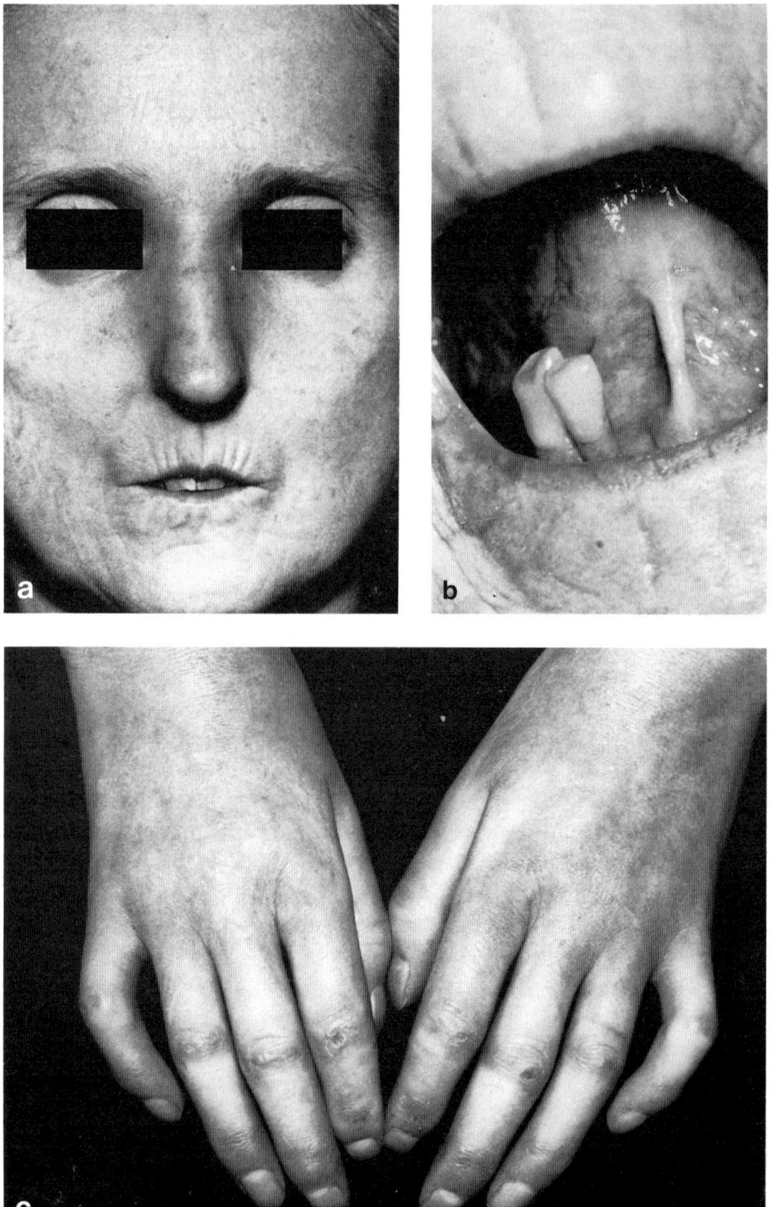

Abb. 36: Progressive Sklerodermie: a) Gesichtsstarre, b) Verdikkungen und Verhärtungen des Zungenbändchens, c) Sklerodaktylie

Lippen verschmälert, mimische Starre, daher maskenartiger Ausdruck („homme mommie"). Häufig ineinander verschlungene, sog. Guilloche-artige Pigmentierungen, ebenso häufig Teleangiektasien. Letztere können in jedem Stadium auftreten und in der Frühphase der Verdichtung vorausgehen.

3. *Stadium atrophicum:* Die straff-atrophische Oberhaut sinkt samt den daruntergelegenen Weichteilen ein und schmiegt sich der knöchernen Unterlage wie festgelötet eng an.

Der universelle sklerotische Krankheitsvorgang führt darüber hinaus zu Veränderungen an *Muskeln, Gelenken* und *Knochen.* Viszeral stehen am *Herzen* Fibrosen des Myokardbindegewebes (klinisch Herzinsuffizienz ohne periphere Ödembildung, die sich wegen Sklerosierung der Haut häufig nicht mehr ausbilden kann), an der *Lunge* Befunde im Sinne der Pulmosclerosis cystica s. compacta, gastrointestinal *Dysphagien* (Reflux-Ösophagitis), Passageverlangsamung mit Obstipation bis zum terminalen Bild des paralytischen Ileus im Vordergrund („Sclerodermia malabsorptiva"). *Pathogenetisch* handelt es sich bei der progressiven Sklerodermie um periphere Kreislaufabwegigkeiten, die höchstwahrscheinlich durch Erregungszustände des ZNS bedingt sind, mit Rückwirkung auf die interfibrillären Zwischensubstanzen, wodurch es zur phasendifferenten Verschiebung der Relation von Fibrille und Grundsubstanz bzw. (deren biochemischer Exponenten) Hydroxyprolin und Hexosamin kommt.

Die **Therapie** der Kollagenkrankheiten und so auch der Sklerodermie ist bisher weitgehend symptomatischer Natur. Die Therapie der *zirkumskripten Sklerodermie* als einer zur spontanen Rückbildung befähigten Affektion kann in einer Massagebehandlung mit erweichenden Salben, wie z.B. Contractubex® o.ä., bestehen. Das Mittel der Wahl stellt aber, sofern nicht besondere Lokalisationen des Krankheitsherdes, wie etwa die Gegend des Herzens, größerer Gefäße oder des Plexus solaris, seine Anwendung verbieten, der Ultraschall dar: Verabfolgt werden in 1–2tägigem Abstand und in Einzelzeiten von 2–10 min etwa 10–12 Sitzungen, die nach 2–3 Monaten wiederholt werden können. Im Hinblick auf die spontane Involutionsneigung sind differente Allgemeinmedikationen – abgesehen von der Unsicherheit des Erfolgs – abzulehnen.

Die Ergebnisse aus dem eigenen Arbeitskreis gipfelten bei der *progressiven Sklerodermie* zunächst (!) in der praktisch-therapeutischen Konsequenz, daß die pathologisch überschießende Zwischensubstanzbereitstellung der ersten Stadien zweckmäßigerweise mit (kleinen!) Glucocorticoiddosen (nicht über 15 mg Prednison/die) reduziert werden sollte, während für die symptomatische Behandlung der zwischensubstanzärmeren späteren skleratrophischen Verlaufsstadien Wirkstoffe vom Bindegewebseffektcharakter des Chloroquins geeignet erschienen. Letzteres wird nun aber diesbezüglich durch Progesteron übertroffen. Diese *Progesterontherapie* (Holzmann, Korting u. Morsches) wird von uns derzeit wie folgt durchgeführt: Bei der progressiven Sklerodermie und generalisierten zirkumskripten Sklerodermie gibt man das Gestagenderivat Norethisteronacetat (Primolut®-Nor-5) 3mal 5 mg/die per os, zumal dieses zu den Hormonen mit der stärksten gestagenen Wirkung bei oraler Zufuhr zählt. Norethisteronacetat ist als Monosubstanz oder als Bestandteil einiger Kontrazeptiva gebräuchlich.

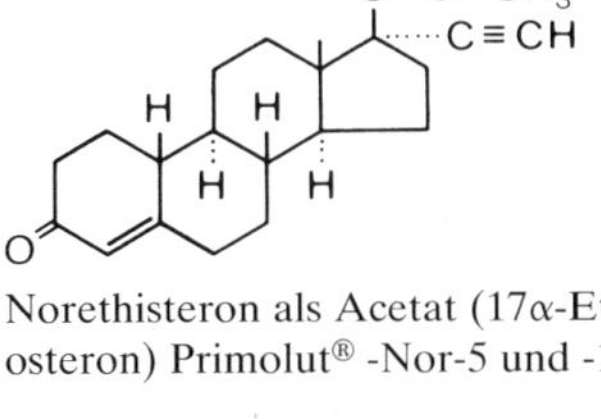

Norethisteron als Acetat (17α-Ethinyl-19-nortestosteron) Primolut® -Nor-5 und -10

Als weiteres Mittel hat sich in der eigenen Klinik die Anwendung des Retinoids Etretinat (Tigason®) bei der Behandlung der indurativen Phase der progressiven Sklerodermie bewährt (Uhlmann A, Bräuninger W. Therapeutische Erfolge mit aromatischem Retinoid (Tigason®) bei Sharp-Syndrom und progressiver Sklerodermie. Z Hautkr 1985; 59: 774–86). Gegenwärtig behandeln wir eine Zeitlang einige Monate mit Primolut®-Nor und einige Monate mit Tigason®, um bei dem jeweiligen Patienten den individuellen Vorteil der einen oder anderen Therapie zu erkunden. Für besondere Verlaufsformen noch das folgende: Zur Behandlung des Raynaud-Vorstadiums sind wir von der Verabfolgung des niedermolekularen Dextrans 40 (Rheomacrodex®), auch bei Vorgabe mit Promit®, ziemlich abgekommen und bevorzugen hierbei Nifedipin (z.B. Adalat®) in einer Dosis von 10–20–30 mg täglich, bei vorherzusehender Akroasphyxie auch den Calcium-Überladungs-Blocker Flunarizin, ein difluoriertes Cinnarizin (2 Kapseln Sibelium® S zur Nacht).

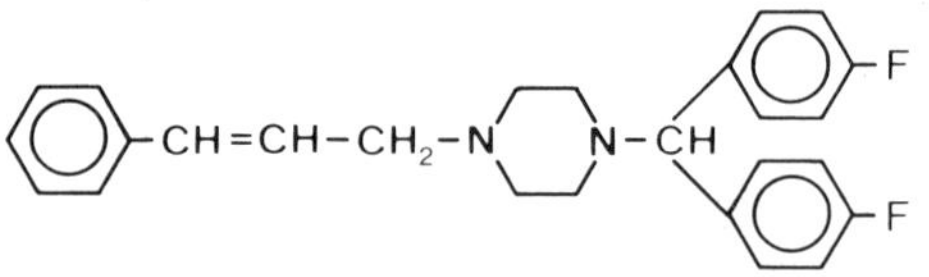

Flunarizin, 1-Cinnamyl-4-(4,4'-difluorbenzhydryl)-piperazin, Sibelium®S

Zweckmäßig sind ferner „Handöfen“, die man z.B. in Jagdgeschäften kaufen kann, Pulswärmer u. dgl. Bei rattenbißartigen Kuppennekrosen, aber nur hierbei, hat sich die Verabfolgung des gefäßerweiternden Penicillins G z.B. 10 Tage täglich 4 Mega I.E. bewährt (Cave allerdings die nicht seltene Penicillinallergie!). Bei der Behandlung der „mixed-connective-tissue disease“ (Sharp-Syndrom) mit erhöhten ENA- oder Spekled-type-Antikörpern ist von dem vorher bei sonstiger Sklerodermie zurückhaltend erwähnten Cortison reichlicher Gebrauch zu machen.

Bei einer *Sclerodermia malabsorptiva* kommt zur Unterstützung der Darmbewegung Neostigmin (Prostigmin® forte Tabl., mehrmals täglich, z.B. 15 mg per os) und bei Fermentschwäche reichlicher Enzymnachschub in Betracht. Liegen hochgradige Spruezustände vor, sorge man für glutenfreies Brot, welches aus der Fertigmehlmischung „damin glutenfrei“ gebacken werden kann, schließlich für vollbilanzierte Nährpräparate (z.B. Biosorbin MCT, Fresubin®-flüssig).

Insgesamt liegt bei der progressiven Sklerodermie die Anwendung von Warmwasser- oder Sandbädern, vor allem auch Moorbadekuren nahe, wobei letztere auch daheim unter Beschaffung von Moor aus entsprechenden Heilbädern (z.B. Bad Schwalbach, Bad Aibling, Bad Kohlgrub) durchgeführt werden können.

20.2 Dermatomyositis

Das von Wagner 1863 ursprünglich „Polymyositis“ genannte Krankheitsbild – eine Bezeichnung, die heute gelegentlich gleichbedeutend für eine „Dermatomyositis“ (Unverricht 1891) *ohne* Hauterscheinungen verwandt wird – wurde von Hepp (1887) wegen gewisser klinischer Entsprechungen in der Symptomatik auch als „Pseudotrichinose“ bezeichnet. Stehen doch bei akuter Entwicklung eigentümlich weinrote bis violettrote, später auch teleangiektatisch durchzogene oder gar buntgescheckte, weniger über Knochenvorsprüngen auch porzellanfarbene Koloritschattierungen neben seltenerweise auch kleinpapulösen Erhabenheiten im Nackenbereich im Vordergrund des Sichtbaren, wobei aber das gesamte Krankheitsbild erst durch die charakteristische, subjektiv wie objektiv wahrnehmbare Beteiligung der Muskulatur (z.B. erschwertes Heben der Arme über die Horizontale) voll zur Ausprägung kommt. Heute ist die Diagnostik über die Möglichkeit der (indes nicht einfach zu beurteilenden) *Haut-Muskel-Biopsie* und die pathognostisch vermehrte *Kreatinausscheidung im Urin* (0,1–0,4 g/die) durch das *Elektromyogramm* (polyphasische Muskelpotentiale!), welches seinerseits den Ort der Gewebsentnahme bestimmen helfen kann, vor allem *enzymdiagnostisch* vertieft.

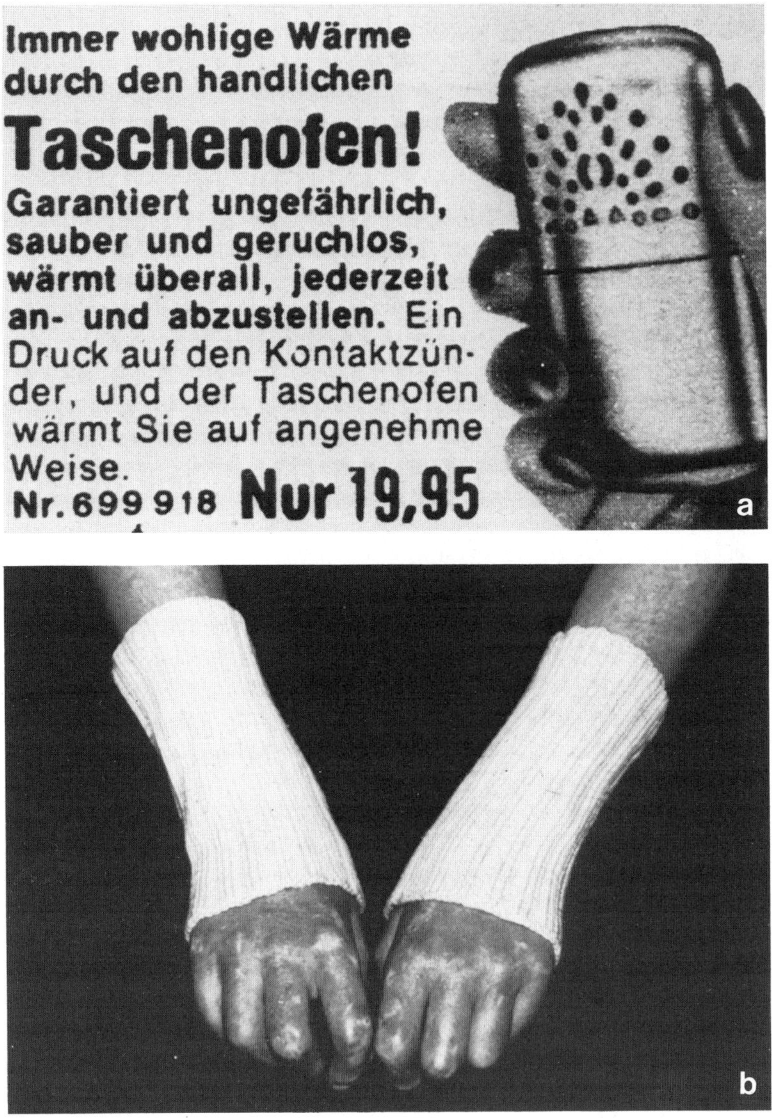

Abb. 37: a) Taschenofen zur Behandlung der Kälteüberempfindlichkeit, b) Tragen von Pulswärmern (Stulpen)

Bei der Bestimmung solcher Fermente, deren Wert nicht unbedingt, wenn auch meist, weitgehend mit der Krankheitsaktivität und darüber hinaus mit deren Bremsung durch die Glucocorticoid-Therapie Schritt halten, haben neben den Enzymen SGOT bis 18 U/l Serum (Serum-Glutamat-Oxalacetat-Transaminase, neue Bez. AST = Aspartat-Aminotransferase), SGPT bis 18 U/l Serum (Serum-Glutamat-Pyruvat-Transaminase, neue Bez. ALT = Alanin-Aminotransferase) und CPK bis 80 U/l Serum (Kreatinphosphatkinase, syn. CK = Kreatinkinase) Bedeutung erlangt.

Wichtig ist nicht zuletzt aus therapeutischen Gründen in erster Linie die Suche nach einem malignen, meist *tumorösen Grundleiden* (sog. *„karzinomatöse Neuromyopathie“*, Denny-Brown; Karzinom bei Dermatomyositis wurde aber erstmalig bereits 1916 durch Stertz festgestellt, sodann Sarkom, Melanom, Lymphom usw.), wenn

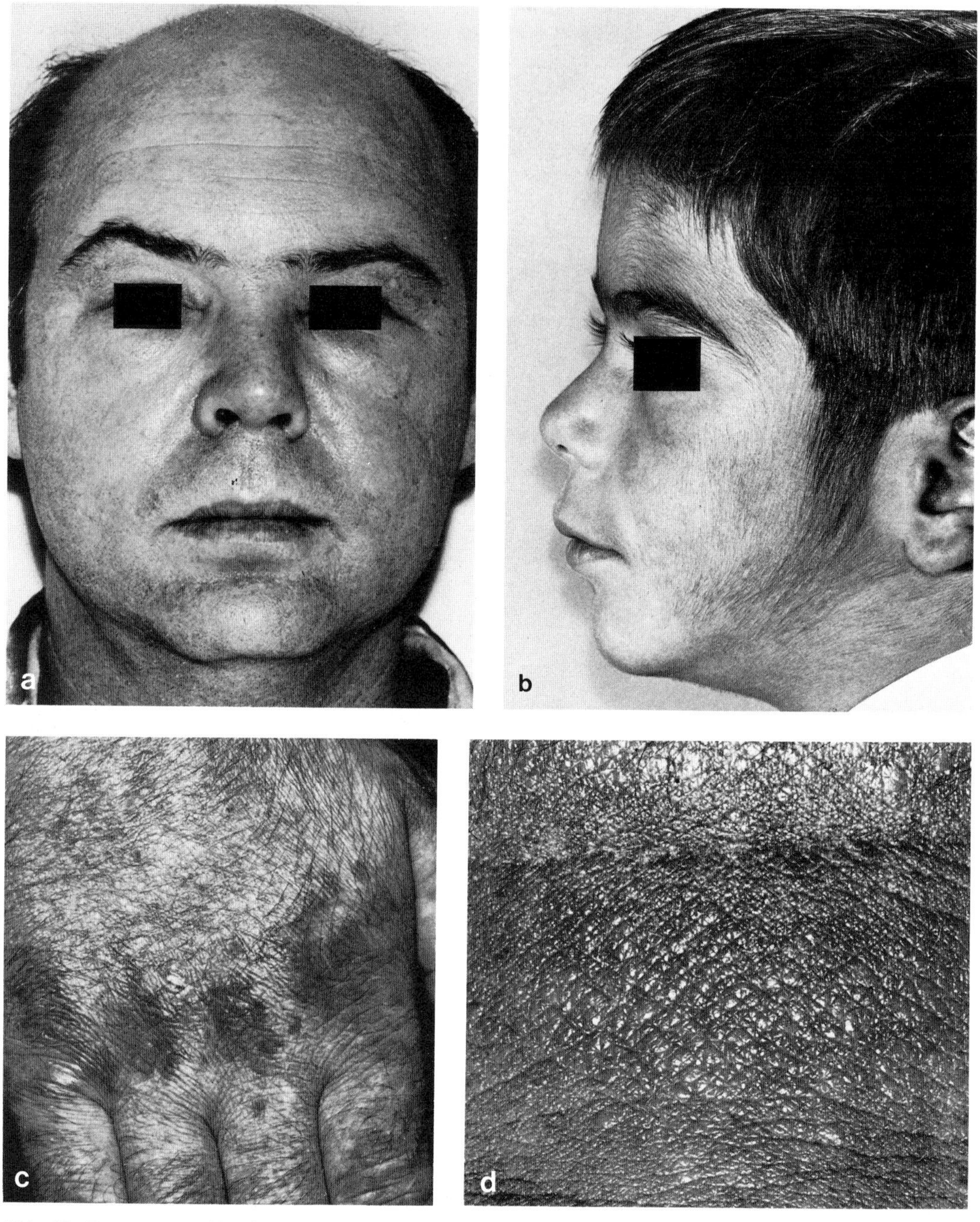

Abb. 38: Dermatomyositis: a) verwaschener Gesichtsausdruck, b) Hypertrichosis, c) Weiß-Lila-Fleckenkrankheit, d) Papeln im Nacken

auch grundsätzlich der ätiologische Möglichkeitskreis (Rheuma, Tuberkulose, Licht- und Temperatureinflüsse, ja selbst externe Schädigung durch Kunstdünger oder Kaltwelle) recht weit gespannt ist.

Abgesehen von solchen therapeutisch höchst bedeutsamen ätiologischen Bemühungen stellen heute – gegenüber früheren Versuchen mit beispielsweise Paraaminobenzoesäure, Cocarboxylase, Neostigmin, Anthihistaminika, Vitamin E usw. – das Cortison und seine Derivate die **Therapie** der Wahl dar. Es kann aber nicht in jedem Falle, selbst bei hoher Dosierung (z.B. 200 mg Prednison/die), abgesehen von den dadurch zusätzlich heraufbeschworenen akuten Komplikationsgefahren, der nicht selten infaust bleibenden Prognose (akute Myokarditis, Bronchopneumonie usw.), steuern oder den Übergang in eine nachfolgende universelle interstitielle Kalzinose (Rudolph 1934) oder eine „myatrophische Poikilodermie" verhindern. Von den Glucocorticoiden ist von Dexamethason und vor allem von Triamcinolon wegen der Gefahr einer Steroid-Myopathie eher abzuraten. Auf die Dauer kann bei einer chronischen „aggressiven" Dermatomyositis auch Azathioprin (Imurek®) – u.U. zusammen mit Cortison – wirksam sein.

Die *Poikilodermia vascularis atrophicans Jacobi* ist in den meisten Fällen die Folge einer durchgemachten Dermatomyositis.

Auf jeden Fall beseitigen die Glucocorticoide nur die akuten entzündlichen Zustände, während normalerweise mehr degenerative Muskelveränderungen bestehenbleiben. Außerdem sei man mit der allzu frühen Durchführung von medikomechanischen Maßnahmen (Unterwassermassage usw.) eher zurückhaltend, da es hierdurch leicht zur Schubaktivierung kommen kann. Beteiligung der Atemmuskulatur, Dysphagien infolge Speiseröhrenmuskelmiterkrankung erfordern nicht selten Sondermaßnahmen (Beatmung, Bronchialtoilette, Sondenernährung usw.). Bluttransfusionen sollten möglichst unterbleiben.

20.3 Lupus erythematodes

Die vor allem auf v. Hebra (Seborrhoea congestiva, 1845) sowie Cazenave (1851) zurückreichende Kenntnis des Leidens ist in den letzten Jahrzehnten hauptsächlich in immunologischer Hinsicht wie bezüglich der viszeralen Komponenten erweitert worden. Diese hatten übrigens in den letzten Jahren allzusehr unter dem Gewicht neuerer Kenntnisse über die abakterielle verruköse Klappen- und Wandendokarditis (Libman u. Sacks 1924) von der ursprünglich nosologischen Konzeption abgelenkt, obwohl bereits Kaposi 1872 derartige viszerale Komplikationen nosologisch durchaus mit eingeschlossen hatte. So wird derzeit wohl mehr und mehr wieder an der vorübergehend „gefährdeten" Zusammengehörigkeit des lokalisierten bzw. integumentalen *Lupus erythematodes chronicus* einerseits und des polytopen viszeralen *Lupus erythematodes acutus (subacutus)* bzw. des *Lupus erythematodes chronicus cum exacerbatione acuta* (Ehrmann) festgehalten.

Bei ersterem, also der *chronischen Varietät*, machen mehr oder weniger umschriebene, kleinherdige Erytheme mit Endgefäßerweiterungen, evtl. auch Punktblutungen, vor allem aber mit Follikelerweiterung, follikulärer Orthokeratose („Reißnagelphänomen"!) und Atrophie mit subjektiver Berührungsempfindlichkeit sowie von klassischer Schmetterlingslokalisation das Wesen des Erscheinungsbildes aus. Demgegenüber stehen bei der *akuten Verlaufsform* – bei vorzugsweise jugendlichen Patienten weiblichen Geschlechts – konstitutionelle Allgemeinerscheinungen foudroyanten oder präludierenden Verlaufs auf der viszeralen bzw. extrakutanen Organseite im Vordergrund: Beteiligung der Lymphknoten, der Gelenke, der serösen Häute, des Endokards, der Blutgefäße (Akrozyanose, Livedo reticularis), der Nieren (schleichende Nephropathien, z.B. nach Art einer Nephritis mit histologisch drahtschlingenartigen Veränderungen durch Einlagerung eines homogenen eosinophilen Materials in die verdickte Basalmembran, ferner Nephrose, Pyelitis usw.), sodann Symptome des Augenhintergrundes und/oder des Nervensystems. Sie können derartig vorrangig erscheinen (z.B. Apoplexie), daß die Hautveränderungen mit ihrem zunächst häufig uncharakteristischen Aspekt (urtikariell, dem M. Werlhof oder Erythema exsudativum multiforme ähnlich, „chilblain"-förmig, Haarausfall o.ä.) u.U. zunächst ausgesprochen diskret anmuten.

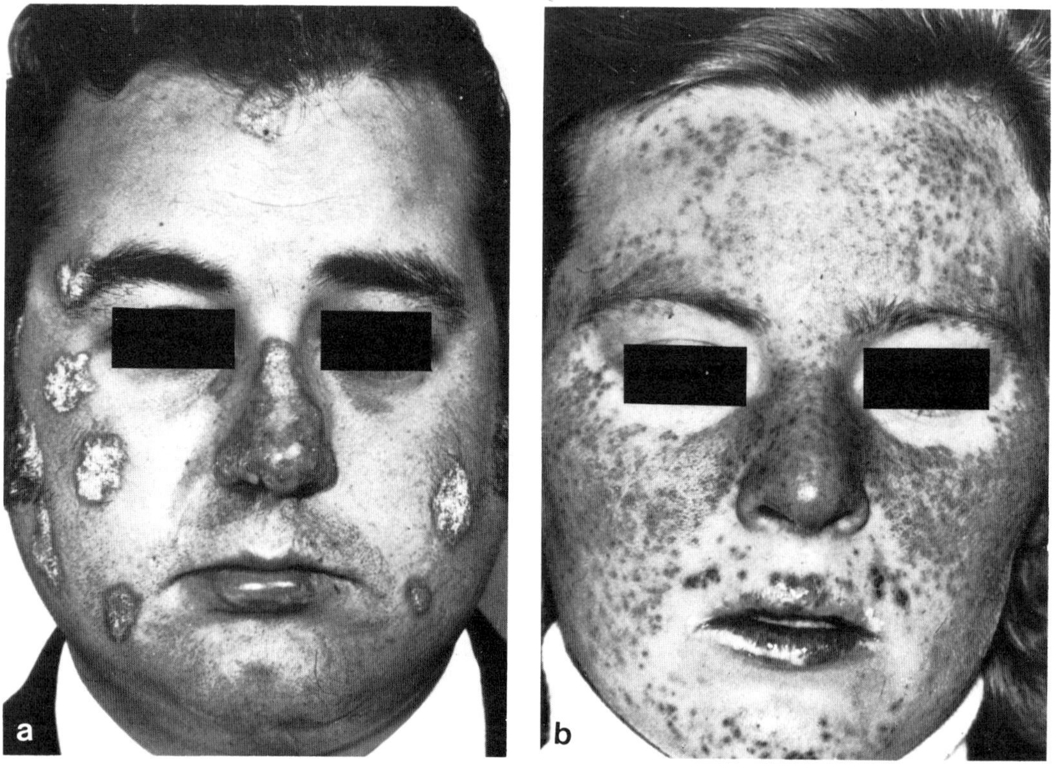

Abb. 39: Lupus erythematodes: a) chronicus, b) acutus

Nach heutiger Auffassung haben wir es bei Lupus erythematodes mit ggf. ausgesprochen *aggressiven,* am Gefäßbindegewebssystem ansetzenden, häufig auf einer Streptokokkenhyperergie (Antistreptolysintiter über 600 E verwertbar) beruhenden *autoimmunitären Krankheitsvorgängen* zu tun. Vermutlich kommen zahlreiche Autoantikörper bei diesem Leiden vor. Sie entstehen offenbar nicht durch Absinken der Immuntoleranz, sondern eher durch antigene Stimulation, wobei ihre schädliche Einflußnahme durch Ablagerung von Immunkomplexen wahrscheinlich ist. Weiterhin erörtert man derzeit sogar eine genetische Determination zur Bildung multipler pathologischer Immunkörper. Auch kann gelegentlich ein Lupus erythematodes sich dem klinischen Eindruck nach in einem Verdrängungsgleichgewicht mit einer anderen, offenbar ebenfalls immunologisch bestimmten Krankheit, etwa einer Lymphogranulomatose, befinden. Diese Konzeption reicht so weit, daß man heute – von der Annahme einer besonderen Lupusdiathese aus – bestimmte Organbilder, auch wenn sie mit einem echten Lupus erythematodes visceralis nicht ohne weiteres oder vollständig identifiziert werden können, in Anbetracht vergleichbarer immunologischer Abnormitäten einander nahe gruppiert (Beispiel: „lupoide Hepatitis"). Auf jeden Fall nimmt man für die Pathogenese des Lupus erythematodes hauptsächlich antinukleäre Reaktionsvorgänge an, wie sie in der *LE-Zelle* (Hargraves, Richmond u. Morton 1948) und in den *Hämatoxylinkörpern* (Gross 1932) vorliegen. Für die Bildung der LE-Zellen ist vermutlich der *LE-Faktor,* ein 7 S-γ-Globulin, verantwortlich. Neben der initialen Sensibilisierung durch Streptokokken sind in der letzten Zeit verschiedentlich auch *LE-Masken* durch bestimmte Antihypertonika (Hydralazine), Griseofulvin, Tetracylin, Hydantoin, Procainamid, INH, hormonelle Kontrazeptiva oder Chlorpromazin usw. beobachtet worden.

Vor allem für den akuten, viszeralen Lupus erythematodes ist der Nachweis zahlreicher Autoantikörper wichtig geworden, wobei vor allem höhere Titer als charakteristisch für diese Krankheit gelten. Besondere Bedeutung haben antinukleäre Antikörper erlangt, bei denen verschiedene, homogene, gesprenkelte, periphere und nukleoläre Muster differenziert werden, Das gesprenkelte Muster („specled type") gilt beispielsweise als kennzeichnend für das Sharp-Syndrom, während das nukleoläre Muster (Fluoreszenz allein der Nukleolen) für eine Sklerodermiekrankheit kennzeichnend sein soll.

Bei der **Behandlung** des *Lupus erythematodes chronicus* kann auch heute noch nicht die CO_2-Schnee-Behandlung (Pusey) kleinerer oder vor allem hyperkeratotischer Herdrandbezirke oder die zarte Verätzung oberflächlicher Areale mittels Phenolum liquefactum als ziemlich überholt gelten, was ähnlich für die früheren inneren Behandlungsweisen mit Gold, Wismut oder auch Sulfonamiden, Nikotinsäureamid usw. gilt. Lokal eher intrafokale Unterspritzung hartnäckiger Einzelherde mit Corticoidkristallsuspensionen, jedoch nicht mit Resochin®-Lösung. Eigenartig ist die Tatsache der generellen Sensibilität des Lupus-erythematodes-Kranken gegenüber den verschiedenen Antimalariamitteln, die von der Kombination von Chinin innerlich und Iod äußerlich (Holländer-Kur) über Mepacrin (Atebrin®) bis zum Chloroquin (Resochin®, 0,25 – 0,5/die, oder Hydroxychloroquin 0,4 – 1,2 g/die) reicht, wobei die Wirkung dieser Mittel trotz ihrer bekannten Gewebsaffinität vor allem zu den Zellkernen letztlich unbekannt geblieben ist. An Nebenwirkungen des von Prokoptschouk (1940) und

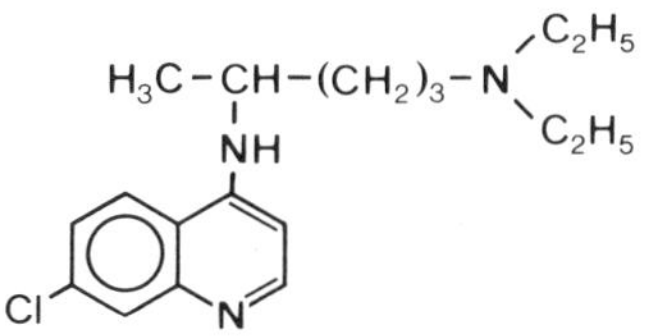

Chloroquin(e) USP XXI, als Diphosphat BP 1980 = Resochin®

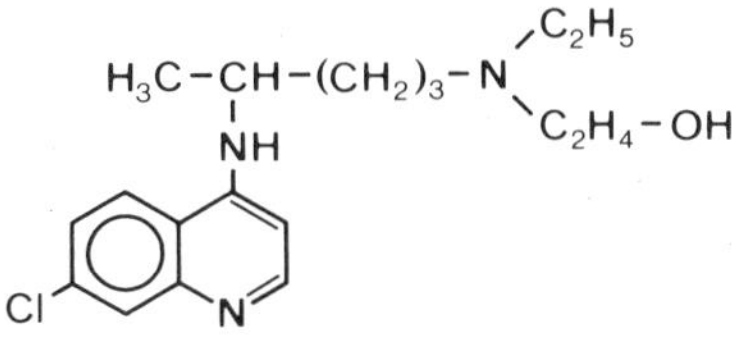

Hydroxychloroquin = Quensyl®

Page (1951) hierfür empfohlenen Atebrins® (2–3mal 0,1/die über 3–4 Wochen) sind neben dem die Konjunktiven aussparenden Pseudoikterus Granulozytopenien, lichenoide Eruptionen und neurologische Symptome zu nennen, während die Anwendung von Chloroquin hauptsächlich durch Augensymptome (Akkommodationsparesen, Kerato- und vor allem Retinopathien) belastet wird[1]. Jede längere Darreichung von Resochin® o. ä. über mehrere Monate hinaus sollte deshalb zur augenärztlichen Überprüfung veranlassen, zumal retinal irreversible Schädigungen möglich sind, die im eigenen Beobachtungsgut trotz konsequenter Kontrollen bisher aber fehlen. Ferner sind etwa alle 3–4 Wochen regelmäßig Leukozytenkontrollen notwendig, zumal der Lupus-erythematodes-Kranke ohnehin zu Leukozytendepressionen neigt. Schon aus diesem Grund sollte die Anwendung von Chloroquin (Resochin®) oder Hydroxychloroquin (Quensyl®) nur bei ausgesprochener Bedarfszeit, also zu Beginn der Lichtsaison (Februar–März), erfolgen. Nach Absetzen sind Rezidive der Hautveränderungen durchaus möglich, was die an-

---

1 Einzelheiten s. Korting: Haut und Auge. Stuttgart: Thieme, 1969: 207.

fängliche Aufführung der konventionellen Lokaltherapie (einschließlich Lichtschutzmitteln, s. S. 145) erklärt. Außerdem Verbot von bestimmten Licht- oder Hitzeberufen (Heizer, Köche, Schmiede, Schmelzofenarbeiter usw.). Schließlich ist zu bedenken, daß die Chloroquinwirkung eine bestimmte Anlaufzeit von 10–20 Tagen besitzt, so daß sich bis dahin die initiale Kombination mit Glucocorticoiden mittlerer Dosierung (z. B. Prednison, 20–15 mg/die) empfehlen kann.

Der Behandlungsversuch des prognostisch ernsten *Lupus erythematodes acutus* geht einerseits von der Notwendigkeit der operativen, antibiotischen oder diesbezüglich kombinierten Sanierung eines etwa ersichtlichen Herdgeschehens (Zahngranulome, aber auch Sepsis oder disseminierte Tuberkulose) aus, da die gleich zu besprechende Steroidbehandlung ohne Rücksichtnahme auf solche bakterielle Grundfoci verhängnisvoll wirken könnte. Andererseits erscheint ein möglichst frühzeitiges nosostatisches Zugreifen wichtig, da sich die Lupus-erythematodes-Niere meist schicksalhaft cortisonrefraktär verhält, sofern es erst einmal zur krankheitsspezifischen Präzipitation von Fibrin, Immunglobulin und Lipiden an den Basalmembranen bzw. an den Kapillaren der Nieren gekommen ist. Die *Steroidtherapie* steht mithin heute unter Berücksichtigung der voranstehenden Prämissen mit an erster Stelle, wobei im Gegensatz zu der Erfahrung bei der progressiven Sklerodermie initial größere Dosen (u. U. 100–200 mg Prednison und mehr) oder entsprechende Isodosen anderer Glucocorticoidverbindungen eingesetzt werden sollten, die dann im Laufe der Wochen und Monate nach und nach bis auf die sog. Erhaltungsdosis (5–10 mg Prednison/die) abgebaut werden, wobei später auch die Zugabe der neueren Antimalariamittel zur Einsparung der Nebennierenhormone vorteilhaft sein kann. Dies um so mehr, als auch im Hinblick auf die notwendige Langzeittherapie die üblichen Nebenwirkungen der Corticoide (Kaliprivie, diabetische Entgleisung, gastrointestinale Ulzerationen, Krampfanfälle, Infektausbreitung usw.) zu berücksichtigen sind. Die morbostatische Therapie macht sich fast unmittelbar in einer Besserung des Allgemeinzustandes, etwas später am Abklingen der Gelenksymptome, einige weitere Tage darauf auch an der Rückbildung der Veränderungen an Haut und Schleimhaut (Punktblutungen!) und erst nach 1–2 Wochen auch an der Rückbildung der Krankheitsveränderungen an den serösen Häuten, u. U. auch der Nierensymptomatik, aber auch zögernder oder zunächst überhaupt nicht an der Laboratoriumsdiagnostik (LE-Zelle, BSR, Elektrophorese, Coombs-Test, positiver Rheumatest, biologisch falsch positive WaR usw.) geltend.

Bei steroidrefraktären Situationen, bei denen auch durch zusätzliche Behandlung mit strenger Bettruhe, Lichtabschirmung, salzarmer Kost und Saluretika keine Remission erkennbar wird, erscheint wohl weniger zwecks Erzielung antiinflammatorischer Effekte als vielmehr einer Immundepression noch die Anwendung von bestimmten Zytostatika (wie z. B. Mercaptopurin, Puri-Nethol®, 50 mg zusammen mit 5 mg Prednison/die) evtl. nützlich. In eigener Beobachtung hat sich diesbezüglich gerade zur Besserung der renalen Situation *Cyclophosphamid,* z. B. Endoxan®, bewährt, wobei allerdings angesichts der ohnehin bei diesem Leiden typischen Leuko- und Thrombozytopenie eine sorgfältige hämatologische Überwachung notwendig ist. Auch ist die evtl. verzögerte renale Eliminierung solcher Antimetaboliten beachtenswert. *Azathioprin (Imurek®)* ist aber derzeit *der* Haupt-

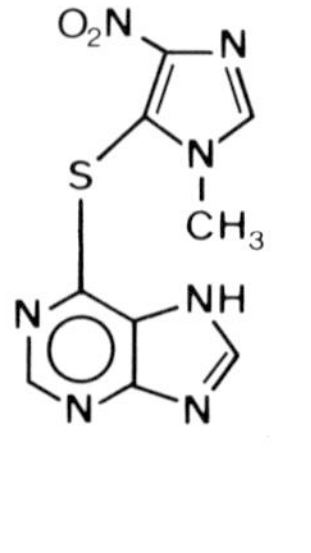

repräsentant immunsuppressiver Medikamente (50–200 mg/die). Stellt doch in der Dermatologie in erster Linie gerade der Lupus erythematodes acutus die unbestrittene Hauptindikation dar. Die therapeutische Vorstellung geht hierbei von der Tatsache aus, daß derartige Substanzen in den Stoffwechsel proliferierender, immunologisch kompetenter Zellen einzugreifen vermögen. Allerdings wird gegenwärtig noch nicht völlig ausgeschlossen, daß immunsuppressiv wirksame Medikamente durch eine solche Hemmung immunologischer Kontrollfunktionen ein Tumorwachstum begünstigen können. Bei hämorrhagischer Note eines Lupus erythematodes acutus empfiehlt sich die Zugabe von Flavonoiden (z.B. O-(β-Hydroxyethyl)-rutoside, Venoruton-P4®, etwa 10 Kapseln zu 100 mg täglich).

21 Atrophien und Dystrophien der Haut

21.1 Acrodermatitis chronica atrophicans (Buchwald; Herxheimer-Hartmann)

Entweder an einer oder mehreren Extremitäten unauffällig zur Entwicklung kommende, zunächst ödematös-infiltrative („Erythromelie“, Pick), dann sich in der Folge unter Venentransparenz schlaff-atrophisch, weniger häufig auch bezirksweise sklerodermiform-straff-atrophisch umwandelnde Erkrankung. Nach heutigem Wissen sprechen bei dieser Erkrankung kaum eine echte Knochenbeteiligung (Jessner), wohl aber Veränderungen regionärer Lymphknoten, im Knochenmark Vermehrung der Plasmazellen, lymphoiden Retikulumzellen, Mastzellen und Eosinophilen, die meist deutliche Erhöhung der BSR (Hauser) und das gar nicht so seltene Auftreten atypischer Serumeiweißkörper (Makrokryoglobuline) für das Vorliegen einer Allgemeinerkrankung. Nicht selten finden sich aber auch *juxtaartikuläre (fibroide) Knoten,* wie man sie zuerst bei gesicherten Spirochätosen kennengelernt hatte. Trotz lange Zeit umstrittener Spirochätennachweise im Gewebe, der häufigen Positivität der Pallidareaktion im Serum (Lohel) mit „verräterischem“ Ansprechen besonders auf Penicillin, ist die Akrodermatitis offenbar eine Treponematose, wobei die Bedeutung eines infektiösen Agens (Zecken als Überträger?) angesichts neuerer Transplantationsversuche (Götz) an Wahrscheinlichkeit gewonnen hat. Insgesamt wird heute Borellia burgdorferi als spirochätaler Erreger mehrerer Krankheitsbilder, so vor allem auch von Erythema chronicum migrans, der Lymphadenosis benigna cutis und der Meningoenzephalitis diskutiert. Typisch ist ferner die Bevorzugung des weiblichen Geschlechts, welches überwiegend zwischen dem 4. und 6. Lebensjahrzehnt betroffen wird. Die Krankheit kommt vor allem in Mittel-, Ost- und Nordeuropa vor.

Die **Behandlungsmöglichkeit** der Acrodermatitis chronica atrophicans, die früher in der mehr oder minder ungezielten Anwendung verschiedener Kreislaufmittel, Hormone oder gar der Durchführung Sympathikus-chirurgischer Verfahren bestand, hat mit der Entdeckung der *Penicillin*-Wirkung durch die Internistin Nanna Svartz (1946) eine ungeahnte Sicherheit erfahren. Auf die komplette zigarettenpapierartig gefältelte (Pospelow) oder bratäpfelähnlich zerknitterte Atrophie kann allerdings verständlicherweise kein Einfluß mehr ausgeübt werden. Deutlich und geradezu prompt ist aber die Wirkung von Penicillin, weniger jedoch die von Tetracyclinen, auf das initiale Erythromeliestadium, relativ deutlich auch noch auf die fibroiden Knoten, während Morphaea-artige straff-atrophische Bezirke wie auch die Beschleunigung der BSR nur nach längerem Zeitraum, auf jeden Fall geringer beeinflußt werden können. Daß wäßriges Penicillin, wie ursprünglich behauptet, in seiner Wirkung den Depot-Penicillinen hierbei überlegen ist, kann nicht aufrechterhalten werden; hingegen scheint in der Tat die parenterale der peroralen Darreichungsweise überlegen zu sein. Als Dosismaß können für gewöhnlich 8 Mega I.E. Penicillin G gewählt und bei nicht völlig befriedigendem Erfolg 1 oder 2 Wiederholungen im Abstand von 3–6

Monaten vorgesehen werden. Bei stärkeren Gelenkbeschwerden (Lyme-Arthritis) sollte Penicillin höher dosiert werden. Bei straffatrophischem Endstadium sei man vor allem hinsichtlich der Knochenvorsprünge um die Vermeidung ulzerösen Aufsprungs (filzgefütterte Schuhe) besorgt, da die Wundheilung solcher Ulzerationen auf dem Boden der Atrophie sich langwierig gestaltet und außerdem eine karzinomatöse Weiterentwicklung (selten) möglich ist. Die bei Behandlungsbeginn bereits atrophisch entwickelten Krankheitsbezirke sind darüber hinaus regelmäßig fettend zu pflegen, wie etwa mit Unguentum molle, Lipo Cordes® Creme, Neribas® Fettsalbe o. ä.

21.2 Altershaut[1]

Die physiologische senile Atrophie der Haut ist substratmäßig durch eine in erster Linie an belichteten Hautbereichen zutage tretende eigentümliche Bindegewebsumwandlung gekennzeichnet, die histo- und biochemisch sowohl Eigenschaften der Elastika wie des Kollagens aufweist. Mit die Hauptakzente dieser Altershaut – wenn wir von Alterskomedonen usw. („élastéidose cutanée cystes et à comédons", Favre u. Racouchot) hier absehen – sind in einer vermehrten *Runzelung* gegeben, die nicht nur durch altersbedingten Fettpolsterschwund, sondern ganz wesentlich durch die langjährigen Witterungseinflüsse bedingt wird.

An solchen Erkenntnissen setzt die **therapeutische** Beratung an: Vermeidung von exzessiven Sonnenkuren bereits in frühen Jahren, vor allem aber auch Einschränkung des Puderns oder der Anwendung anderer hygroskopischer und vor allem fettentziehender Wirkstoffe, wie etwa unverdünnten Glyzerins. Auch zu häufiges Baden, weniger kurzfristiges Duschen engen die altersbedingte Entwicklung der ichthyosiformen Hautbeschaffenheit vor allem der unteren Körperhälfte ein. Die Folge solcher starker Austrocknungen sind Exsikkations-Ekzematide, wie Keinig es genannt hat (Etat craquelé). So ist bei der zunehmend trockener werdenden Altershaut der Gebrauch von geeigneten (schwefelfreien!) Salben oder noch besser Wasser-in-Öl-Emulsionen anzuraten. Diesbezüglich geeignet, besonders nach Bädern und Waschungen, die in solchen Fällen durchaus differente Temperaturen zur Turgorhebung der Haut aufweisen sollen, sind Unguentum leniens DAB 9, Kühlsalbe; Cold Cream naturel Roche Posay, aber auch das billigere Eucerin® cum aqua. (Gleiche Teile von Eucerinum® anhydricum und Wasser bilden eine weiße salbenartige W/O-Emulsion, das Eucerinum® cum aqua.) Klarmann empfiehlt ferner folgende Formel:

Rp.	Paraffin. subliqu.	22,5
	Vaselin. alb.	32,5
	Paraffin. sol.	10,0
	Sorbitan. sesquioleat.	5,0
	Aquae purific.	ad 100,0

Inwieweit darüber hinaus besondere Salbenzusätze gerade zur Beseitigung der Falten dienlich sein können, ist nicht sicher zu entscheiden. Auf jeden Fall mache man in zunehmendem Alter reichlich Gebrauch von fettenden Bädern (Balneum Hermal® F, Ölbad Cordes®F o. ä.) und entsprechenden Fettungen nach dem Bad (seba med® Lotion, Cordes® Fettcreme o. ä.).

21.3 Pseudoxanthoma elasticum (Grönblad-Strandberg-Syndrom)

Diese zuerst lediglich als Hautkrankheitszustand von Darier 1896 beschriebene und heute als *Elastorrhexis generalisata* aufgefaßte Systemerkrankung ist am Augenhin-

[1] Weitere Einzelheiten s. Korting G.W. Die Haut im Alter und ihre Krankheiten. Stuttgart, New York: Schattauer, 1973

tergrund durch charakteristische *Striae angioidiae,* die Kombination mit Ostitis deformans Paget und, was zunehmend mehr erkannt wird, vor allen Dingen durch eine u. U. das gesamte Gefäßsystem betreffende elastische Degeneration der Gefäßwände charakterisiert, wodurch mitunter klinisch hämophilieartige Blutungsneigung resultieren kann. Hauterscheinungsbildlich bestehen, vorzugsweise an den seitlichen und vorderen Halsanteilen, dem Nacken und den großen Beugen, auch dem Nabel, gelblichweiße, in ihrem Kolorit an altes Elfenbein erinnernde und teilweise retikulär angeordnete papulöse Erhabenheiten. Ein wichtiges Stigma dieser systemischen Elastorrhexis ist schließlich die Neigung zu Kalzifikation, die hierbei vielleicht zusätzlich genetisch fixiert ist. Auch spielen im Einzelfall offenbar zumindest humoral faßbare Kollagen-Begleitkomponenten mit hinein (Korting u. Holzmann).

Die **Behandlung** dieser Genodermatose von offenbar uneinheitlichem Erbgefüge (autosomal rezessiv, autosomal dominant?) ist höchst palliativ. Besserungen wurden vor allem nach Vitamin E behauptet. Andererseits bildet die Imbibitionstendenz der Elastikafasern beim Grönblad-Strandberg-Syndrom mit Kalksalzen eine gewisse Anzeige für die Anwendung von Chelatbildnern, wie z. B. EDTA, wobei wir allerdings der Anwendung solcher Substanzen, besonders bei der gleichfalls zu Kalkniederschlägen neigenden progressiven Sklerodermie (Thibièrge-Weissenbach-Syndrom), selbst sehr zurückhaltend gegenüberstehen. Bei Ödematisierung, wie sie vor allem im Bereich der unteren Körperhälfte auftreten kann, wird man u. a. auf das kalziprive Acetazolamid (Diamox®) zurückgreifen. Bei stärkerer Gefäßfragilität, vor allem auf ophthalmologischem Sektor, wird man über lange Zeiträume hindurch Flavonoide verabfolgen. Aber besonders wichtig ist es wohl, ähnlich wie bei den Kranken mit hypercholesterinämischer Xanthomatose, den Pseudoxanthoma-elasticum-Patienten vor akuten stärkeren körperlichen Leistungsanforderungen zu bewahren. Bei Geburten sind bedrohliche Blutungen, vor allem aus dem Magen-Darm-Trakt, möglich. Besonders entstellende Herdbezirke können exzidiert werden.

21.4 Elastosis perforans serpiginosa (Lutz 1953, Miescher 1955)

Bei dieser Dermatose ist differentialdiagnostisch eine Auseinandersetzung speziell mit einem Morbus Kyrle und der reaktiven perforierenden Kollagenose erforderlich, was vor allem histologisch erfolgen sollte. Bei der perforierenden Elastose handelt es sich um circinäre bzw. serpiginöse Herde, die im einzelnen aus keratotischen, konisch acuminierten Papeln zusammengesetzt sind. Solche Herde sitzen vorzugsweise am Hals, Nacken oder in der Nähe des Ellbogens. Typisch ist die Syntropie mit verschiedenartigen kongenitalen Anomalien (s. Korting G W. Arch Klin exp Derm 1966; 224: 437–46).

Therapeutisch wird man nach Versuchen mit okklusiver oder subfokaler Glucocorticoid-Behandlung besonders störende Herde, sofern erforderlich, exzidieren.

21.5 Cutis laxa (Van-Meekeren-Ehlers-Danlos-Syndrom)

Das Merkmalsbild, bei dem man gegenwärtig 7 Unterformen unterscheidet, ist durch Überdehnbarkeit der Haut, Überstreckbarkeit der Gelenke und abnorme Verletzlichkeit der Haut gekennzeichnet (Dermatorrhexis). Pathogenetisch liegt die entscheidende Abwegigkeit der Cutis laxa offenbar in einer mangelhaften Verflechtung oder Entflechtung der sonst straffen Netzstruktur des kollagenen Gewebes in der Kutis. Eine weiter zu verfolgende Arbeitshypothese ist ferner die Annahme, daß bestimmte Organisationsfelder der Hypophysen- und Zwischenhirnregion infolge embryonaler Anlageschwäche (ausnahmsweise auch traumatisch erworben?) bei der Manifestation dieser peripheren Gewebstonussenkung beteiligt sind.

Kausaltherapeutische Möglichkeiten sind für dieses Leiden nicht bekannt, wie auch z. B. das hierfür empfohlene Vitamin E enttäuscht hat. Symptomatisch ist manchmal bei Fällen mit besonders ausgeprägter Dermofragilität durch Schutzverbände mit elastischem Trikotstoff oder bei habituellen Luxationen über den Orthopäden eine gewisse Hilfeleistung möglich. Stellen der Probeexzision klaffen infolge der Gewebsretraktilität hierbei besonders leicht und sind dementsprechend sorgfältig zu versorgen.

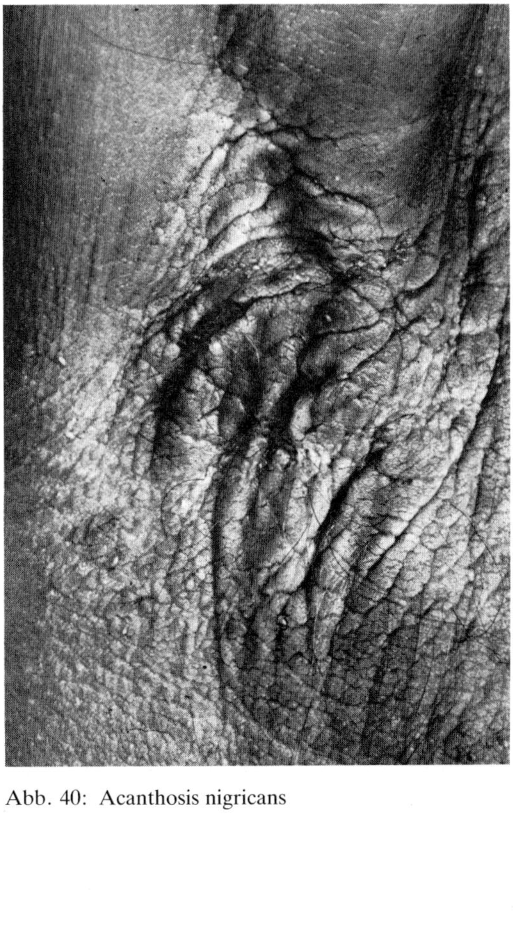

Abb. 40: Acanthosis nigricans

21.6 Acanthosis nigricans

Diese durch Unna, Pollitzer und Janovsky herausgestellte *pigmentierte papilläre Dystrophie* ist durch die Triade der papillären Exkreszenz, der Hyperpigmentierung und Hyperkeratose charakterisiert, die synchron oder kurz aufeinander metachron, mitunter bei hartnäckigem Juckreiz, hauptsächlich an Achselhöhlen, Brustwarzen, Nabel sowie der Genitoanalregion in Erscheinung tritt. Die bekannte Syntropie zwischen Acanthosis nigricans und malignem Tumor betrifft Adenokarzinome, und zwar vornehmlich des Magens (70 %).

Die Tumorexstirpation hat in manchen Fällen eine Rückbildungstendenz der papillomatösen Hautveränderungen zur Folge, die freilich bei Metastasierung wieder erneut progredient werden. Symptomatisch kommen ansonsten Vitamin A (z. B. Arovit® oder Vogan® 3mal 50 000 I. E. pro die) oder ein Versuch mit aromatischem Retinoid Etretinat (Tigason®, 25–75 mg pro die) in Frage, während die Vegetationen lokal weitgehend behandlungsresistent sind (am ehesten noch Versuche mit keratolytischen Salben oder wiederholte Tupfungen mit 25 %iger alkoholischer Podophyllinlösung, auch Vitamin-A-Säure-Präparaten). Belisario sah bei 3 Fällen symptomatische Besserung der papillaren Wucherungen durch eine systemische und/oder lokale Anwendung von Glucocorticoiden.

Bei der *Pseudoacanthosis nigricans* (Ollendorff-Curth) begegnen wir unter weitgehend gleicher Lokalisation, aber diskreterer Ausbildung, papillomatösen, gering hyperpigmentierten Hautveränderungen, die an die sonstigen Aspekte konfluierender und retiformer Papillomatosen (wie z. B. denen im Sinne von Gougerot und Carteaud) erinnern. Hierbei besteht die pathogenetische Voraussetzung in dem Vorliegen von Fettsucht bzw. von Übergewichtigkeit bei häufig dunkelhäutigen Frauen. Der reaktive Charakter dieser Pseudoakanthoseform ergibt sich aus der Rückläufigkeit der Hautveränderungen bei Gewichtsreduktion (evtl. unter Thyroxin).

21.7 Panniculitis nodularis febrilis non suppurativa (Pfeifer-Weber-Christian)

Bei dieser spontanen Pannikulitis begegnen wir herd- und schubweise im subkutanen Fettgewebsbereich sich lokalisierenden, gelegentlich auch angedeutet symmetrisch auftretenden Infiltraten. Diese gehen keinesfalls selten mit schweren konstitutionellen Symptomen, wie vornehmlich Temperaturanstiegen und Schüttelfrösten einher. Mitunter erweichen und brechen dann auch die kugelig-knotigen oder plattenartigen Infiltrate durch. Danach folgt eine Lipatrophie in Gestalt mulden- oder kahnförmiger Einsenkungen. Gerade dieser charakteristische Endzustand war dann auch für Pfeifer (1892) Anlaß zu seiner Mitteilung „Über einen Fall von herdweiser Atrophie des subkutanen Fettgewebes". Verlaufsweise können schließlich Phlebitiden oder andere vaskuläre Reaktionen, und zwar vorzugsweise multipel-diskontinuierlich, in den Vordergrund des Gesamtbildes treten. Subjektiv werden von den Kranken zumeist Klagen über allgemeine Adynamie oder/und myalgisch-neuralgische Beschwerden vorgebracht.

Der Krankheitsgang kann Jahre umfassen und ist immer wieder durch Spontanremissionen gekennzeichnet, welche die reale Beurteilung des **Therapie**wertes erschweren. Ätiopathogenetisch dürfte es sich in manchen Fällen um die Folge eines hämatogen wirksamen infektiösen Prinzips handeln. Diese ist u.U. aus Erhöhungen des Antistreptolysin - Antistaphylosin - Titers oder durch eine „Fiebersuchspritze" zu ermitteln. Ausschluß einer Halogentoxikodermie ist wichtig. Traumatische Auslösung ist mitunter provozierbar. Therapeutisch ist auch eine durch den Infekt bedingte Erniedrigung des Serum-Eisens („Infekteisen") bedeutsam. Die Wirkung von Corticoiden wird von den bisherigen Untersuchern nicht eindeutig beurteilt. Andererseits gibt es sicher eine Post-Steroid-Pannikulitis. Corticoide sollten zumindest am Anfang wegen der Möglichkeit paradoxer Aufflammphänomene nicht so hoch dosiert werden (nicht über 100 mg Prednison-Isodosis für 1–2 Wochen). Unter der theoretischen Vorstellung, daß bei dieser Pannikulitiskrankheit auch autoimmunitäre Mechanismen im Spiel sein können, kann ferner zu Therapieversuchen mit immunsuppressiv wirkenden Substanzen (z.B. Azathioprin) geraten werden. Falls klinisch weiterhin eine Verknüpfung mit einer exokrinen Pankreasstörung wahrscheinlich zu machen ist, kämen Versuche mit Aprotinin (Trasylol®) in Betracht. Im übrigen sollte vor allem auf körperliche Schonung geachtet werden.

22 Avitaminosen

Der Mangel an einem Vitamin ist häufig an kennzeichnenden Erscheinungsbildern an Haut und hautnahen Schleimhäuten klinisch erkennbar, was im besonderen für die durch Verarmung an Vitamin A, C und Nicotinsäureamid bedingten Krankheitszustände gilt. Im Einzelfall handelt es sich dennoch zumeist um *gemischte Avitaminosen* bzw. um *Polyhypovitaminosen,* die therapeutisch ebenfalls entsprechend am besten mit Vitaminkombinationen zu behandeln sind. Neben einer solchen *Vitaminsubstitution* wird aber gerade im dermatologischen Arbeitsbereich die *pharmakodynamische Wirkung* einzelner Vitamine zur symptomatischen Beeinflussung verschiedener Hautkrankheiten ausgenutzt (z.B. Vitamin A: Ichthyosis, Morbus Darier, Pityriasis rubra pilaris, Follikularkeratosen, Palmoplantarkeratosen, Acne vulgaris; Nicotinsäureamid: einige Lichtkrankheiten, Erythema exsudativum multiforme; Vitamin C: versuchsweise bei hämorrhagischen Diathesen des vaskulären Typs; Vitamin E: bei manchen männlichen Fertilitätsstörungen, Induratio penis plastica, Dermatosklerose; Vitamin K: Perniosis).

22.1 Vitamin-A-Mangel

Unabhängig von der Beteiligung am Sehvorgang fallen dem Vitamin A (Retinol) weitere Stoffwechselwirkungen zu, wie aus den Mangelsymptomen vorzugsweise an den Epithelzellen der Haut und der Schleimhäute zu schließen ist. Die typische Hautveränderung stellt bei eigenartig aschgrauem Kolorit sowie Trockenheit der äußeren Decke eine akneiforme oder auch an eine Pityriasis rubra pilaris erinnernde Papel dar, die in ihrer Multiplizität das Bild des „Phrynoderms" (Nicholls), der Krötenhaut, ergibt. Eine verhornende epitheliale Metaplasie findet sich sodann am Lippenrot (Einwärtsrücken der Schleimhautgrenzen an Vagina, Urethra und Rektrum). Im übrigen führt auch die *A-Hypervitaminose,* was die Haut betrifft, zu ähnlichen follikulären oder akneiformen Verhornungsstörungen.

Die reversiblen Symptome der A-Avitaminose gehen bei einer täglichen Dosis von 25.000 I.E. über mehrere Wochen hindurch zurück (Fertigarzneimittel: z.B. Arovit®. Kaudragees zu 50.000 I.E.; Vogan® Kapseln zu 50.000 I.E.).

22.2 Vitamin-B_2-Mangel

Mäßige Ariboflavinosen sind auch zu Zeiten kalorisch ausreichender Ernährung vor allem bei Diabetikern nicht allzu selten. Dermatologisch beachtlich sind besonders Cheilosis bzw. Stomatitis angularis (s. Abschnitt „Perlèche", S. 264), Erytheme seborrhoiden Charakters mit Rhagadenbildung, die sog. Vulvitis „pellagrosa" bzw. die *Skrotaldermatitis,* eine fuchsinrot bis purpurblau schimmernde Zunge sowie die Koilonychie. Dieser Semiotik des Vitamin-B_2-Mangels steht symptomatologisch die *Eisenmangelkrankheit* nahe, deren ebenso ferroprives wie ferrosensibles Sonderbild (Perlèche, Koilonychie, Dysphagien) als *Plummer-Vinson-Syndrom* besonders bekannt ist. Handelsüblich ist Riboflavin (Lactoflavin) als Beflavin®.

22.3 Nicotinamidmangel

Nicotinamid DAB 9, syn. Nicotinsäureamid, Niacinamid, und seine gleichwertige Säure, Nicotinsäure (Niacin USP XXI), die zu den Vitaminen gerechnet werden, bewirken bei Mensch und Tier unterschiedlich charakteristische Mangelsymptome. Die Substitutionstherapie wird im allgemeinen mit Nicotinamid (Nicobion®) durchgeführt, kann aber auch mit Nicotinsäure erfolgen, da letztere nach Resorption in das Amid umgewandelt wird. Hauptindikationen der Nicotinsäure (z. B. Niconacid®) sind jedoch Durchblutungsstörungen und Lipidsenkung. Die Pellagra, die klassischerweise bei überwiegender Maisernährung (Maiseiweiß ist arm an Tryptophan, dem Provitamin von Nicotinamid, und Lysin, dagegen reich an Leucin) hervorgerufen wird, ist klinisch durch die 4 D („diarrhoea", „dermatitis", „dementia", „death") gekennzeichnet. Das Pellagroderm beginnt zunächst als follikulär beschränktes, erst später flächenhaft konfluierendes, progressiv präludierendes Erythem, welches schließlich mahagonibraundunkel sowie dünn- und kleinlamellös abschilfert, wodurch schmutzige hyperkeratotische Säume entstehen. Kennzeichnend ist die Lokalisation des Halsbandes (Casal). Handteller und Fußsohlen können gelblich tingiert sein (Flinker). Die Pellagra beginnt sozusagen im „Magen" (Ileitis cystica) und manifestiert sich – im Gegensatz zum Ascorbinsäuremangel im übrigen ohne zusätzliche Belastung – zwischen Ostern und Pfingsten. Neu hinzugekommen ist die Kenntnis der pellagroiden Symptomatik beim *Karzinoidsyndrom* und auf medikamentösem Wege (INH), wie auch das Krankheitsbild heute als sog. Wohlstandspellagra infolge Alkoholabusus keineswegs eine Rarität ist. Nicotinamid als Nicobion®: 2–4mal ½–1 Tablette zu 200 mg täglich.

22.4 Apyridoxinose

Da Vitamin B_6 auf verschiedene Weise Beziehungen zum Aminosäurestoffwechsel aufweist, sind bei seinem Mangel beim Menschen schwere Ausfallerscheinungen hauptsächlich unter seborrhoiden, pellagroiden oder B_2-Mangelsymptomen, vielleicht auch nach Art der Akrodynie, möglich. Objektivierbar ist der Vitamin-B_6-Mangel durch die Xanthurensäurebestimmung nach Belastung und Tryptophan. Dermatologisch wird Vitamin B_6 hauptsächlich bei Akroparästhesien im Gefolge der INH-Therapie Verwendung finden (Benadon®, Hexobion®: 2 Dragees zu 40 mg täglich).

22.5 Apantothenose

Mit dem Mangel an Pantothensäure, der beim Menschen auch experimentell ausgelöst werden kann, wurden einerseits Störungen der Melanogenese im Haarbereich (Achromotrichie, Alopezien bei Myxödemkindern) sowie manche akroparästhetischen Syndrome (Madrider Symptomenkomplex, „burning feet"-Syndrom) in Zusammenhang gebracht. Die Pantothensäure wird wegen der besseren Resorption als Dexpanthenol (entsprechender Alkohol der Pantothensäure, z. B. Bepanthen®) angewandt.

22.6 Biotinmangel

Biotinmangel führt bei fast allen Tierarten zu Dermatitis und Haarverlusten und ist beim Menschen hauptsächlich mit dem Status seborrhoicus in Verbindung gebracht worden, der aber wesentliche Unterschiede zur Biotinrattendermatitis aufweist. Sicherlich kann aber starker Verzehr von rohen Eiern (rohes Hühnereiweiß enthält das Antivitamin Avidin) zu seborrhoiden Erscheinungen führen. Avidin bildet mit Biotin einen stabilen Komplex, der weder von den

Verdauungsenzymen gespalten, noch von den Darmzotten resorbiert werden kann. Dieses Glykoprotein wird durch Kochen leicht zerstört. Biotin (syn. Vitamin H, Hautvitamin) wird heute zu den B-Vitaminen, B_7, gerechnet. Es ist in der Regel nur als Bestandteil zahlreicher Multivitaminpräparate beziehbar.

22.7 Folsäuremangel

Die durch Folsäuremangel bedingten Symptome betreffen in der Hauptsache Störungen der Hämatopoese, des lymphatischen Apparates sowie Haut- und Schleimhautveränderungen, die speziesverschieden sind. Im allgemeinen produzieren beim Menschen die Darmbakterien so viel Folsäure, daß Mangelerscheinungen nicht auftreten. Immerhin zeigt die Erfahrung beim Umgang mit Folsäureantagonisten (z. B. Methotrexat), daß durch Folsäuremangel ulzerierende und nekrotisierende Veränderungen im Mund- und Rachenraum auftreten können.

22.8 Vitamin-B_{12}-Mangel

Vitamin B_{12} fördert die Synthese von Eiweiß und Nukleinsäuren. Demgemäß sind in erster Linie bei Vegetariern Mangelsymptome (Glossodynie, Glossitiden) möglich, wie sie ohnehin für das Krankheitsbild der perniziösen Anämie eigentümlich sind, welches ja bekanntlich durch Cyanocobalamin (Vitamin B_{12}) prompt symptomatisch zu beeinflussen ist.

22.9 Ascorbinsäuremangel (Skorbut)

Ähnlich wie beim Vitamin-A-Mangel stehen bei der Klinik der C-Avitaminose, welche grundsätzlich den Stoffwechsel der Mesenchymzellen und damit das Wesen der Kollagenbildung betrifft, schachbrettartig regelmäßig angeordnete follikuläre Keratosen mit nachfolgend ebenso angeordneten Punktblutungen im Vordergrund. Demgegenüber treten flächenhafte Blutungen, z. B. an Stellen besonderer Muskelbeanspruchung oder subperiostal, wie z. B. unter dem Bild der *Möller-Barlowschen Krankheit* beim Säugling, weitaus zurück. Die Veränderungen in der Mundhöhle, überwiegend unter dem Bild einer düsterroten sanguinolenten *Makrulie,* sind an die Bezahnung gebunden.

Therapiedosen der Ascorbinsäure (Cebion®, Cedoxon® usw.) sind etwa 3mal/die 50 mg per os. Lediglich bei Methämoglobinbildung, wie sie der Dermatologe u. U. bei der DDS-Therapie der Dermatitis herpetiformis Duhring oder Lepra sieht, sind höhere Dosen, wie etwa 1 g/die, erforderlich. Bei der Einnahme von Vitamin-C-Tabletten müssen die Diabetiker den Gehalt an Kohlenhydraten berücksichtigen, z. B. enthält 1 Brausetablette Cebion® zu 1 g Ascorbinsäure 1 g Saccharose = $\frac{1}{12}$ BE.

23 Gutartige Geschwülste der Haut

23.1 Nävi und nävoide Syndrome (einschl. Phakomatosen)

Da die Nävuszellnävi einleitend zum Abschnitt „Melanom“ auf S. 220 abgehandelt werden, sind hier nur die vornehmlich durch epitheliale Pigmentvermehrung ausgezeichneten *Naevi spili* und *Lentigines* zu erwähnen, wie sie besonders als sog. *„café-au-lait“-Flecke* bei der *Recklinghausenschen Neurofibromatose* bekannt sind.

Eine wirksame **Allgemeinbehandlung** dieser *Neurofibromatose Recklinghausen* ist nicht bekannt. Es wurde u.a. an Urethan gedacht, was aber im Hinblick auf die hohe Toxizität dieses Wirkstoffs bei diesem Leiden abzulehnen ist. Es kommt mithin nur die operative Entfernung einzelner, entweder besonders kosmetisch unerwünschter (Lappenelephantiasis) oder durch Druck auf Nervenstränge störender, ferner durch Verdrängungserscheinungen eine vitale In-

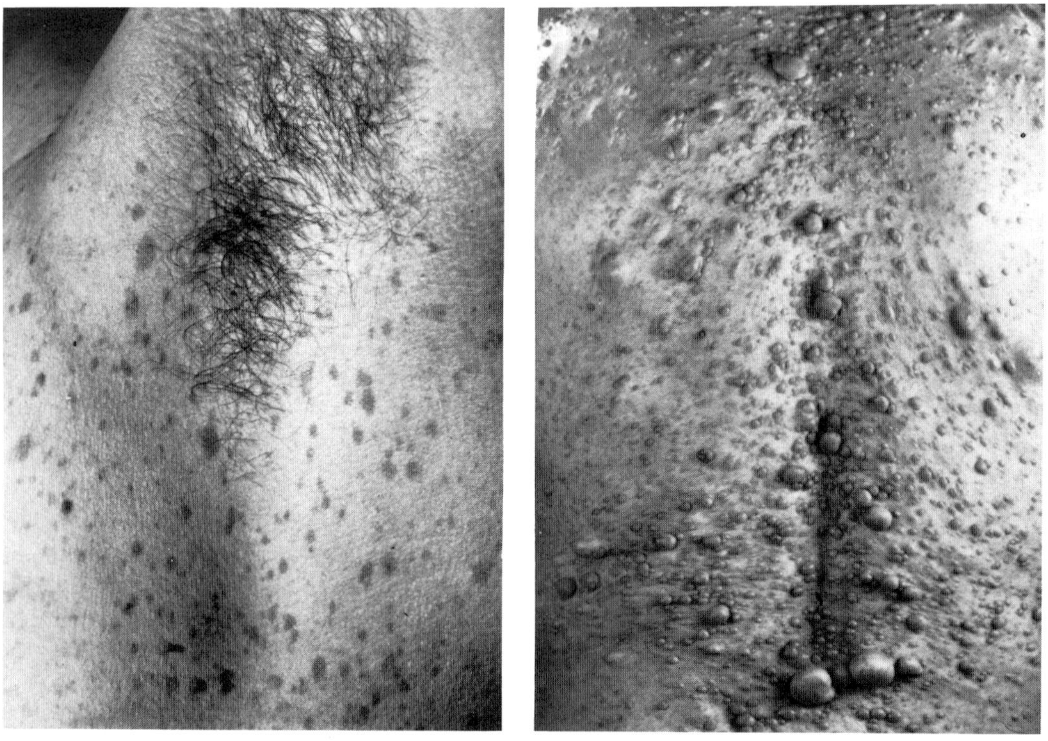

Abb. 41: Neurofibromatosis v. Recklinghausen

dikation abgebender Krankheitsprodukte (raumfordernde Neurofibrome im Schädelinnenraum oder spinal!) oder schließlich einzelner, selten sarkomatös entarteter Neurofibrome in Betracht.

Als *Pigmentfleckenpolypose (Peutz-Syndrom)* werden sodann im Gesichtsbereich zentrofazial angeordnete sowie zumeist radiär disseminierte, nach der Mundschleimhaut zu ebenfalls kurzstreifig-melanoplakisch sich fortsetzende und nur selten auch im distalen Fingerbereich nachzuweisende keimplasmatisch fixierte Melaninhyperpigmentierungen verstanden. Als deren viszerale Begleitsymptome sind eine intestinale Polyposis mit Blutungs- und Verschlußperioden und darüber hinaus – bei Dünndarmsitz der Polypen – evtl. maligne Entartungen sowie chronische Sickerblutungen mit ggf. aregeneratorischer Anämie von Bedeutung, selten auch Polyposen im Uterus, in der Harnblase und der Nase.

Die **Therapie** ist systematisch auf diese Symptome hin gerichtet.

Als Nävi im weiteren Sinne, d.h. als umschriebene Fehlbildungen der Haut auf keimplasmatischer Grundlage, sind sodann *harte verruköse Nävi* sowie die *Organnävi* (Talgdrüsen, Schweißdrüsen) zu erwähnen, die **therapeutisch**, wie eigentlich alle in diesem Abschnitt aufgeführten Bindesubstanzgeschwülste, sofern erforderlich oder gewünscht, nur einer chirurgischen Maßnahme zugänglich sind.

Der Hauptvertreter der Schweißdrüsennävi ist das *Syringom* (Jacquet u. Darier), bei dem es sich, gelegen unter makroskopisch unauffälliger Haut, um stecknadelkopf- bis linsengroße hautfarbene oder gelbbräunliche, mitunter auch gering transparente flache oder halbkugelige Knötchen mit histogenetischem Ausgang von den apokrinen oder nach anderen Autoren von den ekkrinen Schweißdrüsen handelt.

Therapeutisch sind auch diese Syringome entweder zu exzidieren oder mit der Diathermienadel zu exsikkieren; keine Röntgenbestrahlung.

23.2 Systematisierte Nävi

Ihr Hauptvertreter ist in Gestalt hyperkeratotischer, verruköser oder ichthyosiformer, bandförmiger oder striärer Formationen die sog. *„lineare Dermatose“*, der auch ein derartig strichförmiger Lichen simplex, Lichen ruber, ein „Ekzem“ oder eine Psoriasis vulgaris zugrundeliegen kann. Metamere Beziehungen sind meist nur vorgetäuscht. Häufig sind derart gestaltete weiche oder harte Nävi halbseitig systematisiert, was auch für die sog. *Komedonennävi* gilt.

Die **Therapie** besteht, entsprechend der Art des vorliegenden Nävus, in Exzision, Abschmirgelung, hochtourigem Fräsen (Dermabrasion) u. dgl., wobei vor allem bei letzteren Maßnahmen Nachwachsen in Kauf zu nehmen ist. Neuerdings ist als sehr gute symptomatische Maßnahme die Verwendung von Vitamin-A-Säure (Tretinoin), z.B. als 0,05–0,1% Creme, Gel, Lösung (z.B. Airol®, Cordes® VAS, Epi-Aberel®, Eudyna®) zu empfehlen. Die Applikation sollte bei streifenförmigen Dermatosen diskontinuierlich über einige Monate unter Einschaltung von Pausen erfolgen, sofern subjektive oder objektive Entzündungszeichen eine Pause oder die Zwischenschaltung einer antiphlogistischen Creme gebieten.

23.3 Bindegewebsnävi

Meist solitäre, unregelmäßig rundliche, vorzugsweise lumbosakral lokalisierte, chagrinlederartig oder pflastersteinförmig konfigurierte Kollagenumbauten (evtl. mit Beteiligung der Elastika), die – ähnlich den periungualen Zehenfibromen (Koenen-Tumoren) – diagnostische Hinweise für das *Adenoma sebaceum symmetricum,* den *Morbus Pringle-Bourneville* geben.

Dieser ist aber mehr noch als durch die eben erwähnten lumbosakralen Pflastersteinnävi durch *symmetrische multiple Gesichtsnävi* charakterisiert. Unter zentrofazialer Bevorzugung, namentlich nasolabial,

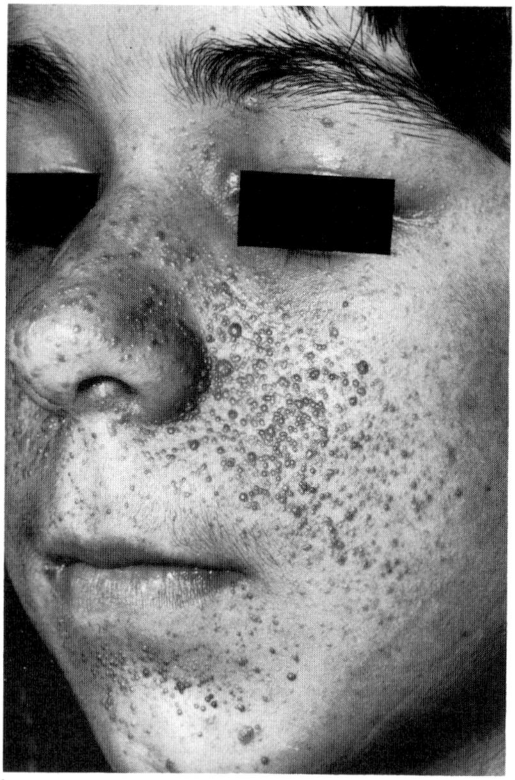

Abb. 42: Morbus Pringle

perioral und mental, multiple hirse- oder hanfkorngroße, je nach den Gewebsbestandteilen hautfarbene bis bräunlichrote, halbkugelig sich vorwölbende fibromatöse, weniger auch fibroangiomatöse Knötchen mit wechselnder Talgdrüsenuntermischung. Diese Gebilde kommen, wie erwähnt, auch periungual und gingival vor (Makrulie). Das dominant erbliche Syndrom ist durch die Kopplung mit Nieren- und Herzmißbildungen sowie durch das Auftreten gliomatöser Geschwülste (tuberöse Hirnsklerose, „Epiloia") vital bedeutsam.

Eine **Beseitigung** solcher Bindegewebsnävi wird vornehmlich durch Exzision oder Dermabrasion erfolgen müssen. Diese Behandlung wird infolge hoher Rezidivbereitschaft innerhalb von Jahren zu wiederholen sein.

23.4 Keloid (Alibert)

Beim sog. *Spontankeloid* ist häufig die Entwicklung aus einer sklerotisierenden Follikulitis noch erkennbar (Prädilektion: Brustmitte). Im Gegensatz zum *Narbenkeloid* (z. B. nach Impfung, Transplantation, Verbrennung) überschreiten die rasch wachsenden hypertrophischen Narben das ursprüngliche Narbengebiet in ihrem Wachstum nicht. *Keloiddisposition:* familiär, rassisch, endokrin, hyperthyreotisch, hyperkalzämisch?; stoffwechselmäßig: Porphyrie?; auf dem Boden bestimmter Dermatosen: Sklerödema, Lymphangioma circumscriptum.

Therapie: Die Strahlenbehandlung wendet entweder alle 4 Wochen 129 $mCkg^{-1}$ Oberflächendosis (OD) bis zu einer Gesamtdosis bis zu etwa 516 $mCkg^{-1}$ an oder eine Serie von täglich 51,6 $mCkg^{-1}$ OD über 10 Tage (Chaoul-Röhre), Fokus-Haut-Abstand (FHA) 5 cm, oder Dermopan bzw. RT 100, Stufe 4. Ältere Keloide werden zunächst chirurgisch exzidiert und dann nach etwa 5 Tagen nachbestrahlt, wobei die Dosierung etwa den Angaben bei der reinen Strahlenbehandlung, wie eben erwähnt, entspricht. Eine wesentliche Bereicherung bedeutet die wiederholte intrafokale Injektion, weniger von Hyaluronidase, Heparin, sondern weitaus mehr von Corticoidkristallsuspensionen. Letztere können auch nach chirurgischer Beseitigung zur Rezidivprophylaxe Anwendung finden. Bei jungen Keloiden sind aber auch regelmäßige Massagen oder besser noch Knetungen über mehrere Monate, z. B. mit Contractubex® Salbe, Medicreme® o. ä. durchaus nicht ohne Wirksamkeit. Ein neu verwendetes Prinzip zur Verminderung der Keloidentstehung oder der Keloidbildung selbst ist eine systematische Druckbehandlung. Diese kann weniger durch Druckverbände als vor allem durch Dauerkompression mit orthopädischen Spezialanfertigungen, wie z. B. der Anlage einer Druckpelotte, erfolgen.

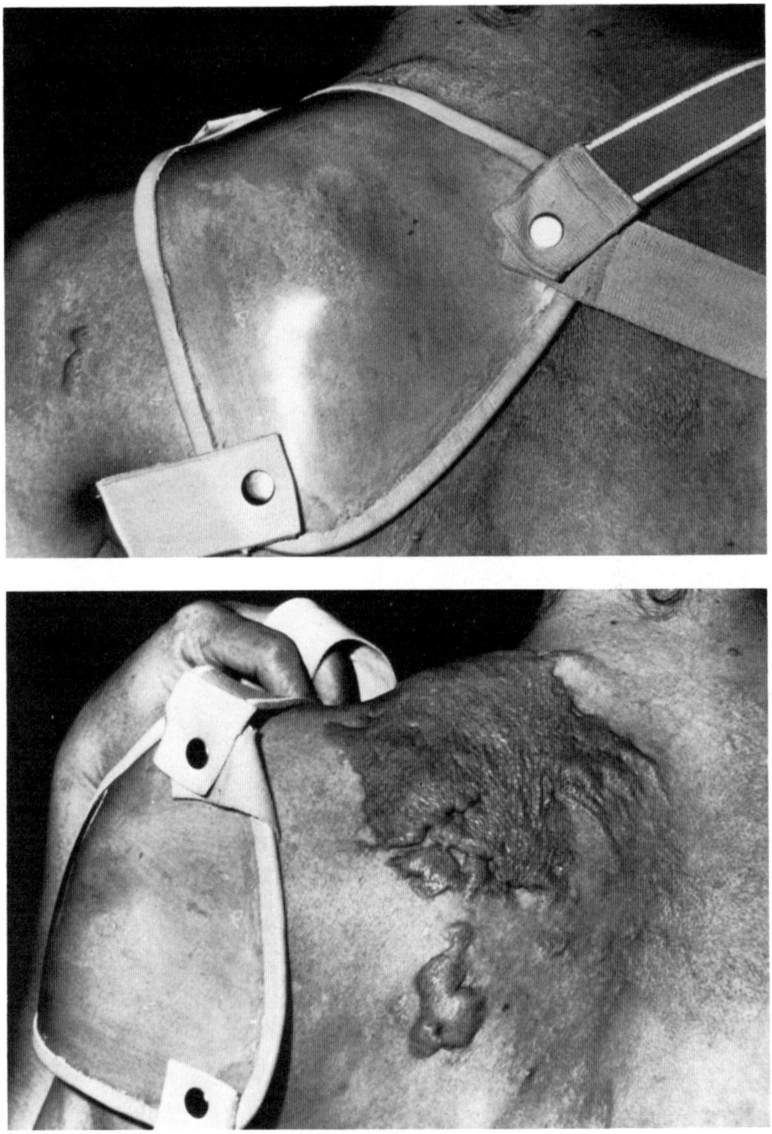

Abb. 43: Behandlungen eines Keloids mit einer Druck-Pelotte

In letzter Zeit wurden auch günstige Beeinflussungen von ausgedehnten Narbenkeloiden durch *Asiaticosid,* einem Saponin aus der in Madagaskar vorkommenden Umbellifere Centella asiatica, mitgeteilt (Handelsname: *Madecassol,* Firma Laroche Navarron, Frankreich), etwa 3mal wöchentlich 1 Ampulle mit 25 mg Wirksubstanz i. m., insgesamt 30–40 Ampullen.

23.5 Fibrome

Weiche Fibrome treten solitär oder multipel, breitbasig oder pendulierend-filiform, d. h. stielverbunden, in Erscheinung. Hauptrepräsentanten der *harten Fibrome* sind der *Nodulus cutaneus* (Arning u. Lewandowsky), das *Fibroma simplex* (Unna), das „fibrome en pastille" (Civatte) und das *Dermatofibroma lenticulare* (Schreus). Die ebenfalls lentikulären, mitunter aber auch Walnußgröße erreichenden, gelblichbraunroten, gelegentlich lipoid- und hämosiderinspeichernden *Histiozytome* (Sezary u. Lévy-Coblentz) sind, wie der Name besagt, aus Histiozyten unter Einschluß zahlreicher neugebildeter Kapillaren zusammengesetzt. Entweder handelt es sich bei ihnen um echte Zellneubildungen oder aber um den Endausgang einer granulierenden Entzündung. Nodulus cutaneus und Histiozyten sind zudem wohl weniger verschiedene Entwicklungsstufen, sondern vermutlich von Anbeginn an von der Bestandsdauer unabhängige prädisponierte Differenzierungsgrade. Ähnlich den Riesenzellgeschwülsten der Sehnenscheiden handelt es sich bei den *multiplen Retikulohistiozytomen* häufig um Begleiterscheinungen einer *Lipoiddermatoarthritis.*

Da das Histiozytom durch die erwähnte eventuelle Hämosiderineinlagerung (Pautrier u. Diss) sehr schwärzlich anmutet, überdies von einem schmalen braunen Ring umsäumt sein kann und offenbar nicht selten, besonders bei Individuen mit ohnehin bereits bestehendem Juckreiz speziell juckend empfunden wird, kann die Abgrenzung gegenüber dem allerdings meist weicheren Melanom schwierig sein.

Die **Therapie** kann nur in der Exzision bestehen. Die histologische Beurteilung durch einen Pathologen erfordert wegen des u. U. sarkomähnlichen Aspekts besondere dermatologische Erfahrung. Weiche filiforme bzw. gestielte kleinere Fibrome kann man zwar grundsätzlich mit einem Scherenschlag entfernen, jedoch sind eine vorangehende Verkochung und nachfolgende Abkratzung mit einem scharfen Löffel häufig effektvoller.

23.6 Lipome

Sowohl für die üblichen zirkumskripten, breitbasig arboreszierenden oder gestieltpendulierenden Lipome wie für die diffuse Lipomatose, sei es von der rhizomelischen adenolipomatösen Varietät, dem Madelungschen Fetthals, der Dercumschen Krankheit oder dem lipomatösen Kreuzbeinsyndrom, für all diese Formen ist hinsichtlich der Einzelgeschwulst, soweit notwendig, nur die chirurgische **Entfernung** möglich. Träger multipler Lipome neigen erfahrungsgemäß von Hause aus zu hypotonen Kreislaufsymptomen!

Auch das *Hibernom,* das meist in Schulterblattnähe sitzende und dem Winterschlaforgan mancher Tiere entsprechende *braune Lipom,* ist ebenso wie der *Naevus lipomatodes cutaneus superficialis* (Hoffmann u. Zurhelle), der sich meist als eine Gruppe erbsengroßer disseminierter Knötchen über den Gesäßbacken oder sonst im Hüftgürtelbereich darbietet, chirurgisch zu entfernen, der erste Lipomtyp auch im Hinblick auf Entartungsprophylaxe, der zweite lediglich, falls gewünscht, aus kosmetischen Gründen.

23.7 Leiomyome

Die Leiomyome stammen entweder von der Arrektorenmuskulatur, den Gefäßmuskeln oder der Tunica dartos ab. Sie kommen solitär oder multipel, gelegentlich nävoid systematisiert und dann auch familiär gehäuft vor. Die Diagnose wird durch ihre Schmerzhaftigkeit, die sie mit den ekkrinen Spiradenomen und den Glomustumoren teilen, erleichtert. Kontraktionsauslösung durch taktile Reize, Kälte, Kaffee, Coca-Cola o. ä. Die Schmerzhaftigkeit ist offenbar durch Überpinselung mit Thorium-X-Lack (1000 es E/ml) zu dämpfen. Ansonsten kann die Entfernung dieser Geschwülste ebenfalls nur durch – in diesem Fall aus Rezidivgründen – ausgiebige Exzision erfolgen.

23.8 Verruca seborrhoica s. senilis (I. Neumann)

In den seborrhoischen Warzen begegnen wir – im Gegensatz zu dem präkanzerösen Keratoma senile – abkrümelbaren, also klinisch nicht hart und trocken imponierenden, bis gut mandelgroßen flachen Basalzellpapillomen (Lever). In den späteren Lebensjahren sind diese unter Umständen hundertfach in geschwungenen Linienketten, vor allem im Rumpfbereich angeordnet und entarten, soweit bekannt, nicht maligne.

Therapeutisch kann man fräsen oder die Einzeleffloreszenz elektrokaustisch sticheln, dann mit dem scharfen Löffel abkratzen und die geringe Blutung mit Liquor Ferri sesquichlorati stillen.

Auch für alle weiteren *Adenome* und *Organnävi* der *Talgdrüsen* und *Haarfollikel* ist nur ein therapeutischer Erfolg, unabhängig von der Einzeldiagnose, auf chirurgischem Wege, sei es durch Exstirpation, sei es durch Elektrokoagulation, zu erwarten. Weitere Aufzählungen *(Epidermoidzysten, Hydrozystome, Schleimspeichelgranulome, Epidermissynovialzysten* usw.) können deshalb unterbleiben.

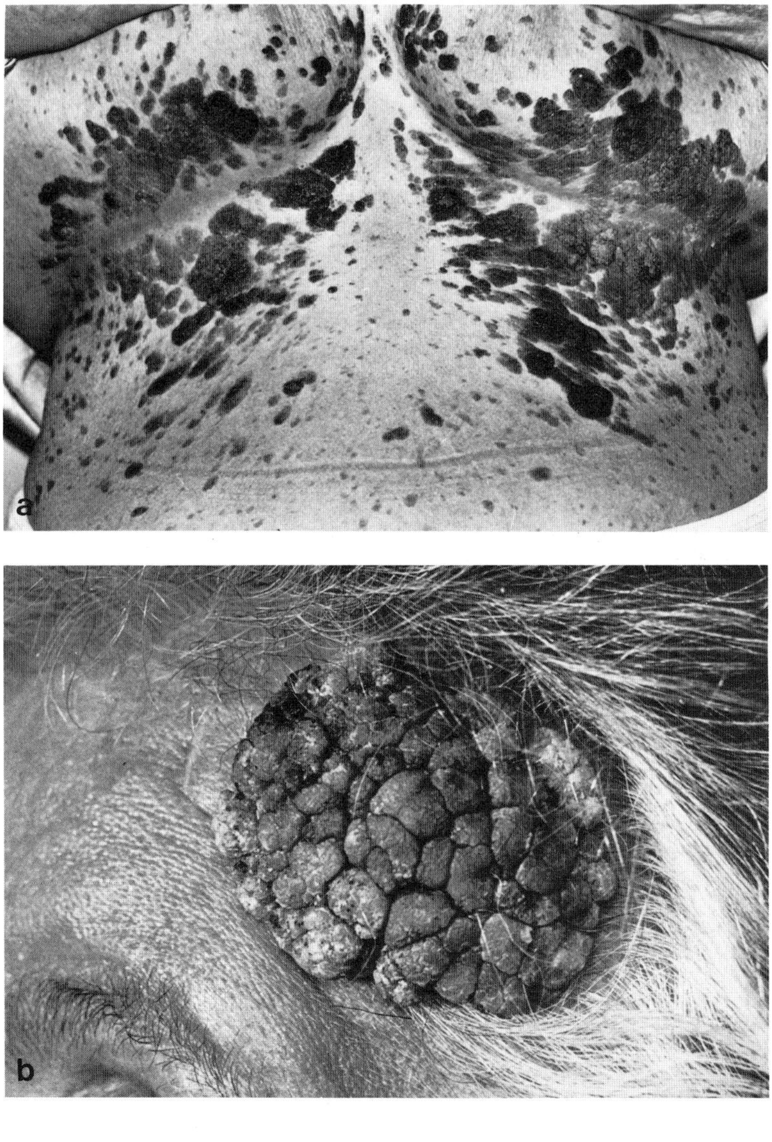

Abb. 44: Verruca seborrhoica: a) disseminierte Form, b) solitäre, akanthotische Form

Lediglich *Milien* oder *Gruta,* wie sie z. B. als Retentionszysten bei Epidermolysis bullosa, Pemphigus, Verbrennungen, Porphyria cutanea tarda oder an der Eindruckzone des Röntgentubus in Erscheinung treten können, werden an ihrer Epitheldecke mit dem Starmesser oder einem Skarifikationsmesserchen angeritzt und die Hornzysten werden exprimiert.

23.9 Hämangiome

23.9.1 Angioma simplex

Diese teleangiektatischen, d. h. ohne geschwulstmäßiges Verhalten bzw. proliferative Eigenschaften, häufig medial an Stirn oder Nacken (Nävus Unna-Pollitzer, Storchenbiß) zu beobachtenden Feuermäler *„Naevi flammei")* sind nicht selten durch Spontaninvolution ausgezeichnet. Sie wurden früher meist mit Thorium X gelackt, heute kommt aber auch die Anwendung von Grenzstrahlen (9–12 kV) oder von Weichstrahlen, z. B. Dermopan, Stufe 1, Einzeldosen von 77,4–129 $mCkg^{-1}$ in 4–6wöchigen Intervallen bis zu einer Gesamtdosis von höchstens etwa 1,29 Ckg^{-1} kaum noch in Frage. Erreichbar ist auf diese Weise allenfalls eine gewisse Abnahme der funktionellen Hyperämie, aber keine totale Abblassung, wobei häufig darüber hinaus Braunpigmentierungen und radiogene Teleangiektasien in Kauf zu nehmen sind. Sehr eingeführt war auch die Anwendung von *CO_2-Schnee* (Pusey):

Dieser wird durch Einströmen von Kohlendioxid in einen an der liegenden Kohlensäureflasche angebrachten Lederbeutel hergestellt. Dem Verwendungszweck entsprechende Stücke werden in einem offenen Zylinder geformt, mit Zellstoff oder einem Lederhandschuh erfaßt und für 4 und mehr Sekunden auf den zu behandelnden Hautbezirk aufgepreßt. Für gewöhnlich werden mehrere Sitzungen im Abstand von einigen Tagen durchgeführt. Blasenbildung durch diese Vereisung ist zu vermeiden, aber auch nicht sonderlich zu fürchten. Im allgemeinen werden die zu behandelnden Herde schachbrettartig gestempelt. Beachtlich sind sodann altersmäßige und regionäre Reaktionsdifferenzen (Säuglinge, Gesichtsbereich). Abmilderung der Reaktionsintensität kann durch nachfolgendes Aufbringen einer weichen Salbe, wie etwa Leukomycin®-Salbe, erfolgen. Milder als die Stempelung mit Kohlensäureschnee ist die Anwendung eines Kohlensäure-Azeton-Breies, der mit einem Wattestäbchen auch bei einem locker figurierten Naevus flammeus eine herdbeschränkte CO_2-Therapie ermöglicht.

Nicht nur Restzustände eines Naevus flammeus können geschickt überschminkt werden (z. B. mit Covermark® waterproof Farbtöne, Fa. Stiefel Laboratorium GmbH, Offenbach). Nicht zuletzt kommt heute zur Abblassung der Nv. flammei Laser-Therapie – in geübter Hand – in Frage.

Namentlich die lateralen teleangiektatischen Nävi sind nicht selten mit weiteren Entwicklungsstörungen assoziiert *(Sturge-Weber-Syndrom:* systematisierte Gefäßmißbildung der Vasa cutanea et subcutanea von Pia und Chorioidea. Hauterscheinungsbildlich Lokalisation meist im Bereich von N. V_1 oder V_2. Augensymptom: angeborenes Glaukom).

Das *Klippel-Trénaunay-* und das *Parkes-Weber-Syndrom* umfassen syntrop neben einem systematisierten Naevus flammeus Weichteil- und Knochenhypertrophie der befallenen Extremität, seltener auch gekreuzt und noch seltener auch als Hypotrophie. Als Regel kann aber gelten, was für die Aufklärung des Patienten oder seiner Familie *vor* Durchführung eines Therapieversuchs wichtig ist, daß das Angioma simplex die daruntergelegenen Gewebsschichten vorzugsweise zu einer Hypertrophie, das kavernöse Hämangiom hingegen zu einer Hypotrophie veranlaßt.

23.9.2 Planotuberöses und tuberonodöses Angiom

Bei den geschwulstmäßig kapillär profilierenden Kavernomen des Kleinkindalters kann bei Solitärmälern eine gewisse erbliche Disposition vorliegen, doch wird ein größerer Einfluß genetischer Faktoren abgelehnt. Sie treten einzeln oder multipel, zuweilen unter monströser Ausdehnung, selten in solchen Fällen dann unter Verminderung von Thrombozyten- und Fibrinogenwerten *(Kasabach-Merritt-Syndrom)* in Erscheinung. Die Kombination mit einer Dyschondroplasie wird als *Mafucci-Kast-Syndrom* bezeichnet. Hierbei finden sich als besonderer Angiomtyp vielleicht nicht allzu selten „Hidroangiome" (Korting u. Brehm).

Therapeutisch ist man unter zunehmender Würdigung des Umstandes, daß eine spontane Rückbildung solcher Blutschwämme keinesfalls selten ist, zurückhaltender und abwartender mit eingreifenden Maßnahmen geworden. Im allgemeinen empfiehlt es sich deshalb zur Feststellung der erhofften Selbstheilungstendenz, die Frage der etwaigen stürmischen Progredienz oder aber der Spontanrückbildung über einen kurzen Zeitraum von etwa 4–8 Wochen durch Feststellung der Ausdehnungsmaße (evtl. durchpausen oder Schieblehre bzw. Bandmaß) festzulegen. Die schon beim Angioma simplex erwähnte Kryotherapie *(Kohlensäureschnee)* führt beim Kavernom nur selten zu kosmetisch einwandfreien Ergebnissen. Dieser Behandlung sollten deshalb grundsätzlich nur Kavernome unter 1 cm und mit einer Tiefe bis zu etwa 3 mm zugeführt werden. Zeigt aber die Kontrolluntersuchung, daß das Hämangiom mehr als proportional dem Körperwachstum zunimmt oder kaum Rückbildungsanzeichen (zentrale fleckige Aufhellung, Atrophie oder Ulzeration) aufweist, so kann man auch heute noch der Strahlenbehandlung den Vorzug geben, wobei aber von vornherein die Regionen endokriner Organe, der Augen (trotz Einlage von Bleischalen) sowie der Gonaden (also Skrotum, Vulva, Analgegend), nicht zuletzt auch der Mammae sowie der Fontanellen grundsätzlich diesbezügliche Kontraindikationen abgeben. Generell gilt als sinnvolles Prinzip einer **Strahlentherapie** der plantuberösen oder tuberonodösen Hämangiome die Verabfolgung von kleinen Dosen in größeren Abständen. Darüber hinaus ist die Anwendung von Radium heute verlassen und demgegenüber die Röntgen-Weichstrahlenbehandlung mit Spannungen bis 50 kV in den Vordergrund gerückt. Als Einzeldosis wird im allgemeinen die Verabfolgung von 51,6–77,4 $mCkg^{-1}$ in Abständen von mindestens 4 Wochen mit höchstens 4–5maliger Wiederholung heute nicht mehr überschritten. Rasch progrediente Kavernome erfordern im allgemeinen geringere Dosen und sind dementsprechend von vornherein geringer in der Einzelfraktion zu bestrahlen, wie ähnlich schon spontan aufgebrochene Hämangiome noch geringere Dosen (Einzelfraktion 12,9 $mCkg^{-1}$, insgesamt 51,5–77,4 $mCkg^{-1}$) erfordern. Schmitz strebt durch Vorsatz eines siebartig gefensterten Weichstrahltubus sowie durch Kompression des Hämangioms eine weitere Herabsetzung der genannten Dosen an. Neuerdings finden auch bei der Behandlung von Hämangiomen die sog. β-*Strahler* (^{90}Sr, ^{90}Y) Verwendung. Schließlich sei betont, daß die Strahlenbehandlung die spontane Involution der Hämangiome keinesfalls verzögert oder unterbindet, sondern eher anregt oder anstößt, weswegen man ja mit gegenüber früher weitaus reduzierten Einzel- und Gesamtbestrahlungsdosen auszukommen sucht.

Auf jeden Fall sprechen rasch progrediente Hämangiome von nur kurzer Bestandsdauer besser als länger bestehende auf eine Strahleneinwirkung an, die, mit anderen Worten, ihre besten Erfolge bei Kavernomen von nicht länger als 6 Monaten Bestandsdauer hat. Lebensaltersmäßig kann eine Röntgenbestrahlung etwa ab der 6. Lebenswoche begonnen werden, wobei wir selbst bei nichtdringlicher Situation mit der Behandlung meist erst ab 3. Lebensmonat anfangen. Gegenüber der Strahlentherapie des Hämangioms treten chirurgische Maßnahmen bei Säuglingen ebenso zurück wie elektrokoagulative oder elektrokaustische; auf diese wird eher bei älteren Kindern zur Beseitigung von den als unschön bewerteten Restzuständen zurückzugreifen sein. Als klare Indikation für eine Exzision eines Hämangioms nennt Wulf tiefe wachsende Herde über Knochenwachstumszonen sowie strahlenresistente tiefe Herde überhaupt.

Eincn großcn Fortschritt bedeutet auch nach unserer eigenen Erfahrung die Prednisonbehandlung von Hämangiomen im Kindesalter (jüngere Säuglinge 20, ältere 30 mg/die oral, Dauer der Therapie mehrere Wochen bis mehrere Monate unter langsamer Verringerung der Dosis). Im Hinblick auf die bekannten Risiken bei der systemischen Zufuhr von Glucocorticoiden (u. a. Wachstumshemmung!) dürfen selbstverständlich nur wirklich ernste Krankheitsfälle hierfür ausgesucht werden (ausgedehnte Herde mit Einbezug lebenswichtiger Organe oder Mitleidenschaft von Zunge, Ohr oder Auge, Kasabach-Merritt-Syndrom usw.).

Weitere Einzelheiten s. z. B. bei Burrows, Shanks, Stevenson. Brit J Derm 1968; 80: 351; Fost, Esterly. J Pediat 1968; 72: 351.

23.9.3 Angioma senile (Dubreuilh); Naevi aranei (Rayer)

Diese nicht allzu selten auch am Lippenrot (Pasini) in Erscheinung tretenden rubinroten und bis glasstecknadelkopfgroßen tardiven Nävi zeichnen sich nach neueren Untersuchungen (Schnyder u. Keller) zunächst durch kapilläre Sprossung mit sekundärer Teleangiektasiebildung und ein nachfolgendes kavernomartiges Bild aus. Im Gegensatz zu den Spider-Nävi sind sie kein Hinweis auf einen degenerativen oder fibrosierenden Leberschaden.

Therapeutisch kommt, sofern die Entfernung der meist zahlreichen pfefferkornähnlichen Gebilde gewünscht wird, Exzision oder Verödung mit sklerosierenden Mitteln in Frage. Da es sich tatsächlich um Angioblastome handelt, ist im Gegensatz zu den sog. *Naevi aranei* (Rayer) die Behandlung mit der Diathermienadel meist unzureichend. Die Gefäßspinnen sind hingegen am besten in ihrem Spinnenkopf zu elektrokoagulieren. Im übrigen wird die Entwicklung dieser ampullär-ramösen dysplastischen Ektasien dem klinischen Eindruck nach durch eine Dysproteinämie (Hepatopathie, Gravidität, Malnutrition) gefördert.

23.9.4 Glomustumoren

Die grundsätzlich im Bereich der gesamten äußeren Decke, wenn auch vorzugsweise an den Fingerspitzen, vorkommenden neuro-myo-arteriellen Glomera verraten sich meist durch heftige Schmerzattacken, die mit eigentümlicher Mißempfindung einsetzen und sich mitunter zu ungemeinen Schmerzsensationen steigern. Gelegentlich scheinen Traumen für die Entwicklung eines Glomustumors bahnend zu wirken. Differentialdiagnose: (im Hinblick als schmerzhafter Hauttumor) ekkrine Spiradenome, Leiomyome. Ausnahmsweise ist maligne metastasierende Weiterentwicklung beobachtet worden.

Das **therapeutische Vorgehen** besteht – meist durch die quälende Schmerzhaftigkeit, seltener durch die kosmetische Beeinträchtigung erzwungen – in der Ausschneidung des Tumors weit in toto.

23.10 Granuloma teleangiectaticum pediculatum benignum

Mitunter auch feingeweblich von einem eruptiven Angiom schwierig abzugrenzendes, dunkel-fleischrotes, überwiegend schmal-, aber gelegentlich auch breitbasig aufsitzendes, leicht blutendes Granulationsgewächs. Manchmal ist dieses von einer zarten Epithelkrause umsäumt und immer wieder auch infolge seines lockeren Gewebsaufbaus leicht vulnerabel.

Zwar ist dieses pyogene Granulom durch eine relativ geringfügige Strahlenanwendung (etwa 206–258 $mCkg^{-1}$ bei entspre-

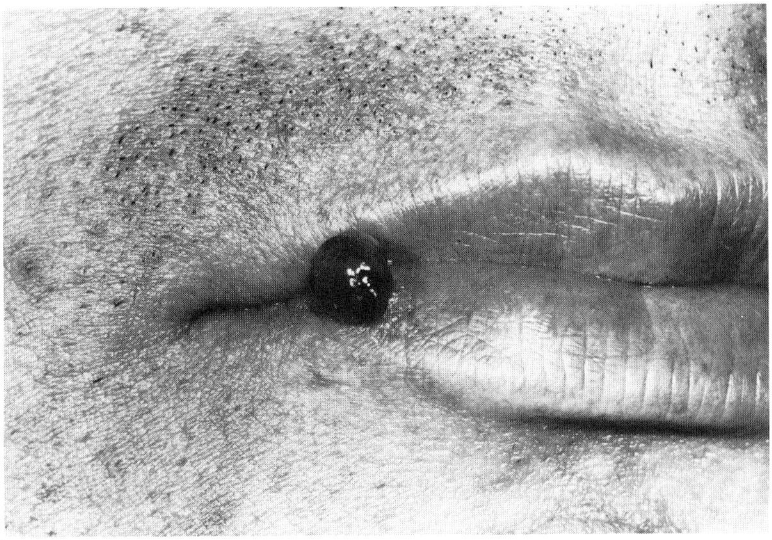

Abb. 45: Pyogenes Granulom

chender Gewebshalbwerttiefe [GHWT] und scharfer Ausblendung) durchaus zur Rückbildung zu bringen, doch wird man in der Regel entweder die elektrische Schlinge nach Wucherpfennig mit Anwendung des Kugelkauters zur Blutstillung, vor allem aber die totale Exzision bevorzugen. Demgegenüber bleiben „bequemere" Therapieversuche mittels wiederholt aufgetragener Corticoidcremes oder Betupfen mit einem antibiotischen Spiritus nach anfänglich symptomatischem Effekt auf die Dauer doch meist enttäuschend.

23.11 Lymphangiom

23.11.1 Lymphangioma circumscriptum profundum

Wasserkissenartig weiche, meist von normaler Haut bedeckte, evtl. gering bläulich durchschimmernde Geschwulst, die in ihrer Form und Größe von Durchblutungsänderungen abhängig ist. Beachtlich sind Hypoplasie bzw. Atrophie angrenzender Gewebe. Ihr Auftreten wird häufig schon bei der Geburt festgestellt.

Das *Lymphangioma circumscriptum superficiale* (kleine, träubchenförmige, froschlaichartig glasig durchscheinende Bläschen an der Oberfläche, die bei Anstich klare, milchige oder blutige Flüssigkeit entleeren) entwickelt sich meist aus einem tieferen Lymphangiom. Im Gegensatz zum Hämangiom besteht bei den Lymphangiomen langsameres Wachstum, aber wohl nie spontane Rückbildung. Auch ist die Neigung zu sekundärer Infektion gesteigert. Nicht selten liegen Häm-Lymph-Angiome vor.

Die **Therapie** der Lymphangiome kann, sofern keine allzu starke Ausdehnung nach der Tiefe gegeben ist, mit einigermaßen gutem Erfolg auch strahlentherapeutisch erfolgen (z. B. bei dem sehr seltenen Lymphangioma circumscriptum cysticum der Zunge), jedoch ist im allgemeinen die Ansprechbarkeit der Lymphangiome auf eine Röntgenbestrahlung nicht so befriedigend wie die der Hämangiome. Vor allem sind tiefe Lymphangiome strahlentherapeutisch nur sehr schwierig zu beeinflussen, zumal in solchen Fällen infolge der Anwendungsnotwendigkeit härterer Strahlung nur geringe Gesamtdosen (z.B. im Halsbereich) anwendbar sind. Aber auch operativ sind die Lymphangiome, wiederum namentlich im Gesicht- und Halsbereich, häufig nur schwierig in toto zu entfernen. So sieht man denn nach inkompletter Entfernung oft nachfolgende Entfaltung weiterer Lymphwege, also die Entwicklung neuer Lymphangiombläschen. Dennoch bleibt bei tiefliegenden Lymphangiomen die Therapie der Wahl die Operation. Vereinzelt wird auch die Zerstörung einzelner oberflächlicher Bläschen durch kaltkaustische Stichelung oder Verödung durch verschiedenartige Injektionsmittel geübt.

23.12 Chondrodermatitis nodularis helicis chronica (Winkler 1916)

Bei höheren Altersgruppen sowie eher am rechten Ohrmuschelrand als am linken (die meisten Menschen schlafen auf der rechten Körperseite!) kommt es, vor allem bei Männern, vermutlich auf dem Boden lokaler Zirkulationsstörungen und durch im einzelnen unterschwellige mechanische Reizungen (einschließlich Kälteeinflüsse) zu umschriebenen, regressiven Knorpelveränderungen. Darübergelegen enwickelt sich ein glasstecknadelkopfgroßes, keratotisches oder schuppenkrustös bedecktes Knötchen.

Therapeutisch spricht die Veränderung auf Röntgenbestrahlung, aber auch auf eine selbst mehrfach subfokale Infiltration mit einer Corticoidkristallsuspension nur ungenügend an, so daß am besten – meist wegen der großen Schmerzhaftigkeit – die angestrebte Entfernung chirurgisch vollzogen wird.

23.13 Polychondritis recidivans et atrophicans (v. Jaksch und Wartenhorst 1923, v. Meyenburg 1936)

Dieses sehr seltene und etwas gynäkotrope Leiden, welches hauptsächlich im 3. bis 5. Dezennium auftritt, führt meist nach einem Infekt oder allgemeinem Krankheitsgefühl zu einer Beteiligung der Knorpel an Larynx und Trachea sowie an Nasen- und Ohrenknorpeln. Begleitet werden diese langjährigen Rezidive von einer erhöhten BSG und Leukozytose. Die Abklärung eines solchen Syndroms muß der Klinik vorbehalten bleiben, die neben Glucocorticoiden Indometacin, Azathioprin (Imurek®) oder Sulfone (Dapson-Fatol) versuchen wird.

24 Bösartige Geschwülste der Haut, Pigmenttumoren

24.1 Epitheliome (Karzinome, Basaliome, Prä- und Pseudokanzerosen), Sarkome

Die typische maligne Neoplasie der Deckschicht ist das *Carcinoma spinocellulare* (diffus infiltrierend, nackt-papillär, Cornu-cutaneum-artig). Demgegenüber ist

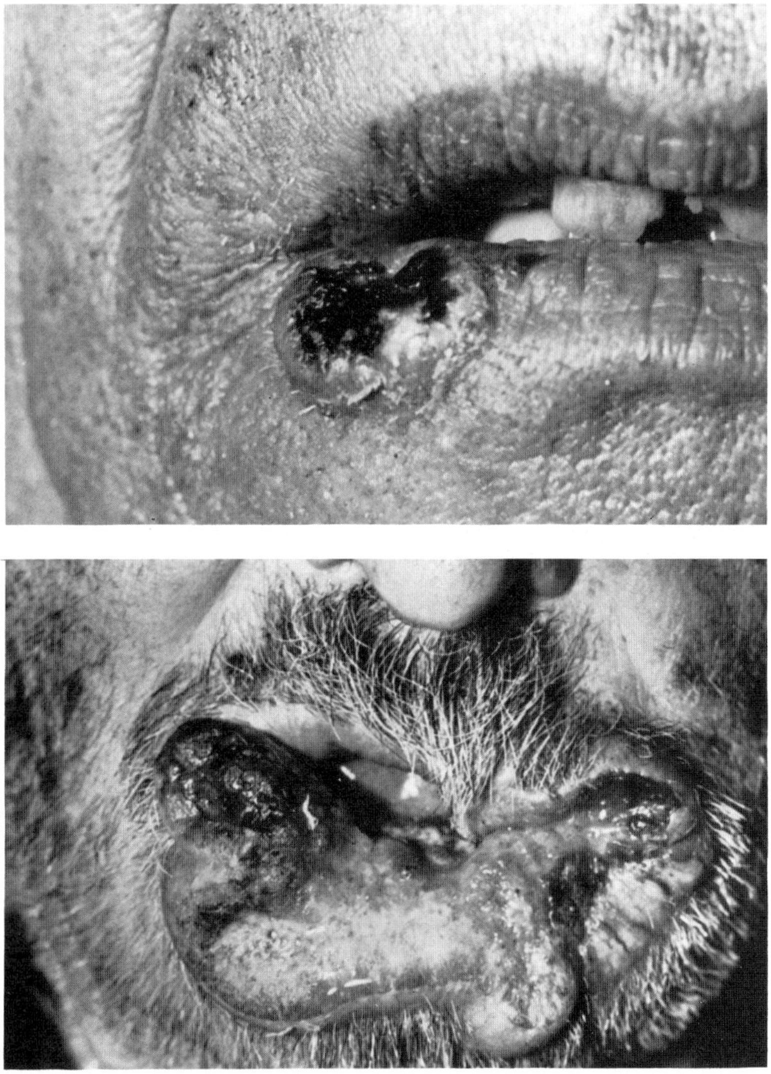

Abb. 46: Spinozelluläre Karzinome

das *Epithelioma basocellulare* ein vom Stroma abhängiger, lokal destruktiver, fibroepithelialer Tumor (knotige, ulzerierende, destruierende, oberflächlich wachsende und vernarbende sowie pigmentierte und zystische Varietäten). Das früher sog. metatypische Epitheliom (Darier) wird heute als verwildertes Basaliom (Miescher) oder Basalzellkarzinom (Gottron u. Nikolowski) aufgefaßt. Multizentrisches Vorkommen von Nävobasaliomen (= multiple Karzinoide, Arning; Rumpfhautepitheliome, Jadassohn) bzw. von Tumoren vom Bowen-Erythroplasie-Typ sollte immer an eine Arsenschädigung (Latenzspanne 10–15 Jahre) sowie an eine Syntropie mit einem viszeralen Karzinom denken lassen, sofern nicht die Assoziation mit Fehlbildungen (z. B. Kieferzysten) sowie Familiarität auf ein Basalzellnävussyndrom hinweisen.

Präkanzerosen der Haut im Sinne von Dubreuilh (1896) sind *im engeren Sinne* der *Morbus Bowen,* welchem im Schleimhaut- und Halbschleimhautbereich die *Erythroplasie* (Queyrat) entspricht, sowie der besser bereits als evolutives „carcinome d'emblée“ zu bewertende *Morbus Paget.*

Neben diesen *präkanzerösen Hautkrankheitszuständen,* die auf die Dauer zum Karzinom hinführen, sind als fakultative Präkanzerosen bzw. als solche *im weiteren Sinne* zu nennen: Keratoma senile, Xeroderma pigmentosum, Cornu cutaneum, Seemanns- oder Landmannshaut, die atrophisierende Lues III (namentlich der Zunge), der atrophische Lichen ruber der Mundschleimhaut, der röntgenbestrahlte Lupus vulgaris, Craurosis vulvae s. penis, chronisch-rezidivierende Entzündungen des Lippenrots (Cheilitis abrasiva praecancerosa, Cheilitis glandularis), darüber hinaus aber auch die kongenitale Phimose oder das über Jahre regeneratorisch unruhige Ulcus cruris.

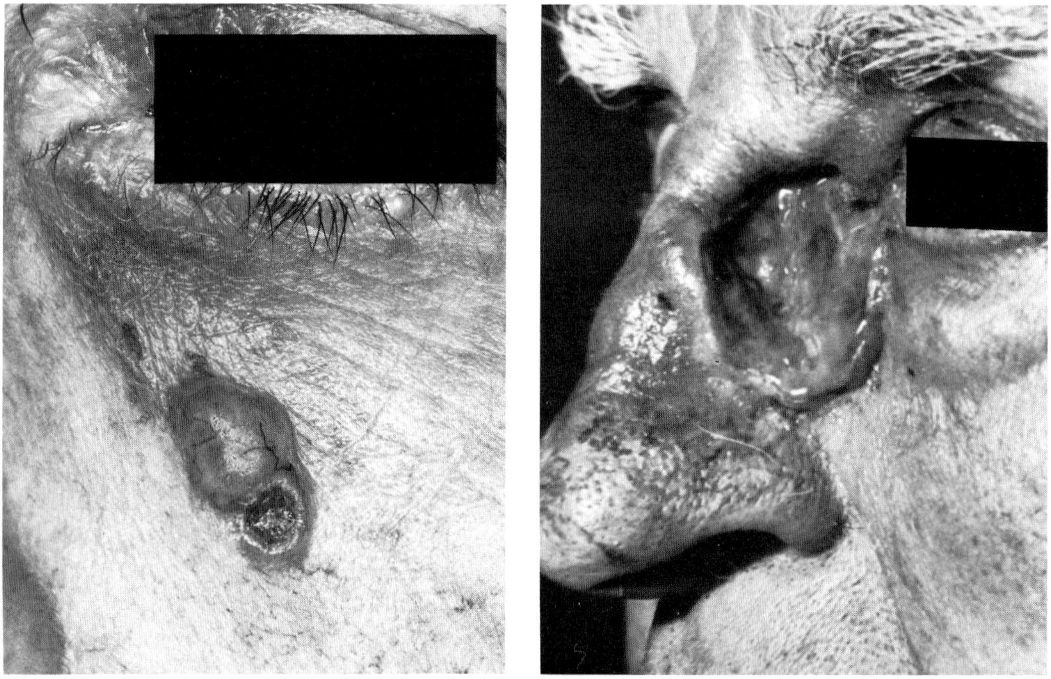

Abb. 47: Basaliome

Aus der Gruppe der Pseudokarzinome (Albertini) oder der *Pseudokanzerosen* (Gottron), einem Formenkreis makroskopisch sich meist warzenartig darbietender und feingeweblich nahezu die Charakteristika hochdifferenzierter Karzinome einschließlich Hornperlenbildung aufweisender Wucherungen, sind aufzuführen: die Papillomatosis cutis carcinoides Gottron bzw. das Pseudoepitheliom (Azua 1894), Zustände nach Teerverbrennungen, nach Akridinfarbstoffen, sog. Pseudorezidiv am Tubusansatzrand eines röntgenbestrahlten Karzinoms u. a. m. Das wichtigste Pseudokarzinom ist das in den letzten Jahren hauptsächlich durch McCormac und Scarff (Molluscum sebaceum) sowie Rook und Whimster bekanntgewordene *Keratoakanthom,* bei welchem man es mit aufschießenden halbkugeligen, innerhalb weniger Wochen krater- oder korbförmig einsinkenden Knoten zu tun hat, die histogenetisch ihren Ursprung hauptsächlich von der äußeren Wurzelscheide des oberen Haarfollikeldrittels nehmen (Kalkoff u. Macher).

Sekundäre Hautkrebse sind in einer Häufigkeit von etwa 1% Hautmetastasen von Krebsen innerer Organe. An erster Stelle stehen die Haut-Tochtergeschwülste der Brustdrüsenkrebse (*Erysipelas carcinomatosum,* Küttner; Carcinoma erysipelatodes, Rasch; *„cancer en cuirasse“,* Velpeau), an zweiter Stelle die Magenkarzinommetastasierungen in der Haut.

Von *malignen Bindegewebsgeschwülsten* der Haut, d. h. den *Sarkomen,* ist zunächst das protuberierende Fibro- oder Spindelzellsarkom anzuführen. Dieses hat im Hautbereich seine (semimaligne?) Sonderform in Gestalt des *Dermatofibrosarcoma protuberans* (Darier u. Ferrand), welches sehr langsam plattenartig oder knollenartig wächst, strahlenresistent ist und evtl. in loco rezidiviert, aber nur selten metastasiert (Lunge). Die Angiomatosis Kaposi (Sarcoma idiopathicum haemorrhagicum) entsteht aus pluripotenten Gefäßzellneubildungen mit mehr oder minder ausgeprägter Beteiligung spindelzelliger Gewebselemente unter charakteristischer Hämosiderineinlagerung. Sie entwickelt sich multipelherdig knotig, unter späterer flächenhafter Verdichtung vor allem im Bereich der (unteren) Extremitäten, kann später aber auch auf die Viszera übergreifen.

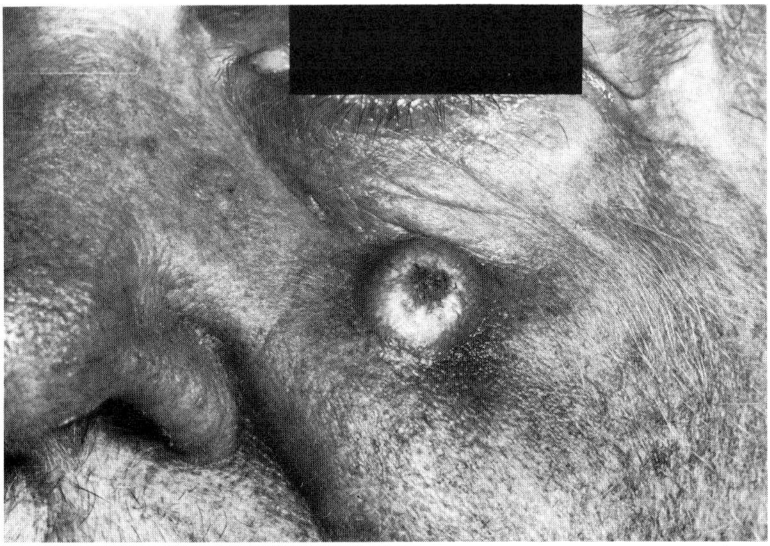

Abb. 48: Keratoakanthom

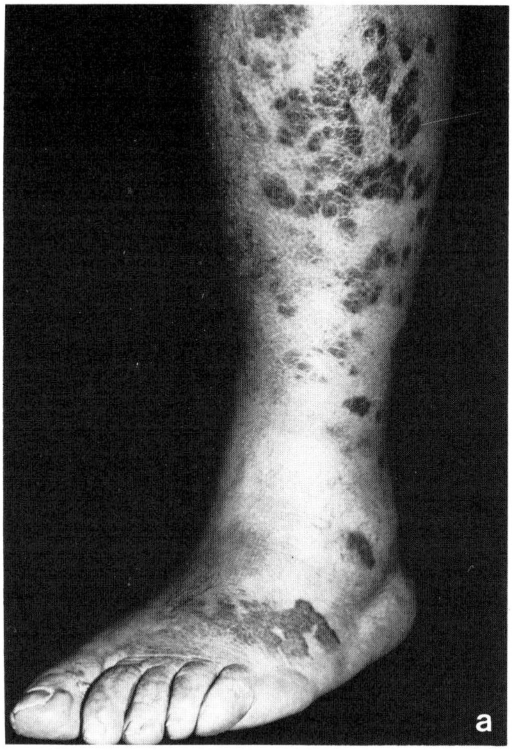

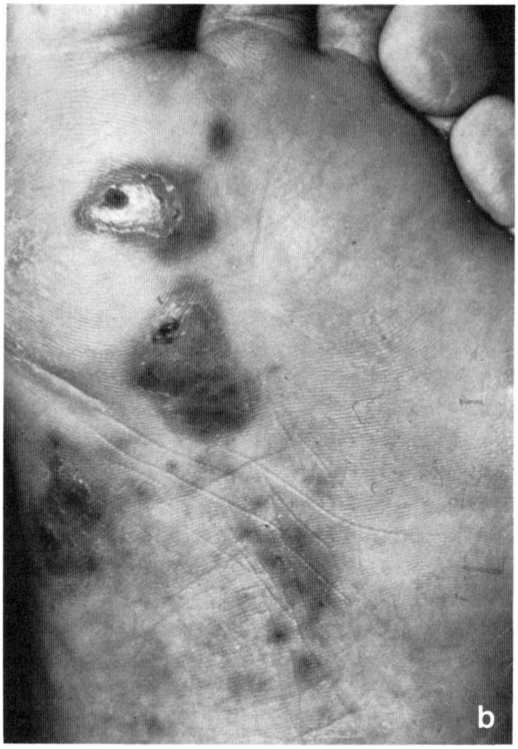

Abb. 49: Angiosarcoma Kaposi: a) „klassische" Art, b) bei AIDS-Erkrankung

Neuerdings kommt das Angiosarkom Kaposi in exanthematischer Aussaat im Rahmen des AIDS-Syndroms vor. Eine Abgrenzung des veritablen Kaposi-Sarkoms und des exanthematischen Kaposi-Sarkoms bei AIDS ist wohl klinisch (bei letzterem Schweiß, Abmagerung, generalisierte Lymphknotenschwellungen, HIV-Positivität usw.), aber auch nach eigener Erfahrung, nicht licht- oder ultramikroskopisch möglich.

Das *Stewart-Treves-Syndrom (Angiosarcoma in elephantiasi brachii post ablationem mammae)* ist ein akrales, knotiges, angioplastisches Sarkom auf dem Boden eines chronischen Lymphödems einer Extremität. Es kommt überwiegend, aber nicht ausschließlich, bei Frauen vor, bei denen wegen eines Mammakarzinoms eine Absetzung der Brustdrüse durchgeführt wurde. Klinisch und histopathologisch ist es in gewisser Hinsicht als symptomatisches Kaposi-Sarkom auffaßbar. Allerdings spricht auch manches dafür, daß die Entwicklung von einem proliferierenden lymphatischen Endothel ausgeht. Die Häufigkeit beträgt etwa 0,5% bei postoperativen Armödemen und 1,5% nach derartigen Beinödemen, wobei im ersten Fall die Krankheitsentwicklung durchschnittlich 9, im zweiten Fall etwa 20 Jahre ausmacht. Die Prognose ist praktisch wohl immer infaust (Lebenserwartung 1½ Jahre).

Therapeutisch ist nur von der radikalen Extraartikulation (z.B. interskapulothorakale Amputation) ein gewisser verzögernder Einfluß zu erwarten, wenn auch eine intensive Strahlentherapie eine Rückbildung der angiosarkomatösen Herde zu erzielen vermag. In Anbetracht dieser prognostischen Aussicht liegt der therapeutische Hauptakzent auf der regelmäßigen Kontrolle postoperativer Lymphödemträger, bei denen spontan auftretende bläuliche oder hämorrhagische schmerzhafte Flecken oder Knoten umgehend bioptisch zu kontrollieren sind.

Die *Sarkome* sind unterschiedlich strahlenempfindlich, so daß beispielsweise Lympho- und Retothelsarkome als radiosensibel, Polymorph- und Rundzellensarkom weniger, das Fibrosarkom als kaum strahlenempfindlich gelten. Dementsprechend ist mit Richtdosen von 0,77–1,55 Ckg^{-1} (mit Ausnahme des Fibrosarkoms) zu rechnen, sofern die betreffende Geschwulst nicht über faustgroß ist. Das ausgereifte Fibrosarkom ist dementsprechend chirurgisch anzugehen. Die Chemotherapie der Sarkome entspricht, wiederum mit Ausnahme des Fibrosarkoms, den beim Karzinom angegebenen Richtlinien.

Beim *Morbus Kaposi* sind Selbstrückbildungen möglich, wenn auch die Verlaufsform normalerweise fortschreitend ist. Vornehmlich rezente Formen zeichnen sich durch gute Strahlenempfindlichkeit aus, jedoch bedingt die Extremitätenprädilektion besonders ungünstige strahlentherapeutische Verhältnisse. Bode empfiehlt deshalb eine stärkere Fraktionierung und Protraktion (Einzeldosen von 51,6 $mCkg^{-1}$ jeden 2.–3. Tag); auch ist die Schonung der knöchernen Unterlage zu beachten. Grundsätzlich ist es besser, zehenwärts besonders gering zu bestrahlen und erst nach längerem Intervall weitere Einzelfraktionen zu verabfolgen. Im übrigen wurden vereinzelt auch Rückbildungen der Angiomatosis Kaposi nach Penicillinbehandlung (etwa 1 Mega/die, insgesamt 12–16 Mega/Serie) mitgeteilt, Wiederholungen nach 6–8 Wochen – eine Behandlung allerdings, die in letzter Zeit mehr und mehr in Zweifel gezogen wird. Gegenwärtig wird man ausgedehnte oder bereits stärker tumorförmige Erscheinungsbilder wohl hauptsächlich einer Polychemotherapie zuführen.

Neuerdings wird über positive Ergebnisse bei der Behandlung des Kaposi-Syndroms von AIDS-Patienten mit Interferon alfa-2 a (z.B. Roferon®-A) berichtet.

Das *Retothelsarkom* (Roulet u. Rössle), welches heute immunoblastisches Sarkom genannt wird, geht nicht selten von lymphatischen Organen (Tonsillen) aus, wobei sich im Hautbereich Geschwülste nach Art mykosider Tumoren entwickeln. Die sog. „mycose d'emblée" ist dementsprechend vermutlich ein Retikulumzellsarkom. Ansonsten kommen Sarkome auch auf dem Boden eines röntgenbestrahlten Lupus vulgaris oder eines Xeroderma pigmentosum zur Beobachtung.

Zu den *Weichteilsarkomen* ganz allgemein noch folgendes: Schon im Verdachtsfall erfolgt die Primärdiagnose d.h. die Gewebeentnahme in Allgemeinnarkose oder mittels einer Leitungsanästhesie. Histologisch unterscheidet man das Grading zwischen niedrigmalignen, intermediärmalignen und hochmalignen Sarkomen. Die weitere Sekundärdiagnostik bedient sich der Computertomographie, der Knochenszintigraphie, weniger der Lymphographie, da im Vordergrund die hämatogene Ausbreitung steht. Therapeutisch ist für die Ersttherapie ein optimales, großzügiges Vorgehen angebracht, wobei die Operation im Vordergrund steht. Sind Lymphknotenmetastasen festzustellen, so sind diese in ausreichendem Maß zu entfernen. Im Anschluß an die operativen Maßnahmen wird häufig eine postoperative Bestrahlung angezeigt sein, wie auch zur Verbesserung der Langzeitergebnisse eine adjuvante postoperative Chemotherapie (z.B. mit Doxorubicin und Ifosfamid) empfehlenswert ist. Nach diesen ersten therapeutischen Maßnahmen ist, wie beim Melanomkranken, eine konsequente Nachsorge erforderlich, die im ersten Jahr monatlich bis zweimonatlich, bis zum dritten Jahr alle zwei Monate, bis zum fünften Jahr alle drei Monate und bis zum zehnten Jahr alle halbe Jahre durchzuführen ist. Insgesamt ist die Prognose von Sarkomen an den Extremitäten oder am Rumpf günstiger als bei sonstigem Tumorsitz.

Therapie der Epitheliome: Die Entscheidung zwischen Stahl und Strahl berücksichtigt als Vorteil der ersten Methode die Schnelligkeit der Entfernung, hinsichtlich der Strahlentherapie, daß diese meist unabhängig von Alter und Allgemeinzustand durchgeführt werden kann. Bestehen diagnostische Zweifel, so muß eine ausreichende *Probeexzision* (möglichst nicht mit dem Kauter) an „richtiger Stelle", am „Übergang" und möglichst bis in die Subkutis vorgenommen werden (Einsendungen in 4%iger Formalinlösung!).

Besonders strahlenresistent und rezidivbereit sind von den Epitheliomen die straffstyloid wachsenden Basaliome sowie die Tumoren im *Ohrmuschel*bereich. Extrem maligne verhalten sich ferner auch die Tumoren in Nähe der Körperöffnungen *(Vulva, Penis, Zunge)*.

Von den *Unterlippenkarzinomen,* sofern noch unter 2 cm im Durchmesser, metastasieren offensichtlich nur 10% regionär (submental, submandibulär).

In den anderen Fällen von vergrößerten regionären Lymphknoten in diesem Bereich handelt es sich um „entzündliche" Anschwellungen, weniger infolge einer gleichzeitigen Sekundärinfektion des primären Krankheitsherdes als überwiegend im Zusammenhang mit subklinischen Paradontopathien, Zahnstümpfen o.ä. bei älteren Leuten. Infolgedessen verfolge man zunächst für einen strikt kurzen Zeitraum von wenigen Wochen das Verhalten dieser submentalen oder submandibulären Lymphknotenvergrößerungen nach Beseitigung oder evtl. auch antibiotischer Behandlung der genannten weiteren ursächlichen Möglichkeiten, bis man zur operativen Entfernung einer solchen vermutlichen Lymphknotenmetastase schreitet.

Demgegenüber metastasieren 80% aller *Zungenkarzinome* bei primär über 1 cm betragendem exophytischem Tumor. Da selbst bei kleinen Zungenkarzinomen so früh Lymphknotenmetastasen beobachtet werden, ist beim positiven Tastbefund mit der „neckdissection" oder „en-bloc-dissection" nicht zu zögern. Beim *Peniskarzinom* ist das primär operative Vorgehen angesichts der hochgradigen und lang dauernden Schmerzhaftigkeit bei Röntgentherapie („Strahlenurethritis") vorzuziehen. Prophylaktische Lymphknotenausräumung ist nicht durchzuführen. Jedoch sind Lymphknoten, die regionär etwa 2 Monate nach der Primärtherapie in loco bestehenbleiben, zu exstirpieren und histologisch zu überprüfen. Speziell bei der Therapie der *Peniskarzinome,* wie übrigens auch bei aggressiv vegetierenden *Leukoplakien* – und zwar sowohl im Genital- wie Mundbereich –, ist **therapeutisch** besonders *Bleomycin* (Bleomycin Mack) gelobt worden. Bleomycin ist ein zytostatisch wirkendes Antibiotikum, das 1962 von Umezawa entdeckt und von Ichikawa 1965 in die Klinik eingeführt wurde. Es wird aus Kulturen eines Streptomyces-verticillus-Stammes gewonnen und reichert sich speziell in der Haut und im Lungengewebe an. Hochdifferenzierte Tumoren scheint es stärker günstig zu beeinflussen als weniger differenzierte Geschwulstsorten. Übliche Dosierung meist 15 mg Bleomycin 2–3mal pro Woche intravenös bis zu einer Gesamtdosis von 300 bis allenfalls 600 mg. Unter Umständen auch intratumorale Injektion, z.B. von jeweils 15 mg Bleomycin, gelöst in 2 ml Kochsalzlösung. Nebenwirkungen: keine hämatologischer Art, wohl aber, besonders anfänglich, später auch sich abschwächende Fiebersteigerungen und evtl. interstitielle Lungenfibrosen in etwa 2–3% (regelmäßige Rö-Kontrollen der Lungen in kurzen Abständen während der Therapie sind deshalb angezeigt). Dermatologisch stehen als Nebenwirkungen einer Bleomycin-Therapie (meist streifige) Hyperpigmentierungen, Hyperkeratosen neben Hand- und Fingerulzerationen und sklerodermieähnliche Sklerosierungen, vor allem an den Extremitätenenden, im Vordergrund.

Darüber hinaus sind speziell die *Lippentumoren*, sofern sie nicht der primären Strahlenbehandlung zugeführt werden, plastisch zufriedenstellend zu versorgen (Rotation, Visierlappen, Schwenklappen, Wangenverschiebeplastik).

Ansonsten sind die Aussichten zwischen Bestrahlung und Operation für Basaliome und Spinaliome als etwa gleich gut zu bezeichnen. Immer ist aber die Strahlenbehandlung der malignen Epitheliome individuell zu gestalten. Nach Bode ist das Bestrahlungsfeld eher etwas großzügig zu bemessen (Vermeidung von Randrezidiven), die Gewebshalbwerttiefe muß der Tumordicke entsprechen; nur bei *sehr kleinen Geschwülsten* (etwa 0,5 cm) ist eine *Einzeitbestrahlung* (etwa 645 $mCkg^{-1}$) und eher auch nur bei Basaliomen als bei Spinaliomen möglich.

Bei *großflächigen Karzinomen* sehe man grundsätzlich aus Gründen von sonst nicht erheblicher Über- oder Unterdosierung davon ab, bei Feldgrößen, welche ausgedehnter als z.B. der größte Chaoul-Tubusdurchmesser sind, mehrere Felder aneinanderzustückeln. Es ist deshalb einer der bedeutsamsten Fortschritte der modernen Weichstrahlgeräte, nunmehr über Felddurchmesser bis zu 20 cm bei einem Fokus-Haut-Abstand (FHA) von 30–40 cm zu verfügen (Einzeldosen 51,6–77,4 $mCkg^{-1}$ OD, ausreichend protrahieren, nach neuerer Nomenklatur: 3–5 Gy täglich, insgesamt 50–80 Gy).

Die *in die Tiefe wachsenden Tumoren,* vor allem die im Unterlippenbereich, werden täglich fraktioniert (129 $mCkg^{-1}$, später auch 103 $mCkg^{-1}$), bis zur vollen Erosivreaktion (1,55–2,06 Ckg^{-1}, evtl. auch höher, Dermopan oder RT 100, Stufe 4 und 3) bestrahlt. Hautbezirke, die gegenüber der knöchernen Unterlage nur wenig „unterpolstert" sind (Nasenflügel, Temporalriegel, Hand- und Fußrücken o.ä.), sind im Hinblick auf die spätere Möglichkeit der Osteoradionekrose zurückhaltend, aber doch nicht subkurativ zu therapieren. In solchen Fällen nicht nur fraktionierte, sondern auch zeitlich protrahierte Bestrahlungsweise. *Exophytisch wachsende Tumoren* sind zweckmäßigerweise zum Einsparen von Strahlen vorher elektrochirurgisch zu planieren. Der Umgang mit γ-Strahlen (Radium, Kobalt), ebenso mit der Elektronenschleuder (Betatrontherapie, Hautklinik Göttingen, 1949) ist im besonderen eine Domäne der diesbezüglich arbeitenden Klinik und deshalb hier nicht weiter zu erörtern.

Typisch für die *Betatron*anwendung ist nach Bode die intensive homogene Erfassung des Tumors bei absoluter Schonung der tieferen, gesunden Gewebsschichten. So kommt dieses Verfahren beispielsweise für die Bestrahlung des Vulvakrebses bei gleichzeitiger Blockade der abführenden Lymphwege (neben der totalen Vulvektomie) in Betracht.

Beim *Morbus Paget* ist radikales Vorgehen (Mammaamputation, meist verbunden mit Lymphknotenausräumung und ggf. Röntgennachbestrahlung) durchzusetzen, da man auch bei negativem Palpationsbefund nicht hinreichend sicher über die Tiefe der karzinomatösen Ausbreitung orientiert ist.

Bei lediglich oberflächlich lokalisierten Epitheliomen können auch β-*Strahler* eingesetzt werden, welche die künstlich radioaktiven Isotope (*^{90}Strontium und ^{90}Yttrium)* enthalten. Im Hinblick auf Bremsstrahlen sowie begleitende γ-Strahlen sind nach Schirren hinreichende Schutzvorkehrungen für das technische Personal notwendig.

Jedes *Keratoakanthom* ist trotz der spontanen Involutionstendenz zu exzidieren, damit die histologische Abgrenzung gegenüber einem spinozellulären Karzinom durchgeführt werden kann.

Bei den *präkanzerösen Zuständen des Mundhöhlenraumes* stellt die chirurgische Therapie der klinisch und histologisch überprüften präkanzerösen Schleimhautveränderungen das Vorgehen der Wahl dar.

Schließlich wurden *Basaliome* auch mit Zinkchlorid verätzt (nach Umspritzung mit einem Lokalanästhetikum Auskratzung mit scharfem Löffel, nach Blutstillung Auftragung einer 50%igen Zinkchloridlösung für 2–3 s, darauf Abwaschen mit Wasser). Ferner kommen bei kleineren Basaliomen oder bei operativ wie strahlentherapeutisch nicht mehr zugänglichen *Ul-*

cus-terebrans-Fällen nach Belisario u.a. *Colchicinsalben* 0,5–2%ig, mindestens über 3–4 Wochen täglich angewandt, in Betracht. In solchen Situationen ist ferner auch *Podophyllin (20%ig in absolutem Alkohol oder als 5%ige Salbe) verwendbar. Die Anwendung einer 5%igen 5-Fluorouracil-Salbe* (Efudix® Roche Salbe), wie sie auch schon bei der Behandlung der aktinischen Keratosen (s.S. 141) dargestellt wurde und die ihre Wirkung durch eine Interferenz mit der Thyminverwertung entfalten soll, kommt unserer Meinung nach allenfalls bei der Gruppe der Basaliome in Betracht. 5%ige 5-Fluorouracil-Salbe wird hauptsächlich

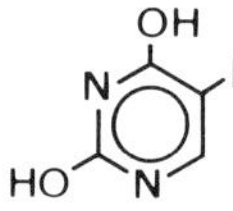

5-Fluorouracil

bei sehr zahlreichen und sehr oberflächlichen (!) Epitheliomen, also bei *Rumpfhautepitheliomen,* eingesetzt, weniger schon beim Basalzellnävus-Syndrom mit seinen zahlreichen Kleinherden. Auf jeden Fall erscheinen bei allen Zytostatikasalben strenge Indikation und langfristige Nachbeobachtung (9–12 Monate), im besonderen hinsichtlich etwaigen tiefen Weiterwachstums – bei klinischer „Abheilung" an der Herdoberfläche –, unbedingt erforderlich.

Der *Morbus Bowen* kann bei kleiner Ausdehnung einzeitig mit einer GHTW von 2–3 mm mit einer Dosis von etwa 516 $mCkg^{-1}$ bestrahlt werden, sofern nicht die Exzision im Gesunden durchgeführt wird. Das *Bowen-Karzinom* ist wie ein anderes Karzinom auch chirurgisch zu behandeln oder entsprechend fraktioniert zu bestrahlen. Es ist ein sehr aggressives und therapieresistentes Karzinom!

Das *Keratoma senile* wird elektrokaustisch desikkiert und sodann mit dem scharfen Löffel abgekratzt, Blutstillung mit Liquor Ferri sesquichlorati oder Clauden®-Pulver o.ä. Häufig ist auch die Abfräsung ausreichend. Lediglich bei klinisch offensichtlicher basaler Kanzerisierung sind die Grundsätze der lokalen Karzinomtherapie, wie oben geschildert, anzuwenden. Ferner auch Vitamin-A-Säure als 0,1–0,3%ige Salbe über längere Zeit.

Bei den *sekundären Hautkarzinomen* ist wie bei der palliativen Behandlung von Metastasen innerer Karzinome sonst auch – nicht zuletzt angesichts der Hoffnungslosigkeit solcher Patienten, zumal wenn sie schon durch langen Aufenthalt auf anderen Fachabteilungen unter starker Asylierungsdepression stehen – psychologisch behutsam vorzugehen. So werden Tranquilizer neben allgemeiner Roborierung nicht zu umgehen sein. Besteht nur eine geringere Aussaat von Karzinommetastasen in der Haut, so sind die einzelnen Geschwulstknoten nach den Prinzipien der Nahbestrahlung anzugehen. Ansonsten sind derartige Fälle eine Domäne der *Zytostatika.* Der Umgang mit ihnen ist angesichts der Risiken (Knochenmarkdepression usw.) schwierig und am besten zunächst dort, wo die notwendigen Kontrollen (Leukozyten, Thrombozyten) durchführbar sind, einzuleiten und erst nach erfolgter „Einstellung" auf eine „ambulante" Erhaltungsdosis überzugehen.

Eine solche Therapie der generalisierenden sekundären Hautkarzinome wird heute in erster Linie Stickstofflost-Derivate vom Typ des Cyclophosphamids (Endoxan®, zunächst täglich 2–4–6 mg/kg KG i.v., später bei einer Leukozytendepression auf 2000–5000/mm^3 Erhaltungsdosis 50–100 mg/die per os). Versuchenswert ist auch als Antimetabolit das folsäureanaloge Methotrexat. Mehr und mehr sind wir in den letzten Jahren auch dazu übergegangen, die Wirkung von massiven Zytostatikastößen, vorzugsweise bei rascher Progredienz der Aussaat, zur Erzielung zeitweiliger Remissionen zu nutzen, während wir mit Cytarabin (Alexan®) bisher keine überzeugenden Effekte auf die Hauterscheinungsbilder beobachten konnten.

24.2 Nävuszellnävus

Dysontogenetische Geschwülste im Sinne von Hamartomen mit hochdifferenzierter Struktur sowie von erstaunlicher evolutiver und involutiver Dynamik (im 3. Dezennium sind im Durchschnitt 20 Nävuszellnävi, nach dem 70. Jahr ungefähr 3 vorhanden, während der Neunzigjährige praktisch fast frei von Nävuszellnävi ist). Histologisch werden die Nävuszellnävi heute dem Etagensitz nach unterteilt in: 1. Nävuszellnävi mit Sitz an der Grenze von Epidermis und Kutis (Grenznävi, *Junktionsnävi*), 2. *dermale* oder koriale *Nävi und 3. die sog. Kombinations-*

oder *Compoundnävi.* Besonders der ruhende dermale Nävuszellnävus (Naevus naevocellularis quiescens) ist protuberierend glatt oder papillomatös. Die Größe reicht vom Stecknadelkopf über die einer Linse bis zur Schwimmhosengröße (= Tierfellnävus, Naevus pellitus). Die maligne Entartungshäufigkeit eines Nävuszellnävus wird derzeit auf 7:100000 geschätzt, wobei die Degeneration häufig vermutlich von einem Junktionsnävus ausgeht.

Die **Therapie** des Nävuszellnävus hat zunächst zu berücksichtigen, daß dieser innerhalb von Jahren verschwinden kann, wobei spontane Rückbildung entweder durch Entwicklung gestielter, später wieder abfallender Formationen, ferner durch Fibrosierung oder durch Fettgewebsdurchsetzung des atrophisierenden Nävus erfolgt. Dennoch wird aus kosmetischen Gründen immer wieder einmal die Entfernung eines solchen Gebildes vom Patienten gewünscht werden, was in erster Linie durch Exzision unter Lokalanästhesie vorgenommen werden kann. Auch bei einem klinisch ruhenden dermalen Nävuszellnävus vom Typ des früher so bezeichneten Naevus pigmentosus et pilosus bzw. *Naevus pellitus* besteht das therapeutische Vorgehen in erster Linie in der Exzision, die ggf. durchaus in mehreren Sitzungen erfolgen kann. Nach hochtourigem Schleifen kann Rezidivwachstum folgen, ebenso nach zu flacher Abtragung. Im Gegensatz zu diesen beiden Methoden wird man indessen den früher ebenfalls üblichen lokal-irritativen Behandlungsversuchen gegenüber (Kohlensäurestempelung o.ä.) heute zurückhaltender sein, da die vor einiger Zeit noch weitgehend abgelehnte Entwicklungsmöglichkeit eines malignen Melanoms auf dem Boden eines korialen Nävuszellnävus, z.B. auch vom Typ des *Tierfellnävus,* durch einige neuere Beobachtungen kasuistisch belegt wurde. Dies sollte Berücksichtigung finden, auch wenn die Bedeutung des Traumas für die Entstehung eines Melanoms derzeit nicht mehr so entschieden vertreten wird wie früher.

24.3 Blauer Nävus (Naevus caeruleus, Jadassohn-Tièche)

Meist nur solitäre, reiskorn- bis linsengroße, mehr oder weniger flache, dunkelbläuliche, aber manchmal zentral etwas aufgehellte, weil den Follikel verschonende, dermale Nävi, die histomorphologisch durch eine dreidimensionale unregelmäßige Häufung spindelförmiger Melanozyten entstehen. Maligne Entartung wurde bisher nur ganz selten beobachtet. Eine Entfernung des blauen Nävus kann, falls aus kosmetischen Gründen gewünscht, chirurgisch vorgenommen werden.

Bezüglich einiger *Sonderformen* des Nävuszellnävus sind zunächst die *dysplastischen Nävuszellnävi* zu nennen, die vor allem auf eine drohende Melanomentwicklung Verdacht erregen müssen, wenn sie über 7 mm im Durchmesser betragen, so daß sie in diesem Fall schulgerecht entfernt werden sollten. Auch sind Patienten eigentlich ihr ganzes Leben hindurch zu beobachten, die, häufig unter erblicher Veranlagung, aber manchmal auch nicht hereditär, besonders zahlreiche oder besonders große, ferner unregelmäßig konturierte Nävuszellnävi aufweisen (BK-mole-Syndrom bzw. FAMM-Syndrom).

Eine als atavistisch aufgefaßte diffuse mesodermale Pigmentierung ähnlichen Charakters ist der keineswegs nur über dem Steißbein vorkommende sog. *Mongolenfleck,* in gewissem Sinne also auch der Ota-Nävus. Dieser Nävus fusco-coeruleus ophthalmomaxillaris wird im allgemeinen nur kosmetisch, z.B. mit Covermark® waterproof Farbtöne, abzudecken sein. Als Naevus Ito bezeichnet man einen weiteren dermalen melanozytischen Nävus, der im Schulter- und oberen Brustbereich gelegen ist.

24.4 Melanosis circumscripta praeblastomatosa Dubreuilh („melanotic freckles", Hutchinson)

Diese Lentigo maligna ist faktisch ein Prämelanom unter dem Bild eines sich über Jahre langsam vergrößernden und zunehmend gesprenkelt dunkelbraun bis schwarzbräunlich sich pigmentierenden, also manchmal fast leopardartig gesprenkelt erscheinenden Flecks bei älteren Leuten. Hauptsitz in zwei Drittel aller Fälle das Gesicht und besonders dessen obere zwei Drittel. Seltene fragliche Lokalisationen wurden an Handteller oder Fußsohlen, „Balanitis Dubreuilh" oder Melanoplakie an der Mundschleimhaut mitgeteilt.

Therapie: Die Totalexzision bedeutet ein grundsätzlich sicheres Vorgehen. Jedoch ist im allgemeinen aber auch die von Miescher empfohlene Anwendung von Grenzstrahlen (5mal 516 $mCkg^{-1}$ im Abstand von 3–4 Tagen bzw. täglich 10–20 Gy bis zu einer Gesamtdosis von 100 Gy bei einer GHWT von 1–2 mm) ausreichend. Ist nach einer solchen Bestrahlung die Lentigo maligna nicht innerhalb von 3 Monaten geschwunden, sollte eine Exzision vorgenommen werden. Ist es bereits zur intra- oder parafokalen Vorwölbung, d.h. zur Melanomentwicklung, gekommen, so gelten selbstredend die unter dem Abschnitt Melanom (s. unten) dargelegten Behandlungsvorschriften.

24.5 Juveniles Melanom (Sophie Spitz 1940)

Hauptsächlich zwischen 3. und 8. Lebensjahr, ausnahmsweise früher oder beim Erwachsenen, sowie vorzugsweise im Gesichtsbereich, ein glasstecknadelkopf- bis linsengroßes, flach kegelförmig ansteigendes, braunrötliches, unter dem Glasspatel lichtbräunlich oder schiefergrau durchschimmerndes Knötchen, welches am ehesten mit einem kleinen frischen Lupusfleck verwechselt werden kann. Der klinischen Dignität entsprechend wäre im Einklang mit dem histologischen Befund die Einordnung als *„Spindelzellnävus"* oder *„faszikulärer Nävus"* gerechtfertigt, ausnahmsweise Multiplizität.

Therapie: Die Hauptbedeutung, diese Sonderform zu kennen, liegt in der Vermeidung eingreifender radikaler therapeutischer Maßnahmen, da die Exzision (vor der Pubertät!) mit nachfolgender histologischer Sicherung ausreicht. Ein Rezidiv in loco ist möglich.

24.6 Melanom (Melanomalignom, malignes Melanom, Melanozytoblastom)

Neurogener, daher nicht weiterhin als Nävokarzinom oder Melanosarkom zu benennender, höchst maligner, aber an sich seltener Tumor mit Prädilektion an Gesicht und unterer Extremität (seltener Primärsitz, der vornehmlich bei zunächst nicht feststellbarer Lokalisation von Bedeutung ist: innere Körperhöhle, wie Vagina oder Rektum, nicht so selten das Auge). Entstehung entweder per se, also als a priori melanomatöser Tumor, ferner auf dem Boden der Melanosis circumscripta praeblastomatosa Dubreuilh oder auf dem Boden eines dahingehend entarteten Nävuszellnävus. Das typisch knotige Melanom ist ein mehr oder weniger rundlicher, braunblauschwarzer, u.U. heterogen gesprenkelter, wenn nicht völlig achromer, manchmal froschlaichartig glasig glänzender, leicht verletzlicher, überwiegend weicherer als härterer Tumor.

Derzeit werden neben dem bereits abgehandelten Lentigo-maligna-Melanom das typisch noduläre Melanom, das oberflächlich spreitende Melanom und das akro-lentiginöse Melanom unterschieden. Das häufigste Erscheinungsbild dieser vier Varietäten ist wohl das superficial spreading melanoma, das „oberflächlich spreitende Melanom", welches randwärts etwas plateauartig erhaben ist und welches – bei voller Entwicklung – eine weißbläuliche Regressionszone auszeichnet.

Die Erfassung des Melanoms basiert auf der *Trias: Vorgeschichte* (subjektive Reizzeichen, wie Juckreiz, Stechen oder Brennen, rasch fortschreitende Vergrößerung oder Protuberanz sowie Dunkelung, Nässen, Krusten, Bluten), *klinischer Aspekt* (einschließlich eines roten Hofes und ggf. nachbarschaftliche miliare Satelliten) und *histologische Beurteilung.*

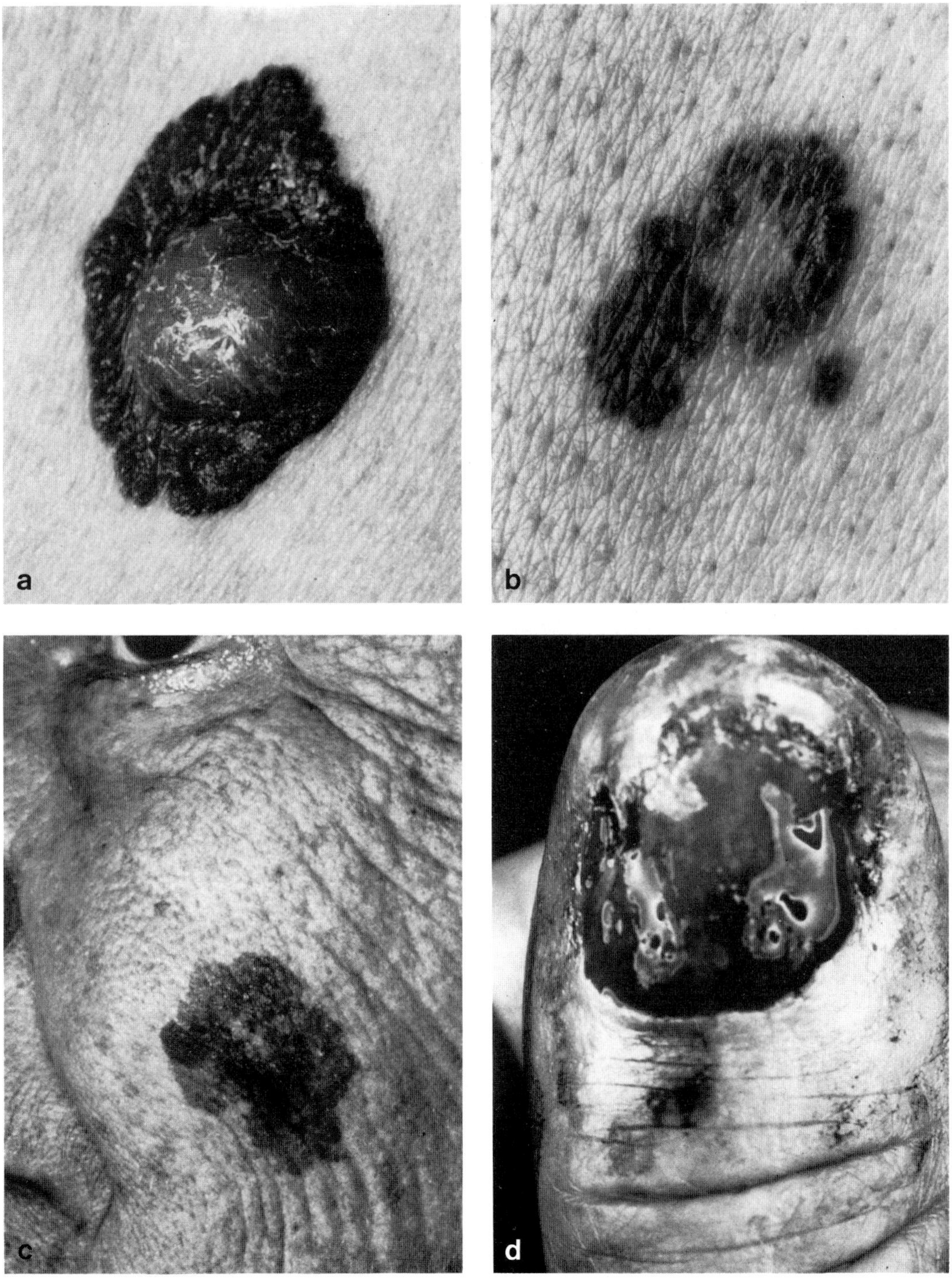

Abb. 50: Melanom: a) noduläre Form, b) oberflächlich spreitende Form, c) Lentigo-maligna-Melanom, d) akral-lentiginöser Typ.

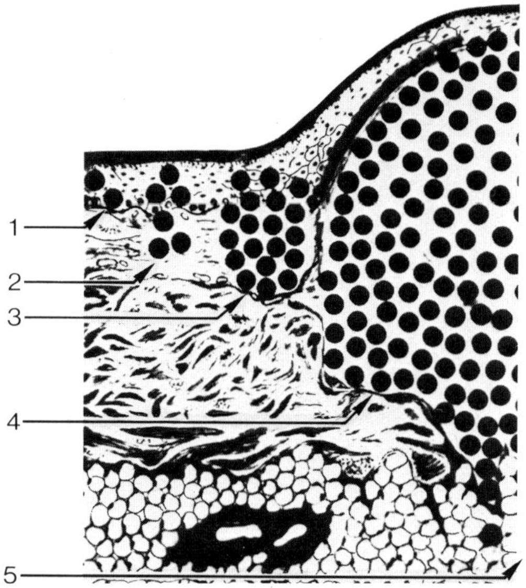

Abb. e:

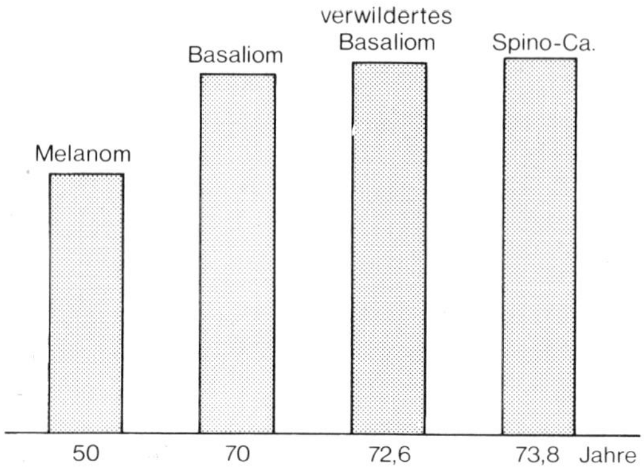

Abb. f:

Abb. 50: Melanom: e) Level-Einteilung des Melanoms (1 = Tumordicke < 0,76 mm, 2 = Tumordicke 0,76–1,50 mm, 3 = Tumordicke 1,51–2,25 mm, 4 = Tumordicke 2,26–3,00 mm, 5 = Tumordicke > 3,00 mm), f) maximale Altersverteilung bösartiger Tumoren

Vom Histologischen her kommt (vielleicht!) den faszikulären bzw. fusozellulären Melanomen geringere Malignität zu, während alveoläre und globozelluläre Melanome generell vermutlich höhere Malignität aufweisen, womit die früher übliche Abtrennung in „Nävokarzinome" und „Melanosarkome" doch wieder an Bedeutung gewänne. Weiterhin unterscheidet neuerdings Mishima aufgrund ultrastruktureller Merkmale zwei ontogenetisch verschiedene Typen des malignen Melanoms, und zwar zum einen das maligne Melanozytom mit reiferen Melanozyten als Matrixzelle und zum anderen das aus melanozytären Nävuszellen entwickelte maligne Nävozytom.

Regionäre Lymphknotenbeteiligung häufig einige Zeit subklinisch, so daß das Stadium I meist zu oft diagnostiziert wird. Bei der generalisierenden Metastasierung (Stadium III) stehen Lunge, Leber, Hirn und Herz (Tachykardien, Arrhythmien) im Vordergrund. Neurohormonelle Labilitätsphasen, besonders der Gravidität, wird von manchen ein (statistisch allerdings nicht gesicherter) negativer Einfluß zugeschrieben, so daß bei solchen Kranken Schwangerschaftsunterbrechung im allgemeinen wohl zu befürworten, ihre Unterlassung aber keinesfalls als Kunstfehler anzusehen ist. Diaplazentare Übertragung des Melanoms ist vereinzelt beobachtet worden. Außerdem besitzen vermutlich größere Primärtumoren (mit einem Durchmesser bereits über etwa 1,5 cm) von vornherein eine weitaus schlechtere Therapiechance, was die Notwendigkeit der Frühdiagnose unterstreicht.

Ferner ist der Sitz des Primärtumors, z. B. zwischen den Schulterblättern, für die Prognose sehr wichtig. Ansonsten sind neben diesen Faktoren der Größe und Lokalisation vor allem die Tiefenfrage bzw. Tumordicke d.h. die maximale Höhe des Melanoms (Hoch-Risiko-Melanom ab Level III) und die Tiefenausdehnung (Hoch-Risiko-Melanom ab 0,75 mm) von Bedeutung, wie es in den Tabellen 9,10,11 näher ersichtlich wird.

Laboratoriumsuntersuchungen, so z. B. auch Tumor-Marker, oder der Nachweis von Melanogenen im Urin (Probe nach

Tab. 9: Tiefenausdehnung des malignen Melanoms

Grad 1:
Tumor liegt noch ganz intraepidermal (in situ), die Basalmembran ist völlig intakt (z. B. bei der Lentigo maligna).
Grad 2:
Superfizieller Tumor, die Basalmembran ist eben durchbrochen. Die Invasion des Korium beginnt (z. B. beim initialen Melanomalignom).
Grad 3:
Die Tumormassen füllen das ganze Stratum papillare des Korium aus (z. B. beim bereits deutlich infiltrativ wachsenden Melanom).
Grad 4:
Die Tumormassen reichen bis in das Stratum reticulare des Korium (z. B. bei bereits nodöser Geschwulst).
Grad 5:
Die Tumormassen sind in die Subkutis eingedrungen (z. B. beim deutlich prominenten Geschwulstknoten, evtl. mit verruköser bzw. papillomatöser Oberfläche).

Tab. 10: Zeichen und Verdachtszeichen für die Diagnose eines malignen Melanoms

Eine fragliche Veränderung oder Vorveränderung (z. B. ein »Pigmentfleck«) verändert sich in:
► *Größe:* rasches Wachstum nach Seite und/oder Höhe (Protuberanz)
► *Form:* Entwicklung einer unregelmäßigen Begrenzung, Pigment-»Abfluß« in die umgebende Haut, Satellitenherde
► *Oberfläche:* Schuppung, Verlust des Oberflächenreliefs, vor allem der Follikelmarkierung, Nässen, Krusten, Blutung, Erosion, Ulzeration, Verletzlichkeit
► *Farbe:* rasche Dunkelung, bezirksweise Hyper- oder Hypopigmentierung innerhalb des Tumors wie Sprenkelung oder Entstehung von achromen Flächen im Tumor
► *Umgebung:* entzündlicher roter Hof, entzündliches Infiltrat
► *subjektiven Hinweiszeichen:* Juckreiz, Schmerz

Tab. 11: Häufigkeit der Melanomentstehung

Auf dem Boden	
1. einer Melanosis circumscripta praeblastomatosa	ca. 10 %
2. eines superfiziell sich ausbreitenden Melanoms	ca. 55 %
3. eines knotigen Melanoms	ca. 35 %

Jaksch bzw. Thormälen, letztere in der Regel nur bei farbigen Lebermetastasen positiv) erbringen im allgemeinen keine Frühnachweise.

Was die lokale **Behandlung** des Melanoms angeht, stehen Stahl und Strahl wie in der Onkotherapie auch sonst unter zum Teil nicht widersprüchlicher Beurteilung. Bis jetzt stehen brauchbare Vergleichsstatistiken kaum zur Verfügung, zumal angesichts des strikten Verbots der Probeexzision histologisch gesicherte Beobachtungen in Strahlenstatistiken meist fehlen. Einigkeit herrscht darüber, daß die Behandlung des einzelnen Melanomträgers nicht starr schematisch, sondern individualisierend durchgeführt werden muß. Einmütigkeit besteht ferner darüber, daß durch Zytostatika bei diesem Tumor keine entscheidenden Wirkungen zu erzielen sind. Nicht selten wird auf diese Weise dem trotz ausgedehnter Generalisierung häufig noch kachexiefreien Melanomkranken durch die bisher bekannten hochdifferenten Bremsstoffe hinsichtlich der körpereigenen Abwehrkraft dem klinischen Eindruck eher mehr noch geschadet als genützt. Auch in der Bundesrepublik Deutschland wird sodann an mehreren Zentren eine adjuvante hypertherme Zytostatika-Perfusion durchgeführt, worüber im einzelnen aus der Mainzer Chirurgischen Universitätsklinik (Junginger) Nagel berichtet hat (Neue Gesichtspunkte bei der kurativen chirurgischen Behandlung des malignen Melanoms der Haut. Ärztebl Rheinland-Pfalz 1986; 5: 240).

Was die Therapie *des Stadiums I* als der eigentlich kurablen Phase dieses Leidens anlangt, so besteht dessen adäquate Behandlung in der ausgedehnten „dreidimensionalen" chirurgischen, bzw. elektrochirugischen Entfernung des Primärtumors in Vollnarkose (!). Bei dem Eingriff selbst ist jedwede Traumatisierung, z. B. allein durch manuelle oder instrumentale Palpation, als Verschleppungsrisiko zu erwägen. Als Vorbehandlung für den operativen Eingriff wandte man die von Grüneberg und Eggeling angegebene tiefreichende Vereisung des Operationsfeldes mit einem ausgehöhlten Kohlensäureschneeblock oder mit flüssigem Stickstoff eine Zeit lang an. In letzter Zeit wird die früher als weitgehend schulgerecht erachtete präoperative Röntgenbestrahlung des Melanoms im Hinblick auf den von Heite diskutierten radiogenen Hyperämisierungs- bzw. Spreading-Effekt und in Anbetracht der ungeheuren Strahlenresistenz der melanomatösen Tumoren mehr und mehr verlassen. Es muß beunruhigen, daß trotz Applikation geradezu höchster Röntgendosen bei Mensch und Tier auch Monate nach der Bestrahlung immer noch einige diesbezügliche Gewebekulturen auswachsen. Das Operationsgebiet kann entgegen früheren Vorstellungen durchaus bald geschlossen bzw. plastisch (frei oder durch Verschiebung) früh versorgt werden. Leider schützt aber auch die durchgreifende Exzision, z. B. unter Mitnahme der tiefen Faszie, nicht immer vor der Entwicklung der in solchem Falle häufig alsbald multipel in Erscheinung tretenden Rezidivsatelliten. Beim *Stadium II*, als der letzten, kurativ zugänglichen Phase, muß zwar nicht ultraradikal, wohl aber vernünftig-radikal vorgegangen werden (Blockentfernung mit nachfolgender Röntgen- oder Elektronenbestrahlung). Im Stadium I wird an der Mainzer Universitätshautklinik eine prophylaktisch chirurgische und röntgenologische regionäre Lymphknotenbehandlung unterlassen, zumal sie z. B. nach Einwirkung von Röntgenstrahlen die Randsinus vielleicht rasch erweitert. Bei eingetretener regionärer Lymphknotenvergrößerung, worauf schon in den ersten Tagen nach Exstirpation des Primärtumors konsequent immer wieder zu untersuchen ist, zögere man dagegen nicht mit der Blockentfernung dieser Lymphknoten unter nachfolgender Anwendung von Röntgenstrahlen unter Tiefenbedingungen. Dabei klammert sich trotz der erwiesenen Strahlenresistenz der Melanomzelle die therapeutische Hoffnung an die devitalisierende Durchstrahlbarkeit einzelner, u. U. liegengebliebener Tumorzellverbände (im Gegensatz zu den Verhältnissen bei einem dicken Tumorknoten) oder an die Entwicklung einer Strahlenfibrose, die derartige Zellaggregate durch Einmauerung von der Zirkulation abschließen könnte. Dennoch hat es gerade in letzter Zeit nicht an onkolytischen Versuchen gegenüber den generalisierten Lymphknotenmetastasierungen des Stadiums III gefehlt, wobei von Korting seit Jahren gegenüber der Anwendung von Zytostatika oder der Immundepressiva gewarnt wurde, an welcher Situation auch die synchronisierende Polychemotherapie nach bisheriger Erfahrung keinen Wandel zu erbringen scheint. Die Anwendung von Zytostatika und Immundepressiva läßt tertiäre Stadien in der Regel deutlich schneller, als üblicherweise zu erwarten, ablaufen, während – ohne daß darauf größere Hoffnungen zu gründen wären – selbst manche „banale", unspezifische Reizkörper für eine gewisse Verlaufszeit eindrucksmäßig Wachstumsverzögerungen zu erbringen scheinen (Mistelpräparate, z. B. Plenosol®). Es lag daher nahe, verschiedene Stimulierungsversuche zur Anhebung der immunologischen Kraft des Organismus speziell gegenüber den späten Melanomstadien zu unternehmen, worüber verschiedene Berichte (darunter allerdings kaum Langzeitbeobachtungen) über die herdnahe Anwendung z. B. von Pockenlymphe oder komplettem Freundschen Adjuvans (intraläsional) vorliegen. Untersuchungen aus der eigenen Klinik über die

Wirkung von Pockenvakzine auf das Harding-Passey-Melanom der Maus konnten indessen einen onkolytischen Effekt nicht statistisch sichern (Schwab, Arch Derm Forsch 1971; 241: 411–25). Nach wie vor ist also mit allem Nachdruck zu betonen, daß angesichts der bisherigen weitgehenden therapeutischen Ohnmacht bei späteren Entwicklungsstadien der therapeutische Imperativ beim Melanom in der klinischen Frühdiagnostik liegt. Dennoch wird man gegenwärtig noch im Stadium III wie im Stadium II einen Versuch mit Dacarbazin (DTIC) durchführen, welches auch bei Fernmetastasen, speziell in der Lunge oder Leber, nicht dagegen im Hirn, eine deutliche Wirkung haben kann. An der Mainzer Universitätshautklinik wird dieses Zytostatikum nach Carter in einer Dosierung von ca. 250 mg/m^2 Körperoberfläche in Abständen von 3 Wochen jeweils 5 Tage insgesamt in 6 Serien verabfolgt, wobei Blutbild und Leberparameter-Kontrollen notwendig sind. Ergänzend wird am ersten Tag 50 mg Prednisolon i.v. (z.B. Solu-Decortin®H) zugegeben und zum 2. Stoß, welcher nach 3 Wochen erfolgt, eine Low-dose-Heparinisierung durchgeführt, da nach etwa 3 Wochen an den Thrombozyten durch Dacarbazin bedingte Veränderungen nachweisbar sind, die seltene thromboembolische Nebenwirkungen verursachen können (Budd-Chiari-Syndrom). Nach eigener Erfahrung sind Vinca-Alkaloide, wie Vindesin (Eldisine®) ebenso wie Cisplatin (z.B. Platinex®) oder Ifosfamid (Holoxan®), weitaus weniger wirksam. Bei Hirnmetastasen ist für einige Zeit die Verabfolgung von Dexamethason (Decadron®, Fortecortin®) im Verein mit „Hirn-entquellenden Diuretika“ wie Furosemid (Lasix® o.ä.) wirksam.

Die **Nachsorge** beim malignen Melanom sollte 10 Jahre lang erfolgen, da wir durchaus noch Spät-Metastasen nach 9 Jahren beobachtet haben. Patienten mit Low-risk-Melanomen werden alle 3 Monate für 6 Jahre, danach alle 4 Monate einbestellt und sorgfältig untersucht, High-risk-Melanompatienten alle 8–10 Wochen für 2 Jahre, dann alle 12 Wochen. Bei jeder zweiten Untersuchung werden die Thoraxorgane röntgenologisch kontrolliert und die Abdominalorgane sonographisch, im Zweifelsfall computertomographisch, untersucht.

Weitere Literatur z.B. bei Korting G. W. Dtsch Ärztebl 1964; 61: 367–80, 455–61. Dtsch med Wschr 1966; 91: 501–5.

25 Leukosen, maligne Lymphome (Retikulosen) der Haut

Unter diesem Formenkreis werden Krankheitsbilder zusammengefaßt, die durch eine irreversible, hemmungslos-ungeordnete Proliferation von Elementen der 3 Blutzell-Linien sowohl innerhalb der normalen Blutbildungsstätten als auch außerhalb derselben charakterisiert sind. Leukotische Wucherungen kennt man seit 1976 in Gestalt der *lymphatischen Leukämie* der Haut (Bisiadecki), in Form der *myeloischen Leukämie* (Bruusgaard 1911) und seit Reschad und Schilling (1912) als *Monozytenleukämie,* deren Hautkorrelat die Histioleukämie (Flarer) bzw. die *Retikulosen* (Letterer 1924) sind. Der letztere Begriff ist jedoch heute weitgehend verlassen worden und in dem Terminus „maligne Lymphome" (Billroth 1871) aufgegangen.

25.1 Leukosen und Retikulosen

25.1.1 Chronisch-myeloische Leukämie (CML, chronische Myelose)

Die chronische Myelose, die unter Schwäche, Müdigkeit und Gewichtsabnahme, Anämie und Leukozytose bis über 100 000, hauptsächlich zwischen 3. und 5. Lebensjahrzehnt, auftritt, zeigt im Hautbereich vor allem bei Vorliegen einer (akuten) *Myelo-* oder *Paramyeloblastenleukämie,* purpurische und noduläre, u. U. ulzerös zerfallende, gelegentlich auch flächenhaft erythrodermische Aspekte. Mitbeweisend für das Vorliegen der Erkrankung ist der Nachweis des Philadelphiachromosoms. Vor allem wird man aber um den Nachweis der alkalischen Leukozytenphosphatase und um die Histologie einer Knochenmarksbiopsie bemüht sein, damit eine chronische myeloproliferative Erkrankung ausgeschlossen werden kann. Frühes Hinweiszeichen ist (selten) auch ein Priapismus (s. S. 293).

Die **Therapie** bestand früher hauptsächlich in der Röntgenbestrahlung der Milz (nur noch bei dringender Notwendigkeit und wenn afebril). Heute sind die Zytostatika vorrangig, und zwar wird hauptsächlich Busulfan, ein Dibutyl-sulfonoxybutan, verwendet. Man gibt es als Myleran®, oral 4, 8, 12 mg/die, und nach einer erzielten Leukozytenremission unterhalb von 30.000/mm^3 mit einer Erhaltungsdosis von 0,5–2,0 mg/die. Nach und nach kann sich auch eine Chemoresistenz entwickeln, so daß der Übergang auf ein anderes Zytostatikum notwendig werden kann (Mercaptopurin = Puri-Nethol®, etwa 150 mg oral/die, oder Glucocorticoide). Bei Myeloblastenschüben ist eine Kombination von Glucocorticoiden und Vincristin oder Vindesin (Eldisine®) sinnvoll, bei geeigneten Bedingungen auch eine Knochenmarkstransplantation. Bei etwaiger fortgeschrittener Fibrose sei man mit der zytostatischen Therapie zurückhaltend. Lokal bestrahlt man spezifische myeloische Infiltrate der Haut mit einer Einzeldosis von 25,8–51,6 $mCkg^{-1}$ in etwa 5tägigen Abständen.

25.1.2 Chronisch-lymphatische Leukämie (CLL, chronische Lymphadenose)

Die chronische Lymphadenose bevorzugt Männer in höherem Lebensalter, bei denen unter schleichendem Einsetzen Schwellungen der Milz, weniger auch der Lymphknoten und der Leber, hämolytische, z.T. auch immunologische Entgleisungen (γ-Globulinmangel) in Erscheinung treten. Hautaspektmäßig handelt es sich um eine Akrodermatose, die vor allem durch das Bild der „Facies leontina“ infolge blauroter, plattenartiger oder knolliger Infiltrate mit teleangiektatischer Durchsetzung ihre kennzeichnenden Züge erhält. Weniger oft begegnet man Erythrodermien (F. Pinkus: Leucaemia cutis diffusa) oder makulopapulösen Exanthemen. Die unspezifische, meist sehr pruritiösen und pruriginösen „Hautbegleiterscheinungen“ (Pinkus) werden *„Leukämide“* (Audry) genannt. Häufiger Herper zoster „varicellosus“ (infolge lymphatisch-leukämischer Infiltration der Spinalganglien?).

Therapeutisch ist in Anbetracht des relativ chronischen Verlaufsganges bis zu 15 und 20 Jahren die späte aktive Medikation zurückhaltenden Ausmaßes für den Patienten von Vorteil. Anzeige hierfür ist weniger der Leukozytenwert als das sonstige Beschwerdebild (Leuk*anämie,* Gewichtssturz, mehrtägiges Fieber, Abgeschlagenheit, starke Schweiße und vor allem Autoimmunisierungsphänomene, wie z.B. dergestalt bedingte hämolytische Anämie bzw. positiver Coombs-Test). Erweist sich eine Kur mit Asiatischen Pillen (Pilulae asiaticae DAB 6, Arsenikpillen, die 1 mg Arsenige Säure enthalten), die allerdings nur bei Greisen vertretbar erscheint, oder kleinen Dosen von Glucocorticoiden (Triamcinolon, Methylprednisolon) als nicht mehr ausreichend, so kommt Chlorambucil (Leukeran®), ein Senfgasderivat, in Frage, 6–8 mg/die unter weiterer Reduktion, bis ein Abfall auf etwa 10.000 Zellen schrittweise erreicht wird. Daraufhin intermittierende Weiterbehandlung, die günstigerweise mit Glucocorticoiden (Prednison) kombiniert werden kann. Reichliche Flüssigkeitszufuhr im Hinblick auf die hohe Harnsäurefreisetzung aus den zerfallenden Kernen.

Lokal werden die u.U. stark entstellenden plattenartigen und großknotigen Infiltrate, vor allem im Gesichtsbereich, mit 25,8–51,6 $mCkg^{-1}$, etwa 5tägig, bis zur Rückbildung bestrahlt, wobei aber nach Möglichkeit, ähnlich wie bei der Allgemeintherapie angegeben, eine solche Therapie nicht zu übereilen oder zu überdosieren ist. Liegen universelle kleine Aussaaten vor, so kann in der Klinik röntgenologisch nach den Prinzipien der Großfeldtechnik vorgegangen werden. Bei lediglich allgemeinem Juckreiz oder einer Prurigo leucaemica kommt schließlich auch eine PUVA-Therapie in Betracht. Vergrößerte Lymphknotenpakete, die zu Entstellung oder Funktionsbehinderung führen, können der Strahlenbehandlung zugewiesen werden, wobei ebenfalls meist kleine Einzeldosen von 12,9–25,8 $mCkg^{-1}$ bis zu einer Gesamtdosis von 258 $mCkg^{-1}$ ausreichen. Dagegen sollten Milzbestrahlungen, extrakorporale Blutbestrahlungen o.ä. klinischen Spezialzentren vorbehalten bleiben.

Bei den *unreifzelligen akuten Leukosen,* die heute meist *lymphoblastische Lymphome* genannt werden und vor allem bei Kindern vorkommen, stehen Maßnahmen zur antibiotischen Infektabschirmung und zur Bekämpfung der Blutgerinnungsneigung im Vordergrund. Die Wahl der Zytostatika hängt von dem vorliegenden Blastentyp ab; im allgemeinen werden aber neben Cortison Antimetaboliten der Purin- und Folsäurereihe zu bevorzugen sein (6-Mercaptopurin bei Erwachsenen, Methotrexat eher bei Kindern). Die Hauterscheinungen hierbei sind in Gestalt von Knoten oder Infiltratbildungen wenig charakteristisch und nur histopathologisch als solche festzustellen. Die Behandlung wird im Regelfall den onkologisch spezialisierten Pädiatern zufallen.

Als *unerwünschte Wirkungen bei der Anwendung* von Zytostatika seien neben Schäden des Knochenmarks in erster Linie solche der Lymphozytopoese, an den Keimepithelien, an Haut, Schleimhäuten und Haaren summarisch hervorgehoben.

25.1.3 Maligne Lymphome der Haut, früher Retikulosen (im engeren Sinn)

Sie sind gestaltlicher Repräsentant von progredient-irreversiblen Proliferationen der dritten Blutzellinie bzw. des retikulohistiozytären Systems. Man unterschied entweder ortho-, meta- oder neoplastische Retikulosen oder bei Unterteilung nach spontaner Rückbildungsmöglichkeit oder Irreversibilität mit Gottron auch zwischen retikulären Hyperplasien, retikulären Proliferationen oder Retikulosen im engeren Sinne. Bei letzteren handelt es sich um meist monoton-monomorphe periappendikuläre histiozytäre Zellanhäufungen mit gelegentlich besonderer, z. B. plasmozytoider, Modulation oder Transformation, Gitterfaserbildung sowie lediglich subfinaler Monozytenausschwärmung in die Zirkulation. Als typischer Vertreter galt die sog. Retikulosarkomatosis Gottron bzw. die akute maligne Retikulose Degos (Verlaufszeit: wenige Monate). Grob-destruktive Infiltration und Metastasierung sind für sie nicht eigentümlich. Ansonsten kennt man nach dem klinischen Bild hauptsächlich Formen mit wechselnden zahlreichen klein- oder großknotigen Herden sowie erythrodermische Erscheinungstypen. In letzterer Hinsicht kann man unter dem *Sézary-Syndrom* ein Erscheinungsbild besonders kennzeichnen, welches von seiten der Haut erythrodermisch und hämatologisch leukämisch (PAS-positive, zytologisch schwer klassifizierbare histiomonozytäre Zellen) verläuft. Grundsätzlich lohnt es sich aber nach eigener Erfahrung, bei allen makroskopisch wie mikroskopisch auf den ersten Blick noch so „genuin" imponierenden Retikulosen immer wieder nach einer etwaigen, vor allem drogenallergischen Auslösung (eigene Beobachtung: Hydantoin, Menthol usw.) zu fahnden, um nach Möglichkeit eine ursprünglich reizabhängige, retikuläre Proliferation, also *Pseudo-Lymphome,* nicht auf die Dauer doch zur letzten Autonomie, d. h. nunmehr zum malignen Lymphom, im eigentlichen Sinne, sich entwickeln zu lassen. Derzeit werden die malignen Lymphome der Haut nun anders klassifiziert, wobei hinsichtlich der Einzelheiten auf die Monographien von Burg und Braun-Falco (Cutaneous Lymphomas. Berlin, Heidelberg, New York: Springer, 1983) oder von H. H. Wolff und R. Scherer (Haut. Band 3, Pathologie, Remmele W, Hrsg. Berlin, Heidelberg, New York: Springer, 1984: 889) hingewiesen sei. Diese neuen Einteilungen, hauptsächlich nach der Klassifikation von Rappaport und gemäß der Kiel-Klassifikation, unterscheiden im wesentlichen maligne Hautlymphome von niedrigem Malignitätsgrad (vom T-Zell-Typ oder B-Zell-Typ) gegenüber malignen Hautlymphomen von hohem Malignitätsgrad. Im folgenden wird jedoch noch entsprechend der für den Dermatologen gewohnten älteren Nomenklatur, wie bisher in diesen Therapie-Monographien üblich, vorgegangen.

Therapeutisch versuche man antibiotisch abgeschirmte hohe Glucocorticoiddosen. Ebenso symptomatisch wirksam ist die Röntgentherapie, die bei größeren Einzelherden bestrahlungstechnisch etwa den Angaben bei der Myelose und Lymphadenose entsprechen sollte, vor allem aber in kleiner Einzeldosierung und größerer Protraktion zu handhaben ist. Aber auch zytostatisch sind mitunter, namentlich bei massiver Intervalldosierung (Endoxan®-Stöße), erstaunliche Remissionen zu erzielen, die sich freilich in der Folge nicht wie anfänglich trotz größerer Dosierung und verkürzter Intervalle reproduzieren lassen. Vor allem aber wird man bei einem akuten, malignen Lymphom eine zytostatische Polychemotherapie in Erwägung ziehen.

Besonders strahlenempfindlich ist auch die seit 1925 bekannte *Brill-Symmerssche Krankheit,* die eine großfollikuläre, lymphonoduläre Präblastomatose darstellt.

Die genannte plasmozytoide Transformation innerhalb der malignen Lymphome findet ihren höchsten Ausdruck in den Plasmazellenleukosen und im *Plasmozytom* (Apitz), (multiples Myelom, Morbus Kah-

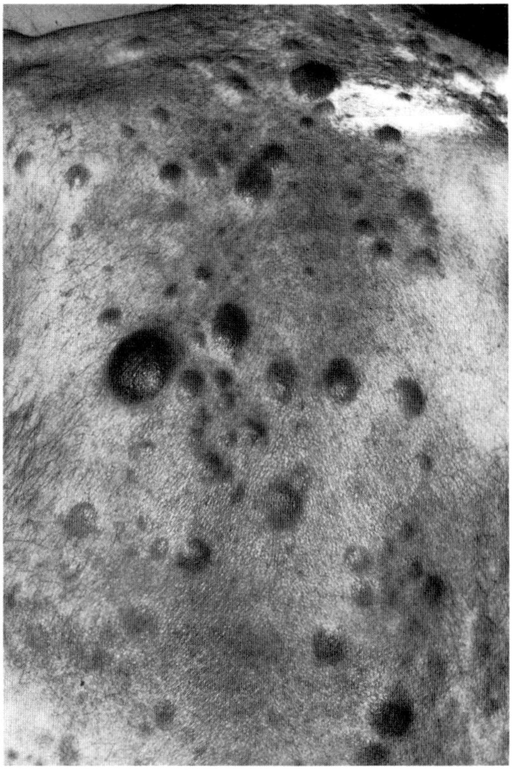

Abb. 51: Plasmozytome der Haut

ler), bei dem neben Skelettdefekten mit rheumatoiden Knochenschmerzen auch Hautveränderungen (Knoten, Erythrodermie, Hämorrhagien einschließlich Epistaxis, polypöse Wucherungen an der Gingiva) möglich sind. Ferner achte man u.a. auf Paramyloid (Makroglossie!), Kryoglobinämie oder Skleromyxödem (Arndt-Gottron). Beim Skleromyxödem häufig auch neuralgische, kardiovaskuläre, myopathische und lymphoplasmaretikuläre Symptome. Diagnostisch ist der Nachweis von Paraproteinämie (hohe BSR, extrem schmalzipfelig hoher α-, β- oder γ-Gipfel) und Paraproteinurie (Bence-Jones) wichtig.

Die gegenwärtige *Einteilung der Plasmozytome* als Lymphome vom B-Zell-Typ geht von der Lokalisation (solitär, ossär oder extraossär, generalisiertes Plasmozytom) und von den Proteinanomalien (IgG-Plasmozytom, IgA-Plasmozytom, IgD-Plasmozytom, IgE-Plasmozytom, Bence-Jones-Plasmozytom, biklonales Plasmozytom [„Doppelparaproteinämie"], Plasmozytom ohne monoklonales Immunglobulin) aus.

Therapeutisch versuchenswert sind bei Plasmozytomen vor allem Glucocorticoide, aber auch Cyclophosphamid (Endoxan®), weniger Chlorambucil (Leukeran®) und Melphalan (Alkeran®). Deutliche Beeinflussung des Allgemeinzustandes durch Bluttransfusionen. Bei Zeichen einer „Hyperviskosität" (Visusstörungen, therapierefraktäre Herzinsuffizienzen, Hämorrhagien) oder einer Raynaud-artigen Kryopathie wird als depolymerisierende Therapie das allerdings selbst nicht indifferente Penicillamin (Metalcaptase®) empfohlen. Weniger different sind bei solcher Indikation sog. Plasmapheresen, d.h. Blutentzüge mit Trennung von Erythrozyten und Plasma, sowie Retransfundierung der roten Blutkörperchen. Im Hinblick auf die oft beeinträchtigte Antikörperbildung sorgfältige antibiotische Abschirmung und ferner γ-Globulingaben, wie überhaupt angesichts der hohen Infektanfälligkeit solcher Kranker, vor allem die ausreichende antibiotische Therapie eine wesentliche Möglichkeit zur Lebensverlängerung darstellt. Die direkten, objektiven Kriterien zur Beurteilung des Therapieerfolgs betreffen den Rückgang des monoklonalen Immunglobulins, der Paraproteinurie sowie die eindeutige Rückbildung von Osteolysen, wie auch subjektiv das Schwinden der Knochenschmerzen und die Verbesserung der allgemeinen Beweglichkeit als positive Zeichen zu werten sind.

Als weitere monoklonale Paraproteinämie resp. Gammopathie ist noch die *Makroglobulinämie Waldenström* anzuführen, die in der Voruntersuchung im Sia-Test und sodann durch Ultrazentrifugierung sowie durch Sternalpunktion und Immunoelektrophorese gesichert werden kann. Sie ist charakterisiert durch kleine Petechien sowie durch Schleimhautblutungen, z.B. aus Mund und Nase, aber auch an anderen Stellen, sowie durch spezifische tumorförmige Infiltrate der Haut, wie sie Gottron, Korting und Nikolowski (Arch klin exp Derm 1960; 210: 176–201) erstmalig in zwei Fällen beschrieben haben, was mehrfach nachbeobachtet wurde. Therapeutisch kommen bei dieser immunozytären Neoplasie hauptsächlich Zytostatika, wie Chlorambucil

(Leukeran®), anfänglich 6–10 mg täglich über 3 Wochen und anschließend 2 mg täglich über größere Zeitabstände in Betracht.

Nicht zu verwechseln mit dieser Purpura macroglobulinaemica ist die von Waldenström in der gleichen Mitteilung 1948 beschriebene *Purpura hyperglobulinaemica,* die aber nach eigener Auffassung (Korting und Adam. Derm Wschr 1955; 131: 121) im Regelfall eine rezidivierende Form der Purpura Schönlein mit vermehrtem Globulingehalt im Serum darstellt.

Schließlich ist noch die *Kryoglobulinämie* (Lerner und Watson 1947) zu erwähnen, die sowohl monoklonal (Plasmozytom?) wie polyklonal (zirkulierende Immunkomplexe) auftreten kann. Klinisch typisch sind einerseits Raynaud-artige Erscheinungen oder eine Purpura an Händen oder Füßen, noch hinweisender gangräneszierende Ulzerationen an kälteexponierten Stellen. Die Therapie kann nur in der Erfassung einer Grundkrankheit gipfeln, andererseits wird zu Versuchen mit Penicillin über mehrere Wochen wie bei einer Kälteurtikaria geraten.

Neuerdings wird von einigen Fachleuten zu den *Mastzellenretikulosen* (im weiteren Sinne) auch die **Urticaria pigmentosa** (Nettleship 1869) gerechnet, bei der auf Reibung durch Austritt von Histamin und Serotonin aus den Granula der Mastzelleninfiltrate die (infolge einer Heparinwirkung?) bräunlichen fleckförmigen Effloreszenzen anschwellen. Sehr selten finden sich Mastzellenproliferationen im Bereich des Knochensystems oder innerhalb von hämatopoetischen Organen. Bei massiven Mastzellanhäufungen kann es zu diffusen hyperpigmentierten Verdickungen der Haut kommen. Solche diffusen Mastozytosen können sich ferner erythrodermisch, bullös oder leukämieartig äußern. Bei Kindern kommen auch gar nicht so selten *isolierte,* meist spontan-involutive *Mastozytome* vor.

Eine sichere **Therapie** solcher Veränderungen ist nicht bekannt; die bisher empfohlenen Wirkstoffe (Resochin®, Reserpin usw.) erscheinen angesichts der weitgehenden Benignität für eine längere Darreichung als zu different. Dagegen kommen bei starken oder gehäuften Juckausbrüchen, z.B. nach heißem Baden, Frottierungen o.ä., Antihistaminika, und zwar sowohl bei allgemeiner wie lokaler Anwendung (z.B. als Creme), durchaus zur befriedigenden Wirkung. Auch H_2-Antagonisten (Cimetidin, Tagamet® oder Ranitidin, Sostril®) sind zu versuchen. Bei sehr heftigen Darmerscheinungen (Durchfällen) kommt auch die innerliche Zufuhr von Cromoglicinsäure (Colimune®) in Betracht. Schließlich sind auch Versuche mittels Photochemotherapie (PUVA) angezeigt.

25.2 Retikuläre Hyperplasien (benigne Lymphoplasien) der Haut

25.2.1 Lymphadenosis cutis benigna (Bäfverstedt)

Unter dieser Krankheitsgruppe sind heute als mehr oder minder identisch die *Sarcomatosis cutis* (Kaposi u. Spiegler) bzw. das *Sarkoid* von Spiegler u. Fendt und das *Lymphozytom* Jadassohn u. Biberstein (Namensgebung von Kaufmann-Wolff) zusammengefaßt. Es handelt sich um kutane, tiefkutane bis subkutane, solitär oder multi-

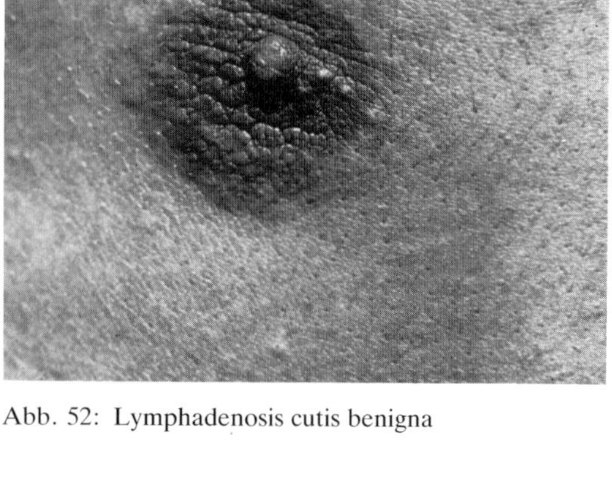

Abb. 52: Lymphadenosis cutis benigna

pel (evtl. in „miliarer" Größe) auftretende lymphoretikuläre Proliferationen, die einzelmorphologisch einem Sarkoidfleck oder einem Lupus-vulgaris-Knötchen ähnlich sehen, aber etwas oberflächlich glänzend-glatt, in ihrer Konsistenz sukkulent, farblich braunrot bis bläulichrot und immer wieder teleangiektatisch durchsetzt imponieren. Bevorzugte Lokalisationen des mehr oder weniger solitären Lymphozytomtyps sind das Ohrläppchen, das obere Gesichtsdrittel, die Brustwarzen sowie der Hodensack. Hinsichtlich der Verteilung nach Alter und Geschlecht prävalieren bis zum 10. Lebensjahr Jungen, während darüber hinaus ein deutliches Überwiegen der Frauen auffällig ist. Ätiologisch wird heute – unter Würdigung des relativ häufigen gemeinsamen Vorkommens des Erythema migrans oder der Acrodermatitis chronica atrophicans und unter Berücksichtigung der häufigen Entwicklung nach Insektenstichen (Zecken) sowie im Hinblick auf gelungene Übertragungsversuche von Mensch zu Mensch – grundsätzlich ein Infektionsmodus angenommen. Vor allem multipel auftretende Lymphozytome scheinen nicht allzu selten auch mit Neoplasmen assoziiert zu sein.

Therapeutisch ist das früher zumeist verabfolgte Arsen mit Recht verlassen, zumal sich das Lymphozytom, abgesehen von seiner gewissen Involutionstendenz (z. B. auch nach Probeexzision), gegenüber Röntgenstrahlen [2–4mal etwa 51,6–77,4 $mCkg^{-1}$ im Abstand von etwa 5 Tagen unter Nahbedingungen (Chaoul), RT 100 oder Dermopan, Stufe 4] befriedigend beeinflussen läßt. Ähnlich wie bei der Acrodermatitis chronica atrophicans oder bei dem Erythema migrans ist auch die Penicillinsensibilität der Lymphozytome auffallend gut (Gesamtdosis 8–12 Mega I. E.). Bei Penicillin-Unverträglichkeit kommen auch andere Antibiotika, z. B. Doxycyclin (z. B. Vibramycin®) in Frage. Allerdings bleiben nach anfänglicher Abblassung und Abflachung über längere Zeit noch gewisse Restzustände zurück.

Bei der *lymphozytischen Infiltration* (Jessner-Kanof 1953) handelt es sich um eine Art kleinfleckiger Lymphozytome ohne Reaktionszentren, ähnlich dem Lupus erythematodes chronicus, auf dem Boden einer in ihrer Manifestation lichtabhängigen Hyperergie. **Therapeutisch** ist demgemäß neben Lichtschutzsalben die Anwendung von Chloroquinderivaten empfehlenswert. Intrafokal sind Triamcinolon-Injektionen (z. B. Volon® A 10 Kristallsuspensionen, 10 mg, 1:2 verdünnt mit Scandicain® 1%) manchmal überzeugend.

25.3 Granulomatosen der Haut

25.3.1 Umschriebene Erscheinungsbilder

25.3.1.1 Granuloma eosinophilicum faciei

Charakteristisch rotbraune bis graurote, ausschließlich im Gesichtsbereich lokalisierte und oberflächlich orangenschalenartig anmutende Infiltrate von langer Bestandsdauer, welche zumeist einem hypertrophen Lupus erythematodes chronicus, einem Lymphozytom oder einer Sarkoidose vergleichbar sind. Dieses Granulom ist nicht mit dem eosinophilen Granulom des Knochens (Finzi 1929, Jaffé u. Lichtenstein 1940) zu verwechseln. Es stellt, wie die auf die Erstbeschreibung (Martinotti 1923) folgende, nicht allzu umfangreiche Nachbeobachtungskasuistik (H. Pinkus, Woerdeman u. Prakken) lehrt, eine vorzugsweise wohl reaktiv zustandekommende, rätselhafterweise den Gesichtsbereich bevorzugende, umschriebene Retikulogranulomatose der Haut dar. Subjektive Beschwerden fehlen, so daß der Arzt in der Regel nur wegen der kosmetischen Entstellung oder aus Furcht vor einer bösartigen Veränderung aufgesucht wird. Bevorzugt werden im allgemeinen Personen der mittleren Lebensabschnitte, bei denen im übrigen besondere Grundleiden oder mehr als zufällige Syntropien nicht zu ermitteln sind. Vereinzelt wurde die Koppelung mit Divertikulosis, chronischer Colitis, Hypertonie, Arteriosklerose o. ä. beobachtet.

Therapie: Im Gegensatz zu den Lymphadenosen, aber auch den plattenartigen Hyperplasien der Haut, ist das Granuloma eosinophilicum faciale auffallend resistent gegen Röntgenstrahlen, so daß man kleinere Krankheitsherde exzidiert oder größere mit Corticoidkristallsuspensionen unterspritzt. Vorher sollten auch corticoidhaltige Externa unter Folie (Leukoflex occlusiv, Sermaka® Folie) versucht werden. Innerlich sind Cortison-Derivate oder Chloroquin nur wenig wirksam.

25.3.1.2 Granuloma gangraenescens (Kraus 1929), „lethal midline granuloma of the face" (Williams 1949)

Ätiologisch unklares und zudem prognostisch völlig infaustes, im Inneren der Nase beginnendes, flächenhaft und weniger nach der Tiefe zu sich ausdehnendes Granulom ohne Beteiligung des regionären Lymphknotenapparates. Der Tod erfolgt im Laufe von Wochen bis Jahren, teilweise unter Entwicklung auf ein Retikulumzellsarkom zu, unter Kachexie, Abszeßbildungen, Sepsis oder Pneumonie. Mitunter liegen Verknüpfungen zu einem γ-Globulinmangel nahe, während andererseits auch ebenso Beziehungen zur *Wegenerschen Granulomatose* (1936, 1939) erörtert werden. Bei diesem rhino-pulmono-renalen Krankheitsbild stehen arteriitische und zum Teil tumorhaft granulomatöse Veränderungen im Vordergrund. Auch hier bleiben sämtliche therapeutischen Bemühungen letztlich ohnmächtig, wenn man auch sicherlich die nosostatischen Wirkungen von Cortison (z. B. Prednison, anfänglich 200 mg/die, dann langsame Einstellung auf eine Erhaltungsdosis von 10–25 mg/die), später u. U. im Verein mit einem Zytostatikum, wie etwa dem gleichzeitig immunsupressiven Purinantagonisten Azathioprin (Imurek®, zunächst 200 mg/die, später 150–100 mg/die über Monate hindurch), nicht unversucht lassen wird.

25.3.1.3 Necrobiosis lipoidica (Oppenheim-Urbach), Granulomatosis disciformis chronica et progressiva (Gottron-Miescher)

Bei diesen nach Gertler nur gradmäßig einander unterschiedlich gegenüberstehenden Erscheinungsbildern des Unterschenkelbereichs begegnet man linsen- und handtellergroßen, braunroten, im weiteren

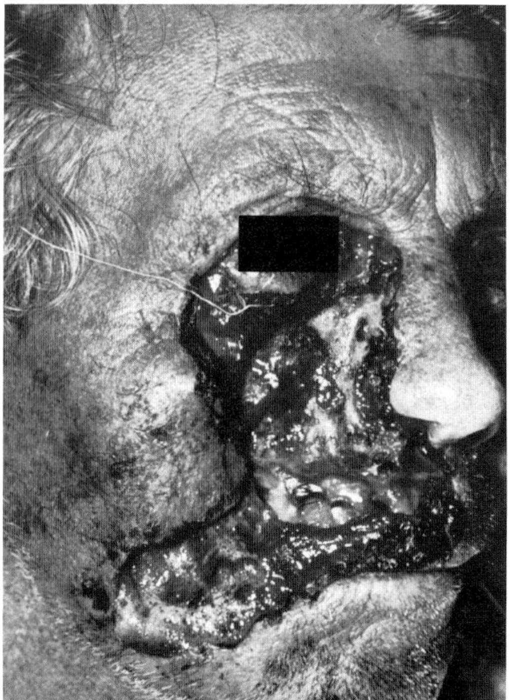

Abb. 53: Granuloma gangraenescens

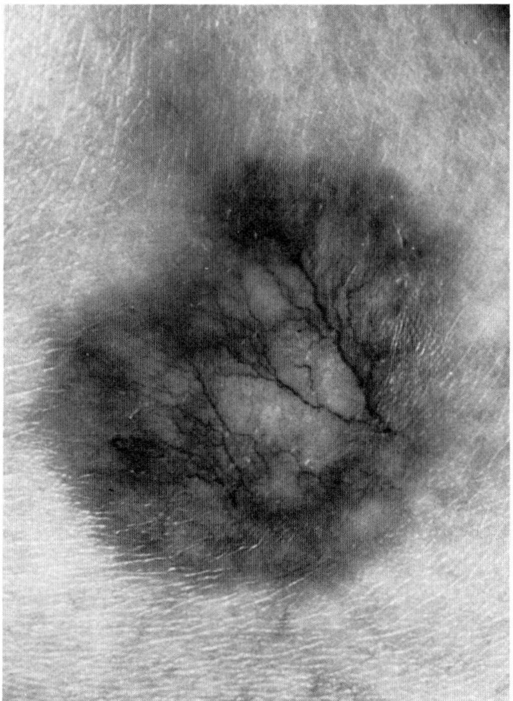

Abb. 54: Necrobiosis lipoidica

Verlauf ins Gelblichweiße abblassenden, indurierten Erythemen. Diese bleiben randwärts livid umsäumt, sinken in der Mitte etwas ein und werden von Endgefäßerweiterungen durchsetzt. In Abhängigkeit von der vaskulären Ernährungsstörung, wie sie vor allem beim labilen Hypertoniker und Diabetiker in Erscheinung tritt, und vom Reaktionsvermögen des perivasalen Bindegewebes können Granulomatose oder Nekrobiose vorrangig sein.

Die **Therapie** ist, sofern erforderlich, zunächst antidiabetisch bzw. antihypertensiv. Auch bezüglich des Gefäßfaktors ist zur Anwendung entsprechender Präparate (z. B. Depot-Padutin®, 40 E 2mal in der Woche, insgesamt eine Serie von 15–20 Injektionen) zu raten. Kleinere Herde können offenbar ohne sonderliches Rezidivrisiko chirurgisch entfernt werden. Größere sind perifokal mit einer Corticoidkristallsuspension mehrmals fächerförmig in etwa wöchentlichen Abständen, evtl. kombiniert mit Hyaluronidase (Kinetin®), zu unterspritzen. Procaininfiltrationen sind offenbar weniger wirksam. Systematisch wurden schließlich noch Antimalariamittel (Resochin®) oder INH empfohlen.

25.3.2 Systemartige Retikulogranulomatosen

25.3.2.1 Lymphogranulomatose der Haut (Morbus Sternberg-Paltauf bzw. Morbus Hodgkin)

Bei dieser, jüngere und mittlere Jahrgänge bevorzugenden malignen Granulomatose können einleitend uncharakteristische Symptome, wie Nasen- und Zahnfleischblutungen, Juckreiz oder Lymphknotenschmerz nach Alkohol, blaue Flecke, vegetative Reizzeichen, wie Heißhunger, Pollakisurie o. ä., das Bild beherrschen. Bei etwa der Hälfte der Kranken sind sodann Lymphknotenschwellungen auch die erste subjektive Beschwerde. Für die Tumornatur der Lympho*granulomatose* im biologischen Sinne sprächen der Tatbestand der Irreversibilität, das Ansprechen lediglich auf eine typische Tumortherapie und die Verkürzung der Remissionsphasen im weiteren Krankheitsverlauf. Histologisch wollte man eine angeblich besonders gutartige Form (Paragranulom, Jackson u. Parker) einem Sarkomtyp gegenüberstellen. Diese bisherige Einteilung (Paragranulom, Hodgkin-Granulom, Hodgkin-Sarkom) gilt inzwischen als weitgehend aufgegeben. Heute unterscheidet man meistens mit Lukes u. Butler (Konferenz von Rye) 1. eine lymphozytäre, 2. eine nodulär-sklerotische, 3. eine gemischtzellige und schließlich 4. eine lymphozytenarme Form. Formen mit überwiegend Lymphozyten und nodulärer Sklerosierung gelten als prognostisch günstiger als gemischtzellige, lymphozytenarme Erscheinungsbilder. Klinisch spricht man bei Befall einer Lymphknotengruppe von Stadium I, von zwei oder mehr Lymphknotengruppen inkl. der Milz von Stadium II–III, von Stadium IV bei Organmanifestationen an Leber, Lungen, Skelett, ZNS u. a.

Die von S. Grosz (1906) erstmalig herausgestellten Hautveränderungen umfassen uncharakteristische, urtikarielle, pruriginöse, schließlich Cutis-vagantium-artig imponierende, wenig häufig auch bullöse oder nodöse Effloreszenztypen. Mitunter weist erstmalig ein generalisierender Herpes zoster auf das sich entwickelnde Grundleiden hin. Im weiteren kommt es dann, fortgeleitet aus der Tiefe oder hautautochthon, zu disseminiert-papulösen, zentral oft flächenhaft derb verbackenen Infiltraten von schmutziggrauem Ton. Mitunter bleiben aber auch über längere Zeit spezifische Ulzerationen solitär oder nur in geringer Anzahl das einzige Hautsymptom.

Die **Therapie** strebt bei noch völlig lokalisiertem Erst- oder Frühherd (Halslymphknoten, Magen usw.) die chirurgische Totalentfernung mit nachfolgender Herdvernichtungsbestrahlung (1,03–1,55 Ckg^{-1}) an. Aber auch bei bereits vorliegender Metastasierung werden sämtliche erreichbare Lymphknotenherde mit Tumordosen intensiv bestrahlt. Erst bei wiederholten Rezidiven oder in fortgeschrittenen Stadien mit hohem undulierendem Fiebertyp (Pel-Ebstein) und allgemeinem Niedergang (Diazo!) kommt in der Folge die Zytostatikaanwendung in Betracht. Hier sind zu nennen die Derivate des Stickstofflosts, die weniger giftig als Stickstofflost selbst sind: z. B. Cyclophosphamid (Endoxan®, Cyclostin®), daneben auch das etwas langsamer zur Wirkung kommende Chlorambucil (Leukeran®). Erst bei fortgeschrittenen Fällen sind die Alkaloide der Immergrünpflanze Vinca rosea L. (neue Nomenklatur: Catharanthus roseus G. Don.), Vinblastin (Velbe®) und Vincristin bzw. das aus Vinblastin partialsynthetisch gewonnene Vindesin (Eldisine®) anzuwenden. Der in wärmeren Klimaten wachsende kleine Strauch, in Madagaskar beheimatet, weist in den oberirdischen Teilen mehr als 60 Alkaloide auf, die schwierig zu isolieren sind. Das erklärt die nicht unbeträchtlichen Herstellungskosten. Die genannten Alkaloide haben trotz chemischer Verwandtschaft nicht unerhebliche Unterschiede im zytostatischen Wirkungsspektrum, in der Pharmakokinetik und der Toxizität. Sie werden meist nicht allein, sondern in polychemotherapeutischen Programmen eingesetzt, wobei für die malignen Lymphome je nach pathologischen Stadien Therapie der ersten Wahl das COPP-Schema ist. In mehreren Zyklen werden verabfolgt Cyclophosphamid i. v. (Endoxan®), Oncovin i. v. (US-Warenzeichen für Vincristin), Procarbazin p. o. (Natulan®), Prednison p. o. (Decortin®). Bei Therapieversagen gelangt das ABVD-Schema, das eine höhere Toxizität aufweist, zur Anwendung, nämlich Adriamycin i. v. (syn. Doxorubicin, Adriblastin®), Bleomycin i. v., Vinblastin (Velbe®), Dacarbazin i. v. (DTIC). Die therapeutische Gesamtdosis wird von der Kardiotoxizität (Doxorubicin), Neurotoxizität (Vincristin) und anderen schweren Nebenwirkungen limitiert. Bei Cortisonzufuhr denke man an die ohnehin schon bei diesem Leiden defekte Immunabwehr und sei deshalb um ausreichende rechtzeitige antibiotische Infektabschirmung bemüht. Endlich nicht zu vergessen ist ferner eine Splenektomie, die häufig der Polychemotherapie vorangestellt wird. (Näheres hierzu siehe in dem folgenden Kapitel über die Behandlung der Mycosis fungoides.) Adjuvantien, besonders bei hohem fieberhaften Verlauf, sind alsdann die Antiphlogistika Diclofenac (Voltaren®) und Indometacin (Amuno®). Nebenwirkungen des zuletzt erwähnten Präparates sind u. U. Kopfschmerz, Schwindelgefühl oder ein Gefühl von Betrunkensein, Magen-Darm-Störungen. Lokal kommen bei disseminiert spezifischen Krankheitsherden u. U. Großfeldbestrahlungen oder bei größeren Einzelherden eine Röntgentherapie ähnlich der bei der chronischen Lymphadenose (CLL) der Haut in Frage. Bei den unspezifischen Hautveränderungen stellt der häufig quälende Juckreiz ein besonderes Problem dar. Zu versuchen sind Antihistamin- oder lokalanästhetische Gele (wie etwa Soventol®, Thesit® o. ä.) oder Zubereitungen mit Ammoniumbituminsulfonat (Ichthyol®) oder Clioquinol (Vioform®), vor allem aber eine Photochemotherapie (PUVA). Ferner ist beim symptomatischen Herpes zoster, der bei marantischen Hodgkin-Kranken gar nicht selten auftritt, eine Aciclovir-Therapie (mit Zovirax®) recht wirksam.

25.3.2.2 Mycosis fungoides

Beim klassischen Verlaufsgang (Typus Alibert-Bazin) folgen auf ein bunt-polymorphes Initialstadium, bei dem Pruritus, Urticae und Prurigo, später auch Ekzematisation, Lichenifikation, evtl. auch Spinulosismus mit/ohne follikuläre Muzinose, das Bild beherrschen, über das Stadium der flachen und knotigen mykosiden Infiltrate

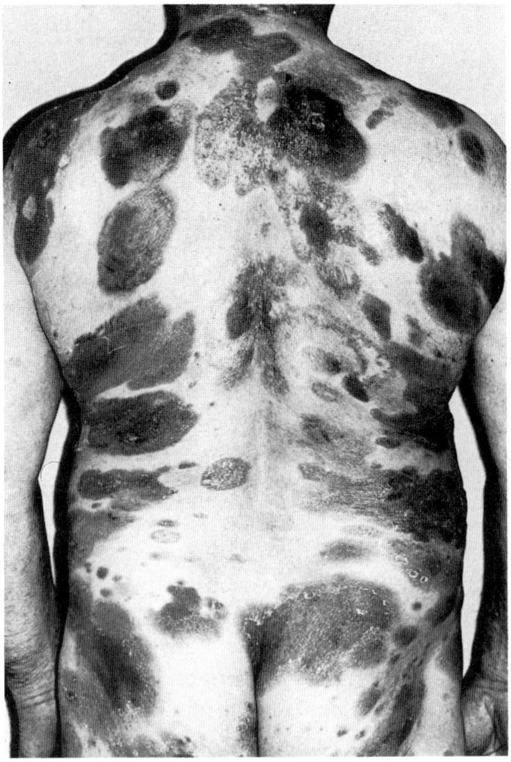
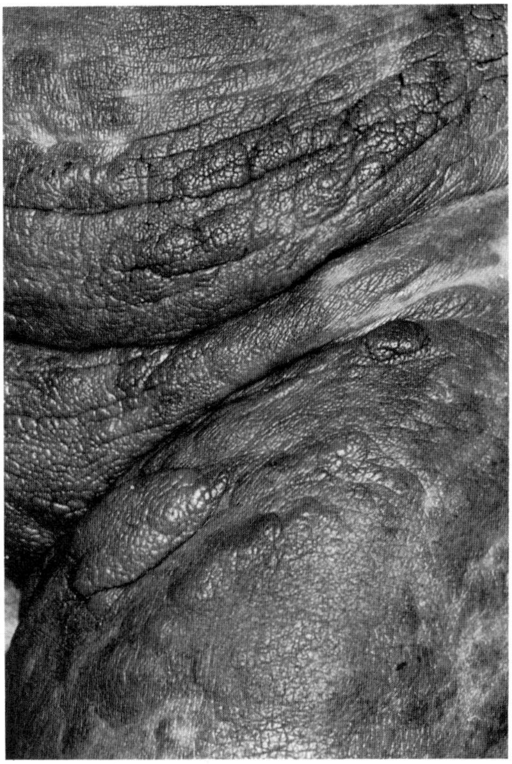

Abb. 55: T-Zell-Lymphom (Mycosis fungoides)

schließlich als dritte Phase die mykosiden, nicht selten charakteristisch gekerbten und über Nacht, nach Art faulender Tomaten sich entleerenden Tumoren. Seltener bietet sich die Mycosis fungoides flächenhaft erythrodermisch (Typus Hallopeau-Besnier) dar, während die „mycose d'emblée" (Vidal u. Brocq) in praxi wohl ein Retothelsarkom (immunoblastisches Sarkom) darstellen dürfte. Im Gegensatz zu der Lymphogranulomatose, als deren Hautkorrelat die Mycosis fungoides immer wieder einmal aufgefaßt wurde, treten Lymphknotenvergrößerungen zurück, auch eine Eosinophilie findet sich meist nur verlaufsweise. Terminale Begleitzeichen sind Anämie und Durchfälle.

Ähnlich wie bei der chronischen Lymphadenose (chronisch-lymphatische Leukämie, CLL) suche man systemisch wie lokal eine differente **Therapie** möglichst aufzusparen oder diese, falls endlich unumgänglich, in kleinen Dosen freizugeben. So bestrahlt man, sofern natürliche und/oder künstliche Höhensonne (K. Linser) keine überzeugenden Resultate zeitigen, das ekzemähnliche „Zwischenstadium" (Mycosis-Eccema) evtl. anfänglich sogar nur mit Grenzstrahlen (51,6–77,4 $mCkg^{-1}$, 3–4mal), selbst wenn die Herde hierfür zu dick erscheinen, und gehe erst in späteren Wiederholungen zu den Qualitäten der Ekzembestrahlung (Einzeldosis 12,9–25,8 $mCkg^{-1}$, später auch 51,6 $mCkg^{-1}$) über. Je größer das einzelne Bestrahlungsfeld, um so kleiner die Dosis. Überstrahlungen fördern fraglos das Tempo der weiteren Krankheitsentwicklung. Vor einer Röntgentherapie sollte unbedingt aber eine Photochemotherapie (PUVA) versucht werden. Beim Typus Hallopeau-Besnier, der Erythrodermieform, können in der Klinik nach Art der Großfeldtechnik(Berylliumstrahlenaustrittsfenster ohne Filter, 50 kV Röhrenspannung) bei 1 mm GHWT und 90 cm FHA 25,8–51,6 $mCkg^{-1}$ im Abstand von 8 Tagen 2–3mal eingestrahlt werden. Bei der systemischen Behandlung versuche man zunächst, sofern Unrast und rebellischer Pruritus, die bei diesem Leiden ja schon von Anfang an auftreten können, nicht mehr mit Sedativa, Neuroleptika oder Antihistaminika zu dämpfen sind (Repeltin®, Megaphen®, Atosil®, Soventol® o. ä.), mit einer möglichst geringen, von der Anfangsdosis bald abgebauten Corticoiderhaltungsdosis (z. B. 15 mg Prednison/die oder 0,5–1,5 mg Dexamethason) auszukommen. Dies um so mehr, als die im weiteren Verlauf sich immer mehr verkürzenden Remissionsphasen, verbunden mit progredient sich verschlechternden Resultaten, Patienten wie Arzt erpressen. Erst bei erreichter Cortisonresistenz sind Zytostatika, wie z. B. Endoxan® oder Methotrexat, angezeigt.

Im Vordergrund der zytostatischen Chemotherapie der tuberösen Mycosis fungoides steht aber heute, ähnlich wie bei der Lymphogranulomatose auch, bei zunehmender Zahl und Strahlenresistenz der Tumoren eine sog. *zytostatische Polychemotherapie,* die sich in der Mehrzahl der Fälle günstiger als eine zytostatische Monotherapie erweist. Man geht dabei von der Vorstellung aus, daß infolge der normalerweise synchronen Multiplikation der Tumorzellen nur solche Zellen getroffen werden, die sich mehr oder weniger durch Zufall in einer für das jeweilige Zytostatikum sensiblen Generationszyklusphase befinden. Eine größere Wachstumshemmung erscheint dann erreichbar, wenn die zytostatische Substanz in synchronisierte oder teilsynchronisierte Zellpopulationen eingreifen kann. So inhibieren beispielsweise Vinblastin (Velbe®) und Vincristin die Spindelbildung bei der Mitose, sie arretieren also die Mitose in der Metaphase (ähnlich wie Colchicin). Die alkylierenden Substanzen (Lostderivate, Beispiel: Cyclophosphamid) sind wirkungsmäßig nicht auf bestimmte Phasen der Zellteilung angewiesen. Procarbazin (Natulan®) scheint hinwiederum die Mitose zu unterdrücken. Die Antimetaboliten (Mercaptopurin, Azathioprin, Cytosinarabinosid = Alexan®, Methotrexat) greifen in verschiedenen Stufen der Nukleinsäuresynthese ein. Ein heute bereits klassisches *Synchronisationsschema* für eine solche zytostatische Polychemotherapie ist das von De Vita. Normalerweise werden 6 „Kuren" einer solchen Synchronisationstherapie im Abstand von 2 und mehr Wochen verabfolgt. Die Anwendung einer solchen Polychemotherapie, wie das COPP-Schema, nämlich Cyclophosphamid (Endoxan®), Oncovin (Vincristin), Procarbazin (Natulan®) und Prednison, erfordert eine klinische Behandlung. Dies ist notwendig nicht nur im Hinblick auf die Initialdosierung in Abhängigkeit von gewissen Individualkonstanten des Patienten und der Weiterdosierung unter Berücksichtigung hämatologischer Parameter für jeden Einzelzyklus. Hinzu kommt eine Reihe beachtenswerter klinischer Nebenwirkungen, wie vor allem Übelkeit, Erbrechen, Parästhesien und Neuropathien (durch Vincristin), Phlebothrombosen (durch Prednison) o. ä.

Lokal können frühe „Ekzem"-Stadien, entsprechend der empfehlenswerten Zurückhaltung mit differenten Behandlungsweisen bei offensichtlich protrahierten Anfangsphasen dieses Leidens, symptomatisch, wie im Ekzemkapitel geschildert, vorteilhaft beeinflußt werden (Thesit®, Tumenol®-Ammonium, Teer, Corticosteroidsalben, Bäderbehandlung).

26 Funktionsstörungen und Krankheiten der Schweißdrüsen

26.1 Aurikulotemporalis-Syndrom

Die Hyperhidrosis parotidea masticatoria (Baillarger, L. Frei) tritt nach oberer Sympathektomie, vor allem aber nach Verletzung des N. auriculotemporalis, beispielsweise nach Spaltung eines Parotisabszesses und vornehmlich nach Kauen saurer Speisen oder Schokolade in Erscheinung. (Lokalisierte) *Ephidrosen* über den Nasenflügeln sind ätiologisch hiervon zu trennen und nicht selten – auf Nahrungsmittel hin – allergischer Genese, abgesehen davon, daß sie auch häufig sozusagen als familiärer funktioneller Nävus vorkommen. Die **Therapie** erschöpft sich leider in der Aufklärung solcher Verhältnisse gegenüber dem Patienten. Lokaltherapeutisch kommt aber auch die Applikation von 20% Aluminiumchlorid-Hexahydrat-Lösung nach NRF in Betracht.

Rp. Alum. chlorid. hexahydr.	20,0
Aquae purific.	20,0
Isopropanol.	ad 100,0

26.2 Hyperhidrosis

Universell „idiopathisch", auch emotionell, sowie vorzugsweise bei Fettleibigen, alsdann konstitutionell bei Hyperthyreotikern und Phthisikern, schließlich nach manchen vegetativ wirksamen Substanzen (Nikotin, Salicylsäure, Penicillin, Cortison usw.). Die lokale Hyperhidrosis betrifft in erster Linie Handteller, Fußsohlen und Achselhöhlen. Gerade diese 3 Ephidrosen sind medikamentös nur unzureichend zu dämpfen, zumal wenn Berufsmaterialien (z.B. Chlorkalk, Kaltwellenlösung) im Handbereich oder an den Füßen Gummistiefel oder Polyamidfasertextilien, zumal bei gleichzeitig die Schweißabdunstung mechanisch verhinderndem Plattfuß, wirksam werden.

Zur **inneren Behandlung** der allgemeinen Hyperhidrose werden seit alters Auszüge aus verschiedenen Heilpflanzen verordnet, von denen aber doch wohl nur dem Salbei ein zuverlässiger Effekt zufallen dürfte (z.B. Salvysat®-Bürger, 3mal 30 Tropfen/die, Extr. Salviae fluid., 3mal 40 Tropfen/die). Demgegenüber treten Atropin (z.B. als Atropinsulfat in Pillen zu 0,5 mg) wegen der lästigen Xerostomie sowie Agarizinsäure, aus dem Lärchenschwamm gewonnen, in Pillen zu 0,01 g, bislang enthalten in dem Kombinationspräparat Ansudoral®, eher in den Hintergrund. Zentral vegetativ dämpfende Mittel, wie Phenobarbital, auch in Kombination mit Belladonna-Alkaloiden und Ergotamin als Bellergal® oder bella sanol®, können bei deutlich psychogen bestimmten Fällen symptomatisch nützlich sein. Von Psychopharmaka, die allerdings nicht durchweg ab gewisser Dosis auch ambulant verordnet werden sollten, seien aus der Benzodiazepin-Gruppe für emotional betonte Hyperhidrosen als Tranquillantien erwähnt: Oxazepam (z.B. Adumbran®) und Bromazepam (Lexotanil® 6). Von homöopathischer Seite werden besonders Lachesis und Kalium carbonicum empfohlen.

Für die **lokale Antihidrose** wird man heute nur noch selten zur Anwendung von reinem Formaldehyd greifen, z.B.

Rp. Formaldehydi sol. 5,0–10,0
Aquae purific. ad 100,0
M. D. S. Zum Einpinseln der Fußsohlen

oder

Rp. Formaldehydi sol.
Glycerol. āā 5,0
Ethanol 70% ad 50,0
M. D. S. Zum Pinseln

Hingegen ist die gezügelte adstringierende Formalinwirkung, z. B. durch Freisetzung von Formalin aus Hexamethylentetramin (Methenamin DAB 9 = Hexamethylentetramin), keinesfalls überholt. (Fertigpräparat: Antihydral® Salbe.) Außerdem enthalten handelsübliche Schweißpuder einen Formaldehyd-Zusatz (z. B. Lenicet®-Formalinpuder). Von den gerbsäurehaltigen Pflanzenzubereitungen seien hier Tannolact® (Substanz oder Puder), Tannosynt® flüssig, Lotio, Puder, sowie Salhumin® Bad genannt; empfehlenswert sind aber auch lang dauernde Fußbäder (20 min/die) in einer schwachen Lösung von Kalium permanganicum (etwa 1:10.000 bzw. schwach rosafarbene Lösung). Neuerdings sind die bisherigen therapeutischen Möglichkeiten durch einige aluminumchloridhaltige Fertigpräparate, teilweise unter Zusatz von Netzmitteln, bereichert worden (Antisvet, Hidrofugal®), wobei indes eigenartigerweise die Schweißbildung bei Personen etwa über 60 Jahren durch solche Aluminiumchloridlösungen kaum eine Beeinflussung findet. Eine entsprechende Rezeptur ist Aluminiumchlorid-Hexahydrat-Lösung nach NRF (siehe vorher).

Außerdem sind noch zwei neuere Methoden anzuführen, nämlich die spindelförmige *operative Entfernung* axillärer Schweißdrüsenfelder, falls die bisher geschilderten Methoden nicht ausreichen, und zum anderen bei der Hyperhidrosis manuum et pedum die *Leitungswasser-Iontophorese*. Bei letzterer Methode ist eine Erhaltungstherapie erforderlich (Einzelheiten s. Hölzle, Pauli M, Braun-Falco O. Der Hautarzt 1984; 35: 142–7 bzw. Uni-GH. Wuppertal (0202–4392950) Bionik-Elektromed./Prof. Schauf). Demgegenüber wird eine Sympathikusblockade zur Therapie vermehrter Handschweißbildung, die z. B. bei Feinmechanikern beruflich auch sehr störend sein kann, durch den Neurochirurgen kaum noch ausgeführt.

26.3 Anhidrosis

Neben anlagemäßig bedingtem Fehlen der Schweißdrüsen bei der *ektodermalen Dysplasie* vom Typ der *Anhidrosis hypotrichotica* findet sich eine symptomatische Oligohidrose bei Polyurie, postinfektiös (Bauch- oder Flecktyphus) oder als seltenes Vorkommnis nach einigen Pharmaka (Thallium, Atebrin, Salvarsan), vor allem aber hitzschlagähnlich als *„tropische Anhidrosis“* bei unvermitteltem und ungewohntem Aufenthalt in heißem, trockenem Klima. Jegliche Anhidroseform ist symptomatisch grundsätzlich schlecht zu beeinflussen. Versuchsweise kommen schweißtreibende Mittel (Species diaphoreticae, Pilocarpin o. ä.), reichliche Flüssigkeitszufuhr und Kochsalzbeschränkung, vor allem auch Thermoregulation in Betracht.

Die *„Dyshidrosis“* als „Id“-Reaktion ist bei den Dermatomykosen abgehandelt. Aber auch sonst ist bei einer – grundsätzlich polyätiologischen – *Dyshidrosis* bzw. einem Cheiro- oder Podopompholyx eine auf die Ursache hin gerichtete Behandlung anzustreben, so neben der mykotischen Grundinfektion (Zehenzwischenraum!) die Beseitigung einer bakteriellen oder sonst ekzematösen Grundlage. Bei starker Ausprägung ist anfänglich eine kurzfristige Gabe von Glucocorticoiden nicht zu umgehen, in welcher Zeit aber gleichzeitig nach Möglichkeit eine ätiotrope Beeinflussung statthaben muß. Deshalb bewähren sich austrocknende Maßnahmen: also häufig zu wechselnde Umschläge mit antiseptischen Zusätzen, Schüttelmixturen (z. B. Volon®A-Schüttelmix) und später weiche Pasten, wie beispielsweise Locacorten-Vioform® Paste.

26.4 Miliaria

Die vereinzelt auch Sudamina, „prickley heat“ oder ”Lichen tropicus” genannten Schweißfrieselausschläge treten in Gestalt zahlreicher, niemals konfluierender, grießkorngroßer, allenfalls etwas getrübter Bläscheneruptionen während Fieberschüben, auch Sonnenbrand, seltener auch als eine Art Kontaktdermatitis auf.

Die **Behandlung** eines Miliariaschubes besteht im allgemeinen in der Anwendung einer Zinkschüttelmixtur, später auch in der Anwendung eines 18er-Schüttels. Wichtiger scheint die Vorbeugung neuerlicher Schweißausbrüche, was durch gute Belüftung, evtl. mittels Ventilators, grundsätzlich aber durch Entfernung aus einer feuchtwarmen Umgebung geschieht. Da die Miliaria durch Verschluß der Schweißdrüsenausführungsgänge zustandekommt, sind fernerhin alle Schädigungen zu meiden, die zu Verhornungsstörungen am Porus führen können (aluminiumchloridhaltige Puder, Leukoplast®, übertriebener Gebrauch von Seife oder Bädern). Ist die Verhornungsstörung der Schweißdrüsengänge sehr offensichtlich, kann versuchsweise auch Vitamin A in den üblichen pharmakodynamischen höheren Dosen (Arovit®, Vogan®, 100.000–200.000 I. E./die) eingesetzt werden.

26.5 Chromhidrosis

Farbige Schweiße sind ursprünglich zum ersten Mal bei Kupferarbeitern, sodann auch in der Folge immer wieder bei Arbeitern mit Kontakt zu bestimmten Chemikalien (z. B. Brenzkatechin, Hexachlorocyclohexan), seltener auch infolge stärkeren Blutgehalts an Indikan oder Eisen(II)oxid beobachtet worden. Neueren Datums sind derartige Beobachtungen durch schweißgelöste Textilfarben oder infolge Resorption von an anderer Körperstelle aufgebrachter Castellanischer Lösung. Lokalisatorisch bevorzugt sind eigentlich in jedem Fall die axillären, analen und perianalen Körperanteile, d. h. die Gegend der apokrinen Schweißdrüsen (Lipopigmente, Trichomycosis palmellina der Achselhaare!).

Die **therapeutische** Aufgabe bei der Chromhidrose besteht nach Möglichkeit in der Ausschaltung evtl. exogener Faktoren und dementsprechender Aufklärung des Patienten.

26.6 Bromhidrosis (Osmihidrosis)

Der manchem Körperschweiß anhaftende Mißgeruch kommt hauptsächlich durch bakterielle Zersetzung der organischen Schweißinhaltsstoffe zustande, zu deren Beseitigung (Desodoration) überdeckende, oxidierende, ab- und adsorbierende Mittel eingesetzt werden. Vor allem wichtig ist eine intensive Körperpflege mit mehrmaligen Warmwasser-Waschungen ohne Seife mit Syndets (z. B. Frekasoft®) und anschließender Verwendung von Deodorantien (milde Desinfizienzien auf Hexachlorophen-Basis) an Stelle der früher bevorzugten Desinfektionsmittel vom Typ Kresol-, Phenol- und Quecksilberverbindungen. Sehr wirksam ist auch die vorher beschriebene, lokal anzuwendende Lösung von 20% Aluminiumchlorid-Hexahydrat nach NRF.

26.7 Granulosis rubra nasi

Dieses hauptsächlich von Luithlen sowie von J. Jadassohn beschriebene akneiforme oder rosazeaartige Erscheinungsbild mit fallweise teleangiektatischer oder zart atrophisierender Note bei lokaler Hyperhidrose im Bereich von Nasenspitze und Nasenflügeln tritt nicht selten bei Trägern von Frostbeulen oder Akrozyanose auf und ist demgemäß häufig Ausdruck einer familiär-konstitutionellen vegetativen Dysfunktion (Feersche

Neurose, „neuro-allergischer“ Quecksilberschaden, z. B. durch kalomelhaltige Wurmschokolade?).

Therapeutisch wird man, ausgehend von solchen pathogenetischen Vorstellungen, einerseits Medikamente vom Typ des Bellergal®, bei dessen Empfehlung ja ursprünglich der Begriff der vegetativen Dystonie von Wichmann geprägt wurde, und zum anderen Ichthyol® innerlich als Ichthraletten® einsetzen; außerdem erwäge man milde Tupfungen mit Kohlensäure-Azeton-Schnee. Zur Nachbehandlung ferner abtrocknende antiphlogistisch wie vasokonstriktorisch wirksame Salben (z. B. Ichtho-Cortin® fettfrei-Creme). Im übrigen handelt es sich um eine peripubertär involutive Episode.

26.8 Morbus Fox-Fordyce

Die von G. H. Fox und Fordyce (1902) beschriebene „seltene papuläre Erkrankung der Achselgegend“ wird nosologisch von einigen Fachleuten mehr dem Formenkreis der Prurigoreaktionen bzw. dem Lichen simplex chronicus als den Erkrankungen der apokrinen Schweißdrüsen (apokrine Miliaria) zugeordnet. Vorhanden sind unter unverkennbarer Bevorzugung des weiblichen Geschlechts hauptsächlich an Achselgruben und Brustwarzen, seltener auch um Nabel- und Genitalregion, niemals konfluierende, d. h. sich nie zu einer primären Lichenifikation flächenhaft vereinigende, stecknadelkopfgroße, flach halbkugelig protuberierende, rebellisch juckende Knötchen. Vereinzelt anamnestisch Beziehungen zu Schwangerschaftseinflüssen oder Zyklusstörungen oder auch einem Hyperfollikuliniesyndrom.

Therapeutisch wurden dementsprechend Serumgonadotropin, Progesteron, z. T. zusammen mit Vitamin A oder E, empfohlen; in Frage kommen heute Versuche mit den oralen Kontrazeptiva, zumindest zunächst aber auch mit Agnolyt® (40 Tropfen frühmorgens nüchtern). *Lokaltherapeutisch* wird man im Achselhöhlenbereich mit der Anwendung von Steinkohlenteer oder von Röntgenstrahlen bei entsprechendem Ausprägungsgrad nicht zu zögern brauchen. Ansonsten kommen auch vorsichtige Tupfungen mit Phenol. liquefact. oder gelinde Vereisungen mit CO_2-Schnee in Frage. Im Verein bzw. im Wechsel mit einer Teerung denke man auch an die Anwendung von Corticosteroidsalben, z. B. Nerisona® forte Fettsalbe, Cortidexason®-fortissimum-Salbe, Jellin® ultra-Creme o. ä. sowie Corticoidkristallsuspensionen intrafokal in Verdünnung mit Mepivacain-HCl-Lösung (Meaverin®, Scandicain®).

27 Krankheiten der Talgdrüsen

27.1 Acne vulgaris

Praktisch wichtigste und häufigste Talgdrüsenkrankheit mit Prädilektion in Gesicht und oberen Rückenteilen. Im Gegensatz zu den mehr monomorphen akneiformen Erkrankungen anderer Genese (z.B. Einnahme von iodhaltigem Kochsalz, bromhaltigen Nervina, Tee, Glucocorticoiden usw.) besteht bei der genuinen, d.h. der vulgären, Akne fast immer ein Nebeneinander von ostiofollikulären Keratosen (das sind die durch Melanin-Oxidation sowie durch Staub oder Ruß gedunkelten Komedonen) und papulopustulösen bis nodös oder zystisch imponierenden Infiltraten. Nach deren Rückbildung infolge Sekretentleerung oder endgültiger Infiltratresorption bleiben charakteristische, z.B. trichterartig eingezogene oder durch Zipfel- oder Brückenbildung auffällige Narben im Verein mit schmutziger Braunpigmentierung zurück.

Differentialdiagnose: Acne conglobata, akneiforme Veränderungen beim originären Cushing-Syndrom oder nach Verabfolgung von ACTH, Cortisonpräparaten, Antikonvulsiva, Antabus®, Vitamin B_{12}, Vitamin D_3, INH (weitgehende Monomorphie, Zurücktreten der Seborrhö), sonstige Arznei- und Gewerbeakne (z.B. durch chlorierte Phenole und Naphthaline = *Perna-Krankheit* (*Per*chlor*na*phthalin), Industrieöle, Schneideöle: Manifestation vor allem auch an den Oberschenkelstreckseiten infolge Berührung mit der ölgetränkten Arbeitskleidung, mitunter von einseitiger areolärer Gynäkomastie begleitet, sowie durch eingedrungene Metallpartikelchen, hingegen heute nur noch selten durch Teer oder Pech, Acne picea).

Ätiologisch handelt es sich bei der nicht selten familiär verankerten Acne vulgaris fast stets um eine Pubertäts- oder besser Peripubertätsdermatose mit etwaiger Beziehung zu gastrointestinaler Dysfunktion (Subazidität, Hypofermentie, Dyspepsie, mikrobielle Fehlbesiedelung, Obstipation usw.). Bei stark papulösen Erscheinungsbildern rechne man auch mit der akzidentellen Bedeutung bestimmter bakterieller Erreger. Im Vordergrund steht aber die Dysendokrinie, wobei vor allem die Störung des Quotienten

$$\frac{\text{Androgen} + \text{Gestagen}}{\text{Estrogen}}$$

beachtlich ist, wie sie nicht selten schon klinisch zum Zeitpunkt des Estrogenmangels beziehungsweise Progesteronmaximums auffällig werden kann („Periodenpickel" im Kinnbereich!).

Die **Allgemeinbehandlung,** die bei der Akne allerdings bedeutungsmäßig weit hinter der Lokaltherapie rangiert, setzt zweckmäßigerweise an der evtl. gastrointestinalen Basisstörung ein: Stuhlregelung vorzugsweise durch salinische Abführmittel (z.B. 1 Eßlöffel Sal. Carolin. factit. auf ½ Glas Wasser, mit Sprudelwasser auf 1 Liter auffüllen, frühmorgens schluckweise nüchtern trinken) oder durch Quellstoffe (Leinsamen, Samen und Samenschale von Plantago ovata als Agiocur® oder zusätzlich mit Sennosiden als Agiolax®), auch sog. Blutreinigungstees oder Depuran® Kapseln sind angezeigt.

Wenn auch die strikte Einhaltung einer Diät bei diesem Krankheitsbild unterschiedlich beurteilt wird, werden in Einzelfällen durch Vermeidung bestimmter Speisen Besserungen erzielt. Hier sind zu nennen: blähende Kost, tierische Fette (von Hammel, Gans, Schwein). Ungünstig sind in Fett Gebratenes und Gebackenes, panierte Fleisch-

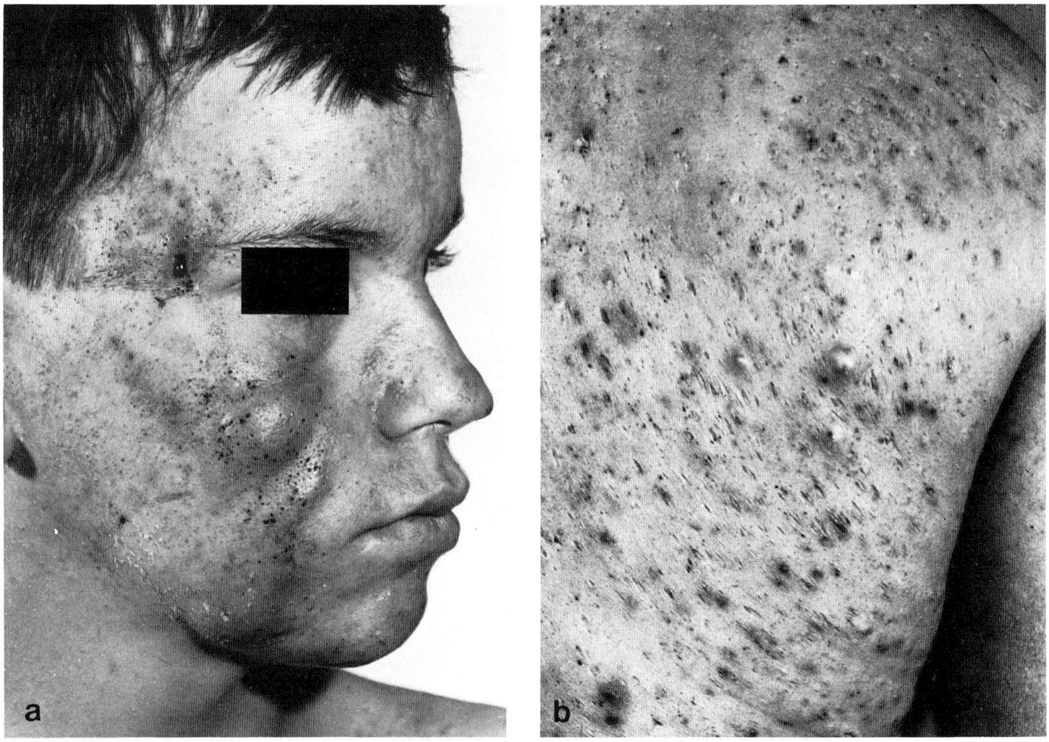

Abb. 56: Akne: a) vulgaris, b) conglobata

und Fischgerichte, „Cocktailgebäck" (Salzmandeln, Kartoffelchips, geröstete Erdnüsse) sowie überhaupt Nüsse. Ferner sollten radikal vermieden werden Schokolade und Marzipan, Sahneeis und Delikateßkäsesorten. Hingegen ist Frischobst, saure Milch, Magermilch, Joghurt, Quark, Gervais, Emmentaler o. ä. erlaubt. Günstig ist die Einschränkung der Kochsalzzufuhr und gegebenenfalls eine Kohlenhydrat-Beschränkung.

Wenn man auch die „Antibabypille" nicht ohne weiteres und keinesfalls für alle Patienten als Anti-Akne-Pille bezeichnen kann, leistet mitunter eine Gestagen-Estrogen-Kombination mit antiandrogener Wirkung Überzeugendes, wie etwa Diane®-35 (Cyproteronacetat 2 mg + Ethinylestradiol 0,035 mg). Besonders geeignet hierfür erscheinen papulo-pustulöse oder nodulo-zystische Aknebilder. Eine Steigerung der antiandrogenen Wirkung ist durch zusätzliche Gaben von Cyproteronacetat in den ersten 10 Zyklustagen zu erreichen (Androcur® Tabl. à 50 mg, Androcur®-10 Tabl. à 10 mg). Phytotherapeutisch kommt ein Versuch mit Agnolyt®, einem 0,2%igem Wirkstoffauszug von Fructus Agni casti (Früchte des Keuschlammstrauchs), in Frage (einmal morgens nüchtern 40 Tropfen über mindestens 8 Wochen).

Die **lokale Therapie** basiert auf den Prinzipien der Reinigung, Desinfektion und „Schälung". In diesem Sinne wirkt bereits die häufige Anwendung von heißem Wasser und guter konventioneller Seifen, aber auch (infolge ihres mehr austrocknenden Effektes) der modernen Syndets (z. B. Rei®-Bäder). Desgleichen erreicht schon das Absetzen minderwertiger Kosmetika mit ungeeigneten Salbengrundlagen eine Besserung, wie überhaupt bei vielen Aknefällen salbenartige Vehikel ungeeignet sind. Neben solchen warmen Seifenwaschungen (Satina®, Praecutan®, Eubos®, Stephalen®-Waschgel, sebamed® flüssig, Dermofug® Lösung), hinsichtlich derer in schweren Fällen und am Rücken auch nicht die bewährte „grüne Seife“ (Sapo kalinus viridis) vergessen werden sollte, sind Gesichtsdampfbäder zu empfehlen, bei denen der Zusatz der vor allem in Laienkreisen leider so hochgeschätzten Kamille keineswegs den Ausschlag gibt. Strebt man eine schonende Reinigung mit gleichzeitiger Rückfettung an, so sei z.B. auf Dermowas® hingewiesen. Dieses Gemisch waschaktiver Substanzen mit Rückfettern (Lezithin usw.) kommt bei Verdünnung mit warmem Wasser zum Schäumen und kann zweckmäßigerweise kurzfristig durch mehrmaliges Auflegen darin getränkter Mullkompressen angewendet werden. Man benutze über den Tag hin einen 5–10%igen Ichthyol®-Puder, aber auch Sulfoderm® oder eine Zinkoxidschüttelmixtur mit Ammoniumsulfobitol (Ichthyol®) 2,5% nach NRF. Wie aus den nachstehenden Rezepturen zu ersehen ist, machte man früher von der austrocknenden Wirkung des Schwefels reichlich Gebrauch.

Für leichtere Fälle wurde das *Waschwasser* der Karoline *Kummerfeld* (geb. Schultze) gegeben:

Rp. Sulf. praecip.		24,0
Camphor.		
Pulv. Gummi arab.	āā	6,0
Aqu. Calcar.	ad	200,0

Eine andere „saure“ Verschreibung war:

Rp. Sulf. praecip.		5–20,0
Acid. lactic.		
Acid. citric.	āā	1,0
Glycerin.		
Spirit. camphor.	āā	10,0
Spirit. Coloniensis		10,0
Aqu. purific.	ad	100,0

Sehr wirksam und wirtschaftlich sind Ethanolische Zinkoxidschüttelmixtur nach NRF mit einem Zusatz von 5–10% Liqu. Calcii sulfurati (Sol. Vleminckx) oder 200 ml Liqu. Calcii sulfurati (1 Kaffeetasse) auf ein Vollbad (200 l) (nachfolgend gründliche Reinigung der Badewanne). Geeignete Fertigarzneimittel sind: Akne Medice® Kombipackung, Stepin® Lotio und Sebohermal® als Emulsion, Gel oder Tinktur. Speziell für den Gesichtsbereich auch Ichtho-Cortin® fettfrei Creme oder Ichtho-Cortin® Lotio, Aknichthol® Lotio, Aknefug® liquid. Lösung, Aknelan® Lotio. Bei stärkerem Spannungsgefühl unter Anwendung derartiger Präparate oder zur Nachbehandlung bzw. falls die bisherige Anwendung als zu fettarm oder austrocknend empfunden wird, kommt ein Ausweichen auf entsprechende O/W-Grundvehikel in Frage. Beispiele sind Aknefug® Emulsion, Aknelan® Milch Emulsion oder Aknefug®-Milch simplex zum Reinigen der Haut. Wünscht man gleichzeitig neben Ichthyol® in geeigneten Vehikeln auch das vornehmlich bei Gesichtsakne sehr wirksame Chloramphenicol anzuwenden, so kommen als weitere Fertigarzneimittel in Frage: Ichthoseptal®-Lösung oder -Creme. Nachstehende Rezepturen können angefertigt werden:

Rp. Chloramphenicol.	1,0
Leukichthol	0,5
Isopropanol.	30,0
Aqu. purific.	ad 100,0

oder

Rp. Chloramphenicol.	1,0
Ethanol. 70% ad	100,0

Auch Clindamycin ist lokal effektiv (Sobelin® Akne-Lösung).

Für die lokale Schälbehandlung stehen zwei Wirkstoffanwendungen im Vordergrund, nämlich die *Vitamin-A*-Säure (Tretinoin) und das *Benzoylperoxid,* wie sie in nachstehenden Zusammenstellungen ersichtlich sind.

Fertigarzneimittel für die externe Vitamin-A-Säure-Therapie:

Airol® Roche	Creme	0,05 %	20 g
	Lösung	0,05 %	50 ml
	Tupfer	0,05 %	25 St.
Cordes® VAS	Creme	0,05 %	20 g, 50 g
	Gel	0,05 %	20 g, 50 g
Epi-Aberel®	Creme	0,05 %	30 g
	Gel	0,025 %	30 g
	Lösung	0,10 %	15 ml
	Tupfer	0,05 %	30St.,60St.
Eudyna®	Creme	0,05 %	20 g
	Gel	0,05 %	20 g

Benzoylperoxid-haltige Akne-Therapeutika:
Akne-Aid-Lotion mild 5 %
aknefug®-oxid 3 %, 5 %, 10 % Gel
Akneroxid® 5 %, 10 % Gel
Benzaknen® 5 %, 10 % Gel
Benzaknen® W Suspension
H_2Oxyl 2,5 %, 5 %, 10 % Akne Gel
Oxy 5 %, 10 %, -D, -L Fissan® Emulsion
PanOxyl® 5 %, 10 % Akne Gel
Sanoxit® Lotio oder 5 %, 10 % Gel

Beide Stoffe, die Vitamin-A-Säure (Tretinoin) wie das Benzoylperoxid, wirken auf die gestörte Hornbildung, wozu bei letzterer Substanz auch noch eine Hemmwirkung auf Propionibacterium acnes hinzukommt. In letzterer Hinsicht ist auch nochmals auf die lokale Wirksamkeit des Makrolid-Antibiotikums Erythromycin (z. B. als Fertigarzneimittel Akne-mycin®, eine 2%ige Lösung in Ethanol oder Akne-mycin®Emulsion = Erythromycin 1% + Ammoniumbituminosulfonat, hell, 1,04%) oder zusammen mit Zink als zineryt® hinzuweisen. Wie zu sehen, sind mithin Komedonenquetscher, sog. Schälpasten, z. T. auch das hochtourige Schleifen aus der Aknetherapie nahezu völlig verschwunden. Die früher üblichen β-Naphthol-Schälpasten, im Sinn von *Lassar* (s. Erg. B. 6) sind heute wegen der Hämiglobinbildung speziell zugunsten von Benzoylperoxid verlassen.

Neuerdings macht man versuchsweise zur Glättung von post-aknegenen Hautunebenheiten resp. Restnarben von einer Kollagenimplantation, wie z. B. Zyderm® Collagen Implant Gebrauch. Eine leichte Abrasivbehandlung bei der komedonenreichen Akne, die der Öffnung und Offenhaltung der Komedonen dienen, kann mit Jaikin® Neu vorgenommen werden. Zur Hemmung der intrafollikulären Propionibakterien, die ihrerseits komedogen wirkende freie Fettsäuren aus dem Talg abspalten, haben sich seit 25 Jahren oral einzunehmende Tetracycline als sehr effektiv erwiesen. Hierbei reichen täglich niedrige Dosen aus. Jedoch handelt es sich nicht um kurative Wirkungen, lediglich die entzündlichen Veränderungen werden hierdurch reduziert. Hingegen werden Komedonen nicht beeinflußt. Im allgemeinen sollten derartige Wirkstoffe über mehrere Monate hindurch verabfolgt werden, wie z. B. Minocyclin (Klinomycin® 50 mg, morgens und abends je 1 Filmtablette). Auch Doxycyclin (z. B. Vibramycin®N) und Erythromycin sind bei oraler Anwendung gegen Propionibakterien wirksam.

27.2 Aknekeloid (Alibert), Acne scleroticans nuchae oder Dermatitis papillaris capillitii

Fast nur bei Männern an der Nacken- und Haargrenze anzutreffende sowie lediglich kurzfristig initial papulopustulös imponierende, dann bald der Sklerosierung unter plateauartiger Konfluenz anheimfallende Follikulitiden, bei deren Genese häufig rassische oder sonstige personale Faktoren (Lederhelm?) im Spiele zu sein scheinen.

Behandlung: Bei noch florierenden follikulären Abszessen feuchte Umschläge mit Ethacridinlactat (Rivanol®) 1:1000 o. ä. Gegenüber der früher üblichen chirurgischen Entfernung mit der elektrischen Schlinge nach Wucherpfennig oder der Röntgenkontaktbestrahlung (z. B. 60 kV, bis zu 10mal 51,6 $mCkg^{-1}$ an folgenden Tagen oder bis zu 516 mCkg^{-1} in Einzelfraktionen zu 129 mCkg^{-1} im Abstand von 4 Wochen) steht heute die intrafokale Injektion von Corticoidkristallsuspensionen im Vordergrund, die zumindest als erste Behandlung vor den genannten differenten Behandlungsmaßnahmen erwogen werden sollte. Auch bei operativer Entfernung der Keloidakne sollte nachfolgend nach etwa 1–2 Wochen zur Rezidivprophylaxe eine fächerartig licht verteilte Corticoidinfiltration durchgeführt werden (z.B. Triamcinolonacetonid, resp. Volon® A 10, verdünnt 1:3 oder 1:5 mit einem Lokalanästhetikum).

27.3 Acne conglobata (Spitzer-Lang 1902)

Im Gegensatz zur Acne vulgaris nicht „juvenil", also an kein bestimmtes Lebensalter und keine bestimmte Körperregion gebundene, vielmehr den gesamten Rükkenbereich einschließlich der Glutäen und des Nackens *(„folliculitis et perifolliculitis capitis abscedens et suffodiens",* E. Hoffmann) einnehmende Erkrankung. Einzelmorphologisch hervorzuheben sind Gruppen- und Riesenkomedonen, u.U. phlegmonöse kutane Infiltration mit nachfolgender charakteristischer brücken-, zipfelförmiger oder wie gestrickt erscheinender Vernarbung bei insgesamt eigentümlich Cutis-laxa-artiger schlaffer Hautdecke. Diese entwickelt sich ggf. auch erst einige Zeit nach zentralnervöser Traumatisierung und begünstigt so die Genese dieser eigentümlichen, mitunter auch fistulös-ulzerösen Akneform. Seltener scheint auch eine schwere Leberdysfunktion pathogenetisch mit im Spiel zu sein.

Entsprechend diesem Gepräge stehen mehr als bei der Acne vulgaris hier systemische Antibiotika-**Behandlung** und kleine chirurgische Maßnahmen, wie Inzision und Exzision, im Vordergrund. Bei der antibiotischen Behandlung erweist sich vor allem bei den Acne-conglobata-ähnlichen Dermatosen im Damm-Gesäß-Bereich die Bestimmung der Erreger und ihrer antibiotischen Resistenz (Enterokokken!) als vorteilhaft. Unter Umständen sind auch im allgemeinen roborierende Maßnahmen, unspezifische Reizkörpertherapie (Echinacin® i.v.) von Vorteil. Ansonsten ist die Acne conglobata aber eine Domäne der systemischen Behandlung mit 13-cis-Retinsäure, Isotretinoin (Roaccutan® Kaps. zu 2,5 mg, 10 mg und 20 mg). Dieser Wirkstoff ist allerdings teratogen und somit bei allen gebärfähigen Frauen nicht indiziert. Die Blutfettwerte (Triglyzeride, Gesamtcholesterin und Lipoproteinmuster) sind zu kontrollieren. Für die ausnahmsweise Verabfolgung von Roaccutan® bei gebärfähigen Frauen ist die Gebrauchsinformation für Fachkreise streng zu beachten. Die Anwendungsvorschrift lautet:

Anfangsbehandlung:
0,5 mg Isotretinoin pro kg KG pro Tag während 4 Wochen.

Folgebehandlung:
a) bei zufriedenstellender Wirksamkeit weiterhin 0,5 mg Isotretinoin pro kg KG pro Tag während 2–3 Monaten,
b) bei ungenügender Wirksamkeit Erhöhung der Dosis bis zu 1,0 mg Isotretinoin pro kg KG pro Tag,
c) bei Auftreten stärkerer Nebenwirkungen ist die Dosis zu reduzieren.

Als wichtigste Nebenwirkungen sind Juckreiz, Bindehautkatarrh und Haarausfall zu beobachten. Der besondere Vorteil einer oralen Therapie mit Isotretinoin liegt in der erfahrungsgemäß überaus langen Remissionsdauer, die mit anderen bisherigen Therapieweisen in diesem Ausmaß nicht zu erreichen war. Daneben werden auch Tetracycline in relativ hoher Initialdosis, also stärker als bei gewöhnlicher Akne (1,5–2,0 g täglich) angewandt. Lokal wird man heute weniger Schälpaste als vielmehr Benzoylperoxid 10% (z.B. PanOxyl® 10) applizieren. Größere fluktuierende, knotige Infiltrate können mit einer dicken Kanüle abgesaugt werden. Bei noch nicht einschmelzenden Knoten nimmt man vorteilhafterweise intraläsionale Einspritzungen mit Corticoidkristallsuspensionen zu gleichen Teilen verdünnt mit einem Lokalanästhetikum (Scandicain®) vor. Bei der Acne fulminans treten zum Bild der Acne conglobata auch Arthralgien resp. Arthritiden, Fieber, septikopyämische Zustände hinzu. Auch hier ist Roaccutan® das Mittel der Wahl.

27.4 Acne professionalis, akneiforme Toxikodermien

Gegenüber dieser meist monomorph komedonenreichen Akneform steht der gewerbehygienische Schutz des Erkrankten (z. B. vor chlorierten Naphthalinen) mit entsprechenden Maßnahmen der Raum-, Kleidungs- und Körperhygiene neben der Vermeidung von hepatotoxischen Arbeitsmaterialien, ferner Medikamenten (Barbituraten, Halogenen, Glucocorticoiden, ACTH, Lithium) und Alkohol im Vordergrund. Ansonsten kommen für die Behandlung der Halogenakne (Chlorakne) die gleichen, indes nicht immer zu einem schnell sichtbaren Erfolg verhelfenden Therapieweisen in Betracht wie bei der Acne vulgaris: Dampfbäder, heiße Gesichtspackungen, Anwendungen des Komedonenquetschers oder Stichinzisionen zur Entleerung größerer Retentionszysten, ferner Schälung mittels UV-Bestrahlungen oder salicylsäurehaltigen Verabreichungen (z. B. Glutisal® Salbe, Firma Ravensberg GmbH, Konstanz). Unter solchen Gesichtspunkten kann auch zur versuchsweisen Anwendung einer schleifenden Reinigung mit Brasivil® (fein, medium, forte) geraten werden, welches Schleifpartikel abgestufter Größenordnung (von Aluminiumoxid) nebst Hexachlorophen und Reinigungszusätzen enthält. Von Nutzen ist vermutlich auch eine längere Darreichung von Vitamin A und E in großen Dosen (z. B. Vitamin A 100.000 I.E., bis 150.000 I.E., Vitamin E 300 mg/die).

27.5 Acne necroticans s. varioliformis

Weniger eine Akneabart als eine eigentümliche kleinfleckige, follikuläre und parafollikuläre Pyodermie, bei der Staphylokokken bei einem vermutlich besonderen individualen Reaktionsmechanismus (korrelierte Magen-, Darm- oder Zyklusstörungen?) pathogenetisch bedeutsam sind. Charakteristischer Sitz ist die Stirn-Haar-Grenze mit Übergang zum behaarten Kopf, aber auch nach der haarfreien Gesichts- und Nackenhaut zu.

Differentialdiagnostisch ist bei diesen initial mehr flachen als knötchenartigen, bis reiskorngroßen, hell- oder braunroten Infiltraten, die – ohne Komedonenbildung – sich napfförmig öffnen und bald scheibenförmig verkrusten und schließlich blatternnarbig abheilen, vor allem an die Möglichkeit eines papulokrustösen Syphilids („Corona veneris“) oder einer derartig diskret in Erscheinung tretenden Porphyria cutanea tarda zu denken. Jahrelange Rezidivbereitschaft, namentlich bei Nachlassen der Behandlung oder staphylogener Reinfektion durch Kämme, Bürsten o. ä.

Therapeutisch stehen neben der Berücksichtigung etwa begleitender Gastropathien o. ä. antiseptische Maßnahmen ganz im Vordergrund, und zwar früher durch Anwendung von quecksilberhaltigen Zubereitungen (0,25–0,5 % Sublimatspiritus, 1 % Hydrarg. sulf. rubr. in Zinkschüttelmixtur oder 10 % Quecksilberpräzipitatsalbe (DAB 9, Hydrargyri amidochloridi unguentum), auch etwa 5 % als

Rp.	Hydrarg. praec. alb.	1,5
	Eucerin c. aqua	ad 30,0

sowie von 0,5 % Phenolspiritus. An die Stelle derartiger durchaus wirksamer Verschreibungen ist heute z. T. der Gebrauch von antibiotikahaltigen Zubereitungen getreten, wie z. B. in Form der Terramycin®-, Aureomycin®-, Leukomycin®Salbe oder 0,5 % Chloramphenicol-Spiritus bzw. Ichthoseptal®, auch Clindamycin als Sobelin® Akne-Lösung. Empfehlenswert zu solchen antibiotischen Verschreibungen sind auch Corticoidzusätze, wie z. B. 0,2 % Prednisolon oder Fertigarzneimittel (z. B. Locacorten-Vioform®-Paste). Die systematische Verabfolgung von Antibiotika ist bei diesem Leiden ohne Effekt.

27.6 Rosazea, Rhinophym, periorale rosazeaartige Dermatitis

Die chronische „Vasoneurose“ Rosazea mit ihrer kennzeichnenden Schmetterlingskonfiguration (entsprechend dem 2. und 3. Segmentareal der mittleren Kernabschnitte des Nucleus terminals spinalis des N. trigeminus in der Medulla) setzt sich einzelmorphologisch aus kleinfleckigen, gering schuppenden Erythemen *(Rosacea erythematosa)* zusammen, die gelegentlich auch etwas erhaben imponieren können *(Rosacea papulosa),* wozu mehr oder weniger zahlreiche Teleangiektasien hinzutreten. Schließlich erfährt die Rosazea, vorzugsweise bei Männern, durch Talgdrüsenhyperplasie und periglanduläre Fibrose ihre Steigerung zu der Pfund- oder Knollennase *(Rhinophym).* Ophthalmologisch hat Triebenstein auf die Möglichkeit der sog. Rosazeakeratitis aufmerksam gemacht. Differentialdiagnostisch wird an das *rosazeäähnliche Tuberkulid* (Blaschko u. Lewandowsky) eher zu oft gedacht. Pathogenetisch hängt die präludierende und später mehr und mehr persistierende fleckförmige Rosazeahyperämie nach älterer Anschauung in erster Linie von labilen Durchblutungsverhältnissen bevorzugt hypertoner Prägung, von Blutfülle (Polyzythämie), ovarieller Dysfunktion (Periklimakterium) und gastrointestinalen Abwe-

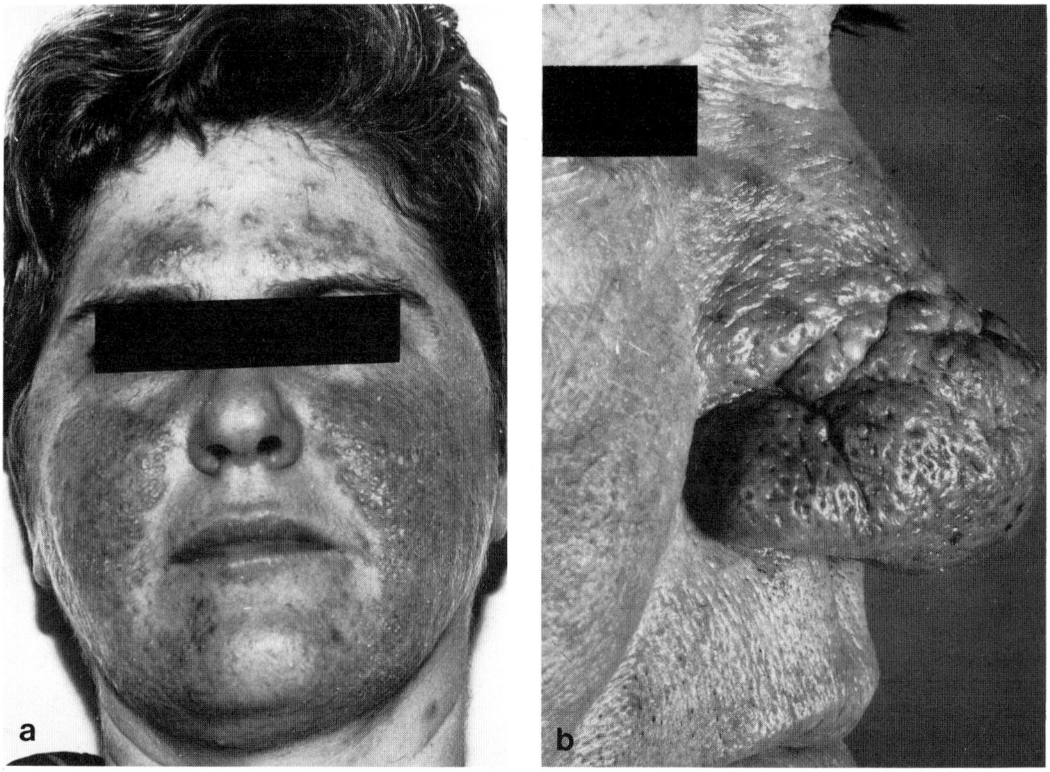

Abb. 57: a) Rosacea, b) Rhinophym

gigkeiten („saures Aufstoßen") hauptsächlich im Pfortaderquellgebiet, aber auch von banaler Obstipation ab. Ähnlich kongestiv manifestationswirksam vermögen sicherlich dahingehende alimentäre Einflüsse geltend zu werden [Bohnenkaffee, Weinbrand, Sekt, Glühwein, daneben aber auch stark gewürzte Kost und „rote Fleischsorten" (Wildbret)].

Jedoch ergaben neuere Überprüfungen, daß die verschiedenen bisher angeschuldigten Faktoren bei einem Vergleich von Rosazea- mit Nicht-Rosazea-Kollektiven keineswegs signifikant sind, wenn man die Erhöhung des Gesamtcholesteringehaltes im Serum bei Rosazeapatienten ausnimmt. Vor allem die älteren Feststellungen, wonach bei der Rosazea Sub- und Anazidität und andere Magen-Darm-Störungen, Fettunverträglichkeit o.ä. besonders häufig vorkommen sollten, wurden durch Untersuchungen von Søbye, Marks u. Zaun als nicht statistisch signifikant revidiert, was die ältere Anschauung von Korting bestätigt. Außerdem haben Denk, Nürnberger u. Fassl aus unserer Klinik magenbioptisch keine Bestätigung regelmäßiger Magenveränderungen bei Rosazea feststellen können. Ferner hat zudem die Doktorandin Pira im Rahmen größerer Erythrozyten- und Hämoglobinbestimmungsreihen bei Hautkranken die ebenfalls immer wieder behauptete Syntropie einer Polyglobulie bei Rosazea nicht bestätigen können. Indes bleibt festzustellen, daß, auch wenn das Vorkommen z.B. einer Anazidität bei einem Rosazeakollektiv statistisch nicht zu sichern ist, die klinische Erfahrung bleibt, daß in manchen Einzelfällen durch entsprechende Substitutionstherapie zweifellos doch eine deutliche Besserung des Krankheitsbildes zu erzielen ist.

An den pathogenetischen Gegebenheiten setzt die **Therapie** an: Verbot oder Einschränkung der angeführten Konsumgifte, vegetabile Kostform und nicht zuletzt Regulation der gestörten Magen-Darm-Funktion, etwa wie sie im Aknekapitel dargestellt ist. Während früher im Vordergrund der symptomatischen Lokalmaßnahmen die Anwendung von Desoxycorticosteronacetat (DOCA) stand, erreicht man in schweren Fällen durch Anwendung von Glucocorticoiden in kleiner Dosierung (z.B. Prednison 5 mg oder Triamcinolon 4 mg/die über einige Tage hindurch) bereits eine auffällige symptomatische Besserung. Dagegen wird man zu den ebenfalls empfohlenen und bei pustulöser Verlaufsform sicherlich wirksamen Breitbandantibiotika (namentlich Chloramphenicol) sich nur schwer entschließen können, da hier u.U. beträchtliche Nebenwirkungsmöglichkeiten bei einem letztlich banalen Leiden nicht zu übersehen sind. Von mancher Seite wird dennoch derzeit die Durchführung einer Tetracylin-Langzeitbehandlung (4–6 Monate) bei allerdings niedriger Dosierung (2mal täglich 0,25 g per os) propagiert, zumal darunter nicht nur die Endgefäßerweiterungen, sondern auch die anderen Hautveränderungen recht zuverlässig zurückzugehen pflegen.

Das Vorliegen stärkerer Seborrhö und Kongestion ist die Domäne einer äußerlichen Ichthyol®-Anwendung (Zinkschüttelmixtur mit 5% Ammoniumbituminosulfonat, Ichtho-Cortin® fettfreie Creme). Für die Nacht kommen entsprechend ausgerüstete Pasten in Frage, wie z.B.:

Rp. Chloramphenicol.	0,5
Ammoniumbitumino-sulfonat.	2,5
Past. Cordes®	ad 50,0

oder

Rp. Resorcin.	3,0
Ammoniumbitumino-sulfonat.	5,0
Sulf. praecip.	2,0
Bol. rubr.	0,5
Calci. carbon.	
Titan. dioxid.	
Oliv. ol.	
Aqu. Calcar.	āā ad 100,0

Von überragender Wirkung ist speziell bei pustulöser Rosazea Metronidazol (Arilin®, Clont®, Flagyl®), welches zu 2 Tabletten täglich etwa 8 Tage verabfolgt wird. Mitunter genügt auch schon eine lokale Metronidazol-Applikation und zwar 1–2%ig in einer entsprechenden Grundlage wie beispielsweise Linola®Emulsion, Wolff-Basiscreme oder Hydranorme (Roche Posay) über Nacht oder in Aknefug®-Milch simplex bzw. Lotio Cordes® über den Tag hin.

Nicht wirksam bei Rosazea ist Tretinoin, wohingegen bei schwersten Rosazeaformen

Isotretinoin (13-cis-Retinsäure, Roaccutan®) verabfolgt werden kann (0,2–2,0 mg/kg KG). Es sei daran erinnert, daß Frauen im konzeptionsfähigen Alter noch etwa drei bis sechs Monate nach Einnahmeschluß eine sichere Kontrazeption beachten müssen. Andererseits überraschen, ähnlich wie bei Acne vulgaris, lange erscheinungsfreie Zeiträume.

Sicherlich effektvoll ist auch als antikongestive Maßnahme eine *Massagebehandlung,* wie sie von Søbye sowie Schumachers-Brendler empfohlen wird.

Hierbei werden Kutis und Subkutis gegeneinander durch zirkuläre Massagebewegungen mittels der Endphalangen II, III und IV in gleichzeitig symmetrischer Weise gegeneinander kreisend bei einer Behandlungsdauer von etwa 10–15 min verschoben. Die Vasolabilität solcher Patienten äußert sich in einer nachfolgenden heftigen Hyperämie. Im allgemeinen sollen solche Übungen 2–3 Monate hindurch täglich durchgeführt werden.

Beim *Rhinophym* kommen hochtourige Fräsungen und Schleifung mit den Geräten nach Kutscher oder Schreus, vor allem aber die Modellierung mit der elektrischen Schlingenelektrode nach vorangehender Lokalanästhesie in Betracht. Die Abheilung erfolgt unter gelegentlich sich wiederholenden kapillären Nachblutungen innerhalb von 8–10 Tagen unter dicken Salbenverbänden (Leukomycin-Salbe o.ä., Fettgaze als Oleo-Tüll®).

Neuerdings wird von der klassischen Rosazea als Variante die *periorale, rosazeaartige* Dermatitis abgegrenzt, in der wir eine Art Rosacea minor bzw. eine „jüngere Schwester" der Rosazea sehen. Bei dieser treten unter deutlicher Bevorzugung des weiblichen Geschlechts (10:1), meist 30–40jährige Patientinnen, übrigens keineswegs nur um den Mund, sondern gelegentlich auch in der Gesichtsmitte oder um die Augen, entweder mehr runde bis spitze Knötchen oder feinlamellös desquamierende „seborrhoide" Veränderungen in Erscheinung, gelegentlich auch Pustulationen. Ursache und Wesen dieser sog. perioralen Dermatitis sind ungeklärt. Beschuldigt wird u.a. der Einfluß von überstarker Schminkung, hormonellen Kontrazeptiva, bestimmten Fusobakterien oder speziell von fluorierten Corticosteroiden, welche dementsprechend an erster Stelle (einschließlich fluorhaltiger Zahnpasten) zu eliminieren sind. Ansonsten bewährt sich, wenn man nicht eine Zeitlang auf die Spontaninvolution warten will, die vorhin geschilderte, übliche Rosazeatherapie (einschließlich Tetracyclin) auch hierbei. Wichtig ist vor allem aber auch die topische Corticoidkarenz und demgemäß bei straffer psychischer Führung die Anwendung von Externa ohne Corticoidzusätze („Steroid-Rosazea"!). Fast immer kommt es, z.B. nach Linola® Emulsion oder einer Basis-Creme, auf die Dauer hin zu einem Verlöschen der Krankheitsdynamik. Wichtig ist letztlich auch eine reizarme Hautreinigung mit warmem Wasser und sparsamen Zusätzen von Tensiden (z.B. Dermowas®, Dermofug®, sebamed® flüssig). Sind größere derbfeste Papeln eingestreut, so kommt speziell bei histologischem Nachweis tuberkuloider Granulome („Lupus miliaris disseminatus faciei") versuchsweise INH (Neoteben® 5 mg/kg KG) täglich in Frage.

28 Haarkrankheiten

28.1 Haarerkrankungen im eigentlichen Sinn

28.1.1 Alopecia areata (Area Celsi, Pelade)

Selten auch familiär auftretend, aber nicht geschlechtsgebunden, ist die Alopecia areata, im Beobachtungsgut der Sprechstunde wohl die häufigste Haarerkrankung ohne gesicherte Beziehung zu anderen, gleichzeitig bestehenden Leiden. Mitunter kann sie als Randsymptom bei verschiedenen neurovegetativen Dysfunktionen (Horner-Syndrom?) oder sonstigen Abartungen (z. B. Mongolismus, Korting u. Holzmann) auftreten. Auch eine immunologische Genese wird diskutiert, aber „psychosomatische" Einflüsse (Abitur, Ehescheidung, Unfälle etc.) sind klinisch auffälliger. Nach Braun-Falco dem Pathomechanismus nach Typ einer gemischten Alopezie, d. h. einer Kombination von Kolbenhaaralopezie und überwiegend dystrophischer Alopezie, vermutlich infolge einer Dysenzymie in der mitotisch aktiven Haarmatrix. Die Mitbeteiligung des gesamten Kapillitiums ist wahrscheinlich, obwohl im allgemeinen nur bestimmte Lokalakzente, also der typisch scheibenförmige, reaktionsarme *nichtnarbige Haarverlust*, die Regel sind. Verlaufsweise Konfluenz bis zum Bild der *Alopecia totalis s. maligna,* evtl. unter Beteiligung von Augenbrauen (hierbei denke man an eine evtl. Begleitiridozyklitis), Wimpern, Kinn-, Achsel- sowie Schambehaarung. Besonders resistent ist erfahrungsgemäß die Nackenlokalisation *(Ophiasis).* Mitunter kommt es als pathognomonisches Begleitzeichen zu vereinzelten feinsten Nageltüpfelungen (Onychosis punctata).

Die lokalen **therapeutischen** Bemühungen bei dieser erfahrungsgemäß in einem Zeitraum von 3–6 Monaten zur spontanen Heilung tendierenden, aber sehr rezidivbereiten Haarerkrankung entbehren angesichts der vermutlich polyätiologischen, wenn auch wohl pathogenetisch einheitlichen Krankheitssituation verständlicherweise der Spezifität. Von den früher geüb-

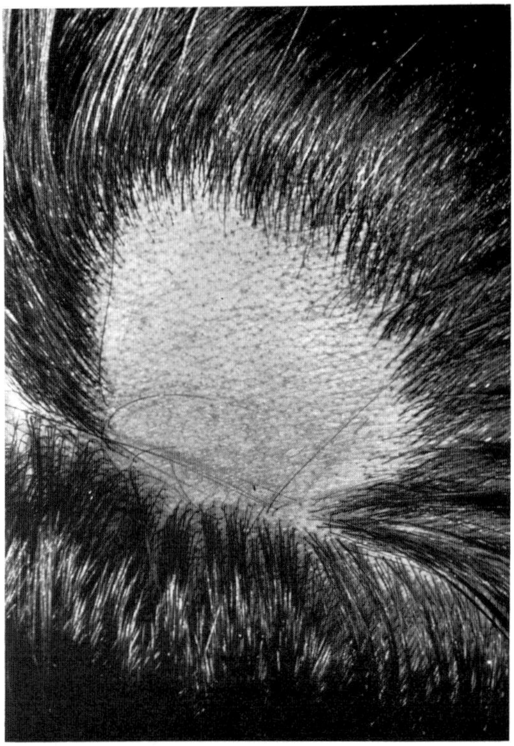

Abb. 58: Alopecia areata

ten äußeren Reizmaßnahmen sind CO_2-Aceton-Schnee, Phenolisierung usw. wohl völlig obsolet. Hingegen dürften Bestrahlungen mit der *Kromayer-UV-Lampe* (Serien zu 10 Bestrahlungen zwischen 6 und 8 Tagen je nach der individualen Erythemreaktion) mehr als zufällige Effekte zukommen. Früher wurde beim Erwachsenen in ansonsten therapeutisch refraktären Fällen die Anwendung von *Grenzstrahlen* (9–12 kV, Dosis etwa 206,4 $mCkg^{-1}$, 1–2 Wiederholungen pro Feld im Abstand von 4–8 Wochen) versucht. Zur lokalen Hyperämisierung wird man aber sicherlich heute längere Zeit *Nikotinsäureester-Anwendungen* in spirituösem Vehikel (K_5-Tinktur o. ä.) versuchen, wobei Glucocorticoidzusätze u. U. hinzutreten können (Rheumasit®). Da bei der Alopecia areata topisch grundsätzlich alles in gewissem Ausmaß wirkt was „reizt", so hat man in letzter Zeit auch wieder mehr Interesse gegenüber einer herbeigeführten toxischen Dermatitis bezeugt, wobei in erster Linie Dithranol (früher als Cignolin 0,3–0,5%ig bekannt) in einer Basiscreme oder beispielsweise als Psoradexan® mite bis forte angewandt wurde. Aus der Tatsache, daß bei der Hypertonus-Behandlung mit Minoxidil bisweilen eine Hypertrichose als Nebenwirkung auftrat, wurde abgeleitet, Minoxidil bei Alopecia areata lokal als 1%ige Lösung oder 1%ige Salbe zu verwenden. Mehr aus historischen Gründen sei auch noch die *Besniersche Verschreibung* angeführt (Acidi acetici glacialis 0,4, Chloralhydrati 4,0, Aetheris ad 30,0). Gewisse Effekte sind durch fächerartige peri- und intrafokale Einspritzungen von *Corticoidkristallen* in Abständen von etwa 3–4 Wochen zu bewirken, Wiederholungen demgemäß nicht vor 3 Wochen. Als Richtmaß ist eine Lokaldosis von 5–10 mg Prednison-Isodosis anzusehen, da als unerwünschte Nebenwirkungen bisher, wenn auch wohl „temporär", Atrophien beobachtet wurden. Darüber hinaus wurden auch selten nach unbeabsichtigter intravasaler Injektion in die temporale Kopfhaut embolische Verschlüsse im Kapillargebiet der Retina bekannt (Woringer), was bei einer Krankheit mit bekannt spontaner Remissionsfähigkeit nicht übersehen werden sollte. Im Hinblick auf die peribulbäre entzündliche Reaktion im Alopecia-areata-Herd ist die Anwendung einer sicheren antiphlogistischen intraläsionalen Injektionsbehandlung grundsätzlich gerechtfertigt. Im Vergleich hierzu ist die Anwendung von glucocorticoidhaltigen Salben oder alkoholischen Lösungen auch unter der Okklusivverbandtechnik wesentlich weniger wirksam. Übrigens nehmen wir zur Fixierung der Okklusivfolie auf dem Kopf eine Badehaube und als Spezialität z. B. Volon®A-Tinktur, mehrfach hintereinander aufgebracht, oder Jellin®ultra-Creme, im Winter auch Nerisona® forte Fettsalbe.

Bei den inneren Behandlungsmöglichkeiten der Alopecia areata gelten die Vitamine, so sehr sie auch propagiert wurden, hierbei nur als kostspielige Placebos. Allein das Vitamin D_3 (Colecalciferol) ist hervorzuheben, das bei Kindern in einer Dosis von 10.000–20.000 I. E., bei jugendlichen Erwachsenen (also z. B. nicht über das 40. Lebensjahr) in einer Dosis von 40.000–80.000 I. E. über Wochen und evtl. Monate unter Kontrolle der Nierenfunktion und des Blutdrucks verabfolgt wurde (Fertigarzneimittel in Tablettenform sind u. a. D-Tracetten® bzw. D-Tracetten® forte). Früher ebenfalls empfohlene homöopatische Verbindungen (z. B. Thallium acet. D_6–D_{12}, Selenium D_6) sind heute weitgehend verlassen. Bei frischer und rasch progredienter Alopecia areata, die mit migräneartigen Beschwerden einhergehen kann, kommt ein Versuch mit Hydergin® Tropflösung, 3mal 8 Tropfen ansteigend über 3–6 Wochen, in Betracht. Ebenso vorzugsweise bei rasch progredienten Erscheinungsformen erwäge man eine morbostatische Beeinflussung mit einer *systemischen Glucocorticoidzufuhr,* wobei allerdings die Haare nach Absetzen häufig wieder ausfallen. Unter Berücksichtigung der bekannten Kontraindikationen

(Gastrointestinalulzera, Diabetes mellitus, Hypertonie usw.) verabfolge man z.B. Dexamethason (Fortecortin® o.ä.), z.B. 1 mg/die, wobei mit dem ersten Haarwachstum nach frühestens 3–4 Wochen zu rechnen ist. Schließlich bleibt für die Fälle der sog. Alopecia areata maligna, nachdem ernstere Hintergründe (Zwischenhirntumoren o.ä.) oder stärkere Irritationsursachen (Refraktionsanomalien, Zahnfoci, Stress-Situationen in der Schule usw.) ausgeschlossen sind, nur die Empfehlung des Tragens einer Perücke. Dagegen konnte die Wirksamkeit der verabfolgten sog. anabolen Hormone wie auch die des oft diskutierten Testosteronproprionats (1% in Salbe), nicht zuletzt auch im Hinblick auf mögliche Nebenwirkungen auf das genitale System (Prostatahypertrophie, Propagation eines bisher nur mikroskopisch erkennbaren Prostatakarzinoms), keinesfalls generell bestätigt werden.

Als neues Spezifikum, wenn auch nicht unumstritten, ist, wie erwähnt, bei der Behandlung der Alopecia areata, wie auch übrigens der androgenetischen Alopezie, Minoxidil in die Diskussion gekommen. Ursprünglich wurde dieses als Hochdruckmittel bekannte Präparat Lonolox® (Fa. Upjohn) aus Tabletten zur Anregung des Haarwuchses zu Salbe oder Lösung verarbeitet.

Rezepte dieser Art lauteten:

Minoxidil-Lösung 1%

Minoxidil-Tabl. à 10 mg verrieben	20 Tabl.
Propylenglykol	2 ml
Aqu. purific.	4 ml
Ethanol 96%	ad 20 ml

Die zerriebenen Tabletten werden mit dem Lösungsgemisch extrahiert und von den Tablettenhilfsstoffen abfiltriert.

Minoxidil-Salbe 1%

Minoxidil-Tabl. à 10 mg fein verrieben	20 Tabl.
Unguentum Merck	ad 20 g

Unguentum Merck (E. Merck, United Kingdom) ist wie folgt deklariert, wobei die englischen Bezeichnungen sinngemäß in die bei uns gebräuchlichen übertragen wurden:

Vaselin alb.	32%
Paraffin. subliqu.	3%
Alcohol cetylstearyl.	9%
Polysorbitan. monopalmitylat. (Span®40)	6%
Monostearin.	3%
Propylenglyc.	5%
Oleum neutrale DAC (Miglyol® 812)	5%
Acid. silic.	0,1%
Acid. sorbic.	0,2%

Neuerdings wird aber von der Fa. Upjohn im Rahmen der klinischen Prüfung die Reinsubstanz zur Verfügung gestellt. Als Konzentration wird im allgemeinen eine 2%ige Lösung in Isopropanol empfohlen.

28.1.2 Alopecia diffusa chronica

Diese weitverbreitete, vielleicht im Zunehmen begriffene, früher meist *„Alopecia seborrhoica"* benannte, aber durchaus auch ohne Seborrhö zur Entwicklung kommende Haarlichtung, die beim Mann allenfalls teilweise durch eine erhöhte Spannung der Galea druckatrophisch entsteht und bei der vor allem androgene Hormone im Verein mit genetischen Faktoren (etwa bei 60%) im Spiele sein dürften, entspricht nosologisch weitgehend der sog. *androgenetischen Alopezie der Frau* („alopécie féminine hypoestrogénique", „male-pattern-alopecia"). *Pathogenetisch* handelt es sich überweigend um eine Kolbenhaaralopezie, d.h. mit anderen Worten um eine Zunahme von Haaren mit verkürzter Anagenphase. Die weiteren Haarzyklen führen in der Folge zu einem dünneren, flaumartigen Haarmaterial; definitive Verglatzung ist eher selten. Bei der diffusen primärchronischen Alopezie der Frau, die zumeist erwachsene Frauen gegen Ende der Reproduktionsphase betrifft (*„Alopecia climacteria"*, Haxthausen), treten im Gegensatz zu den Verhältnissen beim Mann Seborrhö bzw. Pityriasis simplex des Haarbodens mehr zurück. Dem Mechanismus nach handelt es sich hier um eine dystrophische, weniger um eine gemischte Alopezie (Braun-Falco). Die Parallele zur männlichen Verglatzung ist dementsprechend nicht ohne Ausnahme gegeben, wie auch die Lokalisation bei Mann (Typ der *Alopecia triangularis* und der *Calvities hippocratica,* also „Geheimratsecken" und Mittelglatze) und Frau (Vorderkopf und vornehmlich Wirbelgegend) verschieden sind. Demnach wird man neben lokalen, traumatischen (Pferdeschwanzfrisur, *Traktionsalopezie*) oder chemischen Einflüssen, vor allem auch bei betontem Scheitelsitz, bei solchen Frauen an eine frühzeitige endokrine Involution denken müssen. Da beim Mann die Spannung der Galea sicher nicht die einzige Ursache dieser Art Haarausfall darstellt, ist die anfängliche Begeisterung über die sog. Entspannungsoperation (Frontalotomie, Epikraniotomie, Galeotomie) zurückgegangen. Enge anatomische Grenzen sind auch anderen Operationsverfahren des Haarverlustes (Freihauttransplantate, Verschiebeplastiken) gesetzt. Dementsprechend steht die konservative, vor allem auch auf die Beseitigung des vermehrten Fettflusses der Talgdrüsen abzielende Behandlung – trotz aller Einwände gegen die pathogenetische Bedeutung der Seborrhö – nach wie vor im Vordergrund der Therapie. Bei dauernd *fettigem Haar* verschreibe man z. B.:

Rp. Resorcin.	3,0
Prednisolon.	0,2
Liqu. Carb. det.	5–10,0
Isopropanol. 70 %	ad 100,0

oder aber auch

Rp. Resorcin.	6,0
Aqu. Calcar.	40,0
Isopropanol.	60,0
Aqu. purific.	ad 200,0

Als Beispiel einer Kopfsalbe im Anschluß nach Waschen des Kopfes, z. B. mit 1 Eigelb auf 1 Kognakglas Spir. dilutus oder Criniton®, Sepopona® flüssig usw., empfiehlt sich Lygal® Kopfsalbe mit Zwischenschaltung einer gut auswaschbaren Salbe, wie z. B. Aureomycin® Salbe oder Topsym® F Salbe. Als Fertigpräparat für eine androgenetische Alopezie steht Alpicort® F Suspension zur externen Anwendung zur Verfügung, welches auf 100 ml u. a. 5 mg Estradiolbenzoat, 0,2 g Prednisolon enthält (ähnlich auch Crinohermal® fem oder Ell-Cranell Tinktur). Beachtenswert wegen des bekannten Biotin-Avidin-Verdrängungsgleichgewichts ist schließlich noch die konsequente Einschränkung von Hühnereiweiß (Eiklar enthält Avidin; bei Biotinmangel – z. B. durch Avidinverdrängung – kommt es zur Cholesterinerhöhung auf der Haut und damit zur Begünstigung von Pityrosporon ovale). Ansonsten kommen noch hyperämisierende Maßnahmen wie bei Alopecia areata in Betracht, also hauptsächlich alkoholische Nikotinsäureester-Lösungen, evtl. in Verbindung mit 4-Amino-2-methyl-1-naphthol (Vitamin K_5) oder Glucocorticoiden. Letztere kann man anfänglich und vor allem mehr örtlich in stärker konzentrierten Lösungen anwenden (z. B. Betnesol®-V crinale 0,1 % Lösung, Celestan®-V crinale Lösung, Volon®A-Tinktur, Cortidexason®-fortissimum Tinktur). Als weitere derzeit handelsübliche alkoholische Lösungen mit Glucocorticoidzusatz seien in diesem Zusammenhang noch genannt: Alpicort®-N Lösung zur externen Anwendung, Solutio Cordes® Dexa Lösung, Lygal® Kopftinktur. Als homöopathisches Antiseborrhoikum wird mitunter auch noch „Selen" genannt (z. B. Selen D_6, 3mal 1 Tabl. über mehrere Wochen). Auch könnte man die Seborrhö der Frau wie die androgenetische Alopezie der Frau versuchsweise nicht zuletzt mit (nortestosteronfreien) Ovulationshemmern behandeln. In dieser Hinsicht hat sich in letzter Zeit besonders das Einphasenpräparat Diane®-35 (Cyproteronacetat 2 mg, Ethinylestradiol 0,035 mg) zyklusgerecht über 21 Tage mit 7tägiger Pause bewährt. Für Frauen im Reproduktionsalter ohne Kinderwunsch kommen als antiandrogenhaltige Ovulationshemmer ferner Eunomin® 21, Neo Eunomin® oder Gestamestrol® in Betracht: Außerdem kann bei sehr schweren Fällen die Androgenwirkung noch durch zusätzlich Cyproteronacetat (Androcur® 1 Tablette täglich am 5. bis 14. Zyklustag) gesteigert werden. Eine solche Antiandrogentherapie, vor deren Beginn stets eine Frühschwangerschaft auszuschließen ist, kündigt seine Wirkung vor dem 3. Zyklus an. Ein Neuwachstum von Haaren kommt indessen in der Regel nur bei Frühtherapie vor.

28.1.3 Alopecia areolaris

Spezifisch luische, vor allem an kurzgeschorenen Köpfen besonders auffällige, kleinfleckige, unscharf oder verwaschen bzw. wie von Mäusen angenagt imponierende (F. Pinkus) Alopezieform. Diese ist durch unregelmäßig disseminierte haararme, aber im Gegensatz zu der Alopecia areata nicht vollständig haarlose, sowie nicht narbig abheilende Bezirke und durch die meist gleichzeitig vorhandene Kombination mit einem Leucoderma colli (Venuskollier) wie auch dem „signe d'omnibus" (Lichtung der seitlichen Augenbrauenanteile) charakterisiert. In klinischer Hinsicht ist die Alopecia areolaris als Leitsymptom für in solchem Fall frühe Liquorveränderungen bedeutsam. Die Alopezie selbst ist Folge eines spezifischen Exanthems im Bereich des behaarten Kopfes. Die **Therapie** ist entsprechend der luischen Genese die heute bei einer L II übliche.

28.1.4 Alopecia mucinosa (H. Pinkus)

Trotz vorangehender Kasuistik (Kreibich, Lehner u. Szodoray) erst seit 1957 durch die Mitteilung von H. Pinkus u.a. stärker beachtete follikulär-seboglanduläre Affektion, die sich klinisch in Bezirken hornpfropftragender, follikulär gebundener Papelchen, aus denen sich nur ausnahmsweise etwas Sekret auspressen läßt, darbietet und histologisch typischerweise durch das Auftreten von Schleim (Braun-Falco: „Mukophanerosis") charakterisiert ist. Diesem Vorgang geht eine mitunter nicht verschleimende spongiforme Auflockerung voraus (Korting). Die follikuläre Muzinose tritt nach eigener Erfahrung fast immer sekundär bzw. symptomatisch auf, und zwar vorzugsweise bei retikulären oder retikulogranulomatösen Grundleiden (Korting: Mycosis fungoides).

Therapie: Außer der Fahndung nach einer retikuloendothelialen Systemaffektion kommen, falls nicht die Möglichkeit der spontanen Remission abgewartet wird, die übrigens meist ohne Narbenbildung erfolgt, neben einer Glucocorticoidbehandlung (entweder allgemein oder intrafokal mittels Injektionen einer Kristallsuspension) Photochemotherapie oder Röntgenbestrahlungen unter Oberflächenbedingungen (z. B. 20 kV, 12,9–25,8 $mCkg^{-1}$ in 10tägigem bis 4wöchigem Abstand unter 3–4maliger Wiederholung) in Frage.

28.1.5 Alopecia postinfectiosa s. toxica

Diese Form der Alopezie ist für bestimmte Infektionskrankheiten keineswegs spezifisch, jedoch für fieberhafte Erkrankungen, wie Bauch- oder Flecktyphus, Erysipel, Kopfgrippe einigermaßen charakteristisch. In dieser klinischen Art ist sie auch vergleichbar mit einer Alopezie bei Leberzirrhosen, die etwa um 2 Monate nach dem Krankheitsereignis von meist günstiger Prognose beobachtet wird. Ferner sind iatrogene Haarausfälle nach hochdosiertem Vitamin A oder nach Schilddrüsenantagonisten in Rechnung zu ziehen.

Die **Therapie** kann sich demgemäß abwartend einstellen und beschränkt sich z. B. auf hyperämisierende oder antiphlogistische Lokalmaßnahmen.

Rp. Acid. salicyl.	3,0
Ricin. ol. q. s.	
Resorcin.	5,0
Tinct. Caps.	2,0
Isopropanol. 70 %	ad 100,0

Im übrigen siehe die Therapie bei Alopecia areata. Bei der *Alopecia toxica* sensu strictiori, bei der ätiologisch früher die Intoxikation mit Schwermetallen (Salvarsan, Thallium) im Vordergrund stand, handelt es sich gegenwärtig meist um depilatorische Defekte durch Antikoagulantien. Diese treten sowohl nach Heparin als auch nach Heparinoiden (Thrombocid®, Dextransulfat) oder durch Zytostatika (z.B. Endoxan®) etwa 10 Wochen nach Behandlungsbeginn bei 10% der Patienten an Schläfen oder Stirn auf, wobei pathogenetisch Dysfermentien der mitotisch aktiven Matrixbezirke des Haarbulbus in Erscheinung treten (Braun-Falco: überstürzte katagene Entwicklung). Auch bei dieser Alopezieform ist eine besondere Behandlung des Haarausfalls im Grunde nicht notwendig, auch wenn die Reparation meist erst mehrere Monate nach der letzten Medikation wieder einsetzt. Dennoch erscheinen bei Patienten mittleren Alters Versuche mit hyperämisierenden Mitteln (nikotinsäureesterhaltige spirituöse Zubereitungen, evtl. zusammen mit 4-Amino-2-methyl-1-naphthol, „K_5“) vertretbar.

28.1.6 Alopecia neurotica

Entweder in Einzelherden oder unter dem Bilde der „alopécie diffuse totale à marche rapide“ verlaufender Haarausfall, vergleichbar solchen Alopezien bei endokriner Dysfunktion, namentlich im Bereich der hypothalamischen Zentren. Klinisch wurden solche Haarausfälle nach Schädeltraumen, heftigem Erschrecken oder Blitz mitgeteilt, wobei allerdings die meisten solcher Fälle zurückhaltend, vor allem hinsichtlich der angeschuldigten psychischen Insulte, zu beurteilen sein dürften.

Die **Therapie** entspricht, sofern nicht offensichtlich endokrine, vegetative oder zerebrale Dekompensation besteht (Morbus Basedow, Progerie), den üblichen Prinzipien der Behandlung einer nichtnarbigen Alopezie.

28.1.7 Alopecia occipitalis s. decubitalis der Säuglinge

Diese in den ersten Lebensmonaten auftretende Säuglingshinterhauptsglatze ist eine geradezu physiologische, wenn auch vielleicht häufiger bei rachitisch disponierten Kindern auftretende, durch milde mechanische Druckatrophie bedingte und demgemäß beim Aufsitzen spontan wieder schwindende Haarlichtung. Eine besondere **Therapie** ist dementsprechend nicht notwendig.

28.1.8 Pseudopelade Brocq (Alopecia atrophicans)

Im Gegensatz zu herdförmigen Alopezien im Bereich von nichtnarbig abheilenden Hautkrankheiten (Psoriasis vulgaris, Ekzem, Trichophytie) sowie im Gegensatz zu der Pelade, d.i. die Alopecia areata, zur Atrophie führende, also haarprognostisch infauste, in ihrer Multiplizität treffend mit Fußstapfen im Schnee verglichene, im Einzelherd kaum münzgroße, allenfalls zu Beginn mit geringer perifollikulärer Erythembildung einsetzende, wie schon betont, irreversible und progressive Alopezieform. Hierbei handelt es sich nach heutiger Auffassung wohl um kein genuines Leiden, sondern vielmehr um einen *„état pseudopéladique“* (Degos), hinter dem sich eine vorangehende „Folliculitis decalvans“, ein kleinherdiger Lupus erythematodes chronicus oder ein Lichen ruber follicularis bzw. ein Lassueur-Graham-Little-Syndrom, um die Hauptmöglichkeiten an Vorkrankheiten zu nennen, verbergen kann.

Differentialdiagnostisch sind als weitere Möglichkeiten eines *definitiven* Haarverlusts die fleckförmige Sklerodermie, Favus, ulzeröse Pyodermie, serpiginöse Lues und Tuberkulose, vor allem aber auch Hautmetastasen viszeraler Neoplasmen (Mamma-, Bronchus-, Magenkarzinom, Hypernephrom?) auszuscheiden.

Die **Behandlung** der narbigen bzw. vernarbenden Alopezie hat naturgemäß geringe Aussichten, zumal auch die Berücksichtigung einer etwaigen Grundkrankheit nichts an den bereits vorhandenen Endzuständen ändern kann. Es bleibt also nur die antiphlogistische Beeinflussung entzündlicher Verlaufsbilder, mithin vor allem der „Folliculitis atrophicans". In diesem Sinn erscheint – neben der Berücksichtigung eines etwaigen Diabetes mellitus – auch die Anwendung von Cortisonpräparaten in der Weise, wie sie bei der Behandlung der Alopecia areata geschildert wird, versuchenswert, und zwar nicht zuletzt auch als gleichzeitig antibiotisch ausgerüstete spirituöse Anwendung, z. B.:

Rp. Resorcin.	3,0
Prednisolon.	0,2
Chloramphenicol.	1,0
Isopropanol. 70%	ad 100,0

28.1.9 Canities praecox s. praematura

Meist familiär verankerte, mitunter aber auch als Folge anderer Erkrankungen, so als fakultatives Begleitsymptom bei Morbus Cushing, Morbus Simmonds sowie bei verschiedenen neurologischen oder psychiatrischen Leiden auftretende, u. U. mit präseniler Presbyopie verknüpfte vorzeitige Haardepigmentierung.

Therapeutisch ist durch Bestimmung des Serumeisens eine *Sideropenie* auszuschließen bzw. entsprechend zu berücksichtigen. Sodann kommt bei Fehlen sonstiger Organkrankheiten eine Verabfolgung von Wirkstoffen aus dem Vitamin-B-Komplex, vor allem von Calciumpantothenat (25 mg/die) in Betracht. Homöopathisch empfahl Bianco Acid. phosphor. D_3. Bekannt wurden auch Dunkelfärbungen des Harns nach Verabfolgung von Paraaminobenzoesäure.

28.1.10 Hypertrichosis lanuginosa

Weniger häufig erbbedingt und angeboren, sondern zumeist bei entsprechender Disposition infolge besonderer Beeinträchtigung (Karzinomkachexie oder Unterernährung) in Erscheinung tretende Entwicklung bzw. Persistenz feinen Primärhaares.

Die **Therapie** besteht in der Berücksichtigung des Grundleidens, so daß sich symptomatische Bemühungen meist erübrigen; wenn dennoch erwünscht, genügen häufig angesichts der geminderten Haarqualität wasserstoffperoxidhaltige Zubereitungen (3%).

28.1.11 Hypertrichosis (Hirsutismus)

Abgesehen von lokalen oder sekundären Reizhypertrichosen (z. B. nach Anwendung von Saugglocken oder im Rückenbereich nach jahrelangem Tragen schwerer Lasten), sowie sofern anamnestisch nicht lang dauernde Einnahme bestimmter Medikamente (Hydantoine, Cortison, Androgene, Anabolika, Minoxidil, Diazoxid, Ammoidin, Penicillamin o. ä.) oder klinisch nicht bestimmte Stoffwechselstörungen (Porphyrie!) als endogene Haarwachstumsstimuli erfaßbar sind, muß bei einem dann als „idiopathisch" zu erörternden Hirsutismus vor allem an einen *Hyperpituitarismus* (Cushing, Akromegalie), aber auch an sonstige zentralnervöse Ursachen (Traumen, Enzephalitis, Tumoren) gedacht werden. außerdem fahnde man nach einem adrenal bedingten Hirsutismus (angeborene *Hyperplasie der Nebennierenrinde*), dessen Diagnose heute durch Bestimmung des Kerngeschlechts (z. B. an Leukozyten oder Mundschleimhautzellen) oder durch Untersuchung der entsprechenden Hormonmetaboliten im Harn einfacher und sicherer geworden ist. Die Abgrenzung zwischen Tumor und Hyperplasie der Nebennierenrinde erfolgt mittels Prednisonverabfolgung (30–50 mg über 5 Tage), worauf bei NNR-Hyperplasie – im Gegensatz zum Tumor – die erhöhten 17-Ketosteroide auf das Normalniveau sinken. Eventuell ist der idiopathische Hirsutismus auch mit einer erhöhten Testosteronausscheidung im Urin verbunden. Bei tiefem Haaransatz im Nacken berücksichtige man diagnostisch auch einen angeborenen Keimdrüsenmangel *(Gonadendysgenesie* im Sinne des *Turner-Syndroms).* An seltenen Syndromen mit Hirsutismus seien noch das *Pfaundler-Hurler-Syndrom* sowie das *Cornelia-de-Lange-Syndrom* angeführt. Schließlich kommen für einen ovariell bedingten Hirsutismus, der sehr selten ist, Tumoren der Eierstöcke, wie z. B. das *Arrhenoblastom,* in Betracht sowie als aneoplastisch verursachter ovarieller Hirsutismus der Befund polyzystischer Ovarien entsprechend dem *Stein-Leventhal-Syndrom*. Weniger häufig sind demgegenüber Begleithypertrichosen bei banalen Hautkrankheitszuständen, wie beispielsweise schon im Rahmen der Acne vulgaris.

Die **Beeinflussung** der Hypertrichosis berücksichtigt zunächst die Möglichkeit der eingangs erwähnten internen Ursachen, kommt aber selbst in solchen Fällen dem kosmetischen Begehren der Kranken entsprechend um die Anwendung der folgenden, meist aber nur temporär wirkenden Maßnahmen nicht herum. Auf keinen Fall erscheint heute die Dauerapplikation von Röntgenstrahlen mehr vertretbar, wie man auch mit der örtlichen Benutzung von Arsenepilatoren (Auripigment, Operment) heute absolut zurückhaltend sein wird. Die Anwendung eines Rasierapparates, dem die Frau meist deutlichen psychischen Widerstand entgegensetzt, ist im Beinbereich empfehlenswert, wie auch hier, ähnlich wie bei hellem Haarflaum an den seitlichen Gesichtsanteilen, wasserstoffperoxidhaltige Verschreibungen von gewissem Nutzen sind. Da die Bleichmaßnahmen aber auf die Dauer zu Reizungen führen können, geht man gern auch zu temporären Depilationsmaßnahmen über, wie sie vor allem in den Achselhöhlen und in der Schamgegend weiter Verwendung haben, zumal sie offensichtlich vorzugsweise das Haarkeratin unter Schonung des Hautkeratins in kurzer Zeit zerstören. Diesbezüglich sind neben den Thioglykolaten (z. B. als Pilca® Creme-Spray, Pilca® Haarentferner, Pilca® med Creme) immer noch Polysulfide in Form der bekannten Erdalkalisulfide noch nicht überholt. Als Beispiel für ein Rezept, welches ein solches Sulfid des Bariums, Calciums oder Strontiums verwendet, folgende Formel:

Rp.	Stront. sulfurat. pulv.	40,0
	Zinc. oxidat.	25,0
	Calc. carbonic. praecip.	5,0
	Maid. amyl.	ad 100,0

(Nach Anrühren mit heißem Wasser mit einem Holzspatel messerrückendick auf die zu behandelnde Körperregion für etwa 5–15 min auflegen und nachfolgend abschaben sowie abwaschen.)

Wird nach Möglichkeit ein bleibendes Depilationsergebnis gewünscht, so kann eine solche Verödung jeder einzelnen Haarpapille durch Gleichstrom (Elektrolyse) oder durch Hochfrequenzstrom (Elektrokoagulation) erfolgen. Bei der elektrischen Epilation wird demgemäß jeder zu zerstörende Haarkanal bis zur Haarpapille mit einer dünnen Nadel sondiert und diese dann mit der stromführenden Elektrode berührt, worauf dann die Nadel entfernt werden kann. Praktisch sind Kromayers Elektrolysenadeln, die überwiegend mit Lack isoliert sind. Die Elektrokoagulation geht schneller vor sich, ist weniger schmerzhaft, kosmetisch aber weniger befriedigend. Aber auch bei dem Elektrolyseverfahren muß mit einer gewissen Rezidivquote gerechnet werden. Schließlich sind solche Verfahren allerdings aufwendig, d. h. teuer und demgemäß nur auf umschriebenen Bezirken, wie etwa im Gesicht, anwendbar. Gegenüber diesen beiden elektrischen Methoden werden die früher üblichen Abrisse, z. B. mit Kolophoniumpflaster (Miel-Epil), kaum mehr verwendet.

Entscheidende Impulse schien aber die Therapie des hochgradigen (!) Hirsutismus durch die Einführung der *Antiandrogene* zu erhalten. So werden Substanzen genannt, die entweder eine Blockade der Testosteronsynthese bewirken oder das Testosteron am Erfolgsorgan kompetitiv abdrängen. Bei dem von Neumann, Elger u. Kramer 1966 entdeckten antiandrogen-wirksamen Gestagen *Cyproteronacetat* handelt es sich um eine Substanz, die nicht nur für die Behandlung männlicher Sexualdelinquenten neue Aspekte, sondern auch für die Therapie des Hirsutismus aussichtsreiche Perspektiven zu eröffnen schien. So berichten Hammerstein u. Cupceancu (Dtsch med Wschr 1969: 829) über dahingehende Erfolge bei täglicher Einnahme von 100–200 mg Cyproteronacetat vom 5.–14. Zyklustag und zusätzlich von 50 γ Ethinylestradiol vom 5.–25. Zyklustag, weil unter diesen Umständen der Menstruationszyklus in 4–5wöchigem Rhythmus aufrechterhalten bleibt und Blutungsstörungen nur ausnahmsweise auftreten. Insgesamt lassen aber die bisher vorliegenden Erfahrungsberichte eine „allgemeine" Anwendung dieses fraglos hochwirksamen Stoffes nicht ratsam erscheinen. Eine hormonelle Behandlung mit antiandrogenen Gestagenen ist im übrigen bei männlichen Erwachsenen nicht indiziert.

28.2 Seltenere Erkrankungen der Haarschäfte

28.2.1 Trichotillomanie (Hallopeau), Trichorrhexomanie, „alopécie manuelle" (Brocq)

Bei dieser Haarrupfsucht handelt es sich um eine in jedem Lebensalter, vorzugsweise aber bei Kindern auftretende, stereotype, fraglos lustbetonte Verhaltensweise von häufig Triebcharakter, bei der an verschiedenen Stellen des Kopfes, seltener auch an den Lidern, die Haare ausgezupft oder herausgezerrt werden. Eine eigentlich dermatologische **Therapie**, wie etwa das Anlegen von Schutzhüllen oder Armschienen, ist unwesentlich. Vielmehr steht bei dieser nicht selten – ähnlich dem Nagelkauen oder Fingerlutschen – intensiv betriebenen Gewohnheit die psychotherapeutische, evtl. auch psychiatrische Betreuung dieser Anankasten im Vordergrund.

28.2.2 Trichoptilosis s. Trichoschisis (Devergie)

In erster Linie bei Frauen zu beobachtende Aufsplitterung der Haare in der Längsachse, vorzugsweise in bündelförmiger Art am distalen Ende, infolge traumatischer Überbeanspruchung, z.B. durch zu intensives Bürsten. Außer der Abstellung derartiger mechanischer Auslösung ist eine eigentliche **Therapie** nicht erforderlich.

28.2.3 Trichonodosis (Galewsky)

Schleifen- oder Schlingenbildung, bei der das mechanische Moment, z.B. infolge Scheuerns oder Kratzens, im Vordergrund steht. In **therapeutischer** Hinsicht ist auf die Beseitigung derartiger Gelegenheitsursachen zu achten.

28.2.4 Trichoklasie

Unter Umständen im Gefolge anderer Haarkrankheiten zu beobachtende „idiopathische" oder doch meist traumatogen (hauptsächlich durch kosmetische Insulte) verursachte, quere oder schräge Fraktur des Haarschaftes ohne pinselförmige Aufsplitterung des Pilus. Die **Therapie** erschöpft sich in der Beseitigung etwaiger mechanischer Hilfsursachen aus dem Sektor kosmetischer Manipulationen.

28.2.5 Pili torti (Galewsky), Trichokinesis (Riecke), „twisted hairs" (Ronchese)

Drehung des Schaftes von Einzelhaaren um 180° um die Längsachse bei sonst praktisch unverändertem Haarboden, in erster Linie bei Jugendlichen weiblichen Geschlechts.

Therapeutisch Ölen oder Einfetten des Haares, z.B. mit handelsüblichem Haaröl oder mit einer Kopfsalbe, z.B. Polyethylenglycolsalbe.

28.2.6 Monilethrix (Crocker)

Bei dieser Aplasia moniliformis sehen wir nur mikroskopisch sicher zu diagnostizierende, klinisch mehr oder minder große Kahlbezirke, die mit Haarstümpfen besetzt sind. Auffällige Kaliberschwankungen der Haarschäfte in einer 48-Stunden-Rhythmik. Häufige Syntropie mit Lichen pilaris oder Nagelwachstumsstörungen verschiedener Art.

Therapeutische Versuche mit temporärer Röntgenepilation oder hohen Vitamin-A-Dosen haben bis auf geringfügige passagere Beeinflussung enttäuscht.

28.2.7 Weitere seltene Krankheitsbilder der Haarschäfte

Auch bei solchen weiteren Haarkrankheiten, wie etwa der *Trichorrhexis invaginata,* dem *Bambushaar* des *Netherton-Syndroms,* oder den schon erwähnten *Pili torti,* ferner dem *Syndrom der unkämmbaren Haare,* bei dem die Haarquerschnitte nicht rund, sondern eckig imponieren, den Wollhaaren oder dem *Wollhaarnävus* (Naevus ulotrichicus), sind ursächliche therapeutische Beeinflussungen nicht bekannt bzw. nicht möglich. Allenfalls bei den Pili torti mit Kupfermangel, der „Kinky hair disease" käme der Versuch einer Kupfertherapie in Frage. Im übrigen handelt es sich aber im letzten Fall um eine Krankheit mit ausgeprägtem Subvitalfaktor, die letztlich durch eine Störung der kupferabhängigen Enzyme bedingt ist. Will man „etwas tun", so kommen bei Wollhaaren usw. Einölungen oder schließlich die Empfehlung einer Perücke in Betracht.

29 Nagelkrankheiten

Die Onychopathien, die grundsätzlich Veränderungen der Konsistenz, der Form und der Farbe dieser Hautanhangsorgane betreffen, zeichnen sich durch eine überraschend große Formenfülle aus: sie können in therapeutischer Hinsicht indessen relativ kurz zusammenfassend abgehandelt werden.

Erkrankungen der Nägel sind immer vor allem auch Ausdruck einer Störung der allgemeinen Vitalität, sie kommen weiterhin im Rahmen verschiedener ektodermaler Anomaliesyndrome, z. T. für diese sogar als wesentliches Teilsymptom, vor *(„Pachyonychia congenita“)*. Sie sind sodann Begleitzeichen für neurologische Krankheitszustände und nicht zuletzt Korrelat zahlreicher mehr oder weniger ausgedehnter Hautkrankheiten (Psoriasis vulgaris, Morbus Darier usw.), was im einzelnen, soweit erforderlich, sondertherapeutisch bei der Besprechung dieser Dermatosen erwähnt wird. Der Internist sieht Nageldystrophien hauptsächlich im Rahmen von Infektionskrankheiten und Durchblutungsstörungen, wird doch das Nagelwachstum durch Hyperämisierung beschleunigt, durch Ischämie verlangsamt. Auch die Fingernagelveränderungen bzw. die („hippokratischen“) *Uhrglasnägel* bei biliärer, hyper-, aber auch atrophischer Leberzirrhose sind letztlich wohl Folge der hier statthabenden vermehrten Durchblutung der Fingerendglieder. Schuppli beschreibt eine „Leukonycholysis paradentotica“, während die *Onychogryp(h)ose* der Großzehennägel (auch ohne Verpilzung) ein Hinweis auf eine bis dahin larvierte Durchblutungsstörung sein kann. Onychometrisch besonders langsames Nagelwachstum findet sich zusammen mit gelbem und ödematischem Nagelplattenaspekt, ferner bei peripherer lymphatischer Obstruktion. Farbveränderungen der Nagelplatte können aber auch äußerlich durch Externa (Cignolin, Kaliumpermanganat, Sublimat, Silbernitrat) oder Pilze, evtl. in Symbiose mit Bakterien (Aspergillus, Pseudomonas), hervorgerufen sein. Lunulaartige Querbänder treten nach verschiedenen Ursachen (Arsen, Thallium, Verbrennung, Pellagra) auf.

Eine wichtige Formveränderung der Nagelplatte ist die *Koilonychie* (Heller, Kaznelson) oder der *Löffelnagel* (Ball, R. Croker), weil dieser weniger häufig auf mechanische oder alkalibedingte Auslösung, sondern auf das Vorliegen von Eisen- oder Vitamin-B_2-Mangelzuständen hinweisen kann.

Die *Onycholysis semilunaris partialis* ist vielleicht u. a. ein Alkalischaden, *Photoonycholysen* sind nach photosensibilisierenden Antibiotika (Demeclocyclin) bekannt.

Bei der von Dubreuilh (1896) so genannten *Onychorrhexis* haben wir es mit einer vorzugsweise in der Längsrichtung der Nägel erfolgten verstärkten Furchung und Aufsplitterung zu tun, welch letzteres Symptom auch bei sehr dünnen (Hapalonychie) und demgemäß sehr leicht abbrechenden Nägeln, nicht nur infolge Geflügelrupfens oder Teppichwebens, also stärkerer mechanischer Strapazierung, zu beobachten ist. Die hier zu besprechende *subakute* bis chronische, also nur angedeutet eitrige, aber ungemein hartnäckige und rezidivbereite Erscheinungsform der *Nagelfalzerkrankung* ist nicht immer bloß eine Maniküreverletzung; sie ist immer vielmehr in gleicher Weise charakteristisch für Hausfrauen, Büfettfräulein, Tellerwäscher, für Mütter mit Kleinkindern usw., d.h. für jene Personen, die berufsbedingt mit den Händen viel im Wasser sind und damit eine Erregerbesiedlung dieser ohnehin häufig chronisch unterschwellig traumatisierten Fingerbezirke fördern. An Keimen finden sich neben Staphylokokken vor allem Hefen, speziell Soor, so daß demgemäß eine konsequente antimykotische Therapie, wie sie im Soorkapitel (S. 106) dargestellt wird, am Platze ist (2%ige Iodtinktur, Moronal®-V-Salbe usw.). Fraglos bringen aber die Patienten mit einer chronischen Paronychie gewisse konstitutionelle Voraussetzungen mit. So begegnet man beispielsweise in der 40jährigen Trägerin einer solchen chronischen symmetrischen Paronychie nicht selten der hypovariellen und hypotonen jugendlichen Frostbeulenkranken von einst wieder. Dementsprechend ist mancher chronischen Umlauferkrankung auch erst durch eine geeignete periphere Kreislauftherapie (Hydergin® o.ä.) zusätzlich zu der Lokalbehandlung wirksam beizukommen. Darüber hinaus denke man bei einseitiger oder gar nur auf 1–2 Finger beschränkter Paronychie besonders auch an larvierte Raynaud-Phänomene oder an das Vorliegen einer Halsrippe. Bei akutem Erscheinungsbild ist hingegen der im Fingerbereich eine Paronychie vortäuschende luische Primäreffekt nicht zu übersehen.

Beim *Syndrom des gelben Nagels,* „yellow nail syndrome", treffen wir auf langsam wachsende, gelb-opake Nägel im Verein mit Lymphödem von Gesicht und Knöcheln sowie chronisch-respiratorischen Erkrankungen.

Der *eingewachsene Nagel* (Unguis incarnatus), vorzugsweise an den Großzehen und bei zu engem Schuhwerk, wird durch eine tiefe Keilexzision des seitlichen Nagelbettes nach Emmet behandelt, wobei gleichzeitig etwaige Exostosen beseitigt werden können. Alsdann Austamponierung der Wundhöhle, wie sie übrigens kurzfristig konservativ auch *vor* Ausführung dieses Eingriffs erfolgen kann, mit Iodoform-Gaze o.ä. Prophylaktisch empfehle man das Überragenlassen der Nagelecken beim Nagelschnitt, der zumindest gerade zu erfolgen hat.

Allgemeine Richtlinien zur **Therapie** der Onychopathien: Nachdem nach Möglichkeit Ätiologie und Pathogenese der Nagelveränderungen ermittelt wurden, kommen symptomatische therapeutische Versuche zur Verbesserung der Hornproduktion in Betracht. Diesbezüglich empfehlenswert sind – mit Ausnahme des früher unbedenklich verabfolgten Arsens – vor allem Eisen in massiver Darreichung, welches zweckmäßigerweise mit Multivitaminen und Spurenelementen gemeinsam verabfolgt wird. Fertigpräparate dieser Art, von denen wir den Eindruck einer dahingehenden symptomatischen Rückwirkung auf Nagelstörungen verschiedener Art, so auch bei Hapalonychie haben, wären z.B. Combionta® N Drag., Supradyn® Kaps. Außerdem sollte der betreffende Patient Leimsubstanzen, wie etwa Gelatine, reichlich (etwa 8 g/die über 3–4 Monate) zu sich nehmen, z.B. in Form von Gelatinepudding, Aspik, Sülze, Gummibärchen, medizinal als Gelacet®. Schließlich wäre auch eine zusätzliche Anwendung der Kytta-Nagelsalbe® empfehlenswert. Hingegen sind handelsübliche Präparate, wie sie zur Behandlung der Nagelbrüchigkeit und -splitterung empfohlen werden, aus Sensibilisierungsgründen abzulehnen, wenn sie z.B. Formalin enthalten (Geruch!). Bei Onycholysis semilunaris wird neben Kurzhalten der Nägel eine 10%ige weiße Quecksilberpräzipitatsalbe empfohlen, sofern man auch hier nicht die Kytta-Nagelsalbe® verwenden will, die u.a. neben Salicylsäure (0,3%) auch einen Auszug aus Symphytum officinale (Beinwell) enthält.

Bei der *Onychogryp(h)osis* sind symptomatisch heiße Seifenbäder, hochtouriges Fräsen in Oberstscher Lokalanästhesie (Mepivacain *ohne* Adrenalinzusatz) oder aber auch chemische Nagelabweichungen mit Harnstoff (Onychomal® Creme) empfehlenswert. Vorbereitend kann auch hier über 1–2 Tage Guttaplast® (salicylsäurehaltiges Pflaster) vorangehen.

Das „yellow nail syndrome“ soll auf mehrmonatige Zufuhr von Vitamin E ansprechen.

30 Krankheiten der Mundschleimhaut

30.1 Cheilitis glandularis cystica

Nach der erstmaligen Erwähnung von van der Wiel (1687), hauptsächlich durch den berühmten Dichter-Chirurgen Richard von Volkmann bekanntgewordene Lippenaffektion, bei der es sich weniger um eine „Cheilitis" als um eine Hyperplasie, zum Teil auch Heterotopie, labialer Schleim- und Speicheldrüsen handelt. Infolge Retention und pseudozystischer Erweiterung im Lippensaumgebiet wölben diese sich bläschenartig vor und entleeren bei tangentialem Druck ein fadenziehendes, glasiges Sekret. Dieser entzündungsarmen Form (Cheilitis glandularis simplex, Puente-Acevedo) steht ein suppurativer bzw. apostematöser Typ (Baelz-Unna) gegenüber. Die präkanzeröse Entartungshäufigkeit dieser Cheilitisformen wird auf bis zu 30% geschätzt. Ursächlich werden chemische Reizungen, vor allem durch Tabak wie bei den Nikotinleukokeratosen, angeschuldigt.

Die **Therapie** besteht bei ausgeprägtem Entzündungszustand in einer antibakteriellen, also entweder antibiotischen oder chemotherapeutischen, Behandlung, vereinzelt wird auch Iodkali innerlich empfohlen, ebenso wurde auch eine röntgentherapeutische Rückbildung der vergrößerten Lippendrüsenkonvolute bis zum Eintritt einer erosiven Epithelitis versucht. Weitere Versuche betreffen die perifokale Injektion von Corticoidkristallsuspension, aber auch die Anwendung derartiger Salben. Einen befriedigenden Erfolg wird man aber zweifelsohne durch eine ausreichende Keilexzision von der Schleimhautseite her erzielen. Einzelne Lippendrüsenerweiterungen wird man ferner mit einer sehr feinen Diathermienadel befriedigend schließen können.

30.2 Perlèche (Lemaitre 1886)

Dieses unter verschiedenen, meist volkstümlichen Namen (Spatzen- oder Faulekken, Griefen, Poissonade, Bridou, Perlèche, Stomatitis angularis, Angulus infectiosus usw.) bekannte, in seinem morphologischen Aufwand so bescheidene Krankheitszeichen ist in seiner Genese äußerst vielfältig. Während derartige Mundwinkelrhagaden beim Kind, häufig ausgelöst durch mangelhafte Mundwinkelhygiene (Serviette!), durchweg wohl streptogen sind, ist bei älteren Personen in erster Linie mit dem Vorliegen einer *mykotischen Perlèche* zu rechnen. An Stelle von desinfizierenden Pasten, wie man sie bei der Kinder-Perlèche anwendet, wird man hier Tupfungen mit Solutio Argent. nitrici (2%ig), wäßriger Methylviolettlösung (0,5%ig) oder der Anwendung einer Farbstoffpaste, evtl. mit Corticoidzusatz (z. B. Locacorten-Vioform® Creme), den Vorzug geben. Jedoch ist mit Nachdruck darauf aufmerksam zu machen, daß bei älteren Perlèche-Trägern eine solche Therapie allein auf längere Sicht wirkungslos bleiben muß, wenn nicht die Basisstörung beseitigt wird. Als solche fungieren hierbei Magensaftmangel, Eisenmangel (gleichzeitig Löffelnägel, Xerostomie, Dysphagie im Sinne des *Plummer-Vinson-Syndroms*) und Vitamin-B_2-Mangel (außerdem purpurblau schimmernde Zunge, „seborrhoide Skrotaldermatitis" bzw. Vulvitis

„pellagrosa", Dämmerungsblindheit = Aknephaskopie). Symptomatische Ariboflavinosen sind übrigens nicht selten Ausdruck eines bis dahin unerkannten Diabetes mellitus. Manchmal spricht ein hartnäckiger Angulus infectiosus beim älteren Erwachsenen aber auch ohne das sonstige klinische Bild eines Eisen- oder Vitamin-B_2-Mangels auf die Zufuhr von Eisen bzw. Riboflavin (Beflavin®) an, so daß in solchen Perlèche -Fällen offenbar lediglich eine lokale Sideropenie bzw. Ariboflavinose vorzuliegen scheint. Als prädispositionelle Faktoren für die Entstehung und Unterhaltung einer Perlèche sind sodann im Mundwinkelbereich stark überhängende Altersfalten, vor allem auch bei Trägern schlecht sitzender Zahnprothesen, Überempfindlichkeiten gegenüber Prothesenmaterial, ferner Kontaktdermatitiden unter dem Bild einer Perlèche durch den Gebrauch von Lippenstift, Kaugummi oder Penicillin-haltigen Desinfizientien und als wohl seltenste Möglichkeit das Bestehen (meist erst bei näherem Zusehen zu entdeckender) Mundwinkelfisteln zu nennen.

30.3 Leukoplakie (Schwimmer 1878)

An Zunge und Mundschleimhaut (retroangulär!) gibt es neben symptomatischem Vorkommen (L III, Tbc, Betelnuß, Nikotin, Arsen usw.) und offenbar auch ohne lokale Abhängigkeit von chronisch unterschwelligen Irritationen (Gebiß, Prothese, Morsicatio buccarum o. ä.) fraglos nicht selten auch idiopathische Fälle, die in regelmäßigen Abständen hinsichtlich karzinomatöser Entartung zu kontrollieren sind. Namentlich bei lang dauernder, tiefsitzender, entzündlicher Begleitreaktion oder starker mukoider Durchtränkung und nachfolgender straffer Atrophisierung ist dies zu befürchten. Das gleiche gilt für die epithelialen keratotischen Nävi (*floride orale Papillomatose, „white sponge nevus"* usw.). Klinisch in Anbetracht einer hahnenkammartigen oder sonstwie zottigen Papillomatose besonders suspekte Bezirke sind ggf. wiederholt histologisch zu überprüfen. Sehr selten kommen solche leukoplastischen Bezirke an der Zunge auch als Teilsymptom polytoper Verhornungsanomalien vor, wie vor allem in Rahmen der Pachyonychia congenita, der Polykeratosis (Touraine) oder der Epidermolysis bullosa hereditaria dystrophica. Offenbar gehäuft sind die Zungenkanten „haarig" auch beim Aids-Syndrom.

Symptomatisch ist von langfristiger *Vitamin-A-Darreichung* (Arovit®, Vogan®, 100.000 bis 300.000 I. E. täglich), die unter Umständen über Jahre hin erfolgen muß, noch am ehesten Rückbildung oder zumindest Stillstand zu erhoffen. Zu kontrollieren sind an Nebenwirkungen: Leberfunktion, Hyperostosen und Verhornungsstörungen der Haut, wie sie auch bei Vitamin-A-Mangel auftreten können. Neurdings wird man aber vor allem Etretinat (Tigason® 1 mg/kg KG) einsetzen. Selbstverständlich ist nicht zuletzt für eine Beseitigung etwaiger irritativer Noxen Sorge zu tragen.

30.4 Glossitis rhombica mediana (Brocq-Pautrier 1914)

Weitgehend stationäre und häufig nur zufällig durch den Träger oder seinen Zahnarzt entdeckte fissurale Anomalie am Ort des Tuberculum impar. Vorhanden ist ein häufig annähernd rautenähnlicher, glatter, also durch fehlenden Papillarbesatz auffälliger medianer oder etwas paramedianer Bezirk an der Grenze zwischen mittlerem und hinterem Zungendrittel.

Therapeutisch empfohlen wurden, obwohl eine Therapie für diesen an sich harmlosen Zustand unnötig ist, intrafokale Injektionen mit Corticoidkristallsuspensionen (Nekrosenmöglichkeit!), ferner systemisch Chlortetracyclin und auch Vitamin C in hohen Dosen. Bei positivem Candida-Befund ist entsprechend, z. B. mit Nystatin zu therapieren.

30.5 Lingua plicata

Angeborene idiopathische und u. U. recht tiefgreifende Faltungen der Zungenoberfläche, wodurch mehr oder weniger zerebriforme, retikuläre oder skrotale Aspekte zustandekommen. Entwickeln sich am Boden der Einkerbung Epithelerosionen, so sind nicht nur eine besondere Schmerzhaftigkeit, besonders bei Zufuhr saurer oder stark gewürzter Speisen, sondern auch eine individualpathologisch bedeutsame Eintrittspforte für verschiedene Infektionen (Soor usw.) gegeben. Syndromatologisch ist die Lingua plicata (s. scrotalis) Teilattribut des *Symptomenkomplexes* von Melkersson u. Rosenthal.

Therapeutische Bemühungen können bei diesem konstitutionellen Stigma allenfalls der Linderung etwaiger subjektiver Beschwerden gelten: Vermeidung scharfer, saurer Speisen, evtl. anästhesierende Präparate (Subcutin®, Dynexan® o. ä.), bei überlagerter Entzündung auch dünn aufgetragene Volon®-A-Haftsalbe, Lutschen von Betnesol®-Pastillen.

30.6 Lingua geographica, Bergeron (s. Exfoliatio areata linguae, Unna)

Meist als Teilbild der „exsudativen Diathese" zu wertendes sowie in langsam wandernden und flachpolyzyklischen Figuren, u. U. über Jahre kontinuierlich oder in größeren Intervallen sich darbietendes Erscheinungsbild. Der Randsaum dieser *„Wanderplaques"* ist häufig angedeutet eleviert und überdies durch eine nach medial gerichtete Exfoliation charakterisiert. Nicht selten ist diese harmlose Konstitutionsanomalie mit einer Lingua plicata gekoppelt, wobei es in solchen Fällen dann meist das subjektive Schmerzempfinden, zumal nach sauren Speisen, ist, welches den Patienten zum Arzt führt.

Konstitutions**therapeutisch** empfahl Czerny lang dauernde Zufuhr von Milchsäure (täglich glasweise in schwacher Dosierung), eine Verschreibung wäre:

Rp. Acid. lact. (90%) DAB 9
Aqu. purific. āā ad 50,0
S. 20 – 30 Tropfen auf ein Glas Wasser zu den Mahlzeiten.

30.7 Lingua nigra (schwarze Haarzunge)

Überwiegend erst bei älteren Erwachsenen und hauptsächlich im medialen Zungenbereich in Erscheinung tretende Hyperkeratose bzw. Hyperplasie der Hornfortsätze der filiformen Zungenwärzchen. Als Ursache kommen verschiedene auf die Hornbildung wirksame Reize (z. B. als Gurgelmittel tropfenweise Tinct. Ratanhiae, Tinct. Tormentillae, Tinct. Myrrhae oder als Fertigarzneimittel Salviathymol® Flüssigkeit, Parodontax-Mundwasserkonzentrat), weniger auch lokale Entzündungsvorgänge, sondern vor allem Verschiebungen im Vitamin-B-Haushalt des Magen-Darm-Kanals, heute meist infolge Antibiotikazufuhr, in Betracht, woraus sich entsprechende **therapeutische** Versuche empfehlen.

In diesem Sinne verordne man Nikotinsäureamid, Vitamin-B-Komplex, Vitamin-A-Säure und häufige Gurgelungen mit verdünnter Wasserstoffperoxid-Lösung (0,5%); (allerdings kamen umgekehrt gerade auch nach diesen Medikamenten solche schwarzen Haarzungen angeblich zur Entwicklung). Wichtig ist die Ausschaltung einer Soor-Infektion (z. B. mit Nystatin, Pimaricin, (Natamycin), Methylviolett 0,5%).

30.8 Aphthenkrankheiten

Unter dem bereits etymologisch vieldeutigen Begriff der „Aphthe" wird im morphologischen Sinne eine solitär oder multipel auftretende, rundlich oder eirundlich begrenzte, fibrinös bedeckte und hyperämisch umsäumte, schmerzhafte, meist nicht über linsengroße Effloreszenz an der Mundschleimhaut, weniger häufig an der Genitalschleimhaut, verstanden. Im klinischen Sinne ist nicht nur aus Gründen des differenten Erscheinungsbildes, sondern vor allem wegen der grundsätzlich anderen Ätiologie streng zwischen der *Stomatitis aphthosa* und den *rezidivierenden Aphthen* zu unterscheiden, weswegen diese im folgenden getrennt behandelt werden.

30.8.1 Stomatitis aphthosa (Gingivostomatitis herpetica)

Akute Erstmanifestation der Herpes-simplex-Virusinfektion fast ausschließlich bei Säuglingen und Kleinkindern nach einer Inkubation von wenigen Tagen unter allgemeinen, auch fieberhaften Begleitsymptomen unter dem Bild gleichzeitig zahlreich aufschießender disseminierter aphthöser Effloreszenzen auf dem Boden einer unscharf flächenhaften Schleimhautrötung.

Die **Therapie** der herpetischen Stomatitis ist leider immer noch akausal und erfordert neben einer sorgfältigen Lokalbehandlung [Spülungen mit verdünnter Wasserstoffperoxid-Lösung (0,5%), Chinosol® (1 Gurgeltablette auf 1 Glas Wasser), Kamillenpräparate (z.B. Kamillosan® Lösung, 30 Tropfen auf 1/2 Glas warmes Wasser), 0,1% Hexetidin Lösung (z.B. Hexoral®), 0,1% Chlorhexidindigluconat-Lösung (z.B. Chlorhexamed®), 5% Dexpanthenol-Lösung (z.B. Bepanthen® Roche Lösung), Tupfungen mit 0,5% Methylviolett (Gentianaviolett) o.ä.], im Hinblick auf das allgemeine Krankheitsbild nicht selten auch den Einsatz von Breitbandantibiotika, vorzugsweise von Tetracyclinen.

30.8.2 Rezidivierende (Mikulicz 1888) bzw. habituelle (Flusser 1930) Aphthen

Neben häufiger familiärer Verankerung, die u.U. über Generationen hindurch zu verfolgen ist, handelt es sich nicht selten um „neuropathische" oder gastrointestinal labile Personen, bei denen mitunter aber das Auftreten der Aphthenrezidive von der Zufuhr bestimmter Speisen (z.B. bestimmte Schokoladensorten, vor allem mit Vanillegewürz, frische Walnüsse) abhängig scheint.

Therapeutisch sollten demgemäß solche Patienten zur eigenen Erfassung derartiger „allergischer" Zusammenhänge ab ingestis angehalten werden. Symptomatisch kommen allgemein Nikotinsäureamid- und Folsäurepräparate, ferner im Hinblick auf die nicht selten gleichzeitig bestehende Hyposiderämie Aufsättigung mit Fe (Eryfer®, Spartocine®, Plastulen®, Resoferix® o.ä.) in Frage, während lokal Betupfungen mit wäßrigen Farbstofflösungen, wie im vorigen Abschnitt angegeben, Lutschen von hypertonen Zuckerlösungen, wie „Bayerisch Blockmalz", oder Kaffeekohle, auch langsames Zergehenlassen von Glucocorticoidtabletten, wie z.B. Betnesol®-Pastillen, in Betracht kommen. Bei sehr schmerzhaften Solitäraphthen, vor allem im Perianal- und Genitalbereich, kann mitunter eine anästhetische Lokaltherapie erwünscht sein (z.B. Erbocain® Salbe). Mitunter kann eine Rezidiv-Reduktion durch Standardglobulin (z.B. Beriglobin®, 1 ml täglich i.m.) oder durch Echinacin®-Kuren (3mal täglich 20–50 Tropfen) erreicht werden.

30.8.3 Aphthoid Pospischill (1921)-Feyrter (1938)

Klinisch als negativ-anerge Zweitkrankheit, z.B. nach Masern oder Keuchhusten, ist das Krankheitsbild als Ausdruck einer herpetischen Erstinfektion zu deuten. Bei einem eigenen Fall einer Panmyelophthise wurde eine charakteristisch beetförmig sich ausbreitende und randwärts saumförmig fortschreitende Herpes-simplex-Infektion der Mundhöhle beobachtet. Sowohl nach der Perioralregion wie nach dem Larynx hin weiterschreitend zeigte sie in ihrer ungehemmten Ausbreitung die bedrohliche Resistenzschwächung des Kranken an. Ähnlich liegt diese unter Darreichung von Zytostatika oder Immunsuppressiva vor.

Bei sehr schweren Krankheitsbildern kommen auch Virustatika, wie Aciclovir (Zovirax®) oder Immunstimulantien, wie Delimmun® = Isoprinosine® zum Einsatz.

Die **Therapie** berücksichtigt deshalb in erster Linie den allgemeinen Kräftezustand (Kreislaufstützung, evtl. Bluttransfusionen, vor allem aber auch γ-Globulinzufuhr), während die Lokaltherapie, abgesehen von der notwendigen Schmerzstillung, dahinter zurücktritt. Die örtlichen Behandlungsmaßnahmen sind im übrigen dieselben wie bei der Stomatitis aphthosa.

30.8.4 Behçet-Syndrom

Das nach dem türkischen Dermatologen Hulusi Behçet (1937) benannte, ursprünglich mit 3 Kardinalsymptomen (aphthös-ulzeröse Veränderungen an Mund- und Genitalschleimhaut, Hypopyonuveitis, Gilbert) aufgestellte Syndrom ist mit der *„grande aphthose"* von Touraine (1941) nahezu identisch. Charakteristisch ist ein über Jahre zäh sich hinziehender schubweiser Verlauf. Die ursprüngliche Symptomtrias war in der Folge durch die Beobachtung vaskulärer Beteiligung auch an Provinzen größeren Kalibers (Saphenathrombose, Cavathrombose) sowie durch neurologische Symptome (Meningoenzephalitiden) zu erweitern. Genital sind Bilder bei der Frau ähnlich dem Ulcus vulvae acutum zu beobachten, aber auch beim männlichen Geschlecht sind Skrotum und Penisschaft ebenfalls keineswegs selten polymorph-erythematös bzw. aphthoid ergriffen. Diagnostisch gibt es Versuche mit der sog. Behçetin-Hautreaktion, jedoch sind isomorph-intrakutane Effekte auch schon mittels einer isotonischen Kochsalzlösung auslösbar (aspezifische Hyperreaktivität des Leidens).

Die Prognose des Behçet-Syndroms ist nicht nur wegen der meist deletären *Ophthalmia lenta* oder bei Bestehen einer nervalen Symptomatik äußerst ungünstig, zumal nosostatische und antibiotische Maßnahmen allenfalls nur kurzfristig temporär zu nützen scheinen, abgesehen davon, daß die Anwendung von Glucocorticoiden (deutliche Wirkung am ehesten noch bei den neurologischen Komplikationen) durch die diesem Leiden von Haus aus zukommende Neigung zu Thrombosen ihre Beschränkung erfährt. Nach eigener Erfahrung versuchenswert sind Natrium salicylicum, 2–3 g per os über Wochen, sowie eine intensive Aufsättigung mit Eisen, notfalls auch per injectionem, wie überhaupt die Gruppe der rezidivierenden Apthenerkrankungen durch ein gewisses ferrosensibles Ansprechen ausgezeichnet zu sein scheint. Monacelli und Nazzaro empfehlen bei schwerstem Verlaufsgang Fieberkuren. In letzter Zeit wird sodann beim Behçet-Syndrom zur Anwendung von immunsuppressiven Substanzen geraten (z. B. Moeschlin), unter denen derzeit das auch an anderer Stelle in diesem Buch wiederholt erwähnte Azathioprin (Imurek®) eine Vorrangstellung einnimmt. Es wird im Vergleich zu seiner Muttersubstanz, dem Mercaptopurin, auch nach eigener bisheriger Erfahrung per os gut vertragen. Allerdings muß bei Durchführung dieser Therapie, die ja nicht nur auf RES und lymphatisches System, sondern überhaupt auf alle sich rasch teilenden Zellsysteme wirkt, stets auf etwaige Myelodepressionen geachtet werden. Die Wirkung ist normalerweise erst nach einigen Wochen ersichtlich (Dosierung: Puri-Nethol® Tabletten à 50 mg je nach Körpergewicht zunächst 100–200 mg/die bzw. 2–3 mg/kg/die). Eine Kombination mit Glucocorticoiden in mäßiger Dosierung ist häufig günstig. Kontraindikation: schwere Infekte, Gravidität, Möglichkeit der Wachstumshemmung bei Kindern. Stehen Gefäßveränderungen (z.B. Phlebothrombosen) im Vordergrund, so ist auch der Einsatz von Antikoagulantien angezeigt. Die Lokalbehandlung einzelner aphthoider Ulzerationen ist dieselbe wie bei sonstigen chronischen und rezidivierenden Aphthenkrankheiten auch.

30.9 Fusospirochätosen (Angina, Stomatitis etc. ulceromembranacea, Plaut-Vincent)

Meist bei Jugendlichen, auf jeden Fall aber bei Bezahnten, mehr oder weniger ausgedehnte, gangräneszierend-nekrotisierende, häufig lediglich mit geringen Allgemeinerscheinungen verknüpfte, auch von nur geringer Lymphknotenschwellung, hingegen von ungewöhnlichem Fötor begleitete Schleimhautreaktionen. Sie finden sich bevorzugt an den Tonsillen, und zwar an diesen, zumindest anfangs, unilateral (Angina necrotica, Strümpel 1883), aber auch an der Wangenschleimhaut und der Gingiva, unter charakteristischem graugrünem diphtheroidem bis ulzerösem Aspekt. Bakteriologisch handelt es sich um die diagnostisch charakteristische Symbiose von Spirochäten und langen Fusobakterien, also um an ihren Enden zugespitzte Stäbchen.

Unter *„Noma“* bzw. *Nosokomialgangrän, dem Cancer aquaticus* des Mittelalters, wird das foudroyant fortschreitende Haut- und Schleimhautkorrelat im Bereich einer oder beider Wangenseiten verstanden.

Die ältere **Therapie** (Quecksilber-, Wismut-, Arsenpräparate) ist heute durchweg durch die Antibiotika in den Schatten gestellt, wobei an erster Stelle die Anwendung von Penicillin über mehrere Tage (etwa 0,4–1 Mega I.E./die) zu nennen ist. Jedoch ist die *Plaut-Vincentsche Symbiose* auch gegenüber Tetracyclin, Oxytetracyclin und Furadantin empfindlich, während demgegenüber beispielsweise eine Hemmung durch Erythromycin ausbleibt. Eine lokale Applikation von 0,5% Methylviolettlösung ist nach wie vor empfehlenswert. Da Rezidivbereitschaft besteht, sind nachfolgende zahnärztliche Sanierung, Aufsättigung mit Vitamin-C- und -B-Komplex und sonstige roborierende Maßnahmen anzuraten.

30.10 Foetor ex ore – Halitosis

Ursachen eines *Foetor ex ore* (übler Mundgeruch) bzw. einer *Halitosis* (übler Geruch der Atemluft) sind Karies, Gingivitis, unreine Gebißprothese, zerfallene Tumoren im Mund und in dessen Nachbargebieten, fötide Anginen, Blutreste und – banal aber keineswegs selten – längere Nahrungskarenz sowie akute sympathikotone Aufregung, also ein Zustand ähnlich dem bei Einnahme von Belladonnapräparaten. Bei einer Halitosis denke man speziell an fötide Erkrankungen der Atemwege (Bronchiektasen, Lungenabszeß, Lungengangrän), des weiteren an Stauungen in Divertikeln sowie an zerfallende Neoplasmen des Magen-Darm-Kanals. Besonders charakteristisch sind der obstartige Acetongeruch beim Coma diabeticum, die urinöse Atemluft des Urämikers, die hauptsächlich durch bakteriellen Harnstoffabbau unter Entstehung von Ammoniak auf den Schleimhäuten zustandekommt, der leberartige Atemgeruch bei Coma hepaticum sowie knoblauchartige Gerüche nach Arsen, Phosphor, Natriumtellurat und neuerdings nach perkutaner Anwendung von DMSO (in der Atemluft als schweflig riechendes Dimethylsulfid), während bittermandelähnlicher Fötor, etwa nach Ether, Chloroform, Phenol usw., weitaus seltener zu konstatieren sein wird. Kaum noch zu beobachten ist wohl heute, außer in Heilanstalten, der eigentümliche Fuselgeruch nach Paraldehyd. Nach Zufuhr von Vitamin-B_1-haltigen Verbindungen kann dagegen, außer einer Änderung des Hautgeruchs, ein zarter nußartiger Mundgeruch in Erscheinung treten.

Die **Therapie** des Foetor ex ore bzw. der Halitosis bemüht sich in erster Linie um die geschilderte kausale Abklärung. Symptomatisch ist reichliches Spülen mit adstringierenden und desodorierenden Mundwässern (Mallebrin®, Inspirol®, Hexoral®, Chlorhexamed®, Salviathymol® o. ä.) angezeigt, wie nicht zuletzt auch eine Steigerung der Zungenbewegung, z. B. mit Kaugummi, von Nutzen sein wird. Bei der Halitosis kommen überdies evtl. transistorische Darmdesinfektionen, z. B. mit Nebacetin® Tabletten, Metronidazol Tabl. (z. B. Clont®), Enterocura®, etwa über 1 Woche hindurch in Frage. Dazu treten Maßnahmen zur Stuhlregelung und Reduktion der Darmgasbildung (Paractol® Kautabletten, -flüssig, sab® simplex, Enzym-Lefax®, Species deflatulentes o. ä.).

30.11 Glossodynie (einschließlich Zungenbrennen) und Trockenheit der Zunge

Zungenbrennen wie Zungenschmerzen sind vielschichtige Symptome, welche keinesfalls nur als Zeichen einer Kanzerophobie zu bagatellisieren sind, zumal Zungenbrennen durchaus veritable Anzeige eines Karzinoms sein kann. Ansonsten werden aber für gewöhnlich Mangel an verschiedenen Vitaminen (besonders Nicotinamid, Riboflavin) aber auch Eisenmangel (Plummer-Vinson-Syndrom) oder Anämie überhaupt (Perniziosa!), alsdann Verbindungen mit einer Glossitis, Mundwinkelrhagaden, parodontalen Erkrankungen, mit Achylie, Kolitiden, weiterhin mit Leber- und Gallenwegsaffektionen oder Stoffwechselkrankheiten (Diabetes, Gicht), nicht zuletzt auch die Anwendung bestimmter Medikamente (Gold, Stickstofflost, Antibiotika) zu erörtern sein. Um die Menopause herum kann Zungenbrennen Teil eines universellen vegetativen Reizsyndroms sein. Neurologisch ist an Veränderungen im Bereich des N. glossopharyngeus, des N. intermedius, des N. hypoglossus, des N. lingualis sowie des unteren Astes des N. trigeminus zu denken, vor allem wenn halbseitige Phänomene geschildert werden. Auch beim *Costen-Syndrom,* dem Mandibulargelenksyndrom, begegnen wir neben Neuralgien im Bereich verschiedener Hirnnerven sowie Kau- und Hörstörungen nicht zuletzt einer Glossalgie, hauptsächlich in Gestalt einseitigen Zungenbrennens. Bei effektiver Behandlung der Kiefergelenksarthralgie sollte normalerweise auch die Glossodynie hierbei zum Verschwinden kommen. Nicht selten findet man alsdann bei Zerebralsklerotikern – auch alten Luikern – Angaben über Mißempfindungen im Mundhöhlenbereich, die häufig auch als quälendes Mund- und Zungenbrennen lokalisiert werden. Immer wird man aber in Zusammenarbeit mit dem Zahnarzt auf mechanische Faktoren, wie Defektgebisse, scharfe Kanten o. ä., als Ursachen solcher Parästhesien zu achten haben.

Therapieversuche bei der Glossodynie bzw. beim Zungenbrennen werden nach Möglichkeit die wahrscheinliche Ursache zu erfassen suchen, wobei symptomatisch indes bei solchen, meist älteren Patienten mit derartigen Beschwerden eine allgemeine Sedierung, vor allem aber auch eine unspezifische „Rejuvenisierung" durch Estrogen- bzw. Testosterongaben kaum zu umgehen sein wird.

30.12 „Trockener Mund"

Trockenheit der Mundschleimhaut und des Pharnyx, indes kaum der Zunge, spricht nach Rauch für eine sialogene Xerostomie, während bei asialogener Xerostomie die Beteiligung der Zunge mit starkem Durstgefühl im Vordergrund steht. Hornstein weist auch auf die Trockenheit der Zunge bei Patienten mit fixiertem Bluthochdruck hin. Xerostomie, u. U. unter dem Vollbild eines *Sjögren*-bzw. eines *Sicca-Syndroms,* ist nicht selten ferner bei progressiver Sklerodermie, besonders bei Frauen, vorhanden. Des weiteren kann sich eine Trockenheit der Zunge und/oder der Mundschleimhaut bei langfristiger Zufuhr von Medikamenten entwikkeln, die z.B. Belladonna oder Phenothiazine enthalten. Hat schließlich auch die Anwendung einer neuen „antigenfreien" Prothese nicht zur Behebung einer solchen Xerostomie geführt, so empfehle man therapeutisch Inhalationen, z.B. mit Emser Sole, oder gehäufte Mundspülungen mit 1 Teelöffel Emser Salz und 1 Teelöffel Glycerin auf 1 Glas Wasser. Ein Fertigpräparat, speziell bei der radiogenen Sialadenitis, wäre: „Synthetischer Speichel" Glandosane® (Fresenius).

Zusammensetzung der 50 ml Spraydose:

Natriumcarboxymethylcellulose	500,0 mg
Sorbit	1500,0 mg
Kaliumchlorid	60,0 mg
Natriumchlorid	42,2 mg
Magnesiumchlorid (6 H_2O)	2,6 mg
Calciumchlorid (2 H_2O)	7,3 mg
Kaliummonohydrogenphosphat	17,1 mg

auch aromatisiert mit Zitrusaroma.

Schließlich zum polygenetischen Leitsymptom des trockenen Mundes aus *allgemeinklinischer Sicht* noch das folgende: es ist vor allem vegetativ bedingt und kommt dementsprechend schlagartig und akut, z.B. bei starker Erregung oder Emotionen, zur Beobachtung, wie wenn einem eben „die Spucke wegbleibt", wie auch manche Redner auf ein Glas Wasser während des Vortrags angewiesen sind. Mundtrockenheit steht aber sodann auch bei starken Wasserverlusten, also bei profusen Schweißen oder Diarrhöen, im Vordergrund der Symptome. Darüber hinaus kann eine Xerostomie bei Diabetes mellitus wie insipidus oder bei kompensatorischer Polyurie infolge Sekretionsstarre der Nieren vorkommen. Schließlich gehört eine altersgerechte Herabsetzung der Salivation zu den üblichen, nahezu physiologischen Klagen älterer Menschen.

31 Geschlechtskrankheiten

Die Geschlechtskrankheiten sind nicht befriedigend zu definieren (z. B. Erwerb auch ohne unmittelbaren Geschlechtsverkehr, andererseits gibt es nichtvenerische Genitalkrankheiten und demgegenüber wiederum extragenitale Lokalisation von Geschlechtskrankheiten), so daß der Gesetzgeber auch bei der 2. Fassung des Gesetzes zur Bekämpfung der Geschlechtskrankheiten vom 23. Juli 1953 kommentarlos im Sinne des Gesetzes aufführt: 1. Syphilis (Lues), 2. Tripper (Gonorrhö), 3. weicher Schanker (Ulcus molle), 4. venerische Lymphknotenentzündung (Lymphogranulomatosis Nicolas-Favre).

Geschlechtskrankheiten dürfen nur durch approbierte Ärzte behandelt werden.

Die venerologischen Statistiken, die in den letzten Jahren für Gonorrhö und Syphilis steigende Tendenzen erkennen ließen, was u. a. durch die zunehmende Liberalisierung des Tourismus oder eine ausgedehnte Propaganda („Sexwelle") für die großzügige Anwendung von Antikonzeptiva gebahnt erscheint, sind fraglos durch beträchtliche Erfassungsdefizite belastet.

Als Hauptfaktoren für die Zunahme der Geschlechtskrankheiten werden ferner diskutiert: Fluktuation, Promiskuität, asymptomatische Infekte bei h. w. G. sowie die Zunahme der Homosexualität.

Ferner fassen wir heute als „Geschlechtskrankheit" einige Krankheiten zusammen, die man besser als *„sexually transmitted diseases" (STD),* also als durch Geschlechtsverkehr übertragene Infektionskrankheiten bezeichnet. Mit diesem Begriff wird der Tatsache entsprochen, daß es sich bei ihnen nicht lediglich um Infektionen der Genitalschleimhäute, sondern weiterhin um Krankheitszustände an anderen Organen handeln kann. Jedoch weisen die meisten solcher Erreger eine Organotropie zu den Genitalschleimhäuten auf, so daß sich wesentliche Übertragung durch den Geschlechtsverkehr ergibt. Solche STD-Krankheiten sind vor allem die *Chlamydozoenurethritis* (PLT-Gruppe = Psittakose-Lymphogranuloma-inguinale-Trachom), die *Mykoplasmenurethritis* und die *Trichomoniasis.*

31.1 Tripper (Gonorrhö)

Die Gonorrhö ist eine hochkontagiöse Infektionskrankheit von nur kurzer Inkubation (1–8 Tage) und praktisch ohne nachfolgende Immunität. In manchen Ländern folgt sie auch heute noch unter den meldepflichtigen Infektionskrankheiten an 3. Stelle nach Masern und Scharlach, wobei die Tripper-Erstinfektion sich vielfach in die Altersklasse der 14- bis 18jährigen verschoben hat und die (primäre) Rektalgonorrhö – ähnlich dem analen P. A. – infolge homosexuellen Verkehrs wieder öfter zu beobachten ist.

Erreger ist der 1870 von Albert Neisser entdeckte und von seinem Klassenkameraden Paul Ehrlich so genannte Gonokokkus *(„Neisseria gonorrhoeae").* Seine Anfärbung erfolgt mit 1 %iger Methylenblaulösung bzw. Löfflers Methylenblau oder in der Färbung nach Gram. Jedoch sind sämtliche *Pseudogonokokken* ebenfalls gramnegativ, so daß die Bedeutung des schnell herzustellenden Blaupräparates unter Berücksichtigung der durch Phagozytose zustandegekommenen intrazellulären Lagerung im Frühfall, der typischen Semmel- oder Kaffeebohnenform, und nicht zuletzt der unbedingt gleichen Größe der für die Gonorrhö eigentümlichen Mikrokokken keineswegs hintanzustellen ist. Die Größe der Gonokokken beläuft sich auf etwa 0,6–1 μm. Zu der Neisseriagruppe zählen neben dem Gonokokkus der Meningokokkus sowie Neisseria catarrhalis, flavescens, gigantea, flava usw. Das Kulturverfahren (Abimpfung mit kohleimprägnierten Wattestäbchen und Einbringung in ein geeignetes Transportmedium) erfordert 1–2 Wochen. Die 1939 von de Bord aufgestellte sog. Mimeagruppe umfaßt ebenfalls gramnegative oder gramlabile, eingekapselte, pleomorphe Stäbchen, die durch vermehrte Polfärbung diplokokkenähnlich wirken können (Dextrosevergärung ∅, Oxydasereaktion +). Bei Verdacht auf penicillinresistente Gonorrhö muß deshalb in erster Linie an das Vorliegen von Infektionen mit derartigen Pseudogonokokken (vor allem mit dem größeren Diplococcus crassus oder dem wohl kleine-

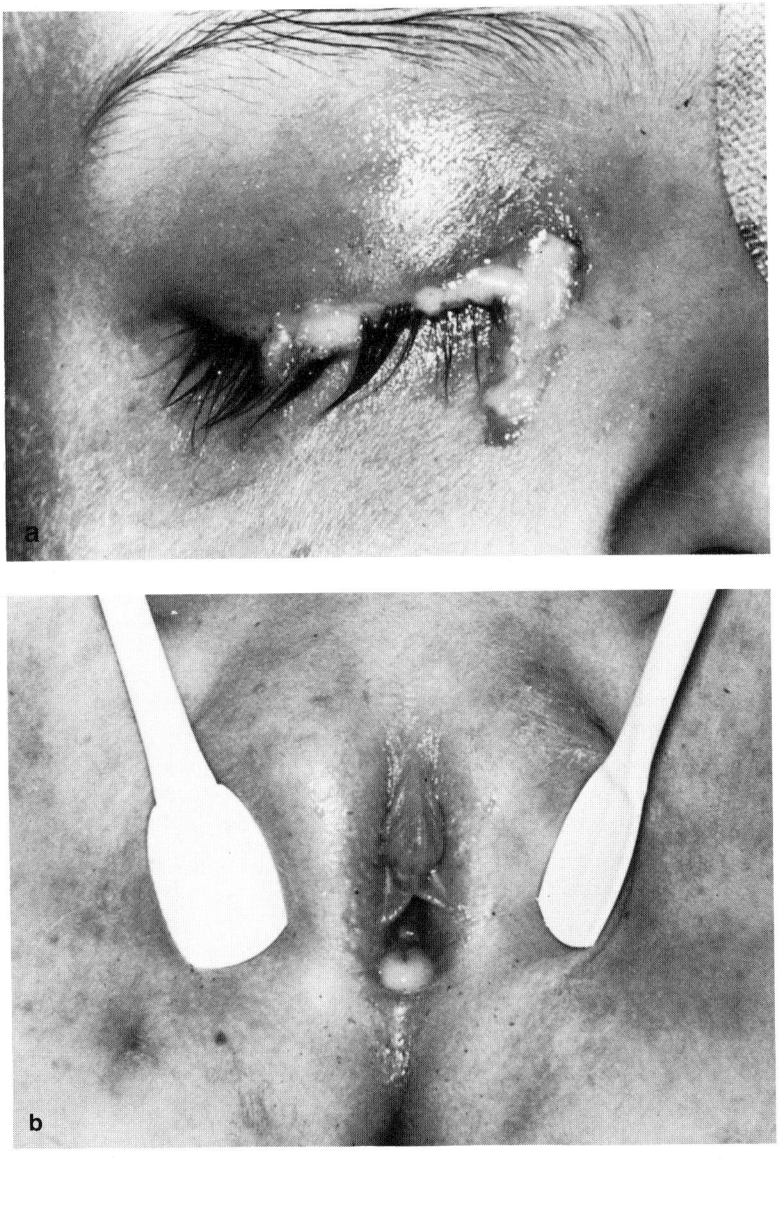

Abb. 59: Gonorrhö:
a) Ophthalmoblenorrhö,
b) Vulvovaginitis gonorrhoica

ren Diplococcus catarrhalis) gedacht werden; ist doch nach heutiger Auffassung wohl eine Sensibilitätseinbuße, hingegen kaum eine Resistenz von Neisseria gonorrhoeae nach 20 Jahren Penicillintherapie gegenüber diesem Antibiotikum im Gegensatz zu dem früheren Verhalten gegenüber Sulfonamiden festzustellen.

Klinisch befallen sind beim *Mann* stets die Harnröhre, bei der Frau Urethra und Zervix, später auch durch Sekretabfluß das Rektum, bei *Kindern* durch Infektion intra partum u.U. die Konjunktiven. Subjektive Symptome beim Mann sind intraurethrale Mißempfindungen einschließlich Miktionsbeschwerden und schmerzhaften Erektionen (Chorda venerea). Die früheren klassischen Komplikationen der Anteriorgonorrhö des Mannes (Littrésche Drüsen, Morgagnische Lakunen, Tysonitis, paraurethrale Gänge, Kavernitis und Cowperitis) sind heute im Zeitalter der Antibiotika ebenso selten geworden wie die Komplikationen der hinteren Harnröhre (Prostatitis, Spermatozystitis, Epididymitis, Funikulitis, Lymphangiitis prostatoiliaca, Cronquist). Dennoch sollte bei jedem länger bestehenden Falle die Überprüfung der hinteren Harnröhre mit der 2-Gläser-Probe nach Thompson noch durchgeführt werden. Auch bei der *Frau* steht, wie bereits angeführt, die Infektion der zylinderepitheltragenden Bezirke der Urogenitalregion im Vordergrund, da bei der geschlechtsreifen Frau das Plattenepithel der Scheide keine gonorrhoische Infektion ermöglicht, wie sie die *Vulvovaginitis gonorrhoica infantum aut vetularum* darstellt. Gonorrhökomplikationen bei der erwachsenen Frau sind Infektionen der periurethralen Skeneschen Gänge sowie der Bartholinschen Drüsen, ferner Endometritis, Salpingitis, Oophoritis und allenfalls eine spezifische Peritonitis. Die Gonorrhö der *Augenbindehaut* kommt entweder, wie erwähnt, beim Neugeborenen durch Infektion während des Geburtsaktes beidseitig, beim Erwachsenen meist einseitig durch Schmierinfektion vor. Die Iritis gonorrhoica kommt hingegen hämatogen ebenso wie die gonorrhoische *Arthritis* zustande, die zwar selten, aber durchaus heute noch in der klassischen Prädilektion an Kniegelenk oder Handgelenk (baldige Ankylose, daher keine Ruhigstellung, deutlich penicillinsensibel) beobachtet werden kann.

Zur *Feststellung der Heilung* gelten die früheren mechanischen Provokationsmethoden derzeit als entbehrlich, die Abnahme von Mensespräparaten bei der Frau und die chemische Provokation bei h. w. G. hätten am ehesten ihre Bedeutung behalten. Echte Rückfälle („Therapieversager") sind in der Praxis nicht immer ohne weiteres von Reinfektionen zu unterscheiden.

Bei frischer, unkomplizierter Gonorrhö gilt als *Standardtherapie* trotz einer gewissen Abnahme der Empfindlichkeit gegenüber Neisseria gonorrhoeae in Mitteleuropa immer noch Penicillin, praktisch atoxisch, als Mittel der Wahl (s. Tab. 12). Es erscheint wichtig, für kurze Zeit (2–3 Stunden) einen hohen, bakteriziden Penicillin-Blutspiegel zu erzielen, nicht wie früher über 3–5 Tage verhältnismäßig niedrige, auf unempfindliche Gonokokken nur bakteriostatisch effiziente Penicillin-Blutspiegel zu erreichen. In der Regel sind für die Einzeitbehandlung mindestens 4 Mill. I.E. eines Depot-Penicillins z.B. Clemizol- oder Procain-Penicillin mit einem gut wasserlöslichen Penicillin-G-Anteil ausreichend. Bei Versagen kann als Mehrtagebehandlung an 3 aufeinanderfolgenden Tagen 4 Mill. I.E. Depot-Penicillin i.m. verabreicht werden.

Bei Verdacht auf Penicillin-Allergie und Penicillin-G-Resistenz (β-Lactamase-bildende Stämme) wird das breitwirkende Spectinomycin (Stanilo® 2,0), nahe verwandt mit den Aminoglykosiden, gewonnen aus Streptomyces spectabilis, als Einmaldosis 2 g i.m., in komplizierten Fällen 4 g (verteilt auf zwei Injektionsstellen) i.m. appliziert. Zu berücksichtigen gilt, daß bei gleichzeitig bestehender Lues, im Gegensatz zur Penicillin-Anwendung, die Treponemen nur wenig ansprechen. Die Oralpe-

Tab. 12: Therapieschemata der unkomplizierten Gonorrhö

Indikation	Chemotherapeutika	Dosierung	Fertigarzneimittel
Standardtherapie bei frischer Gonorrhö	Depot-Penicillin	4 Mill. I.E. i.m.	Megacillin® forte Hormocillin® forte Hydracillin® forte Liquocillin®
	Ampicillin	3,5 g p.o.	Binotal® Kaps., Tabl. Amblosin® Filmtabl.
	Amoxicillin	3,0 g p.o.	Clamoxyl®, Amoxypen®
Penicillin-Allergie und -Resistenz	Spectinomycin	2 g i.m. oder 4 g i.m.	Stanilo® 2,0
	Thiamphenicol	2,5 g p.o. oder 1,5 g i.m.	Urfamycine® Kaps., Amp.
Penicillin-Resistenz	Ceftizoxim	1 g i.m.	Ceftix®
	Ceftriaxon	250 mg i.m.	Rocephin®
	Cefuroxim	1500 mg i.m.	Zinacef®
Alternative zu Penicillin	Ofloxacin	2 x 1 Tabl. 5 Tage	Tarivid®
	Ciprofloxacin	1 Tabl. 250 mg 100 mg i.v.	Ciprobay® 250 Ciprobay® Inf.lösg.
	Enoxacin	1 Tabl. 400 mg	Gyramid® 400
	Co-trimoxazol	5 Tabl. morgens + 5 Tabl. abends	Bactrim®
	Tetracyclin	4 x 0,5 g 5 Tage	Achromycin®, Hostacyclin®, Supramycin® N 500
	Doxycyclin	2 x 100 mg 5–10 Tage	Vibramycin®, Supracyclin® 100/200
	Minocyclin	2 x 100 mg 5–10 Tage	Klinomycin®

nicilline sind wegen der Gefahr der Unterdosierung bei unkontrollierter Einnahme für die Gonorrhö-Therapie zu unsicher. Neben Spectinomycin kann für die Einzeitbehandlung Thiamphenicol, ein Chloramphenicol-Derivat, dem keine Gefahr der irreversiblen Schädigung des Knochenmarks angelastet wird (als Urfamycine®) eingesetzt werden. Bei Penicillin-G-Resistenz, wie sie besonders in Südostasien und Afrika angetroffen wird, sind auch die Cephalosporine der 2. und 3. Generation indiziert. H. C. Korting (Dtsch Apoth Ztg 1986; 126: 1641–8) empfiehlt Ceftizoxim (Ceftix®) bei der unkomplizierten Gonorrhö in einer Dosis von 1 g i. m. Da die intramuskuläre Gabe der Cephalosporine oft sehr schmerzhaft ist, sollte Ceftizoxim in 4 ml einer 0,5%igen Mepivacain-Lösung (z.B. Meaverin®, Scandicain®) aufgelöst werden. Auch andere Cephalosporine, z.B. 250 mg Ceftriaxon i. m., sind indiziert (Rocephin® i. m. mit lidocainhaltigem Lösungsmittel), 1 g Cefotiam i. m. (Spizef®) oder 1500 mg Cefuroxim i. m. (Zinacef®, 2 ×750 mg auf zwei Injektionsstellen verteilt) o. ä. Ebenfalls zuverlässig wirken die neuen Gyrasehemmer, z.B. Ofloxacin (Tarivid®), Ciprofloxacin (Ciprobay®) oder Enoxacin (Gyramid®).

Die früher geübte Mehrtagsbehandlung mit Tetracyclinen (4mal täglich 0,5 g für 1 Woche) oder Doxycyclin (2mal täglich 100 mg für 5–10 Tage) bzw. Erythromycin (täglich 3 g für 1 Woche) hat man wegen der relativ hohen Versagerquote (bis zu 20%) weitgehend verlassen. Allerdings haben Tetracycline eine gute Wirksamkeit gegen Chlamydia trachomatis und gegen Mykoplasmen (Ureaplasma urealyticum). Diese Keime verursachen häufig hartnäckige postgonorrhoische Urethritiden. Der Erfolg der Therapie ist nach 3–7 Tagen durch einen Abstrich mikroskopisch und kulturell zu überprüfen. Bei vorhandenem Ausfluß bereits 2 Tage nach Beendigung der Therapie.

Bei der *Gonoblennorrhoea neonatorum* hat sich neben der parenteralen Penicillinbehandlung (Säuglinge: tgl. 0,2–0,4 Mill.

E.; Erwachsene: tgl. 1 Mill I.E. für 3–6 Tage) die Einbringung von Thilocanfol® C 1% Augensalbe, mindestens 3mal täglich, in den Konjunktivalsack des Neugeborenen bewährt.

31.2 Pseudogonorrhö (Urethritis non specifica)

Die Entscheidung zwischen einer *Urethritis non gonorrhoica* (Aubert) und einem *postgonorrhoischen Katarrh* ist vom klinischen Aspekt her schwierig, zumal die postgonorrhoische Urethritis auch nach Abschluß einer Penicillinbehandlung heute keineswegs selten geworden ist. Die (an sich aber spontan-involutive) *postgonorrhoische Urethritis* stellt vielmehr *derzeit die wichtigste Komplikation der Gonorrhö*, im Vergleich zu der gegenwärtigen Seltenheit von Epididymitis, Prostatitis o. ä., dar. Während früher eine postgonorrhoische Urethritis vor allem auch noch durch (iatrogene) mechanische oder chemische Traumatisierung bedingt war, handelt es sich heute oft um das Pathogenwerden saprophytärer penicillinresistenter Keime (Staphylokokken, Koli, Enterokokken, Mischflora). Demgegenüber stehen andere Mechanismen (Spargel-, Pfeffer-, Bierreizungen) anteilmäßig weitaus zurück. Eine Sonderform der chronischen abakteriellen Urethritis stellt die nach eigener Beobachtung keinesfalls seltene *Urethritis allergica* (Pastinszky) dar, zu deren Nachweis die panchromatische Färbung des Urethralausstrichs nach Pappenheim erforderlich ist. Diese Hinweise zeigen, daß bei der unspezifischen Urethritis – weitere Ursachen wären noch Uraturie, Phosphaturie, Chylorrhö, Urethralvarizen usw. – die exakte Diagnosestellung aus dem Exsudat neben *Kontrolle und Mitbehandlung des Partners* unabdingbar ist. Ebenso unumgänglich ist aber auch die therapeutische Mitberücksichtigung der fast immer mitvorhandenen *psychisch-spastischen Komponente* (Hovaletten®, Hovaletten forte®, Calcibronat®, Pelvichthol® Suppositorien o. ä.). Zur **chemotherapeutischen Behandlung** verwende man je nach Empfindlichkeit der Erreger bzw. der Resistenzlage Sulfonamid-Kombinationen wie Co-trimoxazol (Bactrim®, Eusaprim®) oder Antibiotika. Bei den letzteren sind zu nennen Ampicillin-Derivate, die nach oraler Gabe vollständig resorbiert und deshalb niedriger dosiert werden als das reine Ampicillin und geringere intestinale Störungen aufweisen, z.B. Amoxicillin (Amoxypen®, Clamoxyl®, 3mal/die 1 Tabl. zu 750 mg für 7–10 Tage, auch kombiniert mit dem β-Lactamase-Hemmer, der Clavulansäure als Augmentan®). Auch sind die neueren Cephalosporin-Abkömmlinge, wie unter Gonorrhö erwähnt, (oder auch Sefril®) indiziert und bei Therapieversagern schließlich i.v. Aminoglykoside wie Gentamicin (Refobacin®). Ferner eignen sich sehr gut die bakterizid wirkenden Gyrasehemmer, Chemotherapeutika aus der Gruppe der fluorierten Chinolone, die auf das bakterielle Enzym Gyrase gerichtet sind und die DNS-Replikation verhindern. Beispiele sind: Norfloxazin (Barazan® 2mal täglich 1 Filmtabl. zu 400 mg für die Dauer von 7–10 Tagen) oder auch Ofloxazin (Tarivid® 2mal täglich ½ Filmtabl. zu 200 mg 7–10 Tage lang). Nicht zu vergessen ist das seit Jahren bekannte Nitrofurantoin (Furadantin® 100, Ituran® zu 50 mg), das ein breites Wirkungsspektrum besitzt und wenig zur Resistenzentwicklung neigt; jedoch müssen nicht selten auftretende Nebenwirkungen beachtet werden. Die Dosierung beträgt bei Furadantin® 100 beim Erwachsenen 3mal täglich 1 Tabl. zu 100 mg über 6–7 Tage. Falls besser verträglich, ist nur ½ Tabl. zu nehmen. Zur Behandlung leichterer Fälle dienen Harndesinfizienzien wie Methenamin DAB 7 (Hexamethylentetramin), das sich im sauren Milieu in Formaldehyd und NH_4^+ spaltet und enthalten ist in Mandelamine®, Uromed®, Arctuvan® o. ä.; zusätzlich verordne man eine Durchspülung mit Tee: Buccosperin® und Buccotean®, die u.a. Buccoblätter von südafrikanischen Pflanzen enthalten und mild antiseptisch wirken, ferner Species diureticae DAB 6 und Species urologicae NRF, Blasen-Nieren-Tee Uroflux® N (Tubentee von Nattermann) u.ä. Bei *Urethroprostatitis* kann zur Immunstimulation eine Injektionsserie mit Echinacin® (Madaus, Pflanzenauszug aus Echinacea purpurea), 6–12 i.v. Injektionen, anfänglich 0,2 ml, jeden 2. Tag je nach Allgemeinreaktion und 0,2 ml bis 2,0 ml pro Injektion zu steigern. Als Kriterium für eine ausreichende Dosierung ist eine 1–2 Stunden nach der i.v. Injektion auftretende kurzfristige Fieberreaktion anzusehen. Auch kann Urgenin® (Pflanzenpräparat aus der Zwergpalme Sabal serrulata + Echinacin®) 3mal/die 30 Tropfen nach dem Essen oder 2mal/die 1 Suppositorium gegeben werden. Entschließt man sich zu einer konventionellen *Instillationstherapie* z.B. mit der *Neisser-Spritze,* so kommen zur Anwendung u.a. Albothyl® Konzentrat (Kondensationsprodukt aus Metakresolsulfonsäure und Formaldehyd, für die Harnröhre in 1–2%iger Verdünnung, ausgehend vom Konzentrat als 100%). Früher verwandte man mit gutem Erfolg die Lösung von Robert Ultzmann:

Rp.	Phenol	
	Zinc. sulf.	
	Alumin. ust.	āā 0,3
	Aqu. purific.	ad 200,0

Solche Instillationen wurden von dem Kranken selbst ausgeführt.

Die hierzu verwendete Neisser-Spritze ist eine Glasspritze mit einem kegelförmigen Hartgummiansatz. Die Spritzflüssigkeit soll eher kühl als warm sein, um einen reflektorischen Verschluß des Blasensphinkters zu begünstigen. Die Einspritzung erfolgt nach vorangehender Miktion im Stehen mit gekreuzten Beinen, wobei die Spritze sodann auf die Harnröhrenmündung fest aufgesetzt wird. Die eingefüllte Flüssigkeit wird in der Harnröhre 3–5–10 min zurückgehalten. Pro Tag etwa 3–5 Einspritzungen.

Ist, wie bisweilen, die *Kongestion* aber nur auf die *Fossa navicularis* beschränkt, so reichen Spreizungen der häufig entzündlich ektropionierten Urethrallippen und Tupfungen mit Argentum nitricum (1%) oder Silbereiweiß-Acetyltannat (1%), früher Targesin®, häufig aus.

Andere Urethritiden werden verursacht durch Chlamydien, Mykoplasmen und Trichomonaden.

31.2.1 Chlamydien-Urethritis

Die Erreger gehören zur PLT-Gruppe = Psittakose-Lymphogranuloma-Trachom. Chlamydien sind kleine, mit Bakterien eng verwandte, von den Viren abzugrenzende Mikroorganismen, die man früher zu den „Großen Viren" rechnete. Veraltete Bezeichnungen sind Bedsonien oder Miyagawanellen. Die Chlamydien (z.B. Chlamydia trachomatis) verursachen die häufigsten sexuell übertragbaren Infektionskrankheiten. Durch diese Erreger entstehen ein großer Teil der purulenten und pseudogonorrhoischen Urethritiden des Mannes sowie mancher chronischer Fluor der Frau mit Vulvitis, Zervizitis und Salpingitis (die Chlamydiensalpingitis ist die häufigste Ursache der unerwünschten Sterilität der Frau). Trotz guter Nachweismethoden für Chlamydia trachomatis wird die Diagnose häufig verfehlt. Es muß berücksichtigt werden, daß Chlamydien sich nicht in den Sekreten, sondern in den Epithelien aufhalten. In den befallenen Epithelzellen der Urethra treten Einschlußkörperchen auf, die im Giemsa-Präparat eines Urethraabstriches als rötliche Granula im Zellzytoplasma nachweisbar sind. Neuerdings sind auch Chlamydien-Immunfluoreszenzteste als Direktnachweis mit monoklonalen Antikörpern (MicroTrak®, Imagen) verfügbar (Ergebnis < 1 Stunde). Außerdem geeignet sind Enzym-Immuno-Assays (EIAs), wie Chlamydiazymtest (Testdauer 5 Stunden) oder IDEIA (Röhm Pharma). Skandinavische Einzugsgebiete scheinen von solchen Erregern bisher bevorzugt zu sein. Weiterhin besteht eine deutliche Syntropie der Chlamydieninfektion zur Gonorrhö. Bei der Therapie der

Gonorrhö mit Penicillin gehen die Neisserien zugrunde, während die Chlamydien resistent sind und sich als „Postgonokokken-Urethritis“ manifestieren. Neben eitrigen Verläufen der Urethritis kommen auch milde, symptomarme Erkrankungen vor. Die Inkubationszeit einer solchen Einschlußkörperchen-Urethritis liegt zwischen einigen Tagen bis zu 4 Wochen. Subjektiv bestehen nur geringe pruritische Beschwerden oder Tenesmen. In der Harnröhre sieht man auf geröteter Schleimhaut weiche, transparent mikropapulöse Infiltrate. Eine solche Urethritis kann über mehrere Monate andauern und klingt dann oft spontan ab.

Die **Therapie** der Chlamydieninfektion ist systemisch durchzuführen, wobei der Sexualpartner miteinbezogen werden muß. Bessert sich bei einer Gonorrhö-Behandlung mit Penicillin nicht die Symptomatik, ist an eine Doppelinfektion mit Chlamydien zu denken. Mittel der Wahl sind Tetracycline und Erythromycin (z. B. beim Erwachsenen 2mal täglich 100 mg Doxycyclin oder 2mal täglich 500 mg Erythromycin oral verabreicht für mindestens 10–14 Tage). Bei Schwangeren soll Erythromycin verabfolgt werden. Neugeborene erhalten Erythromycin 40 mg/kg Körpergewicht pro Tag (s. Krech Th. Dtsch Ärztebl 1986; 83: 394).

31.2.2 Mykoplasmen-Urethritis

Die Erreger sind Mykoplasmen (frühere Bezeichnung PPLO = Pleuropneumonia-like-organism), nämlich gramnegative, pleomorphe Organismen, die mikrobiologisch zwischen Bakterien und Viren eingereiht werden. Sie haben nicht wie die Bakterien eine Zellwand, sondern eine dreiteilige Plasmamembran. Für die Manifestierung einer Urethritis werden drei pathogene Spezies unterschieden: harnstoffspaltende Mykoplasmen (Ureaplasma urealyticum), früher als T-Formen bezeichnet und nicht harnstoffspaltende Mykoplasmen, wie M. hominis (häufig) und M. fermentans (selten Ursache einer Urethritis). Ureaplasma urealyticum soll bei 60–80% der Fälle der gegenwärtigen „Pseudogonorrhö“ nachzuweisen sein. Im Bereich des weiblichen Genitale wurden Mykoplasmen bei Vulvovaginitis, Zervizitis resp. starkem Fluor vaginalis festgestellt. Auch ein fieberhaft bronchopneumonisch kompliziertes Erythema exsudativum multiforme oder ein „Ulcus vulvae acutum“ können durch Mykoplasmen bedingt sein. Der Nachweis von Mykoplasmenurethritis ist durch Spezialkulturen möglich. Außerdem kann man einen Serum-Antikörper-Titer (ab 1:16 ist positiv) bestimmen.

Die **Therapie** der Mykoplasmenurethritis besteht in der Hauptsache in der Anwendung von Tetracyclinen, wobei man beispielsweise über 2 Wochen 1 g täglich verabfolgt. Besonders herauszustellen sind Doxycyclin (z. B. Vibramycin®N) 2mal 100 mg/die oder Minocyclin (Klinomycin®) 2mal 100 mg/die. Schließlich kommt auch ein Versuch mit Erythromycin (1 g über 2 Wochen) in Betracht.

31.2.3 Trichomonaden-Urethritis

Das Vorkommen von Trichomonas vaginalis (Donné 1836), aus der Klasse der mehrgeißeligen Flagellaten, im menschlichen Urogenitaltrakt ist als eine typische venerische Parasitose, also eine durch den Geschlechtsverkehr übertragbare Affektion zu werten, ohne daß man deshalb dem Patienten gegenüber von einer Geschlechtskrankheit im Sinne des gültigen Gesetzes sprechen müßte. Der Trichomonadennachweis erfolgt im Nativpräparat mit isotonischer Kochsalzlösung bei mittlerer Vergrößerung im abgeblendeten Licht oder im Phasenkontrastmikroskop, ferner im Färbeverfahren (Gram, Giemsa). Der Erreger ist im Durchschnitt 16 µm lang und 10 µm breit (kleinere Formen mehr bei akuter, größere mehr bei chronischer Erkrankung) und ist nativ vor allem an der Tätigkeit der

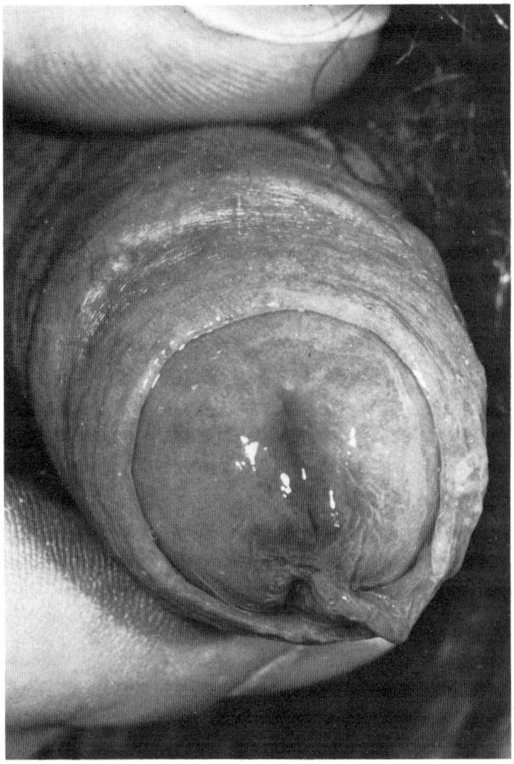

Abb. 60: Trichomonaden-Urethritis

undulierenden Membran auffällig. Ohne Zweifel gibt es beim Mann eine durch diese Parasiten bedingte Urethritis, Prostatitis, evtl. auch eine Mitbeteiligung von Nebenhoden und Blase. Bei der Frau steht, sofern nicht wie so häufig auch beim Mann eine latente klinische Verlaufsform vorliegt, die Trichomonadenkolpitis im Vordergrund (hochrote, erosive Vagina, entzündliche Rötung des periurethralen Gebietes, schaumiger Fluor).

Die **Therapie** ist durch das Metronidazol (Osa und Juliou) (Clont®, Flagyl®, Arilin®) ungemein erleichtert und sicherer geworden (6–7 Tage lang morgens und abends 1 Tablette per os zu 0,25 g, wobei zusätzlich in hartnäckigen Fällen jeden Abend 1 Vaginaltablette tief in die Scheide einzuführen ist).

Bei diesem Präparat handelt es sich um ein Nitroimidazol-Derivat:

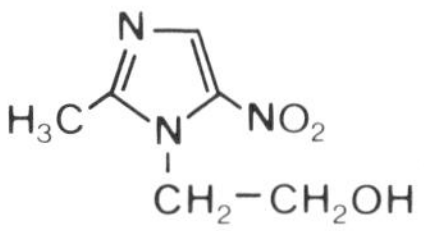

Metronidazol

Als weitere Nitroimidazol-Derivate kommen in Betracht Tinidazol (Simplotan® 1 g Filmtabl., Sorquetan® 1 g Filmtabl.), Ornidazol (Tiberal® 0,5 g Tabl.), Nimorazol (Esclama® 500 mg Lacktabl.), die den Vorteil haben, stärker trichomonazid zu sein und sich zur Einmaltherapie zu eignen (2mal täglich 1 g bzw. 4mal täglich 500 mg). Zur Vermeidung von Reinfektion ist die gleichzeitige Behandlung des Partners unerläßlich. Auch ist Nifuratel (inimur® 200 mg Drag.) wirksam. Während der Schwangerschaft sollten die Nitroimidazol-Derivate wegen möglicher teratogener Wirkung nicht verabreicht werden. An deren Stelle ist eine lokale Behandlung mit Metronidazol (Clont® Vaginaltabletten) angebracht. Ferner ist zu beachten, daß Unverträglichkeitsreaktionen mit Alkohol auftreten, der während der Behandlung nicht getrunken werden sollte. Manchen Beobachtern zufolge verursacht Trichomonas vaginalis bis zu 10% aller nichtgonorrhoischen männlichen Urethritisfälle. Von urologischer Seite (bisher eine eigene Beobachtung) wird auch eine weiter aufsteigende fieberhafte Form dieser Infektion nach Art einer „Urosepsis" für möglich gehalten. Eine Sensibilitätseinbuße gegenüber Metronidazol ist bisher nicht ersichtlich, posttherapeutisch sieht man dagegen bisweilen eine „Lingua nigra" oder Candidakolpitis. Deswegen sind ferner Instillationen mit Albothyl® Konzentrat (wird verdünnt auf 2,5%, ausgehend vom unverdünnten Konzentrat = 100%) oder Einlage von Albothyl® Vaginalkugeln alle 1–2 Tage zu empfehlen. Allgemeinhygienisch sei noch auf die Übertragbarkeit von Trichomonaden durch Badeschwämme, Waschlappen o.ä. sowie durch Benutzung derselben Wannenfüllung durch mehrere Personen hingewiesen.

31.2.4 Prostatopathie, Hämospermie

Steht überhaupt das Beschwerdebild einer *Prostatopathie* im Vordergrund, so kommt zur Beurteilung einer entzündlichen Erkrankung die Beachtung der Leukozytenzahl im Ejakulat in Frage (normal: 1% Leukozyten im Spermiogramm). Wichtig geblieben ist auch die Urinuntersuchung bei der Prostatitis in Gestalt der *Zwei- oder Drei-Gläser-Probe* (bei letzterer beträgt die erste Harnportion 10–15 ml, die zweite Portion nahezu den gesamten Blasenurin und schließlich für das dritte Glas den restlichen Blasenurin nach Rektaluntersuchung der Prostata mit Gewinnung von Exprimat).

Schließlich vergesse man nicht, daß bei einem sonst gesunden Patienten erstmalig simple Infektionen der unteren Harnwege oft bereits spontan abklingen.

Liegt eine *Hämospermie* vor, so ist zunächst an eine durch Staphylokokken, bei längerem Verlaufsgang vornehmlich an eine durch Tuberkelbakterien bedingte Entzündung der Samenblasen und der Vorsteherdrüse zu denken. Differentialdiagnostisch zu erörtern ist ferner eine Neubildung der Bläschendrüsen oder der Prostata. Notwendige Untersuchungsmaßnahmen: rektale Palpation der Adnexe, Zysto-Urethroskopie, Drei-Gläser-Probe des Urins wie eben geschildert, Antibiogramm (mit Resistenzbestimmung) von Mittelstrahlurin sowie Ejakulat und schließlich evtl. noch eine operative Samenblasendarstellung (Vesikulographie).

31.3 Syphilis (Lues)

Durch den Syphiliserreger, der am 3.3.1905 durch Fritz Schaudinn zusammen mit Erich Hoffmann entdeckt wurde (Spirochaeta pallida bzw. *Treponema pallidum*), entsteht in der 3. Woche nach der Infektion (Paracelsus: coitu – partu – tactu) der *Primäraffekt*, dem – wie der Schatten dem Körper (Ricord) – die *regionäre Lymphknotenschwellung* (indolent, derb, unverbacken) nachfolgt. Der *Erregernachweis* erfolgt in diesem Stadium vom Primäraffekt, der nur in etwa 50% der Fälle sich zum Ulcus durum entwickelt und demgemäß lediglich in solchen Fällen eine Narbe hinterläßt sowie in 10% extragenital lokalisiert ist. Am einfachsten und sichersten ist dieser Nachweis mit dem von Landsteiner und Mucha hierfür empfohlenen *Dunkelfeldverfahren,* evtl. auch aus dem Lymphknotenpunktat. Im Gegensatz zu diesem Primärstadium ist die nach der 9. Woche nach der Ansteckung durch Erregergeneralisierung zustandekommende *Sekundärperiode* durch makulopapulöse Hautveränderungen charakterisiert (u.a. Roseola, Condylomata lata, „plaques opalines", Angina specifica, Alopecia diffusa bzw. areolaris, „signe d'omnibus", Leukoderma, ferner verschiedene Innenorgansymptome, wie Nephritis, Myositis, auch Liquorfrühveränderungen). Bei der Spätsyphilis bzw. der *Tertiärperiode* – bei der Syphilis wurde als erster Krankheit durch Ricord eine Stadieneinteilung durchgeführt – kommt es nach in ihrer Anzahl spärlicheren und im einzelnen immer größeren Rezidivexanthemen („roséole en retour") um das 3.–5. Jahr herum zu wenigen, unsymmetrisch ausgebreiteten, gewebsdestruktiven und demgemäß narbig sich zurückbildenden hoch- oder tiefgelegenen Krankheitsprodukten. Diese vermehren sich entweder durch Apposition *(tuberoserpiginöse Syphilome)* oder erweichen von der Tiefe her knotig *(Syphilis gummosa).* Diese Syphilide sind arm an Treponemen und demgemäß kaum noch kontagiös, wie auch eine universelle Lymphknotenbeteiligung praktisch stets zu vermissen ist, die allerdings in der Gegenwart nach eigener Beobachtung auch die floride L II nicht mehr regelmäßig auszeichnet. Unter dekapitierter Syphilis bzw. einer *„syphilis d'emblée"* wird

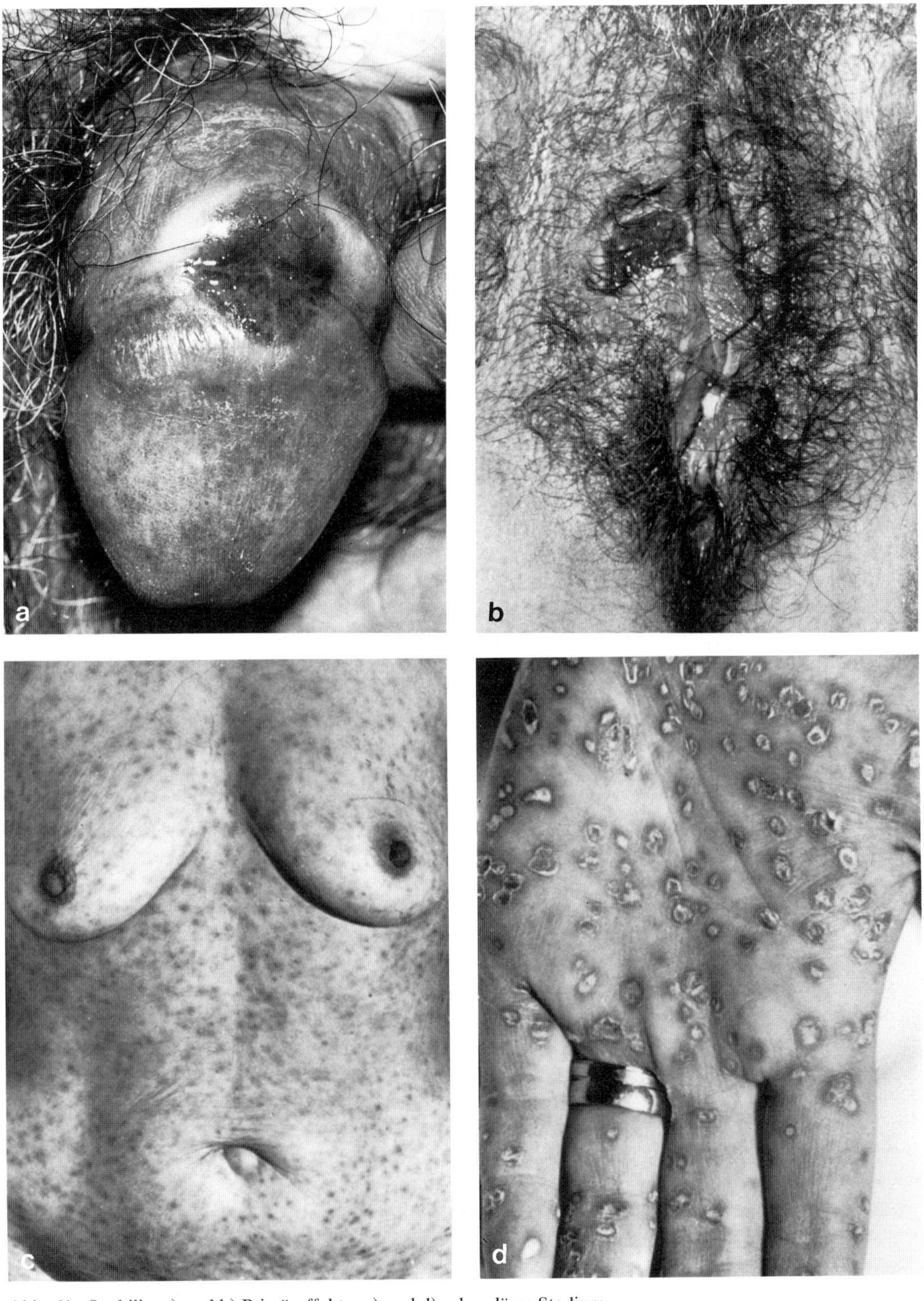

Abb. 61: Syphilis: a) und b) Primäraffekte, c) und d) sekundäres Stadium

hauptsächlich der Typ der *Transfusionssyphilis* eingeordnet. Ein überstürzter *Tertiarismus* noch in der Sekundärperiode, der mit schweren konstitutionellen Symptomen, ekthymatös-rupioiden Hautveränderungen, fehlender Serologie und Lymphknotenbeteiligung einhergeht, heißt *Lues maligna*. Unter *Neurosyphilis* werden die heute z.T. erheblich ins klinisch Atypische abgewandelten Krankheitsbilder der Tabes dorsalis, der progressiven Paralyse und der Lues cerebrospinalis zusammengefaßt, die nur dann als *Metalues* bezeichnet werden sollten, wenn man ihre z.T. immunpathologisch fixierte Genese, die also nicht mehr bloß die unmittelbare Antwort des Organismus auf die Spirochäten darstellt, hervorzukehren wünscht.

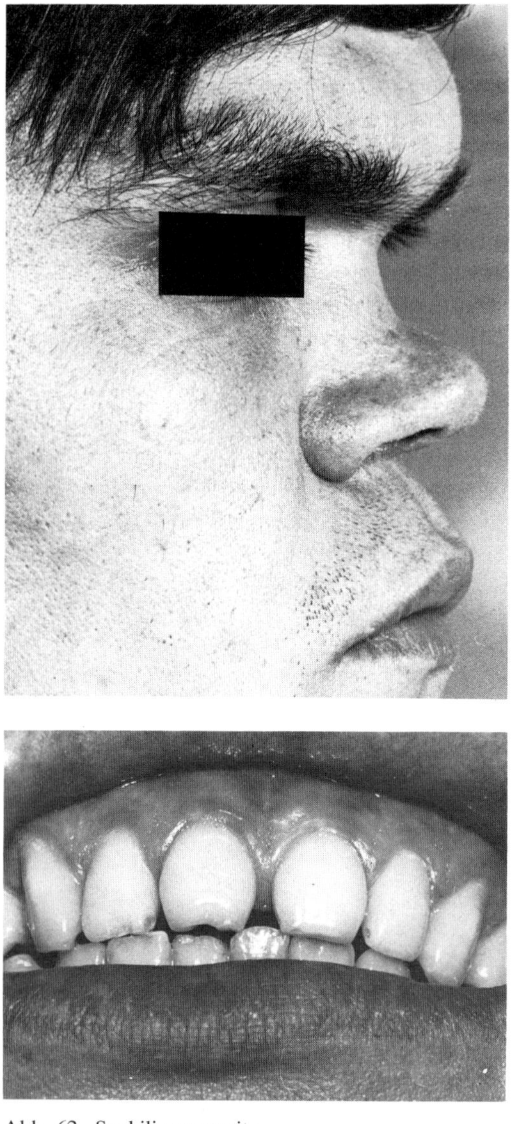

Abb. 62: Syphilis congenita

Die *Lues connata s. congenita* verläuft, abgesehen davon, daß ein Primäraffekt im eigentlichen Sinne fehlt, in Form einer den ganzen Fötus von vornherein umfassenden Infektion, wobei diese für den Feten um so bedeutsamer ist, je kürzer die mütterliche Infektion zurückliegt (Kassowitzsche Regel). Die Hauterscheinungen bei syphilitischen Neugeborenen entsprechen der Sekundärperiode (kleinfleckige oder großflächige, sog. Hochsingersche Infiltrate, Coryza syphilitica, palmoplantare bullöse Pemphigoide, Osteochondritis dissecans Wegener mit Parrotscher Pseudoparalyse, Parrotsche Furchen, Hepatosplenomegalie). Lues congenita tarda: vornehmlich Hutchinsonsche Trias: Keratitis parenchymatosa, Labyrinthtaubheit, Tonnenzähne, darüber hinaus ferner Säbelscheidentibien, Zeichen von Higoumenakis, Du Bois u.v.a.m.

Therapie der Lues: Speziell für die Lues gilt, daß nicht die Krankheit, sozusagen als starre nosologische Abstraktion, sondern der lueskranke Mensch zu behandeln ist. Das war nicht nur in der vergangenen Wismut-Salvarsan-Ära bedeutsam, sondern trifft ungemindert auch für die Anwendung des Penicillins zu, obwohl dieses grundsätzlich schneller, sicherer und weitaus nebenwirkungsfreier wirkt als sämtliche früheren Behandlungsweisen. Als gesichert kann ferner gelten, daß die Behandlungsdosen um so niedriger gewählt werden können, je zeitiger die Therapie einsetzt, wobei allerdings auf die ununterbrochene Dauer spirochätizider Penicillinspiegel Wert gelegt werden muß, da nach kürzerer Behandlungsdauer (fraglich pathogene, persistierende) Treponemen noch in Lymphknoten nachgewiesen werden konnten. Allgemein wird etwa ein therapeutischer Blutspiegel von 0,03 I.E./ml für 14 Tage gefordert (1 Einheit = 0,6 μg, 1 Mega also = 0,6 g).

Das bakterizid wirkende Penicillin greift bei der Behandlung der Lues und anderen Infektionen in die Synthese der Zellwand der Bakterien ein. Beim Aufbau der Zellwand werden die Bausteine des polymeren Mureins über Peptidketten mit Hilfe der Transpeptidase quer vernetzt. Durch Hemmung der Transpeptidase mittels Penicillin verliert die Zellwand ihre Festigkeit und die Bakterien werden lysiert.

Nicht zu leugnen ist aber dennoch nach wie vor eine gewisse Unsicherheit bezüglich der Bestimmung des Dosismaßes, wie auch in Analogie zu der Salvarsan-Therapie mancherorts, wie z.B. in Frankreich, Rußland, z.T. auch in Deutschland noch mehrere sog. Kuren auch mit Penicillin durchgeführt werden. Nach wie vor wichtig ist aber die zuverlässige und regelmäßige quantitative serologische Nachkontrolle, die heute bei der Spätsyphilis zweckmäßigerweise durch den von Nelson und Mayer eingeführten spezifisch-serologischen *Treponema-pallidum-Immobilisierungstest* (TPI-Test), der auch als Fluoreszenz-Treponemen-Antikörpertest (FTA, Prinzip von Coons u. Mitarb.) durchgeführt wird, zu ergänzen ist. (Bei der Blutentnahme für den Nelson-Test darf der Patient 3–4 Wochen vorher nicht mit Antibiotika behandelt worden sein.) Der Nelson-Test dient *nicht* zur Erkennung von Frühfällen. Seine Domäne ist die Lues congenita, die Lues latens und die zweifelhafte oder „biologisch falsch positive Wassermann-Reaktion". Zur Bewertung der *Luesserologie* im Krankheitsverlauf kann ferner davon ausgegangen werden, daß von den klassischen Seroreaktionen, mit denen sich nur Reagine erfassen lassen, die Meinicke-Reaktion häufig 1 Woche vor der WaR bereits positiv und nach etwaig erreichter Seronegativität als letzte negativ wird. Auch die Pallidareaktion ist als anamnestisch besonders zäh zu bewerten. Von der Gruppe der syphilisspezifische Antikörper nachweisenden Reaktionen wird der FTA-Test (Fluorescent-Treponemal-Antibody-Test) häufig noch vor den klassischen Reaktionen positiv. Seine Negativierung – das gleiche gilt für den Nelson- und Mayer-Test – ist, wie schon von den klassischen Seroreaktionen (WaR) her geläufig, selbst durch ausreichende Behandlung keinesfalls stets zu erzielen, zumal wenn die Infektion einige Zeit vor den Beginn der spezifischen Behandlung zurückreicht. Hinsichtlich solcher „Serumnarben" sind überdies vermutlich auch personale Faktoren bedeutsam. Aus diesem Wissen heraus haben Überdosierungen nach Art sog. „Sicherheitskuren", abgesehen von der Möglichkeit hinzutretender therapiebedingter Nebenwirkungen, keine Berechtigung, da sie eben erfahrungsgemäß keine bessere therapeutische Ausbeute erzwingen. Eine vorzügliche Hilfe zur Therapiekontrolle ist die 19-S-IgM-F.

Grundsätzlich ist aber die Penicillintherapie im Vergleich zu der früher kombinierten Salvarsan-Wismut-Behandlung, wie bereits betont, weitaus risikoärmer, so daß man etwa in der Gravidität eher als früher eine erneute Penicillintherapie auch ohne embryopathische Gefährdung, z.B. in der ersten Schwangerschaftshälfte, durchführen kann. Ähnliches gilt für den diesbezüglichen prophylaktischen Schutz im Falle einer fraglichen Berufsinfektion (Ärzte, Schwestern, MTA im OP, Sektionssaal, Nelson-Laboratorium o.ä.), wie auch sonst keine Luestherapie mit Penicillin – abgesehen von den allergischen Komplikationsmöglichkeiten hierdurch – ohne Sicherung der Diagnose erfolgen sollte. Darüber hinaus hat die Bedeutung der *Jarisch-Herxheimer- und Krauseschen Reaktion* infolge des massiven Spirochätenzerfalls durch das potente Antisyphilitikum Penicillin ungemein zugenommen, so daß heute selbst im Stadium des Primäraffektes derartige dramatisch-fieberhafte Reaktionen beobachtet werden können. Zumindest bei stark exanthematisch ausgeprägter Frühsyphilis ist deshalb die initiale antihyperergische Abschirmung mit Corticoiden empfehlenswert (z.B. gleichzeitig i.m. 25–50 mg/die Solu-Decortin® H,

Ultracorten® o. ä.). Noch bedeutsamer ist aber, weil u. U. überaus deletär, die Vermeidung solcher Reaktionen bei Spätsyphilis oder einer Lues latens, deren Alter und Organmanifestationen (Mesaortitis, Aneurysma) noch nicht bekannt sind. Bei einer heute allerdings sehr seltenen Lues III kann neben den Corticoiden vikariierend von einer Iodtherapie Gebrauch gemacht werden (Rp. Kalii iod. 20,0, Aqu. purific. ad 300,0, S. 2–3mal 1 Eßlöffel in der Suppe oder in Milch nach dem Essen).

Unter Berücksichtigung der vorangestellten Gesichtspunkte gelten nun in der Mainzer Universitätshautklinik derzeit folgende *Penicillindosierungen* als *Richtmaß:*

Lues I seronegativa	8 Mill. I. E.
Lues I seropositiva und Lues II	12 Mill. I. E.
Lues III mit negativem Liquorbefund	12 Mill. I. E.
Lues III mit positivem Liquorbefund	24 Mill I. E.
Lues latens ohne Liquorbefund	12 Mill I. E.
Lues latens mit Liquorbefund	24 Mill. I. E.
Neurolues	24 Mill. I. E.

(bei fortgeschrittenen Fällen evtl. zusammen mit einer Wismutkur, Fieber- oder Glucocorticoidtherapie).

Lues connata (cave lediglich übertragene Reagine!):

Neugeborene 0,2 Mill. I.E., die bis zu einer Gesamtdosis von	2 Mill. I.E.
bis zum 6. Lebensjahr	12 Mill. I.E.
vom 6.–12. Lebensjahr Gesamtdosis nicht über	30 Mill. I.E.
Floride Lues in der Gravidität	16 Mill. I.E.
Lues latens in der Gravidität bei Erstbehandlung mit Penicillin	16 Mill. I.E.
Bei Wiederholungsbehandlung (sog. Sicherheitsbehandlung)	12 Mill. I.E.

Bei klinisch und serologisch eindeutigem Rezidiv, d. h. Titeranstieg der quantitativ ausgewerteten Serologie, erneute Penicillinbehandlung. Die erste Serokontrolle erfolgt 3 Monate nach Abschluß der Penicillinbehandlung, dann 2 weitere Kontrollen im Abstand von je 6 Monaten, dann eine 4. Kontrolle nach einem weiteren Jahr. Der Titerabfall kann nach der Penicillinverabfolgung wohl 1–2 Jahre oder länger anhalten, der Titer geht im allgemeinen aber langsamer als nach der bisherigen konventionellen Therapie zurück. *Liquoruntersuchungen* nur bei entsprechender neurologischer Symptomatik und bei klinischem Verdacht hierauf. Speziell wenn „entzündliche" Liquorveränderungen bei einer Neurolues nicht oder nur unzureichend abklingen, ist Anlaß zur Weiterführung der Behandlung gegeben.

Als *Standardtherapie* der Lues werden in der Praxis täglich Injektionen von 1 Mill. I. E. Clemizol-Penicillin G, z. B. Megacillin® Amp., Spritzamp., oder 0,6–1,2 Mill. I. E. Procain-Penicillin G, z. B. Hydracillin® Amp., bei Frühsyphilis 14 Tage, bei Spätsyphilis für 21 Tage i. m. verabreicht. Der wasserlösliche Anteil der Penicillin-Präparate, dessen Wirkung rasch abklingt, darf nicht in die Berechnung eingehen. Um den Blutspiegel konstant zu halten, darf die tägliche Injektionsbehandlung nicht unterbrochen werden. Lediglich eine eintägige Applikationspause, z. B. sonntags, wäre allenfalls vertretbar. Eine orale Penicillintherapie ist wegen Gefahr unregelmäßiger Einnahme und nicht steuerbarer Resorptionsverhältnisse nicht zu empfehlen. Eine andere Möglichkeit ist bei Lues I und II die einmalige i. m. Gabe von 2,4 Mill I. E. Benzathin-Penicillin G (2 Amp. à 4 ml Tardocillin® 1200), verteilt auf zwei Injektionsstellen. In den USA werden einmalig 2,4 Mill. I. E. Benzathin-Penicillin G oder täglich 0,6 Mill. I. E. Procain-Penicillin G für 8 Tage appliziert.

Bei Penicillin-Allergie werden verabfolgt 4mal täglich 500 mg Tetracyclin oral für 20 Tage bzw. 3mal 100 mg Doxycyclin (z. B. Vibramycin® N Kaps.) für mindestens 10 Tage oder 2mal 100 mg Minocyclin (Klinomycin®) für 2 Wochen oder auch Erythromycin oral täglich 2 g für 20 Tage. Bei allen graviden Frauen mit reaktivem TPHA-Test (Treptonema-pallidum-Hämagglutinations-

Test) und vor allem, wenn der 19-S-IgM-FTA-ABS-Test reaktiv ausfällt, sollte eine „Sicherheitskur" durchgeführt werden. Mittel der ersten Wahl ist Penicillin. Bei Vorliegen einer Penicillin-Allergie wird Erythromycin täglich 2 g oral für 20 Tage gegeben. Tetracycline sind hier wie bei Lues congenita praecox wegen Einwirkung auf Knochen- und Zahnsystem nicht indiziert. Zu beachten ist außerdem, daß Streptomycin und Gentamicin gegenüber Treponema pallidum unwirksam sind.

31.4 Ulcus molle

Der weiche Schanker, der meist multipel in Erscheinung tritt und bei voller Blüte, im Gegensatz zum luischen Primäraffekt, immer ein (auf Druck schmerzhaftes, unterwühltes) Ulkus darstellt, wird durch den von dem Pisaner Arzt Agosto Ducrey (1889) nach systematischer Suche im Geschwürseiter entdeckten und 1892 von P. G. Unna im Gewebsschnitt nachgewiesenen und von ihm wegen seiner eigenartigen Kettenform so genannten Streptobazillus, heute als *Haemophilus ducreyi* bezeichneten Erreger hervorgerufen. Sein Nachweis gelingt im besonderen bei Materialentnahme aus den unterminierten Geschwürsbezirken und bei Anwendung der Pappenheim-Unnaschen Methylgrünpyroninfärbung, die zweckmäßigerweise noch bei 56° C im Paraffinschrank 5 min reift (Bazillus hierbei tiefrot). Besondere Erscheinungsbilder wurden früher als Ulcus elevatum, folliculare, miliare, serpiginosum usw. herausgestellt. Der weiche Schanker, zu dessen Etablierung offenbar eine Epithelverletzung notwendig ist, bleibt im Grunde immer eine örtliche Erkrankung und heilt, weil immer ein Ulkus, stets narbig ab. Charakteristisch sind sodann einerseits die schon Ricord bekannte, vor allem aber von Bassereau erfaßte Möglichkeit der künstlichen Inokulation von reinem Ausgangsmaterial (zweckmäßigerweise unter einem Uhrglasheftpflaster-

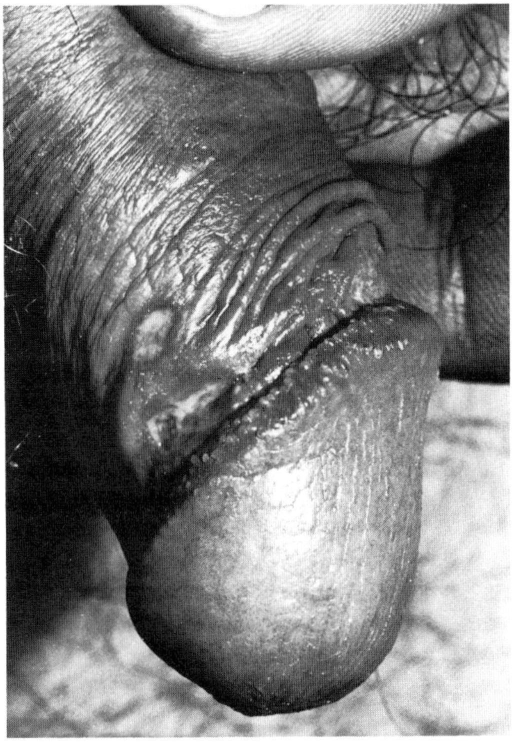

Abb. 63: Ulcera mollia

verband) und zum anderen der meist einseitige, ödematös-verbackene schankröse Bubo. (Nicht selten auch kleinere schankröse Bubonoli entlang des Penisschaftes: Nisbetscher Schanker.) Hämatogen sind, wie grundsätzlich bei jeder anderen Geschlechtskrankheit, Erythema-nodosum-artige Streuphänomene möglich. Sobald es zur Bubonenentwicklung gekommen ist, kann die Diagnose ferner durch die von Ito (1913) unter der Leitung von C. Brock an der Klinik Neisser gefundene und dann von Reenstierna weiterentwickelte „Cuti-Reaktion" (Dmelcos-Vakzine) gesichert werden. Die Doppelinfektion mit Lues an gleicher Stelle wird als *„Ulcus mixtum"* (Rollet) bezeichnet, wobei Rollet seinerzeit aber auch die Möglichkeit des gemeinsamen Vorkommens an derselben Stelle von Ulcus durum, Skabies, „Blennorrhagie" und Vakzine erwähnte.

Für die **Therapie** gelten als Mittel der Wahl Sulfonamid-Kombinationen wie Cotrimoxazol 4 g täglich, morgens und abends je 2 „forte Tabletten" (Bactrim® forte, Eusaprim® forte, Cotrim forte-ratiopharm®) für 10 bis 14 Tage. Penicillin G ist unwirksam, außerdem besteht wegen seiner spirochätiziden Wirkung Verschleierungsgefahr bei gleichzeitiger Luesinfektion. Wirksam sind auch Tetracyclin (täglich 1–2 g oral für 2–3 Wochen), Minocyclin (Klinomycin®) 0,2 g täglich sowie Chloramphenicol und Gentamicin (Refobacin®) i.v. Lokal reichen desinfizierende Umschläge, z.B. mit Chinosol® oder Kaliumpermanganat aus. Schließlich ist für das Ulcus molle, ähnlich wie für Syphilis, das Gesetz für die Bekämpfung von Geschlechtskrankheiten in Anwendung zu bringen.

31.5 Lymphogranuloma inguinale (Nicolas-Favresche-Krankheit)

Diese von Nicolas, Favre und Durand (1913) in Lyon als Krankheitseinheit herausgestellte Lymphopathia venerea war früher weitgehend als „strumöser" oder „klimatischer" Bubo untergetaucht. Hervorgerufen wird sie durch bestimmte Serotypen von Chlamydia trachomatis, die sich mit der Giemsa-bzw. Viktoriablaufärbung darstellen läßt und 1935 von dem Japaner Miyagawa entdeckt wurde. Chlamydien wurden längere Zeit wegen ihrer Kleinheit (0,3 μm) zu den „Großen Viren" gerechnet. Veraltete Bezeichnungen sind Bedsonien, Miyagawanellen, Viren der Psittakose-Lymphogranuloma-inguinale-Gruppe. In der Diagnostik spielte die als Frei-Test angegebene – meist etwa 20 Tage nach Entwicklung der charakteristischerweise häufig durch das Poupartsche Leistenband unterteilten inguinalen Lymphknotenschwellung positiv werdende – *Reaktion* eine große Rolle (Intrakutantest mit 0,1 ml einer sterilisierten Bubonensuspension bzw. einer Emulsion aus impfinfiziertem Mäuse- oder Affenhirn). Sie wurden deshalb in ihrer Technik auch bei anderen Hautkrankheiten erfolgreich übernommen (z.B. Nickerson-Kveim-Test bei Sarkoidose oder Debré-Mollaret-Test bei der Katzenkratzkrankheit). Im Vergleich zu den meist hochcharakteristischen, zentralfistulösen Lymphogranulomatosis-inguinalis-Bubo sind die vorangehenden miliaren bis reiskorngroßen, etwa 14 Tage oder Wochen nach der Infektion auftretenden ephemeren Primärläsionen undiagnostisch, während das Spätbild des anorektalen Symptomenkomplexes (Morbus Huguier, *„esthiomène"*) mit seinen u.U. schweren rektalen Stenosesymptomen wiederum kennzeichnendere Züge, jedoch eine Reihe differentialdiagnostischer Möglichkeiten (s. Pyodermien, S. 54) umfaßt.

Zudem sind positive Reaktionsausfälle mit dem Frei-Test offenbar auch bei anderen Krankheitsbildern aus der Gruppe der Chlamydien möglich (Hilleman, Canizares), wie auch May in Montevideo auf die dahingehende Positivität seiner Patienten mit Induratio penis plastica aufmerksam gemacht hatte.

Schließlich sind noch Augensymptome (Funigawa und Kitagawa), Lichtexantheme (Sonck) sowie exzessive Hyperproteinämien (mit schmalem γ-Gipfel) erwähnenswert.

Therapie: An der ersten Stelle der früheren Antimontherapie stehen heute Antibiotika und Sulfonamide. Vor allem ist Tetracyclin täglich 2 g, Minocyclin (Klinomycin®) täglich 0,2 g für 2–3 Wochen, bei chronischen Fällen länger, wirksam. Erfolgreich sind ferner Chloramphenicol, Erythromycin, Lincomycine, Rifampicin (Rimactan®, Rifa®). Von Sulfonamiden sind zu nennen Sulfadiazin und Co-trimoxazol (2mal täglich 960 mg für 14 Tage, z.B. Bactrim® forte Tabl., Eusaprim® forte Tabl. Cotrim forte-ratiopharm® Tabl.). Die stenosierenden und sklerosierenden anorektalen Spätzustände können versuchsweise mit Röntgenbestrahlung (Halbtiefen- oder Tiefenbedingungen) oder Ultraschall, ferner mit Cortison, evtl. im Verein mit hochdosiertem Vitamin E, angegangen werden.

Frühzeitig kommen bei den Rektumstrikturen auch instrumentelle Dehnungen, u. U. zusammen mit intrafokalen Prednison-Injektionen, in Betracht. Ausgedehnte Ulzerationen oder Wucherungen müssen schließlich chirurgisch entfernt werden (transversale oder sigmoidale Kolostomie und evtl. abdominoperineale Resektion).

31.6 Frambösie („pian", „yaws")

Diese Schwesterkrankheit der Lues, die an sich keine venerische Infektionskrankheit ist und deren endemisches Vorkommen auf den tropischen Regenwald beschränkt ist, wird nach Art einer Haus- oder Familienkrankheit sowohl durch Kontakt wie vielleicht auch durch Insekten durch das *Treponema pertenue* (Castellani 1905) hervorgerufen. Nach 1–2 Wochen entsteht an der Infektionsstelle ein Primäraffekt, dem etwa 3 Wochen darauf ein Sekundärstadium für 2–3 Jahre folgt, dem sich nach weiteren Jahren tertiäre Phänomene anschließen können, wohingegen viszerale („Gundu", „Gangosa") und neurale Veränderungen meist ausbleiben. Besonders kennzeichnend sind der himbeerartige Charakter (framboise, frz. Himbeere) der Sekundärexantheme, palmoplantar umschriebene Depigmentierungen oder hyperkeratotische Papeln. Im allgemeinen wird ferner die Möglichkeit einer konnatalen Frambösie negiert, jedoch sind diaplazentare Übertragungen offenbar vom Alter der Frambösie abhängig (Klüken). Serologisch ist einschließlich des Nelson-Tests eine Abgrenzung von der Lues nicht möglich. Weitgehend charakteristisch sind schließlich *juxtaartikuläre Knoten*, die ja gerade bei diesem Leiden zuerst beschrieben wurden (A. Lutz, Honolulu, 1891; Jeanselm, Indochina, 1899).

Die Treponematose Frambösie reagiert **therapeutisch** analog der Lues; Depot-Penicilline stehen demgemäß im Vordergrund: bei frischen Infektionen 2,4 Mill. I.E. Benzathin-Penicillin G (2 Ampullen à 4 ml Tardocillin® 1200 auf zwei Injektionsstellen verteilt) als einmalige Dosis, ausreichend für 3 Wochen oder Procain-Penicillin G 1,2–1,8 Mill. I.E., Kinder erhalten die halbe Dosierung. Bei länger zurückreichenden Infektionen u. U. je nach klinischer Erfordernis eine entsprechend höhere Dosierung. Bei an sich seltener Therapieresistenz sind auch Tetracycline (s. Lues-Therapie) angezeigt.

31.7 Pinta-Krankheit

Das Mal de Pinto oder Carate wird durch das *Treponema carateum syn. T. herrejoni* (Entdecker: Grau, Triana und Alfonso Armenteros) hervorgerufen. Der Name ist aus dem Spanischen abgeleitet und bedeutet Flecken, Tupfer. Durch äußeren Kontakt entsteht 6–10 Tage nach der Infektion als Primäraffekt eine lange bestehenbleibende rötliche Papel, der nach weiteren 5–10 Monaten die charakteristischen „Pintide", die niemals ulzerieren, folgen. Schließlich entstehen im 3. Stadium leukomelanodermie- oder vitiligoartige, z.T. hyperkeratotisch bedeckte Depigmentierungen. Serologisch ist (einschl. des Nelson-Tests) eine Abgrenzung von der Lues nicht möglich. Dies um so weniger, als häufig sehr hohe Reagintiter vorliegen.

Therapeutisch werden wie bei der Frambösie Depot-Penicilline eingesetzt; 2,4 Mill. I.E. Benzathin-Penicillin G (Tardocillin® 1200), auf einmal appliziert, das für 3 Wochen ausreichend ist. Auch Procain-Penicillin G hat sich bewährt. Bei Penicillin-Unverträglichkeit kann man auf Tetracyclin, Streptomycin oder Chloramphenicol ausweichen.

31.8 Granuloma venereum (MacLeod)

Das außereuropäische venerische Granulom (syn. Donovanosis), welches hauptsächlich bei Farbigen im Genitalbereich oder an der Leistengegend unter dem Bild phagedänisch wuchernder Ulzera anzutreffen ist, wird durch die sog. Donovan-Körperchen (Calymmatobacterium granulomatis) hervorgerufen, die sich in Quetschpräparaten, in lymphomononukleären Zellen befindlich, nach Giemsa anfärben.

Therapeutisch sind heute auch hier die Antimonpräparate verdrängt worden durch Streptomycin (3–4 g/die für 10–14 Tage), Tetracyclin (oral 2 g/die für 2–4 Wochen), bei Resistenz Ampicillin, sonst Chloramphenicol (1,5–2 g/die), ferner Lincomycin, Erythromycin. Auch die früher übliche Lokalbehandlung mit Lösungen von Zink- oder Kupfersulfat sowie Phenolätzung sind in den Hintergrund getreten. Jedoch sind antiseptische, feuchte Verbände und Sitzbäder mit Kaliumpermanganat (in Verdünnung 1:8.000 bis 1:12.000) nützlich.

Am wirksamsten ist vermutlich Gentamicin (z.B. Refobacin® 80 mg per die über 2–3 Wochen).

32 Hauptsächlich nichtvenerische Genitalkrankheiten

32.1 Balanitis vulgaris (simplex)

Meist durch chemische Noxen (Quecksilber, Sulfonamide o. ä.) oder durch Intoleranz gegenüber dem Vaginalsekret auftretende, zartgesättigte, gelegentlich auch mehr exsudative bis erosive, u. U. von „entzündlicher" *Phimose* begleitete Erytheme im Vorhautraum. Andererseits ist die Vorhautverengung nämlich bei kleinen Knaben nicht selten Ursache einer solchen Balanitis, während bei älteren Männern eine sog. *Balanitis seborrhoica* vielleicht durch starke Smegmasekretion, aber vor allem auch durch mangelnde Hygiene auftritt. Balanitis findet sich sodann als unspezifisches, wenn auch charakteristisches Begleitsymptom bei venerischen und nichtvenerischen Genitalerkrankungen, z. B. bei unspezifischer Urethritis. Selten steht eine chronische Balanitis auch in Zusammenhang mit ammoniakalischer Harnzersetzung, Harnwegsinfektionen oder einer Pyelonephritis. Eine Balanitis luica specifica (nicht zu verwechseln mit der Follmann-Balanitis) und eine Balanitis gonorrhoica sind äußerst selten. Häufig wandeln sich auch die an dieser Stelle früher nicht gerade seltenen Arzneimittelexantheme (hauptsächlich nach Pyrazolonderivaten oder Phenolphthalein) exsudativ-balanitisch um. Mitunter diffus-balanitisch können sich aber auch entsprechende Lokalisationen eines Erythema exsudativum multiforme, einer Psoriasis vulgaris oder eines Lichen ruber darbieten, werden aber bei Berücksichtigung des Gesamthautkrankheitszustands aufzuklären sein.

Therapeutisch stehen neben der Bemühung um die Erfassung der auslösenden Ursache für die leichteren Fälle symptomatische Maßnahmen, wie warme Seifenbäder, ferner Gliedbäder mit hochverdünnter $KMnO_4$-Lösung (Rp. Sol. Kal. permanganici 2% 10,0. S. 3–4 Tropfen auf 1 Glas Wasser) oder mit Chinosol® 1:1000, zur Verfügung. Erosive Bezirke werden mit wäßriger Argentum-nitricum-Lösung (1–2%ig) betupft und sodann mit Tannin-Talcum āā oder Tannin-Talcum-Zinci-oxidum āā gepudert. Auch Tupfungen mit Farbstofflösungen (z. B. Methylviolett 0,5%) können hilfreich sein. Bei schweren Fällen kommen auch antibiotische Puder (z. B. Nebacetin®, Refobacin®) oder Clioquinol-Salben mit Corticoid-Zusatz (z. B. Millicorten-Vioform®, Locacorten-Vioform®) zur Anwendung. Als antiphlogistisches Mittel ist die ölige Lösung von Scheroson® F ophthalmicum für die Nachbehandlung sehr bequem. Bei starker Rückfälligkeit wird schließlich eine Zirkumzision nicht zu umgehen sein.

32.2 Balanitis diabetica (Friedreich)

Hierunter ist eine derzeit keineswegs seltene und meist mit einer aufgepfropften Candidamykose zur Beobachtung kommende, häufig mit intensivem Juckgefühl einsetzende, erythematöse bis erosive Eichel-Vorhaut-Veränderung zu verstehen. Diese kann u. U. auch zu entzündlicher Infiltration neigen und tritt besonders in den leichten Fällen von Diabetes älterer Männer häufig hinsichtlich der sonstigen Hautsymptomatik einleitend auf. Trotz Behandlung des diabetischen Grundleidens sind Maßnahmen, wie sie im Abschnitt Balanitis simplex geschildert sind, meist nicht zu umgehen. Im Hinblick auf die Soorgefahr wird man aber in solchen Fällen mit antibiotischen Maßnahmen eher zurückhaltend sein. Oft erweist sich auch die Verabfolgung von Riboflavin (z.B. 1 Ampulle Beflavin® i.m. über mehrere Tage) als deutlich günstig, da bei Diabetes mellitus nicht selten auch gleichzeitig eine symptomatische Ariboflavinose besteht.

32.3 Balanitis erosiva circinata (Bataille u. Berdal 1889)

Polyzyklisch figurierte und vorzugsweise im Kranzfurchenbereich sowie im späteren Verlauf mit regionärer Lymphknotenentzündung einhergehende Balanitisform. Diese ist häufig wohl, aber nicht ausschließlich, durch eine Fusospirochätose bedingt, kann bei stärkerer Gangräneszenz auch durch vibrioartige Nekrosebazillen hervorgerufen werden. Die differentialdiagnostischen Erwägungen werden vor allem das Vorliegen eines Herpes genitalis, eines luischen Krankheitsproduktes, und zwar sowohl multiple Primäraffekte wie Papeln, wie auch eine Reiter-Balanitis auszuscheiden haben. Im Hinblick auf die genannte häufige spirochätale Ätiologie stehen hier neben stärker reinigenden Lokalmaßnahmen (Gliedwäsche mit 2–3%iger H_2O_2-Lösung) und Schließung der Erosionen mittels 1%iger $AgNO_3$-Lösung, die mehrmals aufzutupfen ist, vor allem lokale Antibiotikaanwendungen (Leukomycin®-, Aureomycin®-o.ä. Salbe) im Vordergrund, ähnlich wie früher die örtliche Anwendung einer Salvarsan-Lösung gebräuchlich war. Eine wesentliche therapeutische Bereicherung erbringen bei resistenten Balanitiden, wie ebenso auch bei mancher hartnäckiger Urethroprostatitis, systemisch anzuwendende Antibiotika.

32.4 Balanitis specifica syphilitica (Follmann)

Seit der Erstbeschreibung im Jahre 1934 mehrfach nachbeobachtete, als erosiv-zirzinäres Erscheinungsbild der Lues I auftretende Balanoposthitis, die klinisch am ehesten noch durch eine vorhandene inguinale Skleradenitis auffällig ist, zumal die für den luischen Primäraffekt eigentümliche Induration zumindest im Anfang über einige Zeit fehlen kann, weswegen dem Spirochätennachweis und später auch der Serologie in solchen Fällen vermehrte Bedeutung zufällt. Die **Therapie** entspricht nach Sicherung der Spezifität der heute üblichen Behandlung einer Lues I.

32.5 Balanitis candidamycetica

Derzeit häufig auch ohne Zusammenhang mit einem Diabetes mellitus, aber verhältnismäßig oft nach vorangehender Antibiotikatherapie oder Scheidensoor der Partnerin auftretende, charakteristische, wiewohl durchaus polymorphe Balanitisform: entweder kleinste bis kleinlinsengroße, sattrote, kreisrunde Erytheme mit zarten Schuppensäumen oder kalkspritzerartig erscheinende, mehr oder weniger auch bald erosiv-aufplatzende bläschenförmige Auflagerungen. Differentialdiagnostisch denke man auch an die Möglichkeit einer Balanitis uratica.

Die **Therapie** umfaßt neben der Berücksichtigung eines etwaigen diabetischen Grundleidens und der Partnerkontrolle Pinselungen mit 0,5%iger wäßriger Methylviolett- oder Brillantgrün-Lösung, 2%iger Alkoholischer Iodlösung („Iodtinktur"), vor allem aber die Anwendung des mykostatischen Antibiotikums Nystatin (Moronal® Salbe, Nystatin „Lederle" Creme, Candio-Hermal® Creme oder Moronal® V Salbe mit Neomycin/Gramicidin- und Triamcinolon-Zusatz) oder auch Natamycin (Pimaricin) als Pimafucort® Salbe (Natamycin +

Neomycin + Hydrocortison). Ein besonders wirksames Fertigarzneimittel ist Ampho-Moronal® V zur Bereitung einer Lösung (bestehend aus Amphotericin B+ Triamcinolon).

32.6 Balanoposthitis circumscripta plasmacellularis chronica (Zoon)

Diese hauptsächlich durch Zoon (1952) bekanntgewordene, zirkumorifiziale Plasmazellproliferation kommt analog auch am weiblichen Genitale, an der Wange, am harten Gaumen und als „Plasmom" der Ophthalmologen auch an der Konjunktiva vor, wenn man von den umschriebenen granulomatösen Plasmozytomen der Pathologen (Pharynx, Larynx, Darm) absehen will. Bei der plasmazellulären Balanitis begegnen wir an der Glans und/oder am inneren Vorhautblatt solitären oder multiplen, infolge Hämosiderindurchsetzung schokoladenbraunen, straffinfiltrierten, lackartig glänzenden Erythemen, die im Gegensatz zu der oberflächlich samtartig fein gekörnten (präkanzerösen) *Erythroplasie* (Queyrat) glatt erscheinen.

In der **Behandlung** enttäuschen strahlentherapeutische Maßnahmen abgesehen davon, daß sie in keiner Weise indiziert sind. Wichtiger scheint die bioptische Abgrenzung von der Erythroplasie Queyrat, dies um so mehr, als im Anschluß an eine solche Probeexzision die Rückbildung eintreten kann. Auch eine gleichzeitig bestehende Phimose ist operativ zu beseitigen. Ansonsten führt aber eine Applikation von Corticoidsalben zu befriedigender Beeinflussung.

32.7 Genitalveränderungen bei Morbus Reiter

Dieses Krankheitsbild ist hauptsächlich ein aus den Leitsymptomen Arthritis, Konjunktivitis, Urethritis, selten auch aus Symptomen an Haut und Halbschleimhäuten (Balanitis circinata parakeratotica) aufgebautes Syndrom. Beteiligt sind mitunter in der Folge auch weitere drüsige Organe (Parotis, Tränendrüsen, Prostata usw.), aber auch die Nieren oder das Nervensystem (Polyneuritis, Meningoenzephalitis). Es verläuft längere Zeit durchaus aber auch monosymptomatisch. Früher wurde bei diesem mehr als heute als Vorkrankheit Dysenterie, daneben aber auch Gonorrhö oder nichtgonorrhoische Urethritis betont. Das Auftreten bei Frauen gehört zu den Seltenheiten. Die *Reiter-Urethritis* ist zu Beginn mehr serös-mukoid, später purulent, nur ausnahmsweise auch hämorrhagisch. Kennzeichnend sind ihr Rezidivcharakter und zytologisch bei ausgeprägter Beteiligung der

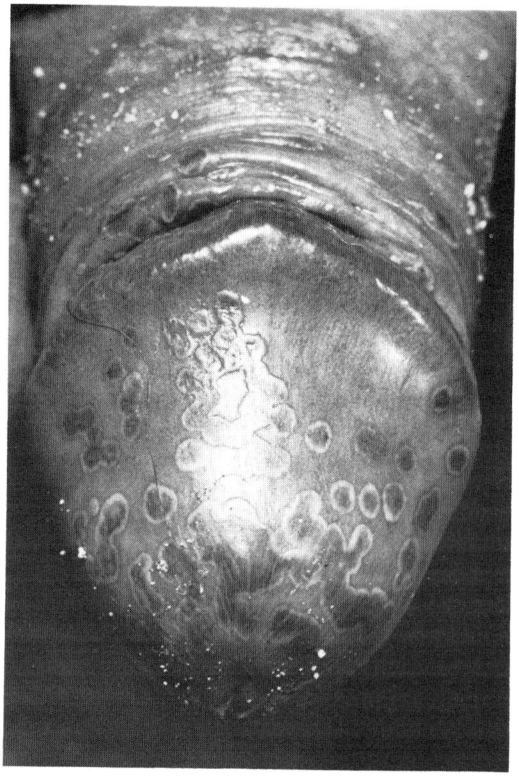

Abb. 64: Balanitis circinata parakeratotica bei Reiterscher Krankheit

Granulozyten die gar nicht so seltene eosinophile Untermischung. Hauterscheinungsbildlich steht die Vidalsche „kératose blennorragique", also ein psoriasiformes, und zwar vor allem exsudativ-pustulös-psoriasiformes Krankheitsprodukt im Vordergrund. Diagnostisch wichtig sind die Beziehungen des Reiter-Syndroms zum HL-A 27-Genotyp.

Entsprechend der ätiologischen Unsicherheit ist auch die **Therapie** der Reiterschen Krankheit eine versuchsweise, wobei große individual-unterschiedliche Ansprechbarkeit anzutreffen ist. Auf jeden Fall ist der Morbus Reiter Salicylsäure-refraktär, was auch für die Anwendung von Chloroquinderivaten, wie z. B. Resochin®, gilt. Die Wirkung von Indometacin (Amuno®) ist von Fall zu Fall wechselnd. Am ehesten wirken noch, vor allem im Vergleich zu Antibiotika, Antihistaminika und Sulfonamiden, die Glucocorticoide, unter deren Einsatz aber ebenfalls sogar Rezidive auftreten können. Empfehlenswert sind bei der Behandlung der Reiterschen Krankheit auch Folsäureantagonisten (Methotrexat, s. unter Psoriasistherapie) oder Immunsuppressiva (Azathioprin = Imurek®). Das Mittel der Wahl stellt aber heute das Retinoid Etretinat (Tigason®) dar. Symptomatisch ansprechbar sind einzelne Teilsymptome auf entsprechende Lokalbehandlung, zu denen z. B. Urethralspülungen, Suppositorienbehandlung bei Prostatopathie oder Corticoidsalben für die Reiter-Balanitis gehören.

32.8 Kranzfurchenlymphangiitis, Kranzfurchenphlebitis

Klinisch voneinander nicht sicher zu unterscheidende, ggf. primäraffektähnliche, geschlängelte Strangbildungen, die entweder mit dem Einfluß von Viren (z. B. Herpes-simplex-Virus) oder parasitären Einflüssen (z. B. Skabies), vor allem aber auch mit in die Länge gezogenem Geschlechtsverkehr in Beziehung gesetzt werden, was nach Beobachtung des eigenen Patientenguts die häufigste Ursache darstellen dürfte. Die Kranzfurchenphlebitis ist im übrigen eine gar nicht so seltene besondere Erscheinungsform der *strangförmigen Phlebitis* im Sinne von Mondor.

Die **Therapie** besteht in der Aufklärung der meist beunruhigten Patienten (möglichst kurze Kohabitationsdauer!), sodann in der Anwendung antikoagulativer Salben (Hirudoid®, Hemeran®, Lasonil®), evtl. innerlich auch Diclofenac (z. B. Voltaren®, Diclofenac-ratiopharm®, Diclo-Wolff).

32.9 Kraurosis penis (Delbanco)

Diese der Kraurosis vulvae analoge und mit der Balanitis xerotica obliterans von Stühmer weitgehend identische, stenosierende Genitalatrophie ist vor allem im Hinblick auf die progrediente Meatusstenose und ihre Rückwirkung auf die nachgeschalteten harnableitenden Organe (Harnretention) beachtlich.

Die *Dilatation der Harnröhre* erfolgt zweckmäßigerweise durch Einführung eines geraden Dittel-Stiftes (nach und nach 15–30 Charrière, 1 Charrière = ⅓ mm), wie sie der Dermatologe früher zur Behandlung der postgonorrhoischen Strikturen oder zur Provokation der Gonorrhö anwandte. Das Gleiten des Instruments wird durch sein vorheriges Eintauchen in Glyzerin oder ein Kathetergleitmittel (z. B. Instillagel®) erleichtert. Der eingeführte Stift soll intraurethral etwa ¼–½ Stunde verweilen. Zunächst lege man den eben einführbaren Stift ein und steigere dann Tag um Tag je nach der erfolgten Erweiterung der Meatusstenose. Bei kraurotischer *Phimose* ist die *Zirkumzision* sowohl zur Bahnung für den Urinstrahl wie zur Vermeidung von Kranzfurchenentzündungen meist unumgänglich. Empfehlenswert ist auch, zumal es sich ja zumeist um ältere Patienten handelt, die keinen Zeugungswunsch mehr haben, längere Einnahme von Vitamin E (Evion®, Ephynal®, 300 mg/die per os über mehrere Monate). Lokaltherapeutisch zunächst antibiotische Salben, z. B. Leukomycin®, später z. B. Contractubex® compositum Salbe. Zur Erleichterung der Kohabitation denke man an die Verschreibung eines Gleitmittels, wie z. B. Femilind® oder folgender Rezeptur:

Rp. Adulsion C 600	4,0
Aquae conserv.	ad 100,0

32.10 Induratio penis plastica

Seit durch de la Peyronie 1743 bekannte, aber nach wie vor selten gebliebene, meist bei beginnendem „Climacterium virile" und mit weiteren Symptomen fibroblastischer Diathese, wie *Dupuytrenscher Fingerkontraktur,* Fingerknöchelpolstern = „knuckle pads", Keloiden usw., auftretende, bindegewebige Hyperplasie der Tunica albuginea. Dementsprechend wird die Induratio penis plastica im Gegensatz zu anderen Penisindurationen (z. B. der Cavernitis gummosa) bei der Erektion deutlicher. Subjektiv führen Schmerzen oder Kohabitationsbeschwerden infolge Glieddeviation zum Arzt. Vorzugssitz ist das Dorsum penis, und zwar vornehmlich in seinem mittleren oder hinteren Drittel.

Die **therapeutischen** Aussichten sind grundsätzlich gering zu beurteilen: Ungefähr ein Drittel aller Fälle erweist sich nach Nikolowski als absolut therapierefraktär, und nur ein weiteres Drittel ist einigermaßen zu bessern. Die Anwendung von Röntgenstrahlen, entweder mit der Nahbestrahlungsmethode nach Chaoul, früher auch mit Radium, oder heute mit der Weichstrahltechnik unter einer Gewebshalbwerttiefe von 1–1,5 cm, z. B. 103,2 $mCkg^{-1}$ alle 4 Wochen bis zu einer Gesamtdosis von etwa 1,03 Ckg^{-1}, findet auch heute noch ihre Befürworter, wird indes an der Mainzer Universitäts-Hautklinik nicht durchgeführt. Auf jeden Fall sind durch andere physikalische Methoden (Ultraschall, UKW) noch geringere Resultate, wenn überhaupt, zu erzielen. Vereinzelt wurden Ergebnisse nach intrafokalen Injektionen mit Hyaluronidase (Kinetin®) gerühmt. In Analogie zu den Erfolgen bei jungen Keloiden werden vereinzelt auch intrafokale Injektionen von Corticoidkristallsuspensionen, evtl. unter Zusatz von Novocain®, aber ohne Suprarenin®, Mepivacain 1 % (Scandicain® 1 %) befürwortet. Jedoch bleibt zu berücksichtigen, wie von der diesbezüglichen Keloid- oder Alopecia-areata-Therapie bekannt, daß derartige Kristallsuspensionen, offenbar vor allem, wenn sie konzentriert an einer Stelle liegenbleiben, auch zu einer lokalen Nekrose führen können! Als Mittel der Wahl sei deshalb auf eine hochdosierte Vitamin-E-Medikation hingewiesen (etwa 300 mg Evion® oder Ephynal®/die bis insgesamt 10 bis 30 g), wodurch nicht selten objektiv ein stationäres Verhalten und subjektiv baldiges Nachlassen der Schmerzhaftigkeit erzielt werden.

Bei Männern mit noch gegebenem Zeugungswunsch ist auf die Möglichkeit einer Depression der Spermiogenese von vornherein aufmerksam zu machen, wohingegen unter einer solchen Tocopheroltherapie es für gewöhnlich zu einer gesteigerten Libido kommt. Die örtliche Anwendung von Salben mit angeblich bindegewebswirksamen Zusätzen, wie z. B. Heparinoiden oder Progesteron, hat in der eigenen Beobachtung versagt.

Ebenso enttäuscht haben Behandlungsversuche mit Kaliumaminobenzoat (Potaba = Potassium aminobenzoate) oder Madécassol® (in Deutschland als Emdecassol® Salbe, der Wirkstoff ist Asiaticosid, ein Triterpensaponin, das aus dem Doldenblütler (Familie der Apiaceae) Centella asiatica stammt, der in den Tropen, besonders in Madagaskar beheimatet ist). Noch nicht abschließend zu beurteilen sind schließlich intraläsionale Instillationen von Superoxiddismutase bzw. Orgotein (Peroxinorm®). Hierbei werden in Peniswurzelanästhesie 4–

8 mg dieses Mittels in 2–4 ml Lösungsmittel intraläsional verabfolgt. Eine Wiederholung bis zur Besserung von Schmerzen, Indurationen oder Deviation kann in 1–2wöchentlichen Pausen erfolgen.

32.11 Penisfraktur

Bei der sog. Penisfraktur handelt es sich um eine Zerreißung der Tunica albuginea bei erigiertem Penis auf eine stumpfe Gewalteinwirkung hin. Hierbei verspürt der Patient einen heftigen Schmerz und manchmal auch eine Art knackenden Geräusches, worauf nach Rückgang des Schmerzerlebnisses und Nachlassen der Erektion, eine sanguinolente Suffusion, u. U. bis zum Perineum und Unterbauch sowie evtl. unter Kreislaufbeeinträchtigung, anschließen. Dabei können die drei Schwellkörper einzeln oder gemeinsam traumatisiert sein. Wichtig ist die Feststellung durch Urinbefund (Hämaturie) oder Urethrogramm, ob die Urethralwand primär verletzt oder ein Hämatom in der Folge in die Urethra eingebrochen ist. Spätfolge ist u. U. Erektionsbehinderung durch Penisdeviation.

Die **Therapie** besteht bei Urethralverletzung oder sehr starken Blutungen nach außen in chirurgischer Versorgung. Bei äußerer Schwellkörperrißverletzung kommt man meist mit konservativer Hämatombehandlung aus: Hochlagerung des Penisschaftes, kühlende Umschläge (mit 30% Ethanol o. ä.), über Nacht Verbände mit Heparinoidsalben (Hirudoid®, Lasonil®, Hemeran® o. ä.). Empfehlenswert sind weiterhin zur Vermeidung von Sekundärinfektionen antibiotische Abschirmung sowie zur Erzielung einer möglichst geringfügigen Vernarbung, was für die spätere Organfunktion bedeutsam ist, die systemische Anwendung von Glucocorticoiden (z. B. etwa 15 mg Prednison per os et pro die). Außerdem können für die ersten Tage Ruhigstellung mittels eines Kompressionsverbands, intraurethrale Schienung durch einen Katheter (hierdurch jedoch Steigerung der Infektionsgefahr) und Stichinzisionen bei größerer Hämatombildung notwendig sein.

32.12 Priapismus

In erster Linie notwendig ist die Klärung des Pathomechanismus, der entweder zentral oder spinal, aber auch peripher (lokalthrombotische Kavernitis) ausgelöst werden kann. Klinisch bedeutsam sind u. a. Leuchtgas- oder Bleivergiftungen, Rükkenmarkskompressionen oder -kontusionen, Leukämie, bei Negern auch Sichelzellanämie, ferner Priapismen nach Tetanusantitoxin, Tularämie, als Mumpskomplikation oder bei Beckenvenenthrombose. Zu forschen ist ferner nach Dauerabusus von Aphrodisiaka (Yohimbin, Cantharidin). Seltene Endzustände sind Gangrän oder Mumifikation des Penis.

Therapeutisch kommen eine Blockade des N. pudendus an der Peniswurzel (auf jeder Seite 10 ml einer 2%igen Procainlösung), einseitige Ligatur der A. pudenda interna, bei schweren Fällen auch die Spinalanästhesie oder kleine Curaredosen o. ä. symptomatisch in Frage. Bei lokalthrombotischer Genese werden Antikoagulantien Verwendung finden müssen (früher Blutegel, heute Cumarin-Präparate, z. B. Marcumar®, Sintrom®), wodurch aber nicht immer Relaxation erzielbar ist. Operativ wurden auch Ausräumungen des Schwellkörpergewebes durchgeführt, die aber begreiflicherweise mit der späteren Potentia coeundi nicht vereinbar sind.

Bei leukämischem Priapismus (20–30% aller Fälle) bringt offenbar auch eine Röntgenbestrahlung (Genitalzentrum im Sakralmark, Penis lokal) mitunter prompten Erfolg, der im übrigen auch bei nichtleukämischem Priapismus auf diese Weise beobachtet wurde (Ullrich). Schließlich sah Herzberg ebenfalls sichere symptomatische Effekte nach mehrtägiger lokaler Einpinselung mit DMSO.

32.13 Ulcus vulvae acutum (Lipschütz, Scherber)

Akute, gelegentlich perakute sowie nicht selten mit eindrucksvollen Allgemeinsymptomen (Fieber, Schüttelfrost, Abgeschlagenheit, atypische Pneumonie mit Erhöhung der Kälteagglutinine) vergesellschaftete, vorzugsweise an den Innenseiten der kleinen Schamlippen anzutreffende, mit intensiver Schmerzhaftigkeit bei der Miktion, häufig auch nach der Defloration oder nach dem Koitus überhaupt („herpès indiscret“, „Herpes venereus“) auftretende Geschwürsform, die unseres Erachtens am ehesten als *„Vulvitis aphthosa“* aufzufassen ist. Lipschütz selbst wollte diese Affektion ursächlich ausschließlich mit dem Döderleinschen Bacillus crassus in Zusammenhang bringen. Dieser, obzwar bei einzelnen Fällen im strömenden Blut oder in begleitenden Erythema-nodosum-artigen Hauteffloreszenzen nachgewiesen, stellt zwar ein der Einfachheit des Nachweises halber höchst wertvolles diagnostisches Epiphänomen dar. Die eigentliche Ursache des sog. Ulcus vulvae acutum dürfte aber wohl in einem dem Herpes-simplex-Virus nahestehenden, indes diesem nicht völlig gleichen Virusinfekt zu suchen sein.

Die **Lokalbehandlung** des Ulcus vulvae acutum besteht in der Durchführung von Sitzbädern oder Spülungen mit körperwarmen indifferenten Lösungen (Kamillosan®, Plesiocid®, Abkochungen von Zinnkraut o. ä.) oder gering adstringierenden Zusätzen. Größere Läsionen können mit wäßrigen Farbstofflösungen (Methylviolett 0,5%) betupft werden. Ältere Läsionen können auch salbig, z. B. mit einem 2%igen Vioform-Vaselin, 5%iger Quecksilberpräzipitatsalbe oder einer antibiotischen Salbe (Aureomycin®, Chloramphenicol®, Terramycin®) behandelt werden. Früher wurden auch lokale Ätzungen mit Phenolum liquefactum oder 2%igem Phenolglyzerin sowie Dermatol®-Streupuder durchgeführt. Eine Allgemeinbehandlung ist beim Ulcus vulvae acutum, abgesehen von symptomatischen antipyretischen oder analgetischen Hilfen, meist nicht erforderlich. In Frage kommen allenfalls Versuche mit Natrium salicylicum, 2–3 g per os et pro die, und bei besonders protrahiertem oder rezidivfreudigem Verlaufsgang die Anwendung einer Bacillus-crassus-Autovakzine.

32.14 Vulvitis chronica plasmacellularis (Garnier)

Der „Vulvitis chronica haemorrhagica“ (Lipschütz) weitgehend entsprechende, auffallend scharf begrenzte und über Monate bestehenbleibende, weniger blutrot als schokoladenbraun getönte zirkumskripte Vulvaaffektion, deren histologisches Substrat durch Plasmazell-Hämosiderinreichtum charakterisiert ist. Vorhanden sind mitunter auch mehr lackartig glänzende, spritzer- oder bogenförmige Erytheme mit zartgesättigten Zwischentönungen ins Rauchgraue. Die wichtigste Differentialdiagnose – ähnlich wie bei der *Balanoposthitis plasmacellularis,* Zoon – ist die mehr eintönig rote und nicht ins Bräunliche spielende, oberflächlich samtartig gekörnte *Erythroplasie* (= Morbus Bowen der Haut und Halbschleimhäute).

Die **Therapie** der (histologisch gesicherten) Vulvitis plasmacellularis besteht in der fortlaufenden Überwachung und Kontrolle in größeren Zeitabständen sowie in der Pflege mit corticoid- und antibiotikahaltigen Salben. Versuchsweise kommen auch intrafokale Injektionen von Corticoidkristallsuspension zur Anwendung.

32.15 Pseudolues papulosa (Lipschütz)

Bei diesem ausnahmslos bei beiden Geschlechtern nur im Genitoanalbereich vorkommenden Krankheitsbild begegnen wir benignen Irritationsakanthomen unter dem Bild von mehr oder weniger großpapulösen, im Gegensatz zu den breiten luischen Kondylomen an ihrer Oberfläche nicht mazerativ veränderten, pilzhutartig oder tablettenförmig protuberierenden plasmazellreichen Gewebswucherungen.

Die **Therapie** besteht in der Suche nach dem auslösenden Reiz für eine derartige Akanthombildung, wobei in erster Linie entweder chronisches Harnträufeln bei klaffendem Orificium urethrae (evtl. Blasensteine) oder auch chronische Diarrhöen in Betracht kommen.

32.16 Kraurosis vulvae (Breisky)

Sklerosierend-atrophisierende Vaginalstenosierung, die auf die Dauer zu einer Einebnung des normalen Profils der großen und kleinen Labien sowie der Klitoris führt. Dieser als präkanzerös im weiteren Sinne beachtenswerte Schrumpfungsendzustand ist in seiner Bedingtheit letztlich anonym-vieldeutig, da er offensichtlich von verschiedenen Grundkrankheiten her erreicht werden kann, wenn auch in der Hauptsache vom Lichen sclerosus et atrophicus aus. Subjektiv sind Juckreiz oder Beschwerden bei der Miktion oder bei der Kohabitation führend. Objektiv begegnet man einer weißrötlich gesprenkelten flächenhaften Skleratrophie.

Vor Beginn einer differenten **Therapie** sind Gelegenheitsursachen, die zur Verschlimmerung des Zustands erfahrungsgemäß beitragen, auszuschließen (Trichomonaden, Würmer, Diabetes mellitus, Soor). Zur Beseitigung des Juckreizes (s. auch den Abschnitt „Pruritus vulvae", S. 50) wird man heute vor allem zu Corticoidsalben mit ausgesprochenen fettigem Vehikel und auch entsprechenden antipruritüösen Zusätzen, mit oder ohne Antibiotika, greifen (Jellin®, Volon®A, Ichtho-Cortin® fett o. ä.) und die früher z. T. empfohlene Vulvektomie nur bei stärkeren verrukös-leukoplakischen Veränderungen in Erwägung ziehen. Da auch die Anwendung von Röntgenstrahlen die ursprünglich in sie gesetzten Erwartungen nicht erfüllt hat, sorge man weiter um so mehr für einwandfreie Hygiene (richtige Wischrichtung bei der Analtoilette). Man verordne entsprechend gehäufte Sitzbäder unter Zusatz von beispielsweise Plesiocid® Lösung, Balneum Hermal® mit Teer mit nachfolgenden Fettungen, zu denen neben den bereits erwähnten Corticoidsalben aber auch estrogenhaltige Zubereitungen wie z. B. Linoladiol®-H Emulsion (100 g enthalten: Estradiol 0,005 g, Prednisolon 4 g, Linolsäure 0,13 g, 9,11-Octadecadiensäure 0,325 g in O/W Emulsion) gehören. Von dem vereinzelt empfohlenen Atebrin® bzw. Resochin® hatten wir keinen sicheren Eindruck, am ehesten noch bei solchen Kraurosen, die offensichtlich auf dem Boden eines Lichen sclerosus et atrophicus entstanden waren. Hingegen sei eher zur Darreichung von Vitamin E (Evion®, Ephynal®, etwa 100 mg per os/die über Monate hindurch), bei stärkerer leukoplakischer Note auch von Vitamin A (z. B. Arovit®, Vogan®, 100 000 I. E./die) geraten. Außerdem kann Estrogen auch per os versucht werden, beispielsweise als Estriol (Ovestin®, 3mal täglich 1 mg per os). Bei besonders rebellischem Pruritus kommt schließlich noch die Unterspritzung der Vulva mit Alkohol in Betracht.

33 Fertilitätsstörungen beim Mann*

33.1 Allgemeines

Ungewollt kinderlos zu sein ist das Schicksal jeder 6. bis 15. Ehe. Die Ursache dieser Ehesterilität liegt in einem Drittel der Fälle allein beim Mann. Durch zeitgemäße andrologische Therapie dürfte gut der Hälfte davon zu helfen sein. Voraussetzung dafür ist subtile andrologische Diagnostik, welche auch vom Patienten Geduld erfordert.

Die spezielle andrologische Anamnese sollte unbedingt den Kryptorchismus, Herniotomien, Genital-Traumen und die Mumps-Orchitis berücksichtigen. Zur Sexualanamnese gehört die Frage nach verzögerter Pupertät (Pupertas tarda) sowie nach der Häufigkeit des Geschlechtsverkehrs pro Woche.

Die diagnostischen und therapeutischen Maßnahmen beim Mann müssen mit entsprechenden Schritten bei der Partnerin abgestimmt werden, insbesondere dann, wenn Subfertilität bei beiden Partnern vorliegt oder gar In-vitro-Fertilisationsmaßnahmen wegen entsprechender Störungen bei der Frau erwogen werden.

Spermiogramme, anamnestische Hinweise und klinische Untersuchung sowie orientierende Laboratoriumsuntersuchungen, wie die basale FSH-Bestimmung und der Serum-Testosteronwert, müssen meist genügen. Bei besonderer Fragestellung sind Untersuchungen im Rahmen der erweiterten Diagnostik wie LH-RH-Test, HCG-Test, Ultraschall-Dopplertechnik bei geringgradigen Variozelen und anderes mehr erforderlich.

33.2 Spermafaktoren

Die Samengewinnung soll masturbatorisch nach sexueller Enthaltsamkeit (Karenz) erfolgen.

Im Regelfall sind 2–3 Spermiogramme erforderlich. Die individuelle Varianz von Spermiogrammen ist bei 3,5–6 Tagen Karenz am kleinsten mit einem Optimum bei 4–5 Tagen (Idealkarenz). Referenzbereich der Ejakulat-Parameter siehe Tab. 13.

33.3 Unterteilung der Fertilitätsstörungen

Durch die Spermiogramme lassen sich die derzeitigen Zeugungsaussichten einschätzen; klinische Untersuchung und Anamnese erlauben bei einem Teil der Patienten Aussagen über die vermutliche Ursache der Störung, während Informationen über die steuernden Hormone als Indiz für das Ausmaß der tubulären Schädigung anzusehen sind und prognostischen Wert haben.

Bei einem Zeitbedarf von 6–12 Wochen lassen sich so Gruppen bilden, bei welchen unterschiedliche therapeutische Maßnahmen angebracht sind.

---

* Beitrag von PD Dr. P. Schramm, Universitäts-Hautklinik Mainz

Tab. 13: Referenzbereich der Ejakulat-Parameter

Seminalplasma	*Zelluläre Bestandteile*
Normales Volumen: 2–6,5 ml Hypersemie: > 6,5 ml Hyposemie: ≤ 2,0 ml Aspermie: kein Samenerguß Seminalplasma-pH: 7,0–7,8 Verflüssigungszeit: bis 30 min Einige biochemische Bestandteile des Seminalplasmas: Seminalfructose: > 6,7 mmol/l (1,2 g/l) Carnitin: > 248 µmol/l (4,0 mg %) Citrat: > 300 U/ml	Normozoospermie: über 20 Mio. Spermatozoen/ml Oligozoospermie: Spermienzahl vermindert Polyzoospermie: über 150–250 Mio/ml Azoospermie: keine ausgereiften Spermien Morphologie: Teratozoospermie: über 40 % morphologisch veränderte Spermien Beweglichkeit: Asthenozoospermie: globale Motilität unter 60 %, Eosintest vergleichbar (55 %). Entscheidend ist jedoch der Anteil der gut propulsiv beweglichen Samenfäden (45 %).

33.3.1 Tubulärer Hodenschaden

Merkmale:
Oligo-Astheno-Teratozoospermie bis Azoospermie
Gonadengröße: unterer Normbereich oder kleiner
Hormoncharakteristik: follikelstimulierendes Hormon erhöht
Ursachen: vielfältig, z. B. Kryptorchismus (vgl. Abschnitt 33.3.8).

33.3.2 Varikozele (Abb. 65)

Merkmale:
Oligo-Astheno-Teratozoospermie unterschiedlichen Ausmaßes (Streßformen vermehrt beobachtbar)
Gonadengröße: unauffällig bis betroffene Seite (90 % links) etwas kleiner
Hormoncharakteristik: unauffällig bis tubulärer Hodenschaden
Ursachen: unbekannt, Ektasie des Plexus pampiniformis, 90 % linksseitig lokalisiert, oft mit Hämorrhoidalleiden assoziiert.

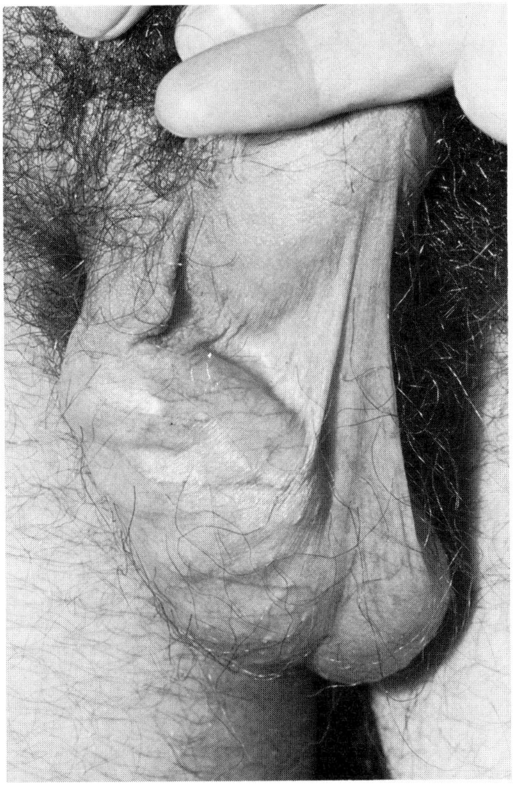

Abb. 65: Ausgeprägte Varikozele linksseitig bei einem achtundzwanzigjährigen Patienten mit Oligo-Astheno-Teratozoospermie

33.3.3 Idiopathische Oligo-Astheno-Teratozoospermie

Merkmale:
Oligo-Astheno-Teratozoospermie unterschiedlichen Ausmaßes
Gonadengröße: unauffällig
Hormoncharakteristik: unauffällig
Ursachen: unbekannt, Anamnese unergiebig.

33.3.4 Schäden im Bereich der samenabführenden Wege

Merkmale:
Azoospermie ohne Vorstufen
Gonadengröße: unauffällig
Hormoncharakteristik: unauffällig bis tubulärer Hodenschaden
Ursachen: beiderseits entzündlicher Verschluß oder Atresie im Nebenhoden-Ductus-Bereich bei intakten Gonaden, aber auch mit Entwicklungsstörungen (vgl. Abschnitt 33.3.1 Tubulärer Hodenschaden).

33.3.5 Polyzoospermie

Merkmale:
Spermatozoendichten über 150–250 Mio/ml, Morphologie- und Motilitätsunterschreitung des Referenzbereichs möglich
Gonadengröße: unauffällig
Ursache: Akrosinaktivitätsminderung.

33.3.6 Globozoospermie

Merkmale:
Rundkopfspermien vermehrt oder überwiegend
Gonadengröße: unauffällig
Hormoncharakteristik: unauffällig
Ursache: Akrosomfehlbildung

33.3.7 Sekundärer Hypogonadismus

Merkmale:
Oligo-Astheno-Teratozoospermie bis Azoospermie, oft Seminalplasmastörung als Folge des sekundären Testosteronmangels
Gonadengröße: verkleinert, Konsistenz weich
Hormoncharakteristik: basal herabgesetzte Gonadotropinsekretion. Funktionstest: vorhandene oder fehlende Stimulierbarkeit
Ursachen: hypophysäre oder hypothalamische Störungen und besondere endokrine Krankheitsbilder, z. B. Kallmann-Syndrom.

33.3.8 Hodenhochstand (Kryptorchismus, Retentio testis, Maldescensus testis)

Ein Descensus testiculorum liegt bei der Geburt beim Knaben in 90% vor, bei weiteren 9% erfolgt er im Verlauf der ersten 12 Monate. Untherapiert führt der Hodenhochstand zu einer thermischen Schädigung der Stammzellen mit später resultierender Oligo-Astheno-Teratozoospermie bis hin zur Kryptozoospermie, d. h. Spermatozoendichten unter 0,5 Millionen/ml. Die Therapie sollte daher nach dem 1. Jahr erfolgen und bis zum 3. Lebensjahr abgeschlossen sein.

Zuerst konservativer Therapieversuch: Gabe von Gonadoliberin (Lutrelef® 200 µg/d, 6× am Tag für 6 Wochen; andere Autoren halten 3 × 1 Sprühstoß (Kryptocur) für 4 Wochen für ausreichend). Diese Kur kann wiederholt werden. Danach ist operatives Vorgehen anzustreben, wenn die Gonade so nicht zum Descensus zu bringen war.

Falls Gonadoliberine nicht verfügbar sind, kann auch durch Gonadotropingabe therapiert werden: 2× 100 I. E. Choriongonadotropin 2×/Woche für 6 Wochen z. B. Primogonyl® oder Predalon®.

Da sich unter den Kryptorchismus-Patienten oft Klinefelter-Patienten befinden, sollte eine Chromatinbestimmung veranlaßt werden.

33.3.9 Klinefelter-Syndrom

Mit 1:600 handelt es sich dabei um die häufigste Chromosomenstörung beim Mann; am häufigsten wird 46 XXY gefunden, aber bis zu XXXXY, oder Mosaike, z.B. XX/XXY, können vorkommen. Bedingt durch die Chromosomenstörung ist ein kombinierter Hodenschaden mit Gonadengrößen von unter 8, meist sogar 5 ml beiderseits typisch. Daraus folgt irreversible Infertilität und je nach Auftreten des Testosteronmangels unterschiedliche Ausprägung des Syndroms. Dem Andrologen begegnet meist ein Patient mit unauffälligem Habitus ohne Gynäkomastie und eunuchoiden Proportionen, da oft die Testosteronsekretion erst später absinkt. Diese Klinefelter-Patienten sind auf den drohenden Testosteronmangel hinzuweisen (Osteoporose, Psyche). Wenn der Testosteronspiegel erniedrigt ist, muß lebenslange Substitution mit Depot-Präparaten, z.B. Testoviron®-Depot-250 i.m. alle 3 Wochen oder oral mit Andriol® Kapseln erfolgen.

33.4 Therapieformen

33.4.1 Therapie der Fertilitätsstörungen

Tab. 14: Therapeutische Maßnahmen bei Fertilitätsstörungen mit Dosierung von Fertigarzneimitteln

Diagnose	Therapie	Fertigarzneimittel und Dosierung
Oligo-Astheno-Teratozoospermie (OAT-Syndrom) mit tubulärem Hodenschaden (vgl. Kap. 33.3.1)	Versuch mit Pentoxifyllin 1200 mg/die	Trental® 400 3x1 oder -600 2x1 für 12 Wochen
Varikozele mit Oligo-Astheno-Teratozoospermie (vgl. Kap. 33.3.2)	Operative Varikozelenbeseitigung oder Varikozelenembolisation; bei fehlendem Erfolg nach 12 Wochen Therapieversuch mit Clomifen oder s. idiopathisches OAT-Syndrom	Dyneric® oder Pergotime® 25–50 mg/die und Proviron® -25, 2x1/die für 8–12 Wochen
Oligo-Astheno-Teratozoospermie bei normogonadotropen Verhältnissen einschließlich idiopathischer Oligo-Astheno-Teratozoospermie	Kallidinogenase 600 biol. E, auch als Depot zu 40 biol. E	Padutin® 100, 6 Tabl. über den Tag verteilt oder 3x2 Tabl. für 3–24 Monate auch als Depot i.m. 3x/Woche
Oligo-Astheno-Teratozoospermie bei Gonadotropinwerten im unteren Grenzbereich bei schwacher Stimulierbarkeit	Tamoxifen 10 mg	Nolvadex®, 2x1 Tabl. für 6–24 Monate (Kessar®, Tamofen®, Tamoxasta®)
OAT-Syndrom mit Seminalplasmastörungen	Tamoxifen 10 mg, nach erwiesener Keimfreiheit des Ejakulates Kallidinogenase s. OAT-Syndrom, bei Versagen Pentoxifyllin, Clomifen, Mesterolon	Proviron® -10 3x1 Tabl./die oder Proviron® -25 2x1 Tabl./die für 8–12 Wochen

Tab. 14: (Fortsetzung)

Diagnose	Therapie	Fertigarzneimittel und Dosierung
Polyzoospermie (vgl. Kap. 33.3.5) und Asthenozoospermie	Kallidinogenase 600 E	Padutin® 100, 6 Tabl. über den Tag verteilt, für 6–24 Monate
Isolierte Teratozoospermie bei normalem Hormonverhalten	Chromosomenanalyse, Therapieversuch s. OAT-Syndrom	
Seminalplasmastörungen – als Ausdruck einer bakteriell entzündlichen, chronischen Erkrankung der seminalplasmabildenden Organe und bei vermehrten Leukozyten (< 6 %)	Therapie entsprechend Antibiogramm: bakteriostatisch wirkend: Co-trimoxazol Doxycyclin Minocyclin Beide Substanzen sind bei Ureaplasmenbefall wirksam. Bei Trichomonadenbefall Metronidazol Candida sp.: Ketoconazol Erythromycin (ureaplasmenwirksam, aber nicht im alkalischen Milieu der Vesikaldrüsen) *Bakterizid wirkend:* Gyrasehemmer (Norfloxacin 400 mg, Ofloxacin 200 mg) sind sehr geeignet, da Mykoplasmen, Chlamydien und Fäkalkeime gut erfaßt werden. Unspezifische Zusatzbehandlung z. B.: hyperämisierend und antiphlogistisch wirkende Substanzen wie Ichthyol®-Zubereitungen	Bactrim® forte, Co-trimoxazol forte, Cotrim forte-ratiopharm®, Eusaprim® forte, 2 x 960 mg/die für 10–28 Tage Vibramycin® N Kaps., Vibramycin® Tabs., Doxycyclin-ratiopharm® 100 Kaps. 200 mg am ersten Tag, anschließend 100 mg/die 9–21 Tage Klinomycin®, wie Doxycyclin dosiert Clont®, Flagyl® 200–400 mg, 3x1 für 7 Tage Nizoral® 200 mg, 3x1 für 7–14 Tage Erycinum® 250, 4x2 Drag. Erythrocin® 500, 2x2 Tabl. für 10 Tage; auch zur Partnerbehandlung der Ehefrau, bei Kinderwunsch entsprechend dosiert, geeignet. Barazan® 2x1 Tabl., Tarivid® 2x1 Tabl. pro die für 10 Tage Ichtopur® Supp., Ichtho-Bellol® Supp., Pelvichthol® Supp. 1–2 für 6–20 Tage
Hyposemie	Pentoxifyllin Mesterolon	Trental® 400, 3x1 oder -600, 2x1 Drag. Proviron® 3x25–2x25 mg für etwa 3 Wochen
Spermiogenesestörungen mit Gonadotropinmangel (sekundärer Hypogonadismus, vgl. Kap. 33.3.7)		
Azoospermie z. B. bei Zustand nach Hypophysektomie	Gonadotropinsubstitution: HMG (75 I.E. FSH + 75 I.E.LH) und HCG 2000–5000 I.E.	HMG-Präparate: Pergonal® bzw. Humegon® 3–7 Amp./Woche; HCG-Präparate: Pregnesin® 2500/5000 bzw. Predalon® 1000/5000 i.m.; Nach eigenen Erfahrungen ist Pergonal®/Pregnesin® auch als s.c. Eigeninjektion möglich

Tab. 14: (Fortsetzung)

Diagnose	Therapie	Fertigarzneimittel und Dosierung
Oligo-Astheno-Teratozoospermie mit herabgesetzten Gonadotropinwerten bei noch vorhandener Stimulierbarkeit besser zuerst: dann s. Azoospermie bei z. B. Hypophysektomie	Tamoxifen Clomifen	Nolvadex® 2 × 10 – 2 × 20 mg/die Dosierung s. OAT-Syndrom, aber auch etwas höher unter Gonadotropinkontrolle
Hypothalamischer Schaden bei funktionsfähiger Hypophyse	Gonadoliberine	Lutrelef® 3,2 mg mit Zyklomat-Pumpe (Fa. Ferring, Set für s.c.) – unterschiedlich einstellbar –
Hyperprolaktinämie bei OAT-Syndrom	Bromocriptin	Pravidel® individuell dosiert

33.4.2 Insemination

Oft wird der andrologische Therapeut nach unterstützenden Maßnahmen wie einer Insemination befragt. Aus ethischer Sicht ist hiergegen in Form einer intrazervikalen oder parazervikalen (Kappenmethode) Insemination mit dem Ehemann als Spender (homologe Insemination) nichts einzuwenden, wenn auch deren Nutzen umstritten ist.

Bei intrazervikaler Insemination wäre allenfalls ein Keimausschluß wünschenswert; motilitätssteigernde Zusätze werden gelegentlich propagiert, obwohl deren Einwirkung nur zeitlich begrenzt möglich ist. Bei intrazervikaler Applikation ist die Separation der Spermien erforderlich, da Seminalplasma u. a. Prostaglandine enthält. Sinnvoll ist diese Applikation aber nur, wenn der Eisprung genau bestimmt werden kann. Obwohl wegen Mangel an adoptionsfähigen Kindern vermehrt nach heterologer Insemination gefragt wird, kann diese wegen des nicht ausschließbaren Anfechtungsrechtes und der damit verbundenen Problematik für den Fremdspender unverändert nicht empfohlen werden. Neuerdings dürfte aus forensischen Gründen dabei ein HIV-(HTL-III-Virus-)Ausschluß notwendig sein.

33.4.3 Kryokonservierung

Diese hat ihre Berechtigung bei jungen Männern, welchen aus therapeutischen Gründen die Kastration bevorsteht, wie bei Hodenkarzinomen oder kombinierten radiologischen und zytostatischen Maßnahmen, falls dazu noch genügend Zeit verbleibt. Ein hoher Prozentsatz der Kandidaten erweist sich allerdings aufgrund schlechter Spermiogramme zum gegebenen Zeitpunkt als ungeeignet. Die Motilität sollte 25% nicht unterschreiten; ein Einfrier-Versuch mit nachfolgendem Auftauen und Motilitätskontrolle, wobei dann noch 60% im Vergleich zum Ausgangswert beweglich sein müssen, gilt als empfehlenswert. Für Auskünfte und die Dauerlagerung steht z. Zt. die Firma Messer-Griesheim Kryobank Krefeld zur Verfügung (Fütingsweg 34, 4150 Krefeld 13, Telefon: 02151/3790, Stand: Sommer 86). Kryokonservierung wird von Patienten mit therapierefraktärer hochgradiger Oligo-Astheno-Teratozoospermie oft als Ausweg mißverstanden.

33.4.4 In-vitro-Fertilisation

Hierzu muß eine Indikation seitens der Frau bestehen. Unterschreitungen des Referenzbereichs von bis zu 50% beim Mann werden von einigen Zentren noch toleriert. Die jeweiligen Anforderungen müssen erfragt werden.

33.5 Sexuelle Funktionsstörungen

Nur eine Minderheit von Patienten sucht wegen sexueller Funktionsstörungen den Rat des Andrologen, obwohl diese für den einzelnen oft hohen Krankheitswert haben. Um solchen Patienten gerecht zu werden, ist oft die Zusammenarbeit des Andrologen, Urologen, Endokrinologen, Angiologen, Neurologen sowie des Psychiaters erforderlich. Orientierend kann man die sexuellen Funktionsstörungen wie folgt einteilen:
a) Libidostörungen
b) Erektionsstörungen
c) Ejakulationsstörungen
d) Orgasmusstörungen.
Während Libidominderung im Senium von den meisten als schicksalhaft hingenommen wird, müssen bei jüngeren Männern endokrine Störungen ausgeschlossen werden.

Am häufigsten treten jedoch Störungen der Erektion des Gliedes auf, wobei Diabetes mellitus und chronischer Alkoholabusus die häufigsten organischen Ursachen darstellen. Zahlreiche Pharmaka können aber bei dazu disponierten Personen Erektionsstörungen auslösen, verstärken und unterhalten. Eine sorgfältige Medikamentenanamnese sollte die in Tabelle 15 aufgeführten Therapeutika berücksichtigen.

Analgetika in hoher Dosierung werden gleichfalls als erektionsmindernd beschrieben.

Patienten mit Erektionsstörungen haben meist, bevor der Arzt konsultiert wird, versucht, durch Selbstmedikation ihre Störung zu behandeln.

Aphrodisiaka sind Wirkstoffe zur Stimulation der Libido und Potestas sexualis, die nur nach Ausschluß organischer Schädigungen (Arteriosklerose) angewandt werden sollten. Periphernerval wirksam ist Yohimbin-hydrochlorid, von dessen klinischen Nebenwirkungen in erster Linie Hypotension und Peristaltikanregung beachtet werden müssen. Die Normdosis beträgt zu Anfang 5 mg 1–3×/die (Yohimbin „Spiegel"®). Eine wirksame Kombination mit Strychnin liegt als Tonaton® vor, welches außerdem noch Atropin und Ephedrin enthält (Dosierung: 3×3–5 Drag./die).

Erscheint die örtliche Hyperämisierung des männlichen Genitalapparates bedeutungsvoll, so kommt als Spezialität Pelvichthol® oder Ichtho-Himbin® Supp., 4–6 Wochen 1 Supp. am Abend in Betracht, während Pasuma® Drag. wegen des enthaltenen Methyltestosteron als obsolet gelten darf, ebenso wie die Anwendung von cantharidinhaltigen Zubereitungen.

Die volkstümliche Zufuhr von Petersilie, Sellerie, Spargel o. ä. hingegen muß als unsicher bewertet werden, wenn man davon absieht, daß auf diesem Gebiet als Effektvoraussetzung die diesbezügliche psychische Grundeinstellung fraglos mit von großem Belang ist. Als Wirkstoffkombination zur Behandlung von Potenzschwäche im Rahmen eines sogenannten Climacterium virile sind schließlich Tonol® 3×1 Kapsel (Kontraindikation: Prostatakarzinom) sowie Pluriviron® zu erwähnen.

Während die Anwendung von autogenem Training als nebenwirkungsfrei – allerdings umständlich zu erlernen – zu betrachten ist, sind Psychopharmaka nur nach fachübergreifender Ausschlußdiagnostik indiziert.

Als häufigste Ejakulationsstörung ist die *Ejaculatio praecox* zu benennen.
Hierunter versteht man im Gegensatz zu der Spermatorrhö, bei der diskontinuierlich Sekret perurethral aus den akzessorischen Geschlechtsdrüsen abfließt, eine Störung der Beischlaffähigkeit mit vorzeitiger, ungewollter Ejakulation bei sexueller Erregung. Als Ursache hierfür kommen physiologische Anfangsschwierigkeiten in der Sexualentwicklung oder organische Störungen (Querschnittslähmungen, multiple Sklerose o. ä.) in Betracht, wobei ungewollte Samenergüsse ohne Erektion prognostisch besonders ungünstig sind. Die Therapie der Ejaculatio praecox besteht heute in der Anwendung anästhesierender Externa an der Glans, z. B. Xylocain® Gel 2%, evtl. in der Empfehlung zur Zirkumzision, um die Glans

Tab. 15: Arzneimittel, die Erektionsstörungen auslösen können

Chemische Kurzbezeichnung	Indikationsgebiete	Fertigarzneimittel
Allopurinol	Gichtmittel	z. B. Zyloric®
Aminocapronsäure	Antifibrinolytikum	Epsilon-Aminocapronsäure „Roche"®
Barbiturate	Hypnotika	zahlreiche Präparate
Biperiden	Parkinsonmittel	Akineton®
Bromide	Sedativa	z. B. Calcibronat®
Butyrophenone	Psychopharmaka	z. B. Haloperidol®
Carbromal	Sedativum	Mirfudorm®
Cimetidin	Ulcusmittel	z. B. Tagamet®
Clofibrat	Lipidsenker	z. B. Regelan®
Clomipramin	Antidepressivum	Anafranil®
Clonidin	Antihypertonikum	z. B. Catapresan®
Cyproteron	Antiandrogen	Androcur®
Disopyramid	Antiarrhytmikum	z. B.Rythmodul®
Estrogene	Hormontherapie	
Fenfluramin	Appetitzügler	Ponderax®
Gestagene	Hormontherapie	
Guanethidin	Antihypertonikum	Ismelin®
Imipramin	Antidepressivum	Tofranil®
Labetalol	Antihypertonikum	Trandate®
Lithium-Salze	Psychopharmaka	z. B. Quilonum®
MAO-Hemmer	Antidepressiva	z. B. Parnate®
Mazindol	Appetitzügler	Teronac®
Mepindolol	β-Rezeptorenblocker	Corindolan®
Methyldopa	Antihypertonika	z. B. Presinol®, Sembrina®
Metoclopramid	Dopamin-Antagonist	z. B. Paspertin®, Gastrosil®
Metoprolol	β-Rezeptorenblocker	z. B. Beloc®, Lopresor®
Oxprenolol	β-Rezeptorenblocker	Trasicor®
Pheniramin	Antihistaminikum	Avil®
Phenothiazine	Psychopharmaka	z. B. Atosil®
Phenytoin	Antiepileptikum	z. B. Zentropil®, Phenhydan®
Ranitidin	Ulkusmittel	Sostril®, Zantic®
Reserpin	Antihypertonikum	Reserpin, Serpasil®
Spironolacton	Aldosteron-Antagonist	z. B. Aldactone®, Osyrol®
Thiazide	Saluretika	z. B. Esidrix®, Dytide® H

unempfindlicher zu machen, und nicht zuletzt in der Darreichung von Sedativa wie Baldrian oder moderner Diazepamderivate ohne schlafbahnenden Effekt wie Nobrium® 5/10. Eine Verzögerung der Ejakulation läßt sich auch mit Melleril® 50–200 mg 1–3 Stunden vor der Kohabitation erzielen, mitunter sind aber Lustempfinden und Orgasmus beeinträchtigt.

Als Ejakulationsstörung besonderer Art wäre die *retrograde Ejakulation* zu erwähnen, welche bei Diabetikern, aber auch posttraumatisch vorkommen kann. Wenn bei Kinderwunsch aus Zeitgründen nicht auf die Separierung der Spermatozoen im Urin ausgewichen wird (pH-Einstellung im Urin über 7 mit Uralyt-U®, schonendes Zentrifugieren sowie Zugabe von Wiederbelebungslösung, wie z. B. Baker-Lösung) kann ein Therapieversuch mit dem Antihypertonikum Gutron® 5 mg in Tropfenform versucht werden. Bei Gabe von 20–25 mg i. v. wurde auch bei Patienten mit Lymphonodektomie eine Wirkung beobachtet, wobei dann aber die Nebenwirkungen zu beachtlichen Komplikationen führen können. Orgasmusstörungen gehören in die Hand des Psychiaters.

Anhang

Vergleichende Zusammenstellung der geänderten, oft gebräuchlichen Bezeichnungen von Arzneistoffen und ihren Zubereitungen in Arzneibüchern und Vorschriften

Alte lateinische Bezeichnung	Vorschrift	Alte deutsche Bezeichnung	Neue lateinische Bezeichnung	Vorschrift	Neue deutsche Bezeichnung
Adeps Lanae anhydricus	DAB 6	Wollfett			
Adeps Lanae anhydricus	DAB 7	Wollwachs	Adeps lanae	DAB 9	Wollwachs
–	DAB 7	Äthanol	Ethanolum 96 percentum	DAB 9	Ethanol 96%
Aether pro narcosi	DAB 7	Äther zur Narkose	Aether anaestheticus	DAB 9	Ether zur Narkose
Ammonium sulfoichthyolicum (E.W.)	Erg. B. 6	Ichthyol (E.W.)	Ammonii bituminosulfonas	DAB 9	Ammonium-bituminosulfonat
Amylum Maydis	DAB 7	Maisstärke	Maydis amylum	DAB 9	Maisstärke
Amylum Oryzae	DAB 7	Reisstärke	Oryzae amylum	DAB 9	Reisstärke
Aqua destillata	DAB 7	Destilliertes Wasser	Aqua purificata	DAB 9	Gereinigtes Wasser
Bolus alba	DAB 7	Weißer Ton	Kaolinum ponderosum	DAB 9	Weißer Ton
Gelatina Zinci	DAB 7	Zinkleim	Zinci gelatina	DAB 9	Zinkleim
Glycerinum	DAB 7	Glycerin	Glycerolum	DAB 9	Glycerol
Kalium jodatum	DAB 7	Kaliumjodid	Kalii iodidum	DAB 9	Kaliumiodid
Kalium permanganicum	DAB 7	Kaliumpermanganat	Kalii permanganas	DAB 9	Kaliumpermanganat
Liquor Carbonis detergens	DAB 6	Steinkohlenteerlösung	Lithanthracis picis Liquor	DAC 1986	Steinkohlenteerlösung
Lotio alba aquosa	DRF	–	Zinci oxidi lotio	DAC 1986	Zinkoxid-Schüttelmixtur
Oleum Arachidis	DAB 7	Erdnußöl	Arachidis oleum	DAB 9	Erdnußöl
Oleum Olivarum	DAB 7	Olivenöl	Olivae oleum	DAB 9	Olivenöl
Oleum Ricini	DAB 7	Ricinusöl	Ricini oleum	DAB 9	Ricinusöl
Oleum Zinci	Erg. B.6	Zinköl	Zinci oxidi oleum	DAC 1986	Zinkoxidöl
Pasta Zinci	DAB 7	Zinkpaste	Zinci pasta	DAB 9	Zinkpaste
Pasta Zinci mollis „Unna"	Erg.B. 6	Unnasche weiche Zinkpaste	Zinci pasta mollis	DAB 9	Weiche Zinkpaste
Pix Lithanthracis	DAB 6	Steinkohlenteer	Lithanthracis pix	DAC 1986	Steinkohlenteer
Tinctura Jodi	DAB 6	Jodtinktur			
Tinctura Jodi	DAB 7	Alkoholische Jodlösung	Iodi solutio ethanolica	DAB 9	Ethanolhaltige Iod-Lösung
Unguentum diachylon	DAB 6	Bleipflaster-Salbe	Plumbi emplastri unguentum	DAC 1986	Bleipflastersalbe

Alte lateinische Bezeichnung	Vorschrift	Alte deutsche Bezeichnung	Neue lateinische Bezeichnung	Vorschrift	Neue deutsche Bezeichnung
Unguentum hydrargyri album	DAB 8	Quecksilberpräzipitatsalbe	Hydrargyri amidochloridi unguentum	DAB 9	Quecksilberpräzipitatsalbe
Unguentum hydrargyri flavum	DAB 8	Gelbe Quecksilberoxidsalbe	Hydrargyri oxidi flavi unguentum	DAB 9	Gelbe Quecksilberoxidsalbe
Unguentum Zinci	DAB 7	Zinksalbe	Zinci unguentum	DAB 9	Zinksalbe
Zincum oxydatum	DAB 6	Zinkoxyd			
Zincum oxydatum	DAB 7	Zinkoxid	Zinci oxidum	DAB 9	Zinkoxid

Arzneibücher, Vorschriften und Verzeichnisse für Arzneimittel

Arzneiverordnungen, hrsg. von den Mitgliedern der Arzneimittelkommission der deutschen Ärzteschaft. 15. Aufl. Köln: Deutscher Ärzte-Verlag, 1984

BP 1980: British Pharmacopoeia 1980

DAB 7: Deutsches Arzneibuch, 7. Ausgabe 1968

DAB 8: Deutsches Arzneibuch, 8. Ausgabe 1978

DAB 9: Deutsches Arzneibuch, 9. Ausgabe 1986

DAC 1986: Deutscher Arzneimittel-Codex 1986

Erg.-B. 6: Ergänzungsbuch zum Deutschen Arzneibuch Sechste Ausgabe, 1941

Martindale: Martindale. The Extra Pharmacopoeia. Twenty-eighth Edition. London: The Pharmaceutical Press, 1982

NRF: Neues Rezeptur-Formularium (NRF). Arzneimittelkommission der Deutschen Apotheker 1983/1986

Ph. Eur.: Europäisches Arzneibuch. Band I–III. Pharmacopoea Europaea, 1974

Rote Liste 1987: Verzeichnis von Fertigarzneimitteln der Mitglieder des Bundesverbandes der Pharmazeutischen Industrie e.V., Aulendorf/Württ.: Editio Cantor, 1987

USP XXI: The United States Pharmacopeia. Twenty-First Revision, 1985

NF XVI: The National Formulary, Sixteenth Edition, 1985.

Sachverzeichnis

A

D

E

F

G

H

I

J

K

Q

R

T

W

X

Y

Z